SDX & HARVARD-YENCHING
ACADEMIC LIBRARY

三联·哈佛燕京学术丛书

彭国翔　著

良知学的展开

王龙溪与中晚明的阳明学

增订版

The Unfolding of the Learning
of Innate Knowledge
of the Good:

Wang Ji and Wang Yang-ming's
Teaching
in the Mid-late Ming

Revised and Enlarged Edition

生活·讀書·新知　三联书店

图书在版编目（CIP）数据

良知学的展开：王龙溪与中晚明的阳明学／彭国翔著．—增订版．—北京：生活·读书·新知三联书店，2015.12
（三联·哈佛燕京学术丛书）
ISBN 978 - 7 - 108 - 05480 - 7

Ⅰ．①良…　Ⅱ．①彭…　Ⅲ．①哲学思想－研究－中国－明代
Ⅳ．① B248.25

中国版本图书馆 CIP 数据核字（2015）第 221249 号

责任编辑　曾　诚
装帧设计　蔡立国
责任印制　崔华君
出版发行　**生活·讀書·新知** 三联书店
　　　　　（北京市东城区美术馆东街 22 号 100010）
网　　址　www.sdxjpc.com
经　　销　新华书店
印　　刷　北京鹏润伟业印刷有限公司
制　　作　北京金舵手世纪图文设计有限公司
版　　次　2015 年 12 月北京第 1 版
　　　　　2015 年 12 月北京第 1 次印刷
开　　本　880 毫米 × 1230 毫米　1/32　印张 22.125
字　　数　515 千字
印　　数　0,001 - 4,000 册
定　　价　78.00 元
（印装查询：01064002715；邮购查询：01084010542）

目　录

The Unfolding of the Learning of Innate Knowledge of the Good:

Wang Ji and Wang Yang-ming's Teaching
in the Mid-late (Revised and Enlarged Edition)

Contents

增订版序

　　1991 年春，我到日本东京女子大学开会，会后在东京大学、京都大学分别作了朱子、湛甘泉的报告。当时，我的研究王阳明哲学的著作《有无之境》刚刚出版不久，所以我也很留意日本学者在阳明学领域的研究状况。1994 年春，我又到日本宋明理学研究的重镇九州大学参加会议，通过冈田武彦、荒木见悟和他们的学生，对日本的阳明学研究状况有了进一步了解。在 90 年代初期的这两次访日交流中，给我印象最深的，不是日本学者对王阳明本人思想的研究，应该说 90 年代初我们的王阳明哲学研究已经开始超迈日本的研究，而是日本学界对阳明后学，即对整个阳明学所作研究的广泛性。我在日本的《阳明学》杂志封底看到日本的阳明学研究书目的广告，涉及阳明后学的既多且广，引起我的关注，感到在整个阳明学的研究领域，我们当时和日本学界的研究还是有一定差距的。当然这并不奇怪，因为我们在 50 年代以后，至少被各种政治运动耽误了三十年之久。

　　由于我时任北京大学教授，也是中国哲学史教研室主任，而北京大学是全国人文学术研究的中心，这使得北大学者往往比其他大学的学者更有一种自觉站在全国学术角度考虑问题的学术意识，于是在我的观念中便对学界阳明学研究的布局有所考虑。在这个时期，我在北京、宁波等几次学术会议上谈到我们在阳明学研究领域与日本的比较，提出应重视阳明后学的研究。虽然我自己在我的《宋明理学》一书中也对阳明后学王龙溪、王心斋、罗近溪等做过一般论述，但我想推动的主要是加强对阳明弟子及后学专人专书的专题研究。然而，我自己却并没有因此投入这一研究领域，照理说我在王阳明哲学研究结束之后转向阳明后学的专门研究，本来是顺风顺手的。其原因是，《有无之境》出版后一年，一位同事找我谈，说他想研究王阳明之后的明代哲学，我明白他的意思，当即说你研究阳明后学吧，我不研究了。如大家所知道的，此后一个时期我就转向古代宗教与伦理的研究了。

因此，对于我个人来说，此后推动阳明学研究的努力，并不是由我带头操刀下手，除了在学术界的呼吁外，更多是体现在我指导博士生的方向。1995年国翔考入北京大学中国哲学的研究生班，选定王门高弟王龙溪为研究方向，1998年他又考取了北大中国哲学博士班，继续进行王龙溪思想的研究，都得到我的赞许。本书全面体现了他在这一时期研究王龙溪及阳明后学的成果，此一成果的完成超迈了当时日本与海外已有的王龙溪研究，故他的研究与成果可以说是我国学界开始重视、深入阳明后学专题研究的一个标志。从国翔开始，我指导的博士论文和博士后报告，涉及明代的有：湛若水、王龙溪、邹守益、罗近溪、焦竑、顾宪成、高攀龙、黄道周、刘宗周、黄宗羲、李二曲等。在同一时期，我国南方如上海、浙江的学者也都因与日本学界的接触而逐步开始加强阳明后学的研究，而且发展较快。如21世纪开始，在国翔博士论文完成的同时，浙江省确立了"阳明后学研究资料丛刊"和"王阳明与阳明学派系列研究"的课题，作为这两个课题的结果，

2006年到2009年,《阳明后学文献丛书》与《阳明学研究丛书》先后出版,既突显了浙江学者为主体的阳明学研究成果,也明确显示出阳明学研究在我国开始走向兴旺。正因为有了北京、上海、浙江等地高校和学者十几年来的努力和所取得的这些研究成果,2009年在杭州的国际阳明学会议上,我在大会讲话中说,今天中文世界的阳明学研究,包括阳明后学的研究,已经超过日本,这是我甚感欣慰的。

然而,需要指出,与其他时代儒学思想史研究有所不同,明中后期的阳明学研究是一项高难度的学术事业。阳明学的思想辨析,细致而深微,阳明学思想家的讨论,正如黄宗羲所说,"牛毛茧丝,无不辨析",真正理解这些讨论,对人的心智能力是一个考验,决不是浅尝辄止可以进入的。大约十年前在北大哲学系的博士论文答辩会上,有一个参加答辩的老师说,我最烦的就是看理学的论文,这有代表性地反映出理解和进入理学话语对一般学者的困难。阳明学研究对学者心力的考验决不下于西方哲学,甚至,就连我这样研究理学的资深熟手,今天深入其中,也有时觉得力不从心了。以至于,我偶尔会想起朱子六十多岁时曾对学生说的话:"某向来分别得这般所在,今心力短,便是这般所在都说不到。"今天,我们的阳明学研究已取得不少成绩,但深入、发展的空间还很大。除了阳明的及门高弟,以下二传三传,其流裔直至晚明,代代都有可观者出现,其中有待研究者大有人在,有待研究的问题也所在多有。而在每一项研究中达到较高水平,皆要付出全副心力,绝非易事。所以,未来的阳明学研究需要更多的青年学者投入精力参与其中,取得更多更好的研究成果。

我一向强调博士论文的选题要避免重复,别人已经作过的题目尽量不要再作,力求开展新的研究,以作没有人研究过的题目为最好。如国翔完成的王龙溪及阳明后学的博士论文已经达到了较高的水准，再图超越很不容易。但2007—2008年北大哲学系竟有两位博士生要选王龙溪为题目，我在开题会上明确表示不赞成，理由就在这里。今年我收到两篇南方大学王阳明哲学的博士论文评审，完成的水平我都是不满意的。目前我国王阳明与阳明学的研究在很多方面已经达到很高水准，不是随便可以超越的。博士生选题一定要从已有研究的薄弱环节去寻求突破，论文才能有所创新。我国阳明学研究的格局也才能更加丰满。这个经验之谈希望引起指导教师和青年学子的重视。

国翔的王龙溪及阳明后学研究，如前所说，是我国阳明后学专人专书研究的先锋，其著作《良知学的展开》不仅达到了较高的水平，而且该书的出版在这个领域起了一定的带动作用。国翔此项研究还有一个特点，就是他的研究注重与台湾学界的交流，他在硕士阶段做的研究即在台湾学术刊物上发表，他的博士论文也是先在台湾印行，他在博士生期间还曾赴台湾访学，这使得他的研究不仅能够吸收台湾学界的相关成果，也使得他的研究在台湾学界广被认可和重视。近二十年来，台湾中国哲学研究的发展自有其限制，但我常常说，与国外汉学不同，台湾学界研究的平均水平较好，是我们研究的最好"他者"，与意识形态无关的文史哲类研究，若不能在台湾学界得到相应的评价和肯定，便值得认真反省。

国翔的这部研究王龙溪及阳明后学的书最初印行是在2003年，相比于我的关于王阳明哲学研究的书，不过相差十二年，但是在一定意义上可以说各自代表了两个世代。我的书完成了我的世代赋予我的研究王阳明哲学的使命，而国翔的书则承担了他的世代开启阳明后学研究并使之发展的使命，故他此书的出版也标志了我国阳明学研究的世代交替。我也期待，他在这个领域取得更多的创获、做出更多的成果。

　　国翔的书要出增订新版，我就拉杂地写了上面这些话，以为新序。

陈　来

2015 年 7 月 8 日于清华学堂

序

　　钱穆在其《宋明理学概述》中曾指出，南宋在朱熹之后，或述朱，或诤朱，总之不离朱熹为中心。而明代自王阳明之后，或述王，或诤王，要之不离王阳明为中心。历史事实的确如此。明代中期以后，虽然有朱学及其对王学的反动，但潮流所向，毕竟以王学为这一时期的主导思想。

　　王阳明死后，"王学"或"阳明学"流行天下；而派别的分异，也五花八门。这种情形与朱熹学派便不同，朱子死后，弟子虽各有其发展，但并未分裂为相互批评的流派。而阳明学派则不然，在黄宗羲的《明儒学案》中，把王阳明的诸弟子、后学分为八派，可谓不少。王门何以分歧为不同派别？究其原因，大致有以下几点：

　　其一，阳明一生学术变化较多，其高弟钱德洪说："先生（阳明）之学凡三变，其为教亦三变。少时驰骋于辞章；已而出入于二氏；继乃居夷处困，豁然有得于圣人之旨。是三变而至于道也。"这是说阳明早年经历了辞章之学、佛老之学，龙场悟道才归于儒家圣人之学，这是其"学"的三变。钱德洪又说王阳明自龙场后，"教"也曾经历三变："居贵阳时首于学者为知行合一之说；自滁阳后多教人静坐；江右以来始举致良知三字，直指本体，令学者言下有悟。是教亦三变也。"(《刻文录序说》)这是说阳明曾先后以"知行合一""静坐""致良知"等不同宗旨教人。由于阳明在不同时期的思想主张和教人宗旨不同,这就使得他的学生往往只继承和发展他的某一个时期的宗旨。

其二,阳明弟子及后学甚多,遍布大江南北。弟子及后学资性不同,所处社会阶层社会地位不同,每个人所面对的学术和人生问题不同,各个地区文化—思想传统不同,这些都是王学派别分异的原因。除了阳明少数亲炙弟子外,多数人都不是要做阳明学的纯正的学术继承人,而只是取其学说中的部分以解决自己身心的困惑,对治当时社会的问题。

其三,王阳明死前一年,在其出征广西前夕,曾在天泉桥上对其弟子钱德洪、王畿再三叮嘱,强调其晚年的宗旨为"四句教",即:"无善无恶心之体,有善有恶意之动,知善知恶是良知,为善去恶是格物。"此一史实,被称为"天泉证道"。宋明理学家尤其是心学一派,一向都根据孟子讲至善是心之体,王阳明本人也讲过至善是心之本体。然而,四句教的首句却说"无善无恶心之体",这究竟如何解释,四句教与"至善是心之本体"是同是异,王门弟子们对此意见不同,这也是造成后来王门分歧的重要原因之一。

在黄宗羲的《明儒学案》中,以《姚江学案》述王阳明的思想,王阳明生长于余姚,后虽迁居山阴,故家仍在余姚,所以以"姚江"称之。在《姚江学案》之后,黄宗羲立各"王门学案",叙述阳明门人及后学的思想:

> 浙中王门学案(一至五),述浙江的阳明弟子与后学。
> 江右王门学案(一至九),述江西的阳明弟子及后学。
> 南中王门学案(一至三),述江苏、安徽阳明弟子及后学。

楚中王门学案，述湖南、湖北阳明弟子及后学。

北方王门学案，述山东、河南等北方阳明弟子与后学。

粤闽王门学案，述广东、福建阳明弟子及后学。

以上六支，黄宗羲名为"王门学案"，意谓这六支派无论有何分别，但都属于王学的范围之内，而未曾超出王学的藩篱。在这六支而外，黄宗羲又立：

泰州学案（一至五），述王艮及其弟子、后学。

止修学案，述李材的思想。

王艮是江苏泰州人，王阳明晚年的学生，其弟子、后学则遍于各地，不限于泰州，黄宗羲以"泰州学案"统摄之。李材是江西人，本出于江右邹守益，后将阳明的良知说修正为"止修"说，故以"止修学案"述之。黄宗羲之所以不称这两支为"王门学案"，是因为他认为这两派已渐离阳明学的精神宗旨，已经突破于王学之外。黄宗羲的这种看法是正统派的看法，我们今天自不必以此种正统派看法为限。其实，无论从师承关系上说，还是把阳明学作为一个社会文化运动来看，泰州学派是没有理由不列为"王门学案"的；李材从江右转出，亦可列于江右之下。

黄宗羲的叙述方法，基本上是以地区来作分派的标准，这在叙述上虽然有方便处，但从思想上来看，颇欠清楚。如同属浙江学者，钱德洪与王畿就不同；同为江西学者，邹守益与聂双江又不同。而同一个泰州学派中，又有各个不同地区的学者。

有鉴于此，现代学者力求从思想上来划分王门的派别，其代表者有：

牟宗三将王学的发展分为三派：浙中派，在阳明的家乡，以王畿、钱德洪为代表；泰州派，在江苏，以王艮、罗汝芳为代表；江右派，在江西，以聂双江、罗洪先为代表。但此种划分，仍是以地域为主，其实浙中的钱、王思想有很大不同。

冈田武彦也将王门后学分为三派：现成派，以王畿为代表；修证派，以钱德洪为代表；归寂派，以聂双江为代表。此说不以地区，而以学术宗旨划分，是其所长，但将王畿与王艮同归于"现成派"，亦未尽妥。用刘宗周的话说，泰州的"现成"往往"参之以情识"，但绝不能说龙溪的"见在"是"参之以情识"。其实，王艮代表的泰州派应当是独立的一派。

还有一种以前颇流行的说法，把阳明死后的王学分为"左派"和"右派"：以王畿和泰州学派为"左派"王学，而以保守阳明学术、重视修证、靠近朱子学的学者为"右派"王学。主张者如岛田虔次的《朱子学与阳明学》。

把这些说法综合起来，我们认为王门后学的重要代表为：

钱德洪（绪山）、邹守益（东廓）代表的王学稳健派，可称"主修派"。王畿（龙溪）代表的无善无恶派，可称"主无派"。聂豹（双江）、罗洪先（念庵）的主静归寂派，可称"主静派"。王艮（心斋）、罗汝芳（近溪）的泰州学派，可称"自然派"。

钱德洪（1496—1574）在天泉证道时怀疑"无善无恶心之体"之说而主张"四有"，即主张心、意、知、物都不是无善无恶的。同门王畿则主张"四无"，当时王阳明说："汝中（王畿字）之见是我这里接利根人的，德洪之见是我这里为其次立法的，二君相取为用"（《传习录下》），又说："汝中须用德洪功夫，德洪须用汝中本体，二君相取为益，吾学更无遗念矣。"（《阳明年谱》，《阳明全书》三十四）可见钱德洪是重功夫的，而王畿是重本体的，钱是注重"修"的，而王是注重"悟"的。钱德洪主张在日用事物上识取本心，以"无欲""慎独"为修养的要旨。他批评王畿求先悟本体，是忽略了诚意；他批评聂双江主张归寂，是忽略了格物。他坚决反对"求悟""求寂"。所以黄宗羲评论说："龙溪（王畿）从见在悟其变动不居之体，先生（钱德洪）只于事上实心磨炼。故先生之彻悟不如龙溪，龙溪之修持不如先生。"（《明儒学案》《浙中王门学案一》）指出钱德洪的特点是在事上磨炼，在修持有力。邹守益（1491—1562）的基本思想主张是"戒慎恐惧所以致良知"，"学者只常常戒慎不离，无分寂感，一以贯之，此其为致良知而已"。"无分寂感"显然是针对"主静归寂派"讲的，而"戒慎恐惧"是强调存天理去人欲的功夫。黄宗羲认为："阳明之没，不失其传者，不得不以先生（邹守益）为宗子也。"（《明儒学案》《江右王门学案一》）

聂豹（1487—1563），自号双江。他晚年曾下狱，据记载："先生之学，狱中闲久静极，忽见此心真体，光明莹彻，万物皆备，乃喜曰：'此未发之中也，守是不失，天下之理，皆从此出矣。'乃出，与来学立静坐法，使之归寂以通感，执体以应用。"（《明儒学案》《江右王门学案二》）他的这种静坐中体见心体的经验，与陈献章相似，也由此而倡导"归寂"的静坐，推崇杨时、罗从彦、李侗的静中体认。他从主静的功夫，又提出"良知本寂"，即主张良知是未发，是静的，必须涵养，这才是致良知。他说："致知者，充满吾心虚灵本体之量，使之寂然不动"，也就是在静中养得此心寂然不动。罗洪先（1504—1564），嘉靖八年举进士第一，他与聂双江的归寂说"深相契合，谓双江所言，真是霹雳手段"。他认为知善知恶不是良知本体，要人反求根源，主静以复其本体，故主张"归摄于寂静"。他也认为致知是指"致良知者，致吾心之虚静而寂焉"，这些都与聂双江是一致的。他在五十岁后又由"归摄于寂静"而转为"彻悟与体仁"说，就不能详细介绍了。

王阳明在天泉证道的谈话表明，王学认为学问之道有两种方式，一种是从"本体"入手，一种是从"功夫"入手。"本体"这里是指心之本体，从本体入手是指对心之本体要有所"悟"。"功夫"指具体的修养努力，在意念上保养善念，克除恶念。这是"本体—功夫"之辨的基本分野。从王阳明四句教来看，他强调的"心之本体"的规定就是"无善无恶"，所以"悟"就是要悟到心体是"无"。

王畿（1498—1583），字汝中，别号龙溪。王畿赞成王阳明关于心之本体是无善无恶，关于要"悟"到心体的无的观点，而更加推展。他认为心体与意、知、物是体用的关系，心体无善无恶，则意、知、物也都应当是无善无恶的。所以他主张四句教后三句应改为"意即无善无恶之意，知即无善无恶之知，物即无善无恶之物"。这个思想是认为，如果能真正体悟"心体是无善无恶"的，即心体是无执著的，那么他的意念和知觉活动也就达到无执著了，而外部事物对他来说也就不存在什么根本的差别、不需要去进行什么计较了。这种看法王阳明称其为"四无说"。但是，从后来王龙溪思想的表达和发展来看，他更多的是关注于"良知"学说及其实践。

王畿曾对当时六派不同的良知看法提出批评，王畿所批评的"良知异见"（即关于良知的不同看法），就良知的问题而言，大体上是两个方面的思想：一个方面的意见是反对率任现成良知，认为率任现成良知会走向以情欲为良知的弊病。主静、主修派都是以不同方式来解决这个问题。另一方面则是夸大良知的现成的完满性，把主张良知的现成和主张克除私欲对立起来，认为只要依从现成良知，不必区分良知和情欲。这后一方面，主要是泰州学派。

刘宗周（1578—1645），字起东，号念台，学者称为蕺山先生。

刘宗周晚年说："辨说日繁，支离转甚，浸流而为词章。于是阳明子起而救之以良知，一时唤醒沉迷如长夜之诞，则吾道又一觉也。今天下争言良知矣，及其蔽也，猖狂者参之以情识，而一是皆良；超洁者荡之以虚玄，而夷良于贼，亦用知之过也。"（《全书》卷六《证学杂解》二十五）这是说，明末时良知学说已经流行于天下，但在王学内部产生了两种流弊，一种是"猖狂"，一种是"玄虚"。猖狂者把一切情识都说成是良知，玄虚者把佛道的虚无思想引入良知。这两派也就是我们前面所说的"自然派"和"主无派"。刘宗周以及其他晚明思想正是面对这两派的影响而发展起来的。

唐君毅指出："依蕺山之旨以评二溪之学，则可谓此龙溪之学，教人参一无善无恶之灵明，即教人欣慕一虚空玄漠之境，而使人不脱欣厌心，此亦即致良知而'荡之以虚玄'也。至于近溪之教人于日用常行中，随处见天德良知，而不知人之日用常行，恒是真妄混糅，良知与情识夹杂俱流。则此所见之天德良知即成'参之以情识'之天德良知矣。"（《原教篇》，470 页）"玄虚"之责确指王龙溪一派，而"猖狂"之责当泛指王门后学以情识为良知的流弊。

明末大儒观察中晚明阳明学，皆以泰州、龙溪两派为主流，如刘宗周以为"王门有心斋、龙溪，学皆尊悟，世称二王"（《明儒学案》师说）。黄宗羲言："阳明先生之学，有泰州、龙溪而风行天下，亦因泰州、龙溪而渐失其传。"（《明儒学案》泰州学案案语）无论"二王"或"二溪"哪种提法，都凸显了王龙溪和泰州学派在当时的重要地位和影响。

不过，就刘宗周所指陈的二溪的弊病而言，所谓龙溪的"荡之以虚玄"，也就是其四无之说，本来源自阳明。只是龙溪将此提揭过重，流传影响所及，不免有所偏。而所说泰州的"参之以情识"，则是指以感性情欲为良知，这就无论如何也不能归入阳明学正统了。另外，泰州学派在儒学的社会实践特别是社会化的方面发挥了重要作用，但就阳明学作为一种义理的话语而言，作为一种理论体系而言，特别在知识阶层中，在嘉靖时代仍是以王龙溪、钱绪山为中心，其中又尤以王龙溪为核心。而且，就与阳明的亲近关系来说，心斋也是不能与龙溪相比的。所以，就阳明学作为一种良知学的话语运动和理论系统而言，在王阳明死后，王龙溪无疑是处在当时阳明学运动中最重要的位置，从而这一时期阳明学发展的成绩与弊病也就不能不与他都有直接关联。也因此，研究王龙溪哲学及以其为中心所展开的各种讨论，对深入理解中晚明阳明学的发展，有着不言而喻的重要性。

彭君国翔自 1995 年考入北京大学哲学系作研究生以来，先后攻读硕士学位和博士学位。彭君在硕士生入学之前，已较为深入地学习、阅读过海内外大量有关中国哲学的学术著作，所以他中国哲学方面的基础比其同期的同学明显高出一筹。他在入学之后，学习非常勤奋，进步很快，成绩优异，显示出明显的学术发展潜力，成为同学之中的佼佼者。他在攻读硕士期间，利用北京大学图书馆的善本《龙溪会语》，补充了通行本王龙溪文集所没有的许多材料，并撰写了王龙溪年谱，这些工作都达到了较高的学术水平。他的硕士论文"王龙溪的先天学及其定位"也得到了海内外学者的肯定和赞许。彭君基础扎实，知识面广，外语较好，学术视野宽，一心以学术研究为己任，在学术发展上是很有前途的。

他的博士论文《王龙溪与中晚明阳明学的展开》，以中晚明阳明学最重要的思想家王龙溪的哲学研究为主体，并结合中晚明思想界以王龙溪为中心所展开的各种辩论，进而深入于整个中晚明阳明学的问题意识和发展脉络，论文选题具有重要的理论意义。论文在资料收集方面相当用力，对国内外本领域的研究状况了解充分。在方法上，自觉吸收了西方哲学、宗教学的有关理论资源，使得论文的写作在问题意识和学术视野上均处于前沿。论文不仅在王龙溪个人思想资料的掌握上已居学界领先水平，关于整个中晚明阳明学的原始典籍和研究文献，所掌握亦极广泛。故论文引证广博，运用资料翔实，思考的方面甚广，显示作者具有很宽的学术研究视野。论文结构合理，文字流畅，线索清晰，在写作的规范化方面亦堪称佳作。论文尤为突出的特点是思想讨论的深入，理论分析能发前人所未发，提出不少创新的观点，体现出作者已经具有很强的从事创造性研究的能力。这些方面，使得作者对王龙溪与中晚明阳明学的研究，不论在整体上还是在部分上，不论在资料上还是在分析上，都达到了很高的学术水平，填补了我国学术界以往研究的空白。在所处理的课题范围内，论文所达到的深度和广度都给人以深刻印象。

现在，这部论文已修改为专书，我希望，作者以此为开始，在中国哲学研究方面，继续取得更多的成果。

陈　来

2002 年 1 月 7 日

第 **1** 章

导 论

一 意义与对象

如果我们不妨将清代以前的中国称为传统社会的话，那么，传统中国儒学发展的理论巅峰无疑是宋明理学。而就宋明理学来说，明代以阳明学为中心的儒学又可谓其结穴。陶望龄（字周望，号石篑，1562—1609）曾说："我朝别无一事可与唐、宋人争衡，所可跨跱其上者，惟此种学问，出于儒绅中，为尤奇伟耳。"（《歇庵集》卷十五《与何越观六首》第三首）黄宗羲（字太冲，号南雷，称梨洲先生，1610—1695）亦云："尝谓有明文章、事功，皆不及前代，独于理学，前代之所不及也。牛毛茧丝，无不辨析，真能发先儒之所未发。"（《明儒学案发凡》）事实上，此前王畿（字汝中，号龙溪，1498—1583）便曾经指出："愚谓我朝理学，开端还是白沙，至先师而大明。"（《王龙溪先生全集》卷十《复颜冲宇》❶）黄宗羲对龙溪虽多有批评，但在这一点上却认同其说，认为"有明之学，至白沙始

---

❶ 本书所用《王龙溪先生全集》为道光二年莫晋重刻万历十六年萧良榦刻本。以下引用《王龙溪先生全集》除另有说明外均用该本并简称《全集》。

入精微。……至阳明而后大"。(《明儒学案》卷五《白沙学案上》)并且，这并非只是王龙溪、黄宗羲等理学内部人士的私见。在黄宗羲之前，晚明佛教四大师之一的藕益智旭（1599—1655）也有过同样的看法，所谓"余尝谓明朝功业之士，远不及汉、唐、宋，理学则大过之。阳明一人，直续孔颜心脉"。(《灵峰宗论》卷六十四《西方合论序》) 由此可见，陶望龄所谓的学问、黄宗羲所谓的明代理学，确切而言主要是指明代的阳明学。阳明学之所以能够达到如此的高度，不仅由于通过了朱子学而别开生面，而且是自觉在儒家基本立场上对佛道二教智慧融通淘汰的结果。此外，不同阳明学者之间的诸多辩难与攻错，无疑也是推动阳明学日益精微深入的内在动力。

修于清初的《明史·儒林传》，所持的是朱子学的立场，故而对阳明学持批判的态度，但其中也指出了阳明学在中晚明思想界的影响已远在朱子学之上。所谓"宗守仁者曰姚江之学，别立宗旨，显与朱子背驰，门徒遍天下，流传逾百年，其教大行，其弊滋甚。嘉、隆以后，笃信程朱，不迁异说者，无复几人矣"。(《明史》卷二百八十二) 除了在知识精英中广为流传之外，由于阳明学者在民间各地的讲学活动，作为一股时代思潮，阳明学还深入社会，在一定程度上为当时文学运动的发展和民间宗教的兴盛提供了思想基础。当然，即使在阳明学最盛的隆庆、万历年间，阳明学在士大夫阶层主导的思想界其实并未一统天下，更始终没有取代朱子学的官方意识形态地位。❶ 像顾炎武（字宁人，称亭林先生，1613—1682）

---

❶ 事实上，阳明学自兴起之初便始终受到来自于官方意识形态以及其他儒家学派的压力而不得不以私学的形式存在。如果从祀孔庙可以作为传统社会中获得儒家正统地位的标志，那么从万历二年到十二年有关阳明从祀的十年争议，便鲜明地反映了阳明学在中晚明整个思想界和意识形态中的挣扎。关于阳明从祀一事所引发的争论以及所反映的问题，参见 Chu Hung-lam, The Debate Over Recognition of Wang Yang-ming, *Harvard Journal of Asiatic Studies* 48，1（1988），pp. 47—70。

及清初颜元（字易直，号浑然，称习斋先生，1635—1704）、戴震（字慎修，又字东原，1723—1777）等人那样将明亡的责任推给阳明学，也不免偏激而过分放大了阳明学的作用。但无论如何，阳明学和政治、经济等各方面的因素交织在一起，的确对中晚明的思想和社会产生了广泛而深远的影响。因此，如果以明代中后期的历史为研究对象，即便是哲学、思想史之外的其他专业领域，恐怕均不免要将阳明学的因素考虑在内。

作为宋明理学的两大基本系统之一，阳明学和朱子学一样，早已不再是一个专属中国本土的概念。除了对明代的思想和社会产生过直接重要的影响之外，对于整个东亚地区基本价值观的塑造，阳明学也做出了不可磨灭的贡献。迄今为止，日本从禅僧了庵桂悟（1425—1514）最初接触到阳明学，经过中江藤树（1608—1648）的创立，三轮执斋（1669—1744）的中兴，一直到近代左藤一斋（1772—1859）、大盐中斋（1794—1837）所开辟的包括左久间象山（1811—1864）、吉田松阴（1830—1859）等人在内的近世阳明学，早已形成了日本特色的阳明学传统。❶韩国朝鲜时代的儒学虽始终以朱子学为正统，但从柳成龙（1542—1607）最早接触到王阳明的著作，经南彦经（1528—1574）、李瑶等人的推动，到崔鸣吉（1586—1647），尤其是郑齐斗（霞谷，

---

❶ 日本阳明学的情况可参考（一）山下龙二在《阳明学大系》（宇野哲人、安冈正笃监修，荒木见悟、冈田武彦、山下龙二、山井涌编集，东京：明德出版社，1972）第一卷《阳明学入门》中所撰的 "日本的阳明学"；（二）朱谦之：《日本的古学及阳明学》（上海：上海人民出版社，1962）；（三）高濑武次郎：《日本的阳明学》（铁华书院，1989）。阳明学对日本的影响，可参考戴瑞坤：《阳明学说对日本的影响》（台北：中国文化大学出版部，1981）。中日两国阳明学的差异，可参考张君劢：《比较中日阳明学》（台北：中华文化事业出版委员会，1955）。

1649—1736），阳明学也逐渐形成了以家学为形式的学派。[1] 而无论日本还是韩国，阳明学都是其近代化过程中尤为重要的精神资源。阳明学在日本幕末时代所发挥的对于近代化的接引作用自不待言，即便在朱子学始终占据主导地位的韩国，朝鲜时代后期作为近代化发端的"实学思想"与"西化派"的发展，也更多的是从阳明学中汲取了动力来源。[2]

另外，在中国本土，儒学虽经历了从清末经"五四""打倒孔家店"到"文革"、"河殇"的全面解构，但其现代命运，却并未如当初列文森（Levenson）所预计的那样，仅获得了"博物馆化"的保存。[3] 反而从极端反儒学思潮得到普遍认可的 20 世纪 20 年代，便已经开启了现代新儒学发展的端绪。迄今为止，现代新儒学尽管主要还是以"学统"的方式开展，但在经历了生死存亡的历史浩劫之后能够生机不断、薪火相传，显然为重建中华民族的精神气质积蓄了力量。将现代新儒学视为宋明理学的回响，自然未免过于简单，但宋明理学的确是现代新儒家们在传统方面的主要精神资粮。并且，尽管朱子学与阳明学的区分对于现代新儒学的进一步发展或许已并无太大的意义，但至少就发生学的角度而言，仍然是阳明学而非朱子学，更多地构成了现代新儒家精神传统的主要凭藉。第三期儒学的开展如果不只具备时间推移的意义，而更多地意味着从东亚走向世界的空间性拓展的话，其原动力依然可以说来自于阳明学的

---

[1] 韩国阳明学的情况可参考（一）郑德熙：《阳明学对韩国的影响》（台北：文史哲出版社，1988）；（二）阿部吉雄在《阳明学大系》第一卷《阳明学入门》中所撰的"朝鲜的阳明学"。

[2] 柳承国：《韩国儒学史》，傅济功译（台北：台湾商务印书馆，1989），页 160—161。

[3] Joseph P. Levenson, *Confucian China and Its Modern Fate: A Trilogy*. Berkeley: University of California Press, 1968. 该书中译本有郑大华、任菁译：《儒教中国及其现代命运》（北京：中国社会科学出版社，2000）。

传统。因此，深入发掘阳明学的多方面内涵，既是中国哲学、思想史研究领域本身一项不可或缺的重要内容，也是中国现代化研究不可忽略的一个方面，对于世界范围内多元价值的沟通发展，也无疑会有所贡献。

既然阳明学早已在日本、韩国等地形成了相对独立的传统，广义的阳明学，当然包括中国、日本、韩国以及其他地区的阳明学传统。但中国明代由王阳明及其门人、后学所形成的传统，无疑构成了阳明学的主体。而这一主体除了王阳明个人的思想之外，在相当程度上显然还包括中晚明由阳明众多弟子、后学在阳明思想基础上对儒学各种观念、命题进一步讨论所形成的各种论说，或者说王门诸子及其后学的各种思想理论。本书所谓中晚明的阳明学，即指此而言。当然，鉴于当时兼师多人的现象并不罕见，如阳明与湛若水（字元明，号甘泉，1466—1560）的弟子、门下便互有出入，因此所谓阳明后学就应当是一个相对宽泛的概念。即便与王门并无直接师承关系，但却与王门之人多有往来，并直接参与到阳明学的相关讨论之中，从而对推动阳明学发展有所贡献的儒家学者，在相关问题上也不当落于中晚明阳明学的考察范围之外。

二　目标与取径

即便我们将本书阳明学的研究限制在中晚明，中晚明的阳明学仍然是一个内涵非常丰富、论域相当广阔的研究领域。

由于朱子对于儒家基本经典如四书权威地位的确定，为整个宋明理学的话语展开设定了基本脉络，而王阳明的良知教又是在同朱子的对话过程中基于对《大学》等儒家经典的重新诠释，中晚明围绕阳明思想的讨论便自然导致《大学》等儒家经典本身所涵内容的进一步繁衍。同时，由于中晚明儒释道三教融合的日益深化，以及阳明本人对于佛道二教的主动吸纳，围绕阳明思想的讨论也广泛涉及了佛道两家的思想。因此，中晚明阳明学的展开，尽管相当程度上是在阳明良知教的话语形式之下，但其中既有阳明思想所涵各种端绪的展开，也有对儒学经典中基本观念的不同于阳明的理解，还包括对佛道二教思想的批判、诠释和吸收。如果说中国的阳明学构成了东亚其他地区阳明学传统的渊源，那么，东亚包括日本、韩国等地区的阳明学，也绝非仅以阳明个人的思想为凭藉。事实上，中晚明许多阳明学者的学说，都是这些地区阳明学重要的思想资源。譬如日本阳明学开创者中江藤树所受的直接影响，恰恰并非阳明而是龙溪，而这对于日本阳明学的发展，实非无足轻重。[1]

至少在国内学界，阳明后学往往不被视为一流的思想家，似乎不值得进行深入的专门研究。其实，某个人物是否称得上一流的思想家，或者其思想中是否存在有价值和原创性的东西，是要在我们有了较为全面与深入的研究之后才能够加以判断的。历史上一些重要的思想家，之所以会有经历受忽略之后再被重视的现象，常常是以往研究不够所致。而如果我们不能在深化既有研究成果的基础上不断开辟新的研究领域和研究取径，便很难突破既定的一些"典范"（paradigms），从而在学术、思想上真正有所建立。事实上，中晚明的阳明学既非只是阳明思想的余续，当时诸多阳明学者更不应当仅仅被作为王阳明到清初诸大儒之间二三流的过渡人物，他们思

---

❶ 楠本正继：《宋明时代儒学思想の研究》（广池学园出版部，1962），页487。

想蕴涵的丰富性皆足以分别从事专门的个案或专题研究。并且，阳明学虽然起源于王阳明，但其作为一个学派和时代思潮在社会上发挥广泛与深远的影响，却更多地要归功于阳明第一二代的门人弟子。[1]如果说以往研究薄弱的主要原因之一在于他们的文献资料多散佚而"文献不足征"的话，那么，现有相关古籍整理的成果在相当程度上已经可以使我们不必再受制于《明儒学案》等选编资料的限制。如《续修四库全书》、《四库全书存目丛书》等大型古文献资料的出版，都为我们的进一步研究提供了便利。

当然，就整个中晚明阳明学的研究而言，理想的状态是尽可能全面地对每一位中晚明的阳明学者进行深入的专门研究，然后再一以贯之。如此在了解了每一株树木的基础上观察森林的整体，在穿越了森林之后再鸟瞰整个森林，便显然不会"误认天上的浮云为地平线上的树林"（mistake some clouds in the sky to be forests on the horizon），[2]也自然不会导致大而化之的通泛之论。但是，那样的研究显非一人一时所能成就，并且，具体人物的个案研究与思想史的阶段发展，以及该阶段内问题的观察和理路的探究，也难免视域和方法上的差异甚至冲突。因此，如何既能够在中晚明阳明学的整体脉络中去从事深入的个案研究，以便"得其环中"而超越"见木不见林"的狭隘，又能够在把握这一阶段阳明学的主要问题意识所在及其走向的同时，避免将其化约为忽略

---

❶ 从社会史角度研究阳明学作为一个学派的建构与发展。可参考吕妙芬："阳明学派的建构与发展"，新竹：《清华学报》新二十九卷，第二期，1999 年 6 月，页 167—203。

❷ 这是杨联陞先生 1960 年主持华盛顿大学中美学术合作会议发言中的话，是针对美国学者研究中国史不基于历史材料而过于发挥其想象力的现象所发。见萧公权：《问学谏往录》（台北：传记文学出版社，1972），页 223—224。其实，不基于历史材料而过于发挥想象力的情况，在国人自己的研究中亦并非不存在。杨先生的批评，应当引起我们广泛的重视。

思想史丰富性的主观推演与单纯逻辑建构，便是本书的运思方向以及希望达成的目标。

研究中晚明的阳明学，有不同的取径。可以进行宏观的整体性考察，也可以从事微观的个案研究；可以以某位阳明学的人物为对象，也可以检讨某些阳明学所包含的基本问题。但所谓"横看成岭侧成峰，远近高低各不同"，不同的取径各有其视域和盲点。选择怎样的研究取径，无疑取决于研究的目标。因此，本书以中晚明阳明学的核心人物王龙溪为中心，首先全面、深入地检讨其思想，在此基础上再透视中晚明阳明学所关注的主要问题，对这些问题的发展演变进行历史的考察与理论的解析。需要说明的是，在以整个中晚明的阳明学为基本考察对象的前提下选择龙溪为透视的焦点，以及在以龙溪思想本身为基本考察对象的前提下讨论龙溪思想在中晚明阳明学中的意义与定位，无疑都需要以龙溪的思想为中心，但这两者的基本目标显然有所差别，由此而来在论述角度、方式上也自然会有所不同。而既然本书的致思方向和研究目标是前者，与之相应，所采取的便是将人物个案研究与阶段性的哲学史研究相结合这一"点""面"兼顾的取径。

王龙溪是阳明的同郡宗亲，少年即颇负才名，但起初并不喜理学，甚至"每见方巾中衣往来讲学者，窃骂之"。(《明儒学案》卷十九《江右王门学案四》)阳明为了纳龙溪于门下，竟使弟子魏良器设局以诱，成为理学史上罕见的一幕。[1]龙溪颖悟过人，及门之后颇得阳明赏识，很快成为阳明讲学的主要得力助手。[2]三十岁天泉证

---

[1] 阳明诱龙溪入门的记载，见（一）袁宗道：《白苏斋类集》卷二十二《杂说》；（二）黄宗羲：《明儒学案》卷十九《江右王门学案四》（北京：中华书局，1985），页465。

[2] 徐阶：《王龙溪先生传》载："其后文成之门，来学者益众，文成不能遍指授，则嘱公（龙溪）与钱公（钱绪山）等高第弟子分教之。公性夷宽厚，其与人言，或未身契，从容譬晓，不厌反复。士多乐从公，而其兴起者，亦视诸君子为倍。"

道时以其四无之说揭示出阳明四句教所隐含的"向上一机"，得到阳明印可，被许为"天机发泄"。阳明身后更以其无碍的辩才成为推动阳明学发展的中心人物。❶龙溪始终无意仕途，除了短暂的为官经历之外，一生精力用于讲学，足迹遍布大江南北，八十多岁仍不废出游。在中晚明的思想界，不但围绕阳明学的诸多辩难均与龙溪直接相关，在当时三教融合的背景下，龙溪还更为深入地对佛道二教进行了判摄与融通，有"三教宗盟"之称，也因之成为有关儒释之辨的最富争议性的人物之一。❷

龙溪居于中晚明阳明学发展的核心地位，关键在于其思想内容的涵盖性足以反映中晚明阳明学的主要问题意识。因此，尽管中晚明阳明学问题意识的历史演化并非龙溪思想所能够完全容纳，更不等于其思想各个方面的同质展开，但是就满足我们的致思方向和达成我们的研究目标而言，以龙溪的思想为契入点，在对其思想进行深入研究的基础上，再扩展到对中晚明阳明学基本问题的观察，显然是极佳的选择。由于这一选择的合理性来自中晚明阳明学的脉络本身，当我们以之"还治"中晚明的阳明学时，便自然应当具备相当的有效性。当然，我们的这种研究取径仍然不能保证囊括中晚明阳明学的所有问题，甚至是龙溪思想本身的某些方面，譬如其以良知诠释易道的易

---

❶ 唐顺之在为林东城写的墓志铭中回忆说："是时缙绅之士以讲学会于京师者数十人，其聪明解悟能发挥师说者，则多推山阴王君汝中。"见唐鼎元：《明唐荆川先生年谱》（唐肯仿宋排印本，1939）。而王门之外的何良俊也曾说："阳明先生之学，今遍行宇内。其门弟子甚众，都好讲学，然皆粘带缠绕不能脱洒，故于人意见无所发明。独王龙溪之言，玲珑透彻，令人极有感动处。余未尝与之交，不知其力行何如，若论其辩才无碍，真得阳明牙后慧者也。"见何良俊：《四友斋丛说》卷四（北京：中华书局，1997）。由此可见，龙溪过人的理论辨析能力在当时已广为人知。
❷ 由于笔者已有龙溪年谱之作，在此对龙溪的生平不再赘述。参见本书附录《王龙溪先生年谱》。

学思想，●对晚明文坛产生相当影响的文学思想，●也无法在本书中得以反映。毕竟，无论有多么高度的整合性，无论结合怎样不同的研究取径，一项具体的研究总要有其焦点意识与相应的理路，否则必难免"如游骑之入大军而无所归"（朱子语）。并且，不分轻重的面面俱到本来并非我们追求的目标，而对于笔者整个中晚明阳明学的研究计划来说，本书不可能也不打算"毕其功于一役"。

就像阳明学早已不再是仅属于中国的思想学说一样，阳明学研究也早已形成了一个国际性的学术社群。即便是中晚明的阳明学，目前同样已成为海内外不少学者共同关注的一项共业。只有对世界范围内阳明学研究的状况尽可能予以全面与深入的了解和吸收，才能在现有的基础上使阳明学研究得到真正的深化与推进。但笔者不拟在绪论部分专门对海内外阳明学的研究状况予以介绍，●而是力图

● 龙溪的易学思想除了见于其专门解释六十四卦《大象》文的《大象义述》专著之外，还散见于《全集》的卷八的《先天后天解义》、《河图洛书解义》、《易与天地准一章大旨》、《艮止精一之旨》、《天根月窟说》，卷十五的《易测授张叔学》、《图书先后天跋语》，卷十七的《太极亭记》、《学易说》、《藏密轩说》等。而关于龙溪易学思想的研究，可参考（一）永富青地："王畿の易学と丁宾——大象义述を中心として"，《东洋の思想と宗教》第 6 号，1989；（二）朱伯崑：《易学哲学史》第三卷第三节"明代心学的易学哲学"中"王畿的易说"部分（北京：华夏出版社，1995），页 222—247；（三）佐藤炼太郎："王畿の易解释について"，《阳明学》第 10 号，1998。

● 龙溪的文学思想虽然可以说只是其良知理论的延伸，但对中晚明的文学界影响颇深。如唐顺之、王慎中、徐渭、李贽等文坛大家均直接受到龙溪的影响。参见左东岭：《李贽与晚明文学思潮》（天津人民出版社，1997）。

● 西方阳明学研究的状况，参见陈荣捷："欧美之阳明学"，收入陈荣捷：《王阳明与禅》（台北：台湾学生书局，1984），页 149—179。该文对自有阳明学研究起始以迄 20 世纪 80 年代初欧美阳明学研究的状况有分门别类的详细介绍。中日两国阳明学 20 世纪 80 年代以往的研究情况，参见戴瑞坤："阳明学研究目录"，载氏著《阳明学汉学研究论集》（台北：台湾学生书局，1988）。中国大陆阳明学的研究情况，参见 Peng Guoxiang, "Contemporary Chinese Studies of Wang Yang-ming and His Followers in Mainland China", *Dao: Journal of comparative Philosophy*, Vol.11, No.2, June 2003, pp.311–329; 彭国翔："当代中国的阳明学研究：1930—2003"，《哲学史》，2004年第 1 期，页 200—220。

将了解与吸收体现于本书的具体内容之中。这当然一方面是由于已有专文以及专书介绍海内外阳明学研究的状况与文献目录，但更为重要的原因在于：无疑，了解前贤研究成果只有在进一步提升现有研究水准的情况下才更有意义，而即使是对学界研究状况极为全面的综述与介绍，也毕竟不等于真正深入的理解和消化。事实上，研究意义的了解、对象的设定、目标的确立与取径的选择，本身便在相当程度上能够反映研究者对现有研究状况的掌握程度，而整个研究的成果如何，更是反映研究者是否真正消化吸收了既有研究成果而能"更进一步"的最终判准。

三　线索与脉络

中晚明的阳明学是在与朱子学、佛道二教的充分互动以及内部王门弟子后学之间不同观点的讨论与辩难中，使自身的丰富蕴涵得以充分展开的，王龙溪的思想便尤为鲜明地体现了这一点。

阳明学的发展，有三条基本的线索：一是以"心即理"的命题消解天人之间的紧张，以对良知的自信取代对天理的遵从，高扬道德主体性。这主要是通过对朱子学的反动而逐渐展开的；二是站在儒家万物一体的基本立场上吸纳佛道两家"无"的心灵智慧，彰显并扩展了儒家道德主体本身所蕴涵的"毋意必固我"的境界向度。这主要是通过不断融摄佛道二教逐渐形成的。三是阳明身后，在其门人与后学之间围绕良知本体与致良知工夫所展开的不同论说的互动与攻错。就阳明之后中晚明阳明学的展开而言，尽管以第三条线索的发展为主，但是，前两条线索不仅统一于阳明良知观念而构成阳明个人思想的二重向度，[1]由于"致良知一语，惜阳明发此于晚年，未及与学者深究其旨"，还贯穿于整个中晚明阳明学展开过程的始终，成为第三条线索的主要内容。因此，这三条发展线索并非互不相关，而是紧密交织在一起的。

由于阳明学在兴起之初主要在于回应朱子学所产生的问题，因而阳明对佛道两家的兴趣和吸收虽潜伏于其思想之中，却并未显题化。只是随着阳明学派的形成并与朱子学渐成抗衡之势，在晚年居越以后达到"时时知是知非，时时无是无非"之化境的情况下，阳明吸收佛道"无"的智慧这一主题方格外显露，并在四句教首句"无善无恶心之体"中获得了最为凝练的表达。当然，这种不同时期轻重的转换，并不意味着阳明的两个基本向度表现为前后两个不同的阶段。事实上，与朱子学和佛道的互动始终是相互关联而交织在一起的。

尽管"无善无恶"的思想并非于四句教中首次表达，但作为阳明晚年定论的四句教所指向的"有无之境"，特别是"无"的意义以及"有"与"无"二者之间的关系，毕竟由于文体的限制和阳明的早逝而留下了各种诠释和发展的空间。龙溪思想的主要方面，就在于对此做出进一步的发挥。中晚明阳明学的许多问题意识和相关辩难，也由此衍生。如果说四句教标志着阳明思想的结束，四无论则意味着龙溪独立运思的开始。而从天泉证道到严滩问答再到南浦请益，所显示的委实是从阳明到龙溪的一脉相承和发展。龙溪有云："我忝师门一唯参"（《全集》卷十八《袭封行》），[2]"师门致良知

---

❶ 陈来先生曾经指出："在阳明的整个思想中一直有两条线索，一是诚意格物到致良知的强化儒家伦理主体性的路线，另一条是如何把佛道的境界与智慧吸收进来，以充实生存的主体性的路线，而这两条线索最后都在'良知'上归宗。"见陈来：《有无之境——王阳明哲学的精神》（北京：人民出版社，1991），页222。

❷ 这是龙溪在阳明之子正億北上承袭封爵时所作《袭封行》中的话，所谓"我忝师门一唯参，心诀传我我传君"。

三字，人孰不闻，唯我信得及。"(《全集》卷十五《遗言付应斌应吉儿》)这不仅仅是龙溪笃于自信的自我肯认，更有哲学、思想史客观的学理依据。黄宗羲限于当时思想界对禅学的忌讳，对龙溪思想的了解不够客观，因此也无法尽其精微，但所谓"文成之后不能无龙溪，……而先生（龙溪）疏河导源，于文成之学，固多所发明也"，(《明儒学案》卷十一《浙中王门学案二》)倒也看到龙溪之于阳明，思想上有新的进境。

一方面，龙溪继续高扬良知的宗旨，将"性"、"天"、"理"这些更多具有客观意义的观念完全收摄于良知心体主观的"灵明"之中，以之为宇宙论、存有论意义上的终极实在。如果说在儒家正统异端之辨的传统下，阳明对佛道思想的吸取尚不得不在批判的大节目下"暗度陈仓"的话，龙溪则较之阳明更为正面、全面地融摄了佛道二教对于"虚无空寂"之心灵境界向度的专属权，并将其展开为儒家良知心体本身的作用形式。此外，在严格区分良知与知识的同时，龙溪又在"见在良知"的观念中将道德主体性发挥到极致，最终将良知推到了信仰对象的高度。以良知观为基础，龙溪从阳明"诚意"工夫论所隐含的问题出发，首先提出了其实颇能够反映中晚明阳明学工夫论总体倾向的先天正心之学，进而在晚年将其更纳入到"一念之微"的一体两套工夫论中。而龙溪的四无论，正是透过"无心之心"的"藏密"、"无知之知"的"体寂"、"无意之意"的"应圆"以及"无物之物"的"用神"，从而将四句教"有无合一"的存有系列和终极化境展露无遗，最终建构了一个儒家"一心开二门"的义理架构，使阳明四句教中所蕴涵的义理规模得以彰显。

另一方面，在中晚明三教融合的思想与社会背景下，龙溪将儒学传统中正统与异端之辨的重点从儒释之间相对地转换到了儒学内部。同时，龙溪还以良知观念为宗旨，既通过有关"主神与主气"、"修性与修命"、"养德与养生"以及"息"与"调息"等问题的分疏，对道教诸多观念与命题作出了儒家心学意义上的论证，又通过"祸福善恶"、"因果报应"和"生死轮回"这些观念的论述，对佛教思想的许多基本方面进行了儒家意义上的诠释。从而在儒家本位的三教一源论这一言说情境中，既充分建构了儒家"有无合一"的良知教规模，也明确了儒释之辨根本的理论分际和龙溪儒家身份的自我认同。事实上，就像从"无善无恶心之体"所展开的四无论所显示的那样，对龙溪而言，高扬道德主体性以及在此基础上对佛道二教"无"之智慧的充分吸收，本来就是儒家思想自我展开的一体两面。

中晚明阳明学基本的问题意识在龙溪的思想中均有反映，这是我们全面深入研究龙溪思想以为"取样"个案的原因所在。但只有在中晚明诸多阳明学者之间"牛毛茧丝"的精微辨析中，这些问题意识方得以充分展开，并最终显示出中晚明阳明学所蕴涵的多元形态和不同取向。同时，对中晚明阳明学基本问题的进一步检讨，又可以展示龙溪思想存在与发展的脉络，从而反过来深化对龙溪思想本身的理解。

本体与工夫可以说是整个宋明理学的基本范畴，中晚明阳明学的展开，也正是以本体与工夫之辨为基本的骨干。阳明身后学者对良知观念的不同理解，即龙溪所谓的各种"良知异见"，以及在追求究竟工夫这一一致目标下由于背后思维方式不同所产生的各种工夫论说，都是本体与工夫之辨的直接表现。而知识之辨、现成良知之辨、无善无恶之辨以及格物工夫之辨，也都是本体与工夫之辨的进一步展开。并且，这一系列问题的讨论与辩难，各自既有其历史的发展过程，又有其特定的理论内涵。

就不同的良知观和致良知工夫论而言，差异的产生既可能源自阳明思想内在的问题与紧张，❶也可以在于学者对阳明不同时期教法的见闻所得和个人资性的差别，所谓"得于所见所闻，未免各以性之所近为学"。(《全集》卷二《滁阳会语》)还可能由于针对当时各种弊病而对阳明思想不同侧面的着意发展。而朱子学不同于阳明的思维方式，作为当时学者长期以来"习焉而不察"的"前见"（Vorurteil），❷其实无形中更是使一些自以为已经接受了阳明思想的学者在理解良知本体与致良知工夫时产生新的变项（varieties）的深层原因。对良知的不同理解和工夫论的差别构成了有关良知与知识、现成良知、无善无恶以及格物这一系列讨论的基础，而后者则使得中晚明阳明学的发展更加从一种阳明学内部不同论说的攻错，扩展为在儒释道三教深层互动过程中儒家思想的深化和丰富。

　　在理学传统区分"德性之知"与"闻见之知"以及"尊德性"和"道问学"聚讼不已的背景下，知识之辨自然首先聚焦了阳明学与朱子学基本取向的差异，但更值得注意的是，尽管内部不无分殊，以龙溪为代表的中晚明阳明学在该问题上的总体倾向，是在明确道德与知识异质性的前提下弱化甚至剔除儒学本有的知性因素而单方面突显德性。这既强化了"人皆可以为尧舜"的可能性，从而为中晚明儒学的宗教化奠定了基础，同时也引出了从整体上反思究竟什么才是儒学传统所追求的圣人人格这一基本问题。

　　同样是以龙溪为中心，围绕现成良知和无善无恶的辩难，构

---

❶　杨国荣：《王学通论——从王阳明到熊十力》（上海：上海人民出版社，1990）；《心学之思——王阳明哲学的阐释》（北京：生活·读书·新知三联书店，1997）。

❷　加达默尔（Hans-Georg Gadamer）在其《真理与方法》第二部分曾经指出过前见对于理解与诠释的重要性，尤其指出了权威和传统作为前见的意义。参见加达默尔：《真理与方法》（上卷），洪汉鼎译（上海人民出版社，1999），页 341—365。阳明学产生之时，早已与科举制结合在一起的朱子学无疑正是以权威和传统的方式存在着。

成中晚明阳明学本体工夫之辨的另外两个基本问题。如果说包括阳明学在内整个理学话语的最终指向不外是圣人之境的话，那么，就阳明学而言，良知无疑既是通往圣人之境的起点和根据，又是终点和目标。这是所有阳明学者一致认同的。但是，作为起点和根据的良知与作为终点和目标的良知是否不同？却构成有关现成良知之辨的中心问题，并且，透过阳明学特有的概念和讨论方式，现成良知之辨也涉及了道德哲学与实践中相关的一些普遍问题。无善无恶之辨则以对"无善无恶"的理解为核心，在纠结着儒释之辨的因素下，向我们进一步展示了良知心体的"有"、"无"二重性及其存有论和境界论的不同向度。同时，这一讨论还触及了儒家尤其心学一脉在恶的起源这一具普遍意义问题上所可能遇到的困境。

至于格物工夫之辨，则不仅牵扯对《大学》这部几乎为整个南宋以后理学讨论设定概念脉络的经典的诠释问题，纠结着儒释之辨的因素，在中晚明的思想界，更成为阳明学与朱子学在互动过程中由相互对立到彼此交融这一发展动向的反映。

事实上，围绕本体与工夫所产生的这一系列表面上似乎是阳明学内部的讨论，几乎无不有朱子学和佛道二教（尤其是佛教）的因素交织于其中而发挥着思想背景或者前理解的制约因素。就儒学传统来说，朱子学当然构成阳明学发展的存有论前提并预设了其言说的脉络。同时，儒释道三教融合趋势的深化，更使得中晚明的阳明学呈现出特有的风貌。

如果我们将三教调和的思想上溯到汉末的牟子《理惑论》，则三教互动与融合的现象在明代以前已有相当漫长的历史。而到了明代，儒释道三家的互动与融合更是达到了空前的程度。在这一背景下，阳明学者不再像以往的理学家那样对佛道两家基本上采取排斥的立场，而是秉持开放与吸收的态度。三教融合的思想，成为中晚明阳明学发展的一个重要方面。从阳明思想中三教融合论的蕴涵，到以焦竑为代表的试图淡化并超越儒家本位的"三教一道"论，在中晚明阳明学三教融合思想这样的一条发展线索中，龙溪三教融合的思想起到了承上启下的枢纽作用。

在三教融合思想的支持下，对佛道两家的吸收构成中晚明阳明学发展的重要内容。需要指出的是，道教虽然经历了宋元时代儒学与佛教的双重洗礼而产生了成熟的内丹学，在心性论的理论程度上有相当的提高，并且由于明太祖以来几乎历代统治者的提倡而风行天下，但由于其本身在精神性（spirituality）方面的资源较佛教而言相对有限，加之肉体或至少以"气"为载体的非精神性生命的延续始终构成其终极关怀不可化约的内容之一，因而更多的是在养生的意义上为儒家学者所取益。在思想理论上与儒学形成互动与交涉的主要是佛教，尤其是禅佛教（禅宗）。而道家老庄的思想也更多的是关联于佛教"空"、"无"的观念而被纳入到儒学境界论的向度之中。

较之宋代的理学家，以龙溪为代表的中晚明阳明学者无疑对佛教的了解更为精深，这在他们有关儒释之辨的言论中得到了充分的体现。但是，如果"以有为体，以无为用"的"有无合一"之境是指在始终以道德自我本身及其流通贯注所成就的整个人文世界为真实不虚这一前提下，充分融摄佛老在心灵境界上无执不滞的胜义，但不接受其存有论意义上"缘起性空"的肯认，从而使道德主体（有）在不执著于相对善恶之念的自由状态下（无）自然而然地发用流行，恰如龙溪所谓的"时时知是知非，而时时无是无非"。那么，中晚明不同阳明学者所达至的"有无之境"，虽然未必都能够符合"有无合一"的标准，有不知不觉中放弃了儒家根本的存有论前提而最终倒向"缘起性空"者，但龙溪继承阳明而开启的包括周海门等人在内的这一脉阳明学的发展，却充分地展示了"有无之境"的内在意蕴。并且，这一展示"有无之境"的发展方向，也构成了中晚明阳明学的主流，可以说最能够反映阳明思想的内在要求与精神指向。

在与佛道两家交融互动的过程中，随着阳明学者对佛道两家的了解日益精深，加之朱子学与科举制相结合所产生的流弊，以及当时商品经济发展、士商互动导致功利之风席卷天下，理学传统中正统与异端的观念发生了重大的变化。在正统与异端的问题上，阳明已经开始有意淡化以佛老为异端的传统观念，而在龙溪等人的大力推动之下，阳明学者逐渐将儒家正统与异端之辨的重点从儒家与佛道二教之间转移到了儒家内部，将批判的矛头更多地指向了以儒学为利禄之门的功利俗学。对中晚明阳明学的发展来说，这虽然不无在以朱子学为正统的意识形态下争取自身合法性的意义，但更主要的毋宁说是儒家一贯的社会批判精神的体现。

除了正统异端之辨的重点转换之外，在儒释道三教水乳交融的过程中，中晚明阳明学的另一个特点或基本问题所在便是对于生死问题的格外关注。这既与明代险恶的政治生存环境有关，佛道二家对于生死问题的强烈眷注，显然也构成这一问题意识在儒学中得以突显的重要诱因。只是，生死问题尽管似乎处在以往儒家传统焦点意识（focus awareness）的边缘，但既然生死尤其死亡是与人之存在具有存有论关联的问题，且对死亡的自我意识构成人类的"基本焦虑"（fundamental anxiety），儒家便终究无法回避生死这一终极关怀的一个必然指向。事实上，从孔子"未知生，焉知死"以降，以往儒家传统对生死问题的相对缄默，并不意味着儒家缺乏回应该问题的资源，因此，虽然佛道二教作为主要的因素，使得对于生死问题的关切在中晚明阳明学的话语中由"幕后"转至"台前"，但以龙溪为代表的阳明学者所提供的了究生死之道，却仍然显示出儒学与佛道二教在基本取向上不同的精神气质。

除了政治与社会的因素之外，中晚明阳明学在高扬道德主体性和融摄佛道这两条基本线索上关联于一系列问题的展开，尤其是知识之辨对于圣人形象中德性因素的单方面突显，最终使得儒学在中晚明出现了民间化和宗教化的走向。民间化使得儒家传统的精英形态更多地向平等主义倾斜，产生了许多历史上不曾有过的布衣儒者。而在儒家自我与社会的历史性张力中，宗教化则使得儒者的个体性更加突显。并且，从比较宗教学的角度来看，儒家的宗教性问题在中晚明便已经向我们提供了丰富的历史素材。在晚明天主教树立了宗教这一概念之典范的情况下，儒学尽管也可以说出现了类似西方传统"religion"的表现形式，但与颇具普遍性的心理、精神体验密切相关，通过内在超越的方式达到"以天地万物为一体"的境界，从而将"为己之学"的主体性发挥到极致，却显然代表了阳明学影响下中晚明儒家宗教化的主流，体现了以自我的创造性转化为终极关怀的儒家宗教性（religiosity，religiousness）、精神性（spirituality）的独特意涵。事实上，龙溪以良知为信仰对象的思想，正是这种儒家宗教性、精神性在中晚明的突出反映。

总之，通过对龙溪思想这一个案的解析，以及对中晚明阳明学展开过程中主要问题与基本特征的探讨，我们可以看到，在阳明之后，中晚明的阳明学呈现出多元分化的发展方向。如果说这意味着阳明思想中各种蕴涵与端绪的充分展开和实现，或者说对阳明思想这一"文本"的不同诠释，那么，龙溪思想的意义与定位不仅在于能够反映当时多元分化中主要的问题意识，或许还在于它最能够与阳明的精神方向保持一致，并沿着这一方向而有进一步的开展。或者说，在中晚明不同阳明学者对阳明思想的诸多解读中，提供了一种最贴近"文本"的诠释和发挥。并且，关联于整个中晚明阳明学的展开，龙溪思想本身也成为又一个蕴涵丰富的"文本"。

第2章

王龙溪的良知观

对于中国哲学、思想以及中国经典诠释学的漫长历史而言，发展与演变更多的是通过赋予传统观念以新的内涵而非在其之外另立新说来实现的。当然，这种表面上连续性多于断裂性的演进过程决不意味着创造性的缺乏，几乎每一位后来者似乎都喜欢反复声称自己不过是发掘了古圣先贤的原意，但正是在这种"述而不作"的形式之下，又几乎没有一位后来者不在古人的"旧瓶"中实际添入了自家的"新酿"。如果说这体现了中国哲学、思想史尤其经典诠释传统一个基本特征的话，那么，儒家良知观念无疑可以作为该特征的典型例证之一。从孟子最早提出，经过陆象山"本心"观念与"心即理"命题的洗礼，到王阳明以之作为自己的立言宗旨，良知观念在内涵上获得了不断的丰富。正是这一线索成为龙溪良知观的思想渊源，尤其是阳明有关良知的思想，更是龙溪思想的直接根据。同样，龙溪尽管以宣扬师说为己任，但对于良知观念，显然在其自己的思想系统之内有进一步的发挥与侧重。

一　思想渊源

假如我们采取一种创造性诠释学（creative hermeneutics）的方法从"当谓"与"创谓"的层面开发，❶或许可以在孟子之前的中国经典中找到相当于其"良知"观念的一些表述，但作为一个明确的概念，至少就目前所能掌握的文献来看，"良知"一词首先是由孟子提出的。

《孟子·尽心上》有云："人之所不学而能者，其良能也；所不虑而知者，良知也。孩提之童无不知爱其亲者，及其长也，无不知敬其兄也。亲亲，仁也；敬长，义也。无他，达之天下也。"整个《孟子》书中，"良知"一词仅见于此，而这里孟子所谓的"良知"，是指人所具有的一种不需后天反省的能力。如果说"良能"着重于行为与实践能力的话，相对于"良能"，"良知"则侧重于辨别与判断能力。当然，关联于孩提之童爱亲敬兄那种自然而然的仁义倾向来看，"良知"在孟子这里又显然并非认识论意义上的理性认知能力，而是以德性为内容并具有情感的向度，与其心性理论有着内在不可分割的关系。因此，宋儒发展出"德性之知"的观念以及阳明最终选择以"良知"二字作为自己思想的核心观念，尽管基于对"良知"概念赋予了更为丰富的内容，但孟

---

❶ 创造性诠释学依傅伟勋之说，包括五个不同的诠释层面：（一）"实谓"：原作者实际上说了什么；（二）"意谓"：原作者真正意味什么；（三）"蕴谓"：原作者可能说什么；（四）"当谓"：原作者本来应当说什么；（五）"创谓"：作为创造的诠释学家，我应该说什么。见氏著：《从西方哲学到禅佛教》（北京：生活·读书·新知三联书店，1989），页51—52。

子"良知"本身所蕴涵的诠释空间，也为后来者的不断阐发提供了可能。"旧瓶"若无相当的容量，毕竟无法容纳太多"新酒"的注入。不过，就《孟子》本身的义理结构而言，良知显然不是主要的观念，孟子并未对之多加解释。在孟子所处的时代中，良知也没有成为思想界讨论的主要内容。

孟子虽被后人尊为"亚圣"，但其地位的最终确立，却是在宋以后的事。❶战国时期，孟子仅为儒家一派。魏晋时代，史家仍将孟子与荀子并称。唐代韩愈（768—824）虽在其"道统说"中尊孟抑荀，将孟子视为孔子之道的唯一合法继承人，却并未被普遍接受。北宋伊川（程颐，1033—1107）开始意识到《论语》与《孟子》之重要，❷王安石变法引孟子为同调，则引发了对孟子政治思想的广泛讨论。❸直到朱子将《孟子》作为四书之一并随着后来四书取代五经的地位，《孟子》一书才最终处于儒家经典的第一序列。但是，两宋诸儒虽然对孟子性善之说多所发明，对良知观念却并无过多的措意。对于提升孟子地位居功甚伟的朱子，在注解《孟子》良知良能一章时，只是说："良者，本然之善也。"（《四书集注》）并引二程所谓"良知、良能，皆无所由。乃出于天，不系于人"的话为证。而在《朱子语类》中，也没有将良知作为一个确定的概念来加以专门讨论。值得注意的是，横渠（张载，1020—1077）说："诚明所

---

❶ 孟子正式被官方封为"亚圣"，最早在元朝至顺元年（1330）。有关孟子地位的变化，参考（一）徐洪兴："唐宋间的孟子升格运动"，《中国社会科学》，1993 年第 5 期，页 101—116；夏长朴："孟子与宋儒"，《幼狮学志》第 18 卷第 3 期，1998 年 5 月，页 9—32。

❷ 日本学者近藤正则对此有专著讨论，见氏著：《程伊川の〈孟子〉の受容と衍义》（东京：汲古书院，1996）。

❸ 参见近藤正则："王安石における孟子尊崇の特色——元丰の孟子配享と孟子圣人论を中心として，《日本中国学会报》第 36 期，1984 年，页 134—147。

知，乃天德良知，非闻见小知而已。"(《正蒙·诚明篇》)首次将良知与见闻之知区别开来，连同其"德性之知"与"见闻之知"的观念，可以说发了后来阳明学中良知与知识之辨的先声。而明道（程颢，1032—1085）《识仁篇》有云："良知良能，元不丧失。以昔日习心未除，却须存习此心，久则可夺旧习。"其中"却须存习此心"句中的"心"，显然是指与"习心"相对的良知良能。虽然明道顺着《孟子》的语脉依然良知良能连言，仍未将良知作为一个独立的概念，不过将良知作为与"习心"相对之"心"，却无疑透露了作为"心即理"的良知观念经象山而成熟于阳明这种发展的必然性。

象山（陆九渊，1139—1193）的思想直承孟子，所谓"因读孟子书而自得之"(《陆九渊集》卷三十五《语录》下)。但象山进一步明确将良知等同于本心，他说："孟子曰：'所不虑而知者，其良知也。所不学而能者，其良能也。'此天之所与我者，我固有之，非由外铄我也，故曰'万物皆备于我矣，反身而诚，乐莫大焉。'此吾之本心也。"(《陆九渊集》卷一《与曾宅之》)同时，象山还屡引孟子之说，并正式提出了"心即理"的原则：

孟子曰："心之官则思，思则得之，不思则不得也。"又曰："存乎人者，岂无仁义之心哉？"又曰："至于心，独无所同然乎？"又曰："君子之所以异于人者，以其存心也。"又曰："非独贤者有是心也，人皆有之，贤者能勿丧耳。"又曰："人之所以异于禽兽者几希，庶民去之，君子存之。"去之者，去此心也，故曰："大人者不失其赤子之心。""四端"者，即此心也。"天之所与我"者，即此心也。人皆有是心，心皆具是理，心即理也。故曰："理义之悦我心，犹刍豢之悦我口。"所贵乎学者，为其欲穷此理，尽此心也。(《陆九渊集》卷十一

《与李宰书》之二）

从象山这里反复所引孟子的话来看，"心即理"中的"心"，显然是指"仁义之心"、"赤子之心"、"四端之心"。而这种人之所同然的"本心"，本身也就是"理"。

象山"心即理"的命题源自孟子"仁义礼智根于心"的思想，显然与同时代朱子"性即理"的主张构成对照。朱子继承二程尤其伊川的看法，认为作为天命之性的人之本性体现了作为理的宇宙间普遍的道德法则，在这个意义上，可以说"性即理"。当然朱子也认为性理内在于人的心中，所谓"人之所以为学，心与理而已矣。心虽主乎一身，而其体之虚灵足以管乎天下之理。理虽散在万事，而其用之微妙实不外乎一人之心"。（《大学或问》卷一）但由于"心"对朱子而言并不专指本心，更多的是指一般的经验意识，所以性理虽然内在于人心，构成人先验的本质结构，却与人心不具有直接的同一性，因而朱子不能接受"心即理"作为一种具有普遍意义的命题。只有经过"格物穷理"的工夫，达到"众物之表里精粗无不到，而吾心之全体大用无不明矣"（《大学章句·格物补传》），心才能够回复到原初的本心状态，实现与作为道德法则的理的合一。朱子对心理关系的看法将主体与客观的理区分开来，使得理成为外在于心的认知对象，由此"格物穷理"的道德实践便无形中具有了强烈的认知主义和客体主义倾向，且由于道德法则（理）与主体（心）不具直接的同一性，主体的行为不必依理而行，于是道德实践的必然性便无由保证。就此而言，象山在本心的意义上主张"心即理"，实际上是将道德实践的根源由主体之外收归到主体本身，如此道德主体性得以确立，道德实践的必然性同时也获得了保障。不过，相对于朱子学的问题，象山"心即理"的命题虽有其针对性，但象山与朱子始终并未就心理关系的问题进行过正面与深入的讨论，双方对于各自立言的层面以及概念范畴的使用也缺乏相互的了解和反省。并且，由于象山与朱子所依据的经典不同，前者在《孟子》而后者在《大学》，象山无法以《大学》为言说脉络从孟子学的立场对朱子提出质疑，在对《大学》诸范畴与命题方面的理解反而受到朱子的影响。因此，"心即理"这一命题的意义在象山处尚未有充分的展示。

心与理的关系问题，构成整个宋明理学的核心问题。不仅任何思想内容侧重不同的理学家均不能回避这一问题，对该问题的不同认识，更是决定一种思想体系基本特征的根本所在。程朱与陆王分立的旧说，尽管作为一种哲学、思想史研究的架构未免粗略，但所揭示的儒家思想史中不同的发展线索与承继关系，却是显而易见、无有疑义的。阳明思想的核心处，的确与象山一致，于是，从孟子到象山再到阳明，便构成了古代儒家心学传统的主线。事实上，心学系统与以朱子为代表的理学（狭义）系统，其分别的根源与决定基础，正在于对心理关系的不同理解，而心学系统的基本立场，正是"心即理"这一命题。不过，阳明的思想虽在精神方向上继承象山，但其学却是从朱子学中转出，经历了与朱子学的长期对话。因此，相对于朱子学，阳明同样依据《大学》这部经典所进行的相关论说，方使得"心即理"的内涵获得了具体的展开与深入的讨论。❶

对于"心即理"而言，如果说"心"是专指道德意志，而不包括主体的其他向度（如认知）；"理"是专指道德法则，而并非泛指一切的所以然与所当然，那么，"心即理"实际上是指出

---

❶ 狄百瑞（Wm. T. de Bary）认为，在这个意义上可将阳明而非象山视为心学的真正创立者。参见氏著：*The Message of the Mind in Neo-Confucianism*, Columbia University Press，1989，pp. 79–87。

了道德意志与道德法则的同一性。这对于所有以圣贤人格为终极追求的儒家学者而言，委实至关重要。道德之所以为道德，真实的道德实践之所以可能，关键就在于道德意志与道德法则的同一性。只有在意志与法则同一的情况下，道德实践才会表现为"由仁义行"的真实纯粹而非"行仁义"的义袭虚伪。康德道德哲学中自律（Autonomie）与他律（Heteromie）的区分、意向道德性（Moralität）与行为合法性（Legalität）的简别，正是为了说明这一点。❶ 而阳明之所以反复批评朱子"析心与理为二"，要扭转其物上求理的外在取向，关键也恰恰在此。当然，就"心即理"而言，作为道德主体的"心"，既是道德意志、道德理性，同时还具有道德情感的向度，后者在孟子"四端之心"处表现得尤为明显。因此，"心即理"说并不像康德那样不许将情感的向度归诸道德主体，而是认为"理义之悦我心，犹刍豢之悦我口"，主体在制定道德法则的同时，又能直接发动道德实践，立法原则与行动原则获得了统一。❷ 这在阳明以良知为宗旨而代替了"心即理"的表达方式之后，表示得更为明确与简易，而阳明良知说的核心，也正是"心即理"这一命题所揭示的涵义。

阳明曾说："吾良知二字，自龙场以后，便已不出此意，只是点此二字不出，与学者言，费却多少辞说。今幸见此意，一语之下，洞见全体，直是痛快，不觉手舞足蹈。学者闻之，亦省却多少寻讨功夫。学问头脑，至此已是说得十分下落，但恐学者不肯直下承当

---

❶ 李明辉在牟宗三思想的基础上对孟子心学一脉的自律道德形态有进一步的探讨，参见氏著：《儒家与康德》（台北：联经出版事业公司，1990）。但朱子思想是否属于他律道德或康德意义上的他律道德，则争议颇多。

❷ 有关康德道德哲学中道德情感的问题及其与儒家尤其心学传统的关涉，参见李明辉："孟子的四端之心与康德的道德情感"，《儒家与康德》，页105—145。

耳。"（钱德洪：《刻文录叙说》）❶阳明之所以选择良知二字作为统摄自己整个思想体系的核心观念，显然是在与朱子思想的互动中由孟子、象山而来的"理之必然"、"势之必至"。对阳明来说，良知无疑是"心即理"的浓缩表达，而阳明对于良知的相关论说，又使"心即理"的涵义获得了多方面的展开。由于我们检讨的对象是龙溪的良知观，并非阳明的良知说本身，因此阳明联系不同经典来源，在不同解释脉络中从各个角度对良知所作的阐释，此处不能详及。❷需要指出的是，阳明对良知的规定包括本质内容与作用形式两个方面。就前者而言，不论从客观面的"天理"还是主观面的"本心"来界说良知，作为从人到天地万物这一连续性存有整体的本体，良知都是至善的实在，这不妨称为良知之"有"；就后者而言，无论良知作为道德行为的发动机制还是一般行为的监督评价机制，良知的流行发用都应是自然而然、无有任何执著与造作的，这不妨称为良知之"无"。良知的这两层涵义，在阳明晚年的四句教中，曾被表述为"无善无恶心之体"这句引发了后来无穷争议的话。"无善无恶"既非"存在先于本质"意义上可以为善或可以为恶的可能性，❸也不是

---

❶ 王守仁：《王阳明全集》（上海古籍出版社，1992），页 1575。

❷ 参见陈来：《有无之境——王阳明哲学的精神》，页 166—178。

❸ 无论是阳明的"无善无恶心之体"，还是后来黄宗羲的"心无本体，工夫所至即是本体"，恐怕都很难理解为对于心体作为先验结构的悬置或消解（这种解释参见杨国荣：《心学之思——王阳明哲学的阐释》，页 236，页 302）。黄宗羲之说重在强调本体在实然层面上的充分呈现只能是伴随着修养工夫的最终结果，并非意味着取消心之本体作为端绪的先天存在本身。事实上，只有肯定先天"几希"端绪的存在，工夫的展开才有可能和根据。理学从朱子学到阳明学的确存在一种"存在主义"（existentialism）的转向，海内外学者对此亦多有所论。但在选择存在主义这一在西方哲学中本来便错综复杂的概念应用于阳明学的解释时，我们尤需格外注意其意义的限定与有效性的范围。如果在萨特（Sartre）的意义上视所有对任何程度上先验结构的肯定均为本质主义（essentialism），那么，以接受孟子性善论为共识前提的所有宋明理学家，便几乎无一例外都是某种意义的本质主义者（当然不是西方意义的 essentialist）。

佛教"缘起性空"意义上善恶均不具实在性的善恶俱空、本来无一物。而是一方面指出了良知心体是先验的绝对至善，经验意识中相对的善恶观念不足以名之，所谓"无善无恶，是为至善"（《传习录上》）；❶另一方面又显示了良知心体本来具有一种无执不滞的先验品格，所谓"圣人只是还他良知本色，更不着些意思在。良知之虚，便是天之太虚；良知之无，便是太虚之无形"（《传习录下》）。后一方面，更多地流露在阳明晚年的思想中。

在阳明看来，良知的"有"与"无"这两层涵义均应是儒家的题中之义。从研究者的角度来说，至善自不必说，而无执不滞的心灵境界，虽然在儒家传统中渊源有自，但佛道两家尤其禅宗在这方面的精彩，不能不说是一个外部的刺激因素。宋明理学自始以来，就是一个既对抗佛老，又吸收佛老的过程。如何在儒家基本立场不变的情况下，充分吸纳佛道两家在心灵境界上自然无执的超越品格，不能不说是一个内在隐含的问题。阳明赋予良知心体两层涵义，可以说已对该问题作出了自觉的回应。但是，在阳明所处的时代，更主要的问题是如何解决朱子学所产生的弊端，使学为圣贤这一朱子、阳明以及所有理学家共同的追求得以可行。因此，阳明思想更多地表现为在与朱子思想的不断对话中高扬道德主体性。对于良知无执不滞的这一向度和品格，或者说良知之"无"，阳明毕竟未有太多正面的申论。如果说阳明的思想表现为一个"以有合无"

（接上页）因此，阳明学的存在主义特征，显然不能从对阳明"无善无恶心之体"的萨特化解释上来加以体现。阳明学与存在主义的可比性，仅仅在于双方均重视存在的生存论向度和主体的情感向度这种一般的思想倾向。

❶《王阳明全集》，页29。北宋胡宏（字仁仲，称五峰先生，1106—1161）在讨论人性时也认为相对的善恶不足以形容本性的绝对至善，在这个意义上可以说性是无善无恶的，所谓"性也者，天地鬼神之奥也，善不足以名之，况恶乎？"见胡宏：《知言疑义》，《胡宏集》（北京：中华书局，1987），页333。

的过程的话，这一过程也并没有完成。对此，亲随晚年阳明左右，且又颖悟过人的龙溪，显然深有体会。事实上，阳明晚年时时流露的对于良知之"无"的眷注，正是在龙溪处获得了较为正面与充分的发挥。

二　良知之"无"与"有"

龙溪围绕良知无执不滞的品格，展开了大量的相关论说，这些论说使得良知之"无"的涵义，得到了多样性的展示。

龙溪在《艮止精一之旨》中指出：

> 心之良知是为圣。知是知非而实无是无非。知是知非者，应用之迹；无是无非者，良知之体也。譬之明镜之照物，镜体本空，而妍媸自辨。妍媸者，照之用也，以照为明，奚啻千里！夫万物生于无而显于有，目无色，然后能辨五色；耳无声，然后能辨五声；口无味，然后能辨五味；鼻无臭，然后能辨五臭；良知无知，然后能知是非。无者，圣学之宗也。（《全集》卷八）

龙溪以"无是无非"为良知之体，这里的"体"需加以说明。至少在阳明学的范围之内，"体"或"本体"除了存有论意义上的本质内容这一涵义之外，尚有境界论意义上的存在状态这一层涵义。阳明"乐是心之本体"、"定者，心之本体"的话头，与龙溪此处所谓"无是无非者，良知之体也"，均是就后一种涵义来说的。而指出良知具有"无是无非"这种不执著于是非的境界向度，并不意味着便舍弃了良知作为至善本身所具有的知是知非的能力。"知是知非"与"无是无非"均是良知的特性。阳明已有这种说法，龙溪更是屡屡言及。在相当的情况下，龙溪尤其强调良知"无是无非"的向度，甚至将"无"提升到了"圣学之宗"的高度。

以"无是无非"来形容良知的无执不滞，首先揭示了良知的自然性。所谓"良知者，无所思为，自然之明觉"。对此，龙溪在《答楚侗耿子问》中说道："良知原是不学不虑，原是平常，原是无声无臭，原是不为不欲。才涉安排放散等病，皆非本色。"（《全集》卷四）在与聂豹（字文蔚，号双江，1487—1563）辩论的《致知议辨》中，龙溪又进一步指出：

> 先师良知之说，仿于孟子。不学不虑，乃天所为，自然之良知也。惟其自然之良，不待学虑，故爱亲敬兄，触机而发，神感神应。惟其触机而发，神感神应，然后为不学不虑、自然之良也。（《全集》卷六）

如果"不学不虑"指示了良知的自然性，此处龙溪所谓"惟其触机而发，神感神应，然后为不学不虑、自然之良"，则将良知的自然性与良知发生作用时的境遇性关联起来。

如果说孔子对周代文化最大的发展在于提出了"仁"这一儒家思想的核心的观念，那么，孔子之"仁"最大的贡献之一便是指示出各种外在的伦理道德规范只有在作为人们内在道德情感的真实反映时才有意义，所谓"人而不仁，如礼何？人而不仁，如乐何？"（《论语·八佾篇》）"礼云礼云，玉帛云乎哉？乐云乐云，钟鼓云乎哉？"（《论语·阳货篇》）这就包含了各种道德伦理规范并不绝对凝固的思想，因此，心学传统高扬道德主体性，强调以良知本心而非文字规范或他人行为作为道德实践的最终依据和判准，自然便会注重道德实践中的境遇性问题。龙溪所谓"触机而发",正是看到了这一点。弗莱彻(Joseph Fletcher)在阐释其境遇伦理思想时说:"境遇论者在其社会及其传统的道德准则的全副武装下,进入每个道德决断的境遇。他尊重这些准则,视之为解决难题的探照灯。他也随时准备在任何境遇中放弃这些准则,或者在某一境遇下把它们搁到一边,如果这样看来能较好地实现爱的话。"❶在弗莱彻看来,道德实践中行为取舍的根本准则是内心的爱,而不是外在既成的种种规范。"只有爱的戒律是绝对的善",❷"只有爱,倘能很好地实行,在每个境遇中就总是善的和正当的。"❸与弗莱彻的"爱"相较,龙溪对良知的看法显然颇有类似之处。他在《答谭二华》信中曾用流水的随圆就方来比喻良知在不同的境遇中自然会有相应的表达方式:

> 若彻底只在良知上讨生死,譬之有源之水,流而不息,曲直方圆,随其所遇,到处平满,乃是本性流行,真实受用,非知解意见所能凑泊也。(《全集》卷十)

而在《新安斗山书院会语》中,龙溪更是对良知的作用作出了如下的形容:

> 譬之空谷之声,自无生有,一呼即应,一应即止,前无所来,后无所往。无古今,无内外,炯然独存,万化自此而出。(《全集》卷七)

---

❶ 弗莱彻:《境遇伦理学》,程立显译(北京:中国社会科学出版社,1989),页17。
❷ 同上。
❸ 同上书,页47。

空谷之声的比喻形象地说明了在道德实践的过程中，良知既不拘泥于先前既定的各种规范，所谓"前无所来"；又不会形成固定的教条去限定以后不同境况下的行为表达，所谓"后无所往"，而是在每一种不同的时空状态下都采取相应的作用方式。具体境遇不同，良知的作用形式也随之不同，并无一成不变的固定法则可以持守。只有以良知作为道德实践的根本依据，以善良意志作为行为的根本动机，这一基本方向和态度是不变的。良知作用的这种境遇性，龙溪在一首诗中有很好的表达：

> 人心原活泼，出入本无时。执药翻为病，忘机自不驰。
> （《全集》卷十八《会城南精舍和徐存斋少师韵四首》之二）

在论及其"爱"的观念时，弗莱彻指出："爱是唯一的普遍原则，但它不是我们有（或是）的什么东西，而是我们实行的东西。爱是一种态度、一种意向和倾向、一种偏好和目的。"[1]与此相类，对龙溪而言，良知之所以能够在不同的境遇下使行为均具有道德性，恰恰是因为良知也像弗莱彻的"爱"那样，尽管同样是唯一普遍的原则，但并不包含具体确定的规范，而是具有形式性的特征。

龙溪曾分别用"空"、"虚"、"寂"、"无"这样的摹状词来形容良知。在作于嘉靖三十四年乙卯（1555）的《致知议略》中，龙溪有云：

> 空空者，道之体也。口惟空，故能辨甘苦；目惟空，故能辨黑白；耳惟空，故能辨清浊；心惟空，故能辨是非。（《全

---

[1] 弗莱彻：《境遇伦理学》，页47。

集》卷六）

心体和良知在阳明学中是异名同实的关系，以"空"说心，也就是以"空"说良知。因此在后来嘉靖四十三年宛陵之会时，龙溪便以同样的方式来解释良知何以能够备万物之变，只是摹状词由"空"变成了"虚"。龙溪在记载宛陵之会问答之词的《宛陵会语》中说：

> 夫目之能备五色，耳之能备五声，良知之能备万物，以其虚也。致虚则自无物欲之间。吾之良知，自与万物相为流通而无所凝滞，故曰反身而诚，乐莫大焉。强恕而行，不能无物欲之间，强以推之，知周乎万物，以达一体之良，故曰求仁莫近焉。是其学虽有仁恕之分、安勉之异，其求复吾之虚体，以应万变，则一而已。此千圣学脉也。（《全集》卷二）

而在《金波晤言》中，龙溪也曾直接称良知为"虚体"。当然，正如我们前已指出的，这里"体"的涵义并非就存有论而言，而是指良知存在所呈现的一种本然状态。此外，龙溪也用"寂"来描绘良知的作用特征。他在《答刘凝斋》第一书中说：

> 良知不学不虑，寂照含虚，无二无杂。如空谷之答响，明镜之鉴形。响有高下，形有妍媸，而谷与镜未尝不寂然也。（《全集》卷十一）

既然"虚"与"寂"均是良知的品格，而良知可以称为"虚体"，则称良知为"寂体"，也就是自然的了。事实上，在《过丰城答问》中，龙溪确有"寂体"的说法，所谓"静中怡然顺适，只是气机偶定，非是寂然之体。须见得寂体是未发之中，方能立大本，方能感而遂通天下之故"。(《全集》卷四）而上引《答刘凝斋》第一书中龙溪以"寂"形容良知时再次提到空谷回声的比喻，也正表明了良知之境遇性与良知"寂"的品格有关。

无论"空"、"虚"还是"寂"，都是一组意义相近的用语，它们均指示了良知的形式性。在龙溪看来，正是良知的这种形式性，为道德实践在不同境遇下能够自然而然地因应万变且始终保持善的指向提供了保证。所谓"良知之体本虚，而万物皆备"(《全集》卷十《答罗念庵》第一书），"不虚则无以周流而适变；不无则无以致虚而通感；不虚不无，则无以入微而成德业"(《全集》卷二《白鹿洞续讲义》)。对此，阳明其实也有类似的表述，所谓"中只是天理，随时变易，如何执得？须是因时制宜，难预先定一个规矩在"(《传习录上》)。而无论"空"、"虚"还是"寂"所表示的形式性，都更为鲜明地体现着良知无执不滞的那种"无"性。事实上，对于良知的形式性，龙溪也曾直接以"无"来形容：

> 夫良知之于万物，犹目之于色、耳之于声也。目惟无色，始能辨五色；耳惟无声，始能辨五声；良知惟无物，始能尽万物之变。无中生有，不以迹求，是乃天职之自然，造化之灵体。(《全集》卷九《答季彭山龙镜书》)

在此，龙溪仍然使用了耳目的比喻，显然说明了良知自然性、境遇性和形式性之间具有密切的关联。隆庆三年己巳（1575），曾同亨（字于野，号见台，1533—1607）曾经在武林（今杭州）向七十二岁的龙溪请教过虚寂之义，龙溪回答说："予谓虚寂者，心之本体。良知知是知非，原只是无是无非。无即虚寂之谓也。"

（《全集》卷十六《别曾见台漫语摘略》）这就更加表明，"空"、"无"、"虚"、"寂"作为对良知的描绘，在意义上具有相当的互涵性。

自从舍勒（Max Scheler）称康德的伦理学为"形式主义的伦理学"以来，这一称呼几乎成了康德伦理学的代名词。尽管康德本人并无"形式主义"的用语，但他在《道德形而上学原理》中讨论实践原则时，曾经区分形式性原则（formal principle）与实质性原则（material principle）。后者预设主观目的，只能以假言令式来表达；前者则不以任何目的为前提，可以用定言令式来表述。用儒家的用语来说，形式性原则下的道德实践是"无所求"的"为己之学"，实质性原则下的道德实践则是"有所求"的"为人之学"。康德形式性原则的关键在于表明道德法则本身必须抽去一切意志的对象而采取纯形式的原则，于是道德法则可以决定目的，却不为任何目的所决定。由此可见，道德法则的形式性为实践行为的道德纯粹性提供了担保，而龙溪以"空"、"无"、"虚"、"寂"形容良知之形式性，也正是在这个意义上可以与康德相通。❶

其实，一切以自律为基础的道德哲学或伦理学，都必须认可这种意义上的形式性。当海德格尔（Martin Heidegger）说：对于被呼唤者，作为内在呼唤的良知"并没有给出任何关于世间事物的讯息，没有任何对象可以讲述"，"良知只在而且总在沉默的样式中言谈"，❷其实也无非指出了良知的这种形式性而已。那种批评

---

❶ 蒙培元先生在论及龙溪良知的观念时也曾指出："良知没有任何实际内容，不同于经验知识，但它又是人人先天具有的先验形式。"见氏著：《心灵境界与超越》（北京：人民出版社，1998），页 359。

❷ 海德格尔：《存在与时间》，陈嘉映、王庆节译（北京：生活·读书·新知三联书店，1987），页 327。

形式性原则无法在具体实践中提供行为指南的看法，显然是对自律道德的涵义以及道德法则之所以为道德法则缺乏相应的了解。正是由于道德法则的形式性，才使得每一个具体行为具备真正的道德性成为可能。如果我们持守任何具有特定内容的法则以为我们实践的准则，在时空条件发生改变的情况下，既定的法则便很难确保我们根据这种法则所产生的行为合乎真正的道德。只有不预设任何具体表达方式的道德法则，如"己所不欲，勿施于人"、"爱人如己"等等，才能够因应不同的时空条件而采取符合自身要求的适当行为。这也就是龙溪所谓的"良知惟无物，始能尽万物之变，无中生有，不以迹求"，"不虚则无以周流而适变；不无则无以致虚而通感"。当然，龙溪良知观念的形式性之所以与康德相通而非相同，是因为作为道德本体的良知从孟子的"四端之心"起，便是"渊然而有定向"（借用刘蕺山语）的。良知的形式性只是意味着道德法则不能下降为经验世界中任何特定的善恶观念或行为，并不是说道德法则便同于虚无。道德法则本身便是至善，或者说以至善为其本质内容，它本身便足以为实践行为确立方向。在这个意义上，作为道德法则的良知又是有"内容"的。对于良知这种特有的形式性，罗洪先（字达夫，号念庵，1504—1564）也有过很好的形容，所谓"良知有规矩而无样式，有分晓而无意见，有主宰而无执著，有变化而无迁就，有深厚而无鹘突"（《与夏太守》，《明儒学案》卷十八）。

康德的确面对道德法则如何贯彻落实的问题，但该问题的产生并不是由于上述意义的形式性。在康德理性与情感严格二分的架构下，道德法则的形式性原则不能统合"判断原则"与"行动原则"而只能承担前者的角色，因此道德主体只是立法者，本身不具有实现道德法则的力量。舍勒对康德形式主义的批评，其重点也是在此。❶但对阳明学而言，则并不在理论上面对该问题。因为在"心即理"的架构下，道德法则与道德意志、道德情感的统一性，保证了立法原则与行动原则的统一，立法者同时就是实践者。龙溪的良知除了具备形式性的特征之外，既未预设康德的整体架构，自然也就不必承担康德在其基本架构下所产生的问题了。在这个意义上，龙溪良知概念的形式性又显然并不等同于康德道德法则的形式性，这是我们需要注意的。对龙溪的良知观来说，需要面对的问题有两个：首先是良知的形式性如何避免道德实践中主体的随意性，其次是"心即理"这一良知的基本内涵如何有效地解释恶的起源。就前者而言，叔本华和黑格尔也曾经从这个角度批评过康德。❷就后者而言，则更是包括阳明学在内整个儒家心学传统所需要面对的。对此，我们在第6章的相关部分将有进一步的讨论。

总之，龙溪以"空"、"无"、"虚"、"寂"来描述良知，突显了良知在道德实践过程中发生作用时的自然性、境遇性和形式性，而这些属性均显示了良知无执不滞的品格，或者说良知之"无"。在龙溪看来，这是良知往往被人忽略的一个向度，所谓"良知无知而无不知，人知良知之为知，而不知无知之所以为知也"。之所以在某种意义上可以将阳明学视为一种"方向伦理"而非"本质伦理"、"存心伦理"而非"效果伦理"，❸或者采取某种存在主义的视角解释阳明

❶ 李明辉："孟子与康德的自律伦理学"一文第四节，《儒家与康德》，页53—60。

❷ 参见叔本华：《伦理学的两个基本问题》，任立、孟庆时译（北京：商务印书馆，1999），页192；黑格尔：《法哲学原理》，范杨、张启泰译（北京：商务印书馆，1982），页141。

❸ 对于存心伦理、效果伦理的不同意涵以及在何种意义上称儒学为一种"存心伦理"，李明辉先生有严谨而细致的分疏，参见李明辉：（一）"存心伦理学、责任伦理学与儒家思想"，台北：《台湾社会研究季刊》第21期，1996年1月，页240；（二）"存心伦理学、形式伦理学与自律伦理学"，台北：《政治大学哲学学报》第五期，1999年1月，页1—18。

学，主要是由良知的这一向度来规定的。阳明认为象山"粗些"而向往濂溪、明道的精神境界，尤其是龙溪在文集中屡屡推崇颜子作为孔子以下圣学的代表人物，恐怕都与良知之无的向度相关。

但是，我们必须看到，龙溪阐发良知之"无"，甚至提出"无者，圣学之宗"的说法，只是在境界论的意义上着眼于良知的作用形式，并非从存有论的角度否定良知的存在，放弃良知之"有"。在《答耿楚侗》第三书中，龙溪明确地表示过这一点，所谓"良知知是知非，原是无是无非，正发真是真非之义，非以为从无是无非中来"（《全集》卷十）。并且，龙溪肯定良知之"有"还表现在以良知为心体、性体和宇宙本体这一方面。

如果说本心、良知在孟子处更多的还是内在于自我的一个向度，经过象山"宇宙便是吾心，吾心即是宇宙"（《陆九渊集》卷三十六《年谱》），以"心即理"为内涵的良知到阳明处已经既是自我的本原，又成为他人、天地万物这一连续性存有系列的本体。在这个意义上，阳明学的良知可以视为朱子学天理观念的置换物。就此而言，龙溪继承了阳明的思想。

首先，龙溪根据阳明的思想，不再重视严分心性，而认为良知即是心体与性体。嘉靖三十三年甲寅（1554）春，龙溪曾应何迁（字益之，号吉阳，1501—1574）之邀，赴闻讲书院之会。在答与会诸生之问时，龙溪说："夫道与事，皆原于性。良知良能，不学不虑，天之性也。"（《全集》卷一《闻讲书院会语》）而在《答退斋林子问》中，龙溪又说："知者，心之本体，孟子所谓是非之心，人皆有之者。"（《全集》卷四）在《致知议略》中也说："学，觉而已矣。自然之觉，良知也。觉是性体，良知即是天命之性。"（《全集》卷六）此外，龙溪也像阳明一样，从宇宙论的角度以良知为造化之精灵、宇宙之本体。嘉靖四十三年甲子（1564）暮春，龙溪赴江右水西之会途中，曾会耿定向（字在伦，号天台，又号楚侗，1524—1596）于宜兴。面对耿定向问造化有无相生之旨，龙溪回答说：

> 良知是造化之精灵。吾人当以造化为学。造者，自无而显于有；化者，自有而归于无。不造则化之源息，不化则造之机滞。吾之精灵，生天生地生万物，而天地万物复归于无。无时不造，无时不化，未尝有一息之停。自元会运世以至于食息微渺，莫不皆然。（《全集》卷四《东游会语》）

而在讨论易学的《易与天地准一章大旨》中，龙溪还指出：

> 天地间，一气而已。易者，日月之象，阴阳往来之体，随时变易，道存其中矣。其气之灵，谓之良知，虚明寂照，无前后内外，浑然一体者也。（《全集》卷八）

如果说阳明在提出良知学说以置换朱子学的天理观时还不得不反复强调"良知即是天理"的话，随着阳明学作为一个学派的成功建构，龙溪已罕言天理。在整个《全集》中，大概将良知关联着天理来表达的只有两处。❶高扬道德主体性的龙溪在相当多的情况下直接以"一念灵明"来指称良知，于是，作为宇宙本体的良知在龙溪处便更多地显示出主观性的意味。不过，无论道德主体性在龙溪这里得到了如何的强化，作为心体、性体以及宇宙本体的良知，显示的都仍然是良知之"有"的至善向度。

---

❶ 一处为"良知即是独知，独知即是天理"，见《全集》卷十《答洪觉山》；另一处为"吾心之良知，所谓理也"，见《全集》卷十《答吴悟斋》第二书。

在良知的"有""无"之间，龙溪其实是希望达到一种平衡状态的，在《答王敬所》第二书中，龙溪借用佛教《大乘起信论》与华严宗一系"不变随缘，随缘不变"的说法表达了这一点：

良知虚体不变而妙应随缘。玄玄无辙，不可执寻；净净无瑕，不可污染。一念圆明，照彻千古。遇缘而生，若以为有，而实未尝生；缘尽而死，若以为无，而实未尝死。通昼夜，一死生，不堕有无二见，未尝变也。惟其随缘，易于凭物，时起时灭，若存若亡。以无为有，则空里生华；以有为无，则水中捞月。临期一念有差，便堕三途恶道，皆缘应也。自其不变言之，凡即为圣；自其随缘言之，圣即为凡。冥推密移，诀诸当念。入圣入凡，更无他物，不可不慎也。（《全集》卷十一）

由于龙溪着意发挥阳明晚年的未竟宗旨，良知之"无"便显然成为龙溪个人良知观的一个侧重。即使在上面试图平衡有无的叙述中，我们依然可以感受到一种对"无"的偏好。可以说，龙溪对阳明良知观念的发挥在此，遭人误解而有"流入禅去"之非议的原因也在此。天泉证道时龙溪提出的四无论以及有关"无善无恶"在中晚明引起的不断争议，都可以说以良知之"无"为焦点。但是，龙溪是自觉以阳明的思想为其论说前提的，而既然作为儒家的一贯之道，以至善为本质内容的良知之"有"已经是明白无误而又不言自明的基本预设，龙溪对此未有多言，似乎也就不足为怪了。正如孟子及其性善论的地位既然在龙溪的时代早已确立而不成其为问题，与良知之无相关而推崇颜子之学便自然成为龙溪的着力所在。唐君毅先生便曾认为龙溪的良知为纯粹之知，既可谓至有，又可谓至无，因而较之阳明更进一步。❶其实，无论对于阳明还是龙溪的良知观而言，"有"与"无"均构成良知两个不可分割的基本向度，前者是本质内容，后者是作用形式。也许将阳明与龙溪的良知观念合在一起，我们应当可以在一个连续的以有合无的过程中，看到一个均衡而又饱满的"有无合一"之境。而龙溪常言的"良知知是知非，而实无是无非"，也不过是"有无合一"的凝练表达。对于良知这种"有无合一"的属性，龙溪的传人周汝登（字继元，号海门，1547—1629）曾有非常贴切的描述，正所谓"此知通乎昼夜，宁有间时？方其是非未萌，无是非而知则非无；及其是非既判，有是非而知亦非有。知而无知，无知而知，是之谓良知"（《王门宗旨》卷首《王门宗旨序》）。

龙溪与佛教的关系究竟如何，我们后面会有专门的讨论，而如何充分吸纳佛道两家无执不滞的心灵境界，确实是从阳明到龙溪一直发展着的一条思想线索。在这一点上，龙溪较之阳明更为深入，而良知之"无"的阐发，正是龙溪在当时融摄佛道、批判俗学的表现和结果之一。事实上，良知之"有"和"无"这两个方面如何结合，结合的结果怎样，也正是在中晚明儒释道三教的互动融合中观察阳明学发展变化的视角之一。

三 良知与知识

自从北宋张横渠提出见闻之知与德性之知的区别以来，隐含在

---

❶ Tang Chun-I（唐君毅），"The Development of the Concept of Moral Mind from Wang Yang-ming to Wang Chi", Wm. T. de Bary, eds., *Self and Society in Ming Thought*. New York: Columbia University Press, 1970, p. 115.

儒学传统中有关道德和知识的关系问题逐渐成为理学中的一个主要议题。朱子与象山关于"尊德性"与"道问学"的"千古不可合之同异"，显然来自于对见闻之知（或闻见之知）与德性之知的不同理解，但双方并未就这两个概念的内涵加以进一步的分疏。作为对朱子学的反动，尤其是批判将圣贤之学异化为口耳之学、利禄之门的阳明，自然继续了对德性之知与见闻之知的关注，这在其有关良知与闻见的讨论中得以体现，但在阳明学中深入检讨二者关系的当首推龙溪。龙溪通过对良知与知识的辨析，深化了道德与知识关系问题的理论内涵，而龙溪有关良知与知识的相关论说，也无疑构成其良知观的重要组成部分。并且，龙溪对该问题的论说不仅代表了中晚明阳明学的一个主要取向，更在中晚明的思想界引发了一系列的相关辩难。可以说，"知"（良知）"识"（知识）之辨对于中晚明整个儒学理论和实践形态的发展产生了相当重要的形塑作用。

见闻之知与德性之知的区别，其经典的根据仍然是《孟子》，所谓"耳目之官不思，而蔽于物。物交物，则引之而已矣。心之官则思，思则得之，不思则不得也。"（《告子》上）不过这里孟子仅就官能而言，其"思"虽指向道德，却未必以道德领域为限。正式提出道德与一般知识之不同的是横渠，他说：

> 世人之心，止于闻见之狭；圣人尽性，不以见闻梏其心；其视天下，无一物非我。……见闻之知乃物交而知，非德性所知。德性所知，不萌于见闻。（《正蒙·大心篇》）

并且，在"诚明所知，乃天德良知，非闻见小知而已"这句话中，横渠首次将与见闻之知对立的德性之知与良知关联起来。不过，横渠并未对何谓见闻加以界说，伊川则在继承横渠德性与闻见两分的基础上明确了二者的异质性：

> 闻见之知非德性之知。物交物，则知之非内也，今之所
> 谓博物多能者是也。德性之知，不假见闻。(《二程遗书》卷
> 二十五《伊川先生语十一》)

如果说伊川有将德性之知与见闻之知裂而为二这一倾向的话，继承
伊川之学的朱子在这一点上却与伊川有所不同。当与门人讨论《论
语》"盖有不知而作之者章"时，有人问"知有闻见之知否"，朱子
回答说：

> 知只是一样知，但有真不真，争这些子，不是后来又别有
> 一项知。所知亦只是这个事，如君止于仁、臣止于敬之类。人
> 都知得此，只后来便是真知。(《朱子语类》卷三十四《论语
> 十六》)

朱子之所以反对将"知"分为"德性"与"闻见"，也许与象山批
评他偏于"道问学"一路而不免于"支离事业"有关。因此，阳明
在继承象山之学并以良知即是德性之知的情况下，在见闻之知与
德性之知的问题上反而回到了横渠与伊川的立场，所谓"夫子尝曰
'盖有不知而作者，我无是也'，是犹孟子'是非之心人皆有之'之
义也。此言正所以明德性之良知非由于闻见耳"(《传习录中》《答
顾东桥》)。这与朱子上面的解释适成对照。不过，《论语》中毕竟
有许多"多闻"、"多见"之类的话，于是，究竟如何看待良知与见
闻之知的关系，便成为阳明学中的主要问题之一。

阳明生前已经面对这样的问题，欧阳德（字崇一，号南野，

1496—1554）曾经试图将作为"第二义"的见闻之知与作为德性之知的良知绾合起来，所谓"致其良知而求之见闻"。而他就教于阳明时，阳明的回答是：

> 良知不由见闻而有，而见闻莫非良知之用。故良知不滞于见闻，而亦不离于见闻。孔子云"吾有知乎哉？无知也"，良知之外别无知矣。故致良知是学问大头脑，是圣人教人第一义。……大抵学问功夫只要主意头脑是当，若主意头脑专以致良知为事，则凡多闻多见莫非致良知之功。盖日用之间，见闻酬酢，虽千头万绪，莫非良知之发用流行。除却见闻酬酢，亦无良知可致矣。若曰致其良知而求之见闻，则语意之间未免为二。此与专求之见闻之末者虽稍有不同，其为未得精一之旨则一矣。（《传习录中》《答欧阳崇一》）

"良知不由见闻而有"，是指良知作为先验的道德意识，不依赖于后天的见闻知识，是生而具有的；"见闻莫非良知之用"，则是说经验认识活动都是良知发生作用的表现，而对于种种经验认识活动，良知都是其中的主宰与头脑。这里，阳明首先将良知与见闻之知区别开来，但马上又将二者统一起来，甚至认为"致其良知而求之见闻"的说法仍"语意之间未免为二"。显然，阳明认为致良知与求见闻并非两样工夫，良知与见闻，似乎既有不同，更在实际的道德实践中难以分开。可惜的是，对于良知与见闻这种不滞不离的关系，阳明没有进一步的理论分析，这大概与阳明始终强调实践之于理论的优先性有关。

龙溪首先继承了德性之知与见闻之知的这一区分。嘉靖三十六年丁巳（1557）四月，龙溪赴安徽宁国府泾县的水西之会，五月又赴会至徽州府的婺源县。这两次聚会讲学活动，龙溪都强调了德性之知与见闻之知的不同，并正式以良知指称前者，以知识指称后者。在记载水西之会的《水西同志会籍》中，龙溪指出：

> 夫志有二，知亦有二。有德性之知，有闻见之知。德性之知求诸己，所谓良知也。闻见之知缘于外，所谓知识也。毫厘千里，辨诸此而已。(《全集》卷二)

在为婺源之会所写的《书婺源同志会约》中，龙溪又说：

> 夫良知与知识，争若毫厘，究实千里。同一知也，良知者，不由学虑而得，德性之知，求诸己也；知识者，由学虑而得，闻见之知，资诸外也。(《全集》卷二)

值得注意的是，以前有关德性之知与见闻之知的讨论，所强调的大体上都还只是前者相对于后者的特殊性，二者的内涵究竟如何，并没有明确的规定，即使伊川指出见闻之知"非内也，今之所谓博物多能者是也"，大体透露了见闻之知"外"的性质，但"博物多能"的说法基本上还属于外部特征的描述。龙溪这里已经开始对良知与知识的内涵和性质加以解说，认为前者是"求诸己"、"不由学虑而得"，后者是"缘于外"、"资诸外"和"由学虑而得"。不过，"缘于外"与"求诸己"究竟是什么意思？另外，龙溪在《水西同志会籍》中说"知亦有二"，在《书婺源同志会约》中却又说"同一知也"，那么，良知与知识到底又是什么关系？阳明所谓的"不滞不离"，是否在龙溪这里有更为明确的分解与说明呢？

在上一节，我们已经看到，龙溪从"无是无非"和"知是知非"两个基本方面规定良知"无"的作用形式与"有"的本质内容。而在良知与知识这一视角之下,龙溪认为良知与知识根本性质的差异在于分别之有无,所谓"无分别者,知也;有分别者,识也。知是本心之灵,是谓根本,知无知无不知。性是神解,不同妄识托境作意而知,亦不同太虚廓落断灭而无知也。"(《全集》卷九《与孟两峰》)这里"知"和"识"是良知与知识的简称。分别之有无,是指良知与知识在发生作用时的不同特征,对此,龙溪曾以其惯用的明镜之喻加以解释:

> 师门良知之旨,千古绝学,本心之灵性,是神解,不同妄识托境仗缘而知。譬之明镜之照物,妍媸黑白,一照而皆真,所谓知也。妍媸黑白,照中分别影事,所谓识也。(《全集》卷十一《答刘凝斋》第二书)

"境"是指外境,"缘"是指条件。"托境仗缘"说明"识"要在有所针对的情况下凭借各种主客观的条件发生作用,其结果也是各种差别的产生。而"知"的"一照皆真",则意味着在不依赖于各种条件的情况下直接把握事物的整体与本质。因此,当赵志皋(字汝迈,号瀔阳,1524—1601)请问良知与知识之异时,龙溪便回答说:"知无起灭,识有能所;知无方体,识有区别。"(《全集》卷三《金波晤言》)显然,用我们现代的话语来说,良知与知识在龙溪处意味着两种性质极为不同的认识能力及其所产生的结果。

在西方哲学传统中,康德哲学最大的贡献之一便是对于人类认识能力的考察。依康德之见,人类对任何事物的认识都有赖于两方面的条件,首先是主观方面的感性直观和知性范畴,其次是客观方面的感觉材料,这两方面结合,便产生确定的知识。康德之后西方哲学的知识理论（认识论）有多方面的发展，但就客观知识的产生而言，大体并未越出康德的基本架构。而无论是主观还是客观的条件，都可以说是"缘"，主观与客观的对立，也正是"能所"与"区别"的表现。不过，这种有赖于主客观条件的知识，在康德看来还只是有关事物"现象"（Erscheinung）的认识，对于事物本体即所谓"物自身"（Ding an sich）的知识，只有在"智的直觉"（intellektuelle Anschauung）的观照下才能够达到。"智的直觉"不预设主客能所的对待，因而是一种无差别的状态。这也似乎和龙溪所谓"无分别"、"无起灭"、"无能所"的"神解"颇为相似。但是，康德认为"智的直觉"并非人类所能拥有，只是属于上帝的一种能力，人类的认识能力作为"识"如果觊觎事物的"本来面目"（物自身），结果只会产生"先验幻相"而徒劳无功。无论我们能否将中国哲学中儒释道三家的"良知"、"般若智"、"玄智"等同于康德的"智的直觉"，**❶** 是否承认人类可以有某种不预设主客能所的直觉能力，却委实构成东西方思想的一个重要差别。**❷** 在以康德为代表

---

❶ 牟宗三先生即认为是否承认人有"智的直觉"是康德哲学与中国哲学的根本差别，其他所有差别几乎都由此而来，而儒家的良知、佛教的般若智、道家的玄智，均是康德所谓的"智的直觉"。参见牟宗三：（一）《智的直觉与中国哲学》（台北：台湾商务印书馆，1971）；（二）《现象与物自身》（台北：台湾学生书局，1975）。但亦有一些学者认为中国哲学儒释道三家所言的那种直觉智慧，并非康德意义上的"智的直觉"，如刘述先："牟宗三先生论智的直觉与中国哲学"，载《儒家思想与现代化——刘述先新儒学论著辑要》（北京：中国广播电视出版社，1992），页 351—383。

❷ 西方传统中并非无人认可人有这种直觉能力，但要么在根本否定"物自身"的情况下谈"智的直觉"，如费希特，但此时的"智的直觉"只是指一种主客绝对同一的意识，完全不牵涉到存有（sein），尤其"物自身"意义上的存有；要么更多地存在于宗教或神秘主义传统之中。至少自近代以降，康德所代表的理性主义显然构成西方思想世界的主流。如果说康德尽管不许之于人，但毕竟认为世界上有"物自身"与"智的直觉"之存在的话，西方现代性在启蒙心态（enlightenment mentality）的驱使下则基本上将形而上之道、超越性视为虚妄，如此则这种直觉能力更不被接纳。

的西方哲学家看来，承认人类有这种能力意味着僭越，而在中国思想家尤其儒家的圣贤人物、佛家的高僧大德以及道家的高道大师们看来，不承认人有这种能力则未免"学不见道"。但无论如何，有关这种能力的论说却的确构成东方哲学尤其佛教思想的重要组成部分，如果不是基于实有诸己的深刻体验，我们很难想象从印度到中国再到日本等地区一代又一代如此之多的大师大德们会是在反复诉说着一种无从印证的虚幻之物。事实上，龙溪有关良知与知识的区分，正是以佛教"智"（知）"识"的理论为思想来源。

佛教中不同流派、经典对于"知"与"识"均有进一步的划分。如原始佛教时期有"八智"、部派佛教时期有"十智"（《俱舍论》卷二十六）、"四十四智"（《大毗婆娑论》卷一百一十）、"七十七智"（《成实论》卷十六），大乘佛教更有空宗的"般若智"（《般若经》）、天台宗的"一切智"、"道种智"以及"一切种智"（《般若经》和《大智度论》），唯识宗的"根本智"、"后得智"以及转"识"所得的"大圆镜智"、"平等性智"、"妙观察智"和"成所作智"（《成唯识论》卷十）等。唯识宗对"识"更有细致入微的研究。但无论怎样分法，对于"智"与"识"的性质与特征，各家则有基本的共识，那就是："智"不是主客能所对待格局下的认知心，它不是在时空和范畴的条件下发生作用，而是在一种直觉的状态下直接把握到事物的本性；"识"则指在主客能所对待格局之下对对象进行分析与了别。尽管佛教的"识"更偏重于心理学的情识意味，不完全等同于西方哲学中以知性为核心的认知心，但其发生作用必以主客能所的对待为前提则并无二致。因此，从以上龙溪对良知与知识的区别来看，显然脱胎于佛教的"智"、"识"观念。尤其"境"、"缘"、"起灭"、"能所"等，本来就是佛教的术语。

不过，龙溪从来不避讳借用历来被视为异端的佛道两家的表达方式，对龙溪而言，以佛教的用语和观念表达良知与知识的不同，并不就意味着良知与知识在内涵上便完全等同于佛教的"智"与"识"。就良知与"智"来说，尽管二者均不预设主客能所的差别，并且良知也譬如空谷之声，具有无执不滞的品格，所谓"湛然寂静，不于一法而生分别"（《全集》卷十一《与屠坪石》），但良知始终以至善为其本质内容，是"时时知是知非"且有定向的"天则"，而佛教的"智"却只是一种"观空"的智慧，并无至善的道德内涵为其本质。"智"之所以为"智"，恰恰是要消解一切事物实有性的本质，因为依佛教之见，"众因缘生法，我说即是空。亦为是假名，亦是中道义。未曾有一法，不从因缘生。是故一切法，无不是空者。"（《中论·观四谛品》第二十四）所谓事物的本质都只不过是因缘假合而成，并无自性，一旦条件（因缘）不具备，原先的所谓本质也就烟消云散。智之所照，事物的本性也不过是空而已矣。所观事物如此，智本身亦然。佛教各宗各派的教义千差万别，但这一"缘起"的空观却可以说是基本的底色，也是儒释之别的根本所在。因此，如果说良知"时时知是知非，时时无是无非"而"有无合一"的话，佛教的"智"则只具有"无是无非"之"无"的一面。另外，缘起的观念也使得龙溪所谓的"知识"与佛教的"识"显示了不同的取向。依佛教之见，由智所观照之"诸法实相"尚不过是万物的空性，识所了别者则更只是"依他起"或"遍计所执"之因缘假合的产物了。儒家认为佛教"以山河大地为虚妄"，正是就此而言。与之相较，龙溪虽然认为知识具有相对性，尤其特定的道德知识，因为不具有良知那种"无"的品格，故不能执守为任何情况下道德实践的普遍准则，但道德知识本身尤其道德知识、道德实践所应用的生活世界，却是真实不虚而有其实在的意义。这种视天地万物非但真实无妄，更具有神圣意义与价值的世界观，也正是儒家之所以为儒家的特征之一。

龙溪一方面指出良知与知识不同，一方面又认为二者的关系其实是"同出而异名"（《全集》卷十二《答梅纯甫》）。前文提到隆庆三年曾见台在武林曾向龙溪请教过虚寂之义，当时见台还向龙溪问过"良知知识之辨"。龙溪的回答是：

> 予尝谓良知与知识，所争只一字，皆不能外于知也。根于良，则为德性之知；因于识，则为多学之助。知从阳发，识由阴起；知无方所，识有区域。阳为明，阴为浊。阳明胜则德性用，阴浊胜则物欲行。阴阳消长之机也。子贡之亿中因于识，颜子之默识根于良，回赐之所由分也。苟能察于根因之故，转识成知，识即良知之用，嗜欲莫非天机，阴阳合德矣。（《全集》卷十六《别曾见台漫语摘略》）

这里已经指出良知与知识"皆不能外于知也"，至于"同出而异名"究竟是什么意思，龙溪在《答吴悟斋》第二书中讲得似乎更为明确些：

> 良知与知识所争只一字，皆不能外于知也。良知无知而无不知，是学问大头脑。良知如明镜之照物，妍媸黑白，自然能分别，未尝有许毫影子留于镜体之中。识则未免在影子上起分别心，有所凝滞拣择，失却明镜自然之照。子贡子张，多学多见而识，良知亦未尝不行于其间。但是信心不及，未免在多学多见上讨帮补，失却学问头脑。颜子则便识所谓德性之知，识即是良知之用，非有二也。识之根虽从知出，内外真假毫厘却当有辨。苟不明根因之故，遂以知识为良知，其谬奚啻千里已

哉？（《全集》卷十）

这里尽管重点似乎仍是在强调良知与知识之辨，但龙溪却指出了
"识之根"是从"知"出的。由龙溪常用的明镜之喻来看，心之本
体其实本来只是良知，并无所谓"识"的产生，只是由于明镜自
然之照的丧失，良知受到蒙蔽，有所"凝滞拣择"，这才产生了作
为"分别之心"的"识"。至于为什么会失去本心良知这种"明镜
自然之照"，则是由于后天习染，所谓"阴浊物欲"的缘故。因此，
知识不过是良知的迷失或异化，并不具有本体的地位，所谓识之根
从知出，便是在这个意义上而言的。也只有如此理解良知与知识的
关系，即将知识视为良知经由一层曲折之后在低一层次的运作，而
其根本仍在良知，才有可能将知识化归为良知，使"见闻莫非良知
之用"，所谓"察于根因之故，转识成知，识即良知之用，嗜欲莫
非天机，阴阳合德矣"。日本京都学派开创者西田几多郎（1870—
1945）思想的核心观念是所谓"纯粹经验"，在西田看来，纯粹经
验作为一种动态创造性是先于主体与对象以及知、情、意三者之分
化的，"它是具体的意识的严密统一"，[1] "多种多样的意识状态就从这
里面（纯粹经验）分化发展出来"。[2] 尽管西田几多郎纯粹经验的概念
是经由费希特的洗礼而最终以禅宗"绝对无"的思想为底蕴，[3] 因而
与龙溪的良知有相当距离，但在指出作为主客未分之前意识原初状
态的纯粹经验构成各种分别状态意识的来源这一点上，又和龙溪识
之根从知出的看法有异曲同工之处。

---

❶ 西田几多郎：《善的研究》，何倩译（北京：商务印书馆，1989），页9。
❷ 同上书，页9—10。
❸ 参考吴汝钧：《绝对无的哲学——京都学派哲学导论》（台北：台湾商务印书馆，
  1998），页1—10。

对于"转识成知"，龙溪也有明确的说明，他在《意识解》中指出：

> 人心莫不有知，古今圣愚所同具。直心以动，自见天则，德性之知也。泥于意识，始乖始离。夫心本寂然，意则其应感之迹；知本浑然，识则其分别之影。万欲起于意，万缘生于识。意胜则心劣，识显则知隐。故圣学之要，莫先于绝意去识。绝意，非无意也；去识，非无识也。意统于心，心为之主，则意为诚意，非意象之纷纭矣；识根于知，知为之主，则识为默识，非识神之恍惚矣。譬之明镜照物，体本虚，而妍媸自辨，所谓天则也。若有影迹留于其中，虚明之体反为所蔽，所谓意识也。孔门之学，颜子有不善，未尝不知，知之未尝复行，此德性之知。谓其屡空，空其意识，不远之复也。子贡多学而亿中，以学为识，以闻为知，意识累之也。此古今学术毫厘之辨也。（《全集》卷八）

由此可见，转识成知是要使"意统于心"、"识根于知"，如此则不会出现"意胜则心劣"与"识显则知隐"的情况。在良知心体成为意识主宰的情况下，意和识作为良知心体的直接发动，则表现为"诚意"与"默识"。而在《与屠坪石》中，龙溪也指出："变识为知，非是去识以全知，耳目不离声色，而一毫不为所引，天聪明也，是为默识。"（《全集》卷十一）因此，"转识成知"并不是要否定、去除知识，所谓"绝意，非无意也；去识，非无识也"，只是不要胶着于各种分别状态的知识之中而为其相对性所限定，在各种知识的运用过程中保持良知的主宰与明定，如此便自然达到"良知不由见闻而有，而见闻莫非良知之用"的境界，此时的识作为"默识"，是良知的直接发用，已经消除了主客能所的对待，实际上也就是龙溪四无论中的"无意之意"。这一点，我们将在讨论龙溪四无论的部分予以详细的说明。当然，"转识成知"也是佛教尤其唯识宗的讲法，但既然良知与知识并不同于佛教的知与识，则龙溪此处的"转识成知"自然有其自身的内涵。事实上，对龙溪的良知教而言，转识成知的具体过程也就是致良知工夫的展开。对此，我们下一章再予以专门讨论。

尽管龙溪并不否定、反对知识，但作为良知次一层级的运作，一旦知识未能成为良知之用而反倒构成良知之障碍，便无疑要成为批判甚至否定的对象。阳明学是在与朱子学的对抗中产生发展的，而朱子学的一个显著特征便是重视客观知识的积累，这尤其表现在对儒家经典的研究。随着元代将朱子学与国家意识形态和科举考试相连，至明代儒家经典的研习已在相当程度上沦为谋求功名富贵的工具。因此，高扬作为德性主体的良知而贬低知识，便不仅是阳明学理论自身的结果，更具有了思想史的时代意义。龙溪在《万松会纪》中指出：

> 吾人学不足以入圣，只是不能蒙。知识反为良知之害，才能反为良能之害，计算反为经纶之害。若能去其所以害之者，复还本来清净之体，所谓溥博渊泉，以时而出，圣功自成，大人之学在是矣。(《全集》卷五)

陆象山对儒学知识化所产生的流弊早有批评，所谓"此道与溺于利欲之人言犹易，与泥于意见之人言却难"(《陆九渊集》卷三十四《语录上》)。这里所谓"意见"，便是指不仅不能成为"良知之用"而反倒障蔽良知的各种知识。同样，龙溪也曾在这个意义上用良知与意见的对比表达了对于后者的批评：

夫无可无不可者,良知也。有可有不可者,意见也。良知变动周流,惟变所适。意见可为典要,即有方所。意见者,良知之蔽,如火与元气不容以并立也。学者初间良知致不熟,未免用力执持,勉而后中,思而后得,到得工夫熟后,神变无方,不思不勉而自中道。浅深实有间矣,然此中所得,无所滞碍之体,实未尝不同也。若忧良知不足以尽天下之变,必假意见以助发之,是忧元气之不足,而反藉于火以为用,非徒无益,其为害有甚焉者矣。(《全集》卷十一《与林益轩》)

在龙溪看来,知识在有益于德性的条件下才更有意义,所谓"多识者所以蓄德"(《全集》卷九《与陶念斋》第三书),而障蔽戕害良知的知识则显然是清除的对象。但现在的问题是,良知与知识毕竟有不同的性质,作为良知之蔽的意见固然要除去,而那些一般的由了别心对世界所产生的各种认识,也是人类生活的重要组成部分,这些知识是否只在"多识者所以蓄德"的意义上才有价值,更重要的是,良知本身是否足以解决世界上的各种问题,即所谓"尽天下之变"呢?对此,上面这段话已隐约透露了龙溪的看法,而良知本身是否足以尽天下之变,的确是当时整个阳明学所面对的一个经常引起困惑与争辩的问题。

嘉靖四十四年乙丑(1565),龙溪应李遂(字邦良,号克斋,1504—1566)之邀与耿定向、许孚远(字孟中,又作孟仲,号敬庵,1535—1604)、蔡汝楠(字子木,号白石,1516—1565)等人会于留都(南京)为仁堂,当时张浶滨便向龙溪提出了疑问,所谓"今日诸公皆说致良知,天下古今事物之变无穷,若谓单单只致良知便了当得圣学,实是信不及",而龙溪以下的回答则更为清楚地表明了他对该问题的观点。

先生（龙溪）曰：此非一朝夕之故，不但后世信此不及，虽在孔门子贡、子张诸贤，便已信不及，未免外求，未免在多学多闻多见上凑补助发。当时惟颜子信得此及，只在心性上用工。孔子称其好学，只在自己怒与过上不迁不贰，此与多学多闻多见，有何干涉？孔子明明说破，以多学而识为非，以闻见择识为知之次。所谓一，所谓知之上，何所指也？孟子愿学孔子，提出良知示人，又以夜气虚明发明宗要。只此一点虚明，便是入圣之机。时时保任此一点虚明，不为旦昼梏亡，便是致知。只此便是圣学，原是无中生有。颜子从里面无处做出来，子贡、子张从外面有处做进去。无者难寻，有者易见，故子贡、子张一派学术流传后世，而颜子之学遂亡。后之学者，沿习多闻多学多见之说，乃谓初须多学，到后方能一贯；初须多闻多见，到后方能不落闻见而知。此相沿之蔽也。初学与圣人之学，只有生熟不同，前后更无两路，孔子何故非之以误初学之人，而以闻见为第二义？在善学者默而识之。齐王见堂下之牛而觳觫，凡人见入井之孺子而怵惕，行道乞人见呼蹴之食而不屑不受。其机神应，人力不得而与，岂待平时多学而始能？充觳觫一念，便可以王天下；充怵惕一念，便可以保四海；充不屑不食一念，义便不可胜用。此可以窥孔孟宗传之旨矣。（《全集》卷四《留都会纪》）

龙溪此番话后，许敬庵表示仍然不能同意良知足以尽天下之变的看法，并引《论语》中"知之为知之，不知为不知"的话头加以发挥，所谓"《语》云'知之为知之，不知为不知'，说者谓孔子因子路强不知以为知，故诲之以知之之道。此义何如？淡滨子谓知之知之，故是致良知，不知为不知，不强以为知，亦是致良知。于此求之，又有可知之理。到工夫熟后，自有个无所不知时在，非谓只致良知便可了得古今事变，便可了得圣学"。于是龙溪又有以下的说明：

> 子路忠信，素孚于人，心事光明，一毫不肯自欺，信未过处，连孔子也要直指，无所隐蔽。强不知以为知，原不是子路所犯之病。知之为知之，不知为不知，原是两条判开路头。见在知得的，要须行著习察，还他知之，当下分晓，一些不可含糊将就过去。若见在知不得的，要须涤玄去智，还他不知，当下斩截，一些不可寻讨兜揽过来。只此两言，便尽了知之之道，故曰是知也。或以问礼问官之类为不知，知得该问，便是知之，问过便是知了，皆属知之条下。不知的，毕竟不可知，毕竟不能知，或毕竟不必知。如六合之外，圣人议而不论，此便是不可知；天地何以高深，鬼神何以幽显，耳目何以能视听，口鼻何以能尝能臭，此便是不能知；稼穑之事，大人所不学，淫鄙谲诈之习，贤者所不道，甚至尧舜之知，不务遍物，夔契之事，不求兼能，此便是不必知。若曰于此求之，又有可知之理，是言外不了语，非海由本旨也。学者惑于"一物不知，儒者所耻"之说，略于其所不可不知，详于其所不必尽知，终岁营营，费了多少闲浪荡精神，干了多少没爬鼻勾当，埋没了多少忒聪明豪杰，一毫无补于身心，方且傲然自以为知学，可哀也矣！（《全集》卷四《留都会纪》）

由龙溪这两段话可见，从原则上讲，龙溪认为良知并非不可尽天下古今事变，龙溪引《孟子》中的典故说"充礮棘一念，便可以王天下；充怵惕一念，便可以保四海；充不屑不食一念，义便不可胜用"，是指出良知正是"尽古今事变"、"了得圣学"的最初发动机制。在龙溪看来，正是在良知的推动之下，对古今事变的了解以及道德实践（圣学）方得以展开。不过，龙溪也意识到在"尽古今事变"和"了得圣学"的过程当中，毕竟有许多东西不在良知作用的范围之内，所谓"不可知"、"不能知"、"不必知"。至于可知、能知、必知的事物，即使暂时不知，通过向他人的学习，也自然会掌握，所谓"知得该问，便是知之，问过便是知了"。这实际上也从另一个角度对良知与知识的差别作出了说明，良知是"不可不知"的，知识则是"不必尽知"的。对于那些虽在良知作用之外但却应当并且能够掌握的知识，龙溪认为良知本身便会要求主体去掌握它们，因而在这种意义上它们也可以说是"皆属知之条下"，所谓"谓吾心原有本来知识，亦未为不可"（《全集》卷十一《答吴悟斋》第一书）。由此可见，龙溪又不是简单、线性地认为良知直接可以"了得古今事变"。

仔细体会上面两段话的意思，可以看出龙溪更为关注的其实应当是了得圣学而非了得古今事变的问题。无论是提问的张沚滨、许敬庵还是回答的龙溪，都未曾对了得古今事变与了得圣学的关系加以明确反省。实则在龙溪的意识当中，了得圣学与了得古今事变应当具有不同的指谓，"略于其所不可不知"与"详于其所不必尽知"的对比，便显示了二者的差别。在龙溪看来，了得圣学的关键就是要在明白有"不可不知"与"不必尽知"这一区分的前提下，像古代尧舜夔契那样的圣贤人物一样"不务遍物"、"不求兼能"，以"不可不知"的良知为首务，否则便会"一毫无补于身心"。而在张沚滨、许敬庵的潜意识中，了得古今事变与了得圣学或许是一回事，至少后者以前者为必要内容。龙溪所谓"一物不知，儒者所耻"之说，正是就此而言。于是，在龙溪与张沚滨、许敬庵对良知能否尽得、了得天下古今事变与圣学的不同看法中，蕴涵的是究竟应当如何理解圣学这一更为深刻的问题。

这里龙溪与许敬庵等人的差异，在相当意义上反映了在良知与知识问题上阳明学与朱子学的对立。龙溪批评一些学者"终岁营营，费了多少闲浪荡精神，干了多少没爬鼻勾当，埋没了多少忒聪明豪杰，一毫无补于身心，方且傲然自以为知学"，显然是针对朱子学知性取向尤其与科举制相结合所产生的流弊。事实上，有关良知与知识的讨论构成了中晚明整个儒学具有普遍意义的重要议题之一。而在阳明学盛行的中晚明思想界，阳明学对良知与知识问题的看法，又反过来影响了儒学当时的形态与发展方向。不过，既然本章是讨论龙溪的良知观，中晚明的知识之辨及其意义，我们便在第6章再予以专门讨论。

需要说明的是，虽然龙溪认为从事于圣贤之学可以略于那些"不必尽知"的客观知识，更严厉批评科举制所产生的弊端，但龙溪本于其良知与知识一根而发、知识乃良知之用的观点，又并不认为从事圣贤之学是脱离于各种社会活动之外的孤立过程，反而道德实践恰恰需要在各种社会活动中方得以切实展开，这在当时也是圣学区别于佛老的一个特征。在这个意义上，也可以说龙溪又并未将圣学与古今事变判为不相干的二物。这在龙溪有关德业与举业的论述中得到了充分的体现。

隆庆五年辛未（1571），龙溪遭丧妻之痛，张元忭（字子荩，号阳和，1538—1588）、裘子充等友人是年六月邀龙溪聚会于隐士王錯（白溪）之白云山房以为排遣。❶会中有人认为举业不免妨碍圣

---

❶ 通行本各种《全集》中未记载白云山房问答的缘起与龙溪写作《白云山房问答》一文的时间，然万历四年刊刻之六卷本《龙溪会语》卷四《白云山房答问记略》篇首有龙溪自述之缘起，所谓"予自遭室人之变，意横境拂，哀情惨惨不舒。诸友虑之或有伤也，谋于白溪王子，崇酒与肴，旋集于白云山房"。篇末有龙溪亲署"隆庆辛未岁六月念日书"。有关《龙溪会语》之史料价值及龙溪文集之若干佚文，参见本书附录二："明刊《龙溪会语》及王龙溪文集佚文——王龙溪文集明刊本略考"，亦载于我的《近世儒学史的辨正与钩沉》（北京：中华书局，2015），页102—152。

贤之学，所谓"吾人见事举业，得失营营，未免为累，不能专志于学"。龙溪回答说：

> 是非举业能累人，人自累于举业耳。举业德业，原非两事。意之所用为物，物即事也。举业之事，不过读书作文。于读书也，口诵心惟，究取言外之旨，而不以记诵为尚；于作文也，修辞达意，直书胸中之见，而不以靡丽为工。随所事以精所学，未尝有一毫得失介乎其中，所谓格物也。其于举业不惟无妨，且为有助；不惟有助，即举业而为德业，不离日用而证圣功，合一之道也。（《全集》卷七《白云山房问答》）

而在《天心题壁》中，龙溪甚至进一步指出认为"德业"与"举业""合一"的看法都属于"似是而非"之论。因为在龙溪看来，举业其实可以说不过是德业的具体表现形式而已：

> 士之于举业，犹农夫之于农业。尹伊耕于有莘，以乐尧舜之道，未闻农业与尧舜之道为两事也。夫士在学校，则有举业；及居官，则有职业；为宰辅，则有相业；悬车而归，则有山林之业。随其身之所履而业生焉，乃吾进德日可见之行也。（《全集》卷八）

龙溪这种"举业德业，原非两事"，"即举业而为德业，不离日用而证圣功"以及"随其身之所履而业生焉，乃吾进德日可见之行"的看法，不仅与阳明对举业与德业问题的观点相一致，更代表了整个中晚明阳明学在这个问题上的主流看法。从朱子对科举的严厉批判，到阳明的"举业不患妨功，惟患夺志"，再到龙溪的"即举业而为德业"，更反映了儒家科举观念从宋代到明代的显著变化。当然，如果像这样将举业视为不过是德业的分殊性表现之一，未免从根本上将前者化约为后者。而这回归到良知与知识的问题上，便最终仍包含有忽略知识相对独立性的可能和危险。这也是包括阳明在内许多阳明学者都必须面对的。

此外，龙溪对良知与知识关系问题的看法，还反映在对于儒家经典、文字的态度与认识上。正如龙溪始终以良知为"第一义"一样，以往的各种经典、文字在龙溪看来并不具有终极的意义。隆庆四年庚午（1570）岁末，七十三岁的龙溪在所作《自讼长语示儿辈》中指出：

> 夫良知者，经之枢，道之则。经既明，则无藉于传；道既明，则无待于经。昔人谓六经皆我注脚，非空言也。（《全集》卷十六）

这里，龙溪对陆象山"六经皆我注脚"的话表示了肯定。但是，就像陆象山本人其实并不"废书不观"而对经典、文字采取极端否定的态度一样，龙溪也始终没有忽视经典学习对于培养内在德性的意义。他在为杜质❶所作的《明儒经翼题辞》中说：

> 予尝谓治经有三益：其未得之也，循其说以入道，有触发之义；其得之也，优游潜玩，有栽培之义；其玩而忘之也，俯仰千古圣人，先得我心之同然，有印证之义。（《全集》卷十五）

---

❶ 杜质字惟诚，号了斋，曾在安徽宁国府太平县创办九龙会宣讲阳明学，有《明儒经翼》。事见《太平县志》卷六《儒林二十二》，乾隆二十一年刊本。

而在《重刻阳明先生文录后序》中，龙溪又从"道"与"言"的角度再次提到了"触发"、"栽培"和"印证"这三义，[1]所谓：

> 道必待言而传，夫子尝以无言为警矣。言者，所由以入于道之诠。凡待言而传者，皆下学也。学者之于言也，犹之暗者之于烛、跛者之于杖也。有触发之义焉，有栽培之义焉，有印证之义焉，而其机则存乎心悟。（《全集》卷十三）

当然，龙溪虽然认可言说作为"指月之指"的必要性，但龙溪这里的重点仍在于指出言说对于"道"的有限性。因此，由龙溪此处所言可见，良知与知识的关系同时也是存有（道）与言说（言）这一在中西方思想中更具普遍性问题的表现。在存有与言说的关系问题上，中国哲学儒释道三家的主流都一致认为名言不足以揭示存有的奥秘。龙溪在继承了中国哲学中认为存有超越于名言之域这一思路的同时，又在工具价值的意义上肯定了言说对于揭示存有的"阶梯"作用。[2]这显然与其对良知与知识的看法是相一致的。

---

[1] 龙溪谈到"触发"、"栽培"和"印证"这三义，亦见《全集》卷八《天心题壁》。

[2] 阳明曾说："六经原只是阶梯"，见《王阳明全集》，页786。维特根斯坦（Lud-wig Wittgenstein，1902–1951）亦有将语言命题视为"阶梯"而最终可以抛弃的说法，见氏著：《逻辑哲学论》（北京：商务印书馆，1985），页97。但中西思想一开始也的确表现出在实践取向与言说思辨取向之间侧重点的差异，参见史华慈（Benjamin Schwartz）：*The World of Thought in Ancient China*，The Belknarp Press of Harvard University Press，1985，pp. 90–99。对于阳明思想中言说与存在问题的探讨，可参考杨国荣：《心学之思——王阳明哲学的阐释》第八章。日本学者柴田笃先生对该问题亦有讨论，见柴田笃："王阳明思想中的'言语'与'心'的关系"，载吴光主编：《阳明学研究》（上海古籍出版社，2000），页70—84。阳明认为存有超越于名言之域的看法，鲜明地反映在其《次乐子仁韵送别四首》第一首中，所谓"从来尼父欲无言，须信无言已跃然。悟到鸢鱼飞跃处，工夫原不在陈编。"见《王阳明全集》，页744。

四　见在良知

"见在良知"的观念，也是龙溪良知观的一个重要内容。阳明思想中显然有见在良知的意涵，如所谓"只存得此心常见在，便是学"（《传习录上》），"吾辈致知，只是各随分限所及。今日良知见在如此，只随今日所知，扩充到底；明日良知又有开悟，便从明日所知扩充到底，如此方是精一工夫"（《传习录下》），以及逝世前《答聂文蔚》第二书所谓"良知只是一个，随他发见流行处当下具足，更无去求，不须假借"（《传习录中》）。❶但阳明并无"见在良知"的固定用法。正式使"见在良知"成为一个明确概念的是龙溪，而有关"现成良知"的辩难同样成为贯穿中晚明阳明学的一个重要论题。必须说明的是，许多学者对"见在良知"与"现成良知"不加区分，事实上龙溪并未使用过"现成良知"的用语，尽管二者的意涵具有相当的重叠性，但仔细分析，"见在"与"现成"其实在意义上并不相同，尤其容易在理解上引导出不同的方向。龙溪同时与之后的学者往往更多的是在"现成良知"的意义上理解龙溪的"见在良知"，因而中晚明阳明学的相关论辩以"现成良知"为主要用语，亦非偶然。然而在这种极细微的转变中，很可能便包含着理解的差异以及随之而来的同一用语使用下焦点意识的分化。本节主要介绍龙溪自己对"见在良知"观念与相关问题的理解，至于中晚明阳明学中的现成良知之辨及其意义，将在第 6 章加以讨论。

---

❶ 是书作于嘉靖七年戊子（1528）阳明征思田途中，是年冬阳明即卒于归途，故此见亦可谓阳明之"晚年定论"。

龙溪见在良知的观念，一开始便是在辩难中提出的。在《与狮泉刘子问答》中，刘邦采（字君亮，号狮泉，生卒不详）首先对见在良知表示了怀疑：

　　　　人之生，有命有性。吾心主宰谓之性，性无为者也，故须出脱。吾心流行谓之命，命有质者也，故须运化。常知不落念，所以立体也；常运不成念，所以致用也。二者不可相离，必兼修而后可为学。见在良知，似与圣人良知不可得而同也。（《全集》卷四）

对此，龙溪的回答是：

　　　　先师提出良知两字，正指见在而言，见在良知与圣人未尝不同，所不同者，能致与不能致耳。且如昭昭之天与广大之天原无差别，但限于所见，故有小大之殊。若谓见在良知与圣人不同，便有污染，便须修证，方能入圣。良知即是主宰，即是流行。良知原是性命合一之宗，故致知工夫只有一处用。若说要出脱运化，要不落念不成念，如此分疏，即是二用。二即是支离，只成意象纷纷，到底不能归一，到底有脱手之期。（《全集》卷四）

由狮泉所言及龙溪所答可见，围绕见在良知的问题主要有两个：一是见在良知与圣人同否的问题；二是致良知工夫如何运用的问题。所谓"见在良知与圣人同否"中的"圣人"，其实是指良知本体，因为圣人可以说就是良知的化身，是良知当体自身的呈现状态。由此，第一个问题实际上也就是见在良知与良知本身或本体之间关系的问题。而第二个问题则在逻辑上由第一个问题而来。对第一个问题的不同理解，相应地会导致对第二个问题的不同回答。

"见在"的涵义，其实上面阳明的话已经有所表达，一是肯定良知的"在"，也就是肯定良知的当下存有性。一是指出良知的"见"，"见"在古代汉语中通"现"，是指良知的呈现与显示，这可以说是良知的活动性。正如龙溪自己所说的："良知在人，不学不虑，爽然由于固有；神感神应，盎然出于天成。"（《全集》卷五《书同心册卷》）"不学不虑，爽然由于固有"，是指良知先天本有，具有存有论的实在性，这也可以说是良知之"有"的向度。"神感神应，盎然出于天成"，则意味着良知并非只是静止的存有，而是在感应状态中不断地有所呈现。并且，由于不断地在感应状态中显现自身这种活动性，良知又必然要表现于日常的感性经验即所谓"知觉运动"当中。因此，良知的存有性实则包括两层涵义：既是本体意义上的存有，即超越于经验现象之上的本质存在，又是经验现象之中的具体表现。或者说既具有先验的本体属性，又体现为经验的感性知觉。前者强调良知的先天性，后者侧重良知的后天性。而见在良知在龙溪处就是指良知本体在感性知觉中的当下呈现。龙溪所谓"见在良知与圣人未尝不同"，便是要说明表现为感性知觉的见在良知与作为先天本体的良知具有本质的同一性，所谓"非后天之外别有先天也"（《全集》卷七《南游会纪》），而"昭昭之天与广大之天原无差别"的比喻，也无非是要说明这种本质的同一性。对此，龙溪在其《再至水西用陆象山鹅湖韵四首》之一中亦有所表达：

未论舜哲与尧钦，万古人传万古心。莫道涓流非是海，由来一篑即成岑。

江天杳杳云初净，童冠依依日未沉。但得春风长入手，唐虞事业只如今。（《全集》卷十八）

事实上，《孟子》中的"四端之心"，显然都是在感性经验或知觉运动中的表现，但作为四端之心的"恻隐"、"是非"、"礼让"与"羞恶"，至少在理学传统内部又历来不被儒者们视为一般意义上的感性经验，而是"人同此心、心同此理"的本然善性的流露，本身具有先验的本体地位。龙溪在论证见在良知时常引用《孟子》中乍见孺子入井而生恻隐之心的典故，其原因正在于此。

虽然在整体上继承伊川思想的是朱子，但真正将伊川"体用一源，显微无间"（伊川《易传序》）的精髓发挥得淋漓尽致的，却是明代的阳明学者而非朱子及其后学。不但阳明如此，❶如所谓"人之本体常常是寂然不动的，常常是感而遂通的。未应不是先，已应不是后"（《传习录下》）。在背后支撑龙溪见在良知观念的，其实根本也是这种一元论的思考方式。龙溪认为"天下未有无用之体、无体之用，故曰体用一源。"（《全集》卷七《南游会纪》）如果说作为先天本质存在的良知可以说是良知之体，作为后天感性经验的良知则可谓良知之用，那么，即使是表现为感性经验的见在良知，其本质仍不外是不学不虑、先天固有的道德本体。并且，除了体用这对范畴之外，龙溪一元论的思考方式还普遍贯穿于有关未发已发、寂感、内外、动静等一系列的理学基本范畴。譬如在与聂双江论辩的《致知议辨》中，龙溪便说："良知即是未发之中，即是发而中节之和。此是千圣斩关第一义，所谓无前后内外浑然一体者也"，"良知者无所思为，自然之明觉。即寂而感行焉，寂非内也；即感而寂存焉，感非外也。"（《全集》卷六）而这种一元论的思维方式不仅是

---

❶ 阳明喜引伊川"体用一源，显微无间"语，《传习录》中五见，《阳明文录》二见。但关键并不在于引用次数的多少，而在于是否真正将其落实到思维方式上去。如朱子亦引伊川此说，但朱子本身则显然是二元论的思考方式，这在理气、心性、未发已发等方面均表露无遗。

阳明学的基本特征之一，更是区别阳明学与朱子学的一条标准。事实上，在整个中晚明阳明学的话语之下，仍然隐含着阳明学一元论与朱子学二元论在思维方式上的差异，这种不自觉的差异往往是在阳明学这一共同话语之下许多分歧产生的真正与深层原因。这一点，我们在讨论中晚明阳明学的本体与工夫之辨时会清楚地看到。

既然见在良知是指良知本体在感性经验中的当下呈现，那么，见在良知又如何与普通的感性经验、自然本能相区别呢？这在龙溪当时已经成为一个需要经常面对的问题了。在《答中淮吴子问》中，吴中淮便首先向龙溪提出了这个问题。

> 问：圣人之学，惟在致良知，是矣。然人见食则知食，见色则知好，有痛痒则知抚摩，皆出天性，不可不谓良知也。若即是为良知，与"食色性也"、"生之谓性"何异？若曰别是一知，与良知不同，是二知也。人无二心，则宜无二知，敢请所以。（《全集》卷三）

在《孟子》中，告子"食色性也"与"生之谓性"的观点是孟子性善论的直接对立面，而告子这两个命题便是将像"食色"一类的自然本能作为人类的本性。对此当时孟子便已有辩驳，后来理学中提出"天命之性"与"气质之性"，对告子之说给予了更具理论性的批判。因而在孟子早已取得仅次于孔子地位的明代，告子此说显然是不能为人所接受的。但吴中淮认为，既然出于天性的"见食则知食，见色则知好，有痛痒则知抚摩"这一系列行为不可不谓良知，那么，在"人无二心，则宜无二知"的前提下，良知似乎难以避免被等同于告子"食色性也"与"生之谓性"所指谓的感性经验与自然本能。显然，吴中淮所提的问题是以一元论的观点为前提的，这也反映出阳明学的这一思维方式在当时无论被实际接受的程度如何，至少已是学者耳熟能详的了。对于该问题，龙溪的回答是：

> 人生而静，天命之性也。性无不善，故知无不良。感物而动，动即为欲，非生理之本然矣。见食知食，见色知好，可谓之知，不得谓之良知。良知自有天则，随时酌损，不可得而过也。孟子云：口之于味，目之于色，然有命焉。立命，正所以尽性，故曰天命之谓性。若徒知食色为生之性，而不知性之出于天，将流于欲而无节，君子不谓之性也。此章正是辟告子之断案。告子自谓性无善无不善，故以湍水为喻，可以决之东西而流。若知性之本善，一念灵明，自见天则，如水之就下，不可决之而流也。知一也，不动于欲，则为天性之知，动于欲，则非良矣。告子之学，亦是圣门别派，但非见性之学，所以有不得于言，不得于心之时。若知致良知工夫，性无内外，良知亦彻内外。（《全集》卷三）

这里，龙溪首先指出良知以至善为本质内容，所谓"性无不善，故知无不良"，因此像食色之类的感性经验与自然本能并不就是良知的当下表现，所谓"见食知食，见色知好，可谓之知，不得谓之良知"，这便将见在良知与作为"欲"的感性经验区别开来。但是，依龙溪之见，见在良知与感性经验、自然本能又并非截然二物，流于欲望而无节的感性经验、自然本能只不过是良知"感物而动"的迷失而已，所谓"知一也，不动于欲，则为天性之知，动于欲，则非良矣"，便是指出良知与感性经验、自然本能之间的内在一贯性。由于感性经验、自然本能在理学的话语中也称之为"知觉"，因而龙溪所谓"良知非知觉之谓，然舍知觉无良知"（《全集》卷十《答罗念庵》第一书），"谓知识非良知则可，谓良知外于知觉则不可"（《全集》卷六《致知议略》），最能够反映龙溪对见在良知与一般感性经验、自然本能之间关系的看法。在这个意义上，良知与感性经验、自然本能甚至物欲之间的关系又颇类似于良知与知识的关系。而既然可以"转识成知"，感性经验、自然本能只要不为外物所动，同样不会流于"无节"的物欲。龙溪引《孟子》中的典故，也正是为了说明这一点。至于如何使感性经验作为良知的发用而不流于物欲，则要靠致良知的工夫，在龙溪看来，使见在良知区别于一般感性经验、自然本能甚至物欲的力量，就在于良知本身。

尽管龙溪见在良知的观念强调先天的良知本体必然要落实为后天感性知觉上的呈现与发用，但由龙溪"见食知食，见色知好，可谓之知，不得谓之良知"的话来看，龙溪显然并非将实然的人性等同于良知本体自身。在《南谯别言》中，龙溪明确指出：

> 吾人本来真性，久被世情嗜欲封闭埋没，不得出头。譬如金之在矿，质性混杂，同于顽石，不从烈火中急烹猛炼，令其销融超脱，断未有出矿时也。……夫真金只在顽石中，然指顽石为真金，何啻千里？真性离欲，始发光明；真金离矿，始见精彩。（《全集》卷十六）

与"昭昭之天即广大之天"相较，龙溪此处所谓"指顽石为真金，何啻千里？真性离欲，始发光明；真金离矿，始见精彩"，简直像是出自反对见在良知说者如罗念庵、刘狮泉等人之口。而这并非龙溪的偶发之论。万历元年癸酉（1573）秋，七十六岁的龙溪与李渐庵、陆光祖（字与绳，别号五台居士，生卒不详）、耿定向等人有南谯书院之会。龙溪于会中再次指出：

自先师提出良知教旨，学者皆知此事本来具足，无待外求。譬诸木中有火，矿中有金，无待于外烁也。然而火藏于木，非钻研则不出，金伏于矿，非锻炼则不精。良知之蔽于染习，犹夫金与火也。卑者溺于嗜欲，高者梏于见闻，渐渍沦浃，无始以来之妄缘，非苟然而已也。（《全集》卷七《南游会纪》）

在龙溪当时，除刘狮泉之外，反对龙溪见在良知说最有代表性的是聂双江与罗念庵。万历元年时二人俱已作古，而以上龙溪所言同他们生前与龙溪辩难时的言辞简直如出一辙，甚至连"金之在矿"的比喻都一样，不知如果双江与念庵听到龙溪这番话会作何感想。当然，或许由于当时见在良知已经出现了非预期的流弊，就像狮泉、双江与念庵生前所担心的那样，因此龙溪的教法有所调整，开始强调人性本然状态与实然状态之间的距离，这一点不无可能。但是，这并不意味着龙溪对见在良知的基本看法有变甚至自相矛盾，而其实是在不同言说情境中论辩侧重点的自然转移。理学家追求的圣人之学以践履为根本，重在身心性命的切实受用，口耳的讲习与听闻毕竟是"第二义"，因此讲学过程中因材施教、因病立方、经权并用是儒家一贯的传统。另外，言说随境域不同而提揭重点相异，本来就是中国哲学的基本特征之一。

事实上，既强调必然呈现为知觉发用状态的见在良知与先天道德本体在本然状态上的同质性，又指出见在良知所表现的知觉状态因难免受到习染而在实然状态上与良知本体在纯粹性上有所差异，因而要双谴两边之见而从容中道，这是龙溪一贯的立场。并且，这种对见在良知的理解，又同时决定了龙溪在致良知工夫论上的态度。

嘉靖四十一年壬戌（1562），龙溪曾到松原会晤罗念庵，在随后所作的《松原晤语寿念庵罗丈》一文中，龙溪有这样一段话：

> 良知本虚，天机常活，未尝有动静之分。如目本明，如耳本聪，非有假于外也。致知之功，惟在顺其天机而已。有不顺者，欲为之累。如目之有翳，耳之有垢，非聪明本然也。累释则天机自运，翳与垢去，则聪明自全矣。离娄之明，师旷之聪，天下莫加焉，然其耳目，初未尝有异于人也。世人不能自信其耳目，而谓聪明即与师旷、离娄异者，谓之自诬；不务去其翳与垢，而谓聪明即与师旷、离娄同者，谓之自欺。（《全集》卷十四）

此外，恰恰就在万历元年的南谯书院之会中，龙溪在以"火藏于木，非钻研则不出，金伏于矿，非锻炼则不精"的比喻指出人的本然之性与实然之性的差异之后，紧接着又说道：

> 夫钻研有窍，锻炼有机。不握其机，不入其窍，漫然以从事，虽使析木为尘，碎矿为粉，转展烦劳，只益虚妄，欲觅金火之兆，不可得也。寂照虚明，本有天然之机窍，动于意欲，始昏始蔽。消意遗欲，存乎一念之微，得于罔象，非可以智索而形求也。苟徒恃见在为具足，不加钻研之力；知所用力矣，不达天然之义，皆非所谓善学也。（《全集》卷七《南游会纪》）

由此可见，龙溪根据其见在良知的观念，既认为不能"苟徒恃见在为具足，不加钻研之力"，否则必难免于在"不务去其翳与垢"的情况下犹自以为"聪明即与师旷、离娄同"的"自欺"，又认为工夫实践需"钻研有窍，锻炼有机"，要在自信"目本明，耳本聪"的前提下"顺其天机"，否则必将"转展烦劳，只益虚妄"，最终不免流于自认为"聪明即与师旷、离娄异"的"自诬"。前者指出工夫之必要，后者则指出工夫之所以可能的先天根据，正所谓"论工夫，圣人亦须困勉，方是小心缉熙；论本体，众人亦是生知安行，方是真机直达"（《全集》卷三）。而无论是以"无中生有"的方式在"心体立根"的先天正心之学，还是这里已经提到的"存乎一念之微"，都是我们下一章所要讨论的龙溪致良知工夫论的具体展开。

通过以上的讨论，我们至少已经可以了解龙溪自己对见在良知及其相关若干问题的理解和态度。龙溪强调见在良知，关键在于看到作为道德实践之根据的良知并不只是一个静态的先验法则和超越的所以然之"理"，而更是时时处于感应状态下的活动与呈现。良知不是康德理性、感性严格二分意义下的道德法则与道德情感，而是在儒家心学传统一贯脉络下知、情、意的统一。并且，就像孟子使人由恻隐之心以见其本心善性一样，只有从良知作为知觉状态的具体发用入手，而不是在与感性经验隔绝的情况下悬空追求未发的良知本体，所谓"未发之功却在发上用，先天之功却在后天上用"（《全集》卷六《致知议辨》），人们才会更为真切地把握到良知本体的实在性与动力。如此，道德实践的必然性也才会获得更为坚强的经验基础。因此，较之良知观念本身，见在良知其实进一步突显了"心即理"命题中所侧重的道德主体能动性的涵义。无论就道德哲学还是道德实践而言，这一点都可以说是龙溪见在良知观念饶富意涵的所在。

不过，面对自觉不自觉地习惯于二元论思考方式的学者，龙溪"体用一源，显微无间"之下的见在良知，便难免不被理解为以知觉为良知，以实然之性为本然之性，以"现成"为"见在"。而既然良知已是现成，相应地工夫自然便无必要，于是龙溪又被认为是脱略工夫。当时聂双江、罗念庵与龙溪有关见在良知的辩难，突出地反映了这两个相关的方面。中晚明许多学者对龙溪见在良知的了解与批评，其实大多是从双江与念庵处转手而来。以江右为得阳明之传的黄宗羲认为龙溪"良知既为知觉之流行，不落方所，不可典要，一著工夫，则未免有碍虚无之体"以及"流行即是主宰，悬崖撒手，茫无把柄"（《明儒学案》卷十二《浙中王门学案二》），更显然是受了双江与念庵的影响。当然，中晚明阳明学中许多对于现成良知的批评，并非完全是基于对龙溪的误解。既有思维方式不同所造成的误解，也有同样是思维方式不同所产生的焦点意识的差异；既有针对理论本身的探讨，也有着眼于实践效果的发挥。而在同样主张现成良知的学者之间，彼此的见解也有着细微的差别。事实上，虽然见在良知作为一个专有名词为龙溪提出，但中晚明阳明学发展过程中围绕见在良知、现成良知的广泛讨论，已经形成一个客观的思想论域。在后面第 6 章对现成良知的专门讨论部分，我们也将不是以对龙溪本人见在良知观念理解的相应与否为准去评判各家，而是要在这样一个客观论域中展示围绕现成良知所形成的各种论说并分析其相关的意义。

五　作为信仰对象的良知

良知观念从孟子发展到龙溪，其内涵的不断丰富除了以上所论之外，还出现了一个重要的特点，那就是：作为道德实践先天根据以及宇宙万物本体的良知，已经被视为终极实在（ultimate reality），从而成为信仰的对象。在这个意义上，我们可以说，良知在置换了天理的基础上，取得了相当于基督教传统中上帝的地位。

相对于宋代以来的朱子学，阳明学最大特点之一就是将一切合法性与合理性的根源从外在的天理转化为内在的良知，以后者所代表的道德主体性取代前者的权威。虽然对朱子而言天理亦在人心，对阳明来说良知即是天理，但毕竟前者偏向于外在的客体性，后者倾向于内在的主体性。对于外在的天理，不论是出于如康德所谓的敬畏（Achtung），还是出于如同席勒（Friedrich Schiller）所谓"对义务的爱好"（Neigung zu der Pflicht），[1]都不免更多地需要以服从为原则，而对于内在的良知，却首先需要以自信为基本的出发点。阳明曾经赠诗与其同时代的朱子学者夏尚朴（字敦夫，号东岩，1466—1538）云："铿然舍瑟春风里，点也虽狂得我情"，夏尚朴答诗则曰"孔门沂水春风景，不出虞廷敬畏情"，可谓鲜明地反映了服从天理与自信良知两者间的差别。

阳明晚年居越以后，致良知的理论与实践俱已臻化境，如龙溪所谓"所操益熟，所得益化，信而从者益众。时时知是知非，时时无是无非。开口即得本心，更无假借凑泊。如赤日丽空而万象自照；如元气运于四时而万化自行"（《全集》卷二《滁阳会语》）。此时阳明致良知工夫已经日益真切、简易，正如阳明去世前一年（嘉靖七年丁亥，1527）在与安福同志别离之际所言："凡工夫只是要简易真切。愈真切愈简易，愈简易愈真切。"（《文录》三《寄安福同志书》）简易真切之极，往往是"言语道断，心行处

---

[1] 对于道德法则的服从是否只能是理性地接受，还是必须感性生命的介入以为必要条件，康德与席勒之间有过一场关于"爱好与义务"（Neigung und Pflicht）的著名争论。对该问题的检讨参见李明辉：《康德伦理学发展中的道德情感问题》（德文）（台北："中研院"中国文哲研究所，1994）的相关部分或《儒家与康德》，页 21—35。

绝"而生发出内在的信仰。嘉靖四年乙酉（1525）阳明在给邹守益（字谦之，号东廓，1491—1562）的信中说："以是益信得此二字（良知），真吾圣门正法眼藏。"（《文录》二《与邹谦之》）《传习录下》基本上为阳明晚年之语，其中也有强调对良知要"信"的话，所谓"良知本无知，今却要知；本无不知，今却疑有不知。只是信不及耳"。而在阳明归越之后所作的《月夜二首》诗的第一首中，阳明更自信地指出："肯信良知原不昧，从他外物岂能撄！"由这些话语可见，阳明晚年思想中已经流露出对良知信仰的意味。

如果说以良知为信仰的对象在阳明处还只是初露端倪的话，到龙溪这里便已经成为其思想的重要组成部分之一了。对此，龙溪不仅有着高度的自觉，更是反复言及的话题。在整部《全集》中，关联着良知而要求"信得及"、"信得过"者，至少有二十八处之多。在嘉靖四十四年乙丑（1565）留都之会上，龙溪指出：

> 良知便是做人舵柄。境界虽未免有顺有逆，有得有失，若信得良知过时，纵横操纵，无不由我。如舟之有舵，一提便醒。纵至极忙迫纷错时，意思自然安闲，不至手忙脚乱。此便是吾人定命安身所在。古人造次颠沛必于是，亦只是信得此件事，非意气所能及也。（《全集》卷四《留都会纪》）

在自己的遗言中，龙溪也将自己工夫的得力处归于对良知的高度自信：

> 师门致良知三字，人孰不闻？惟我信得及。致良知工夫，彻首彻尾，更无假借，更无包藏掩护。本诸身，根于心也；征诸庶民，不待安排也。真是千圣相传秘藏，舍此皆曲学小说

矣。明道云：天理二字，是吾体贴出来。吾于良知亦然。(《全集》卷十五《遗言付应斌应吉儿》)

万历五年丁丑（1577）闰八月，八十高龄的龙溪与张元忭、邓以赞（字汝德，号定宇，1542—1599）、罗万化（字一甫，号康洲，1536—1594）等人聚会会稽龙南庵，就在这次会中，龙溪对作为信仰对象的良知进行了如下的描绘：

> 夫天，积气耳；地，积形耳；千圣，过影耳。气有时而散，形有时而消，影有时而灭，皆若未究其义。予所信者，此心一念之灵明耳。一念灵明，从混沌立根基，专而直，翕而辟，从此生天生地、生人生万物，是谓大生广生、生生而未尝息也。乾坤动静，神志往来，天地有尽而我无尽，圣人有为而我无为。冥权密运，不尸其功。混迹埋光，有而若无。与民同其吉凶，与世同其好恶，若无以异于人者。我尚不知有我，何有于天地？何有于圣人？(《全集》卷七《龙南山居会语》)

"千圣过影"的说法来自阳明嘉靖六年丁亥（1527）征思田途中所作的《长生》诗，所谓"千圣皆过影，良知乃吾师"。[●]而龙溪这里更是明确认为，自然的天地以及以往的圣人在终极的意义上都并非永恒的实在，只有作为一念灵明的良知才是宇宙万物终极的创造性根源，所谓"生天生地、生人生万物"，"大生广生、生生而未尝息"，

---

❶ 《王阳明全集》，页796。原诗为"长生徒有慕，苦乏大药资。名山遍探历，悠悠鬓生丝。微躯一系念，去道日远而。中岁忽有觉，九还乃在兹。非炉亦非鼎，何坎复何离？本无终始究，宁有死生期？彼哉游方士，诡辞反增疑；纷然诸老翁，自传因多歧。乾坤由我在，安用他求为？千圣皆过影，良知乃吾师。"

才是可以托付的终极实在。

信仰是宗教的核心，而在以基督教为代表的西方宗教传统中，上帝是宇宙万物的终极创造根源、道德实践的先天根据以及人类可以托付的终极实在。克尔凯戈尔（Soren Kierkegaard，1813—1855）曾经指出："如果一个生活在基督教当中的人走进上帝的教堂——真正上帝的教堂——心里有真正的上帝观念，并且开始祈祷，但并非真正地祈祷；而另一个生活在异教国家的人也在祈祷，但他怀着对于无限者的充满灵魂的激情，尽管他的眼睛所望着的是一尊偶像。那么，真理在哪一边呢？一个人是真正地在祈祷上帝，虽然他拜的是偶像；另一个人则是虚假地祈祷真正的上帝，所以其实他是在拜偶像。"● 显然，和马丁·路德宗教改革将教会植入人们心中一样，克尔凯戈尔这种"真理即是主体性"的观念相当接近龙溪所代表的心学传统的基本立场。但是，必须同时说明的是，这种相似性又是非常有条件的，在真理必须通过主体才有意义这一点上，二者是一致的，但在真理是否即内在于人心或者进一步说真理是否与人的本心同一这一点上，二者却立即显示出巨大的差异。

克尔凯戈尔曾将宗教分成"宗教 A"与"宗教 B"，前者又称内在宗教或"苏格拉底"的宗教，后者又称外在宗教或"耶稣基督"的宗教。所谓内在宗教，就是说宗教真理本身存在于每个人的心中，所谓"按苏格拉底的观点，每一个个人就是他自己的中心，整个世界都集中于他的心中，因为他的自我认识是一种对神的认识"。● 不过，对克尔凯戈尔来说，内在宗教并非真正的宗教，因为绝对真理存在于上帝而非人之中。并且，作为有限与有罪的存在，

● Kierkegaard, *Concluding Unscientific Postscript*. Princeton，1941，pp. 179–180.

● Kierkegaard，*Philosophical Fragments*. Princeton, 1952, p.7.

人类永远无法完全理解绝对真理，面对一系列的荒谬与吊诡，只能透过信仰去接受作为上帝的绝对真理。事实上，突出先验、无限、不可认识的上帝与有限、有罪的人类之间的异质性，是从克尔凯戈尔到巴特（Karl Barth，1886—1968）这一脉在 20 世纪产生重大影响的所谓新正统主义神学的一个基调。因此，龙溪那种对于自我良知的信仰，在克尔凯戈尔看来，尚只不过是"认识自我"的"苏格拉底"的宗教而已。

但是，在龙溪"体用一源，显微无间"的一元论立场看来，正统基督教神人两分、无限性与有限性、超越与内在的截然对立，也根本不是可以安顿良知观念的预设性架构。仅就作为道德实践之所以可能的先验根据、宇宙万物创生演化的终极根源而言，良知与基督教的上帝或许并无二致。然而极为不同的是，如果说上帝"无中生有"（*creatio ex nihilo*）的创造既包括有形的物质世界，也包括无形的价值世界的话，作为"造化之精灵"、"生天生地、生人生万物"的良知，其创造性则更多地意味着价值与意义的赋予。❶ 另外更为重要的是，对基督教来说，人类尽管是上帝的肖像，但被逐出伊甸园并不仅仅具有发生学的意义，而是在人类与上帝之间划下了一道永恒的鸿沟。前者的本质是有限性，而后者则为无限性本身；人类的内在性无论如何伸展，均无法达到超越者的领域，上帝的超越性则是人类内在性得以可能的先决条件，前者决定后者，反之则不然。尽管西方现代神学的发展出现了极其多元的诠释，如朋霍费尔（Dietrich Bonhoffer，1906—1945）在超越与世俗的关系问题上便强调二者之间的紧密关联，认为基督教的价值

---

❶ 当然，如果就儒家"天地之大德曰生"而言，则创造活动（生）也同时包括有形的物质世界和无形的价值世界这两者。但对阳明学来说，良知的创造毕竟偏重于后者。

关怀不是来世的，而在于此世的救赎与解脱，甚至认为上帝的超越性必须被视为一种此世的超越性，所谓"我们同上帝的关系，不是同一个在力量与仁慈方面都是绝对的最高存在物（那是关于超越的虚假概念）的宗教关系，而是一种通过参与上帝之存在，为着他人而活的新生活。超越性并不在超乎我们力所能及的任务之中，而是在我们手边最切近的事情之中"❶。奥特（Heinrich Ott, 1929— ）更是明确指出："上帝的绝对超验性同时又是绝对的内在性。倘若不是如此，超验性就是虚设的。这样，超验性就成为一种外在于我的东西，成为我身旁和身外的另一存在物。"❷过程神学（process theology）的核心人物哈特桑恩（Charles Hartshorne, 1897—? ）也提出了对儒学——基督教对话颇为有利的"双向超越性"（dual transcendence）观念，认为上帝本身也具有相对性，且上帝与人类并非单方面的决定与被决定关系，而是彼此之间存在一定的互动，❸用中国哲学的术语来说就是人事亦影响天道。在过程神学和中国哲学的双重影响下，最近还有一些学者甚至将人类界定为"共同创造者"（co-creator）。然而，以有限与无限、超越

---

❶ 朋霍费尔：《狱中书简》，高师宁译（成都：四川人民出版社，1992），页191。

❷ 奥特：《不可言说的言说》，林克、赵勇译（北京：生活·读书·新知三联书店，1995），页134。

❸ 哈特桑恩对"双向超越"的阐释参见 Hartshorne:（一）*Creative Synthesis and Philosophic Method*. La Salle, Ill. : The Open Court Publishing Co.,1970;（二）*Insight and Oversight of Great Thinkers: An Evaluation of Western Philosophy*. Albany, N. Y. : State University of New York Press, 1983;（三）*Creative in American Philosophy*. Albany, N.Y.: State University of New York Press, 1984。过程神学以怀特海等人的思想为主要资源，从20世纪30年代的哈特桑恩到70年代后期的小约翰·科布（Jr. John B. Cobb）和大卫·格里芬（David Ray Griffin），如今已发展成为当代西方有别于新正统主义和自由主义等神学的一个流派。有关过程神学的概况，可参阅 Jr. John B. Cobb and David Ray Griffin, *Process Theology: An Introductory Exposition*. Philadelphia: The Westminster Press, 1976。

与内在的二元对立分属人类与上帝，仍然是正统基督教神学的主流与基本原则。❶而对龙溪所代表的阳明学来说，良知即是有限性与无限性的统一、内在性与超越性的统一。现实的人性中尽管可以有种种限制与污染，但人类无须承担原罪不可超脱的永久负累，其本然善性充拓之极，便可上达至无限与超越之境。所谓"尽其心者、知其性也。知其性，则知天矣"（《孟子·尽心上》）、"赞天地之化育"、"与天地叁"（《中庸》）以及"与天地合其德，与日月合其明，与四时合其序，与鬼神合其吉凶。先天而天弗违，后天而奉天时"（《易·乾文言》）所指示的"天人合一"之境，说的就是这个道理。

由上所见，我们说良知在龙溪处取得了相当于经典基督教传统中上帝的地位，只是指出作为宇宙万物的终极创造根源、道德

---

❶ 不仅神学界如此，甚至哲学界的一些学者如郝大维（David L. Hall）、安乐哲（Roger T. Ames）也坚持超越与内在互不相容，从而反对以"内在超越"来形容中国哲学尤其儒家思想的特征。现代新儒家学者李明辉与之进行了往复的辩难，杜维明、刘述先等人对该问题也有相关的论述。参见郝大维、安乐哲：（一）《孔子哲学思微》"绪论"部分，蒋弋为、李志林译（南京：江苏人民出版社，1996）；尤其是（二）《汉哲学思维的文化探源》"第三篇，超越性与内在性：文化的关联"部分，施忠连译（南京：江苏人民出版社，1999）；李明辉：（一）"儒家思想中的内在性与超越性"，载氏著：《当代儒学之自我转化》（台北："中研院"中国文哲研究所，1994），页129—148；（二）"再论儒家思想中的'内在超越性'问题"，台北："中研院"第三届国际汉学会议论文；以及杜维明：《论儒学的宗教性：对〈中庸〉的现代诠释》，段德智译（武汉：武汉大学出版社，1998）；刘述先："关于'超越内在'问题的省思"，台北：《当代》第九六期，1994年4月，页146—149；以及周勤："儒学的超越性及其宗教向度——杜维明教授访谈"，北京：《中国文化》第12期，1995年5月。另外更值得注意的是，作为美国学者且具有基督教神学背景的John Berthrong教授，从比较宗教和比较神学的角度，亦不同意David L. Hall和Roger T. Ames等人认为儒家缺乏超越性的看法，认为David L. Hall和Roger T. Ames过分夸大了"超越性"的中西差异。参见John Berthrong：*All Under Heaven：Transforming Paradigms in Confucian-Christian Dialogue*, p.138。最近，郑家栋又在"'超越'与'内在超越'"（北京：国际儒联纪念孔子2550周年大会论文，1999年10月）一文中，对该问题的由来以及所引发的争论进行了较为详细的探讨。

实践的先天根据以及人类可以托付的终极实在，良知既是道德的主体，又成为信仰的对象并具有了客体性的意义，显然并不认为龙溪的良知在内涵上便完全等同于基督教的上帝。事实上，即使在西方基督教内部，有关上帝观念的理解本身也是千差万别的。❶如果不限于基督教而扩展到整个世界上的各大宗教传统，则上帝这一用语本身的合法性都会受到质疑，以至于像约翰·希克（John Hick, 1922—2012）这样的现代宗教多元论者干脆以"超越者"（the Transcendent）这一概念取代上帝来指称终极实在。❷而这里之所以涉及经典基督教的上帝观念，主要是希望在一个比较宗教学的视野中揭示龙溪良知观本身所具有的一个向度，并不在于探讨经典基督教的上帝观念本身，后者作为诠释的资源在此只有助缘的意义。回到理学发展自身的脉络来看，阳明学以高扬道德主体性而对朱子学的反动，可以说在龙溪这里达到了顶点，因为对龙溪以良知为信仰对象来说，良知即天理，主体性即客体性，此时真可以说"天人本无二，不必言合"（程明道语）了。

以良知作为信仰的对象，与晚明儒学的民间化和宗教化有着相当的意义关联。但必须说明的是，龙溪以良知为信仰对象，并不意味着将良知推出主体自身之外而客观化为一个全然的"他者"（the other）、一个客体意义上的"对象"（object），而毋宁说是将超越者内化到主体性当中。因此，在龙溪这里，对良知的信仰就在本质上体现为自信而非崇拜。

当然，儒学传统中从来就有"敬"的观念，但即便是在周初"敬天"的观念中，"敬"仍然不像基督教对上帝的敬畏那样要求

---

❶ 参见何光沪：《多元的上帝观》（贵阳：贵州人民出版社，1991）。

❷ 参见约翰·希克：《宗教之解释——人类对超越者的回应》第一章，王志成译（成都：四川人民出版社，1998）。

消解人的主体性而彻底皈依于神，反而是主体性的越发凝重和突显。正如徐复观（1903—1982）先生指出的："周初所强调的敬的观念，与宗教的虔敬，近似而实不同。宗教的虔敬，是把人自己的主体性消解掉，将自己投掷于神的面前而彻底皈依于神的心理状态。周初所强调的敬，是人的精神，由散漫而集中，并消解自己的官能欲望于自己所负的责任之前，凸显出自己主体的积极性与理性作用。"[1]牟宗三（1909—1995）先生在讨论中国哲学的特质时也指出："在中国思想中，天命、天道乃通过忧患意识所生的'敬'而步步下贯，贯注到人的身上，便作为人的主体。在'敬'之中，我们的主体并未投注到上帝那里去，我们所作的不是自我否定，而是自我肯定（Self-affirmation）。仿佛在敬的过程中，天命、天道愈往下贯，我们主体愈得肯定，所以天命、天道愈往下贯，愈显得自我肯定之有价值。"[2]李泽厚对现代新儒家虽多有批评，但在对儒家"敬"观念的理解上，却和徐、牟二人是一致的，所谓"它不是指向对象化的神的建立和崇拜，而是就在活动自身中产生神人一体的感受和体会。从而，从这里生发不出'超越'（超验）的客观存在的上帝观念，而是将此'与神同在'的神秘畏敬的心理状态，理性化为行为规范和内在品格"。[3]儒学传统中"敬"的内涵已然如此，对于并不特别重视"敬"的观念而以高扬道德主体性为宗旨的龙溪而言，信仰良知更是体现为主体的高度自信和自觉。

龙溪在《过丰城问答》中如此描述了对良知的信仰：

❶ 徐复观：《中国人性论史》（台北：台湾商务印书馆，1990），页 22。
❷ 牟宗三：《中国哲学的特质》（台北：台湾学生书局，1984），页 20。
❸ 李泽厚：《己卯五说》（北京：中国电影出版社，1999），页 54。

有诸己谓信。良知是天然之灵窍，时时从天机运转。变化云为，自见天则，不须防检，不须穷索。何尝照管得？又何尝不照管得？……若真信得良知过时，自生道义，自存名节，独往独来，如珠之走盘，不待拘营，而自不过其则也。（《全集》卷四）

这里所谓"有诸己谓信"，正表达了龙溪对于信仰的规定是内在自我的觉悟，本真人性的开发。在这个意义上，对良知的信仰便不是表现为对外在于主体的超越者的顶礼膜拜，而是展开为不断深入发掘内在本然善性以转化实然自我的致良知工夫。龙溪在为张元忭所作的《不二斋说》中写道：

夫养深则迹自化，机忘则用自神。若果信得良知及时，即此知是本体，即此知是工夫。故不从世情嗜欲上放出路，亦不向玄妙意解内借入头。良知之外，更无致法；致知之外，更无养法。良知原无一物，自能应万物之变。譬之规矩无方圆，而方圆自不可胜用，贞夫一也。有意有欲，皆为有物，皆属二见，皆为良知之障。于此消融得尽，不作方便，愈收敛愈精明，愈超脱愈神化。变动周流，不为典要，日应万变而心常寂然。无善无不善，是为至善；无常无无常，是为真常；无迷无悟，是为彻悟。此吾儒不二之密旨，千圣绝学也。（《全集》卷十七）

在与赵志皋问答的《金波晤言》中说：

若信得良知及时，时时从良知上照察，有如太阳一出，魑

魅魍魉自无所遁其形，尚何诸欲之为患乎？此便是端本澄源之学。（《全集》卷三）

在《答周居安》的信中也指出：

> 若果信得良知及时，不论在此在彼，在好在病，在顺在逆，只从一念灵明，自作主宰，自去自来，不从境上生心，时时彻头彻尾，便是无包裹；从一念生生不息，直达流行，常见天则，便是真为性命；从一念真机，绵密凝聚，不以习染、情识参次其间，便是混沌立根。良知本无起灭，一念万年，恒久而不已。（《全集》卷十二）

由此可见，对于无论是"心体立根"还是从"一念之微"入手的致良知工夫（详下章），"信得及"都可以说是贯穿于其中的一个基本态度和信念。而较之传统西方以基督教为代表的宗教形式，中晚明阳明学所彰显的这种以通过自我的创造性转化实现"天人合一"为基本特征的儒家宗教性，也向世人开启了一个如何回应超越者以实现人类终极关怀的全然不同的视域。事实上，正如田立克（Paul Tillich, 1886—1965）将信仰界定为"终极关怀"（ultimate concern），所谓"神学的对象，是引起我们终极关怀的东西。只有这样一些命题才是神学命题，即这些命题对于其对象探讨得如此之深，以至于该对象对我们而言是能够终极关怀的问题"；❶ 史密斯（Wilfred Cantwell Smith）将信仰理解为"一种对自我、邻人以及世界的人格倾向；一种理解问题（不论如何

---

❶ Paul Tillich, *Systematic Theology*, *I.* Chicago：Chicago University Press, 1951, p. 12.

理解）和处理问题（不论如何处理）的方式；一种生活于世俗水平之上的能力；是发现且感受到一种超越的向度并依此而行"❶等等，由于世界各大宗教传统多元互动的日益密切，现代基督教神学界对信仰和宗教概念的理解和界定，也已经增添了许多崭新的内容。

---

❶ Wilfred Cantwell Smith, *Faith and Belief*. Princeton，NJ: Princeton University Press，1979，p.12.

第3章

王龙溪的致良知工夫论

就龙溪而言，对良知的"信得及"，并非只是一个单纯的信念，而是体现于深透绵密的致良知工夫。龙溪的致良知工夫论由有关"先天正心之学"和"一念之微"的论说构成。先天正心之学是龙溪较为独特的工夫理论，以"心体立根"为根本内容，以"无中生有"为特有的实践方式，在中晚明阳明学甚至整个儒学各种不同的工夫论说中代表了一种追求究竟的普遍倾向；而关于"一念之微"的论说则是一种一体两套的工夫论，尤为龙溪晚年所强调。一念工夫既将先天正心之学包含在内，又在相当程度上深化了阳明以"诚意"为核心的工夫理论。

一 阳明工夫论的重点与问题

阳明的工夫论，在其思想发展的不同阶段，有不同的侧重，在不同的具体言说情境下，也有轻重缓急之别，但除了思想历程的动态考察之外，我们仍然可以从思想的深层结构中去把握其特点。

《大学》中"心"、"意"、"知"、"物"的概念，在阳明的思想体系中有一个较为确定的关系结构。《传习录上》中阳明曾对徐爱（字曰仁，号横山，1488—1518）说："身之主宰便是心，心之所发便是意，意之本体便是知，意之所在便是物。"这里表面上呈现为心→意→知→物的顺序，正反映了《大学》的影响，但根据"意之本体便是知"来看，显然逻辑上知应在意之先。而就这句话整个内在的意义关联而言，则应是心、知→意→物这样一种关系结构。阳明在《答顾东桥书》中指出：

> 心者身之主也，而心之虚灵明觉，即所谓本然之良知也。其虚灵明觉之良知感而动者谓之意。有知而后有意，无知则无意矣，知非意之体乎？（《传习录中》）

龙溪亦本阳明此说，认为"有知而后有意，无知则无意矣"（《全集》卷十《答吴悟斋》第二书）。因此，同样作为意的发动根据，心与知具有同一性，所谓"心之虚灵明觉，即所谓本然之良知"，二者是对同一道德本体的不同指谓。[1]在作为阳明晚年定论的"四句教"中，基本的概念仍是心、知、意、物，由此可见其在阳明思想中的重要性。对于心、知、意、物的涵义，我们在下一章考察龙溪四无论时再予以讨论。这里需要说明的是：由阳明对徐爱所言可见，在心、知、意、物四个概念中，有三个是通过意来界定的，这颇能说明意在阳明思想中的重要性。事实上，阳明工夫论的特点与中心正在于其"诚意"的主张。

---

[1] 秦家懿亦曾指出："在阳明思想体系内，'心'与'良知'不易分辨。"见氏著：《王阳明》（台北：东大图书公司，1987），页138。

《大学》中正心、诚意、格物、致知的说法体现了道德实践工夫的不同侧面。阳明也正是从这四个方面或者说根据这四个观念具体展开其工夫论说的。但是，由于阳明对心的理解不同于朱子，而基本上是指道德本心，因而心对阳明来说，便不存在纠正、规范（"正"）的问题。❶只有在心发动产生各种或善或恶的经验意识之后，才存在对之加以澄治的问题。《传习录下》载：

> 然至善者，心之本体也，心之本体，那有不善？如今才要正心，本体上何处用得功？必就心之发动处才可着力也。心之发动不能无不善，故需就此处着力，便是在诚意。如一念发在好善上，便实实落落去好善；一念发在恶恶上，便实实落落去恶恶。意之所发，既无不诚，则其本体如何有不正的？故欲正其心在诚意，工夫到诚意，始有着落处。

《大学问》中也说："盖心之本体本无不正，自其意念发动而后有不正。故欲正其心者，必就其意念之所发而正之。"《传习录下》和《大学问》所记均为阳明晚年语录，由此可见，"诚意"应当是阳明晚年工夫论的中心环节。另外，由于阳明对物的理解是"意之所在为物"，即将物视为一个意向性之内的意义结构而非物质结构，并提出"格者，正也"的说法，因此，阳明格物工夫的根本仍然落在意上，正如龙溪所谓"意正则物正，意邪则物邪"。这和阳明从"心即理"而引申出"心外无物"、"心外无理"，从而扭转朱子"格物穷理"为"反求诸己"的基本路线是一致的。即便诚意是单指经

---

❶ 阳明虽也有"正其心之不正以归于正"的话头，但在阳明基本上以"心"指"本心"的情况下，"心之不正"已是"意"，因此，"正其心之不正以归于正"其实还是"诚意"的工夫。

验意识本身"存天理、灭人欲"的真纯无伪，格物是指在实际的行为活动和事件系列中使事事物物表现为具体的善行与善事，道德实践工夫的重点，总归还是落在意识的纯化这一点上。也正因此，罗钦顺（字允升，号整庵，1465—1547）与湛若水站在《大学》条目本身的立场来看，认为阳明对格物的解释与正心、诚意有重复之嫌。❶而有关格物观念的不同解释和辩难，也成为中晚明儒学经典诠释活动中各种思想系统之间差别的表现之一。

通过将心限定为本心，将物纳入意向性之内，从而使正心、诚意、格物化为对经验意识的纠正与规范，阳明的工夫论在整体上显示出以诚意为中心和重点。然而，在心知意物这样的关系结构中，以诚意为中心和重点的工夫论是有其问题的。就在上引所谓"工夫到诚意始有着落处"之后，阳明紧接着又说道：

> 然诚意之本又在于致知也。所谓人所不知而己所独知者，此正吾心良知处。然知得善却不依这个良知便做去，知得不善却不依这个良知便不去做，则这个良知便遮蔽了，是不能致知也。吾心良知既不能扩充到底，则善虽知好，不能着实好了，恶虽知恶，不能着实恶了，如何得意诚？故致知者诚意之本也。
>
> 然亦不是悬空的致知，致知在实事上格。如意在于为善，便就这件事上去为；意在于去恶，便就这件事上去不为。去恶固是格不正的归于正，为善则不善正了，亦是格不正以归于正也。如此吾心良知无私欲蔽了，得以致其极，而意之所发，好

---

❶ 阳明格物观念的内涵及其与罗钦顺、湛若水等人的讨论，参见陈来：《有无之境——王阳明哲学的精神》第六章。

善恶恶，无有不诚矣。诚意工夫实下手处在格物也。

既然我们说阳明工夫论的重点在诚意，又如何理解这里所谓"故致知者诚意之本"和"诚意工夫实下手处在格物"呢？对此，阳明在世时其弟子陈九川（字惟濬，号明水，1494—1562）已有疑问。正德十四年己卯（1519），明水在洪都见到阳明时曾自述自己思考工夫问题所产生的困惑：

> 步步推入根源，到"诚意"上再去不得，如何以前又有格致工夫？后又体验，觉得意之诚伪，必先知觉乃可，以颜子有不善未尝知之，知之未尝复行为例，豁然若无疑；却又多了格物工夫。又思来吾心之灵，何有不知意之善恶？只是物欲蔽了，须格去物欲，始能如颜子未尝不知耳。又自疑工夫颠倒，与诚意不成片段。（《传习录下》）

从这段话来看，明水所理解的阳明工夫论的核心在诚意，但致知、格物与诚意之间的逻辑先后关系，明水感到困惑不解，尤其是格物如何与诚意相统一，所谓"物在外，如何与身心意知是一件？"对此，阳明的回答是：

> 耳目口鼻四肢，身也，非心安能视听言动？心欲视听言动，无耳目口鼻四肢亦不能，故无心则无身，无身则无心。但指其充塞处言之谓之身，指其主宰处言之谓之心，指心之发动处谓之意，指意之灵明处谓之知，指意之涉着处谓之物，只是一件。意未有悬空的，必着事物，故欲诚意则随意所在某事而格之，去其人欲而归于天理，则良知之在此事者无蔽而得致

矣。此便是诚意的工夫。(《传习录下》)

由此可见，阳明以"诚意工夫实下手处在格物"，在将"物"作为"意之涉着处"的前提下，只是强调要在具体的实践活动和行为系列中保持意识的真诚，从而使事为善事、行为善行，实际上重点仍在"意"。因此，格物并非诚意之前的一个环节。关键是如何理解诚意与致知的关系。

由以上陈明水的自述来看，他自己似乎已经解决了这个问题。根据所谓"觉得意之诚伪，必先知觉乃可"的话，可以推出致知应当是诚意之前的一个逻辑环节。由于阳明上面的回答中只是说明了诚意与格物的关系，并未再解释诚意与致知的关系，因此这里阳明应当是默认了明水对该问题的理解。有学者指出，从正德三年（1508）龙场悟道到正德十四年平定朱宸濠叛乱之间，阳明以诚意为其工夫论说的重点与中心，致知并无明确的位置，而在平濠之后，阳明工夫话语的重点转移到了致知。[1]上引陈明水与阳明的问答发生在正德十四年，正处在这样一个转折的关节点。或许阳明的想法当时已有变化，对明水的那种默认似乎也说明阳明意识中的确认为致知应当在诚意之先。而这和《传习录下》阳明居越之后所谓的"致知者诚意之本"也是相一致的。但可惜的是，尽管阳明明确指出"致知者诚意之本"，但致知与诚意作为工夫而言究竟有何不同，和良知观念一样，阳明临终前"未及深究"。龙溪在《书婺源同志会约》中指出："先师则以《大学》之要惟在诚意，致知格物者，诚意之功。"(《全集》卷二) 钱德洪（字洪甫，

---

❶ 参见（一）陈来：《有无之境——王阳明哲学的精神》，页160；（二）吉田公平：《陆象山与王阳明》（东京：研文出版社，1990），页295—298。

号绪山，1496—1554）也说："昔者吾师之立教也，揭诚意为《大学》之要，致知格物为诚意之功。"（《明儒学案》卷十一）王艮（字汝止，号心斋，1483—1540）说："《大学》工夫，惟在诚意。"（《王心斋全集》卷三《答问补遗十一条》）欧阳南野在给徐阶（字子升，号存斋，又号少湖，1503—1583）的信中说："夫《大学》之道，要之于诚意亦既切且尽矣。"（《欧阳南野先生文集》卷一《答徐少湖》第四书）黄宗明（字诚甫，号致斋，？—1536）在给万表（字民望，号鹿园，1498—1556）的信中说："故惟诚意为实下手工夫。"（《明儒学案》十四）龙溪与绪山等人对阳明良知教的理解不尽相同，但一致指出阳明以诚意为其工夫论的重点和中心。并且，阳明的这些亲炙弟子们均认为诚意是《大学》工夫的中心。这显然说明：从总体上来看，仍然可以认为诚意是阳明工夫论的主要与核心环节。

所谓"诚意"，就是要使意识保持真诚无伪，符合先天的道德法则。而判断意识真诚与否的标准，以及使意识由"不诚"归于"诚"的标准，只能是道德法则与道德意志即良知心体自身。就"心之所发便是意"和"知者心之体"而言，心、知在逻辑上是先在于意的。诚意工夫之所以可能，必须预设心体与良知的先在性。阳明所谓"致知者诚意之本"以及陈明水所谓"觉得意之诚伪，必先知觉乃可"，实际上就是显示了这一点。但是，在阳明的心学系统中，心体良知作为道德法则和道德意志本身，并不存在使之端正的问题。那么，致知作为工夫论的一个环节，其意义何在呢？事实上，就心与知在阳明学中的异名同实关系来看，致知和正心是相当的。但"本体上何处用得功"？对作为意之前提与根据的心与知而言，是否存在工夫的问题，阳明的确并无具体的讨论。而这，则恰恰是龙溪先天正心之学所要处理的问题。

二　先天正心之学

正是由于看到了"心"、"知"相对于"意"的先在性，龙溪提出了其先天正心之学。正心说是龙溪工夫论的重要组成部分，它以"心体立根"为本质内容，以"无中生有"为特有的实践方式。在龙溪看来，较之诚意工夫，正心说也有其相当的优越性。

（一）先天正心之学的提出

既然道德实践与修养工夫之所以可能的最终根据在良知心体，那么把握到良知心体，使之有所呈现并以为主宰，便具有第一位的意义。对此，龙溪有明确的意识。在嘉靖四十四年乙丑（1565）留都为仁堂的友会上，蔡汝楠提到涵养工夫当如鸡之抱卵，龙溪则进一步指出：

> 涵养工夫，贵在精专接续，如鸡之抱卵，先正尝有是言。然必卵中原有一点真阳种子，方抱得成。若是无阳之卵，抱之虽勤，终成假卵。学者须先识得真种子，方不枉费工夫。（《全集》卷四《留都会纪》）

这里所谓"真阳种子"，便是指良知心体。而"学者须先识得真种子"，便是要求对良知心体首先有所把握。事实上，这始终是龙溪工夫论的一个基本立场。由于在心学系统中，良知、心体、性体、天理等尽管用语不同，或在表征道德本体时各有侧重，但异名同实，均可以"心"来指称，因此，把握良知心体，套在

《大学》的语脉中，便可称为"正心"。事实上，龙溪正是通过"正心"与"诚意"的对照，来提出其先天工夫论的。同时，在"即本体便是工夫"与"用工夫以求本体"、"性之"与"反之"、"顿"与"渐"的相关论说中，先天正心之学的提出又获得了多方位的展示。

1. "正心"与"诚意"

嘉靖三十六年丁巳（1557）夏，龙溪与王慎中（字道思，号遵岩，1509—1559）聚会于三山（福州）石云馆第，^❶在二人的相与问答中，龙溪以正心与诚意对照的方式，对其先天正心之学作出了如下表述：

> 先生（龙溪）谓遵岩子曰："正心，先天之学也；诚意，后天之学也。"遵岩子曰："必以先天后天分心与意者，何也？"先生曰："吾人一切世情嗜欲，皆从意生。心本至善，动于意始有不善。若能在先天心体上立根，则意所动，自无不善，一切世情嗜欲，自无所容，致知工夫，自然易简省力，所谓后天而奉天时也。若在后天动意上立根，未免有世情嗜欲之杂，才落牵缠，便费斩截，致知工夫，转觉繁难，欲复先天心体，便有许多费力处。颜子有不善，未尝不知，知之未尝复行，便是先天易简之学；原宪克伐怨欲不行，便是后天繁难之学，不可不辨也。"（《全集》）卷一《三山丽泽录》）

在给陆光祖的《陆五台赠言》中，龙溪同样指出：

---

❶ 龙溪对这次聚会的始末经过在《龙溪会语》卷二《三山丽泽录》篇首有详细的说明，但未收入《全集》。参见本书附录二："明刊《龙溪会语》及王龙溪文集佚文——王龙溪文集明刊本略考"。

正心，先天之学也；诚意，后天之学也。良知者，不学不虑，存体应用，周万物而不过其则，所谓先天而天弗违，后天而奉天时也。人心之体，本无不善，动于意，始有不善。一切世情见解嗜欲，皆从意生。人之根器不同，工夫难易，亦因以异。从先天立根，则动无不善，见解嗜欲，自无所容，而致知之功易。从后天立根，则不免有世情之杂，生灭牵扰，未易消融，而致知之功难。势使然也。颜子不远复，才动即觉，才觉即化，便是先天之学。其余频失频复，失则吝，复则无咎，便是后天之学。难易之机，不可不辨也。（《全集》卷十六）

先天学与后天学的区分，本来是邵雍（字尧夫，称康节先生，1011—1077）易学中的用语，此处龙溪用来表示两种不同的道德修养工夫。当然，龙溪在讨论易学时仍沿袭邵雍的用法。而龙溪易学中的先天学，与其作为工夫论的正心说，又有着内在的关联，只是这一问题需要在讨论龙溪的易学时专门处理，此处无法详及。

由以上材料可见，龙溪以"先天之学"和"后天之学"区分正心与诚意，有以下几个要点：第一，用力点不同。先天之学是"在先天心体上立根"，后天之学是"在后天动意上立根"。第二，效果不同。先天之学始终将"意"纳入"心"的发动与控制机制之下，使得意识的产生，无不以良知心体为根据，排除了嗜欲杂念；后天之学则是在经验意识产生之后，再以良知心体施以衡量判断，而此时的意识很可能已经脱离了本心的控制，不能保持自身的纯善无恶，需要时时加以对治。第三，难易不同。先天学从根源入手，易简直截；后天学则"落牵缠"、"费斩截"。第四，先天学与后天学的区分，是由于人的根器不同。第五，以颜子作为先天之学实践的代表。关于第一、第二和第三点，我们后面再予以说明，这里先说最后两点。

对于因根器不同而区分先天之学与后天之学，龙溪在《答冯纬川》一书中作出了更为明确的说明：

> 来教谓区区以正心为先天之学，诚意为后天之学，若过于分疏，非敢然也。人之根器，原有两种。意即心之流行，心即意之主宰，何尝分得？但从心上立根，无善无恶之心，即是无善无恶之意，先天统后天，上根之器也。若从意上立根，不免有善恶两端之抉择，而心亦不能无杂，是后天复先天，中根以下之器也。（《全集》卷十）

由此可见，在龙溪看来，上根之人与中根以下之人在道德实践工夫上的不同，就是前者能够在良知心体上立根，使意识的产生完全由本心而发。这时作为"心之流行"的意，自然会和心具有同质性。如果心是"无善无恶之心"，则意便是"无善无恶之意"，如此，作为"意之所在"的物，也自然成为"无善无恶之物"。这便触及了龙溪四无论的内容。必须说明的是，上根与中下根的区分固然与聪明才智的高低相关，但更主要的其实是指先天气秉的清浊。上根之人先天气质清明，中下根之人则不免杂质相对较多。用阳明学的术语来说，就是前者成色纯粹，后者成色驳杂。而作为能在心体上立根的上根之人，颜子则是龙溪极为推许的代表。

聂双江曾指出："龙溪在先师之门，人比之颜子。"（《双江聂先生文集》卷九《寄罗念庵》第十一书）这和龙溪强调先天之学并推崇颜子是相一致的。除了前引与原宪的对比外，龙溪经常将颜子与孔门其他弟子相较。在《致知议略》中，龙溪说：

> 颜子有不善，未尝不知，未尝复行，正是德性之知，孔

门致知之学，所谓不学不虑之良知也。才动即觉，才觉即化，未尝有一毫凝滞之迹，故曰不远复、无祗悔（案：复卦初九爻辞）。子贡务于多学，以亿而中，与颜子正相反。颜子殁而圣学亡，子贡学术易于凑泊，积习渐染，至千百年而未已也。（《全集》卷六）

尽管此处颜子与子贡的对比似乎是在突显良知与知识之辨，但龙溪对颜子的称许，则显而易见。甚至对曾子和孟子，龙溪亦有认为不如颜子的话，所谓：

> 曾子、孟子尚有门可入，有途可循，有绳约可守，颜子则是由乎不启之牖达乎无辙之境，固乎无縢之缄。曾子、孟子犹为有一可守，颜子则已忘矣！喟然一叹，盖悟后语，无高坚可着，无前后可据，欲罢而不能，欲从而无由，非天下之至神，何足以语此？（《全集》卷一）

龙溪对颜子的推重，文集中比比皆是，这固然与阳明学以颜子为圣学象征符号对抗官方朱子学以争取自身正统地位有关，[1] 但除了这种相对而言较为外部的原因之外，阳明学尤其龙溪在吸纳佛老过程中发展儒学本身"无"的向度，可以从颜子的历史形态得到更多的印证，恐怕更是一个思想理路上的内在原因。如果说良知心体"有"的至善内容更多地由孟子来突显，其无执不滞的"无"的向度，则显然可以在颜子处获得更多的诠释空间。在龙溪看来，颜子在把握

---

[1] 吕妙芬："颜子之传：一个为阳明学争取正统的声音"，台北：《汉学研究》第15卷第1期，1997年6月，页73—92。

良知心体无执不滞这一品格的基础上，其修养工夫的特点便是能够在心体上立根。所谓"才动即觉，才觉即化"，就是指颜子能将自己的意识紧紧吸纳在良知心体的发动机制上，纵使稍有偏差，也能够立刻回到良知心体这一原点，从而使意识始终作为良知心体的直接发用而保持纯净。这恰恰是龙溪先天正心之学的内涵。

2. "即本体以为工夫"与"用工夫以复本体"

嘉靖四十一年壬戌（1562）十一月，龙溪访罗念庵于吉水松原，在龙溪所作《松原晤语》和《松原晤语寿念庵罗丈》两篇文字中，有一段相同的话：

> 夫圣贤之学，致知虽一，而所入不同。从顿入者，即本体以为工夫，天机常运，终日就业保任，不离性体，虽有欲念，一觉便化，不致为累，所谓性之也。从渐入者，用工夫以复本体，终日扫荡欲根，却除杂念，求以顺其天机，不使为累，所谓反之也。（《全集》卷二、卷十四）

在《答茅治卿》一书中，龙溪表达了同样的意思：

> 夫良知本来是真，不假修证。只缘人我爱憎，分别障重，未免多欲之累，才有所谓学问之功。尧舜清明在躬，障蔽浅，是即本体便是工夫，所谓性之之学。汤武以下，嗜欲重，障蔽深，是用工夫求复本体，所谓反之之学。（《全集》卷九）

龙溪这里所谓"即本体便是工夫"与"用工夫以复本体"、"顿入"与"渐入"、"性之"与"反之"的对比，均是区分先天之学与后天之学的另外一种表达方式。

本体与工夫在理学传统中是一对具有普遍意义的范畴。通常意义上的工夫，基本上是指对后天经验意识的澄清与纠正，使之回到良知心体的本来状态。作为本体的良知心体本身，则并不存在澄清与纠正即所谓工夫的问题。但是，如果对良知心体自身并无一种自觉，或者如龙溪所谓并不能"信得及"，真实的道德修养工夫，则根本无从展开。阳明"致知者诚意之本"的说法，其实是看到了这一点。而龙溪提出先天正心之学，就是要使对良知心体的自觉把握，也构成一种工夫。这也是"即本体便是工夫"的涵义所在。就此而言，能否自觉到良知心体的真实不虚并使之呈现出来作为行为的主宰，也正是是否对良知真能够"信得及"的本质所在。如此一来，与在阳明处不同，在龙溪这里，正心一语便不再只是一个《大学》语脉之下的虚笔说法，而是构成了诚意之外具有确定内涵的另一套工夫。只不过这种工夫表现为对良知心体的当下把握，即所谓"顿入"而已。

　　中西方的道德哲学中均有明镜或宝珠之喻，❶表示人们道德修养就是要拂去明镜或宝珠之上的尘土，使其重放光明。而明镜或宝珠之所以能重放光明，又是因为其本来就是光明的。以"性之"与"反之"而言，对于像尧舜那样先天禀赋清明的"上根之人"，便如同没有尘土蒙蔽的明镜和宝珠一样，其放射光明不过是顺其本性、自然而然，这就是所谓"性之"。而"反之"与"性之"相较，其实并非后者发出去，前者返回来，在终极的意义上二者都是要以良知心体为原初出发点而充拓出去。只是"性之"因无后天物欲之蔽，未尝离开良知心体，因而可以直接由之而发；"反之"则因后

---

❶ 虽然本质不同，但儒家和佛教都常以明镜或宝珠比喻心性。康德对人性的看法自与佛教相去甚远，与儒家也并不相同，但康德在谈到善良意志时，同样有宝珠的比喻。见康德：《道德形而上学原理》，苗力田译（上海人民出版社，1986），页43。

天物欲之蔽，意识已经离开良知心体，因此需要先回到良知心体，然后再由之而发，这一点之所以可能，也仍然有赖于良知心体本身。因此，龙溪之所以提出"即本体便是工夫"的先天正心之学，目的正是希望人们能够始终在自己的良知心体上立定根基，使后天的经验意识始终和先天的良知心体保持质的同一性，从而使道德行为的发生，能够像圣人"性之"那样"若决江河，沛然莫之能御"（《孟子》），自然而然地涌现出来，或者像颜子那样"才动即觉，才觉便化"，不致为物欲所累。

（二）心体立根

龙溪先天正心之学的提出，是要使工夫的实践方式，由后天意识的澄治，转换为先天心体的把握。在龙溪看来，心体不仅是有善有恶的经验意识形成之后的评价与规范机制，更是在确定的意识形成之前的指导与发动机制。能在心体上立根，工夫便落实到了最为根本之处。从"意者心之发"、"知者意之体"和"意之所在为物"的关系结构来看，"心体立根"的最终结果必然是心、知→意→物呈现为一种纯善无恶的存有系列，也就是达到了龙溪所谓"四无"的理境。不过，对于龙溪独特的先天正心之学，又如何具体实践其"心体立根"的先天工夫呢？

1. 操心、养心、不失其初心

万历二年甲戌（1574）冬，龙溪与张元忭等人聚会天柱山房（会稽境内）时曾对裘子充论操心之法：

> 操是操习之操，非把持也。心之良知，原是活泼之物。人能操习此心，时时还它活泼之体，不为世情嗜欲所滞碍，便是操心之法，即谓之存。才有滞碍，便着世情，即谓之亡。譬之

操舟，良知即是舵柄，舟行中流，自在东西，无碍深浅，顺逆无滞，全靠舵柄在手，随波上下，始能有济。良知之变动周流，即舵柄之游移，前却无定在也。若硬把捉死，手执定舵柄，无有变通，舟便不活。此心通达万变而昭昭灵灵，原未尝发，何出之有？既无出入，何方所之有？此是指出本心真头面与人看，以示为学之的，非以入为存，出为亡也。❶

龙溪这里的操舟之喻，和他对良知作用境遇性的理解是一致的。万历三年乙亥（1575），在华阳（江苏句容）明伦堂（句容县学）和新安（安徽歙县）斗山书院，龙溪同样论述了操心之法（分别见《全集》卷七《华阳明伦堂会语》和《新安斗山书院会语》）。两处说法，与上引大略相同，只是在斗山书院时将操舟之喻换成了操兵之喻而已。

另外，在《册付养真收受后语》中，也有一段论操心的文字。其中，龙溪又将操心之法称为养心之法：

> 操是操练之操，非执定把持之操也。良知者，人心之灵体，平旦虚明之气也。操心即是致之之功。操则存者，随时随处练习此心，复其本来活泼之机而已。不操则便泥于时、滞于方，心便死了，故谓之亡。出入无时，莫知其乡，正是指本来真体，示以操心之的，非以入为存、出为亡也。只此便是常存他虚明体段，只是养心之法。（《全集》卷十五）

操心与养心既是致良知工夫，对于这种"致之之功"，龙溪认

---

❶ 此段文字不见于通行《全集》卷五《天柱山房会语》，而见于《龙溪会语》卷六《天山答问》，然两篇文字实皆记录万历二年龙溪与张元忭等人聚会天柱山房之间答语。参见本书附录二："明刊《龙溪会语》及王龙溪文集佚文——王龙溪文集明刊本略考"。

为同时也就是"不失其初心"。他在《白鹿洞续讲义》中指出：

> 致之之功，笃志时习，不失其初心而已。苟不失其初心，
> 蕴之而为神明之德，发之而为光辉之业。可以配天地、横四
> 海而垂万世，真修实悟，使自得之，非有假于外也。(《全集》
> 卷二)

作为意识的发生机制和指导原则，良知心体是终极的实在，因
而在心体立根，也就委实不过是不失其初心，并操练、保养此初
心，使之常做主宰而已。就心学的基本立场而言，心内在于每个生
命之中，本无所谓放失的问题。龙溪也曾说："人心固有，本无所
放。""失其本心"，是指人们受到后天物欲的影响，外驰逐物，以致
意识的发生，不能以本心为根据，遂使本心不能呈露和发挥作用。❶
但是，心不仅是立法原则，同时又具有实践力量，它本身有一种不
断涌现的动力，即使在各种感性物欲的掩盖与笼罩之下，也会不
断地震动，要显露自身而主宰人们的生活行为。诚所谓"本心实是
一活物，岂有终不震动之理？其随时可呈露端倪，即随时可震动也。
本心之不容已亦自有一种力量，虽梏之反复，而终压不住也。此为
觉悟所以可能亦即其必然之最内在的根据"。❷因此，对操心、养心而
言，所谓"复他活泼之体"、"复其本来活泼之机"以及"常存他虚
明体段"，其中的"复"、"常存"和"不失其初心"中的"不失"

---

❶ 牟宗三先生亦曾指出："本来'本心'是在那里，本无所谓'放'，亦无所谓
'复'。……只因汨没于利欲之私、感性之杂，心沉隐而不动，遂谓之为'放失'。……
只是潜隐而不震动，故亦不起作用耳"。见氏著：《从陆象山到刘蕺山》(台北：学生
书局，1979)，页167—168。
❷ 牟宗三：《从陆象山到刘蕺山》，页168。

一样，均是指良知心体自身的呈现和主宰，即心之自正，良知之自致。❶而一旦良知心体涌现而出，成为我们生活的主宰，由于其无执不滞的品格，道德实践便会如同水中行舟而得其舵柄一样，能够中流自在，无所滞碍。道德行为也自然会"泛应曲酬，发必中节"。对于得舵柄与否的不同效果，龙溪仍然用行船的比喻作出了生动的说明，所谓"风恬浪静时，撑篙使楫的，与那得舵柄的，都会使得船动，相去不远。及至颠风逆浪、海波震荡时，篙楫一些用不着，须得舵柄在手，方免艰危覆溺之患"。(《全集》卷四《留都会纪》)

2. 慎独

和"正心"一样，"慎独"也是《大学》里一个指示修养工夫的重要观念。❷只是在《大学》中，慎独是和诚意相关的。《大学》第六章云："所谓诚其意者，毋自欺也。如恶恶臭，如好好色。此之谓自慊。故君子必慎其独也。"朱子在其《大学章句》解释慎独时，提出了作为动词用法的"独知"概念，所谓"独者，人所不知而己所独知之地也。言欲自修者，知善以去恶，则当实用其力，而禁止其自欺"。阳明继承了朱子独知的说法，仍以之为诚意的工夫。在答门人问"戒惧是己所不知时工夫，慎独是己所已知时工夫"时，阳明指出：

只是一个工夫。无事时固是独知，有事时亦是独知。人若

---

❶ 牟宗三先生将这种良知心体的自我觉悟称为"逆觉"。所谓"逆觉之觉，亦不是把良知明觉摆在那里，而用一个外来的无根的另一个觉去觉它。这逆觉之觉只是那良知明觉随时呈露时之震动，通过此震动而反照其自己。故此逆觉之觉就是那良知明觉之自照。自己觉其自己，其根据即是此良知明觉之自身。说时有能所，实处只是通过其自己之震动而自认其自己，故最后能所消融而为一，只是其自己之真切地贞定与朗现（不滑过去）"。见《从陆象山到刘蕺山》，页231。
❷ 《中庸》第一章也有慎独的说法。所谓"是故君子戒慎乎其所不睹，恐惧乎其所不闻。莫见乎隐，莫显乎微。故君子慎其独也"。

不于此独知之地用力，只在人所共知处用功，便是作伪，便见君子而后厌然。此独知处，便是诚意的萌芽。此处不论善念恶念，更无虚假，一是百是，一错百错，正是王霸义利诚伪善恶界头。（《传习录上》）

但阳明在《传习录下》中，已有将独知与良知相关的说法，"所谓人虽不知而己所独知者，此正吾心良知处"。而在龙溪的诠释中，不仅独知直接由动词用法变为一个等同于良知的名词概念，慎独也由诚意的工夫，转化为心体立根的先天之学。观念正是在不断的重新诠释中，获得其内涵的丰富性。

龙溪在《答洪觉山》书中指出：

良知即是独知，独知即是天理。独知之体，本是无声无臭，本是彻上彻下。独知便是本体，慎独便是工夫。此是千古圣神斩关立脚真话头，便是吾人生身立命真灵窍，亦便是入圣入神真血脉路。只此便是未发先天之学。（《全集》卷十）

至于如何实践作为未发先天之学的慎独工夫，龙溪在《答王鲤湖》书中，则有进一步的解释，他说：

夫独知者，非念动而后知也。乃是先天灵窍，不因念有，不随念迁，不与万物作对。譬之清净本地，不待洒扫而自然无尘者也。慎之之者，非是强制之谓，只是兢业保护此灵窍，还他清净而已。在明道所谓明觉自然，慎独即是廓然顺应之学。悟得及时，虽日酬万变，可以澄然无一事矣。（《全集》卷十）

由以上龙溪对独知和慎独的解释，可见独知已完全成为良知的另一种说法。❶慎独既然"非是强制之谓，只是兢业保护此灵窍"，并在"悟得及"的情况下，成为一种"虽日酬万变，可以澄然无一事"的"廓然顺应之学"，则显然不同于在经验意识上不断有所对治的后天之学，而是和"操心"、"养心"、"不失其初心"一样，构成龙溪心体立根的又一种表达方式。

在理学史上，以慎独为其工夫论特色的，首先让人想到的是刘宗周（字起东，号念台，晚更号克念子，称蕺山先生，1578—1645）。尽管蕺山围绕慎独所展开的论说较龙溪为繁复，且二人性格气象不同（虽皆光风霁月，但蕺山从严毅清苦中发出，显端庄相；龙溪则由高明爽朗达至，显平易相），但在强调工夫必须用在道德实践的终极根据（不论以何种概念指称它）这一点上，不能不说龙溪发蕺山之先声。此外，蕺山虽对龙溪多有批评，但在一些重要的观念上，却不自觉地受到龙溪的影响，或至少与龙溪相吻合。关于这些问题，我们后面再作讨论。

3. 立志

在前引《白鹿洞续讲义》中，龙溪已将"志"与"不失其初心"联系起来，所谓"致之之功，笃志时习，不失其初心而已"。事实上，在龙溪看来，立志正是心体立根工夫的直接表现。

在隆庆五年辛未（1571）六月所作的《白云山房答问纪略》中，❷龙溪有一段关于立志的说法：

---

❶ 龙溪亦将良知称为"乾知"。本来"乾知大始"中"知"字为动词，朱子《周易本义》训"知"为"主"，对此龙溪并非不知，而是有意将其名词化。李材对此不解，以为龙溪犯了常识性的错误，因而在《答董蓉山》中曾谓："二十年前见一前辈，谓乾知即良知，不觉失笑。"这里所谓"前辈"，即指龙溪。见黄宗羲：《明儒学案》，页672。

❷ 此见《龙溪会语》卷四，通行本《全集》卷七作《白云山房问答》，且后者未署时间。

夫学莫先于立志。先师有立志说。志犹木之根也，水之源也。木无根则枝枯，水无源则流竭，人无志则气昏。吾人一生经营干办，只是奉持得此志。故志立而学办。习心习气未能即忘，方知有过可改。忿念生，责此志则不忿；傲心生，责此志则不傲；贪心生，责此志则不贪；怠心生，责此志则不怠。无时而非责志之功，无处而非立志之地也。❶

　　龙溪之前，朱子、象山、阳明等皆强调立志的重要性，但多就一般意义而言。在龙溪处，作为先天正心之学的有机组成部分，立志具有了更为明确的意义指向。龙溪曾区分两种志，所谓"夫志有二。有道谊之志，有功利之志。道谊者，纯乎天则，无所为而为。功利则杂以世情，有所为而为也"（《全集》卷二《水西同志会籍》）。以上引文中之志，自然指道谊之志。这里龙溪将志喻为"木之根"、"水之源"，显示了志是最初的发动机制。而志负责"忿心"、"傲心"、"贪心"、"怠心"等意欲的纠正，则说明志又是根本的监督控制机制。显然，志是良知心体的直接表现。志向的确立，同时便意味着良知心体呈现而起主宰作用。就此而言，心体立根的先天工夫，也就是立志的工夫。因此，当有人问"致良知工夫如何用"时，龙溪的回答便是："良知是天然灵窍，变动周流，不为典要，觌面相呈，语默难该，声色不到。虽曰事事上明，物物上显，争奈取舍些子不得，然此不是玄思极想推测得来，须办个必为圣人之志。"（《全集》卷四《留都会纪》）

　　在《斗山会语》中，龙溪还有一段有关立志的文字。他对与会

---

❶ 此段文字不见通行本《全集》，见本书附录二："明刊《龙溪会语》及王龙溪文集佚文——王龙溪文集明刊本略考"。

诸人说：

> 夫学一而已矣。而莫先于立志。惟其立志不真，故用功未免间断。用功不密，故所受之病，未免于牵缠。是未可以他求也。诸君果欲此志之真，亦未可以虚见袭之，及以胜心求之，须从本原上彻底理会，将无始以来种种嗜好、种种贪着、种种凡心习态，全体斩断，令干干净净，从混沌中立根基，自此生天生地生大业，方为本来生生真命脉耳。此志既真，然后工夫方有商量处。譬之真阳受胎，而收摄保任之力，自不容缓也；真种投地，而培灌芟锄之功，自不容废也。(《全集》卷二）

这段文字中"真阳"、"真种"的譬喻，更加充分地说明志是良知心体的直接表现。而"此志既真，然后工夫方有商量处"，则表明立志是道德实践的前提与起点。所谓"良知时时作得主宰，便是立志"(《全集》卷一《闻讲书院会语》)。因此，道德实践之所以可能，必须预设志的先在性。在这个意义上，立志便是一项"须从本原上彻底理会"的工作。

从心、知→意→物的演绎结构来看，无论是诚意还是格物，均可说不外是使良知心体得以充分的呈现。由此，道德实践工夫的展开，便可视为一个良知心体自身由内到外、由自我到社会不断充拓与外化的过程。所谓"道有本而学有机，自萌蘖之生以至于扶苏，由源泉之混以至洋溢，终始条贯，原无二物"(《全集》卷十《答吴悟斋》第一书）。因此，对孔子从"十五而有志于学"到"七十而从心所欲不逾矩"的经历次第，龙溪以"志定"→"志无疑"→"志与天通"→"志忘顺逆"→"志到熟处"，这样一个志的不断拓展和深化过程来加以解释(《全集》卷三《书累语简端录》、卷十四（《从心篇寿平泉陆公》），也就是顺理成章之事了。

　　既然道德实践可以看作一个志的自我扩展过程，工夫的着力点自当放在志本身，这样才抓到了根本。龙溪明确指出："人之有志，譬如树之有根，一切栽培灌溉，无非有事于根。吾人一切考古证今，亲师取友，慎思明辨，无非成就得此。即栽培之意也。故学莫先于立志。"（《全集》卷十六《水西别言》）这更直接地表明了立志与心体立根工夫的统一性。

　　我们在上一章的讨论看到，突显良知之无，是龙溪良知观的一个特点。从"工夫不离本体，本体不离工夫"这一阳明学的基本原则来看，与良知之无的向度相应，龙溪致良知的工夫也要求化除胶着黏滞，在自然灵动的状态下从事真实的道德实践。嘉靖四十三年甲子（1564），龙溪赴水西之会时于宜兴会晤耿定向，临别时耿定向送龙溪至新安江舟中，"更求一言之要为别"，龙溪说了这样一段话：

　　　　子常教人须识当下本体，更无要于此者。虽然，这些子如空中鸟迹，如水中月影，若有若无，若沉若浮。拟议即乖，趋向转背，神机妙应，当体本空，从何处去识他？于此得个悟入，方是无形象中真面目，不着纤毫力中大着力也。（《全集》卷四《东游会语》）

这里所谓"无形象中真面目，不着纤毫力中大着力"，显示了龙溪先天正心之学的另一个方面，那就是"无中生有"的工夫。

（三）无中生有

　　除了"操心"、"养心"、"不失初心"、"慎独"和"立志"之外，龙溪还多次将其先天正心工夫称为"无中生有"。❶事实上，阳明已有这种话头，所谓"我此论学原是无中生有的工夫"（《传习录上》），但阳明对此却并无明确的具体说明。我们在第 2 章讨论龙溪良知观的境遇性时，所引《新安斗山书院会语》的文字中已出现了"自无生有"的字眼。而在《留都会纪》中，"无中生有"作为先天正心工夫，则表示得更为明确：

> 只此一点虚明，便是入圣之机。时时保任此一点灵明，不为旦昼梏亡，便是致知，只此便是圣学，原是无中生有。（《全集》卷四）

这种"无中生有"的工夫，龙溪也称之为"混沌立根"，他在《答周居安》书中说：

> 若果信得良知及时，不论在此在彼、在好在病、在顺在逆，只从一念灵明，自作主宰，自去自来，不从境上生心，时时彻头彻尾，便是无包裹。从一念生生不息，直达流行，常见天则，便是真为性命。从一念真机绵密凝翕，不以习染情识参次换和其间，便是混沌立根。（《全集》卷十二）

现在的问题是，如果说"心体立根"反映了龙溪先天正心之学的本质内容，那么如何理解其"无中生有"的工夫论内涵呢？

---

❶ 龙溪关联于良知而谈"无中生有"或"自无生有"，在《全集》中至少见于以下七处：卷二《滁阳会语》、卷四《留都会纪》、卷五《天柱山房会语》、卷七《新安斗山书院会语》、卷八《天根月窟说》、卷九《答季彭山龙镜书》、卷十二《与宛陵会中诸友》。

1. "有"与"无"涵义的二重性

在讨论龙溪"无中生有"的涵义之前，有必要先对"有"与"无"的意义进行分析。对中国哲学而言，理解"有"与"无"要区分存有论和境界论两个不同的层面。当"有"是指存在、有实在性，"无"是指非存在、虚无、不具实在性时，这时的"有"与"无"均是存有论的概念（ontological concept）。"有"与"无"的这种涵义最为通常，也较易为人所理解。除此之外，"有"与"无"还有一个心灵境界的层面。在这个层面上，"有"和"无"不是指存有论意义上的存在与非存在，而是指示人心灵境界的两种不同状态。"有"是指心灵缺乏超越性，有所执著。"无"则是指心灵能够不系于物，超越于因果条件的制约之上，无所执著。在存有论的意义上讨论"有"与"无"，涉及的是存在的客观实在性问题。而在境界论的意义上讨论"有"与"无"，则不涉及存在的客观实在性问题，只是指示一种主观的心灵境界，代表主体一种生存（existence）意义上的精神状态。冯友兰（1895—1990）先生在讨论魏晋玄学时指出，王弼（字辅嗣，226—249）所谓的"圣人体无"，并非对本体的把握，而是指示一种"以无为心"的精神境界。郭象（字子玄，252—312）思想的意义也在于破除了本体的"无"，但肯定了境界的"无"。❶牟宗三先生在论述魏晋玄学时更进一步指出，道家"无"的形上学是一种境界形态的形上学。并且，这种境界意义上的"无"其实是儒释道三教的"共法"。❷陈来先生则在此基础上认为"有我之境"与"无我之境"可以作为把握整个中国文化精神气质的一对具有

---

❶ 冯友兰：《中国哲学史新编》第四册（北京：人民出版社，1986），页162。

❷ 牟宗三："才性与玄理三版自序"，《才性与玄理》（台北：台湾学生书局，1997），页1—2。

普遍意义的范畴。❶我们在第 2 章讨论龙溪良知观的"有""无"二重性时，已经涉及了这个问题。良知之"有"，是指存有论的意义上良知作为至善本身的实在性；良知之"无"，是指境界论意义上良知发生作用时无执不滞的空灵状态。而龙溪在工夫论意义上的"无中生有"，可以说是同时从存有论与境界论这两个向度对"有""无"的进一步展开。

从巴门尼德（Parmenides）开始，古典西方哲学的主流所讨论的 Being 和 Non-Being，均是在存有论的层面上来立言。尽管现代存在主义（existentialism）者们在探讨"存有"问题时与古典存有论的方向产生了很大的偏离，而集中于人的生存问题，于是不免涉及心灵境界的向度。不过，根据奥拉夫森（Frederick A. Olafson）对海德格尔和萨特之"无"（nothing）的解释，❷倪德卫（David S. Nivison）指出，这些存在主义者们对"无"的理解不仅不是心灵境界意义上的无执不滞，反而与之正相对反。❸中国哲学境界论意义上的"有"与"无"作为一种精神性的问题，在西方更多的是存在于宗教而非哲学传统之中。不过，即使在西方的宗教传统中，由于西方以基督教为背景的宗教传统表现为"天人相分"的基本形态，中国哲学尤其儒家以自我的创造性转化为终极关怀所体现出"天人合一"的宗教性，从正统基督教的视角看来，不免要么意味着人性的僭越，要么仍不过是内在性的膨胀，就像前面提到克尔凯戈尔所谓的"宗教 A"一样，其实并未达到真正的超越性。对于从主体自我

---

❶ 陈来：《有无之境——王阳明哲学的精神》，页 3—8。

❷ Frederick A. Olafson，*Principles and Persons：An Ethical Interpretation of Existentialism*. Baltimore, MD.：The Johns Hopkins Press，1967，69ff.

❸ David S. Nivison，*The Ways of Confucianism*. Peru：Open Court Publishing Company，1996，p.236.

的创造性转化出发而达到的各种"有""无"之境，如孟子的"万物皆备于我"、王弼的"圣人之情，应物而无累于物也"、郭象的"圣人常游外以冥内，无心以顺有，故虽终日见形，而神气无变；俯仰万机，而淡然自若"、程明道的"天地之常，以其心普万物而无心；圣人之常，以其情顺万物而无情"以及龙溪的"良知知是知非，而实无是无非"，在西方无论哲学还是宗教传统中，如果不是落于考察的范围之外，也至少处于话语的边缘。因此，中国哲学境界论意义上的"有"与"无"，作为一种主体的心灵境界，更多地构成中国哲学特有的论域。

中国哲学的特点之一就是概念涵义的多样性。对"有"与"无"而言尤其如此。由于"有"与"无"是道家最早和经常使用的概念，且后来佛教"缘起性空"的基本宗旨又多通过"无"得以阐发。过多地以"无"作为论说使用的范畴，在传统时代很容易使人联想到佛老。如果对概念使用的层面和内涵，缺乏义理分际的把握，而只着眼于概念的语言形式使用，便尤其会出现这种问题而产生"文字障"。我们之所以要首先厘定"有"与"无"涵义的二重性，正是要为准确理解龙溪"无中生有"的工夫论意涵奠定基础。

2. "无中生有"的涵义

较之阳明，龙溪更多地直接以"有""无"为概念来展开其论说。尽管如此，龙溪有关"有""无"的话头，仍然往往出语直接简易，缺少正面的分解展示，这给人们的理解带来一定困难，不过，透过龙溪对"好恶无所作"、"何思何虑"以及"忘"的相关论说，我们仍能把握其"无中生有"的特定涵义。

（1）好恶无所作

龙溪是以正心与诚意的对照来提出其先天学的。除了"心上立根"与"意上立根"的区别之外，龙溪还从另外一个角度揭示了正心与诚意的差别，从中，我们可以看到龙溪赋予先天正心工夫的另一层涵义。下面是正心与诚意的又一种对照方式：

> 如好好色，如恶恶臭，求以自谦，意之诚也。好恶无所作，不使有所忿、有所好乐，心之正也。(《全集》卷七《新安斗山书院会语》)
>
> 诚意者，真好真恶，毋自欺其良知而已。正心者，好恶无所作，复其良知之体而已。(《全集》卷八《大学首章解义》)
>
> 如好好色，如恶恶臭，意之诚也。好恶无所作，心之正也。(《全集》卷八《政学合一说》)
>
> 是故如恶恶臭，如好好色，而毋自欺，意之诚也。好恶无所作，心之正也。(《全集》卷十《答吴悟斋》第一书)

上引四条文字，是龙溪分别在不同的情况下以不同的文体所发。有讲会的会语，有单篇的专论文字，还有论学的书信。由之可见，龙溪对正心的解释不再是"心体立根"，而是"好恶无所作"。"好恶无所作"是指不执著于意识的好恶，而顺本心之自然。这相当于孔子的"毋意、毋必、毋固、毋我"(《论语·子罕》)，所以龙溪又有"一念廓然，无有一毫固必之私，谓之正心"的说法。在心学的立场上，本心不仅是静态的道德法则，更是动态的实践机制。它本身自然有呈现自己以为行为主宰的力量，如果不能顺本心之自然，着意为之，反而会陷入胶着黏滞，使本心的流行发用不能顺畅，对此，龙溪在《赠绍坪彭侯入觐序》中颇有感慨：

> 予读《洪范》至"无有作好作恶、王道荡荡平平"之说，喟然而叹曰：斯固古人经世之学乎？夫心本平平，本能好恶，

> 譬诸鉴之别妍媸，衡之能权轻重，非有假于外也，一有作焉，始不得其平。(《全集》卷十四)

这里所谓"一有作焉"中的"作"，就是指着意为之而有所造作。因此，只有使良知心体处于"无有作好，无有作恶"的"平平"之态，它才能自然发用流行。由此产生真正"好恶"的道德判断。

如果说"好恶无所作"指示一种"无"的心灵境界，"如好好色、如恶恶臭"的真好恶，作为具体的道德实践行为，便是存有论意义上真实不虚的"有"。并且，在龙溪看来，也只有在"好恶无所作"这种"无"的作用形式下，才会产生真好真恶那种"有"的本质内容。

（2）何思何虑

除了"好恶无所作"之外，龙溪"无中生有"的工夫论意涵，在其对于"何思何虑"的解说中也得到了体现。

《孟子》中有"心之官则思"的说法，《书经》有"思曰睿，睿作圣"的说法，而《诗经》也有"思无邪"的观念。因此，"思"似乎是心的天职，所谓"圣功之本"。但《易传·系辞》又有"何思何虑"的讲法。"思"与"何思何虑"之间，似乎存在着矛盾。在《答南明汪子问》中，汪南明曾向龙溪提出过这个问题，龙溪的回答是：

> 夫何思何虑，非不思不虑也，所思所虑，一出于自然，而未尝有别思别虑。我何容心焉？譬之日月之明，自然往来，而万物毕照，日月何容心焉？(《全集》卷三)

类似的话还见于《东游会语》中。此外，嘉靖四十三年甲子（1564）秋，万廷言（字以忠，号思默，生卒不详）由京城来访龙溪，在二人的相与问答中也讨论了"何思何虑"的问题。万廷言问："康节思虑未起，鬼神莫知，与吾儒何思何虑之义，何所当也？"龙溪答曰：

> 思虑未起，乃邵子先天心法，即吾儒何思何虑之旨，非对已起而言也。思是心之职，不思便是失职，虑，思之审也。未起云者，终日思虑而未尝有所思虑，非不思不虑也。易大象曰：君子思不出其位。不出位之思，即未起之思虑，所谓止其所也。有起有出，即为妄，鬼神便可测识，非先天之学也。（《全集》卷十六《书见罗兼赠思默》）

对于龙溪的回答，万廷言尚未充分理解其涵义，又问："思虑未起之说，平居犹可取证，至如见孺子入井，怵惕恻隐之心，乃至狂奔尽气，运谋设法救拯他，分明是起了，安得谓之未起？"认为"思虑未起"之说与《孟子》中乍见孺子入井而起恻隐之心的说法难以相容。龙溪于是又有如下的回答：

> 此等处正好默识。若不转念，一切运谋设法，皆是良知之妙用，皆未尝有所起，所谓百虑而一致也。才有一毫纳交要誉恶声之心，即为转念，方是起了。（《全集》卷十六《书见罗兼赠思默》）

显然，就龙溪此处的语境来看，思虑之起与未起，并不是指思虑之有无，而是在于所发的思虑是否作为良知本心的自然发用。正如乍见孺子入井，如果顺应本心，自然会生怵惕恻隐之情，由此心此情所推动产生的一切营救行为，都只不过是本心的自发表现。

所谓"一切运谋设法，皆是良知之妙用"。在这个意义上可以说"思虑未起"。但如果未能直接顺应本心，而是转念想到营救孺子或者可以结交其父母，或者可以在乡里赢得好的名誉，或者至少不再听到孺子入井时发出的恶声，则此时的念头已经偏离了本心。这种偏离本心而"转念"产生的思虑，才是龙溪所谓的"起了"的思虑。

由此可见，龙溪认为"何思何虑"并不意味着对思虑的取消，正如好恶一样，思虑也是心的本来职能。但既是"心之职"，思虑所发，就应当像日月照万物一样，自然而然，无有任何造作。在龙溪看来，"何思何虑"就是指心在思虑时无执无著的自然状态。并且，只有"何思何虑"，让本心自然发出思虑，此时的思虑，才是真思虑，而不致流于安排与算计。因此，与"如好好色、如恶恶之臭"和"好恶无所作"相一致，"思虑"与"何思何虑"也体现为一种辩证关系。如果说"何思何虑"表现为一种似乎无思无虑的"无"的形式的话，那么，这种形式下则包含了本心真实思虑的"有"的内容。

（3）忘

龙溪对"好恶无所作"与"何思何虑"的解释，都是在强调道德实践时的行为应当顺从良知心体直接与自然的反应。由于良知心体至善是整个理学普遍接受的基本命题，因此，只要是直接根据良知心体所产生的行为，便自然符合道德法则。但如果好恶之情"有所作"，思虑一"起"，意识便会流于胶着黏滞甚至营谋算计，偏离良知心体。在这个意义上，"无中生有"的工夫又意味着要能在道德实践行为发生的同时，不将道德实践行为本身作为思虑反省的对象，从而执著于这种行为所产生的是非善恶。龙溪将这种工夫称为"忘"，所谓"忘则澄然无事，工夫方平等，不起炉灶"。(《全集》卷三《水西精舍会语》)

在给周怡（字顺之，号讷溪，1505—1569）的《别言赠周顺之》中，龙溪对"忘"有如下的论述：

> 予闻之道无方所，而学无止极。渊然而寂，若可即，而非以形求；若可知，而非以知索；若可循，而非以力强也。夫非以形求，则为忘形之形；非以知索，则为忘知之知；非以力强，则为忘力之力。惟忘无可忘，斯得无所得。（《全集》卷十六）

而在嘉靖三十六年丁巳（1557）三山石云馆第之会中，龙溪在与王慎中的问答中不仅解释了何为"忘无可忘"，更进一步阐明了"忘"的工夫内涵。龙溪指出：

> 忘好恶，方能同好恶；忘是非，方能同是非。盖好恶是非，原是本心自然之用，惟作好恶，任是非，始失其本心。所谓忘者，非是无记顽空。率其明觉之自然，随物顺应，一毫无所作、无所任，是谓忘无可忘。在知道者，默而识之。（《全集》卷一）

"无记顽空"是佛教的用语，表示存有论与境界论双重意义上的纯粹虚无。龙溪否认"忘"是"无记顽空"，就表示并不是在存有论的意义上不讲是非，不分善恶，而是让本心明觉自然发用，所谓"率其明觉之自然，随物顺应，一毫无所作、无所任"。显然，"忘"和"好恶无所作"、"何思何虑"一样，属于同一种工夫实践形态。

通过对龙溪"好恶无所作"、"何思何虑"与"忘"的涵义分析，我们应当对其"无中生有"的工夫论意涵有所把握，在第 2 章讨论龙溪对良知"空"、"无"、"虚"、"寂"特性的理解时，我们已经指出，这些摹状词均只是良知的作用状态，并非在存有论的意义上将良知归入虚无。同样，工夫论意义上的"无中生有"，也绝非以虚无为根据来进行道德实践。如果说良知心体本身是"有"与"无"二者之统一的话，那么"有"是在存有论的意义上指其体，"无"是在境界论的意义上言其用。前者是本质内容，后者是作用形式。因此，"无中生有"只是指道德实践中化除执著，使良知心体自然呈现并起主宰作用的工夫，并非像佛教那样将修养工夫建立在"缘起性空"的存有论基础之上。"无中生有"中的"无"，既可以作为动词来看，指"化除"、"忘却"之意，又可以作为名词来看，指"无"去执著、不有心做作之后所达至的无执不滞的精神状态。并且，只有在消解了心灵执著与造作的情况下，至善的良知心体作为最真实的存在——"有"，才能朗然呈现出来，真正的道德实践——"有"，也才得以可能。

"心体立根"和"无中生有"，可以说是龙溪对先天正心工夫的双重规定。前者从存有论的角度立言，重在工夫的内容，强调把握作为道德实践终极根源的良知心体。后者从境界论的角度立言，重在工夫的形式，强调化除种种执著，使道德实践成为良知心体的自然发用。并且，"无"的形式既可以使主体在自然无滞的心灵境界下尽可能充分地进行为善去恶的道德实践，以"不染世累"的方式去"修齐治平"、"尽性至命"，又往往是"由仁义行"的真儒家区别于"行仁义"的假道学的一种表现。龙溪主张以"无中生有"的方式"在心体立根"，既与其良知观相一致，有其理论的内在一贯性，又和当时的士风，不无关联。

《大学》之所以会成为理学中如此重要的经典依据，一个很重要的原因就是《大学》基本上表现为一套形式化的概念架构，不同主张的思想家往往皆可依托这套架构而展开各自的论说。自从《大学》的经典地位确立以来，儒家学者欲标立己说并获得经典的合法性支持，往往多从《大学》入手。两宋以来《大学》屡有改本，相当程度上也正说明了这一点。●因此，尽管"正心"是《大学》的概念，但不同的思想家完全可以赋予此概念以不同的涵义。因为《大学》并未对其给出确定的意义界说。龙溪的先天正心之学，就是这样一套虽借助《大学》的"正心"观念，却有着自己特定内涵的工夫论系统。

先天正心之学的关键，就是要将工夫的着力点直接落于道德实践的终极根据——良知心体之上。在龙溪看来，只要始终能在心体立根，时刻以良知心体为主宰，且不要因有所执著造作而将良知心体对象化而推出身外，则意识的每一次发动，便都会是顺本心之自然，成为善良意志。如此，工夫自然超乎动静二境，不受外在环境的制约。所谓"若见得致知工夫下落，各各随分做去。在静处体玩也好，在事上磨察也好。譬诸草木之生，但得根株着土，遇着和风暖日，固是长养他的。遇着严霜烈日，亦是坚凝他的。盖良知本体，原是无动无静，原是变动周流，此便是学问头脑，便是孔门教法"（《全集》卷四《东游会语》）。较之那种良知心体隐没，经验意识形成习惯性运作并产生善恶的分别与执著之后，再不断重新启动良知心体进行为善去恶的对治工夫，先天正心工夫显然更为究竟。事实上，如前所引，在以正心与诚意对照的方式提出其先天正心之学的文字中，龙溪已经流露出了这种看法。

龙溪先天正心之学的整体特色，其《再至水西用陆象山鹅湖韵四首》（《全集》卷十八）中的两首颇能体现，第二首有云：

● 宋以来《大学》版本的改易情况，参见李纪祥：《两宋以来大学改本之研究》（台北：台湾学生书局，1988）。

本来无怠若为钦，对治终为未了心，万象扫空归一窍，诸
门洞启见孤岑。圣非剩有愚非欠，日自东升月自沉，北海玄珠
忘处得，百年忧乐古犹今。

第四首则曰：

吾侪今日学钦钦，只恐钦钦未识心。沧海汇来忘巨浸，泰
山顶上失高岑。乾坤何意开还合？鱼鸟从教飞共沉。自在天机
归一念，寥寥非古亦非今。

而一旦先天正心工夫得以切实展开，心、知、意、物便最终呈现为
一心体流行的化境。这则是龙溪四无论所讨论的内容。

龙溪是以正心与诚意对照的方式提出其先天之学的，但是，龙
溪提倡"心体立根"的先天正心之学，并不意味着对诚意工夫的排
斥。在龙溪晚年屡屡提到的"一念之微"这一概念的工夫蕴涵中，
不仅先天正心之学和后天诚意之学获得了紧密的统一，工夫着力点
从"意"到"念"的转化，也使得诚意工夫更为深邃绵密。事实
上，上引第四首诗中所谓"自在天机归一念"的句子，已经向我们
透露了龙溪一念工夫论的信息。

三　一念工夫

在阳明的论学问答中已有数处提到"念"这一观念，如《答顾
东桥书》中有云：

夫良知之于节目时变，犹规矩尺度之于方圆长短也。节目时变之不可预定，犹方圆长短之不可胜穷也。故规矩诚立，则不可欺以方圆，而天下之方圆不可胜用矣；尺度诚陈，则不可欺以长短，而天下之长短不可胜用矣；良知诚致，则不可欺以节目时变，而天下之节目时变不可胜用矣。毫厘千里之谬，不于吾心良知一念之微而察之，亦将何所用其学乎？（《传习录中》）

从语脉来看，阳明这里的"一念之微"是指良知初发后的细微状态，是一种真诚的意识，不同于一般脱离本心的有善有恶的意念。而在《传习录下》中，阳明与陈明水还专门讨论过"念"的问题：

　　九川（陈明水）问："近年因厌泛滥之学，每要静坐，求屏息念虑。非惟不能，愈觉扰扰，如何？"先生（阳明）曰："念如何可息？只是要正。"曰："当自有无念时否？"先生曰："实无无念时。"曰："如此却如何言静？"曰："静未尝不动，动未尝不静。戒慎恐惧即是念，何分动静？"曰："周子何以言'定之以中正仁义而主静'？"曰："无欲故静，是'静亦定，动亦定'的'定'字，主其本体也。戒惧之念是活泼泼地。此是天机不息处，所谓'维天之命，于穆不已'，一息便是死。非本体之念，即是私念。"

此处的"戒惧之念"和上述"一念之微"一样，都是作为良知心体的直接发用，也就是阳明所谓的"本体之念"，而脱离了良知心体的经验意识，则是所谓"私念"。另外，阳明在《传习录下》答黄直（字以方，嘉靖二年进士）问时，还有"念念致良知"的说法：

> 人心是天渊。心之本体无所不该，原是一个天。只为私欲
> 障碍，则天之本体失了。心之理无穷无尽，原是一个渊。只为
> 私欲窒塞，则渊之本体失了。如今念念致良知，将此障碍窒塞
> 一齐去尽，则本体已复，便是天渊了。

不过，尽管在阳明的话语中我们已经可以解读出"念"的不同意义，但"念"在阳明处并未成为一个确定的概念，阳明并未经常针对"念"进行讨论，只是在不同的语境下使"念"自然连带出相关的涵义。但龙溪对阳明心中隐含的意思显然深有体会，在通行的整部《全集》中，"一念之微"、"一念之初机"、"一念独知之微"、"一念之良"以及"一念独知"等围绕"一念"的说法，至少有八十多处，其中尤以"一念之微"（或"一念入微"）的说法最为频繁。嘉靖四十三年甲子（1564），六十七岁的龙溪在所作《书顾海阳卷》中指出：

> 古人之学，惟在理会性情。性情者，心之体用，寂感之则
> 也。然欲理会性情，非可以制于中而矫饰于外，其要存乎一念
> 之微。人心本自中和，一念者，寂感之机也。致谨于一念之
> 微，则自无所偏倚，无所乖戾，中和由此而出。中则性定，和
> 则情顺，大本立而达道行，发育万物，峻极于天，以收位育之
> 全功，圣学之的也。（《全集》卷十六）

隆庆三年己巳（1569）夏，七十二岁的龙溪应曾见台之邀聚会武林，在临别时，曾见台提出了有关"有念无念"的问题，龙溪回答说：

念不可以有无言。念者，心之用，所谓见在心也。缘起境集，此念常寂，未尝有也，有则滞矣。缘息境空，此念常惺，未尝无也，无则槁矣。克念谓之圣，妄念谓之狂。圣狂之分，克与妄之间而已。千古圣学，惟在察诸一念之微，故曰一念万年，此精一之传也。(《全集》卷十六《别曾见台漫语摘略》)

而在八十岁时写给李渐庵的两封书信中，龙溪同样提到了要从一念入微处作工夫。龙溪在《答李渐庵》第一书中说：

《易》曰：贞吉悔亡，悔生于动。自信良知，直心而发，天则在我，是谓贞吉而悔亡。譬之日月之明，自然往来，未尝有所动也。才涉安排，即为憧憧。万起万灭，众欲相引而来，是为朋从尔思，非自然之往来也。试于默作反观时，密加体究，动与不动，只从一念入微处决之，此乃本心寂然之灵枢，非可以意识承领而得也。(《全集》卷十一)

在《答李渐庵》第二书中，龙溪又说：

吾人此生干当，无巧说，无多术，只从一念入微处讨生死，全体精神打并归一，看他起处，看他落处。精专凝定，不复知有其他。此念绵密，道力胜于业力，习气自无从而入，杂念自无从生。此是端本澄源第一义，所谓宗要也。(《全集》卷十一)

相似的例子还有很多，且龙溪在晚年与友人的通信中，几乎每封信中都有强调从一念之微处用功的说法，我们在此不必赘引。现在的问题是，龙溪既然自觉地将"念"作为一个明确的概念加以使用，那么，"念"在龙溪处究竟有何涵义？并且，龙溪既然认为"千古圣学，惟在察诸一念之微"，将从一念入微处作工夫视为"端本澄源第一义"的"宗要"以及良知作用的"自然之往来"，那么，龙溪的一念工夫与其先天正心之学又构成何种关系呢？

（一）一念工夫的涵义

1. 念与意

《念堂说》是龙溪对"念"的涵义说明最为详细的一篇文字，龙溪说：

> 人惟一心，心惟一念。念者，心之用也。念有二义：今心为念，是为见在心，所谓正念也；二心为念，是为将迎心，所谓邪念也。正与邪，本体之明，未尝不知，所谓良知也。念之所感谓之物，物非外也。心为见在之心，则念为见在之念，知为见在之知，而物为见在之物。致知格物者，克念之功也，见在则无将迎而一矣。正心者，正此也；修身者，修此也。……孟子曰：必有事焉，而毋正，心毋忘毋助长也。必有事者，念念致其良知也；毋忘者，毋忘此一念之谓也；毋助者，无所意必，以无念为念之谓也。（《全集》卷十七）

和论述先天正心之学一样，龙溪仍然是在《大学》的语脉中关联着"心"、"知"、"物"来规定"念"的。这里，龙溪将"念"视为"心"的发用，心与念构成一种体用关系。所谓"念者，心之用也"。而在前面征引隆庆三年龙溪答曾同亨之问中，也同样有"念者，心之用"的说法。我们在前面已经提到，阳明是将

"意"作为心之所发的，这可以说是阳明学中对"心""意"关系的一个基本规定。龙溪无疑继承了这一讲法，因而在万历五年丁丑（1577）为徐阶所作的《原寿篇赠存斋徐公》(《全集》卷十四)中，龙溪有"意者，心之用"的话头。如果再关联于物来看的话，阳明学的另一个基本命题是"意之所在为物"，而龙溪此处认为"念之所感谓之物"。这样看来，同样作为"心之用"，念与意应当是具有同一指谓的两个概念。更为明显的是，龙溪在嘉靖六年丁亥（1528）夏"天泉证道"时所谓"若悟得心是无善无恶之心，意即是无善无恶之意，知即是无善无恶之知，物即是无善无恶之物"，❶作为其著名的四无论的重要组成部分，至少已为治理学者所耳熟能详，而我们将这段话与上引《念堂说》中所谓"心为见在之心，则念为见在之念，知为见在之知，而物为见在之物"相对照，立刻会发现两者在句式上的对应与一致之处。四无论中的"心、意、知、物"在《念堂说》中变成"心、念、知、物"，"无善无恶之心"、"无善无恶之意"、"无善无恶之知"与"无善无恶之物"则变成"见在之心"、"见在之念"、"见在之知"与"见在之物"。至于四无论的具体内容与"见在之心"、"见在之念"、"见在之知"、"见在之物"的涵义，我们下一章再予以专门讨论，这里提出这一对照的意义，在于进一步说明念与意在龙溪思想中的同义性。

不过，龙溪晚年对一念之微的大量与反复论说，显然意味着念在内涵上并不完全等同于意。同样是心的发用，意是从整体上对于意识的指谓，而念则侧重于心在每一个瞬时发动所产生的意识状

---

❶ 见《全集》卷一《天泉证道记》、卷二十《刑部陕西司员外郎特诏进阶朝列大夫致仕绪山钱君行状》。同样内容亦见《传习录下》、《王阳明年谱》。

态。如果说意是从心这个原点所发出的一条线，念则是这条线上的每一个点。或者说，意偏重于指心的整体运作过程，而念则指示着这一运作过程中的每一个瞬间状态。在这个意义上，念与意作为心的发动虽无本质的不同，但念却构成意的最小单位。如果从一念之微上用力，则工夫的展开无疑会更为严密。龙溪所谓"全体精神打并归一，看他起处，看他落处。精专凝定，不复知有其他。此念绵密，道力胜于业力，习气自无从而入，杂念自无从而生"，正反映了在一念之微上"念念致其良知"的道德实践工夫的细致入微。也恰恰是在这个意义上，隆庆二年戊辰（1568）龙溪应蔡国熙（号春台，嘉靖三十八年进士，生卒不详）之邀至苏州讲学答诸生问格致之旨时便指出："大学之要，在于诚意，其机原于一念之微。"（《全集》卷五《竹堂会语》）但是需要说明的是，由此我们并不能得出这样的结论：一念之微的工夫即是诚意的工夫，只不过前者是后者的细密化。因为如果是这样，我们就很难理解：龙溪在相对于诚意工夫而提出其先天正心之学并以后者为根本的情况下，为什么还会一再强调一念入微的工夫是"端本澄源第一义"的"宗要"。这是龙溪思想的矛盾之处？还是龙溪在工夫论的问题上思想前后发生了变化呢？

2. 正念与邪念，本念与欲念

从前面对龙溪先天正心之学的检讨来看，对先天正心之学立足于良知心体与后天诚意之学着眼于意识的澄治，以及二者在工夫论中的不同定位，龙溪有明确的分疏。因而龙溪显然不可能在其工夫论上发生如此的矛盾。而我们在仔细检阅龙溪的思想材料时会发现，尽管龙溪在晚年的论说（尤其与友人的通信）中比较频繁地使用"一念之微"的表达方式，但强调要立足于良知心体的先天正心之学，也始终是龙溪工夫论的一贯宗旨。因此，也并不能说龙溪晚年又回到了以诚意为工夫着重点的立场。这里的关键在于：强调于"一念之微"处用力的一念工夫，其实并不仅仅是诚意工夫的细密化，因为在龙溪处，念实际上并不只是一般意义上有善有恶的经验意识。

在《念堂说》中，龙溪已经提出了"正念"与"邪念"的区分。正念是所谓"今心为念"的"见在心"，邪念是所谓"二心为念"的"将迎心"。在嘉靖四十四年乙丑（1565）的留都之会中，龙溪也曾对李遂说：

> 吾人之学，不曾从源头判断得一番。本念与欲念，未免夹带过去。此等处，良知未尝不明，到本念主张不起时，欲念消煞不下时，便因循依阿，默默放他出路。(《全集》卷四《留都会纪》)

本念与欲念，是正念与邪念的另一种表达方式。"今心为念"，是指顺应良知心体的直接发动所产生的念头。"见在心"中的"心"也只是笼统的讲法，并不是指作为良知心体本身的"本心"，而是指良知心体在经验意识中直接与当下的细微呈现，"见在心"实际上是指"见在念"。这里的"见在"与龙溪"见在良知"中的"见在"具有同样的含义。作为良知心体在经验意识中的直接与当下呈现，这时的念头是一种与良知心体同质的真诚的意识状态。因而称之为正念、本念。"二心为念"，则是指由于受到后天习染的干扰，不能作为良知心体的直接与当下发用所产生的念头。"将迎心"更不是指本心，实际上说的是"将迎念"。而作为偏离了良知心体的经验意识，这时的念头是一种有善恶夹杂、能所区别的细微经验意识，即所谓邪念、欲念。在阳明学的思想系统内，邪念与欲念并不单指违反道德法则的经验意识，不能顺应良知心体之自然而有所造作执著的一般经验意识，也可以纳入到邪念与欲念的范围之内。在这个意义上，作为邪念与欲念的念，又和龙溪有关良知与知识的讨论中所谓的"知识"具有相同的属性。

3. 念与良知

就整个理学传统而言，将念视为一般有善恶夹杂的经验意识的瞬时状态，是较为通行的理解，如刘蕺山便将念严格限定在经验意识的层面，并不存在正念、本念的问题。而龙溪对正念、本念与邪念、欲念的区分，却并不是偶然的话头。对正念、本念的强调，构成龙溪有关一念之微论说的重要方面。龙溪在《书查子警卷》中曾说：

> 千古圣学，只有当下一念。此念凝寂圆明，便是入圣真根子。时时保守此一念，动静弗离，便是缉熙真脉路，更无巧法。（《全集》卷十六）

在给赵锦（字元朴，号麟阳，1516—1591）的《赵麟阳赠言》中也曾说：

> 盖吾人本心，自证自悟，自有天则。握其机，观其窍，不出于一念之微。率此谓之率性，立此谓之至命。譬之明镜照物，鉴而不纳。妍媸在彼，而镜体未尝有所动也。敛而不滞，纵而不溢，此千古经纶无倚之实学。了此便是达天德，意识云乎哉？（《全集》卷十六）

这里所谓的"凝寂圆明"的"一念"与"一念之微"，显然不是有善恶夹杂、既"纵"且"溢"的一般经验意识，因此龙溪所谓"意识云乎哉"，便直接将前者与后者明确区别开来。

我们已经看到，当龙溪强调在正念与本念的意义上作一念之微的工夫时，龙溪的话语表达与其有关先天正心之学的论述相当一致。而如果我们再关联于龙溪有关见在良知的说法，考虑到见在良知正是指良知在经验意识中直接与当下的呈现，那么，作为"见在心"的正念与本念，显然非常接近见在良知的概念。如果说二者之间仍有区别的话，见在良知尽管也表现为经验意识，即所谓"知觉"，但相对而言侧重在此知觉的所以然之本体；作为"见在心"的正念与本念，尽管其本体即是良知心体，但侧重在良知心体的发用状态。从"体用一源，显微无间"的角度来看，二者实具有本质上的同一性，作为正念与本念的一念之微可以说就是良知，否则，龙溪不会在心体立根的意义上谈从一念之微处作工夫。因此，见在良知与正念、本念之间的区分可以说是极其细微的。龙溪在《趋庭谩语付应斌儿》曾对其子王应斌说：

> 夫今心为念。念者，见在心也。吾人终日应酬，不离见在。千绪万端，皆此一念为之主宰。念归于一，精神自不至流散。如马之有辔衔，操纵缓急，自中其节也；如水之有源，其出无穷也。圣狂之分无他，只在一念克与妄而已。一念明定，便是缉熙之学。一念者无念也，即念而离念也。故君子之学，以无念为宗。然此非见解所能臆测、气魄所能承当，须时时从一念入微，归根反证，不作些子漏泄。动静二境，了然不生。有事时主宰常寂，自不至逐物；无事时主宰惺惺，自不至着空。时时习静，察识端倪，冷然自照，自然畅达，自然充周。譬之悬镜空中，万象毕照，而无一物能为障碍。才欲觅静，谓

之守静尘，非真静也。此中人以上境界，非一蹴所能至，（然）舍此亦无别路。(《全集》卷十五)

龙溪有关一念工夫的这段话，与其先天正心之学的描述相当一致。其中，龙溪使用了"端倪"一词。事实上，作为正念与本念的一念之微，正可以说是良知心体在刚刚开始发动而尚未形成固定意识时的端倪与萌芽。这一点端倪与萌芽因为是良知心体最初的发动，显然尚未受到任何后天物欲的习染。事实上，龙溪正有"最初无欲一念"、"最初一念"的讲法。隆庆二三年（1568—1569）间，龙溪在留都应姜宝（字廷善，一作惟善，号凤阿，1514—1593）、周怡之请为国子监诸生讲《易》时说：

> 夫天地灵气，结而为心。无欲者，心之本体，即伏羲所谓乾也。刚健中正纯粹精，天德也。有欲则不能以达天德。元亨利贞，文王演之以赞乾之为德。有此四者，非有所加也。元亨主发用，利贞主闭藏。故曰元亨者，始而亨者也。利贞者，性情也。天地灵气，非独圣人有之，人皆有之。今人乍见孺子入井，皆有怵惕恻隐之心，乃其最初无欲一念，所谓元也。转念则为纳交、要誉、恶其声而然，流于欲矣。元者始也，亨通、利遂、贞正，皆本于最初一念，统天也。最初一念，即易之所谓复。复见其天地之心。意必固我有一焉，便与天地不相似。颜子不失此最初一念，不远而复。才动即觉，才觉即化，故曰颜子其庶几乎？学之的也。(《全集》卷五《南雍诸友鸡鸣凭虚阁会语》)❶

---

❶ 原文中未载何年，然姜宝、周怡于隆庆二年至三年分别任南京国子监祭酒和司业，故南雍凭虚阁之会或在隆庆二三年间。

如果说良知心体是原点，顺应良知心体所发的真诚无伪的意识是一条线，则作为"最初无欲一念"的那一念之微，就可以说是这条线上最接近原点而又并非原点本身的那一点。在这个意义上，一念之微与良知心体可以说是"不一不异"的关系。颜子因为能够不失此最初一念，稍有偏离，便立刻回到此最初一念，所以其工夫可以称之为"庶几"。而这作为良知心体萌芽与端倪的一念之微，龙溪的确又称之为"几"。

4. 几

"几"的观念来源于《易·系辞》，所谓"夫易，圣人之所以极深而研几也。唯深也，故能通天下之志；唯几也，故能成天下之物"。周敦颐（字茂叔，称濂溪先生，1017—1073）也有关于几的论述，所谓"诚，无为；几，善恶"（《通书·诚几德第三章》），"寂然不动者，诚也；感而遂通者，神也；动而未形，有无之间者，几也。诚精故明，神应故妙，几微故幽。诚、神、几曰圣人"（《通书·圣第四章》）。龙溪以良知心体的最初发动处为几，则以阳明为根据。《传习录下》载阳明答人问至诚前知云：

> 诚是实理，只是一个良知。实理之妙用流行就是神，其萌动处就是几。诚、神、几曰圣人。圣人不贵前知。祸福之来，虽圣人有所不免。圣人只是知几，遇变而通耳。良知无前后，只知得见在的几，便是一了百了。

阳明不仅将良知的萌动处称为"几"，其所谓"见在的几"这一说法，更进一步证明，龙溪将作为"见在心"的一念之微视同见在良知，实有其思想发展的必然。

聂双江虽然私淑阳明，并于嘉靖十一年壬辰（1532）在苏州由龙溪和钱德洪共证称阳明门生，但双江的运思始终受到朱子分寂感、已发未发为二这种二元论思维方式的制约，因而双江总觉得龙溪所讲的致良知工夫落在发用上，未能真正落实到良知心体本身。在与聂双江论辩的《致知议辩》中，龙溪指出：

> 周子云："诚神几曰圣人。"良知者，自然之觉，微而显，隐而见，所谓几也。良知之实体为诚，良知之妙用为神，几则通乎体用，而寂感一贯。故曰：有无之间者，几也。(《全集》卷六)

龙溪这里的讲法完全以上引阳明的说法为根据。"几"虽然侧重良知的发用，但在一元论的思维方式下，体用相通，寂感一贯，则良知即可以说就是"几"。而将"几"视为"有无之间者"，正说明作为一念之微的"几"是良知心体呈露端倪而尚未形成固定意识的最初发动状态，也就是那"最初无欲一念"。

由于在龙溪处"几"便几乎可以说是良知心体，因此和强调于一念入微处作工夫相一致，致良知工夫也就是"几"上的工夫。于此"几"之前或之后寻找工夫的着力点，在龙溪看来均不免有病。龙溪在《周潭汪子晤言》中指出：

> 予惟君子之学，在得其几。此几无内外，无寂感，无起无不起，乃性命之原，经纶之本，常体不易而应变无穷。譬之天枢居所而四时自运、七政自齐，未尝有所动也。此几之前，更无收敛；此几之后，更无发散。盖常体不易，即所以为收敛，寂而感也；应变无穷，即所以为发散，感而寂也。恒寂恒感，造化之所以恒久而不已。若此几之前更加收敛，即滞，谓之沉

空；此几之后更加发散，即流，谓之溺境。沉与溺，虽所趋不同，其为未得生机，则一而已。……夫沉空者，二乘之学也；溺境者，世俗之学也。周潭子不为世俗之学，断然信之，但恐二乘之学其辨尤微，高明者或有所滞而未之觉耳。若能于动而未形、有无之间者察之，以究其毫厘之辨，则生机常在我而气自克，千古经纶之术，尽于此矣。（《全集》卷三）

龙溪在《别言赠沈思畏》中，有一段类似于上引《周潭汪子晤言》的话。其中，龙溪借用《易·系辞》的说法将这种在"几"上用力的工夫称为"研几"。龙溪说：

> 予谓千古惟在归一。极深云者，即其几而深之。非研几之前，复有此段作用也。吾人感物，易于动气，只是几浅。几微故幽，微者，深之谓也。惟其几深，故沉而先物，自不为其所动，而其要存乎一念独知之地。若研几之前复有此段作用，即为世儒静而后动之学，二而离矣。颜子未尝不知，未尝复行，以其早觉也。才动即觉，才觉即化，故曰颜氏其庶几乎？（《全集》卷十六）

而除了颜子"庶几"之外，研几的工夫还包括"知几"与"审几"。龙溪在《致知议略》中指出：

> 良知者，无所思为，自然之明觉。即寂而感行焉，寂非内也；即感而寂存焉，感非外也。动而未形，有无之间，几之微也。动而未形，发而未尝发也。有无之间，不可以致诘。此几无前后，无内外。圣人知几，贤人庶几，学者审几。故曰几者

动之微、吉之先见者也。知几故纯吉而无凶；庶几故恒吉而寡
凶；审几故趋吉而避凶。过之则为忘几，不及则为失几。忘与
失，所趋虽异，其为不足以成务，均也。(《全集》卷六)

圣人的"知几"就是"即本体以为工夫"，意味着始终立足于良知
的端倪上；贤人的"庶几"是指像颜子那样"才动即觉，才觉即
化"，意识稍有偏差便立刻有所察觉而回到良知端倪本身；学者的
"审几"则是指意识虽然不断地偏离良知心体，但良知心体并未完
全隐没，而是还能够在意识不断偏离的同时不断觉醒，从而对偏离
良知心体的念头加以审查，在"知善知恶"的基础上"为善去恶"，
在"频失频复"的过程中回归良知的端倪。因此，无论怎样的研几
工夫，最终都是要求把握住良知心体初发的端倪。而龙溪指出研几
工夫"其要存乎一念独知之地"，也再次显示出几和一念之微的同
一性。二者都是指良知心体发动的最初端倪，在体用一源的意义上
也都可以说就是良知心体。

　　牟宗三先生认为龙溪之"几"不合《易传》与《通书》原意，
并将本属感性层的"几"上提到了与"诚"、"神"并列的超越层
上，于是感性层与超越层、形而下与形而上混淆，造成大错，知
几、庶几、审几的工夫意亦随之不显。❶而根据我们以上的分析，龙
溪恰恰是自觉地不将"几"归为感性层面的"意之动"，而将其规
定为良知心体的初发端倪。❷知几、庶几、审几也都可以说是心体立
根的先天工夫。牟先生之所以不许龙溪将几视为超越层者，关键在
于他认为只有在感性层的意识上才可以谈工夫，所谓"在几上用功

---

❶ 牟宗三：《从陆象山到刘蕺山》，页363—369。
❷ 冈田武彦也认为龙溪的"几"可以相当于陈白沙所说的"端倪把柄"，见氏著：《王阳
　明与明末儒学》，吴光、钱明、屠承先译（上海古籍出版社，2000），页111。

并不错。然而现成具足者（即人心之真体用）并无工夫意。如何恢复此具足者才是工夫"。❶但龙溪"即本体以为工夫"的关键正是要说明良知心体的呈现本身即是"无工夫中真工夫"，"不着力中大着力"，即是最为究竟的工夫。❷并且，龙溪这种对"几"的理解，在当时整个阳明学者中也并非个别现象。

罗念庵在《答陈明水》中说：

> 周子言几，必先以诚，故其言曰："诚，无为；几，善恶。"又曰："寂然不动者，诚也，感而遂通者，神也。"而后继之以几。夫不疾而速、不行而至者谓之神，故曰"应而妙"；不落有无者谓之几，故曰"幽而微"。夫妙与幽不可为也，惟诚则精而明矣。盖言吾心之应，似涉于有矣，然虽显而实微，虽见而实隐，有近于无。以其有无不形，故谓之几。"几善恶"者，言惟几故能辨善恶，犹云"非几即恶焉耳"。必常戒惧，常能寂然，而后不逐于物，是乃所谓"研几"也。（《明儒学案》卷十八《江右王门学案三》）

王时槐（字子植，号塘南，1522—1605）在《唐曙台索书》中也说：

> 寂然不动者诚，感而遂通者神，动而未形、有无之间者

---

❶ 牟宗三：《从陆象山到刘蕺山》，页364。

❷ 牟先生其实敏锐地看到并指出良知心体对于诚意工夫之所以可能的根源与决定意义。所谓"说诚意是工夫底着落处，这只是说意之动是问题底所在，而解决问题底根据，即诚意所以可能底超越根据，却在良知"；以及"而致良知工夫所以可能之根据亦正在良知本身，并不是把良知空摆在那里而绕出去取一套外在的工夫以致那良知"。同上书，页278。只是牟先生不认为对良知心体本身可言工夫。

几。此是描写本心最亲切处。夫心一也，寂其体，感其用，几者，体用不二之端倪也。当知几前别无体，几后别无用，只几之一字尽之。希圣者终日乾乾，惟研几为要矣。(《明儒学案》卷二十《江右王门学案五》)

罗念庵与王塘南均是二元论的思维方式（详第6章），因此二人的思想自不同于龙溪。念庵还与龙溪多有辩难。但以上二人对"几"的解释，却显然可以作为龙溪之"几"的注脚。

（二）一念工夫的意义

1. 一念与正心

由以上的讨论可见，在念作为正念与本念的意义上，从作为良知心体端倪的"一念之微"与"几"处作工夫，其实也就等于心体立根的先天正心之学，二者之间的区别微乎其微。因为良知心体在整个心学传统中始终不只是静态的道德法则，而同时又是动态的实践机制。况且，强调体用、寂感、已发未发之间的整体一贯，也始终是阳明学的一贯原则与基本思维方式。因此，即使作为意的最小单位，由于作为"正念"与"本念"的"一念之微"和"几"是良知心体最初发动的端倪，即所谓"最初无欲一念"，龙溪晚年对一念工夫的强调，便无疑并不意味着从主张先天正心之学回到了后天诚意工夫的立场。一念之微的工夫论与先天正心之学之间，显然有其统一性在。

如果我们明白了在一念之微处作工夫与心体立根这二者之间的一致性，对于前引龙溪在《念堂说》中的所谓"以无念为念"，以及在《趋庭谩语付应斌儿》中所谓的"一念者无念也，即念而离念也。故君子之学，以无念为宗"，相信也应当会有恰当的了解。禅宗六祖惠能（638—713）《坛经·定慧品第四》中有这样的话：

> 善知识！于诸境上心不染，曰无念；于自念上，常离诸境，不于境上生心。若只百物不思，念尽除却，一念绝即死，别处受生，是为大错。学道者思之！若不识法意，自错犹可，更劝他人？自迷不见，犹谤佛经。所以立无念为宗。❶

荷泽神会（686—760）以"灵知真性"（真心）为宗的如来禅或许未必合于惠能的祖师禅，❷但他也说：

> 但自知本体寂静，空无所有，亦无着住，等同虚空，无处不遍，即是诸佛真如身。真如是无念之体，以是义故，立无念为宗。若见无念者，虽具见闻见知觉而常空寂，即戒定慧一时齐等，万行具备，即同如来知见，广大深远。❸

因此，劳思光先生便认为龙溪将良知宗旨混同禅门宗旨。❹然而，就像龙溪谈良知之无一样，借用佛教常用的用语，并不表示全然接受该用语原有的内涵。尽管从时间的先后来看，"无念为宗"的话的确出自惠能，甚至"一念"本来也是佛教中常用的概念，如天台宗"一念三千"中的一念指当下现实的妄念，《大乘起信

---

❶《坛经》有不同的版本，不同版本的文字表述也有诸多差异，本书所引据流通最广的元宗宝本。但不论各种版本，"无念"都是其中的一个重要观念。有关《坛经》各种版本的演变，可参阅印顺：《中国禅宗史》第六章"坛经之成立及其演变"（上海书店，1992），页237—280。

❷ 牟宗三：《佛性与般若》下册（台北：台湾学生书局，1997），页1044—1070。

❸ 神会：《神会和尚禅话录·坛语》（北京：中华书局，1996），页10。

❹ 劳思光：《中国哲学史》三下（台北：三民书局，1981），页458。

论》中的一念指本觉的灵知等，但根据我们前面的分析可见，虽然于佛教不无所取，龙溪却显然是在立足儒学基本立场的前提下对念的内涵有自己的规定。事实上，和先天正心之学中"无中生有"的工夫论意涵相应，龙溪所谓的"无念"、"离念"，与其对"何思何虑"的解释相一致，其实并不是要取消念头本身，正如阳明答陈明水时所谓"实无无念时"、"一息便是死了"，而是意味着念的产生与作用要自然而然，就像良知的活动那样"如空谷之声，前无所来，后无所往"，不要滞而不化，形成良知心体"虚以适变，寂以通感"的障碍。龙溪在《念堂说》中以"无所意必"来界定"以无念为念"，正说明了这一点。进一步说，禅宗的无念也不是要取消念头，所谓"一念绝即死"，❶而是类似于"好恶无所作"的"毋意必固我"；龙溪在境界论的意义上对"无"的发挥也的确有取于佛教"应无所住而生其心"（《金刚经》）的智慧，但即使如此，在存有论的意义上来看，无论是念的内涵还是一念工夫，龙溪与禅佛教均有本质的不同。前者以至善而真实不虚的良知心体为"最初一念"的内容规定，一念工夫在修齐治平的展开过程中必然指向"以万物为一体"的经世之学，后者则以"缘起性空"为基调，一念的本性亦非实有，而是空寂性本身，由此所展开一念工夫的终极归趋，必然是天地万物同归寂灭的涅槃清净之境。前者以"人文化成"为终极关怀，后者以"舍离"为基本宗旨，无论怎样"即世间"，最终还是要"出世间"。

最后必须说明的是，我们在看到龙溪一念工夫与其先天正心之学具有一致性的同时，更要看到二者的不同之处。只有在正念与本

---

❶ 印顺：《中国禅宗史》第八章第三节"无念"部分的讨论，页358—370。

念的意义上，在作为"几"的一念之微上用功，才可以说相当于先天正心工夫，但如果念是作为邪念与欲念时，一念之微的工夫便显然不再是心体立根的先天工夫，这时在一念入微处作工夫，则委实又回到了对后天经验意识加以澄清对治的后天诚意工夫。不过，这仅仅是简单的回复吗？从一念之微入手的诚意工夫与一般意义上的诚意工夫是否有所不同呢？

2. 一念与诚意

我们在讨论念与意的关系时已经指出，作为意的最小单位，念强调的是意识的每一个瞬间状态。从一念之微处作念念致良知的工夫，也就是要对意识的每一个瞬时状态加以反省，检讨此时的念是否偏离了良知心体。就念是心之所发来看，如果我们将整体的经验意识划分为构成这一整体意识的每一瞬间状态的念，那么，理论上说，每一念的产生并不是前一念的结果，而都应当是由心而发。最初发动的一念自不必论，随后的每一念都应当是重新回到良知心体这一原点之后再发出，即心→念→心→念→心→念……这样一个不断的过程。如此则正念、本念绵绵不绝，整个意识之流便完全表现为"诚"的状态，这时也就等于是心体立根工夫的不断展开。但在实际上，除了"最初无欲一念"之外，每一个念头的发生都不免受到前一念头的影响，未必能够回到良知心体之后再发出，如此形成心→念→念→念……这样一种念念相续的情况。一旦其中的一念受到后天物欲的习染，如此念念相续，不能回到良知心体，则无疑会渐行渐远，邪念、欲念形成整体意识的惯性运作，终至良知心体隐没不彰而麻木不仁的境地。而如果能在一念之微上作工夫，以良知心体"知善知恶"的判断力严格审查每一个念头，稍有偏失，立刻再以良知心体"为善去恶"的决断力斩断念念相续的因果之链，使之回到良知心体的原点，也仍然最终可以保持整体意识的真诚。我们前面部分征引过龙溪《答李渐庵》第二书，以说明龙溪对一念之微的强调。在此，我们不妨再较为详细地引用这封书信的相关内容，看看龙溪如何进一步描述这种在一念之微上作工夫的情形：

> 吾人此生干当，无巧说，无多术，只从一念入微处讨生死，全体精神打并归一，看他起处，看他落处。精专凝定，不复知有其他。此念绵密，道力胜于业力，习气自无从而入，杂念自无从而生。此是端本澄源第一义，所谓宗要也。若持念不坚，散缓浮动，道力为业力所胜，勉强支持，杂念谴而愈增，习气廓而愈扰，所谓泥里洗土块，实无有清脱时也。然道力业力本无定在，相胜之机，存乎一念。一念觉与不觉耳。不觉则非昏即散，才觉则我大而物小，内重而外自轻，此持衡之势也。（《全集》卷十一）

这封信和前面所引《答李渐庵》第一书都是龙溪八十岁所作，可以视为其晚年定论。其中所谓"道力为业力所胜"便是指念头的发生不能始终回归良知心体的原点，而是在前念影响后念的情况下，形成"杂念谴而愈增，习气廓而愈扰"的念念相续的局面。但"道力业力本无定在"，一念觉，便意味着此念回复到了良知心体，而念念觉，每一念的发动便始终以良知心体为根据。龙溪经常举颜子"才动即觉，才觉即化"的例子，也不外是指示这样一种在一念之微上作工夫的情形。由此看来，在念的意义上作诚意的工夫，就使得对后天经验意识的澄治更为深邃严密。而一念之微的诚意工夫，显然构成一般诚意工夫的深化。

3. 先后天工夫的统一

这样看来，龙溪在晚年所格外强调的一念工夫，实际上是先天正心之学与后天诚意之学的统一。先天正心之学与后天诚意之学这两套工夫都可以收摄到一念之微的实践上。当每一念都能够作为良知心体直接与当下的发动，则每一念都是"最初无欲一念"，都是作为良知心体端倪与萌芽的"几"，这时的一念工夫实无异于心体立根，"即念而离念"与"以无念为念"也不过是"无中生有"的另一种表述方式。当经验意识受到后天物欲的干扰而偏离了良知心体，这时的一念工夫就是要对经验意识加以澄治的诚意之学。只不过从一念之微入手的诚意工夫是深入到经验意识作用的每一个瞬时状态，依赖良知心体本身的力量截断念念相续的意识之流，使之回到良知心体，作为良知心体的直接与当下发用再次呈现到经验意识的"见在"之中。于此能"精专凝定"，形成正念与本念的念念相续，则这一念入微的诚意工夫便又转化成了心体立根的先天工夫。如此一来，在一念之微这一概念中，先天正心之学与后天诚意之学的关系，便不再像龙溪提出其先天学时那样显得相对较为对立，而是在彼此可以相互转化的基础上获得了融合无间的统一。一念觉，意识便回到了良知心体，心体立根的工夫当下可以展开；一念不觉，意识便脱离了良知心体，此时便需要对意识加以澄治的诚意工夫。龙溪在《答殷秋溟》第二书中说：

> 凡与圣，只在一念转移之间。似手反复，如人醉醒。迷之则成凡，悟之则证圣。迷亦是心，悟亦是心，但时节因缘有异耳。（《全集》卷十二）

所谓"迷亦是心，悟亦是心，但时节因缘有异耳"，就是指迷与悟都是念的表现，只不过迷是邪念、欲念作祟，悟是正念、本念做主。而在这一念转移之间，人的生命存在与心灵境界便发生了极大的不同，正所谓"迷之则成凡，悟之则证圣"。而对于先天正心之学与后天诚意之学在一念工夫中的统一，龙溪在《水西别言》中有明确的表示：

> 千古圣学，只从一念灵明识取。只此便是入圣真脉路。当下保此一念灵明，便是学；以此触发感通，便是教。随事不昧此一念灵明，谓之格物；不欺此一念灵明，谓之诚意；一念廓然，无有一毫固必之私，谓之正心。直造先天羲皇，更无别路。此是易简直截根源，知此谓之知道，见此谓之见易，千圣之密藏也。（《全集》卷十六）

而在应和蔡汝楠的《次白石年兄青原论学韵》一诗中，龙溪同样对作为良知端倪的一念工夫作出了形象的描述：

> 合辟生往来，一念自昭彻。念中本无念，已发即未发。妄念斯为失，克念斯谓得。此念无动静，往来同日月。（《全集》卷十八）

当然，龙溪对于一念之微的强调，有时会更多地倾向于作为正念、本念与几来说，尤其是将一念关联于"独知"、"灵明"而言时更是如此。这不仅由于先天正心之学毕竟是在阳明工夫论所涵问题的基础上提出的，反映了龙溪工夫论的特定取向，更为重要的是，即使在诚意工夫中，也必须首先回到良知心体本身，在把握到自身良知心体真实存有的前提下，诚意工夫才能够得以展开。意之所以能

"诚"，仍然是依靠良知心体的力量。龙溪之所以念兹在兹地反复要求"信得良知及"，要求心体立根，正是因为对此有着高度的自觉。

四　先天工夫的评价

无论是先天正心之学还是后天诚意之学，工夫实践之所以可能的先验根据都在于良知心体。在这个意义上，把握到良知心体本身，并使之呈现于经验意识当中以为主宰，成为"见在良知"，可以说是工夫展开的最初一环，也可以说是最为根本的工夫。因此，龙溪无论在先天正心之学还是一念入微工夫的论说中，都始终强调这一点。也正因为如此，我们将本来似乎应当属于上一节"先天正心之学"部分对龙溪先天工夫的评价，放在龙溪整个致良知工夫的讨论之后再来处理。

（一）脱略工夫的检讨

由于龙溪在提出其先天正心之学时采取了正心与诚意对比的方式，尤其在"即本体以为工夫"与"用工夫以复本体"、"顿入"与"渐入"以及"性之"与"反之"的对照中有所扬抑，遂不免使人在讨论龙溪工夫论时过多地将视域和焦点落在了其先天正心工夫上。并且，由于龙溪以"顿""渐"来区分正心与诚意的工夫，便招致了脱略工夫的指摘。当时聂双江称龙溪"自来论学，只是混沌初生，无所污坏者而言。而以见在为具足，不犯做手为妙悟"。（《双江聂先生文集》卷十一《答王龙溪》第一书）这里所谓"不犯做手"，即脱略工夫之意。罗念庵也曾经认为龙溪"终日谈本体，不说工夫。才拈工夫，便指为外道。恐阳明先生复生，亦当攒眉也"。(《罗念庵先生文录》卷二《寄王龙溪》)后来黄宗羲批评龙溪有两方面的不是：一是夹杂佛道二教；另一个就是忽视工夫的实践，所谓"流行即是主宰，悬崖撒手，茫无把柄"(《明儒学案》卷十二《浙中王门学案三》)。近人亦多承此旧说，如劳思光先生也在认定龙溪落入禅门的基础上，称龙溪的工夫论"似深妙而实属游移"。❶

根据我们前面的讨论，且不论龙溪一念之微的工夫论本身已经容纳了正心与诚意这两套工夫，即便单就先天正心工夫而言，指责龙溪脱略工夫的说法也并不恰当。如果说先天工夫意味着对良知心体有直接当下的把握，所谓"顿入"，龙溪在教学活动中却也常常要求循序渐进。他在《水西别言》中告诫参加水西之会的学者说：

> 一念灵明，时时著察，教学相长，实修实证，弗求速悟。水到渠成，自有逢源时在。求悟之心，反成迷也。(《全集》卷十六)

> 行远自迩，登高自卑。为学之序，不限分限。希慕高远，徒长虚见，何益于学？(《全集》卷十六)

陆光宅(字与中，号云台，陆光祖之弟)是龙溪晚年颇为称许的弟子之一，曾建天心精舍，与包括龙溪次子王应吉在内的八人共同结盟，以龙溪为盟主，以发扬良知之教为己任。正是在结盟时所作的《册付光宅收受后语》中，龙溪同样谆谆告诫陆光宅说：

> 与中任道之志甚锐，亲师乐友，终身可信其无他，于此学

---

❶ 劳思光：《中国哲学史》三上，页 459。

亦煞有见，但尚有欲速之心、顿悟之想。此件事，不是赌性气做的，既立定千古之志，循序安分，绵绵密密，耐心做将去。譬如登高，大概望见些子，会须从卑处起脚，步步耐心行将去，绝不可做高山想。脚头到来，自有超然绝顶俯视之期，见当自别。欲速则反不达；急欲求悟，则反成迷。此是有志者通病。(《全集》卷十五)

由此可见，龙溪并不一概推行顿法。相反，他还看到了如果一味追求顿悟所可能产生的不良后果。

对于"顿"与"渐"的不同工夫取径，龙溪在《渐庵说》中有较为全面的看法：

顿渐之别，亦概言之耳。顿渐一机，虚实之辨；乾坤一道，刚柔之节也。理乘顿悟，事属渐修；悟以启修，修以证悟。根有利钝，故法有顿渐。要之顿亦由渐而入，所谓上乘兼修中下也。真修之人，乃有真悟。用功不密而遽云顿悟者，皆堕情识，非真修也。孔子自叙十五而志学，是即所谓不逾矩之学，犹造衡即是权始。矩者，良知之天则也。自志学驯至于从心，只是志到熟处，非有二也。权不离经，自始学以至用权，只是经到化处，非有二也。孔子之学自理观之，谓之顿可也；自事观之，谓之渐亦可也。此终身经历之次第，学道之榜样也。(《全集》卷十七)

显然，顿与渐的区分，在龙溪看来并不绝对。道德实践工夫的可能，首先要对良知心体的存在有当下直接的把握，但反省到自我是一个道德的存在，良知心体呈现之后，还需要后天不断的践履工夫，使经验意识始终与良知心体保持同质性。龙溪这里借用华严五祖圭峰宗密（780—841）"理乘顿悟，事属渐修"的说法，正是表达了这样的意思。否则的话，良知心体的呈现和发生作用，便有可能像火花一般，迅速闪现而又倏忽即灭。因此，在龙溪看来，在实际的道德践履中，顿和渐又往往展现为一种相互渗透，交互作用的过程，即所谓"悟以启修，修以证悟"。用龙溪嘉靖四十四年乙丑（1565）留都之会对耿定向讲的话来说就是："或悟中有修，或修中有悟；或顿中有渐，或渐中有顿，存乎根器之利钝，及其成功一也。"（《全集》卷四）对龙溪来说，顿与渐本身并不具有终极的意义，二者只不过是因人先天禀赋不同而来的方便法门，只要各人"循其性之所近，而勉其智之所及"（《全集》卷十七《学易说》），道德实践所能达至的最终结果是一样的。

有关顿与渐的问题，本来是佛教修行工夫论所讨论的一项内容。但在中晚明阳明学的话语中，也成为重要的工夫论议题之一。当然，儒家学者更多的只是借用了佛教的言说形式，中晚明阳明学者有关顿渐工夫所讨论的内容，尤其道德实践工夫所指向的圣贤境界，自然与佛教在终极归趣上有着根本的不同。

对龙溪脱略工夫的指责，既来自于认为龙溪只讲顿悟的片面了解，而更为重要的一个原因，则是由于对工夫这一概念本身的理解，在龙溪和其他一些学者之间不自觉地发生了偏差。一般学者所理解的工夫，大多是指对于经验意识的澄治，即诚意的工夫。良知心体的呈现，属本体之事而并非工夫之事。但龙溪敏锐地看到，即使是诚意的工夫，其实践的可能性仍在于对良知心体首先有所把握，否则经验意识亦无由得"诚"，因此，自觉到良知心体在道德实践中的根源地位，当下把握良知心体，使其呈现以为主宰，对龙溪来说亦未尝不是一种工夫，这也就是所谓"即本体以为工夫"。并且，这种工夫对于后天渐修工夫还具有决定性的意义。以上对于工夫涵义理解上的差异，在龙溪与吴时来（字惟修，号悟斋，嘉靖二年进士，生卒不详）长篇书信的往复辩难中有鲜明的体现。吴时来认为自己与龙溪所见之不同，不在于本体，而在于工夫，所谓"不在本体上，正在行持保任上"。对此，龙溪在回答时格外强调指出：

> 乃不肖所欲汲汲求正之意，却正在本体上，是非忽于行持保任也。真见本体之贞明，则行持保任自不容已，不复为习染之所移。譬之饮食养生，真知五谷之正味，则蒸溲渍糁自不容已，不复为杂物之所泪。凡溺于习染者，不知贞明者也；淆于杂物者，不知正味者也。孟氏云"是集义所生，非义袭而取之也"。集义只是致良知。良知不假学虑，生天生地生万物，不容自已之生机。致良知是求慊于心，欲其自得也。苟不得其机，虽日从事于行持保任，强勉操励，自信以为无过，行而不著，习而不察，到底只成义袭之学。豪杰而不圣贤者以此。古今学术同异毫厘之辨也。（《全集》卷十《答吴悟斋》第一书）

此外，万历八年庚辰（1580）龙溪曾和徐阶有过一番问答，徐阶对工夫的理解仍持通常之见，因而不免对龙溪的"即本体以为工夫"仍觉有脱略工夫之嫌，所谓"我公见教，终日行持，只是复此无物之体，甚善！甚善！盖工夫本体，原非二物，故无二用。若以工夫可无，则本体毕竟不可复，而当用之时，不免求助于帮补凑泊矣"。对此，龙溪的回答是：

> 某所请教，不是谓工夫为可无。良知不学不虑，终日学，

只是复他不学之体；终日虑，只是复他不虑之体。无工夫中真工夫，非有所加也。(《全集》卷六《与存斋徐子问答》)

万历八年时龙溪已是八十三岁高龄，此时所言无疑可谓其晚年定论。由此可见，龙溪始终强调心体立根工夫的重要性，这也再次说明龙溪晚年对一念之微工夫的反复论说与先天正心工夫之间的统一性。并且，由于强调良知心体在道德实践中的根源性，龙溪事实上已经扩展了以往理学话语中工夫一词的通常意义，并将对本体的把握视为一种最为究竟的工夫。对此，莫晋（字锡三，号宝斋，？—1829）在道光二年（1822）所作的《重刻王龙溪先生全集序》中说："至先生论学，往往详本体而略工夫。盖以良知出于天，不由乎人，拟议即乖，趋向转背。学以复其不学之体；虑以复其不虑之体，工夫专用在本体上。以自然为宗，乃是不着力中大着力处。明道云：识得仁体，以诚敬存之，不须防检，不须穷索。犹斯意也。"可谓龙溪先天工夫论之解人。事实上，尽管对本体的理解不无差异，但龙溪"即本体以为工夫"，将道德实践的着力点落实到道德本体的工夫论取向，却在中晚明的阳明学甚至整个儒学中产生了广泛的影响，也反映了当时追求究竟工夫的一种普遍倾向。许多学者尽管思想主张并不相同，但在试图寻求一种最为彻底的道德修养工夫这一点上，却显示出相当的一致（详第6章）。

从论证的过程来看，龙溪坚持良知心体呈现以为主宰的优先性，无疑有其逻辑上的合理性与道德实践上的必然性。但龙溪在先天正心之学与后天诚意之学的对比中，视前者为"易简省力"，后者为"繁难"，则不免会令学者在忽视自身条件的情况下舍难趋易。但事实上难易之别，取决于根器的不同。并且从实践的角度来说，先天工夫要靠主体的自觉，当下回照而把握到自身良知心体的实在性，较之后天工夫对于经验意识的澄治，反而有让人无从下手之感。常人平时念起念灭，能不断地在不善的念虑产生之后对之加以纠正，已经不易，而要求意识的每一次发生始终能由良知心体来启动，尤属困难。对此，罗念庵在给龙溪的信中曾颇有感慨：

> 孤近日之学无他，惟时时刻刻直任良知，以凝然不动为本体，亦觉有可进步处。但念头时复有起，不得总成片段。夫恳恳切切，自谓于本体用功矣，然念头有起，即非本无一物，犹为克伐怨欲不行之功，已落第二义。未知孔门为仁，颜子不贰过之旨，果何在乎？（《罗念庵先生文录》卷一）

以念庵之力量，尚觉于本体用功之难，由此可见，尽管站在心学的基本立场上，依理而言，先天工夫最为根本，较之后天工夫也可以说易简省力，但在实践上，先天工夫却反而是极难把捉。龙溪"易简省力"的讲法，恐不免有误导之虞。

不过，当时学者对龙溪脱略工夫的指摘，往往更多的是出于龙溪先天之学所产生的实际后果，即当时许多后学之人在未能真修实悟的情况下，误将自己的感性知觉和情识作为良知心体，凭感性知觉与情识行事而尚自以为心体立根，更有有意纵情恣肆而伪托见在良知者。所谓"士之浮诞不逞者，率自名龙溪弟子"（《明史·儒林传》卷二八三）。当然，如果我们能够了解龙溪先天正心之学的侧重所在，明白无论有意无意地任知觉情识为良知，正是未能真正心体立根的结果，并全面领会龙溪包括先天正心之学与一念之微工夫的整个致良知工夫论，那么，首先在理论上，我们便应当将脱略工夫的非预期后果与龙溪全部致良知工夫论的宗旨区分开来。事实上，如果能够真正切实地实践龙溪心体立根与一念入微的致良知工夫，不仅不会导致脱略工夫，反而会合乎逻辑地引向一种严格主义的道德修持。

龙溪在《书耿子健冬游记后语》中指出：

> 无欲之谓仁。仁，人心也。良知者，心之明觉，一体之仁也。伊尹，天民之先觉者也，视天下匹夫匹妇有不被尧舜之泽，若己推而纳诸沟中。一体故也。而其机原于一介取予之不苟。夫人心无欲则明，有欲则昏。贪者，欲之滋也。唯一介取予之不苟，而后能无欲。无欲而后能不贪，不贪而后能与万物为一体。一体者，心之明觉，其机自不容已，非有所强而然也。一尘翳日，则天地四方易位。世之人谓一介不足以累心，视为小廉曲谨，漫然不加之意，亦几于自诬矣。（《全集》卷十五）

这里所谓"一介取予之不苟"，无疑是心体立根与一念入微工夫实践的必然结果和表现。已有学者通过对明末清初思想史的研究指出，阳明学一元论思维方式下的人性论既可以为脱略工夫的行为提供根据，也可能产生一种道德严格主义。❶这是一种顾及思想史复杂面貌并贴近其真相的观察与判断。我们可以进而言之的是，同样是一元论的思维方式，如果说更倾向于肯定人性中感性成分而反对禁欲主义的思想家及其思想比较容易成为脱略工夫或所谓"情欲解放"的依据的话，对于像龙溪这样始终并未放弃对以至善为本质内容的良知心体之终极承诺的理学家们，严格主义而非脱

---

❶ 王汎森："明末清初的一种道德严格主义"，《近世中国之传统与蜕变——刘广京院士七十五岁祝寿论文集》上册（台北："中研院"近代史研究所，1998），页69—81。

略工夫的道德修持，才应当更是其工夫理论的内在要求。作为龙溪弟子，袁黄（原名表，后改黄，初号学海，后改了凡，1533—1606）所发展的功过格理论，其现实流传影响或许导致他律道德的实践形态。❶刘宗周批判袁黄而作的《人谱》，其严密的诚意慎独工夫则更多地体现了儒家尤其心学传统一贯的道德自律原则。❷但二者同样表现为一种严格主义的道德实践，而在二者与龙溪心体立根与一念入微的工夫论之间，我们或许更应当深入地体察到一种连续与必然。

（二）狂者之学的问题

以一念灵明为主宰，以心体立根为工夫，在道德实践上自然会体现出"狂者之学"的形态。在经常提到的有关狂狷与乡愿的论说中，龙溪的确力斥乡愿，推许狂者。龙溪弟子梅守德（字纯甫，号宛溪，1509—1577）向龙溪问狂狷乡愿之辨，龙溪回答说：

> 古今人品之不同，如九牛毛。孔子不得中行，而思及于
> 狂，又思及于狷。若乡愿则恶绝之，甚则以为德之贼，何啻九
> 牛毛而已乎？狂者之意，只是要做圣人。其行有不掩处，虽是
> 受病处，然其心事光明超脱，不作些子盖藏回护，亦便是得力

---

❶ 有关袁黄及其功过格的研究，可参考 Cynthia J. Brokaw, "Yuan Huang（1533–1606）and the Ledgers of Merit and Demerit", *Harvard Journal of Asiatic Studies*, Vol. 47, No. 1, pp. 137–195。

❷ 有关刘宗周工夫论的研究情况，可参阅钟彩钧主编：《刘蕺山学术思想论集》附录二詹海云、李明辉、蒋秋华所编"刘蕺山研究论著目录"（台北："中研院"中国文哲研究所，1998），页 605—616。较为专门的研究有：（一）牟宗三：《从陆象山到刘蕺山》第六章；（二）东方朔：《刘蕺山哲学研究》第四、五章（上海人民出版社，1997）。对于《人谱》的专门讨论，则可参阅何俊：《西学与晚明思想的裂变》第七章（上海人民出版社，1998）。

处。若能克念，时时严密得来，即为中行矣。狷者虽能谨守，未办得必做圣人之志。以其知耻不苟，可使激发开展，以入于道，故圣人思之。若夫乡愿，不狂不狷，初间亦是要学圣人，只管学成壳套。居之行之，像了圣人忠信廉洁；同流合污，不与世间立异，像了圣人混俗包荒。圣人则善者好之，不善者恶之，尚有可非可刺。乡愿之善，既足以媚君子，好合同处，又足以媚小人，比之圣人，更觉完全无破绽。譬如紫色之夺朱，郑声之乱雅，更觉光彩艳丽。苟非心灵开霁、天聪明之尽者，无以发其神奸之所由伏也。夫圣人所以为圣，精神命脉，全体内用，不求知于人，故常常自见己过，不自满假，日进于无疆。乡愿惟以媚世为心，全体精神，尽从外面照管，故自以为是，而不可与入尧舜之道。学术邪正路头，分决在此。(《全集》卷二《与梅纯甫问答》)

从龙溪这段话中，我们显然可见一种价值上的排序。理学家们道德实践的终极追求是圣人之境，如果圣人所谓"中行"的境界难以企及的话，其次是狂者的形态，再其次是狷者的形态，而追求成圣道路上的最大敌人或者说最应当避免的则是乡愿。正如龙溪所说，乡愿之徒"以媚世为心，全体精神，尽从外面照管"，"学成壳套"之后，"既足以媚君子，又足以媚小人，比之圣人，更觉完全无破绽"，结果导致"紫色之夺朱，郑声之乱雅"，因而实在是"德之贼"。至于在狂者与狷者之间，龙溪则更倾向于狂者。

陆象山曾经说："算稳底人好，然又无病生病；勇往底人好，然又一概去了。然欲勇往底人较好。算稳底人，有难救者。"在对这段话的诠释中，龙溪表达了在狂与狷之间对狂者的更加欣赏。他说：

算稳之人似狷，勇往之人似狂。算稳底少过，自谓可以安顿此身，未尝有必为圣人之志。须激励他，始肯发心，不然，只成乡党自好而已，所以难救。勇往底虽多过，却有为圣之志。若肯克念慎终，便可几于中行。孔子思狂，不得已，而次及于狷，亦此意也。(《全集》卷一《抚州拟砚台会语》)

这段话是龙溪在嘉靖四十一年壬戌（1562）冬抚州拟砚台（抚州府临川县）之会上所讲。不过，龙溪在狂与狷之间认为前者更具价值优先性，绝不只是由于象山本人的话中本身包含了这个意思而限于解释的脉络。事实上，龙溪便曾直接将狂者与乡愿对比，俨然认为前者最接近圣人之境。在《友梅毕君八裹序》中，龙溪指出：

昔者夫子不得中行之士，而思及于狂，于乡愿则恶而绝之，何也？狂者之志，嘐嘐然以古人为期，所见者大。考其行，而或有不掩焉者。虽若功行之未纯，而其心事之光明廓朗，略于行迹，不务为覆藏掩匿之态，此则狂者之所以为狂也。若乡愿者，弥缝键闭，阉然以媚世为心，自以为是，不可与入古人之道，与狂者作用正相反。故夫子以为德之贼，而恶之犹深也。是岂惟人品真伪之分？古今学术邪正之辨，决于此矣！(《全集》卷十四)

这里的意思与前引答梅守德问的话非常接近，只是不再提及狷者。由此可见，作为乡愿的对立面，狂者显然是中行之圣人以下龙溪最为推许的价值坐标。而万历元年癸酉（1573）南游之会龙溪答人问时所谓"丈夫自有冲天志，不向如来行处行"(《全集》卷七《南游会纪》)，则既反映了龙溪儒释之辨中的儒家认同，同时也正是狂者气象的体现。

从以上龙溪对狂者的描述来看，狂者之学的最大特点就是在必为圣人这一志向之下，不以外在种种既定的规范为是非判断的标准，而是诉诸自我内在的良知心体。因而"心事光明超脱"，即便"略于行迹"，亦不做"覆藏掩匿之态"，正所谓"不泥格套，不循典要"。狂者之学尽管尚未达到圣人的"中行"之境，但较之一般的道德实践，却更为接近龙溪先天工夫的要求。况且，正如龙溪《答胡石川》中所谓：

> 大抵吾人不欲真作圣贤则已，自古入圣入贤，须有真血脉路，与行迹把捉、格套支持绝不同。吾人致知学问，未尝不照管行迹、循守格套，然必以行迹观人，以格套律人，遗其自信之真机，未免以毁誉为是非、同异为得失，未免有违心之行、徇义之名，所差不但毫厘间而已。（《全集》卷九）

显然，在龙溪看来，狂者与乡愿之间其实突显的是从事圣贤之学的真伪之辨，前者符合儒家自律道德尤其心学传统的基本精神，后者则是他律道德甚至不道德的义袭伪学。事实上，在当时的社会环境下，龙溪提倡狂者之学，也的确有照杀伪道学的现实意义。

对儒学而言，如果说"仁"首先体现为一种内在真实的道德情感，这种道德情感一定发生在社会人际关系的网络之中，而不是与自我之外的他人绝缘的纯粹个体感受。因此，"仁"又必定会客观化为"礼"，使主观的道德情感作为"伦理"而在社会中确立为普遍的行为规范。当一个社会成员依照特定的"礼"而行为时，其他社会成员便会根据其行为而判断此人相应表达了某种道德情感。没有共同认可的"礼"，"仁"的表达不免流动随意，不利于人际关系的交往与沟通；没有"仁"作为实际的内涵，"礼"则成为无意义的虚文甚至情感表达的限制。随着时空条件的变化，当既定的行为规范不再能够作为道德情感的恰当表达方式时，便需要根据"仁"来对其加以调整，于是"礼"就要随之"因革损益"；当人们道德情感的表达过于主观任意而在人际互动的过程中造成对自身的否定时，社会便自然会寻求普遍规范的确立，通过公众认同的"礼"而将个人道德情感的表达纳入合理的轨道。这样，"仁"和"礼"之间就体现出一种互动性的张力。二者能够保持一种动态的平衡与和谐，承"仁"之体而达"礼"之用，由"礼"之用而显"仁"之体，则这种张力便表现为创造性的；❶ 而二者之间发生背离，"礼"无法成为内在真实情感的自然表达，"仁"也流于个体情感的恣意张扬，张力便导致断裂与失衡，人们的情感表达与行为规范以及整个社会的人际关系就会陷入无序与混乱。事实上，人类社会的发展在一定意义上正是一个"仁"与"礼"不断互动以谋求平衡的过程。而圣人之所以为圣人，一个重要的方面就是能够在"仁"与"礼"之间保持"中行"。但对于狂者来说，则尚未达到圣人从容中道的境界，在"仁"与"礼"的互动中不免偏于"仁"之一端，而相对忽略行为表达的规范性。莫晋引程明道所谓"识得仁体，以诚敬存之，不须防检，不须穷索"的话来形容龙溪的先天工夫，也正是狂者之学的写照。现在的问题是，当外在行为规范不足以表达甚至桎梏了内在道德情感时，狂者之学以内在的良知心体为一切行为的最终判准，无疑有其意义。但外在规范也并非总是处于异化的状态，当那些规范恰当地反映了人们共同的道德意愿与情感时，狂者

---

❶ 杜维明先生对"仁"与"礼"之间的关系有过颇具启发性的阐释，参见杜维明："'仁'与'礼'的创造性张力"，载氏著：《人性与自我修养》（北京：中国和平出版社，1988），页3—13。

"直心而动"，不以外在的规范为行为准则，便很可能会违反社会共同体中普遍的道德意志。尤其在缺乏理性沟通的情况下，尽管有"心同理同"的本体普遍性，个体自我的良知由于主观性太强，在具体表现时仍难免出现自己心安而他人未能心安的情况。张元忭便曾经从这种实际效果的角度对龙溪提出过质疑，所谓"今以行不掩言为狂，而忠信廉洁为乡愿，则将使学者猖狂自恣，而忠信廉洁之行荡然矣"（《全集》卷五《与阳和张子问答》）。

当然，就像对有关脱略工夫的看法一样，对于学者流于猖狂自恣，龙溪认为这仍然恰恰是未能真正于良知心体上立根的结果，所谓"学者谈妙悟而忽戒惧，至于无忌惮而不自知，正是不曾致得良知，非良知之教使然也"（《全集》卷五《与阳和张子问答》）。也正如前引龙溪答吴时来所云"真见本体之贞明，则行持保任自不容已，不复为习染之所移"。而除此之外我们需要注意的是，在提倡狂者之学的同时，龙溪其实也并非完全不顾毁誉，不以人言为非。隆庆四年庚午（1570），七十三岁的龙溪家遭火灾，龙溪由此对自己进行了全面深刻的反省与检讨，他在所作《自讼长语示儿辈》中有这样一段话：

> 自信以为天下非之而不顾，若无所动于中。自今思之，君子独立不惧，与小人之无忌惮，所争只毫发间。察诸一念，其机甚微。凡横逆拂乱之来，莫非自反以求增益之地，未可概以人言为尽非也。（《全集》卷十五）

并且，这也并非龙溪思想晚年的转变。黄绾（字叔贤，号久庵，1480—1544）是阳明生前好友和弟子，阳明卒后曾以女妻阳明之子正億，力扶正億于危困之中。但晚年严厉批评阳明后学脱略工夫所引起的狂荡之风。尽管龙溪见解有与黄绾不同处，但对于黄绾之见，龙溪却能虚怀若谷，正视不拒。他在与内弟张叔学的书信中说：

> 此行受久庵功真切之教，向来凡情习气，顿觉消失，可谓不虚此行矣。同志中多言此公未尽精蕴，区区向来亦有此疑，细细体究，殊觉未然。且道先辈长者，肯以此学自任终身者有几？肯以此学谆谆诲人、惟恐不能及者有几？吾辈但当领其恳切之心，间或议论见解有未同处，且当存之，不必深辨。但云老师处，似未尽惬。又以濂溪、明道未免为上乘禅宗，隐于心诚有不安。此亦当姑置之。惟日逐修身改过，尽去凡习，以还真纯，是为报答此公耳。（《全集》卷十二《答张叔学》第四书）

龙溪嘉靖十年辛卯（1531）曾为筹措正億婚事与钱德洪共至金陵黄绾处，即便龙溪信中所言之事非在此时，也必在嘉靖三十三年黄绾卒之前，亦即在龙溪五十七岁之前。因此，正如从一念之微入手的先天工夫既可能因掌握的不当而导致脱略工夫的非预期后果，更在逻辑上必然地指向严格的道德内省一样，作为先天工夫的表现，狂者之学既有可能因"行不掩言"而失去"仁"与"礼"之间的平衡，更有可能由于"嘤嘤然以古人为期"，有必为圣人之志，加之"心事光明超脱，不作些子盖藏回护"，因而"克念慎终，便可几于中行"。由此看来，在龙溪处，提倡狂者之学与在虚心接受外在批评的基础上认真从事迁善改过的道德实践是并行不悖的。并且，逾越礼法、肆无忌惮，本来也不应当是狂者之学的必然结果。

（三）王龙溪所臻境界

就像工夫论构成中国哲学特有的论域一样，境界论也显然是中国哲学有别于西方哲学的一个独特所在。作为一种存在的现身情态与精神气质，由动静语默、举手投足、出处进退所体现的人生境界与工夫实践密切相关。工夫实践必定指向某种境界，而境界的高低，也更标志着工夫实践的深浅。因此，检讨龙溪实际所臻的境界，也是考察其先天工夫论的一个角度。并且，如果说以上有关脱略工夫和狂者之学的讨论更多的是围绕龙溪对于工夫的论说，那么，这里对龙溪所臻境界的观察，则主要在于显示龙溪自己工夫的实践效果。

刘蕺山对龙溪曾有如下的看法：

> 先生孜孜学道八十年，犹未讨归宿，不免沿门持钵。习心习境，密制其命，此时是善是恶？只口中劳劳，行脚仍不脱在家窠臼，辜负一生，无处根基，惜哉！（《明儒学案·师说》）

可谓评价甚低。尽管黄宗羲对龙溪的评价并不完全同于其师，但由于黄宗羲将蕺山的这段话作为"师说"列在《明儒学案》之前，则显然对后人的判断影响颇大。不过，姑且不论是否对龙溪的思想有深入的了解，事实上蕺山根本未曾见过龙溪本人。万历十一年癸未（1583）龙溪以八十六岁高龄去世时，蕺山不过六岁而已。因此，蕺山的评价恐不足为凭。

龙溪八十岁在《万履庵谩语》中曾经对自己所臻境界有一番描述，所谓：

> 思虑未起，不与已起相对。才有起时，便为鬼神觑破，便是修行无力，非退藏密机。不肖于此颇见有用力处，亦见有得力处。日逐应感，只默默理会。当下一念，凝然洒然，无起无

不起。时时睹面相呈，时时全体放下。一切称机逆顺，不入于心，所以终日交承，虽冗而不觉劳；终日论说，虽费而不觉扰。直心以动，自见天则。迹虽混于尘世，心若超于太古。（《全集》卷十六）

而在自题像赞中，晚年的龙溪对自己的境界也有如下的描绘：

> 志若迂而自信，行若蹇而自强。才于于而若拙，识混混而若藏。处世若污若洁，闻道若存若亡。即其见，若将洞照千古而不逾咫尺；充其量，若将俯视万物而不异于寻常。壶邱幻身，若且示之天壤；方皋神相，若或眩于骊黄。（《全集》卷十五）

当然，这毕竟是龙溪的自我评价，亦未必能令人信服。我们不妨看看龙溪同时代周围的人对龙溪的描述与评价，这样相对较为客观。

隆庆四年至五年（1570—1571），龙溪七十三四岁，当时在南都任职的李贽（号卓吾，又号温陵居士，1527—1602）曾见过龙溪两次。[1]他对龙溪推崇备至，不仅认为"世间讲学诸书，明快透髓，自古至今，未有如龙溪先生者"（《焚书》卷二《复焦若侯》），更称龙溪为"圣代儒宗，人天法眼；白玉无瑕，黄金百炼"（《焚书》卷三《王龙溪先生告文》）。卓吾虽不免有狂荡之举，却是性情中人，并对当时的假道学批评不遗余力。如果龙溪工夫未至相当境界，以卓吾之精察，实难出此言。如果在认定龙溪与卓吾均不免脱略工夫

---

[1] 李贽自己曾对禅僧无念深有说："我于南都得见王先生者再，罗先生者一。及入滇，复于龙里得再见罗先生焉。"此中王先生即指龙溪，罗先生指罗近溪。见李贽：《焚书》卷三《罗近溪先生告文》。

一路而觉得卓吾之言犹未足信的话，我们可以再看一看张元忭的描述。万历二年甲戌（1574），七十七岁的龙溪与张元忭、周继实、裴子充聚会天柱山房。其间，张元忭曾对龙溪当时修养工夫所至的境界有这样一段描述：

> 先生（龙溪）见道透彻，善识人病。每闻指授，令人跃然。高年步履视瞻，少壮者所不能及，是岂可以强为？随时应用，见其随时收摄。造次忙冗中，愈见其镇定安和，喜怒未尝形于色。（《全集》卷五《天柱山房会语》）❶

张元忭以乡前辈视龙溪并与龙溪交往密切，由龙溪而入道，但其学与龙溪并不相同。黄宗羲称其"谈文成之学，而究竟不出朱子"（《明儒学案》卷十五《浙中王门学案五》）。张元忭本人亦始终不认同龙溪的先天工夫，认为"本体本无可说，凡可说者皆工夫也"（同上），❷并自称"吾以不可学龙溪之可"（同上）。❸况且，以上所言是张元忭对裴子充所言，并非对龙溪的面谀之词。因此，张元忭的描述应当是龙溪较为真实的写照。

---

❶ 此篇未记何年，《龙溪会语》卷二龙溪自己所作《天山答问》则有明确时间记载，由其内容亦可知此《天山答问》即通行《全集》卷五之《天柱山房会语》。参见本书附录二："明刊《龙溪会语》及王龙溪文集佚文——王龙溪文集明刊本略考"。

❷ 譬如，张元忭对"几"的解释便沿用《易传》、《通书》原说，以之为感性层上有善有恶的意识之发动，而"研几"相应则是诚意的工夫，所谓"周子曰：'几，善恶'。善有善几，恶有恶几。于此而慎察之，善必真好，恶必真恶，研几之学也"。见张元忭：《张阳和先生不二斋文选》卷二《寄冯纬川》。此显然与龙溪对"几"与"研几之学"的规定不同。

❸ 另外，张元忭在为《龙溪会语》所作的"跋"中说："忭于先生故不敢疑乡人之所疑，而犹未能信先生之所信。盖尝以吾之不可，学先生之可，而期先生不以为谬也。"此文载《龙溪会语》卷末，可参见本书附录二："明刊《龙溪会语》及王龙溪文集佚文——王龙溪文集明刊本略考"。

作为龙溪的门人弟子，周海门是龙溪身后晚明浙东地区善于发扬龙溪之学的一位思想领袖。❶在万历二十九年辛丑（1601）的剡中之会上，海门曾根据自己的所见所闻，对于有关龙溪的一些非议有较为全面的事实回应。在回答与会士子之问时，海门指出：

> 人谓先生（龙溪）间有干嘱，予未尝目击一事也。或谓先生热肠大度，为人暴白，无为而为，如此者予亦未尝目击一事也。予虽不得时侍左右，而间尝过从。先生十九在外，问之云：往某地以主会，行往某地以访友。视其家若邮传。然有时在宅，则满堂无非讲学之人，满座无非讲学之语。今日过之如此，明日过之如此，他日偶然过之无不如此。因思先生周流既无宁期，归家又日聚友，岂真无一家事可关耶？看这一个景象，对这一副精神，谓非圣贤作用不可，不令人不心醉之矣！予从叔震（周震），恂恂长者，不为苟从；从兄梦秀（周梦秀，字继实），行实孤高，有伯夷之峻。父子信事先生甚笃。予拜虽令君所率，实二公汲引也。❷予友宋君应光，向同旅拜者，自幼以道学名，信服先生倍至，曾述先生之侄向之语曰："吾日密迩，吾叔自闺门屋漏察之，以至外庭，事事可师。吾叔圣人也，吾知之，外人不知；即吾三弟，亦或未尽知。"三弟谓宗溪也。予又问

---

❶ 历来研究者多据黄宗羲《明儒学案》，视海门为近溪弟子而属泰州学派，实则海门与近溪并无师承关系。无论从地域还是思想的传承来看，海门作为龙溪弟子均当属浙中学派。黄宗羲将海门划归泰州学案，实有其用意。有关这一问题的详细讨论，参见彭国翔："周海门的学派归属与《明儒学案》相关问题之检讨"，《清华学报》新三十一卷第三期，新竹：清华大学人文社会学院，2002年10月，页339—374。该文现收入彭国翔：《近世儒学史的辨正与钩沉》（北京：中华书局，2015），页201—249。
❷ 隆庆四年庚午（1570），龙溪应邀至剡中讲学，时海门二十四岁为诸生，随邑令前往拜谒。

赵麟阳（赵锦），公之言曰："人或不满于龙溪子者，不知何指。予与比邻，隔墙而居，朝朝暮暮，但见其兄弟是兄弟，夫妇是夫妇，父子是父子，朋友是朋友，如是而已，不见其有他也。"嗟乎！先生岂可以轻议哉？（《东越证学录》卷五《剡中会语》）

所谓"干嘱"之说，《明史》亦有记载，所谓"在官弗免干请，以不谨斥"，但并未有实指。而龙溪罢官一事，根据徐阶《王龙溪先生传》中的记载，非但不是由于"干请"，却恰恰是龙溪不趋附因而得罪当时的首辅夏言（字公谨，号桂洲，1482—1548）所致：

> 嘉靖壬辰，龙溪始赴庭对。相国张永嘉公孚敬，闻龙溪名，欲引置一甲，不应；开吉士选，又欲引之，又不应；又开科道选，必欲引之，终不应。永嘉以此益重之，卒授南职方主事，寻以病归。病瘳，时相夏贵溪公言，议选宫僚，其婿吴仪制春，龙溪门人也，首以龙溪荐。贵溪曰："吾亦闻之，但恐为文选所阻，一往投刺乃可。"龙溪谢曰："补宫僚而求之，非所愿也。"贵溪曰："人投汝怀，乃敢却耶？若负道学名，其视我辈为何如人？"遂大不怿。会三殿灾，诏求直言，六科疏荐王畿："学有渊源，宜列清班，备顾问，辅养圣德。"（贵溪）因票旨诋为伪学，而贬荐首吏科都给事戚贤官。龙溪时为南武选郎中，再疏乞休，铨司报与告归。逾年，以大察去。（《全集》卷首）

龙溪罢官一事及其意义，或可专门讨论，但显然与其修养工夫以及所臻境界无关。正因为龙溪宁为狂者，不为乡愿，如张元益所谓"宁为阔略不掩之狂士，毋宁为完全无毁之好人；宁为一世之嚣嚣，毋宁为一时之翕翕"，[❶]无法做到"既足以媚君子，又足以媚小人"，因此在当时既有世俗之见，又有朱子学与阳明学学派之争等错综复杂的情况下，自然会产生出于各种不同动机的捕风捉影之词。事实上，越是以圣贤人格为追求，以圣贤之学相期，以内在的道德法则而非世俗的种种绳墨作为自己行为的依据，往往越是容易遭受世俗的非议。朱子与阳明尽管思想形态不同，甚至几乎形成儒学内部对立的思想谱系，但二人均在当时被打成伪学，这一现象，是很值得深思的。

事实上，对于龙溪晚年的造诣，以上李卓吾、张元忭、周海门、赵麟阳以及龙溪自己的描述，尤其是龙溪自题像赞的那段话，更为鲜明地表示了龙溪自我期许的与其说是狂者气象，不如说是"极高明而道中庸"的"中行"境界。但是，即使是"心若超于太古"，只要"迹虽混于尘世"，也仍然难免常人的议论。当圣人被无形中推出芸芸众生之外而成为非常人所可及者时，此时讲道学并追求圣贤人格的人若再有常人之行，便更容易招致世俗的议论。对此，在解释龙溪与罗近溪这两位均属极高明而道中庸的人物为何仍遭人议论时，袁宏道（字中郎，号石公，又号六修，1568—1610）有深入的观察：

> 龙溪、近溪非真有遗行挂清议，只为他锻炼甚久，真见得圣人与凡人一般，故不为过高好奇之行。世人遂病之云："彼既学道，如何情景与我辈相似？"因訾议之。久久即以下流归之耳。若使二公不学道，世人决不议论他。盖常人以异常望二公，二公惟以平常自处。（《珊瑚林》下）

---

❶ 赵锦：《龙溪王先生墓志铭》，《王龙溪先生全集》（万历三十四年丁宾刻本）"附录"。

至于常人为何不许以圣贤境界为追求的"学道之人"有常人一般的行为，即所谓"彼既学道，如何情景与我辈相似"？克尔凯戈尔曾经说："当一个人拥有道德的力量，人们就喜欢将他美化成一个天才，目的是要赶他走。因为他的生命构成针对他们的一种主张、一种要求。"[●]这种解释固然有精英主义之嫌，与儒家"人皆可以为尧舜"的立场有一定差距，但对实然层面世俗心理的刻画可以说是入木三分、异地皆然。因此，无论从狂者之学所导致的"不以毁誉为是非"还是"中行"之境所导致的"混俗"之疑来看，非议之有无，并不能够作为衡量一个人境界高下的决定性因素。在某些情况下，有非议也许至少可以说明一个人尚未落入乡愿的窠臼。就龙溪而言，无论是李卓吾、张元忭的描述还是周海门的所见所闻，都显示出龙溪通透圆熟的生命境界与人格气象，这当然不是一蹴而就，而无疑是龙溪不断实践其致良知工夫理论的最终结果。

以上，我们探讨了龙溪的致良知工夫论。不论先天正心之学还是一念之微的工夫，就其本身而言，似乎都还只是主体自我的道德修养工夫。但是，儒家的道德修养从来都不是"罗汉果位"的个体成就，而是必定展开于家国天下的社会关系网络。上下与天地同流的天道性命相贯通不是弃绝外物的"独与天地精神相往来"；"大而化之之谓圣，圣而不可知之谓神"的神圣之境也不是我们身在所处凡俗世界之外的"无何有之乡，广漠之野"。因此，对龙溪来说，心体立根与一念之微工夫的展开，必定由自我通向自我之外的整个

● 克尔凯戈尔：《克尔凯戈尔日记选》，晏可佳、姚蓓琴译（上海社会科学出版社，1992），页124。

生活世界。用《大学》的概念表述，也就是必定要从"心、知"经由"意"而通向"物"。经由格物工夫的中介，心体立根与一念之微工夫实践的终极指向，便是龙溪心、知、意、物一体而化的"四无"之境。四无之境既是境界论意义上主体生命存在所达至的精神境界，更意味着存有论意义上一个万物一体而又各正性命的本真的生活世界。

第 **4** 章

王龙溪的四无论

由于"天泉证道"成为明代阳明学的一桩重要公案,"四无"也几乎成为龙溪思想的象征。当然,四无论的确代表了龙溪思想最有特色的一个部分。龙溪致良知工夫在心、知、意、物的存有系列中所展开的终极指向,便是龙溪四无论所包含的内容。但是,作为阳明四句教隐含层面的揭示,阳明称之为"天机泄露"的四无之说其实并未被龙溪作为"谈不离口"的教法,尽管在龙溪看来,四无所揭示的存有结构与精神境界就本体而言本来如此,可是这种存有结构与精神境界的实然呈现,却只能是致良知工夫不断展开的最终结果。并且,在中晚明阳明学的发展过程中,在三教融合尤其儒释之辨的背景下,儒家学者围绕龙溪四无论所提出的问题进行了相当多的讨论。因此,本章专门检讨龙溪的四无论,既是要了解龙溪思想最有特色的一项内容,更是希望深入全面掌握龙溪四无论在阳明学义理脉络中所具有的意涵。在此基础上,我们也可以为后面有关中晚明阳明学与三教融合的进一步探讨奠定相应的基础。

一 四无论的提出

在几乎所有的文献记载中，龙溪的四无论始终是关联着四句教而仅见于有关天泉证道的记载中。关于天泉证道的记载，大略有两类七种。第一类是当事人龙溪和钱绪山的记录，包括《全集》卷一《天泉证道记》和卷二十《刑部陕西司员外郎特诏进阶朝列大夫致仕绪山钱君行状》（下简称《钱绪山行状》）、《传习录下》钱绪山的记录，以及出自钱绪山之手的《阳明年谱》。第二类是得自听闻或后人的记录。包括《东廓邹先生文集》卷二《青原赠处》、徐阶《王龙溪先生传》，以及《明儒学案》卷十二《浙中王门学案二》。黄宗羲《明儒学案》的记载自然是本诸前人文献。邹东廓和徐阶并非天泉证道的当事人，其记录显然得自听闻。且东廓所记，文字简略，并将天泉证道和严滩问答误为一事，既不能作为研究阳明四句教的根据，也不能作为研究龙溪四无论的凭藉。作为天泉证道的当事人，钱绪山和龙溪的记载详略微有出入，尤其在记录阳明对二人的评论时，二人所记更有不同，但就龙溪四无论的基本内容而言，则并无区别。

嘉靖六年丁亥（1528）夏，朝廷任命阳明提督两广及江西湖广军务兼督察院左都御史，出征广西思恩、田州，平定当地的少数民族暴乱。阳明九月八日起程前夕，在越城（绍兴）新建伯府内的天泉桥上回应了龙溪和钱绪山有关四句教的不同看法。❶

---

❶ 有研究者认为天泉桥为阳明新建伯府东南侧内碧霞池上的一座庭院桥。参见傅振照："王阳明'天泉证道'新探"，《朱子学刊》第六辑（合肥：黄山书社，1994），页194—196。按：此说为是。周海门《东越证学录》卷四《越中会语》载："辛丑中秋

而龙溪的不同看法，也就是其四无之说，刊于嘉靖三十四年乙卯至三十五年丙辰（1555—1556）的《传习录下》载：

丁亥年九月，先生（阳明）起复征思、田。将命行时，德洪与汝中论学。汝中举先生教言曰："无善无恶心之体，有善有恶意之动，知善知恶是良知，为善去恶是格物。"德洪曰："此意如何？"汝中曰："此恐未是究竟话头。若说心体是无善无恶，意亦是无善无恶的意，知亦是无善无恶的知，物亦是无善无恶的物矣。若说意有善恶，毕竟心体还有善恶在。"德洪曰："心体是天命之性，原是无善无恶的。但人有习心，意念上见有善恶在。格致诚正，修此正是复那性体工夫。若原无善恶，功夫亦不消说矣。"是夕侍坐天泉桥，各举请正。先生曰："我今将行，正要你们来讲破此意。二君之见正好相资为用，不可各执一边。我这里接人原有此二种。利根之人从本体上悟入。人心本体原是明莹无滞的，原是个未发之中。利根之人一悟本体，即是功夫，人己内外，一齐俱透了。其次不免有习心在，本体受蔽，姑且教在意念上实落为善去恶功夫，熟后渣滓去得尽时，本体亦明尽了。汝中之见是我这里接利根人的，德洪之见是我这里为其次立法的。二君相取为用，则中人上下皆可引入于道。若各执一边，眼前必有失人，便于道体各有未尽。"既而曰："已后与朋友讲学，切不可失了我的宗旨：无善无恶是心之体，有善有恶是意之动，知善知恶是良知，为善去恶是格物。只依我这个话头，随人指点，自没病痛。此原

（接上页）之夜昏时，微云稍翳，已而云净月朗，诸友迎先生（海门）凡五十余人宴于碧霞池之天泉桥。酒数行，先生曰："此桥乃阳明夫子证道处也。证道在嘉靖丁亥岁，先三年甲申，亦以中秋宴门人于此。"海门去阳明之时不远，当不误，可为证。

是彻上彻下工夫。利根之人世亦难遇，本体功夫一悟尽透，此颜子、明道所不敢承当，岂可轻易望人？人有习心，不教他在良知上实用为善去恶功夫，只去悬空想个本体，一切事为俱不着实，不过养成一个虚寂。此个病痛不是小小，不可不早说破。"是日德洪、汝中俱有省。

而成书于嘉靖四十二年癸亥（1563）的《王阳明年谱》中"嘉靖六年九月壬午发越中"条下也有天泉证道始末的记载：

> 是月初八日，德洪与畿访张元冲（字叔谦，号浮峰，1502—1563）舟中。因论为学宗旨，畿曰："先生说'知善知恶是良知，为善去恶是格物'，此恐未是究竟话头。"德洪曰："如何？"畿曰："心体既是无善无恶，意亦是无善无恶，知亦是无善无恶，物亦是无善无恶。若说意有善有恶，毕竟心亦未是无善无恶。"德洪曰："心体原是无善无恶，今习染既久，觉心体上见有善恶在。为善去恶，正是复那本体功夫。若见得本体如此，只说无功夫可用，恐只是见耳。"畿曰："明日先生启行，晚可同进请问。"是日夜分，客始散，先生将入内，闻德洪与畿候立庭下，先生复出，使移宴天泉桥上。德洪举与畿论辨请问。先生喜曰："正要二君有此一问。我今将行，朋友中更无有论证及此者。二君之见，正好相取，不可相病。汝中需用德洪功夫，德洪需透汝中本体。二君相取为益，吾学更无疑念矣。"德洪请问，先生曰："有只是你自有，良知本体原来无有。本体只是太虚。太虚之中，日月星辰、风雨露雷、阴霾饐气，何物不有？而又何一物得为太虚之障？人心本体亦复如是。太虚无形，一过而化，亦何费纤毫气力？德洪功夫需要如

此，便是合得本体功夫。"畿请问，先生曰："汝中见得此意，只好默默自修，不可执以接人。上根之人，世亦难遇。一悟本体，即是功夫，物我内外，一齐尽透，此颜子、明道不敢承当，岂可轻易望人？二君已后与学者言，务要依我四句宗旨：无善无恶是心之体，有善有恶是意之动，知善知恶是良知，为善去恶是格物。以此自修，直跻圣位；以此接人，更无差失。"畿曰："本体透后，于此四句宗旨如何？"先生曰："此是彻上彻下语，自初学以至圣人，只此功夫。初学用此，循循有入，虽至圣人，穷究无尽。尧舜精一功夫，亦只如此。"先生又重嘱咐曰："二君以后再不可更此四句宗旨。此四句中人上下无不接着。我年来立教，亦更几番，今始立此四句。人心自有知识以来，已为习俗所染，今不教他在良知上实用为善去恶功夫，只去悬空想个本体，一切事为俱不着实。此病痛不是小小，不可不早说破。"是日洪、畿俱有省。

《传习录下》和《阳明年谱》对于天泉证道的始末记载较为完整，可以确定龙溪四无论提出的时间与情境脉络；但要了解龙溪四无论的具体内容，则以龙溪集中的《天泉证道记》和《钱绪山行状》较为详细。

在目前所有通行的《全集》中，《天泉证道记》都列在卷一首篇，可见编辑者认为该篇文字对于龙溪思想的重要性。不过，《天泉证道记》是以第三人称方式记述的，其中称阳明为夫子，龙溪为先生，当为龙溪弟子据龙溪之意所撰。❶《钱绪山行状》则是龙

---

❶ 龙溪生前是否有关于天泉证道的亲笔记述，如今难以确定。尤时熙（字季美，号西川，1503—1580）在《答曾确庵》中曾说，"近见（龙溪）新刻《三山丽泽录》及《天泉一勺》两书，发虚寂议，盖阳明宗旨也"，见《续中州名贤文表》卷四十四《尤

溪亲笔所撰，我们先看看龙溪在《钱绪山行状》中对天泉证道的回忆：

> 夫子（阳明）之学，以良知为宗，每与门人论学：无善无恶心之体，有善有恶意之动，知善知恶是良知，为善去恶是格物。以此四句为教法。君（绪山）谓此是师门教人定本，一毫不可更易。予谓夫子立教随时，未可执定。体用显微，只是一路。若悟得心是无善无恶之心，意即是无善无恶之意，知即是无善无恶之知，物即是无善无恶之物。若是有善有恶之意，则知与物一齐皆有，而心亦不可谓之无矣。君谓："若是，是坏师门教法，非善学也。"丁亥秋，夫子将有两广之行，君谓予曰："吾二人所见不同，何以同人？盍相与就正？"夫子晚坐天泉桥上，因各以所见请质。夫子曰："正要二君有此一问。吾教法原有此两端，四无之说，为上根立教；四有之说，为中根以下通此一路。汝中所见，我久欲发，恐人信不及，徒起躐等之病，故含蓄到今。今既已说破，岂容复秘？然此中不可执著。若执四无之见，中根以下人无从接授；若执四有之见，上根人亦无从接授。德洪资性沉毅，汝中资性明朗，故其悟入，亦因其所近。若能各舍所见，互相取益，使吾教法上下皆通，使为善学耳。自此海内相传天泉辨正之论，始归于一。"

（接上页）西川文表》；孟秋（字子成，号我疆，1529—1589）在《证道续说》中也曾说："壬午（万历十年，1582）十月，阳和子过余，示以龙溪公《证道说》。"见《孟我疆先生集》卷二。但由于《天泉一勺》与《证道说》今已难觅，是否可以据此认为《天泉一勺》与《证道说》是《天泉证道记》的雏形，难以断案。但龙溪生前嘉靖四十三年（1564）甲子与耿定向会于宜兴时确有对于天泉证道的评论载于万历四年刊刻的《龙溪会语》卷三《东游问答》之中。关于该段文字的内容及其意义，详见后文正文。

此段虽是龙溪自述，但对四无的具体内容表述仍然相对较为简略，详细的记载，仍在《天泉证道记》：

阳明夫子之学，以良知为宗，每与门人论学，提四句为教法：无善无恶心之体，有善有恶意之动，知善知恶是良知，为善去恶是格物。学者循此用功，各有所得。绪山钱子谓："此是师门教人定本，一毫不可更易。"先生谓："夫子立教随时，谓之权法，未可执定。体用显微，只是一机，心意知物，只是一事。若悟得心是无善无恶之心，意即是无善无恶之意，知即是无善无恶之知，物即是无善无恶之物。盖无心之心则藏密，无意之意则应圆，无知之知则体寂，无物之物则用神。天命之性，粹然至善，神感神应，其机自不容已，无善可名。恶固本无，善亦不可得而有也，是谓无善无恶。若有善有恶，则意动于物，非自性之流行，着于有矣。自性流行者，动而无动；着于有者，动而动也。意是心之所发，若是有善有恶之意，则知与物一齐皆有，心亦不可谓之无矣。"绪山子谓："若是，是坏师门教法，非善学也。"先生曰："学须自证自悟，不从人脚跟转。若执著师门权法以为定本，未免滞于言诠，亦非善学也。"时夫子将有两广之行，钱子谓曰："吾二人所见不同，何以同人？盍相与就正？"晚坐天泉桥上，因各以所见请质。夫子曰："正要二子有此一问。吾教法原有此两种。四无之说，为上根人立教，四有之说，为中根以下人立教。上根之人，悟得无善无恶心体，便从无处立根基，意与知物，皆从无生，一了百当，即本体便是工夫，易简直截，更无剩欠，顿悟之学也。中根以下之人，未尝悟得本体，未免在有善有恶上立根基，心与知物，皆从有生，须用为善去恶工夫，随处对治，使之渐渐入悟，从有以归于无，复还本体，及其成功一也。世间上根人不易得，只得就中根以下人立教，通此一路。汝中所见，是接上根人教法；德洪所见，是接中根以下人教法。汝中所见，我久欲发，恐人信不及，徒增躐等之病，故含蓄到今。此是传心秘藏，颜子、明道所不敢言者。今既已说破，亦是天机该发泄时，岂容复秘？然此中不可执著。若执四无之见，不通得众人之意，只好接上根人，中根以下人无从接授；若执四有之见，认定意是有善有恶的，只好接中根以下人，上根人亦无从接授。但吾人凡心未了，虽已得悟，仍当随时用渐修工夫。不如此，不足以超凡入圣，所谓上乘兼修中下也。汝中此意，正好保任，不宜轻以示人，概而言之反成漏泄。德洪却需进此一格，始为玄通。德洪资性沉毅，汝中资性明朗，故其所得，亦各因其所近。若能互相取益，使吾教法上下皆通，始为善学耳。"自此海内相传天泉证悟之论，道脉始归于一。

由上引《传习录下》、《王阳明年谱》、《钱绪山行状》以及《天泉证道记》对天泉证道的记载来看，龙溪四无之说，目前有文字可考的是在嘉靖六年丁亥（1527）九月七日日间，因与钱绪山讨论阳明四句教时提出，是年龙溪三十岁。但阳明在天泉证道之前，便已经有四句教的表述，龙溪四无之说也应当是在平日对四句教已经有所思考情况下的进一步发挥。在天泉证道的整个过程中，其实包括三方面的观点，即阳明的四句教、龙溪的四无论，以及钱绪山对四句教的理解。龙溪的"四无"是对阳明四句教的进一步发挥，绪山的"四有"则是他自己对阳明四句教的理解。❶我们后面对龙溪四无论内容涵义的分析，将主要以记载较为详细的《天泉证道记》为依据。

历来讨论阳明的四句教，直接的文献依据也都是有关天泉证道的记录。天泉证道的事实，自然无可怀疑，但除了龙溪和钱绪山两位当事人分别记录天泉证道时均提到阳明四句教外，阳明晚年居越后所收弟子朱得之（字本思，号近斋，生卒不详）在所录《稽山承语》一卷中，同样记述了阳明四句教的说法。❷《稽山承语》共录阳明语录四十五条，其中第二十五条为：

> 杨文澄问：意有善恶，诚之将何稽？师（阳明）曰：无善无恶者心也，有善有恶者意也，知善知恶者良知也，为善去恶者格物也。曰：意固有善恶乎？曰：意者心之发，本自有善而无恶，

---

❶ 牟宗三先生曾将阳明的四句教称为"四有"而与龙溪的"四无"相对，但据陈来先生和秦家懿女士之见，"四有"当为钱绪山对阳明四句教的理解，参见陈来：《有无之境——王阳明哲学的精神》，页200—201；Julia Ching（秦家懿），Beyond Good and Evil：The Culmination of the Thought of Wang Yang-ming（1472–1529），*Numen*，No. 22，1973，pp. 127–136. 不过，钱绪山的"四有"未必无法承认"无善无恶心之体"而只能像邹东廓《青原赠处》所记载的那样表述为"至善无恶者心，有善有恶者意，知善知恶是良知，为善去恶是格物"。首先，既然邹东廓并非天泉证道的当事人，他对钱绪山语的记载亦未必准确；另外，龙溪在《答吴悟斋》第二书中同样曾将阳明四句教首句表述为"至善无恶者，心之体也"，如果就心体而言"无善无恶"与"至善"无法兼容，龙溪必不会有此说。但绪山之所以不能赞同龙溪四无之说，关键在于他虽然可以接受"无善无恶心之体"的这种表达方式，但他心中对"无善无恶"的理解却不同于龙溪。正如对良知的理解一样，龙溪的"无善无恶"包括至善的本质内容和无执不滞的作用形式两方面，而绪山的"无善无恶"恐怕只有前者的意思。相关的讨论见后文正文。

❷ 《稽山承语》和另一部记载阳明晚年语录的《阳明先生遗言录》中有若干语录未见收入今本《王阳明全集》。《稽山承语》四十五条中有四十四条，《遗言录》一百一十条中有三十八条。见陈来等《关于〈遗言录〉、〈稽山承语〉与王阳明语录佚文》，载葛兆光主编：《清华汉学研究》第一辑（北京：清华大学出版社，1994），页176—193。《稽山承语》与《阳明先生遗言录》的全文与注释，参见《中国文哲研究通讯》第八卷第三期（台北："中研院"中国文哲研究所，1998），页3—68。

惟动于私欲而后恶也。惟良知自知之，故学问之要曰致良知。

天泉证道是在嘉靖六年丁亥（1527）九月七日晚,[1]次日阳明即启程往征思田，而第二年十一月阳明便于归途中卒于南安，可见此条杨文澄与阳明的问答语当在天泉证道之前，由此可以说明两点：一、四句教确为阳明晚年所说；二、四句教在天泉证道之前，阳明已经提出。[2]而这和龙溪全集卷一《天泉证道记》中所谓"阳明夫子论学，每提四句为教法"是相一致的。四句教能够作为阳明的晚年定论，应该没有问题。但是，在四句偈这种文体的限制下，阳明晚年思想的全部内容及其内在一贯性，是否可以得到全面的体现呢？

阳明对"意"的规定本来有两种。就在临终前一年即嘉靖六年丁亥所作《答魏师说》中，阳明有谓：

> 意与良知当分别明白，凡应物起念处皆谓之意，意则有是有非，能知得意之是非者，则谓之良知。(《王阳明全集》卷六《文录三》)

---

[1] 《阳明年谱》以天泉证道为九月八日事。陈来先生据阳明十二月所作赴任谢恩疏云："已于九月八日扶病起程"，认为天泉证道当在九月七日。见陈来：《有无之境——王阳明哲学的精神》，页195注。如果阳明所记无误，天泉证道自然是在七日，但阳明亦有可能记错。当然《阳明年谱》编辑时距天泉证道日远，阳明作赴任谢恩疏即在天泉证道当年，似当以阳明自己的回忆较为准确。

[2] 陈来先生起初认为四句教的提出，在嘉靖五年与六年之间，不能更早，见陈来：《有无之境——王阳明哲学的精神》，页144注。后又认为此条在乙酉丙戌之间，见陈来："《遗言录》《稽山承语》与王阳明晚年思想"，载吴光主编：《阳明学研究》，页154。但《稽山承语》第十条附记曰："此乙酉（嘉靖四年）十月与宗范、正之，惟中闻于侍坐时者，丁亥七月追念而记之。"第二十五条以及其他诸条后面并未明确何年所记。因此，我们只能说如果第二十五条杨文澄与阳明的问答是与第十条同年，则四句教至少在嘉靖四年已经提出。但似乎还不能坐实第二十五条所载之事在乙酉丙戌之间，也不能坐实四句教是在乙酉丙戌之间提出。

这里"有是有非"的意，是受外物所感而产生的，所谓"应物起念"。除此之外，尚有一种不因物而起的意。阳明在给罗钦顺的《答罗整庵少宰书》中有云：

> 理一而已。以其理之凝聚而言，则谓之性；以其凝聚之主宰而言，则谓之心，以其主宰之发动而言，则谓之意；以其发动之明觉而言，则谓之知；以其明觉之感应而言，则谓之物。（《传习录中》）

此处的意是主宰之心的发动，并非"应物而起"，既然心体至善，其自然发动也应当是纯善无恶的。前引杨文澄与阳明的问答语中，阳明已经对这种意作出了肯定。因此，作为"主宰之发动"的意，便不同于那种"有是有非"的意。借用康德后期哲学中"意志"（Wille）和"意念"（Willkür）的区分，❶ 则"主宰之发动"的意相当于意志，"有是有非"的意相当于意念。或者借用后来刘蕺山的概念来说，前者是"意"，后者是"念"。当然，阳明未必有如此明确的区分和自觉，但由以上所引材料可见，在不同的言说脉络下，阳明的意确实可以分析出两种不同的涵义。

阳明四句教在整个中晚明思想界引起了广泛的讨论，而围绕四句教争论的焦点，其实就在于首句"无善无恶心之体"。有关中晚明阳明学围绕道德本体的无善无恶之辨，我们在第 6 章会有专门的讨论。这里需要说明的是，鉴于良知心体的同一性，我们在第 2 章对阳明良知观念的基本分析已经指出，阳明以"无善无恶"

---

❶ 关于康德"意志"与"意念"的区分及其关联，可参考李明辉：《儒家与康德》，页 21—22，页 114—117。

形容心体，既在境界论的意义上揭示了良知心体无执无著的作用特征，又在存有论的意义上揭示了良知心体至善的本质内容。❶但是，从"无善无恶心之体"到"有善有恶意之动"，阳明只以"意念"来界定"意"，忽略了作为心体直接发动的"意志"，而意志与良知心体是具有同质性的。龙溪提出"无善无恶之意"和"无意之意"，正是注意到了作为心之直接发动的意不同于应物而起、有是有非的意，并将心、知、意、物视为体用关系和一个演绎结构。❷ 当然，龙溪对"意"字的使用也并不十分严格，他仍然和阳明一样笼统地用"意"字兼指作为"无善无恶之意"的意志和作为"有善有恶之意"的意念，只是在不同的言说情境（context）中自然地使"意"字显示出两种不同的涵义。但无论如何，龙溪之所以有四无论的提出，显然是由意本身包含一个作为心体直接发动的"无善无恶之意"这一蕴涵所使然。而这在阳明的四句教中，则是未有反映的。

---

❶ 从超越经验意义上的善恶来解释"无善无恶"所包含的"至善"的涵义，这可以说是注重良知心体本质内容的方面，见蔡仁厚：《王阳明哲学》（台北：三民书局，1992），页 125—130。而这也是明末清初以来如孙奇逢（夏峰，1584—1674）、李绂（穆堂，1673—1750）、李颙（二曲，1627—1705）等几乎所有肯定阳明"无善无恶心之体"的学者们的一贯解释；从无执著性来解释"无善无恶"的涵义，则可以说强调了良知心体的存在状态与作用形式，见陈来：《有无之境——王阳明哲学的精神》，页 203—212。当然，"无善无恶"中"至善"的本质内容和"无执不滞"的作用形式是不可分割的一体两面，蔡仁厚与陈来先生尽管在不同的解释脉络中显示出不同的侧重，但无疑都意识到了这两方面的统一性。忽略后者，难以把握阳明"无善无恶"在吸纳佛道两家智慧基础上对儒家本身"无"的向度的充实与开拓；取消前者，将无善无恶理解为完全没有道德内容的精神自由或者非本质主义，则无疑放弃了对道德本体的终极承诺，在剥夺阳明儒者身份的同时，泯灭了儒学与佛教在存有论上的最终分际。

❷ 唐君毅先生曾认为四句教是一个描述性陈述（descriptive statement）而非演绎系统（deductive system）。见唐君毅："The Development of the Concept of Moral Mind from Wang Yang-ming to Wang Chi"，载 Wm. T. de Bary 主编：*Self and Society in Ming Thought*. Columbia University Press, 1970, pp.93—119。

显然，根据阳明"心之所发便是意，意之本体便是知，意之所在便是物"的看法，心、意、知、物显然呈现为一种心知→意→物的体用关系和演绎结构。其中，意是联结心知与物的枢纽。而龙溪所谓"体用显微，只是一机，心意知物，只是一事"，正是这种体用关系和演绎结构的表现。心知是体，是微；意物是用，是显。物由意规定，而意又由心知来规定。如果摄物归意，摄意归心，在心体是无善无恶的情况下，则意与物均应是无善无恶的。良知此时也不必显出知善知恶的动相，因此，若悟得心是无善无恶之心，则自然心知、意、物呈现为"四无"的样态。

　　就此而言，阳明四句教从首句"无善无恶心之体"到"有善有恶意之动"，显然存在着脱节。当然，由于预设了"习心"的存在，如前引《传习录下》所谓"不免有习心在，本体受蔽"，阳明在四句教中其实将意视为一种脱离了心体的经验意识，是"意念"而非"意志"，意念所在之物，自然也就不能是顺心体而下的"无善无恶之物"，而是"有善有恶之物"，需要对之做"为善去恶"的格物工夫了。这样看，四句教中的心、知、意、物便自然不能呈现为一种体用关系和演绎结构，而是分为上下两层。上层是超越的无善无恶之心和知善知恶的良知，下层则是经验的有善有恶之意与物。因为引入了"习心"，阳明这种表述自然也并不一定与其平时对心、知、意、物体用关系和演绎结构的理解相冲突。但是，既然心、知、意、物之间构成体用关系和演绎结构，就应当考虑"四无"的可能性。事实上，由于阳明对意的理解本有超越层的意志和经验层的意念两种涵义，对物也有"明觉之感应为物"和"意之所在为物"两种说法。故当他说"理一而已，以其理之凝聚而言则谓之性，以其凝聚之主宰而言则谓之心，以其主宰之发动而言则谓之意，以其发动之明觉而言则谓之知，以其明觉之感应而言则谓之物"时，在

"无善无恶心之体"这一前提下，其实未尝不可说已经容纳了"四无"的内容。因此，龙溪基于心、知、意、物的体用关系和演绎结构，以"无善无恶心之体"为起点而提出其四无论，就自然是可能的逻辑展开。而龙溪四无论的提出，既开显了一个独特的存有系列，又展示了一个致良知工夫所达至的终极化境。

二 四无论的涵义

龙溪四无论的主要内容，在于对心、知、意、物有独特的理解，而提出了"无善无恶之心"、"无善无恶之意"、"无善无恶之知"、"无善无恶之物"的概念。这四个概念，又称为"无心之心"、"无意之意"、"无知之知"、"无物之物"。当心作为"无心之心"时，其特征是"藏密"，意作为"无意之意"时，其特征是"应圆"，知作为"无知之知"时，其特征是"体寂"，而物作为"无物之物"时，其特征是"用神"。那么，当心、知、意、物均为"无善无恶"时，其意义何在？作为一种体用关系和演绎结构，"四无"之下的心、知、意、物有何特点？另外，"藏密"、"应圆"、"体寂"、"用神"又是什么意义？这些都是我们应当了解的。

（一）"四无"的概念解析

阳明对良知心体"无善无恶"的规定包含二层涵义：一是存有论意义上的至善，二是境界论意义上的无执不滞。前者是本质内容，后者是作用形式。这和我们第2章和第3章所论龙溪对良知心体"有"、"无"二重性的理解及其"无中生有"的工夫论意涵是一致的。并且，龙溪在《天泉证道记》也明确将"无善无恶"解释为

"至善"，所谓"天命之性，粹然至善，神感神应，其机自不容已，无善可名。恶固本无，善亦不可得而有也，是谓无善无恶"，这可以说是指出了"无善无恶"这一用语本质内容的方面，也无疑说明了龙溪始终没有放弃对良知心体至善本质的承诺。后世批评龙溪无善无恶之说流入佛教不思善恶或告子善恶无定性的说法，显然对《天泉证道记》中龙溪这句话的意义未能正视而有所忽略。这一点，我们在后面四无论的定位部分再加以讨论。现在首先需要说明的是，龙溪以阳明"无善无恶心之体"为起点，以"体用显微，只是一机；心意知物，只是一事"为基础，一条鞭地贯穿心、知、意、物，更使心、知、意、物这四个概念均同时具备了本质内容和作用形式这二重向度。

龙溪"无善无恶之心"，也就是阳明所谓"无善无恶心之体"。后世对"无善无恶心之体"产生异议者，基本上是不了解阳明"无善无恶"中至善与不执著于善恶之二重涵义所使然。我们在第2章讨论龙溪的良知观时已经指出，无善无恶既非告子意义上的善恶无定性，也不是"存在先于本质"意义上的可以为善可以为恶（即认为心体并无任何先验内容，其本质只是在后天行为过程中获得与形成的）。"无善无恶之心"以至善的道德法则、意志和情感为其内容规定，而作用形式上又是自然无滞，不显善相。根据《天泉证道记》，"无善无恶之心"也就是"无心之心"，"无心"是指心体自然无执的存在与发用状态，而"无心之心"毕竟还是"心"，这个心也并非毫无任何内容的白板，而是以至善为其本质内容。因此，"无心之心"的内容规定可以说就是"正心"（此处"正"字作形容词用法），即中正无所偏之心。这一点，龙溪当时稍后的一些学者便有相应的了解。焦竑（字弱侯，号澹园，又号漪园，1541—1620）的《古城答问》中便记载了这样一番对话：

谢生曰:"先辈言无心之心,乃正心也。"先生(焦竑)曰:"然。观有所恐惧,有所好乐,为不得其正,即知无心为正心。"(《澹园集》卷四十八)

当然,如果就表述上的细微差别而言,我们也可以说,当用"心体"一词时,或许强调的是至善的本质内容一面,而"无善无恶之心"尤其"无心之心",相对而言更为侧重心体的作用形式。

正如我们在第 2 章论述龙溪的良知观时指出的,"心"和"知"均指示道德实践之所以可能的终极根据。只是"心"偏指道德行为的发动机制,"知"则侧重道德行为的监督与评价原则。因此,就像良知心体一样,"无善无恶之知"和"无善无恶之心"也可以说是异名同实的关系。与此相应,"无善无恶之知"也包括至善的本质内容和无执无著的作用形式这二重涵义。和我们在第 2 章讨论龙溪良知观时看到龙溪对良知"有"、"无"的二重性规定相一致,"无知之知"也就是良知,只不过在以至善的良知作为其"有"的本质内容的同时,同样是相对着重突出良知"无"的作用形式而已。

作为良知心体的直接发动,"无善无恶之意"首先自然不会是有善有恶的经验意识。尽管龙溪对意的使用并不十分严格,有时指本心自然而发之意,有时指应物而起之意,但后者龙溪亦曾称之为"意识"、"意象"。我们在第 2 章讨论龙溪良知观中良知与知识的部分曾经引用过龙溪的《意识解》,这篇文字不仅说明了"转识成知"的涵义,同时也为"无善无恶之意"与"无意之意"的内涵提供了诠释:

人心莫不有知,古今圣愚所同具。直心以动,自见天则,德性之知也。泥于意识,始乖始离。夫心本寂然,意则其应感之迹；知本浑然，识则其分别之影。万欲起于意，万缘生于识。意胜则心劣，识显则知隐。故圣学之要，莫先于绝意去识。绝意，非无意也；去识，非无识也。意统于心，心为之主，则意为诚意，非意象之纷纭矣；识根于知，知为之主，则识为默识，非识神之恍惚矣。譬之明镜照物，体本虚，而妍媸自辨，所谓天则也。若有影迹留于其中，虚明之体反为所蔽，所谓意识也。（《全集》卷八）

显然，意识与意象在这里是指受到习染而远离良知心体的经验意识，而"统于心"、"根于知"的经验意识，作为良知心体的直接发用，则是"诚意"（案：此时"诚"字是形容词用法）、"默识"。❶并且，"诚意"与"默识"在发生作用时又具有无执不滞的特征。

对此，龙溪在为徐阶七十五岁寿辰所作的《原寿篇赠存斋徐

---

❶ 除了《意识解》和《原寿篇赠存斋徐公》，龙溪在《答王敬所》第二书中也有将作为良知心体直接发用的意识称为"诚意"与"默识"的说法。此外，与心→意、知→识这种体用关系相对应，在性→情的体用关系这一基础上，龙溪又提出了作为"性"之直接发动的"至情"这一概念。所谓"夫意者心之用，情者性之倪，识者知之辨。心体粹然，意则有善有恶；性本寂然，情则有真有伪；知本浑然，识则区有别。苟得其本，盎然出之，到处逢源，无所待于外。意根于心，是为诚意；情归于性，是为至情；识变为知，是为默识"。（《全集》卷十一）显然，无论是"诚意"、"默识"还是"至情"，都不同于一般有善恶夹杂的经验意识和感性情感。作为"至情"的道德情感，也显然无法是康德理性感性严格二分意义下的单纯感性的道德情感。不过，舍勒（Max Scheler）在讨论"价值感"（Wertfühlen）时，为有别于一般感性意义上的"情感"而以 Fühlen 取代 Gefühl，并由此承认"精神的情感性"（das Emotionale des Geistes），以及牟宗三先生诠释儒家传统中"四端之心"所代表的道德情感时所谓的"本体论的觉情"（ontological feeling），却显然可以和龙溪对"至情"观念的理解相呼应并作为进一步了解龙溪"至情"观念的诠释学资源。儒家与康德在道德情感问题上的差异，参见李明辉：《儒家与康德》；舍勒有关"价值感"的讨论参见氏著：*Der Formalismus in der Ethik und die Materilae Wertethik*, Bern, 1966, S. 77ff., 82, 261ff., u. 335ff.；牟宗三有关"本体论的觉情"一说见氏著：《心体与性体》第三册（台北：正中书局，1995），页 276—277。

公》中有明确的说明。当时为万历五年丁丑（1577），龙溪八十岁。

> 天地之灵气结而为心，心之灵明谓之知，清虚昭旷，百姓之日用，同于圣人之成能。此万化之纲，千圣之学脉也。意者心之用，识者知之倪。心体粹然，意则有善有恶；良知浑然，识则有是有非。善恶则好恶形，是非则取舍见。万病皆起于意，万缘皆生于识。心之良知，本无善恶，本无是非。譬之明镜之鉴物，妍媸黑白，皆其所照之影，应而无迹，过而不留。意与识，即所谓照也。真心无动，而意有往来；真知无变，而识有生灭。……意者，病之所由以生；识者，缘之所由以起也。意根于心，则善恶自无所淆，而意为诚意；识变为知，则是非自无所眩，而识为默识。无识则知亦忘，无意则心亦冥。譬诸太虚之体，不和诸相，而亦不拒诸相，万象往来于太虚之中，而廓然无碍。……夫意与识非二也（案：由此可知心体与良知亦一），识有分别，意为之主；意有期必，识为之媒。是谓一病两痛，交相成也。（《全集》卷十四）

这里所谓"心之良知，本无是非"，便是"无善无恶之心"与"无善无恶之知"的另外一种表达方式。而作为"无善无恶之心"与"无善无恶之知"直接发动的意识，所谓"意根于心"、"识变为知"，则在以"诚意"与"默识"为其内容规定的同时，又表现出一种无所期必、不为物牵、圆应无方的品格，所谓"应而无迹，过而不留"。龙溪所谓"无意之意则应圆"，正表明了这一点。撇开康德哲学的整体架构不论，单就其属性而言，康德归诸上帝而不许人所具有的"智的直觉"，或许可以为龙溪"无善无恶之意"与"无意之意"的特点提供某种理解的助缘。

因此，在龙溪四无论中作为"无善无恶"的良知心体直接发动的"无善无恶之意"与"无意之意"，就像良知心体一样具有"有"与"无"这二重属性。如果说"诚意"与"默识"指其本质内容之"有"的话，则"无善无恶之意"与"无意之意"在肯定其"有"的本质内容的前提下，更多地强调其"无"的作用形式。龙溪之后最能契会并发挥其"有无合一"思想的是周海门，而海门便曾一针见血地指出"无善无恶之意"、"无意之意"与"诚意"实具有本质内容上的同一性。所谓："诚意乃无意之谓。周子曰诚无思、诚无为，解诚字分明。好好色，恶恶臭，触着便应，曾容得一毫意乎？"（《四书宗旨·大学·诚意章》）而龙溪所谓"不和诸相，而亦不拒诸相"，也无疑表明了"无善无恶之意"与"无意之意"在其本质内容与作用形式这两个方面的统一性，与其"有无合一"的良知观以及"无中生有"的致良知工夫论是一以贯之而若合符节的。

方以智（字密之，号曼公，1611—1671）曾经指出刘宗周持"诚意"观念与宗龙溪"无意"之说者有所争辩，所谓"近世刘念台先生以诚意为主，而宗龙溪者定言无意，咬牙争辩，未免执指忘月"（《一贯问答》）。就心与意的关系而言，蕺山将意规定为"心之所存"而非"心之所发"，自然不同于阳明、龙溪以及大多数阳明学者对心与意那种体用关系的理解。事实上，不在体用的关系上理解心意关系，也并非蕺山的独见。胡居仁（字叔心，号敬斋，1434—1484）便曾说："意者，心有专主之谓，大学解意为心之所发，恐未然。盖心之发，情也。"（《明儒学案》卷二《崇仁学案二》）王时槐也曾说："意非念虑起灭之谓也，是生机之动而未形、有无之间也。独即意之入微，非有二也。"（《明儒学案》卷二十《江右王门学案五》）王栋（字隆吉，号一庵，1503—1581）更是明确指出："旧谓意者心之所发，教人审几于动念之初。窃疑念既动矣，诚之奚及？盖自身之主宰而言谓之心，自心之主宰而言谓之意。心则虚灵而善应，意有定向而中涵。非谓心无主宰，赖意主之，自心虚灵之中确然有主者，而名之曰意耳。"（《明儒学案》卷三十二《泰州学案一》）可谓与蕺山之说惊人的相似。但是，不论对心意关系的理解有何不同，将意理解为真纯无伪的道德意志，即所谓"诚意"，其实并不与龙溪"无善无恶之意"、"无意之意"的观念相冲突。且不论方以智已不以为然，根据我们前面的分析，龙溪之"无意之意"就其本质内容而言即是"诚意"，只是此"诚意"在发用时自然无执，无所期必，因而似乎表现为"无意"。龙溪假如可以和蕺山当面辨析，自可指明其涵义而与蕺山两不相违。如果宗龙溪者必欲与蕺山相辨，而认为"无意之意"与"诚意"必然相悖，则实不解龙溪而亦实未知其所宗。若蕺山必欲持"诚意"而破龙溪之"无意"，也至少可以说蕺山未能善会龙溪之意。

通常意义上的物，是指主体之外作为物质结构的客观实在。阳明曾将物解作"事"，所谓"我解'格'字作正字义，'物'作事字义"（《传习录下》）。对阳明来说，作为"事"的"物"其实是指生活世界中各种具体的实践行为，如答徐爱问时所谓"如意在于事亲，即事亲便是一物；意在于事君，即事君便是一物；意在于仁民爱物，即仁民爱物即是一物；意在于视听言动，即视听言动即是一物"（《传习录上》），在《答顾东桥书》中更说："意之所用必有其物，物即事也。如意用于事亲，即事亲为一物；意用于治民，即治民为一物；意用于读书，即读书为一物；意用于听讼，即听讼为一物。凡意之所用无有无物者。"（《传习录中》）因而牟宗三先生称之为"行为物"。[1]龙溪对于"物"的理解同于阳明，而这种"物"显然不单纯是主体之外作为物质结构的客观实在，更不只是认识论意义上的认知对象，而是以作为意义结构而非物质结构的事物为单元所组成的行为系列。就阳明而言，作为"事"的物，又分"意之所在为物"和"明觉之感应为物"两种。前者是各种行为系列在经验意识中的呈现与保留，可以说是一种意向性之中的意义结构，而并非作为客体对象的事物本身。后者则实际上便是龙溪所谓"无善无恶之物"。

龙溪在《答罗念庵》第一书中有谓："物是良知凝聚融结出来的。"（《全集》卷十）这种"良知凝聚融结"出来的"无善无恶之物"，既不是经验层上作为物质结构的客观实在，也不是一般意向性中的意义结构。在"无意之意"这种"智的直觉"的觉照之下，作为"无善无恶之物"和"无物之物"的"物"便成为物自身意义上的价值存在。当然，对于这里所谓"物自身"的涵义，我们有略加解释的必要。

提到物自身，我们首先想到的无疑会是康德。尽管在康德之前，西方哲学史上许多的哲学家都在不同程度上以不同的方式接近甚至接触到了物自身的问题，但真正首先深入对该问题进行探讨的还是康德。对康德来说，就某一事物而言，物自身意义上的该事物和现象意义上的该事物并非两个不同的事物，而只是同一事物的两种不同样态。并且，这两种不同的样态也只是对上帝和人类的不同显现而已，其本身并非采取两种不同的存在方式。同一事物对上帝而言是物自身，对人类来说则是现象。作为某一事物的"本来面目"，物自身意义上的该事物是无法被人所认知到

---

[1] 牟宗三：《从陆象山到刘蕺山》，页 233。

的。由于人类的认识行为必夹杂人类主体自身的感性直观和知性范畴，因此认识所得必定无法是事物的"本来面目"。康德"物自身"的观念在其整个哲学体系内部的不同脉络中有着不同的侧面，在其后的西方哲学史上也引发了广泛的讨论。有关这方面的内容，我们在此无法详述。❶这里需要提出的是牟宗三先生对康德"物自身"概念的批判性诠释。依牟先生之见，就康德哲学而言，上帝的本质不过是"无限心"（或称"无限智心"），至于对象化、实体化以及人格化则不过是人类本身"情识作用"所造成的。事物对上帝而言为物自身，其实严格来说应当是事物对无限心而言为物自身。而根据中国哲学儒释道三家的传统，人类除了具有认识论意义上的认知心这种"有限心"之外，其实也同时具有"无限心"。这种"无限心"在儒家是本心或良知，在道家是道心或玄智，在佛家是如来藏自性清净心或般若智。❷因此人类其实具有可以认识"物自身"的能力，而"物自身"也不只是一个事物"事实原样"的概念，而是具有"高度价值论的意味"。❸如果说人类的"有限心"是指康德意义上人的认识能力，"无限心"是指不以时间、空间这种感性直观和知性范畴为条件的"智的直觉"，则二者的区分的确颇为接近我们在第 2 章所讨论的龙溪对良知与知识的区别。姑且不论牟宗三先生对康德"物自身"概念的诠释与批判相应于康德的系统是否成立，但他在《现象与物自身》的哲学建构中，却显然根据传统中国哲学儒释道三家的思想提出了自己对"物自身"的概念规定。因此，当我们说龙溪的"无善无恶之物"是物自身意义上的价值存在时，即便不是康德意义上的"物

---

❶ 可参考韩水法：《康德物自身学说研究》（台北：台湾商务印书馆，1990）。

❷ 牟宗三：《圆善论》第五、第六章的相关内容（台北：台湾学生书局，1985），页 209—265。

❸ 牟宗三：《现象与物自身》第一章（台北：台湾学生书局，1984），页 1—19。

自身"，也至少可以说是牟宗三意义上的"物自身"。事实上，牟宗三先生也的确曾认为，阳明"明觉之感应为物"中的"物"是"实践中物自身意义上的物"。[1] 以上所谓"物自身意义上的价值存在"是从内容上看，从形式上看，这种物自身意义上的物又不显物相，只是一种如如存在，此即"无物之物"。相对于"无意之意"，"无物之物"也不再是一种 Object，而呈现为一种非对象化的 Eject（"内生的自在相"，海德格尔语）。作为道德实践行为之"事"来看的物，也不是一般的行为系列（events），而是道德实践中良知心体贯注下合乎天理的实德实事，完全体现为"于穆不已"、"纯亦不已"的德行本身。并且，这种实德实事又不显德行相，只是生活世界中人伦日用之自然。

另外，天泉证道时龙溪对阳明四句教从"无善无恶心之体"到"有善有恶意之动"之间的脱节，曾提出过质疑。根据心知、意、物之间的体用关系和演绎结构，龙溪认为，如果说意有善恶，则心知与物相应的均不免于有善有恶。所谓"若说意有善恶，毕竟心体还有善恶在"（《传习录下》），"若说意有善有恶，毕竟心亦未是无善无恶"（《王阳明年谱》），"若是有善有恶之意，则知与物一齐皆有，而心亦不可谓之无矣"（《钱绪山行状》），以及"意是心之所发，若是有善有恶之意，则知与物一齐皆有，心亦不可谓之无矣"（《天泉证道记》）。但是，对"物"可以说"无善无恶之物"与"有善有恶之物"，对"心"与"知"而言，却只能说"无善无恶之心"和"无善无恶之知"，并不存在"有善有恶之心"和"有善有恶之知"。龙溪的质疑只是一种反向逆推的假设，并不能真的由意的有善有恶反推出良知心体的有善有恶，因为作为良知

---

[1] 牟宗三：《圆善论》，页 319。

心体的发用，意本来应当是和良知心体具有同质性而纯善无恶的意志，只有当意受到习染后才成为善恶夹杂的意念。但当意作为意念而非意志时，它已经远离良知心体，不再和良知心体构成一种直接的体用关系与演绎结构，因此自然无法再根据体用关系与演绎结构而由意的属性反过来界定良知心体的性质。显然，在心学的系统范围内，"心"与"知"尽管对经验层、现象界起作用，并在经验意识中有所呈现，但其本身却是超越层、本体界的存有。这一点与意和物不同。既有"有善有恶之意"，又有"有善有恶之物"。阳明四句教"有善有恶意之动"和"为善去恶是格物"中的"意"和"物"，便显然是指"有善有恶"的意和物。当然，超越层、本体界与经验层、现象界的区分，只是为了帮助我们对心、知、意、物等阳明学甚至儒学的一些基本概念能有进一步的了解，绝不意味着这一两分的架构为阳明学本身所预设或蕴涵。事实上，就像我们在第2章讨论龙溪见在良知时所看到的，良知心体尽管并非一般的经验意识，但又绝非隔绝于经验意识之外之上的"所以然之理"，而是一定要在日常的经验意识中有所表现和呈露，这就是那种严格两分的架构所无法容纳的。

我们在第3章讨论龙溪一念工夫引用《念堂说》这篇文字时已经注意到，同样是根据心知、意、物的体用关系与演绎结构，龙溪又有"见在之心"、"见在之念"、"见在之知"和"见在之物"的说法。显然，这四个概念和龙溪"无善无恶之心"、"无善无恶之意"、"无善无恶之知"、"无善无恶之物"以及"无心之心"、"无意之意"、"无知之知"、"无物之物"是相对应的。只不过似乎应当是"见在之意"的表述，换成了"见在之念"的讲法。而根据我们讨论龙溪一念工夫时对意与念之关系的分析，可知念不过是意的最小单位和瞬时状态，在性质与属性上二者并无本质的区别，"见在之念"也可以说就是"见在之意"。因此，正如"见在良知"观念一样，龙溪"见在之心"、"见在之念"、"见在之知"以及"见在之物"的说法，也无非是指不同于经验层、现象界的作为超越层、本体界的"无善无恶之心"和"无心之心"、"无善无恶之意"和"无意之意"、"无善无恶之知"和"无知之知"、"无善无恶之物"和"无物之物"。只不过这四者又不是脱离于经验层、现象界之外的独立存在，而一定是呈现在经验层、现象界之中。这也再次体现了龙溪"体用一源，显微无间"的一元论思维方式。并且，这种一元论的思维方式，可以说是阳明学之所以为阳明学而有别于朱子学的一个基本特征。

（二）存有论意义上的四无：万物一体的存有系列

我们在第3章讨论龙溪致良知的工夫论时已经指出，龙溪"无中生有"的工夫，并非是将道德实践植根于虚无之中，而是一种化除胶着造作的去执工夫。在这种工夫之下，才能真正更好地在良知心体上立根。一切行为皆由良知心体而发，道德实践才会归于真实的自律，不致流为"行仁义"的"义袭之学"。与之相应，龙溪以"无"来规定心、知、意、物，也并非在存有论的意义上取消心、知、意、物的存在，而是通过揭示心、知、意、物作用形式上的"无相"，来反显出那作为最真实存在的心、知、意、物的"实相"。"无相"是"无"，"实相"则是"有"（此处只是借用佛家"无相"与"实相"的说法。因为在佛家尤其般若学看来，"实相"仍不过是"缘起性空"之空性，在存有论的意义上仍是"无"而非"有"）。作为"实相"之"有"的心、知、意、物，构成了经验层、现象界之上的另一种存有系列。

由于阳明在四句教中视意和物为"有善有恶"，因而心、知、意、物便无法体现为一种直接的体用关系和演绎结构，而是分为上下两层。心、知处于超越层、本体界，意、物则处于经验层、现象界。龙溪的四无论则建立在两个前提之上：一是"若悟得心是无善无恶之心"，即致良知工夫的落实；另一个便是以心、知、意、物为一体用关系和演绎结构，所谓"体用显微，只是一机。心意知物，只是一事"。在这两个前提之下，意和物便作为"无善无恶"的而上升到了超越之域，成为与心、知同一层次的存有。杨国荣先生在提到龙溪四无论时曾说："心、意、知、物皆无善无恶，意味着作为本体的良知与已发之意念均处于同一序列，无实质的差异。从逻辑上看，由此可以引出二重结论：本体与意念既无差别，则意念亦可视为本体；本体与意念皆无善无恶，则为善去恶的工夫便失去了必要性。合本体与意念为一，固然避免了本体与已发的经验之域的分离，但同时亦弱化了本体的超越性（道德意识的普遍性与崇高性）这一面。同时，本体与已发之意念的界限既被模糊，则对本体的自觉意识亦成为多余，它从另一个侧面抽去了为善去恶的工夫"。[1]但依笔者之见，此恐未得其实，顶多可以视为龙溪四无论的非预期后果或负面效果，并不能作为龙溪四无论的思想内涵本身与正面的理论后果。工夫的问题我们上一章已有详细的讨论，此处不赘。就本体而言，四无之下心、意、知、物当然处于同一序列，心、知、意、物也可说无实质的差异。但是这里的同一序列，是意与物上升到超越层而与心、知处于同一序列，而不是心、知下降到经验层而与作为经验意识的"意"和作为对象化的"物"处于同一序列。龙溪是将"意"收摄于良知心体，使之成为纯粹的道德意志，而不是将良知心体放逐于经验之域、化约为意念，从而消解良

---

❶ 杨国荣：《心学之思——王阳明哲学的阐释》，页 291。

知心体的本体论存在。当然，这种处于同一层面的心、知、意、物的存在结构和关系，不同于经验层、现象界的存有及其关系而有其特定的性质和样态。

虽然"体用一源，显微无间"是阳明基本的思维方式，但在阳明四句教中，由于预设了习心的存在，心知和意物之间便无法构成一种直接的体用关系，而是不免表现为一种二元对立的主—客关系。作为"有善有恶"的意和物，是心知作用的对象。心知要使意归于"诚"、物归于"正"，其中自然蕴涵"诚意"与"格物"的工夫。但在龙溪的四无论中，由于将意和物视为心知的直接发用和表现，因而"有善有恶"之意和物的身份发生了改变。此时，心知和意物之间二元对立的主—客关系被消解，意和物不再是心知对治的对象。作为类似于康德"智的直觉"的某种直觉能力，意是心知的自然流行发用，而物则作为物自身意义上的价值存在（axiological nomena），和心、知、意连成一体，构成一个气息相通的生命价值场域。这也就是存有论意义上儒家所追求的"万物皆备于我"、"天地万物为一体"的本然状态。

对于那些对中国哲学缺乏内在了解者来说，孟子所谓"万物皆备于我"以及程明道由此而发的"仁者以天地万物为一体"往往难以索解而有神秘主义之嫌，而对于能够内在于中国哲学传统作相应理解者而言，则孟子与明道所论无疑是指示一种主体经由道德修养工夫所达至的精神境。不过，我们这里需要进一步说明的是，至少在传统的儒家学者看来，"万物皆备于我"以及"与天地万物为一体"不仅是主体心灵境界的反映，更是存有论意义上自我与天地万物本真的存在状态。也只有自我与天地万物的存在本体如此，才会在主体的心灵中呈现出相应的境界。

对于"万物皆备于我"和"仁者以天地万物为一体"的存有

论意涵，笔者曾经透过马丁·布伯（Martin Bubber，1878—1965）围绕"我—你"（I and you）关系的相关论说加以揭示，同时也约略提示了儒学与布伯思想二者间的差异。❶ 显然，"万物皆备于我"中的"我"、"仁者与天地万物为一体"中的"仁者"，均可以说是良知心体的化身或体现（example），而当"我"作为"仁者"成为良知心体的化身或体现时，"我"所面对的"天地万物"便不再是作为客体对象意义上的物质结构，即布伯所谓的"它"，而是成为和"我"一样的价值主体，即布伯所谓的"你"。这时"万物皆备于我"和"仁者以天地万物为一体"所揭示的，便相当于布伯所论的"我—你"关系。尽管布伯看到"我—它"关系和"我—你"关系同时都是自我与天地万物之间两种不可或缺的相关方式，但布伯同时也指出："人无'它'不可生存，但仅靠'它'则生存者不复为人"，❷ 因此，布伯实际上是以"我—你"关系作为自我与天地万物存在的本真状态。如果我们撇开布伯的犹太—基督教传统和"永恒你"的概念不论，其"我—你"关系的论说也颇可以对龙溪四无之下心知通过意和物所形成的关系作出说明。显然，正如我们上面所论，四无之下的心、知、意、物是处于同一层面的存有，这时由于意是良知心体的直接发动，因此物不再是良知心体"格其不正以归于正"的对治对象。作为一种物自身意义上的价值存在，经由"无善无恶之意"、"无意之意"的中介，良知心体也和"无善无恶之物"、"无物之物"构成一种关系，这种关系当然不是意远离良知心体成为"有善有恶之意"那种情况下的"主—客"关系，而只能是物我一体的"我—你"关系。并且，通

---

❶ 彭高翔（彭国翔）："孟子'万物皆备于我'章释义"，北京：《中国哲学史》，1997年第3期，页25—31。

❷ 马丁·布伯：《我与你》，陈维纲译（北京：生活·读书·新知三联书店，1986），页51。

过四无之下心、知、意、物所呈现的那种"我—你"关系，对儒家"万物皆备于我"、"仁者以天地万物为一体"的思想，我们也会获得更为深入与相应的理解。

罗近溪弟子杨起元（字贞复，号复所，1547—1599）有云："以俗眼观世间，则充天塞地皆习之所成，无一是性者；以道眼观世间，则照天彻地皆性之所成，无一是习者。"（《太史杨复所先生证学编》）这一段话可以和布伯的两种关系说相呼应，同样为龙溪四无论"万物一体"的存有论意涵下一注脚。在"以俗眼观世间"的情况下，自我既表现为脱离了良知心体的"习心"，此时所观照与面对的他人与事物，自然"无一是性者"，以"它"而非"你"的身份与"我"疏离地相处，形成"我—它"关系，有冲突、斗争而无沟通、和谐，于是整个世界"充天塞地皆习之所成"、"天地闭，贤人隐"。而在"以道眼观世间"的情况下，自我既呈现出良知心体的本来面目，此时所观照与面对的他人与事物，自然"无一是习者"，无不以"你"而非"它"的身份与"我"亲和地共在，形成"我—你"关系，有沟通、和谐而无冲突、斗争，于是整个世界"照天彻地皆性之所成"、"天地万物为一体"。无疑，四无论所指示的世界正是后者。

在此顺带需要说明的是，在本书的所有章节中，当我们使用"主体"的字眼来指代儒家的自我观念时，决不意味着是将儒家的道德自我理解为西方近代哲学中与 object 相对的 subject、儒家的"主体性"也不是西方近代哲学意义上的 subjectivity。儒家的道德"主体"基本上是"我—你"关系而非"我—它"关系中的那个"我"。如果一定要寻找英文中的对应词汇的话，本书所有在讨论龙溪与中晚明阳明学时使用的"主体"一词，也至少应当是 intersubject 而非 subject。

对儒家"万物皆备于我"和"仁者以天地万物为一体"的思想而言，或许会遭到唯我论这种主体主义之极端形式的质疑。龙溪由于承阳明之说通过"意"来规定"物"，其四无论似乎也要面对同样的问题。不可否认，儒家心学传统极端发展的可能性之一，的确会导致主体性的膨胀而不免倒向唯我论。这在王艮一脉"淮南格物"的"尊身"观念中得到了发展，而心斋门下徐樾（字子直，号波石，？—1552）更是有云："尽心则万物备我。我者，万物之体；万物者，我之散殊。"（《明儒学案》卷三十二《泰州学案一》）前一句当然是依据《孟子》，后一句却显然是徐樾自己的发挥而未免取消了自我之外天地万物自身的独立存在。但如果我们从"我—你"关系的视角来理解龙溪四无论中心知、意、物的关系结构，便不会导致自我的无限膨胀而以为"天下之物尽在己"。当然，这并非只是选择诠释与理解角度和策略的问题。阳明学之所以将物规定为意义结构、实践行为而非物质结构，恰恰是以承认天地万物的客观实在性为前提的。即便是阳明"心外无物"的表达形式容易引起外界事物有无客观实在性的疑问，阳明提出这一命题的意旨其实也在于强调主体意向性对于形成意义结构的建构作用。由于对物的特殊规定，使得阳明学根本无须面对自我之外的事物有无客观实在性这一问题。[1]以往将阳明学界说为主观唯心主义、唯我论的研究者经常引用《传习录下》中阳明的一段话：

---

[1] 以前常常举阳明南镇观花的材料而认为阳明是贝克莱（George Berkeley，1685—1753）意义上的所谓主观唯心主义，正是不了解阳明本来便是将"物"规定为一种作为意向构成作用结果的意义结构，而并没有面对并回答独立于人们经验意识之外客观事实和物质结构的客观实在性问题。有关阳明"物"概念在关联于"心"、"意"时所具有的涵义，参见陈来：《有无之境——王阳明哲学的精神》，页50—61。

> 我的灵明，便是天地鬼神的主宰。天没有我的灵明，谁去仰他高？地没有我的灵明，谁去俯他深？鬼神没有我的灵明，谁去辨他吉凶灾祥？天地鬼神万物离却我的灵明，便没有天地鬼神万物了。

若单单只此而言，阳明诚不免有主观唯我论之嫌，但事实上阳明的话并未到此为止，他紧接着上面的话说：

> 我的灵明离却天地万物的灵明，亦没有我的灵明。如此，便是一气流通的，如何与他相隔得？

由此可见，在阳明看来，儒家的自我与天地万物其实是一种互为主体的关系结构。阳明在指称天地鬼神万物时使用人称代词称"他"而非指物代词"它"，无形中也恰恰印证了我们从"我—你"关系而非主观唯我论角度理解阳明学的合理与恰当。岛田虔次先生也曾经说过，在他通读嘉靖、万历年代诸多阳明学者著作的过程中，印象最深刻的便是"良知"观念几乎都是在与"万物一体"相关的情形下被提及的。[1]因此，儒家心学传统从孟子到龙溪这种主体性哲学的真谛，并非以至大无外的"我"来吞没宇宙及其他存在者，而是一种物我之间"我—你"关系的"关系哲学"。也只有从这种关系哲学的角度，我们才能够对儒家所追求的"万物一体"有相应的善解。

康德在其《纯粹理性批判》中反复声称其主张是"超越的

---

[1] 岛田虔次："明代思想の一基调——スクッチ"，京都：《东方学报》卷36，1964，页577—589。

观念论"（transcendental idealism）与"经验的实在论"（empirical realism），因为在康德看来，就人类而言，对于"超越"一词所对应的物自身世界只可言观念，对"经验"一词所对应的现象世界始可说实在。康德之所以有如此的主张，认为超越层、物自身的世界不可能对人类的知性构成实在，关键在于康德不承认人可以有"智的直觉"。但牟宗三先生根据儒释道三家传统中良知与知识（德性之知与闻见之知）、智与识、真心与成心的区分，认为儒家的良知（德性之知）、佛教的"智"以及道家的"真心"、"玄智"，就是"智的直觉"。❶当然，牟宗三先生就中国传统哲学而言的"智的直觉"是否完全等同于康德意义上的"intellektuelle Anschauung"，是一个可以检讨的问题。但我们如果根据牟宗三先生两层存有论的说法，则可以说龙溪四无论中的心、知、意、物构成了"无执存有层"上的一个存有系列和结构。作为一种基本的架构，牟宗三先生的"两层存有论"其实更多的是汲取佛教《大乘起信论》"一心开二门"的资源而与康德现象与物自身的两层区分有着相当的距离，❷但如果我们仍然借用康德的表达方式而描述龙溪四无之下心、知、意、物这种"无执的存有"的话，则可以说作为对康德而言"渺不可知"的物自身意义上的价值存在，龙溪四无之下的心、知、意、物，恰恰构成超越层上的实在。当然，这种超越层上的实在又并非隔绝于感性经验，而是一定要在感性经验的层面上有所呈现，这也就是龙溪所强调的"见在"性。

---

❶ 牟宗三：（一）《智的直觉与中国哲学》第16—19部分（台北：台湾商务印书馆，1993），页131—215；（二）《现象与物自身》第六章附录，页321—367；（三）《中西哲学会通十四讲》第六、第七讲（台北：台湾学生书局，1996），页85—110。
❷ 彭国翔："从中国哲学自身的演进看牟宗三哲学的基本架构与核心观念"，牟宗三与当代新儒学国际会议论文，1998年9月，济南。

心、知、意、物之所以会在四句教和四无论之下分别呈现为不同的关系结构和样态，关键在于意。意本来可上可下，有两层涵义。阳明由于在四句教中预设了"习心"的存在，将意视为"应物而起"的意念，如此则意远离于心，连同物一起落于经验层。在四无论中，龙溪则视意为良知心体的直接震动发出者，如此则摄意归心，连同物一起提至超越层。但由于阳明本来有视心、知、意、物为体用关系和演绎结构的思想，且四句教首句又是"无善无恶心之体"，因此龙溪的四无论自然是由"无善无恶心之体"引申分析而出，可以说是四句教的题中应有之义。

（三）境界论意义上的四无：天德流行的圆善之境

无论是良知之"无"性，还是"无中生有"的致良知工夫论，都可以让我们看到，龙溪言无，基本上是就境界论的作用形式而非存有论的本质内容而言。"无心之心"、"无知之知"、"无意之意"和"无物之物"，便是侧重心、知、意、物"无心"、"无知"、"无意"与"无物"的作用与表现方式。尽管四无之下心、知、意、物的内容是作为"实相"的真实存有，但其作用和表现方式本身则并无实有的意义，而是呈现为一种心、知、意、物一体而化的终极境界。"藏密"、"体寂"、"应圆"和"用神"，便是良知心体自性流行状态下"动而无动"的四无之境。

虽然龙溪用"藏密"形容心，用"体寂"形容知，但由于心与知具有本质同一性，因此"藏密"与"体寂"涵义相同，可以互换。龙溪在《藏密轩说》中解说道：

> 密为秘密之义，虞廷谓之道心之微，乃千圣之密机，道之体也。……藏密者，精一之功，斋戒以神明其德也。湛然澄莹

之谓斋，肃然严畏之谓戒，斋戒洗心，而后密可藏也。……良
知知是知非，而实无是无非。知是知非者，心之神明；无是无
非者，退藏之密也。(《全集》卷十七)

此处以"藏密"既形容心体作用的精一隐微，又形容良知作用的不
显是非之相。而在《致知议辨》中，龙溪又以"寂"来形容心：

寂是心之本体，不可以时言。时有动静，寂则无分于动
静。濂溪云：无欲故静。明道云：动亦定，静亦定。先师云：
定者，心之本体，动静所遇之时。静与定，即寂也。(《全集》
卷六)

而无论"藏密"还是"体寂"，均是指良知心体在"无相"(无)之
下显其"实相"(有)时所呈现的那种如如自在、渊然凝聚的境界。
这种境界也就是周濂溪《通书》中所谓的"静"，以及程明道《定
性书》中所谓的"定"。

良知心体的"密"和"寂"，并不意味着不流行发用，所谓
"良知者，无思无为，自然之明觉。即寂而感行焉，寂非内也；即
感而寂存焉，感非外也。动而未形，有无之间，几之微也。"(《全
集》卷六《致知议略》)良知心体正是在"静"、"定"的状态下，
以"随风潜入夜，润物细无声"(杜甫《春夜喜雨》)的方式流行发
用，贯通内外寂感。而作为良知心体的直接发动和纯粹发用，"无
意之意"的作用形式便体现为"应圆"的品格。

在《慈湖精舍会语》中，龙溪和冯纬川等人围绕"意"有过一
番问答。龙溪在向冯纬川解说师门宗旨时首先发挥了杨简(字敬
仲，称慈湖先生，1141—1225)的"不起意"之说，并在进一步的

问答中对"不起意"的意义做出了解释。其中，我们也可以看出龙溪四无论"无意之意则应圆"中所谓"应圆"这种品格的涵义。

> 冯子（冯纬川）叩阐师门宗说。先生（龙溪）曰："意者本心自然之用，如水鉴之应物，变化云为，万物毕照，未尝有所动也。惟离心而起意，则为妄。千过万过，皆从意生。不起意，是塞其过恶之原，所防未萌之欲也。不起意，则本心自清自明，不假思为，虚灵变化之妙用，固自若也。空洞无体，广大无际，天地万物，有像有形，皆在吾无体无际之中，范围发育之妙用，固自若也。其觉为仁，其制裁为义，其节文为礼，其是非为知，即视听言动，即事亲从兄，即喜怒哀乐之未发，随感而应，未始不妙，固自若也。而实不离于本心自然之用，未尝有所起也。"冯子曰："或以不起意为灭意，何如？"先生曰："非也。灭者有起而后灭。不起意，原未尝动，何有于灭？"冯子曰："或以不起意为不起恶意，何如？"先生曰："亦非也。心本无恶，不起意，虽善亦不可得而名，是为至善。起即为妄。虽起善意，已离本心，是为义袭。诚伪之所分也。"（《全集》卷五）

这里"离心而起"的意，是指有善有恶的意念，"不起意"，则并非是取消良知心体的发用，即所谓"灭意"，而是要使意作为本心自然之用而发动。并且，在龙溪看来，"起善意"之说亦不免无病，因为意本来是良知心体的发用，若能在良知心体上立定根本，良知心体所发自然是善意。这时再说"起善意"，便不免于有意而为的"有心"，很容易滑入到"行仁义"的义袭之学。显然，这和龙溪强调良知之"无"性以及"无中生有"的致良知工夫论是相当一致的。根据我们前面对龙溪四无论中"意"的分析和诠释，这种"不起"状态的意，也就是"无善无恶之意"、"无意之意"。"应圆"则如同"水鉴应物"那样，显示出一种自然无执、活泼灵动的状态。而意之所以能达至"不假思为，随感而应"那种圆应无方的境界，关键在于此时的意已非有能所、期必和攀援的意念，而是"与物无对"的"明觉"、"智的直觉"。它打破了主—客的二元对立结构，在"我—你"关系中使心知和物达到"一体"的状态。

在上引《慈湖精舍会语》中，龙溪阐发师门宗旨时首先论"不起意"之说，固然是由于身在慈湖精舍的机缘，加之"不起意"本来就是慈湖思想中的一个重要观念，但慈湖与龙溪思想上的一致之处，则不能不说是更为重要的原因。慈湖认为，"人心本正，起而为意而后昏，不起不昏"（《慈湖遗书》卷一《诗解序》），"人性皆善，皆可以为尧舜，特动乎意，则恶"（《慈湖遗书》卷一《乡记序》），因此慈湖主张"不起意"。不过慈湖的"不起意"之说，也并不是要取消意识活动的发生。所谓"不起意，非谓都不理事，凡做事只要合理，若起私意则不可"（《慈湖遗书》卷十三《家记七·论中庸》）。只有在这个意义上"不起意"，才能使心体保持"明镜"般的本来状态，所谓"意虑不作，澄然虚明，如日如月，无思无为而万物毕照"（《慈湖遗书》卷二《永嘉郡学永堂记》）。显然，慈湖关于"意"的看法尤其对"不起意"的解释，较之龙溪"无善无恶之意"，"无意之意"观念的内涵，二者的确是极为相似。也正因此，后来许多学者常常将龙溪视为阳明门下的慈湖。不过，我们同时需要指出的是，如果要将龙溪和慈湖加以比较，二者在"动"、"静"、"有"、"无"之间仍然显示出不同的倾向。相对而言，慈湖是偏于"自有以入于无"的"静"，而龙溪则倾向于"自无而入于有"的"动"。因而慈湖的"不起意"更多地具有"静敛"

的品格，而龙溪的"无意"则更多地意味着德性生命在生活世界的实践行为中生化、活泼的自然流动。也正是由于这一细微的差别，龙溪在肯定慈湖"不起意"的同时，也批评慈湖有偏于寂静之虞。所谓"慈湖已悟无声无臭之旨，（然）未忘见。象山谓'予不说一，敬仲常说一'。此便是一障"（《全集》卷五《慈湖精舍会语》）。这和阳明所言"杨慈湖不为无见，又著在无声无臭上见了"（《传习录下》），是一致的看法。也正是在这个意义上，冈田武彦先生认为龙溪应当更接近象山门下的傅梦泉而非杨慈湖。❶傅梦泉被认为是象山最为属意的门人，❷但其学说却并未流传下来。

我们已经指出，龙溪四无论的提出，以心、知、意、物的体用关系和演绎结构为基础。因而，"无物之物"之所以能达到"用神"的境界，是以心、知、意的"藏密"、"体寂"和"应圆"为前提的。那么，所谓"用神"的涵义又是什么呢？龙溪本于阳明有将"物"解为"事"的看法，而在"无意之意"的"圆应"作用下，作为"事"的物，自然由有善恶之相的生活世界中的行为事件转化为无善无恶之相而又至善无恶的实德实事。整个生活世界的整体运作和关联，完全自然而然地呈现出一种各正性命、各得其所的和谐与有序状态，这便是"物用"之"神"的状态。此时当可谓"宇宙秩序即是道德秩序，道德秩序即是宇宙秩序"。王襞（字宗顺，号东崖，1511—1587）所谓"鸟啼花落，山峙川流，饥餐渴饮，夏葛冬裘，至道无余蕴"（《明儒学案》卷三十《泰州学案一》），正是对

---

❶ 冈田武彦：《王阳明与明末儒学》，页 109—110。

❷ 所谓"先生（象山）于门人，最属意者唯傅子渊"。见陆九渊：《语录上》，《陆九渊集》，页 420。又"松（严松）问先生，今之学者为谁？先生屈指数之，以傅子渊居其首，邓文范居次，傅季鲁、黄元吉又次之"。同前书，页 422。象山《与陈君举》书中亦云："子渊人品甚高，非余子比也。"同前书，页 128。

这种"用神"境界的描绘。

在中国哲学中，虽然《庄子》中已有"境"的用语，但"境界"一词本来最早却是佛教中的观念。"境界"是对梵语 visaya（音译"毗舍也"）的汉语意译。佛教中境界一词既可指主观的内心情状，又可指客观外境的情状，而以后者的情况居多。但随着儒释道三教融合的发展，境界不仅成为一种三教通用的术语，而且成为日常语言中常见的表述。境界指示的是存有的状态、品格，而不在于存有的内在结构，尽管存有的存在状态与其内在结构是密切相关的。用儒家的术语来说，它是对于某种"体段"的描述。我们现在谈到境界时，往往更多地与主体的心灵相关，因而主观的意味偏重，这已经和境界一词原先在佛教中的意义有所差别。但是，当我们在境界论的意义上讨论龙溪的四无说时，我们便应当注意到，境界其实是兼含主客观两面涵义的。事实上，通过前面对四无概念的分析以及存有论涵义的了解，我们已然可以看到西方近代哲学意义上的主体与客体、主观与客观的二元对立对于龙溪的四无论已不再有效。因此，龙溪四无论的境界论意义，便不止是良知心体这一儒家"自我"的存在状态，更是良知心体与天地万物通过"我—你"关系连为一体的整个存有系列的存在状态。龙溪所谓"藏密"、"体寂"、"应圆"、"用神"，就是从不同方面对这一整体存有系列的境界的描绘。

由"藏密"、"体寂"到"应圆"、"用神"的四无之境，完全体现为一种自然无执的状态，这完全由良知心体充拓至极而达至。心知若能"藏密"、"体寂"，根于心而发的意自能"应圆"，而物也自然"用神"，于是整个流行发用自然无为，这便是"自性流行，动而无动"。而心知若不能"密"、"寂"，意离心而起变为"识"，则自不能圆应无方，物也就不能得其正。这时再用为善去恶的工夫，便非自性流行，所谓"着于有者，动而动也"。因此，道德实践在心、知、意、物的关系结构和存有系列中达到"从心所欲不逾矩"程度，就必然归于龙溪四无论所描绘的那种四无之境。唐君毅先生曾提出过生命存在的九重境界说，对每一种境界以及各种不同境界之间的关系均有极为细致甚至繁复的说明。[1]其"天德流行境"的说法，便揭示了宇宙间超越于主客观之上的从自我到天地万物"各正性命"而又亲和一体的存在状态。[2]当然，这种存在状态不是一种静态的结构，而是一种动态的流行，它包括了宇宙间万事万物生灭流转却又一气流通不息的生生化化的过程。显然，唐君毅先生的"天德流行境"所指示的整个存有系列的境界，正可以为龙溪四无论的境界论意义提供绝佳的诠释与说明。并且，在龙溪的四无之境下，由于存有界与道德界的合一，幸福如何配享于道德的问题也得到了解决，因此，"天德流行"的四无之境同时也就是德福一致的"圆善"之境。当然，这种圆善之境由于是建立在"若悟得心是无善无恶之心"这一良知心体流行发用的基础之上，因而并不同于康德的 das höchste Gute。[3]但作为儒家意义上的"圆善"，龙溪的四无论又的确提供了一种统一德性与幸福、自由与必然的不同于康德的另一种方式。不过，无论是"天德流行"还是"圆善"，对龙溪来说，四无之境完全是致良知工夫

---

[1] 唐君毅：《生命存在与心灵境界》（台北：台湾学生书局，1976）。

[2] 唐君毅：《生命存在与心灵境界》，第二十五至二十七章。

[3] 牟宗三先生在《圆善论》中重点处理了康德"幸福如何被统一到道德之上"这一所谓 das höchste Gute（以往译作"最高善"、"至善"，牟先生译为"圆善"）的问题，但笔者认为与其说是牟先生解决了康德的问题，不如说是牟先生转化了康德的问题而根据中国哲学的传统建立了自己的"圆善论"。关于这一点参见彭国翔："康德与牟宗三之圆善论试说"，台北：《鹅湖》，1997年第8期，页21—32。不过，当我们说龙溪的四无之境是一种圆善之境时，我们倒可以说是在牟宗三而非康德的意义上来使用"圆善"这一概念的。事实上，牟先生在论述儒家圆教与圆善论时，正是以龙溪的四无论作为主要的诠释资源。参见牟宗三：《圆善论》第六章第五节，页316—335。

所能达至和所应达至的终极境界。

三　四无论的定位

四无论历来是龙溪思想中最具争议的部分，我们前面已对其内涵作出了解释。就某种意义而言，这也是一种定位工作。由于四无论并非"龙溪子谈不离口"，而只见于与阳明思想密切相关的天泉证道，因而脱离了阳明的思想尤其四句教，便很难孤立地把握四无论的意义。在这一部分，我们首先从历史和理论两个方面来考察四无论与阳明思想的关联，然后在龙溪思想的整体结构与中晚明阳明学的发展脉络这样一个思想的关联域中以求对龙溪四无论的思想史意义予以较为恰当的定位。

（一）四无论与四句教

龙溪的四无论，仅见于天泉证道的相关记载。但我们在本章第一节讨论龙溪四无论的提出时已经看到，天泉证道中阳明对龙溪四无论的态度，龙溪和绪山这两位当事人的记载并不一致。龙溪《天泉证道记》和《钱绪山行状》中很重要的一句是阳明说：

> 汝中所见，我久欲发，恐人信不及，徒增躐等之病，故含蓄到今。此是传心秘藏，颜子、明道所不敢言者，今既说破，亦是天机该发泄时，岂容复秘？

但在《传习录》和《阳明年谱》绪山所作的记录中，却不见有这句话。那么，阳明究竟是否将龙溪的四无论视为自己一直含蓄未发而为龙溪所吐露的"天机"呢？

天泉证道次日，龙溪和绪山等即送阳明出征广西，至严滩而别。在严滩，阳明与龙溪、绪山之间又有一场问答。在《传习录下》和《钱绪山行状》中，均有严滩问答的记载。研究者往往以《传习录》的记载为据。事实上，龙溪《钱绪山行状》中的记载，和《传习录》中的记载并不相同。其中的差异，对于了解龙溪与阳明思想的关系，颇为重要。

《传习录下》中严滩问答是绪山所录，[❶]其文曰：

> 先生起征思田，德洪与汝中追送严滩。汝中举佛家实相幻相之说，先生曰："有心俱是实，无心俱是幻。无心俱是实，有心俱是幻。"汝中曰：有心俱是实，无心俱是幻，是本体上说工夫。无心俱是实，有心俱是幻，是工夫上说本体。先生然其言。洪于是尚未了达，数年用功，始信本体工夫合一。但先生是时因问偶谈，若吾儒指点人处，不必借此立言耳！

而龙溪《钱绪山行状》中的回忆则是：

> 夫子赴两广，予与君（绪山）送至严滩，夫子复申前说："两人正好互相为用，弗失吾宗。"因举"有心是实相，无心是幻相，有心是幻相，无心是实相"为问。君拟议未答，予曰："前所举是即本体证工夫，后所举是用工夫合本体，有无之间，不可致诘。"夫子莞尔笑曰："可哉！此是究极之说，汝辈既已见得，

---

❶ 《传习录下》误作黄以方录。陈来先生已指出此点。见陈来：《有无之境——王阳明哲学的精神》，页 230。

正好更相切磨，默默保任，弗轻漏泄也。"二人唯唯而别。

龙溪所言与绪山有三点不同：一、就龙溪的说法而言，严滩问答是天泉证道的继续，所谓"夫子复申前说，两人正好互相为用，弗失吾宗"，而绪山的记录，则未显示出严滩问答与天泉证道的连续性。二、"有心无心"四句，照龙溪之说，是阳明继续总结天泉证道所举的证语，所谓"因举"。但据绪山所录，虽然这四句仍是阳明所言，却是龙溪"举佛家实相幻相之说"在先，然后阳明才因问而答。三、依龙溪之说，阳明认为"有心无心"四句以及龙溪对此四句的解说，是"究极之说"，而绪山的记录中并没有这样的评语，只是"先生然其言"而已。那么，二人的记载谁更为准确呢？

　　首先，尽管龙溪与绪山的记录有差别，但"有心无心"四句内容一致。而就此四句内容来看，则显然是对天泉证道的总结，尤其是对"无善无恶心之体"一句的解释。"有心俱是实，无心俱是幻"，是从存有论的角度说心体的真实不虚，指明心体至善的本质内容。"无心俱是实，有心俱是幻"，是从境界论的角度说心体，显示心体无执无著，不着意思的作用形式和存在状态。其次，阳明以"有心无心"四句和龙溪的解释为"究极之说"，应当是严滩问答中的实际内容。绪山所谓"先生然其言"，讲得很模糊，但在阳明卒时绪山和龙溪联名所作的《讣告同门》文中，却又说"冬初，追送严滩请益，夫子又为究极之说，由是退与四方同志，更相切磨，一年之别，颇得所省"。可见绪山当时亦承认此"究极之说"。仅就这两方面看，已足以表明龙溪的记载更为准确，并且反映了天泉证道与严滩问答之间的连续性以及当时阳明思想的特征。而绪山在《传习录下》中略去"究极之说"的字眼，并对阳明"有心无心"四句加上自己的按语，所谓"但先生是时因问偶谈，若吾儒指点人处，不必借此立言耳"，以及在编《阳明年谱》时干脆略去了严滩问答的内容，不能不说淡化了阳明对龙溪的称许，同时也意味着淡化了"有心无心"四句中所透露的晚年阳明的思想特征。

严滩问答之后，阳明行至南浦（南昌西南）时，又发生了一件直接与龙溪有关的事情。龙溪在《钱绪山行状》前引严滩问答之后，紧接着又说：

> （阳明）过江右，东廓、南野、狮泉、洛村、善山、药湖诸同志二三百人，候于南浦请益。夫子云："军旅匆匆，从何处说起，我此意蓄之已久，不欲轻言，以待诸君自悟，今被汝中拈出，亦是天机该发泄时。吾虽出山，德洪汝中与四方同志相守洞中，究竟此件事，诸君只裹粮往浙，相与聚处，当自有得，待予归未晚也。"

南浦请益之事，未见于《传习录》和《阳明年谱》。《阳明年谱》只是载："明日至南浦，父老军民俱顶香林立，填途塞巷，至不能行。"但此事龙溪枚举当时所在的诸位同门，言之确确，不可能是杜撰。况且，徐阶《龙溪王先生传》、赵锦《龙溪王先生墓志铭》和李贽《续藏书》对此事均有记载。徐阶《龙溪王先生传》载：

> 文成至洪都（南昌），邹司成东廓及水洲、南野诸君，率同志百余人出谒。文成曰："吾有向上一机，久未敢发，近被王汝中拈出，亦是天机该发泄时，吾方有兵事，无暇为诸君言，但质之汝中，当有证也。"其为师门所重如此。

赵锦《龙溪王先生墓志铭》也说：

> 无何阳明过江右，邹东廓、欧阳南野率同志百余人出谒。阳明谓之曰："吾有向上一机，久未敢发，今被汝中拈出，亦是天机该发泄时。吾方有兵事，未暇，诸君质之汝中，当必有证。"其善发阳明之蕴而为其所重也如此。

二人所说完全一致，李贽《续藏书》中的记载当是本之徐阶和赵锦。徐阶与赵锦的记载和龙溪所述内容基本一致，但也有差异。在徐阶与赵锦的记载中，阳明是明言让请益诸人向龙溪取证。而龙溪的记载中，阳明只是说"德洪、汝中与四方同志相守洞中，究竟此件事，诸君只裹粮而往，相与聚处，当自有得"。前面明谓天机为龙溪所发，这里却并未突出龙溪个人，显然是龙溪自己撰写时的谦让。但阳明认可龙溪吐露其心声，所谓"天机发泄"的话，则与《天泉证道记》中的叙述完全一致。当然，徐阶与赵锦的记载或许参阅过龙溪《钱绪山行状》中的文字，但恐怕不会仅以龙溪所说为凭。以徐阶而言，徐阶仅比龙溪小五岁，作为聂双江的弟子，本人也是王门中人。并且，徐阶和当时其他许多王门弟子都有交往，曾为《王文成公全书》、《阳明先生文录续编》作序，并请南浦请益的当事人欧阳南野主持过灵济宫的讲会。此外，徐阶官至礼部尚书兼东阁大学士，一度秉理国政，是阳明学发展的有力推动者。因此，无论他的记载是否参阅过龙溪《钱绪山行状》中的文字，像南浦请益这样王门中的重要事件，徐阶是很难仅以龙溪个人所述为根据的。

《传习录》和《阳明年谱》中，绪山对阳明晚年思想活动的删改和忽略，既可能出于当时学者掌握阳明晚年思想不当所产生的流弊日益严重，也可能是绪山本人无法像龙溪那样对阳明晚年的思想有会心之得而始终难以相契。因而龙溪在《刻阳明先生年谱序》的末尾指出："其于师门之秘，未敢谓尽有所发；而假借附会，则不敢自诬，以滋臆说之病。"在肯定绪山《阳明年谱》可靠性的同时，也表达了认为绪山所编年谱未能充分揭示阳明思想底蕴的意见。无论如何，由天泉证道、严滩问答和南浦请益的事实来看，阳明的确是将龙溪的四无论视为心中所蓄而一直未发的"向上一机"。

事实上，除了以上史实所显示的线索之外，从义理的逻辑关联来看，同样可以看出，龙溪的四无论，不仅不与阳明的思想相悖，反而是阳明四句教必要和可能的展开。陈来先生和秦家懿女士已经指出天泉证道中阳明四句、龙溪四无以及绪山四有的不同，❶也有研究者尝试对三种不同立场之间的关系加以衡定。❷不过，不论我们根据邹东廓《青原赠处》的记载将钱绪山的"四有"界定为"至善无恶者心，有善有恶者意，知善知恶是良知，为善去恶是格物"（《邹东廓先生文集》卷三），❸还是以为邹东廓之说作为间接的材料不足为凭而仍认为钱绪山"四有"的首句还应当是"无善无恶心之体"，❹甚至如有的学者主要从文献角度所认为的：既然邹东廓《青原赠处》

---

❶ 参见（一）陈来：《有无之境——王阳明哲学的精神》，页 193—203；（二）Julia Ching（秦家懿），Beyond Good and Evil：The Culmination of the Thought of Wang Yang-ming（1472–1529），*Numen*，No. 22，1973，pp. 127–136。

❷ 高玮谦："王门天泉证道研究——从实践的观点衡定'四无'、'四有'与'四句教'"，台湾"中央大学"硕士论文，1993 年 5 月。

❸ 《青原赠处》为邹东廓对天泉证道的记载，所谓："阳明夫子之平两广也，钱王二子送于富阳。夫子曰：'予别矣，盍各言所学？'德洪对曰：'至善无恶者心，有善有恶者意，知善知恶是良知，为善去恶是格物。'畿对曰：'心无善无恶，意无善无恶，知无善无恶，物无善无恶。'夫子笑道：'洪甫须识汝中本体，汝中须识洪甫工夫。二子打并为一，不失吾传矣。'"但东廓并非天泉证道的当事人，且将天泉证道与严滩问答误为一事，因富阳即严滩。

❹ 高玮谦："王门天泉证道研究——从实践的观点衡定'四无'、'四有'与'四句教'"，页 12，页 61—76。

是间接材料，亦不能由之确定绪山之说为相对于龙溪四无且独立于阳明四句教的所谓四有，❶恐怕都不是本质的问题。这里的关键在于：对绪山而言，四句教首句无论表述为"无善无恶心之体"还是"至善无恶心之体"，其本质意涵其实并无不同。绪山对心体的理解至少在天泉证道时的确只是在于至善的本质内容。换言之，天泉证道时绪山对阳明"无善无恶心之体"在作用形式上的"无"与本质内容上的"有"这两方面的统一还欠缺相应的把握，其了解还仅在于至善的"有"这一方面。即便绪山未尝不可以顺着阳明而说"无善无恶心之体"，但他对于"无善无恶"的理解仍然只是至善的本质内容这一个方面。与之相对，龙溪却能对阳明"无善无恶"两方面的涵义有真切与透彻的掌握，因而在这个意义上严格而论，龙溪的"四无"其实并非绪山"四有"的对立一端而有待于阳明四句教的统合。限于四句的表达方式，或许难免诠释的差异，但根据我们前面对龙溪良知观的研究，在通观龙溪思想整体的情况下，显然可见龙溪对良知心体至善的本质内容与无执不滞的作用形式这两方面的把握并非舍此取彼的一偏之见。如果再充分考虑到龙溪一念工夫对于先天与后天、顿悟与渐修的统一，我们甚至在工夫论上便也不能将龙溪视为与绪山对立的一面了。当然，这样观察龙溪的思想也许超越了龙溪三十岁时天泉证道的具体情境，可能会将龙溪后来思想发展的内容赋予四无之中。在这个意义上，我们仍然可以说在天泉证道时龙溪与绪山在辩难时立论不免各有侧重，阳明则取其中道而令二人相互取益。可是，绪山思想的发展是否最终能够也像龙溪那样不堕一边，由于"文献不足征"，❷却难以完整全面地加以考察

---

❶ 方祖猷："天泉证道的'四句教'与'四无说'"，载吴光主编：《阳明学研究》，页158。

❷ 《四库全书总目提要》载钱绪山有《绪山会语》二十五卷，刘蕺山曾作《钱绪山语要序》，说明当时该书尚在，然现已难觅，很有可能已经佚失。

了。因此，我们这里的重点就不在于考察天泉证道时阳明、龙溪与绪山三者思想间的关系，而是希望从历史事实与义理结构两方面来同时说明龙溪四无论与阳明四句教之间的关联。

前已指出，在阳明学对于《大学》的诠释中，心知、意、物之间构成一种体用关系，而阳明对意的理解又有两种涵义，因此，根据心知、意、物的体用关系和演绎结构来看，四无论可说是由阳明"无善无恶心之体"一句所能必然分析而出者。而阳明由于引入了习心的观念，四句教中的心知、意、物之间的体用关系反而增加了一层曲折。从"无善无恶心之体"到"有善有恶意之动"之"意"与随之而来的"有善有恶之物"中的"物"，以及从"无善无恶心之体"到"无善无恶之意"、"无意之意"中的"意"与随之而来的"无善无恶之物"、"无物之物"中的"物"，显然是由同一个出发点引出的两个不同的层面和两条不同的途径。对此，我们可以借助佛教《大乘起信论》中"一心开二门"的讲法来加以说明。❶

《大乘起信论》有云："显示正义者，依一心法有二种门。云何为二？一者心真如门，二者心生灭门。是二种门皆各总摄一切法。此义云何？以是二门不相离故。"❷这里的"一心"，是指如来藏自性清净心、真如心，而不同于唯识宗系统的阿赖耶识。由此自性清净心直接生起的是清净无漏法，即所谓"心真如门"。但是，由于原始无明的干扰，现实世界的各种生命与存在却是处在"诸行无常，

---

❶ 关于《大乘起信论》的作者及其真伪的问题，迄今尚无定论，参见《大乘起信论真伪辨》，收入张曼涛主编：现代佛教学术丛刊第35册，书名为《大乘起信论与楞严经考辨》，大乘文化出版社，1978。但无论该书作者是谁，是否伪造，该书所反映的思想在印度后期佛教中均有经典的依据，如《胜鬘夫人经》、《楞伽经》、《大般涅槃经》等一些有关如来藏思想的经典。

❷ 《大乘起信论校释》，真谛译，高振农校释，中国佛教典籍丛刊（北京：中华书局，1992），页16。

诸法无我"的生死流转状态，"心生灭门"指示的便是无明干扰之下"一心"所间接生起的生灭无常的污染法和烦恼法。当然，直接生起"心生灭门"的仍然是阿赖耶识，但是在《大乘起信论》的思想系统中，阿赖耶识却不像在唯识宗中那样只有虚妄的污染性，而是既有污染性，又有清净的成分，正如《大乘起信论》本身所谓"不生不灭与生灭和合，非一非异，名为阿黎耶识"。❶其中生灭的方面是指污染的生死流转法，不生不灭这一方面，指的便是其中的清净成分，而这清净成分是通于如来藏自性清净心的。并且，阿赖耶识与如来藏自性清净心相较，后者是更为根本的终极因素。因此，如来藏自性清净心虽然不像清净心之于心真如门那样构成心生灭门的"生因"，但却依然可以说是心生灭门的"凭依因"。显然，撇开如来藏自性清净心以及真如、生灭的佛教内涵不论，如果说同是由"无善无恶心之体"这"一心"所发的话，龙溪的"无善无恶之知"、"无善无恶之意"、"无善无恶之物"以及"无知之知"、"无意之意"、"无物之物"，构成了相当于"心真如门"的这一层面，而阳明"有善有恶意之动"和"为善去恶是格物"中的"意"与"物"，则处在相当于"心生灭门"的经验感性层次。阳明对于"习心"的引入，也类似于《大乘起信论》中对"无明"这一因素的考虑。

因此，就阳明"无善无恶心之体"这"一心"以及阳明两种意与物的理解而言，阳明四句教实际上可以说已经蕴涵了四无论这一层面，只不过四句教这一表述形式本身无法将其彰显出来而已。就此而言，龙溪提出四无论，实质上并不等于相对于四句教而另立一说，只是揭示了四句教中的一个隐含向度，并弥补了四句教在表述

---

❶ 阿赖耶识是玄奘以后的译法，以前译为阿黎耶识、阿梨耶识，也意译为藏识。

形式上的不足。而四句教与四无论合在一起，也可以说是一种儒家意义上的"一心开二门"。

陈来先生曾以"有无合一"来界说阳明的思想体系，在哲学和文化的意义上均准确地揭示了阳明哲学的精神特质。但他同时也指出："从天泉证道始末来看，有无之间如何结合和表述，他（阳明）本来还未考虑得十分成熟。"❶与之相应，"阳明并没有在他的工夫论中讨论'从无处立根基'的工夫"。❷而无论从天泉证道到严滩问答再到南浦请益的史实来看，还是就四句教与四无论的内在义理关系而言，我们都可以说：如果以"有无合一"来界说阳明哲学的话，那么"无"的这一面尽管在阳明晚年的思想中已多有流露，但其系统的表述，却是由龙溪来完成的。阳明一生为学数变，每一阶段都有不同形式的理论表达，晚年其学已臻化境，如龙溪所谓"居越以后，所操益熟，所得益化，信而从者益众。时时知是知非，时时无是无非，开口即得本心，更无假借凑泊，如赤日丽空而万象自照，如元气运于四时而万化自行"（《全集》卷二《滁阳会语》），对此化境，阳明自己并无明确的说明，而龙溪的四无论，却正可以作为这种化境的理论概括。

（二）四无论的思想定位

龙溪四无论在中晚明以至清初思想界所引起的争议尤其批评，主要在于两个方面：一是认为"无善无恶"的思想流入佛教和告子意义上的善恶无定性，取消了本体的至善；二是认为龙溪以四无为教法，倡顿悟而废渐修。前者与龙溪的良知观相关，属于本体方面

❶ 陈来：《有无之境——王阳明哲学的精神》，页229。
❷ 同上书，页318。

的问题；后者与龙溪的致良知工夫论相连，属于工夫方面的问题。

对于"无善无恶"的批评，又可以分为两种类型，一种是往往出于对阳明的回护而将"无善无恶"的思想完全归于龙溪，将四无论与四句教割裂开来。包括许孚远、刘蕺山、黄宗羲、邵廷采（字允斯，号念鲁，1648—1711）等人。有的甚至怀疑四句教的真实性。如刘蕺山所谓"四句教法，考之阳明，并不经见。其说乃出于龙溪，则阳明未定之见，平日尝有是言，而未敢笔之于书，以滋学者之惑"（《明儒学案·师说》）。黄宗羲顺承师说，亦称"无善无恶"之说为"斯言也，与阳明平日之言无所考见，独先生（龙溪）言之耳"（《明儒学案》卷十二《浙中王门学案二》）。邵廷采在不得不承认天泉证道中阳明四句教的表述以及认可龙溪四无的情况下，甚至强分出两种四无，所谓：

> 至于四无之说，流失在龙溪。而天泉夜论，其师不以为不然，故滋人口实。然其中正有可详求者。阳明之所谓四无，固异于龙溪之为四无。龙溪之所谓四无，以无为无者也，荡而失归，恍惚者托之矣。故其后为海门，为石梁（陶奭龄），而密云悟之禅入焉。阳明之所谓四无者，以无为有，以有为无者也。前乎此者，濂溪之"无极而太极"，后乎此者，蕺山之"无善而至善"。（《思复堂文集》卷一）

而另一种则是一并将阳明、龙溪加以批评，如顾宪成（字叔时，号泾阳，1550—1626）、高攀龙（初字云从，后字存之，别号景逸，1562—1626）、冯从吾（字仲好，号少墟，1556—1627）等人。但不论是否维护阳明，这两种类型的学者都一致将"无善无恶"之说等同于佛教和告子取消善恶差别的看法。在这些学者看来，四句教首句"无善无恶心之体"已经有悖于孟子性善论的基本立场,龙溪的四无之说将心、知、意、物尽归于无善无恶,则更是害莫大焉。由于"无善无恶"思想的根本在于"无善无恶心之体",因此,围绕良知心体的无善无恶之辨成为中晚明阳明学发展过程中的主要论题之一。对此,我们在第6章将予以专门讨论。这里相关于龙溪的四无论而首先需要说明的是,无论站在阳明学之内或之外来批评龙溪的"无善无恶",显然未能全面与深入地掌握龙溪"无善无恶"思想的真实涵义,这当然也是没有理解阳明"无善无恶心之体"所使然。

我们前已指出,龙溪"无善无恶"的涵义,包括至善的本质内容和不执著于善恶的作用形式两个方面。后者在人生境界形态上的表现完全可以和禅宗"无所住而生其心"(《金刚经》)、"无念、无相、无住"(《坛经》)的精神相通无碍,前者在存有论的意义上肯定良知心体为至善的实在,则完全不同于禅宗或整个佛教"无善无恶"所表达的"缘起性空"的基本立场以及告子的善恶无定性之说。而上述诸人将龙溪甚至阳明的"无善无恶"视为佛教或告子意义上的"无善无恶",显然未能深入了解阳明、龙溪"无善无恶"的内在意涵,不免于"文字障"而犯了"语言形式决定论"的错误。龙溪在《答吴悟斋》第二书中曾经将阳明的四句教表述为"至善无恶者,心之体也;有善有恶者,意之动也;知善知恶者,良知也;为善去恶者,格物也"(《全集》卷十)。黄宗羲便抓住这一点与天泉证道相较,认为龙溪"其说已不能归一矣"(《明儒学案》卷十二《浙中王门学案二》)。但是,《天泉证道记》中龙溪已经明谓"天命之性,粹然至善,神感神应,其机自不容已,无善可名。恶故本无,善亦不可得而有也,是谓无善无恶",以超越经验意义上相对之善恶的绝对至善来规定"无善无恶",而除此之外,龙溪更是多次明确将至善作为无善无恶的本质内容。在《答中淮吴子问》

中，吴中淮向龙溪提出如何统一孟子性善论与阳明无善无恶之说的问题，龙溪指出：

> 先师无善无恶之旨，善与恶对，性本无恶，善亦不可得而名。无善无恶，是为至善，非虑其滞于一偏而混言之也。（《全集》卷三）

在《与阳和张子问答》中，面对张元忭类似的问题，龙溪回答得更为明确：

> 性无不善，故知无不良。善与恶，相对待之义。无善无恶，是谓至善。至善者，心之本体。（《全集》卷五）

隆庆四年庚午（1570），龙溪七十三岁。是年龙溪家遭火灾，龙溪曾作《自讼长语示儿辈》，其后又作《自讼问答》，进行了深刻的自我道德反省。在《自讼问答》中，龙溪再次提出"良知无善无恶，是谓至善"（《全集》卷十五）。由此可见，龙溪以无善无恶为至善的说法从三十岁天泉证道到晚年一以贯之，❶并不存在"其说已不能归一"的问题。黄宗羲恰恰是不了解，对龙溪而言，"至善"作为"无善无恶"的内容规定，本来就不与"无善无恶"之说相悖。邵廷采强分阳明与龙溪四无之不同，认为阳明言无是"无善至善"，龙溪言无是"以无为无"，更是无视龙溪文集中一再出现的"无善

---

❶ 龙溪以"无善无恶"为"至善"的说法，在《全集》中共有四处。除了卷三的《答中淮吴子问》、卷五的《与阳和张子问答》以及卷十五的《自讼问答》之外，还有一处见于卷十七的《不二斋说》，所谓"无善无不善，是为至善；无常无无常，是为真常；无迷无悟，是为彻悟。此吾儒不二之密旨，千圣绝学也"。

无恶，是为至善"的说法。在后面第 6 章讨论无善无恶之辨时我们会看到，明代龙溪之后，大多学者要么不解无善无恶的实义，要么有见于晚明无善无恶之说非预期后果的流弊而从效果伦理的角度不取无善无恶之说以为道德实践的指导思想。惟有周海门、陶望龄（字周望，号石篑，1562—1609）等人对龙溪无善无恶之说有相契与同情的了解。海门所谓"维世范俗，以为善去恶为堤防，而尽性知天，必无善无恶为究竟。无善无恶，即为善去恶而无迹；而为善去恶，悟无善无恶而始真"（《东越证学录》卷一《南都会语》），颇能对无善无恶的二重性心领神会。

对于四无之说，阳明在天泉证道时曾叮嘱龙溪"不宜轻易示人"（《天泉证道记》）。许孚远则有言曰："四无之说，龙溪子谈不离口。"（《明儒学案》卷三十六《泰州学案五》）那么，龙溪是否的确如许孚远所言，一味提倡四无并以之为教法呢？

事实上，在所有龙溪的文集之中，除了《天泉证道记》记载龙溪三十岁时正式提出四无论之外，其他并无龙溪论述四无思想的记录。龙溪自己对于天泉证道的回顾与评价，在通行各种龙溪的全集中，也只有《答程方峰》这一封书信。其中，龙溪指出：

> 天泉证道，大意原是先师立教本旨，随人根器上下，有悟有修。良知是彻上彻下真种子，智虽顿悟，行则渐修。譬如善才在文殊会下，得根本智，所谓顿也；在普贤行门，参德云五十三善知识，尽差别智，以表所悟之实际，所谓渐也。此学全在悟，悟门不开，无以征学，然悟不可以言思期必而得。悟有顿渐，修亦有顿渐。着一渐字，固是放宽；着一顿字，亦是期必。放宽便近于忘，期必又近于助。要之皆任识神作用，有作有止，有任有灭，未离生死窠臼。若真信得良知，从一念入

微承当，不落拣择商量，一念万年，方是变识为智，方是师门
真血脉路。(《全集》卷十二)

从这段文字中，我们看到龙溪的立场已经并不像天泉证道时那样偏
于四无的超顿主张。而刊于龙溪生前万历四年丙子（1576）的《龙
溪会语》，是距今所知龙溪最原始的文献，其中文字大多为龙溪以
第一人称亲笔写就，查铎（字子警，号毅斋，1516—1589）刊刻以
后很有可能为龙溪本人所亲阅，因而是研究龙溪思想的一份重要文
献依据。❶就在《龙溪会语》卷三《东游问答》中，更有一段龙溪与
耿定向有关天泉证道的问答，不见于后来各种龙溪文集，十分珍
贵，尤其能够显示出龙溪当时所持的立场。其文如下：

> 楚侗曰："阳明先生天泉桥印证无善无恶宗旨，乃是最上
> 一乘法门。自谓颇信得及。若只在有善有恶上用功，恐落对
> 治，非究竟，何如？"龙溪曰："人之根器不同，原由此两种。
> 上根之人，悟得无善无恶心体，便从无处立根基，意与知物皆
> 从无生。无意之意是为诚意，无知之知是为致知，无物之物是
> 为格物。即本体便是工夫，只从无处一了百当，易简直截，更
> 无剩余，顿悟之学也。下根之人，未尝悟得心体，未免在有善
> 有恶上立根基，心与知物皆从有生，一切是有，未免随处对
> 治，须有为善去恶的工夫，使之渐渐入悟，从有以归于无，以
> 求复其本体，及其成功一也。上根之人绝少，此等悟处，颜
> 子、明道所不敢言，先师亦未尝轻以语人。楚侗子既已悟见心

---

❶ 有关《龙溪会语》的情况及其文献价值，参见本书附录二："明刊《龙溪会语》与王
龙溪文集佚文——王龙溪文集明刊本略考"。

体，工夫自是省力。只缘吾人凡心未了，不妨时时用渐修工夫，不如此不足以超凡入圣，所谓上乘渐修中下也。其接引人，亦须量人根器，有此二法。不使从心体上悟入，则上根无从而接；不使从意念上修省，则下根无从而接。成己成物，原非两事，此圣门教法也。"

龙溪《答程方峰》书当在晚年，因书中有"衰年艰于远涉"句，而龙溪年八十仍不废出游，故此书当在龙溪八十岁以后。《东游问答》则在嘉靖四十三年甲子（1564），是年龙溪六十七岁。从这两条不同时期龙溪本人对大泉证道评价的仅有材料来看，龙溪不仅并未"四无之说，谈不离口"，在讲学、论学活动中采取的立场，如上引所谓"智虽顿悟，行则渐修"，"悟有顿渐，修亦有顿渐。着一渐字，固是放宽；着一顿字，亦是期必"，尤其是所谓"上根之人绝少，此等悟处，颜子、明道所不敢言，先师亦未尝轻以语人"，"只缘吾人凡心未了，不妨时时用渐修工夫，不如此不足以超凡入圣，所谓上乘渐修中下也。其接引人，亦须量人根器，有此二法"，反而一如天泉证道时的阳明。由此可见，对龙溪而言，四无只是致良知工夫的终极理境，龙溪并未以四无之说为实际的教法在其讲学、论学活动中一味提倡、推广。上引《答程方峰》与《东游问答》的这两篇文字，也再次印证了我们在第3章检讨龙溪先天正心之学所谓脱略工夫问题的看法，即龙溪在致良知的工夫论上并未只讲顿悟，不讲渐修，而是圆融地统一了顿与渐、悟与修。事实上，不同的方法与途径只是因人而异的方便，对龙溪来说，把握到我们每个人内在的良知心体，使之得以完满地呈现而达至圣人之境，才是唯一终极的起点与目标。此外，龙溪在《东游问答》中所谓"悟得无善无恶心体，便从无处立根基，意与知物皆从无生。无意之意是为诚意，无知之知是为致知，无物之物是为格物"（这里的"诚"、"致"、"格"都应作形容词用法），同样也证明了我们前面对龙溪四无论中心、知、意、物概念的诠释完全相应于龙溪的本怀。以"诚意"（所诚之意）、"致知"（所致之知）和"格物"（所格之物）界定"无意之意"、"无知之知"和"无物之物"，正是龙溪在强调心、知、意、物作用形式上"无"的品格的同时，始终并未放弃其存有论意义上"有"的本质内容的表现。这一点，也恰恰是龙溪最终并未倒向佛教"缘起性空"在存有论和境界论上"我法二空"基本立场的关键所在。

理学的产生和发展，除了社会存在方面的因素之外，一方面固然是儒家思想的自我展开，同时也表现为一个与佛老交流互动的过程。将理学看作"阳儒阴释（或道）"，自然失之肤浅，但佛老对儒学的刺激，也的确是一个理学成其为理学的外部原因。

我们在第3章中已经对"有"和"无"在两个不同层次上的涵义进行了分析。在存有论的层面上，道家对世界的实在性问题，并无明确的说明，而佛教则以"缘起性空"为基调，认为世界本质上是因缘假合而成，并不具有真正的实在性。即便是佛教传入中国后有一个入世的转向，发展到了禅宗已经相当的人间化。[1]但其基于"缘起性空"基础之上的"舍离"宗旨，却并无改变。如南泉普愿（748—834）曾言"直向那边去了，却来这里行履"（《古尊宿语录》卷十二），显示了积极的入世倾向，但毕竟终极的归趣，还是彼岸而非此岸，所谓"那边去了"。这种取消世界实在性的立场，便是存有论意义上的"无"。佛教在存有论上以"无"为本，道家亦不免有此倾向，这是儒家所无法接受的。从儒家"万物一体"的基本观念来看，不可能否认世界的实在性。如果认为万事万物包括自己

---

[1] 余英时：《士与中国文化》（上海人民出版社，1987），页452—461。

的父母均不过是假合而生，这对儒家而言简直是无法想象的。历史上对儒家和释老的区分，往往多从双方在社会、政治、经济上扮演角色和所起作用不同的角度着眼，但儒家与释老之别的最终哲学根源，却在于双方存有论上"有"与"无"的不同立场。

尽管存有论上"无"的立场是儒家所不能接受的，但在人生境界上的"无"，即那种超越世俗、无执无著、自由自在的精神品格，却是儒家所能够认同的。事实上，佛老两家的胜场，也均在于此。如上所言，佛教与道家在存有论上的立场严格而论其实并不完全相同，但在人生境界的层面上，二者"无"的特征却是鲜明而一致的。历史上之所以佛老连言，也往往自觉不自觉地是从这一角度来说的。然而，追求与向往那种超越的精神境界，却可以视为每个人的内在的基本要求（尽管因人而异、程度不同）。既然佛老在这方面表现得尤为突出，儒家仅就这方面对佛老表示欣赏和接受，就是完全可以理解的。正如排佛极为激烈的韩愈，仍对大颠和尚"壁立万仞"和"胸中无滞碍"的高洁品格表示敬佩。❶尤其到了明代，在当时污隆的士风之下，佛老不染世累的超越精神境界，便显得格外可贵。龙溪在和王遵岩的问答中就曾指出：

> 吾儒之学，自有异端，至于佛氏之家，遗弃物理，究心虚寂，始失于诞。然今日所病，却不在此，惟在俗耳。（《全集》卷一《三山丽泽录》）

---

❶ 韩愈：《韩愈全集》卷十八《与孟尚书》云："潮州时，有一老僧号大颠（700—790，石头禅师之徒），颇聪明，识道理。……与之语，虽不尽解，要自胸中无滞碍。"韩愈与大颠之交往自《祖堂集》被发现以来便成定案。参见（一）罗香林："唐释大颠考"，载《唐代文化史研究》，上海书店影印民国丛书，原书为商务印书馆1946年版，页58—62；（二）吉川忠夫："韩愈与大颠"，载《中国中世の文物》（京都：京都大学人文科学研究所，1993）。

既然儒家只是在存有论上持"有"的立场，且境界论意义上的"无"和存有论意义上的"有"又属于不同的层次并并不相悖，则儒家欣赏并吸收佛老在人生境界上"无"的精神，在龙溪所处的时代，就不仅是可能而且是必要的了。

其实，虽然佛老在人生境界的"无"上尤显精彩，但这绝不意味着儒学在内在结构上本来缺乏这一向度。孔子对曾点的欣赏以及"毋意，毋必，毋固，毋我"的生命写照，就体现出一种自由活泼、无执洒落的精神境。孟子的"不动心"，也表现出一种超然的人生态度。即使偏重"以道制欲"，开后世儒家严肃主义先河的荀子，也曾最先引证了《书经》"无有作好，无有作恶"的说法。而我们在讨论龙溪"无中生有"的工夫时便已看到，龙溪"无中生有"工夫的内涵之一，正是发挥了"无有作好，无有作恶"的观念。此处我们无法进行思想史的总体说明。❶需要指出的是：儒学内部本来就包含无执不滞的精神向度，只是在"济世"的强烈色彩下，"独善"中所内在蕴涵的这一向度，较之佛老在这方面的胜场，显得不那么突出罢了。而既然儒家本身包含这一精神向度，在佛老的刺激下充分调动自己的内在资源，并通过吞吐消化佛老在人生境界意义上"无"的丰富内容，从而使自己本身更为充实饱满，便是顺理成章之事。

"有无合一"既可以作为一种思想体系的静态结构，又可以视作一种思想发展的动态过程。并且体系结构的形成，又往往是发展过程的结果。从某一视角看，整个宋明理学发展的基本主题之一就是如何在存有论"有"的立场上消化吸收佛老在人生境界论上"无"的丰富内容。因而宋明理学的整体发展，就可以看作一个以"有"

---

❶ 参见陈来：《有无之境——王阳明哲学的精神》，页 235—242。

合"无"的不断过程，尽管不同儒者以"有"合"无"的最终结果并不相同。就此而言，阳明个人的思想，也可以视为这一过程中的一个重要环节。阳明之前，程明道的《定性书》已经反映了鲜明的超越精神境界。所谓"夫天地之常，以其心普万物而无心，圣人之常，以其情顺万物而无情"，正是这种境界的集中体现。而到了龙溪，则更是继承了阳明以"有"合"无"的自觉意识。龙溪看到了人生境界上的"无"并非属于佛老的专利，而是一个儒释道三家均能接受的共法，因此发挥阳明三间屋的譬喻，认为佛道两家"无"的境界，是儒家所本有。由于"无"在禅学方面表现得最为突出，因而谈"无"往往会被不加分析地视为禅。对此龙溪则指出：

> 禅固有同于儒矣，而儒者之学，渊源有自，固非有所托而逃，亦非有所泥而避也。(《全集》卷十七《不二斋说》)

作为阳明的得意弟子，龙溪能够"先得阳明心之同然"，吐露了阳明含蓄已久的心声，正是理学以"有"合"无"精神方向发展的一个自然结果。因此，龙溪四无论的提出，就儒家思想史的发展运动而言，可谓理有固然，势所必至。事实上，较之阳明，龙溪的确更是对儒学与佛老的关系发表了大量的论说，并被推为"三教宗盟"。因此，与佛道二教的深入互动以及如何站在儒家的基本立场上对佛老进行判摄与融通，既构成龙溪思想的重要组成部分，又是中晚明阳明学发展一个基本方面的鲜明体现。

第 5 章

王龙溪与佛道二教

对于阳明身后王学分化的几个不同方向和特征，许孚远曾经有过简略的描述，所谓"姚江之派复分为三：吉州仅守其传，淮南亢而高之，山阴圆而通之"（《敬和堂集》卷五《答周海门司封谛解》）。其中吉州是指邹东廓，淮南是指王心斋，山阴指的便是龙溪。尽管如上一章所论，许孚远认为龙溪四无之说"谈不离口"的说法未得其实，但这里以"圆通"来形容龙溪之学，却委实道出了龙溪之学的基本特征。龙溪"圆而通之"的为学取向不仅表现在围绕有关良知本体与致良知工夫的种种论说上，这一点通过我们前面几章的讨论可以看到，还表现在以良知教为宗旨对佛道二教思想的消化吸收与创造性诠释之上。龙溪以其个人对佛道思想的深入了解和实践经验为基础，试图建构出一个以儒家终极关怀为立足点而又融合儒释道三教的良知教系统。这既是儒释道三教融合思想长期发展的结果，作为阳明学者在儒释道互动过程中对佛道二教的回应，又参与塑造了中晚明三教融合的历史面貌。当然，儒者在同佛道二教的深度互动与交涉中之所以仍然可以保持其儒者的身份，显然有其不同于佛道二教的自我认同。龙溪与佛道二教的关系，可以说是在儒家基本立场上对后者的判摄与融通。并且，龙溪与佛道二教的深度交往以及对佛道二教的融摄，也反映了中晚明阳明学自身发展的一个基本特征和方面。

一　龙溪与佛道二教的因缘

在中晚明三教高度融合的思想背景与社会条件下，儒家人士与佛道二教发生关系是自然而然的。尽管明代的儒者中有像曹端（字正夫，号月川，1376—1434）、胡居仁、何塘（字粹夫，号柏斋，1474—1543）以及黄佐（字才伯，号泰泉，1490—1566）那样严守传统正统与异端之辨从而坚决排斥佛道二教的人，●但自陈献章而王阳明以降，真正对儒家思想有所开展并在社会上产生广泛影响的，基本上都是对佛道二教采取批判兼融会而非简单否定的态度。并且，阳明学对于佛道二教更不只是被动地回应，而是主动地吸收。这在阳明处已经有所自觉，在龙溪处则更有鲜明的表现。而龙溪之所以能够自觉将佛道二教纳入到自己良知教的诠释系统之中，无疑还基于其个人对佛道二教的深入了解和实践经验。因此，在讨论龙溪对佛道二教的基本态度并通过对具体观念和命题的分析以显示龙溪如何在良知教的立场上创造性地诠释佛道二教思想之前，我们先考察龙溪与佛道二教人物的交游以及龙溪对道教法门的实践经验，以明龙溪与佛道二教的因缘。

● 曹端、胡居仁、何塘以及黄佐诸人排斥佛道二教之事例，分别参见《明儒学案》卷四十四《诸儒学案上二》"学正曹月川先生端"，卷二《崇仁学案二》"文敬胡敬斋先生居仁"；卷四十九《诸儒学案中三》"文定何柏斋先生塘"以及《诸儒学案中五》"文裕黄泰泉先生佐"。

（一）与道教人物的交游

对龙溪与佛道二教人士的交游，我们主要以龙溪自己文集中所提供的线索为依据，兼取其他文献的记载为支持，这样既可保证信而有征，又能拓宽并深入我们的了解。由于龙溪与道教的关系以往相对较受忽略，我们在本节以及后面考察龙溪从良知教的立场诠释佛道二教相关观念与命题时，都将道教放在佛教之前。

在文集中，龙溪所运用的道教术语之多，甚至超过禅宗。但有关龙溪与道教人士的接触与往来，记载却颇为简略。只有在对明代道教的情况有相当了解并参之以其他文献，才能获得较为清晰的认识。《明儒学案》中谓龙溪曾与罗念庵一道向方与时学习过静坐工夫，所谓："黄陂山人方与时，自负得息心诀，谓：'圣学亦须静中恍见端倪始得。'先生（念庵）与龙溪偕至黄陂习静，龙溪先返，先生独留，夜坐工夫愈密。"（《明儒学案》卷十八《江右王门学案三》）有关方与时其人，《明儒学案》卷三十二《泰州学案一》中有如下记载：

> 方与时，字湛一，黄陂人。弱冠为诸生，一旦弃而之太和山习摄心术，静久生明。又得黄白术于方外，乃去而从荆山游，因得遇龙溪、念庵，皆目之为奇士。车辙所至，缙绅倒履；老师上卿，皆拜下风。然尚玄虚，侈谈论。耿楚倥初出其门，久而知其伪，去之。一日谓念庵曰："吾侪方外学，亦有秘诀，待人而传，谈圣学何容易耶？"念庵然之。湛一即迎至其里道明山中，短榻夜坐，久之无所得而返。后台、心隐大会矿山，车骑雍容。湛一以两僮儿一篮舆往，甫揖，心隐把臂谓曰："假我百金。"湛一唯唯，即千金惟命。已入京师，欲挟

术以干九重，江陵（张居正）闻之曰："方生此鼓，从此捆破矣。"无何，严世蕃闻其炉火而艳之。湛一避归。胡庐山督楚学，以其昔尝诳念庵也，檄有司捕治，湛一乃逃而入新郑（高拱）之幕。新郑败，走匿太和山，病瘵死。

黄宗羲的这段文字其实是本自耿定向为方与时所作的传。而根据耿定向所说，罗念庵随方与时入道明山习静时，龙溪是随同前往的，只不过龙溪并未久留而已，所谓"王先生（龙溪）先辞归，罗先生独留"。（《耿天台先生文集》卷十六《里中三异传》）❶耿定向与方与时是邻居，对其事知之颇详。由于黄宗羲大体上概括了耿文的基本内容，加之耿文颇长，这里不具引。根据以上这段文字，以及耿定向记载方氏临终前称"平生所得"惟"所录丹方与铅汞"的话来看，方与时无疑是位道士。他非但能将耿定理（字子庸，号楚倥，1534—1577）这样有出世倾向的人士纳于门下，还居然能以异术一度眩惑像龙溪、念庵这样的儒家学者、社会名流，更欲在政治上有所作为，所谓"欲挟术以干九重"，显然具备明代道士的典型特征。大概只有像何心隐（原名梁汝元，字柱乾，号夫山，1517—1579）那样的豪侠之士，才能慑服其人。虽然时人亦多谓龙溪因年幼体弱多病而素留意道教养生之术，如徐阶在《龙溪王先生传》中所谓"公（龙溪）少患羸，尝事于养生"，❷故耿定向、黄宗羲所言龙溪与方与时的接触以及随其习静之事，当属信而有征。不过，此事不见于龙溪文集，龙溪文集中明确记载与龙溪有深入交往的道士，是净明道士胡清虚。

---

❶ 所谓三异包括何心隐、邓豁渠和方与时。
❷ 《王龙溪先生全集》（万历四十三年丁宾刻本）"附录"。

龙溪集中有一篇《祭胡东洲文》，记载了净明道士胡东洲与其交游的事迹：

　　呜呼！吾东洲子而遽止于是乎？嘉靖甲寅岁，予开讲新安之斗山。东洲随众北面执礼，为缔交之始。东洲颜如冰玉，动止闲默。与之语，怳然若有所悟，又嗒然若有所失。昔人行脚四方求法器，东洲非其人耶？嗣是每岁即过越，聚处浃旬而返，因得交于麟阳赵君，授以馆舍，携家为久处之计，此生益以性命相许。因谓予曰："棲之受业于先生，实刘师符玄老人启之，将以广教也。"老人年一百余岁，得回谷之旨，发明内要延命之术，后遇习虚子受净明忠孝性宗，当应代补元之任。旧有传法弟子二十五人，为出世之学，蓬首垢面，不复与世情相通。晚年受记东洲为二十六弟子，谕以世出世法，冀以流通世教，不绝世缘。东洲既授紫云洞谱密传，以妻子托于浮梁东川操君，往来吴越江广，与四方同志相切磨，以卒所学。东洲虽得所传，役役于世法，未得专心究竟。去年春，复就居于越，聚处月余，复还浮梁，与操君共结胜缘。秋初偕近溪罗君，偕其二子同往岭南，赴凝斋公之约。首春，弟子朱生平罡，忽来报讣，云东洲九月二十一日已仙游矣。呜呼痛哉！吾东洲子而遽止于是乎？予与东洲有世外心期，卒然舍我而去，在东洲知有落处，不复为三徒业障所缠，而予则终寡同志之助也。东洲之学，得于师传，以净明忠孝为入门，其大要皆发明性命归源之奥，觉幻知元，住于真常，非有邪伪之术，但世人未之尽知耳。（《全集》卷十九）

龙溪这篇祭文是写于胡东洲卒后次年，其中提到胡东洲于前一年九月二十一日卒于偕罗近溪及其二子前往岭南的途中。而这件事，耿定向在《寄示里中友》一书中也曾提及：

> 秋中，罗近溪携二子暨胡清虚游广东曹溪。至肇庆，其长子病死。次子痛其兄病且死，焚香掌中，灼烂，寻又哭过毁，亦病死。无何，胡清虚亦死。余初闻罗氏二子死，伤悼甚已。已闻胡清虚死，则蹙然举手加额曰："天乎！天乎！其将显明正学与？罗氏二子皆不食人间烟火者，乃为胡子所惑，服勤茹苦，不啻七十子于孔子矣。一旦骈首客死，岂不示人显哉？"胡方士生壬辰，罗长子生丙申，次子则癸卯生耳。死时疾苦呻吟，无以异人也。世为生死志佛志仙者，竟何如哉？天爱我辈何厚也！其教之也至矣！近谂胡清虚，浙之义乌人，初为此中陈大参门子，以生恶疮逐出。无依，倚于某观中一道人。道人率之游匡庐，继往终南山，几年出，而浙中士绅遂翕然宗之。闻陶念斋令兄与龙溪先生俱纳贽受教矣。余往讽龙溪，龙溪亦谓有足取者。近闻石麓阁老信之犹笃，此何说哉？想此子初拼身入山，静极发慧，一时精神，必有可观，以此倾劲士绅，非偶也。后欲渐长，性录（原文为"录"，疑当为"灵"）渐蔽，只得欺谩过日，以扩前名，而不知人可欺，天故不可欺矣。以此推之，如此中卓小仙、王南明所述某蓬头，即吾乡岳蓬头、方湛一皆然也。吾党志学者，视此可为深省。（《耿天台先生文集》卷六）

将天台此信与龙溪祭文相对照，即可知胡东洲即胡清虚。而天台信中除也提到方与时之外，其他提到的岳蓬头、卓小仙，显然都是活跃于中晚明而往来于儒释道三教之间的道士。岳蓬头其人不可考，而被时人称为小仙的卓晚春，[❶]对于林兆恩（字懋勋，别号龙江，称三教先生、三一教主，1517—1598）创立三一教，起了很大的作用。

胡清虚随罗近溪及其二子前往岭南，与近溪二子皆死于途中一事，近溪所作《二子小传》中有较为详细的记录。只不过其中称胡清虚为胡中洲，与龙溪及天台文字相较，可知胡东洲与胡中洲实为一人。不论"东洲"与"中洲"何者因发音误听或传抄有误，均指净明道士胡清虚无疑。且根据近溪的《二子小传》，[❷]作为近溪二子之师的道士胡清虚，"泛览群籍，旁晓诸家"，"浩荡无涯，玄微莫测"，临终前从容安排后事之后，又"秉烛展视素所批点《楞严》，达旦而完，封置，命藏笥中，无得轻发"，显然又兼通佛教。

因此，我们综合以上所有关于胡清虚的文字，可知胡清虚名楼，字东洲或中洲，清虚当为其号或道号，浙江义乌人，生于嘉靖十一年壬辰（1532）。胡氏本来是一位净明道的道士，为刘符玄的第二十六位弟子。嘉靖三十三年甲寅（1554）龙溪讲学于新安斗山书院时，胡氏投身龙溪门下，其后每年均与龙溪"聚处浃旬"，关系密切。胡氏因龙溪的缘故又与赵锦交好，赵锦甚至"授以馆舍"，安顿其家。胡氏又是罗近溪二子罗轩（字叔安、法名一复，改字复初，1536—1579）、罗辂（字叔与，法名贯玄，改字玄易，1543—1579）的师傅。万历七年己卯（1579）秋，胡氏偕罗轩、罗辂与近溪共往岭南，赴刘凝斋之约。至肇庆时近溪二子病死，九月二十一

---

❶ 有关卓晚春其人，参见（一）《福建通志》卷二百六十三《明方外传》；（二）《古今图书集成·神异典》第二百五十八卷《神仙部》"列传"三十五；（三）万历三年刊《兴化府志》卷二十六。

❷ 近溪所作《二子小传》见罗汝芳：《罗明德公文集》卷四，罗怀智汇编，日本内阁文库明崇祯五年（1632）序刊本影印。

日，胡氏亦随之从容坐化而去。据龙溪所言，胡氏虽然有道教的传授，却因深入儒学，反而不能一心专注于其本来所学，所谓"东洲虽得所传，役役于世法，未得专心究竟。"而由近溪的描述来看，胡氏也的确是一位不拘于儒释道三教之畛域而能够出入于儒释两家的道士。胡氏卒后次年，龙溪已是八十三岁高龄，此时龙溪门人可谓遍及天下，而龙溪在接到胡氏死讯后能专门为胡氏写了那样一篇情见乎辞的祭文，除了祭文内容所显示的之外，本身足见龙溪与其关系之深厚。

黄宗羲谓罗近溪曾师事楚人胡宗正，所谓"楚人胡宗正，故先生（近溪）举业弟子，已闻其有得于《易》，反北面之"。(《明儒学案》卷三十四《泰州学案三》)在转引杨时乔（字宜迁，号止庵，？—1609）《上士习疏》中胡清虚下注"即宗正"（同上），❶则是以胡清虚与胡宗正为一人。但据耿定向《寄示里中友》所言，胡清虚为浙江义乌人。从龙溪《祭胡东洲文》以及近溪自己在《二子小传》中对胡清虚的描述来看，也并未提到胡清虚精于易学。因此，如果传授近溪易学的楚人名胡宗正，则此人当与胡清虚为二人。事实上，黄宗羲在《明儒学案》所收耿定向的"天台论学语"中，也有一段有关胡清虚的文字：

> 胡清虚，浙之义乌人。初为陈大参门子，以恶疮出。倚一道人，率之游匡庐、终南，遂有所得。浙中士绅翕然宗之，陶念斋、王龙溪具纳贽受教。晚与近溪及其二子游广东曹溪，至肇庆，近溪长子病死，次子痛其兄，爇香掌上，灼烂而死，清

---

❶ 《明儒学案》中黄宗羲所引杨时乔之文亦见谈迁：《国榷》卷七十八"神宗万历二十六年十二月甲寅"下。

虚亦死。(《明儒学案》卷三十五《泰州学案四》)

这无疑是《寄示里中友》中有关胡清虚记载的简化。[1]这里既承天台之说以胡清虚为浙江义乌人，如何又说即楚人胡宗正呢？梨洲显然有疏略未审之处。而现今的道教史研究几乎皆据黄宗羲之说而以胡清虚与胡宗正为同一人，亦不免于此未加深究。

　　从上引龙溪与道教的相关文字中，可知当时儒家学者与道士的交往是十分普遍的现象。像龙溪、念庵、近溪等人，都是当时阳明学的中坚。不过，由龙溪的祭文与天台的书信来看，龙溪与天台对胡清虚的态度，显然极为不同。龙溪知道胡清虚为净明道传人，却认为其人"有足取者"，"非有邪伪之术，但世人未之尽知耳"，因而将其纳入门下，甚至许为法器，并直言与之"有世外心期"。而天台不仅对龙溪收胡清虚为徒不以为然，前往讽之，认为其人虽一度"静极发慧，一时精神，必有可观"，故而能够"倾动士绅"，但"欲渐长，性录渐蔽"，终不过"欺谩过日，以扩前名"，因而胡清虚之死，实在是上天要"显明正学"的表现，儒家学者"视此可为深省"。由此可见，龙溪是站在儒家的立场上对道教采取兼容并包的开放心态，天台则严守传统的正统与异端之辨，对道教采取排斥的态度。另外一点值得注意的是，据龙溪所引胡清虚的自我表白，胡清虚受其师刘符玄之嘱，以一名道士的身份投身龙溪门下，目的是为了"将以广教也"。较之其他道教诸派，净明道最大的特点便是有取于儒家的社会伦理。阳明因触刘瑾遭贬谪漂流至福建境内，曾萌生遁世入山之意，而当时劝阳明用世保家的所谓"异人"，正

---

❶　但需要指出的是，黄宗羲的简化缩写有一与耿定向原文不符之处。耿定向《寄示里中友》谓"闻陶念斋（陶大临）令兄与龙溪先生俱纳贽受教矣"，非云陶念斋本人。而陶念斋令兄为陶大顺。黄宗羲则误以陶大顺为陶大临。

是旧曾相识的净明道士。[1]但是，从儒家思想中汲取资源，毕竟有别于直接投身于儒学大师的门下。胡清虚之举，说明对刘符玄和胡清虚这样的道教人士来说，儒道之间的疆界已经是微乎其微。耿定向虽然对胡清虚的态度与龙溪不同，但却也指出了龙溪纳胡清虚于门下的事实。而如果胡氏投身龙溪门下确是为了推广道教，显然说明当时的道教人士认为阳明学颇有可资借鉴之处，或至少阳明学在当时的声势已足以令道教的发展有所借重。这既显示了中晚明阳明学对道教的影响，也为中晚明儒释道三教的水乳交融，提供了道教方面的见证。

除了与胡清虚的交往之外，龙溪在《与吴学愚》中曾提到过常自然其人，所谓"令兄为常自然高弟，得药结丹多年，近来调神出壳，真景象何如也？"（《全集》卷九）可见常自然也是当时的一位道士。不过，常自然的情况现已不可考，龙溪是否与吴学愚的令兄以及常自然有过交往，也无案可稽。但是，龙溪与胡清虚、方与时等人的往来，已足见龙溪与道教人士的交游。因此，龙溪甚至有时竟以道人自称，如《暮春登北固山用韵示诸友》诗中所谓"道人自戴华阳巾，满目莺花入暮春。"（《全集》卷十八）在《与吴中淮》第二书中也以"做个活泼无依闲道人，方不虚生浪死耳"与吴中淮相共勉（《全集》卷十二）。

（二）与佛教人物的交游

龙溪近禅，是《明儒学案》以来学界的通常说法，但龙溪与禅

---

[1] 见《王阳明年谱》"武宗正德二年丁卯"条下，《王阳明全集》，页1227。阳明的旧相识为当初新婚之夜与之畅谈忘归的南昌铁柱宫道士，而净明道的本山即在南昌郊外的西山，南昌城内的铁柱宫亦为当时净明道的重镇。

宗人物的交往情况如何，则鲜见有专门的考察。❶

龙溪《法华大意题词》中曾经提到与僧人月泉的交往，所谓：

> 予昔游江浦，访太虚故居，得此卷（《法华大意》）于石洞中，见其词近而旨远，意在扫去葛藤，欲人于言前直取向上一机，以悟为则，可谓全身领荷矣。因持归出示月泉，月泉读而珍之。（《全集》卷十五）

而在嘉靖三十三年辛亥（1551）秋，龙溪也曾与周怡等人到天池山访问过月泉，并于当时作七言绝句四首。所谓"辛亥秋，予偕周顺之、江叔源，访月泉天池山中，出阳明先师手书《答良知二偈》卷，抚今怀昔，相对黯然，叠韵四绝，聊识感遇之意云"。（《全集》卷十八）这里两处提到的月泉，是指僧人法聚（1492—1563）。

法聚的生平见于徐渭《玉芝大师法聚传》、蔡汝楠《玉芝大师塔铭》以及其他一些传记资料，❷而《中国佛学人名辞典》整理得较为简明扼要：

> 法聚，（明）比丘。字玉芝，号月泉，嘉禾富氏子。少孤贫，资质慧敏，好读书，每就寺僧借阅经卷，隔宿即还付。僧讶其速，聚为背诵，一若旧熟。十四投资圣寺剃染入道。既受

---

❶ 海内外学界大概只有荒木见悟先生在其《明代思想研究》（东京：创文社，1988）和《阳明学の开展と佛教》（东京：研文社，1984）在讨论阳明学者与佛教的关涉时有所涉及。

❷ 徐渭及蔡汝楠文见焦竑：《国朝献征录》卷一百一十八。其他传记资料见《稽古略续集》卷三、《续灯存稿》卷十、《五灯严统》卷二十三、《高僧摘要》卷一、《五灯会元续略》卷四上、《五灯全书》卷六十、钱谦益《列朝诗集闰集》以及《两浙名贤录》卷六十二，惟彼此互有重复。

具，谒吉庵、法舟等俱不契。偶值王阳明，与语，疑情顿发，一日闻僧诵古案，不觉释然，参天通显于碧峰，蒙印可。遂隐居湖州天池，衲子闻名而至，渐成丛林。以嘉靖四十二年（1563）寂，寿七十二。有《玉芝内外集》。❶

其中提到玉芝法聚曾受到阳明的启发。事实上，根据法聚的传记资料和相关文献，法聚和阳明学派的许多人物都有往来。❷

据蔡汝楠所记，嘉靖三十七年戊午（1558），玉芝法聚于天池举办法会，龙溪与蔡汝楠曾前往赴会：

嘉靖戊午暮春，玉芝禅德举法会于天池，大集名僧，各为偈言。余同龙溪王子过访斯会，诸偈适成，余二人亦次韵为偈。偈成，龙溪诵余偈曰："但问黄梅五百众，不知若个是知音。"是知音者希也，因自诵曰："何幸钟期共禅席，高山流水有知音。"余不觉爽然。盖知音者希，何异乎可者与之之指？乃若高山流水幸有知音，岂非容众尊贤之盛心哉？于是乎可以考见余与龙溪之用心矣。呜呼！禅客当机截流挚电，岂不亦犹余辈各自表见者哉？宜并存之，庶令自考。玉芝颇以余以为然，请题于卷首，次第录之。（《自知堂集》卷十五《天池法会偈引》）

此事龙溪集中无直接的说明文字与之相应，但龙溪集中有八首五言绝句，也是龙溪访玉芝法聚于龙南山居所作，所谓"八山居士闭关云门之麓，玉芝上人往扣，以偈相酬答。时龙溪道人偕浮峰子叔学

---

❶ （比丘）明复编：《中国佛学人名辞典》（台北：方舟出版社，1974），页220下 –221上。
❷ 荒木见悟："禅僧玉芝法聚と阳明学派"，《明代思想研究》，页81—99。

生访上人于龙南山居，语次，出以相示，即席口占数语，呈八山与玉芝共参之。"（《全集》卷十八）这显然是龙溪与玉芝法聚的又一次聚会。而由以上这些材料，足见龙溪与玉芝法聚所交非浅。

玉芝法聚虽然也是一位禅僧，但其在佛教界的影响及地位显然不及晚明四大师之首的云栖袾宏。而正是这位被人称为莲宗八祖的袾宏，❶其实也和龙溪有过接触。对此，龙溪的《兴浦庵会语》有所记载：

> 阳和张子，访莲池沈子于兴浦山房。因置榻园中，共修静业。沈子盖儒而逃禅者也。适世友王子泗源访予山中，慕阳和高谊，思得一晤。乃相与拉张子太华，放刻曲之舟，夜抵浦下，与阳和相慰劳。扣关，莲池出迓，坐丈室。钱子正峰，亦在座中。泗源与莲池举禅家察与观之旨相辨证。莲池谓须察念头起处，泗源谓察念不离乎意，如涤秽器，须用清水，若以秽水洗之，终不能净。佛以见性为宗，性与意根有辨。若但察念，只在意根作活计，所谓泥里洗土块也。须用观行，如曹溪常以智慧观照自性，乃究竟法。若专于察念，止可初学觅路，非本原实用处也。莲池谓察即观也，察念始不落空。不然，当成枯寂。泗源谓无观始不免落无记空，若觉观常明，岂得枯寂？惟向意根察识，正堕虚妄生灭境界，不可不慎也。辨久不决，阳和请为折衷。予谓二子所见，本不相戾，但各从重处举扬，所以有落空之疑。譬之明镜照物，镜体本明，而黑白自辨，此即观以该察也。因黑白之辨，而本体之明不亏，此即察

---

❶ 关于云栖袾宏与晚明佛教的专门研究，参见 Chun-fang Yu, *The Renewal of Buddhism in China：Chu-hung and the Late Ming Synthesis.* New York: Columbia University Press, 1981。

以证观也。但泗源一向看得观法重，谓天地之道贞观者也。盥而不荐，有符颙若，乃形容观法气象，故曰观天之神道，圣人以神道设教，即是以此观出教化也。西方奢摩陁三观，乃观中顿法，二十五轮，乃观中渐法。若无观行，智慧终不广大，只成弄精魂。然莲池所举察念之说，亦不可忽。不察则观无从入。皆良工苦心也。以吾儒之学例之，察即诚意，观即正心，所谓正者，只在意根上体当，无有一毫固必之私，非有二也。（《全集》卷七）

这一篇文字记录了兴浦庵夜话中袾宏与王泗源二人对于禅宗"察"与"观"这两个观念的辩论以及龙溪对此辩论的评判与折衷。王泗源认为察念头的工夫并不究竟，主张用观行之法，直接在自性上用功。袾宏则认为察念工夫本身便预设了对于自性的了悟，而工夫如果不从念头的察识上着力，则不免落空。显然，如果以致良知工夫作为参照的话，二人所持的不同立场非常类似于先天正心之学与后天诚意之学的差别。龙溪也正是借用"正心"与"诚意"这一对儒学的观念来加以评判与仲裁的。有趣的是，如果我们将兴浦庵夜话与天泉证道这两个不同时空中的场景相比较的话，袾宏与王泗源在工夫论上的不同，无疑与天泉证道中的钱绪山和龙溪非常接近。而兴浦庵夜话时龙溪的立场，也显然相当于天泉证道时的王阳明。从兴浦庵夜话中龙溪所持的立场来看，也再次说明对于龙溪的致良知工夫论来说，先天正心之学与后天诚意之学是彼此互相统一的。

《兴浦庵会语》没有指出兴浦庵夜话的具体时间，单就龙溪的《兴浦庵会语》本身来看，似乎也还不能确定其中龙溪所谓的"莲池沈子"便是袾宏。不过，除了龙溪的这篇文字之外，兴浦庵夜话的参与者之一张元忭所作《赠莲池上人》诗以及诗前小序，给我们提供了进一步的证据：

> 莲池本杭城沈氏少方伯洲之弟，弱冠有声黉校，已而弃室家，祝发为僧。是岁乙亥冬，吾邑兴浦庵结禅期，延为首座。予因获见之，嘉其超世之勇，而犹异其归于正也，故遗之以诗。

> 羡尔三十遗世事，独披破衲投空门。不容一发为身累，难把二心与俗论。皓月孤悬自皎皎，黑风时作正昏昏。应知圣果圆成后，回道还酬罔极恩。（《张阳和先生不二斋文选》卷七）

祩宏俗姓沈，字佛慧，别号莲池，浙江杭州人。幼习儒学，曾为诸生，屡试不第，嘉靖四十五年（1566）三十二岁时出家为僧，后云游四方，隆庆五年（1571）回到杭州五云山结庵而居，题名"云栖"，成为晚明佛教复兴的重镇。[1] 由此可见，兴浦庵夜话中的沈莲池就是祩宏。此外，据祩宏的生平传记，祩宏隆庆五年结庵云栖之后，一直居于该地，而兴浦庵则在山阴境内。因此，龙溪与祩宏的兴浦庵之会，很可能就是上面张元忭所记载祩宏以首座身份至兴浦庵结禅期的这一次。事实上，在祩宏的文集中有关兴浦庵夜话的五首酬答诗（《山房杂录》卷二），恰恰证实了这一点。其中，给张元忭的两首次韵诗作《山阴兴浦庵次韵酬张阳和太史》和《张太史构山房见留再用前韵奉谢》如下：

> 玉殿传胪第一人，杖藜今到衲僧门。剡溪兴在连宵宿，莲

---

[1] 祩宏生平见（一）德清：《古杭云栖禅院记》；（二）广润：《云栖本师行略》，俱收《云栖法汇·手著》第13册（南京：金陵刻经处，1897）。

社情多尽日论。定水净除心地垢，慧灯高烁性天昏。一朝勘破
香严钵，双报君恩与佛恩。

　　七尺蘅茆百结鹑，安贫无事谒侯门。因过古寺酬先约，却
荷仙舟接素论。出岫间云难驻迹，埋尘宝镜欲磨昏。青山且辟
维摩室，他日从来谢此恩。

从这两首诗的韵脚来看，显然是次张元忭《赠莲池上人》之韵，而
另外三首《兴浦庵夜话用前韵寄王龙溪武部》、《兴浦庵夜话用前韵
寄王泗源》以及《兴浦庵夜话用前韵寄张大华》所涉及的人物，正
是前引龙溪《兴浦庵会语》中的参与者，只不过龙溪《兴浦庵会
语》中提到的张太华，在袾宏《兴浦庵夜话用前韵寄张大华》中作
"张大华"，显系刊刻问题所致。而龙溪《兴浦庵会语》中王泗源与
袾宏的观察之辨，在袾宏的《兴浦庵夜话用前韵寄王泗源》中也恰
恰有所反映，所谓：

　　早结仙游出尘世，又从庭训入黉门。扬州梦断琼花兴，海
浦情牵贝叶论。摄念仅能收掉举，体心方可破迷昏。修养止观
颟预语，辜负天台教主恩。

至于《兴浦庵夜话用前韵寄王龙溪武部》，则表达了袾宏对作为前
辈的龙溪的钦仰之意：

　　道学权衡正属君，绛帏风动马融门。三家古教随缘说，二
字良知极口论。静力偏从忙里得，壮怀不为老来昏。阳明洞水
今方涸，霖雨苍生莫负恩。

由以上材料可以断定，兴浦庵夜话发生在万历三年乙亥（1575）冬，当时龙溪七十八岁，袾宏四十岁。所谓"壮怀不为老来昏"，也表明龙溪当时已介高年，而"三家古教随缘说，二字良知极口论"更反映出龙溪当时以良知教范围三教的形象。只是袾宏那时虽已声誉渐起，但法席隆盛，却是万历中后期的事。因而在当时作为"三教宗盟"的龙溪看来，袾宏恐怕还只是位"儒而逃禅者"而已。

除了万历三年冬的兴浦庵之会以外，龙溪与袾宏是否还有过其他场合的接触与交往，现已难考。但是，仅就这一次有关观察之辨的兴浦庵夜话而言，已经在当时的学者圈中引发了讨论。如兴浦庵夜话并不在场的邓以赞（字汝德，号定宇，1542—1599），便在《答张阳和》书中提出了自己的意见：

> 所论沈莲池，信烈丈夫也。以是斩钉削铁之志，直宜一日千里矣。向泗源归，闻有观察之说。弟当时未得其详，而故漫听之。既读会语，乃知当日如此纷纷矣。夫道无诤，诤乎哉？弟无知，岂敢复滋多口？但以二君观察之辨为剩，而龙溪先生性意之说未详也。夫性者不思不勉，天之谓也；意者有识有知，人之谓也。彼其求觉者，果不落于思勉，则勿论观也，即推求寻逐，皆性也，何则分别亦非意也，似不得独以观为性也。倘其求觉者，或未离于知识，则勿论察也，即灵心绝待，皆意也，何则圣谛亦阶级也，似不得独以察为意也。盖观察皆方便之门，但可以止儿啼，不问何叶也。性意则天人之分，即有以似楮叶，必非真楮也。故以为诸君不必辨观察，而但在辨性意也。（《邓定宇先生文集》卷二）

显然，兴浦庵夜话之后，王泗源、张元忭都曾经向邓以赞谈起过当时的讨论。而此书之作，则是邓以赞在读过龙溪《兴浦庵会语》之后对龙溪看法的补充。上引《兴浦庵会语》中龙溪并未直接涉及所谓"性意之辨"的问题，但邓以赞的信中却提到龙溪有"性意之说"。由此可见，龙溪《兴浦庵会语》尚未能反映兴浦庵夜话的完整内容。而围绕兴浦庵夜话所提出问题展开的讨论，无疑是当时阳明学者与佛教人士交往互动的一个典型例证。

除玉芝法聚和云栖袾宏之外，据龙溪文集所载，龙溪曾经接触过的禅僧还有苇航、小达磨、风自然等人。苇航是杭州虎跑寺的僧人，龙溪、张元忭、许孚远曾在苇航讲《华严钞》时往听，龙溪还作《苇航卷题辞》赠于苇航（《全集》卷十五）。小达磨、风自然则是万表供奉的两个僧人，龙溪曾与之斗机锋，这在龙溪所作《骠骑将军南京中军都督府金事前奉敕提督漕运镇守淮安地方总兵官鹿园万公行状》中有过描述：

> 君（万表）于外方禅衲，素所尊礼者为小达磨、风自然二人，余皆及见之。达磨尝谓："金鳞脱网，离不得水。"予讶曰："还有这个在？果能飞腾变化，何论离与不离乎？"一日自然颠跃放歌跳舞，纵口骂人，若狂若痴。予戏曰："好个禅定头陀。"已而忽收膝枯坐若木偶人，复戏曰："何作此散乱伎俩耶？"君闻之笑曰："龙溪饶舌。"吾于达磨表行，于自然表智，皆吾助道资粮也。（《全集》卷二十）

王阳明三十二岁时往来于南屏、虎跑诸刹，曾遇一僧。该僧坐关三年不语不视，阳明喝之曰："这和尚终日口巴巴说什么？终日眼睁睁看什么？"（《王阳明年谱》弘治十五年条下）龙溪对风自然所语，可谓阳明此举之重演，二者都是借用了禅宗诡辞为用的惯用方法。当然，就像阳明虽以禅宗的方式，却达到了奉劝那位僧人回家奉养老母的目的一样，龙溪运用禅宗惯用的表达方式，也并不能表示龙溪在思想上倒向了禅宗。

（三）道教法门的修炼

除了与佛道二教人物的交游之外，龙溪还实践过道教的修炼法门。到明代时，虽然佛教也早已有了自己的许多实践法门，但就身体的修炼或者养生来说，佛教这方面的内容有相当部分是取自道教。[❶]明代的儒者在涉及与养生有关的身体修炼时，也主要是和道教发生关涉。

前面提到龙溪曾与罗念庵一道至黄陂随方与时习静，无疑是龙溪修炼道教法门的一例。此外，龙溪早年因久婚不育，还曾习炼过道教的法门以达到繁衍子嗣的目的。龙溪在所作《亡室纯懿张氏安人哀辞》一文中说：

> 安人成婚十年不育，乃为置妾。又七八年无就馆之期。安
> 人忧苦，几成郁疾。予偶受异人口诀，得其氤氲生化之机。万
> 物异类，与人皆然。施有度，受有期，氤氲有候。须赖黄婆入
> 室，调和通谕，始中肯綮。予归密语安人，欣然任之。如法练
> 习，十余年间，连举八九子，或堕或伤，即祯儿与今斌、吉是

---

❶ 根据福永光司的研究，佛教由六朝以迄隋唐，重"理"不重"气"，正是在与道教的互动过程中，佛教在实践的层面上颇采道教胎息服气、吐纳导引等炼气之术以及与服气相关的医学内容。参见福永光司："佛道儒三教交涉记わける'气'の思想"，《道教思想史研究》（东京：岩波书店，1987）。不过，印度本有瑜伽一类与控制呼吸相关的身体修炼方法，佛教密宗的修证更有一套与身体修炼直接相关的实践方法。因此，也不能笼统地说佛教中此类法门全然取自道教。福永光司所论，或仅就东土佛教并且是显教而言。

也。人谓安人未尝有子，安人笑曰："浅哉见！蠡斯百男，后妃一身，岂能自致？"惟其普惠于众，故众妾之子，皆其所生，一体之爱，未尝有彼此之间也。（《全集》卷二十）

"黄婆"一词，在道教内丹法中通常是指脾内的分泌物，如《参同契注》所谓"脾内涎"。●而在道教男女双修之法中，黄婆则是指双修时充任护法的同志、伴侣。如《三丰丹诀》第二篇《金丹节要·玉液炼己篇》中"择侣同修"条所谓：

> 必择同心之侣，为生死之交。秉性纯和，忠孝友悌，扶持丹室，勤劳不倦，朝夕防危。恐临炉有失。一得丹时，如醉如痴，全在侣伴黄婆小心调护，否则生杀之机顷刻矣。❷

显然，龙溪文中所谓以张安人充任"黄婆"，"如法练习，十余年间，连举八九子"，是指道教双修法的实践。对于道教的男女双修而言，"黄婆"不是指女性修炼方，而是男女修炼双方之外的"第三者"，其职能是对双修过程中的修炼者加以监督调护，防止修炼者因产生淫欲之念行为过度而损伤身体。既然"黄婆"必须"秉性纯和，忠孝友悌，扶持丹室，勤劳不倦，朝夕防危"，在传统的一夫多妻制度下，龙溪以夫人张氏为"黄婆"，由妾生子，自然是再合适不过的了。

● 也有不同的意见，如（清）《道养初秉忠书》卷一所谓："黄者，中之色；黄婆者，母之称。万物生于土，土乃万物之母，故曰黄婆。人之胎意是也。或谓脾神为黄婆者，非也。"
❷ 《三丰丹诀》见（清）傅金铨辑：《证道秘书》第八册。《证道秘书》共三篇，分别为《张三丰传》、《金丹节要》和《采真机要》。

古代道教的双修法，是通过男女之间的性行为而体内结丹并最终成就神仙之身的实践方法。双修与房中术有关，二者都涉及性行为。但双修又不同于房中术，因为后者虽然也包含一整套身体保健的方法，但那些方法更多地服务于获得性行为的愉悦这一目的；前者则相反，虽然也包含一整套有关性行为的方法，但性行为以及性行为过程中身体的愉悦感本身并非终极目标，只是达到体内结丹并成就神仙之身这一终极目标的途径和方式而已。尽管房中术也常常宣称其目标是采阴补阳，通过炼精化气以成内丹，并不是要追求性行为的愉悦。但将两性中的对方异化为采药的工具，既有违"阴阳合德"的宇宙秩序与道德法则，"炼精"所化之"气"也只能是后天的浊气，无法获得先天的真一之气。双修派就此对房中术的理论基础提出质疑与批评，所谓"若人以人补人，则人身皆属阴，以阴补阴，以牝鸡自卵，其体不全，安得合阴阳交媾之妙？安能得先天之气凝结为丹？"[1] 清修派则更是痛斥房中术为"旁门"、"邪法"，所谓"妄将御女三峰术，伪作轩辕九鼎奇。个样畜生难忏悔，阎公不久牒来追。"[2] 因此，双修之法强调性行为过程中要保持不起邪念，不沉迷于身体的感官愉悦。对此，上引所谓"一得丹时，如醉如痴，全在侣伴黄婆小心调护，否则生杀之机顷刻矣"，虽已有所透露，但说得还不十分明确，赵两弼曾明白指出：

> 凡采药之时，即有灵官执鞭监察护持。如一心行道，便能得药成仙；若淫念一起，便为地狱种子，立堕三途恶趣，灭迹分形，可不慎欤？（《玄微心印》卷二《筑基第三》）

---

❶ 见《紫阳真人悟真篇注疏》，洪丕谟编：《道藏气功要集》（上）（上海书店，1991），页159。

❷ 李道纯：《中和集》卷九《诗集》"咏真乐"之九。

当然，在男女双修中保持意识的真纯而不以淫欲为念，需要具备严格的身心条件，并不具有普适性，由双修流入房中者，历史上亦司空见惯。

双修之法目的是采药结丹以成神仙之体，并不是繁衍子嗣。但由于其着眼于自然生命的"氤氲生化之机"，不免在一定程度上对人类生育的规律和机制有所触及，因而可以在繁衍子嗣方面提供一定的帮助。龙溪在"如法练习"之后，"十余年间，连举八九子"，说明异人所授之法具有相当程度的有效性。至于龙溪所遇传授其口诀的异人究竟是谁，如今虽已不得而知，但无疑是位精通双修之法的道教人士。

除了为求子嗣而曾经修习道教的双修之法外，龙溪或许还精于调息之法。黄宗羲在《汪魏美先生墓志铭》中曾如此描述汪氏：

> 魏美不入城市，不设伴侣，始在孤山，寻迁大慈庵。匡床布被之外，残书数卷。锁门而出，或返或不返，莫可踪迹。相遇好友，饮酒一斗不醉，气象潇洒，尘世了不关怀，然夜观乾象，昼习壬术。余丁酉遇之孤山，颇讲龙溪调息之法，各赋三诗契勘。[1]

汪氏是位遁迹山林的隐士，修炼道教法术，所谓"不入城市，不设伴侣"，"夜观乾象，昼习壬术"。而由汪氏"颇讲龙溪调息之法"并与黄宗羲互相赋诗印证彼此的修炼工夫来看，龙溪的调息之法居然还有流传影响。事实上，龙溪的确有一篇名为《调息法》的文字。不过，从整篇《调息法》的内容来看，龙溪所谓的调息虽然脱

---

[1] 黄宗羲：《黄宗羲全集》第十册（杭州：浙江古籍出版社，1992），页382。

胎于天台止观法门和道教的内丹学，但其最后的归趣却并不以调息本身为究竟，而是将调息之法纳入到致良知的工夫之中。况且，龙溪对于"息"的涵义，更有其良知教立场的特殊规定。这一点，我们在后面将会有专门的讨论。

以上，我们考察了龙溪与佛道二教的因缘，这也是龙溪以及中晚明阳明学研究的题中之义。但是，无论是道教法门的修炼还是与佛道二教人物的交游，尽管可以说明龙溪对佛道二教的涉入之深，说明佛道二教对于龙溪的思想而言构成不可或缺的相关因素，但作为外缘，尚不足以决定佛道二教的思想在龙溪的整个思想系统中究竟扮演什么样的角色。换言之，佛道二教对龙溪思想究竟产生了何种意义的影响，龙溪究竟是如何将佛道二教容纳到良知教系统之中的，还需要我们仔细检讨并分析龙溪对佛道二教的基本态度以及对佛道二教观念与命题的具体诠释方可确定。

二　龙溪的三教观与自我认同

对三教关系的不同看法和态度，直接塑造了不同儒家学者互不相同的思想形态和行为表达。在检讨龙溪对佛道二教一些思想的具体诠释之前，我们将首先考察龙溪的三教观与自我认同，由之可见龙溪对佛道二教的基本态度。

（一）三教观

王阳明对于三教关系的基本看法，对于龙溪有直接的影响。而阳明的三教观，鲜明地反映在他"三间屋舍"的比喻上。嘉靖二年癸未（1523）十一月，阳明渡钱塘至萧山，张元冲（字叔谦，号浮峰，1502—1563）在舟中论二氏，认为其"有得于性命"、"有功于吾身"，儒学可以"兼取"。这种吸收二氏的看法在严守正统与异端之辨的儒者看来已经有问题，但在阳明看来还不够。阳明说：

> 说兼取，便不是。圣人尽性至命，何物不备？何待兼取？二氏之用，皆我之用。即吾尽性至命中完养此身谓之仙；即吾尽性至命中不染世累谓之佛。但后世儒者不见圣学之全，故与二氏成二见耳。譬之厅堂三间共为一厅，儒者不知皆吾所用，见佛氏，则割左边一间与之；见老氏，则割右边一间与之；而己则自处中间，皆举一而废百也。圣人与大地民物同体，儒、佛、老、庄皆吾之用，是之谓大道。（《年谱》"嘉靖二年十一月"条下）

同样的比喻，在朱得之所录《稽山承语》中，面对"三教同异"之问，阳明讲的更明确：

> 或问："三教同异。"师曰："道大无外。若曰各道其道，是小其道矣。心学纯明之时，天下同风，各求自尽。就如此厅事，元是统成一间。其后子孙分居，便有中有傍。又传渐设藩篱，犹能往来相助。再久来渐有相较相争，甚而至于相敌。其初只是一家，其去其藩篱仍旧是一家。三教之分亦只似此。"❶

显然，无论对道家思想还是佛道二教，阳明都是采取一种兼容

---

❶ 见（一）陈来等："关于《遗言录》、《稽山承语》与王阳明语录佚文"，《清华汉学研究》第一辑，页189；（二）《中国文哲通讯》第八卷第三期，页62。

并包的态度。所谓"道大无外"、"二氏之用，皆我之用"，更反映出阳明力图在一个更高的起点上将佛道二教合理地容纳到儒家思想之中。而在继承了这一基本精神方向的基础上，龙溪对佛道二教的融摄更为自觉和深入。

龙溪的三教观，在与许多学者相与问答的讲会活动中都屡有表达，也经常有学者询问龙溪对佛道二教的看法。而龙溪有关三教问题的基本思想，集中反映在《三教堂记》这篇文字中：

> 三教之说，其来尚矣。老氏曰虚，圣人之学亦曰虚；佛氏曰寂，圣人之学亦曰寂，孰从而辨之？世之儒者，不揭其本，类以二氏为异端，亦未为通论也。春秋之时，佛氏未入中国，老氏见周末文胜，思反其本，以礼为忠信之薄，亦孔子从先进之意。孔子且适周而问之，曰吾闻之老聃云，未尝以为异也。象山云："吾儒自有异端。凡不循本绪，求藉于外者，皆异端也。"孔子曰："吾有知乎哉？无知也。"言良知本无知也。"鄙夫问于我，空空如也。"空空即虚寂之谓。颜子善学孔子，其曰"庶乎屡空"，盖深许之也。汉之儒者，以仪文度数为学，昧其所谓空空之旨。佛氏始入中国，主持世教，思易五浊而还之淳。圆修三德，六度万行，摄诸一念。空性常显，一切圣凡差别，特其权乘耳。洎其末也，尽欲弃去礼法，荡然沦于虚无寂灭，谓之沉空，乃不善学者之过，非其始教使然也。人受天地之中以生，均有恒性，初未尝以某为儒、某为老、某为佛而分授也。良知者，性之灵，以天地万物为一体，范围三教之枢。不徇典要，不涉思为。虚实相生而非无也；寂感相乘而非灭也。与百姓同其好恶，不离伦物感应，而圣功征焉。学佛老者，苟能以复性为宗，不沦于幻妄，是即道释之儒也；为吾儒

者，自私用智，不能普物而明宗，则亦儒之异端而已。毫厘之
辨，其机甚微。吾儒之学明，二氏始有所证。须得其髓，非言
思可得而测也。（《全集》卷十七）

龙溪这篇总论三教的文字，主要包含三方面的内容。第一，虚寂的
思想并非佛道两家的专属，同时也是儒学的内在向度；第二，正统
与异端的区分并不绝对地限于儒学与佛道两家之间；第三，三教同
源，以道观之，本无儒释道之分，而良知贯通虚实有无，为"范围
三教之枢"。其中，第三点是龙溪三教观的基础与核心思想，前两
点则是在第三点基础上的进一步展开，反映了在三教关系上龙溪对
待佛道两家的基本态度。下面，我们就以龙溪这篇总论三教的文字
为基础，再结合其他的材料，对龙溪三教观的主要内容进行较为详
细的考察。

龙溪三教观的核心思想，可以说是儒家本位的三教一源论。所
谓"人受天地之中以生，均有恒性，初未尝以某为儒、某为老、某
为佛而分授也。良知者，性之灵，以天地万物为一体，范围三教之
枢"，正是其三教观核心思想的表述。在这两句话中，如果说前一
句反映了龙溪三教一源观点的话，后一句则说明龙溪并非泛泛而言
三教一源，而是在三教一源的主张中仍然有其归宗与本位，认为良
知教其实可以将佛道两家包容在内。对此，龙溪有一段话可以提供
更为明确与详细的说明。

在嘉靖三十六年丁巳（1557）龙溪与王慎中的三山石云馆第之
会中，有人向龙溪提出了这样的看法，所谓"佛氏虽不免有偏，然
论心性甚精妙，乃是形而上一截理；吾人叙正人伦，未免连形而下
发挥。然心性之学沉埋既久，一时难为超脱，借路悟入，未必非此
学之助"，龙溪不以为然，作出了如下的回应：

此说似是而实非。本无上下两截之分。吾儒未尝不说虚，不说寂，不说微，不说密。此是千圣相传之密藏，从此悟入，乃是范围三教之宗。自圣学不明，后儒反将千圣精义让与佛氏，才涉空寂，便以为异学，不肯承当。不知佛氏所说，本是吾儒大路，反欲借路而入，亦可哀也。夫仙佛二氏，皆是出世之学。佛氏虽后世始入中国，唐虞之时，所谓巢许之流，即其宗派。唐虞之时，圣学明，巢许在山中，如木石一般，任其自生自化，乃是尧舜一体中所养之物。盖世间自有一种清虚恬淡、不耐事之人，虽尧舜亦不以相强。只因圣学不明，汉之儒者，强说道理，泥于刑名格式，执为典要，失其变动周流之性体，反被二氏点检訾议，敢于主张做大。吾儒不悟本来自有家当，反甘心让之，尤可哀也矣。先师尝有屋舍三间之喻，唐虞之时，此三间屋舍原是本有家当，巢许辈皆其守舍之人。及至后世，圣学做主不起，仅守其中一间，将左右两间甘心让与二氏。及吾儒之学日衰，二氏之学日炽，甘心自谓不如，反欲假借存活。洎其后来，连其中一间发发乎有不能自存之势，反将从而归依之，渐至失其家业而不自觉。吾儒今日之事，何以异此？间有豪杰之士不忍甘心于自失，欲行主张正学以排斥二氏为己任，不能探本入微，务于内修，徒欲号召名义，以气魄胜之，只足以增二氏检议耳。先师良知之学，乃三教之灵枢，于此悟入，不以一毫知识参乎其间，彼将帖然归化，所谓经正而邪慝自无，非可以口舌争也。（《全集》卷一《三山丽泽录》）

由此可见，龙溪认为，虽然从发生学的角度来看，儒释道三教之名均属后起，三教可以说都是人之恒性的某种表现，在这个意义上可谓三教一源，但其实儒家本来可以表现恒性之全，像巢许之流所代表的那种清虚恬淡的精神气质，原本也非佛道两家所独有，而是"尧舜一体中所养之物"，是儒家内在的一个精神向度。这和前引阳明所谓："说兼取，便不是。圣人尽性至命，何物不备？何待兼取？二氏之用，皆我之用。即吾尽性至命中完养此身谓之仙；即吾尽性至命中不染世累谓之佛。但后世儒者不见圣学之全，故与二氏成二见耳"，是完全一致的。因此，尽管汉儒将这种精神气质失落，使后世的儒者自甘得恒性之一偏，但要真正"不忍甘心于自失"，却并不能像"豪杰之士"那样对佛道两家采取简单排斥的态度，所谓"徒欲号召名义，以气魄胜之"，否则必不能"见圣学之全"，而是要"探本入微，务于内修"，充分吸收佛道两家在心灵境界上无执不滞的智慧，以激发拓展儒家内在相应的精神气质，如此才能恢复儒家三间屋舍的本来面貌。

在万历元年癸酉（1573）的南谯书院之会中，陆光祖也曾向龙溪询问二氏之学，龙溪的回答是：

> 二氏之学，与吾儒异，然与吾儒并传而不废，盖亦有道在焉。均是心也，佛氏从父母交媾时提出，故曰父母未生前，曰一丝不挂，而其事曰明心见性；道家从出胎时提出，故曰力地一声，泰山失足，一灵真性既立，而胎息已忘，而其事曰修心炼性；吾儒却从孩提时提出，故曰孩提知爱知敬，不学不虑，曰大人不失其赤子之心，而其事曰存心养性。夫以未生时看心，是佛氏超顿还虚之学；以出胎时看心，是道家炼精气神以求还虚之学。良知两字，范围三教之宗。良知之凝聚为精，流行为气，妙用为神，无三可住。良知即虚，无一可还。此所以为圣人之学。（《全集》卷七《南游会纪》）

龙溪对佛道二教观念与命题的判摄与融通，我们下面会有具体的探讨，但这里所谓"良知之凝聚为精，流行为气，妙用为神，无三可住。良知即虚，无一可还。此所以为圣人之学"，已经进一步说明了龙溪认为良知教可以将佛道二教融摄在内，所谓"良知两字，范围三教之宗"。龙溪弟子查铎（字子警，号毅斋，1516—1589）"尝有养生之好"，当他悟到致良知之学可收养生之效，并向龙溪表示今后只从致良知之学上"寻讨究证，更不踏两家船"时，龙溪回答说："如此行持，犹属对法，岂能归一得来？须信人生宇宙间，只有此一船，更无剩欠。"（《全集》卷十六《书查子警卷》）这和阳明甚至对儒学可以"兼取"佛道两家的说法都不以为然的态度是完全一致的。而正是龙溪的这种看法，决定了他在与佛道两家的互动过程中采取的是以良知教融摄、范围后者的方式。也正是在这个意义上，我们说龙溪的三教一源论是儒家本位或良知教立场的。

我们在第 2 章讨论龙溪良知观的有无二重性以及在第 4 章考察龙溪的四无论时便已看到，龙溪强调良知心体之"无"与"无善无恶"，是要彰显良知心体无执不滞的境界论向度。而这一点，可以说是龙溪将佛道二教在心灵境界方面空无虚寂的主体性智慧充分容纳到儒家思想系统之中的结果和表现。当然，龙溪并非被动地吸收，而是主动自觉地融摄，正如以上引文所谓："吾儒未尝不说虚，不说寂，不说微，不说密。此是千圣相传之密藏，从此悟入，乃是范围三教之宗。自圣学不明，后儒反将千圣精义让与佛氏，才涉空寂，便以为异学，不肯承当。不知佛氏所说，本是吾儒大路。"在龙溪看来，空无虚寂的心灵境界本来并非佛道二教的专利，儒学传统本身便有这方面的内在资源。

在万历元年的南谯书院之会上，龙溪更是明确指出：

> 人心本来虚寂，原是入圣真路头。虚寂之旨，羲皇姬孔相
> 传之学脉，儒得之以为儒，禅得之以为禅，固非有所借而慕，
> 亦非有所托而逃也。(《全集》卷七《南游会纪》)

另外，龙溪有《南谯书院与诸生论学感怀次巾石兄韵》一首，也表达了同样的意思。该诗也是作于南谯书院讲会之时，但应当是嘉靖三十二年癸丑（1553）的那一次南谯书院之会。因为是年龙溪赴会南谯途经滁阳时，曾与吕怀（字汝德，号巾石，1492—? ）聚会紫薇泉下阳明新祠，❶而万历元年南谯之会时则并无吕怀参加。该诗云：

> 吾心本自静，弗为欲所侵。师门两字诀，为我受金针。学
> 虑非学虑，致虚以立本。
> 如水濬其源，沛然成滚滚。静虚亦非禅，盎然出天禀。虚
> 实动静间，万化以为准。(《全集》卷十八)

"人心本来虚寂"、"吾心本自静"，无疑反映出龙溪认为虚寂是人心源初的属性，而不是禅学的专利，所谓"静虚亦非禅"。这当然是龙溪立足儒家而与佛道二教深入互动的结果，而另一方面，突出良知心体空无虚寂的属性，也是龙溪这样的阳明学者批判当时异化为知解之学的朱子学的表现。正如龙溪在《宿武夷宫》一诗中所谓："道本虚无非异学，知从见解始多门。紫阳香火千年在，义利源头仔细分。"(《全集》卷十八)

龙溪反对将空无虚寂作为佛老专利而将其充分融摄到儒家思想的系统内部，其方式是通过自己的诠释，在儒家思想的经典中和源

---

❶ 参见本书附录一：《王龙溪先生年谱》"嘉靖三十二年癸丑"条下。

头处寻找空无虚寂的思想要素。嘉靖四十三年甲子（1564），耿定向在宜兴曾向龙溪询问过佛老虚无之旨与儒学的同异：

> 楚侗子问："老佛虚无之旨与吾儒之学同异如何？"先生（龙溪）曰："先师有言：'老氏说到虚，圣人岂能于虚上加得一毫实？佛氏说到无，圣人岂能于无上加得一毫有？老氏从养生上来，佛氏从出离生死上来，却在本体上加了些子意思，便不是他虚无的本色。'吾人今日，未用屑屑在二氏身份上辨别同异，先须理会吾儒本宗明白，二氏之毫厘，始可得而辨耳。圣人微言，见于大易，学者多从阴阳造化上抹过，未之深究。夫乾，其静也专，其动也直，是以大生焉；夫坤，其静也翕，其动也辟，是以广生焉，便是吾儒说虚的精髓。无思也，无为也，寂然不动，感而遂通天下之故，便是吾儒说无的精髓。"（《全集》卷四《东游会语》）

这里，龙溪是通过对《易传》的诠释，来阐发其中空无虚寂的思想。如此，儒家空无虚寂的思想便具有了经典上的依据。而在上引《三教堂记》中，龙溪所谓："孔子曰：'吾有知乎哉？无知也。'言良知本无知也。'鄙夫问于我，空空如也。'空空即虚寂之谓也。颜子善学孔子，其曰'庶乎屡空'，盖深许之也。"便是在寻求《论语》这一经典支持的同时，论证在孔子思想中已经具有了空无虚寂的因素。而万历元年南谯之会上所谓"虚寂之旨，羲皇姬孔相传之学脉"，更是将空无虚寂的思想要素上溯到孔子之前，使之具备一种"古已有之"的历史合法性。就此而言，可以说龙溪试图为儒家建构一种空无虚寂的历史传统。这一点，在后来围绕"无善无恶心之体"的"九谛"、"九解"之辨中，为周海门所继承并发挥。

由于虚寂被视为佛道两家思想的根本特征，龙溪不以虚寂思想为非，并认为虚寂是儒学的内在向度，便必然要涉及儒学传统的正统与异端之辨。因为至少自北宋理学兴起以来，对大部分理学家而言，儒学与佛道二教的关系在一定意义上也可以说就是正统与异端的关系。儒学与佛道两家之间的正统与异端之辨，也可以说是贯穿理学思想发展的基本线索之一。但是，自阳明学兴起以来，相对于佛道两家，尽管以儒学为正统的基调在儒者当中并未改变，但以阳明学者为代表的相当一部分儒家学者，在吸收佛道两家思想并批判以僵化了的朱子学为象征符号的世俗儒学的过程中，将异端的所指开始由佛道两家向功利世俗化了的儒学扭转，从而使传统的正统与异端之辨在中晚明显示了新的动向。这一点，我们在第7章探讨中晚明的阳明学与三教融合时再专门讨论。这里，我们首先考察龙溪对该问题的看法。龙溪有关正统与异端之辨的论说不仅是其三教观的重要组成部分，在中晚明的阳明学者中也具有相当的代表性。

将佛道两家斥为异端的保守立场，在阳明处已经有明显的松动。阳明在《别湛甘泉序》中指出：

今世学者，皆知宗孔孟，贱杨墨，摈释老，圣人之道，若大明于世。然吾从而求之圣人不得而见之矣。其能有若墨氏之兼爱者乎？其能有若杨氏之有我者乎？其能有若老氏之清净自守、释氏之究心性命者乎？吾何以杨、墨、老、释之思哉？彼于圣人之道异，然犹有自得也。而世之学者，章绘句琢以夸俗，诡心色取，相饰以伪，谓圣人之道劳苦无功，非复人之所可为，而徒取辨于言辞之文；古之人有终身不能究者，今吾皆能言其略，自以为若是亦足矣，而圣人之学遂废。则今之所大患者，岂非记诵辞章之习！而弊之所从来，无亦言之太详、析

之太精者之过欤？夫杨、墨、老、释，学仁义，求性命，不得
其道而偏焉，固非若今之学者以仁义为不可学，性命之为无益
也。居今之时而有学仁义，求性命，外记诵辞章而不为者，虽
其陷于杨墨老氏之偏，吾犹且以为贤，彼其心犹求以自得也。
夫求以自得，而后可与之言学圣人之道。❶

虽然此文作于正德七年壬申（1512），但其中对佛道两家的肯定与
容纳以及对世俗功利化了的儒学的批判，提倡自得之学，在阳明的
整个思想中可谓是一以贯之的。因此，当有人问异端时，阳明并不
像以往大多数传统的儒者那样指向佛道，而是回答说："与愚夫愚
妇同的，是谓同德；与愚夫愚妇异的，是谓异端。"（《传习录下》）
当然，在肯定与容纳的同时，阳明仍然以佛道两家为"不得其道而
偏"。龙溪则进一步提出"吾儒自有异端"的说法，明确将异端的
矛头由佛道两家转向了世儒俗学。

在嘉靖三十六年丁巳（1557）的三山石云馆第之会中，龙溪也
曾与王慎中讨论过有关异端的问题，龙溪指出：

> 异端之说，见于孔氏之书。当时佛氏未入中国，其于老氏
> 尚往问礼，而有犹龙之叹。庄子宗老而任狂，非可以异端名
> 也。吾儒之学，自有异端。至于佛氏之学，遗弃物理，究心虚
> 寂，始失于诞。然今日所病，却不在此，惟在俗耳。（《全集》
> 卷一《三山丽泽录》）

陆象山曾经表达过他对"异端"的看法，所谓："今世儒者类指佛老

---

❶ 《王阳明全集》，页 230—231。

为异端。孔子曰：'攻乎异端'。孔子时，佛教未入中国，虽有老子，其说未著，却指那个为异端？盖异字与同字为对。虽同师尧舜，而所学异绪，与尧舜不同，此所以为异端也。"❶前引龙溪《三教堂记》中所谓"吾儒自有异端。凡不循本绪，求藉于外者，皆异端也"，即是点明象山之意。而在此基础上指出："学佛老者，苟能以复性为宗，不沦于幻妄，是即道释之儒也；为吾儒者，自私用智，不能普物而明宗，则亦儒之异端而已。"则说明龙溪认为正统与异端之辨并不绝对限于儒学与佛道二教之间。这里"吾儒之学，自有异端"的说法，显然与此正相呼应。至于龙溪在两处均举孔子问礼于老聃的典故，也无非是要在孔子那里为容纳讲究虚寂的道家思想这一做法寻找合法性的依据。当然，龙溪将异化为功利俗学的儒学批判为"儒之异端"，并在极大程度上表示了对佛道两家的欣赏与肯定，并不意味着根本改变了儒家传统以佛道为异端的基本看法。如果一定要在儒释道三家之间作出正统与异端的基本分判，龙溪显然还是会将佛道两家归为异端，这是由龙溪的儒家身份和自我认同所决定的。将批判异端的重点转移到世儒的功利俗学，既有阳明学对抗僵化、异化了的朱子学并吸收佛道两家在心灵境界上的超越智慧这一思想史自身发展的内在因素，同时也是儒家道德理想主义对当时商品经济发展导致贪欲、奢靡、奔竞等等功利之风席卷天下的必然回应。

就龙溪的三教观而言，不以虚寂为佛道两家的专利并试图建构儒家传统的虚寂观，以及将以往正统与异端之辨的矛头转向世儒的功利俗学，无疑基于其儒家本位的三教一源论这一基本立场与核心内容。而所谓儒家本位，除了表现在龙溪认为儒家本来具有佛道两家虚寂的

---

❶ 陆九渊：《陆九渊集》，页 423。案：象山集中语录部分共有两处论及异端，除此之外，尚见页 402，然两处文字虽略有差异，其旨则同。

精神境界而以良知为"范围三教之宗"之外，还反映在龙溪融合三教过程中的自我认同之中。当然，如果我们对三教观采取广义的看法，则龙溪的自我认同也未尝不可以作为其三教观的组成部分。

（二）自我认同

龙溪虽然认为"二氏之学，与吾儒异，然与吾儒并传而不废，盖亦有道在焉"，对佛道两家表现出了最大限度的肯定与容纳。但龙溪同时也对儒学与佛道两家的根本区别，进行了根源性的探究。正是由于龙溪与佛道两家的深入交涉以及对佛道两家的充分肯定，才使得龙溪对儒学与佛道两家的毫厘之辨，达到了儒学传统中几乎前所未有的精微程度。而龙溪的自我认同，也正是建立在这种毫厘之辨的基础之上。

以往儒者对佛道两家的批判，有一个从针对佛道两家所带来的社会问题到其思想理论本身的逐渐深化的过程。无论角度如何不同，一个基本的看法是以出世与入世之学来分判佛道两家与儒学，认为佛道两家以虚寂为宗旨，于人伦日用处多不顾及，缺乏社会性的责任意识与相应的承担。但是，随着唐宋之际禅佛教和新道教的兴起与发展，佛道两家越来越强化了世俗的取向，对社会伦理不断给予肯定与重视。而儒家在与佛道两家的交往互动过程中，也相应地不断彰显其超越的向度。在这种儒释道三教日益交融的情况下，再简单地以入世与出世的两分法将儒学与佛道两家各置一端，便无法全面与深入地在儒学与佛道两家之间作出明确的区分。龙溪清楚地看到并指出了这一点，他在《书陈中阁卷》中说道：

> 吾儒与二氏之学不同，特毫发间，须从源头上理会，骨髓上寻究，方得相应，非见解言说可得而辨也。念庵子谓二氏之

学起于主静，似矣。但谓释主空明，老主敛聚，其于真性，咸有断绝，恐未足以服释老之心。断灭种性，二乘禅与下品养生之术，或诚有之，释老尚指为外道。释老主静之旨，空明未尝不普照，敛聚未尝不充周。无住而生其心，原未尝恶六尘；并作而观复，原未尝离万物。（《全集》卷十六）

这里，龙溪首先指出，简单地认为佛道两家由于主张空明敛聚而断绝真性，并不是对佛道两家全面与深入的了解，因而"恐未足以服释老之心"。那种完全舍弃社会伦理、断灭种性的主张与做法，作为"二乘禅与下品养生之术"，在佛道两家内部也不过是受到批判和否定的所谓"外道"。佛道两家的"主静之旨"，其实是"空明未尝不普照，敛聚未尝不充周"，换言之，就是在保持空无虚寂、无执不滞的心灵境界的同时，并不全然舍弃人伦日用以及应当承担的社会责任与义务。"无住而生其心"是《金刚经》中"应无所住而生其心"的简称，"并作而观复"是《老子》中"万物并作，吾以观复"（十六章）的略写。而龙溪所谓"无住而生其心，原未尝恶六尘；并作而观复，原未尝离万物"，正是要说明并不能简单地认为佛道两家是完全不讲入世的出世之学。

但是，如果说佛道两家"未尝恶六尘"、"未尝离万物"，既空明又普照，既敛聚又充周，并未放弃人的社会性，那么，儒学与佛道两家的区别又在何处呢？还是否能用入世与出世这一对概念来把握儒学与佛道两家在价值取向上的基本差异呢？

在万历元年癸酉（1573）滁阳阳明新祠的聚会中，李渐庵曾向龙溪扣问"儒与佛同异之旨"，龙溪的回答是：

人受天地之中以生，所谓性也。良知者，性之灵，即《尧典》所谓"峻德"。明峻德，即是致良知。不离伦物感应，原是万物一体之实学。亲九族，是明明德于一家；平章百姓，是明明德于一国；协和万邦，是明明德于天下。亲民正所以明其德也。是为大人之学。佛氏明心见性，自以为明明德，自证自足，离却伦物感应，与民不相亲，以身世为幻妄，终归寂灭，要之不可以治天下国家。此其大凡也。(《全集》卷七《南游会纪》)

单就这一段论述来看，似乎龙溪对儒释之辨仍然持入世与出世的两分法，既无法反映出对当时佛教思想的应有认识，也和前引《书陈中阁卷》的讲法不免自相抵牾。因此，有人便向龙溪质疑说："佛氏普度众生，至舍身命不惜，儒者以为自私自利，恐亦是扶教护法之意。"这里对佛教的理解，是"普度众生，至舍身命不惜"，并不认为佛教自私自利，不顾人伦日用，显然与龙溪在《书陈中阁卷》中看法是一致的。面对这一问题，龙溪回答说：

佛氏行无缘慈，虽度尽众生，同归寂灭，与世界冷无交涉。吾儒与物同体，和畅欣合。盖人心不容已之生机，无可离处，故曰："吾非斯人之徒与而谁与？"裁成辅相，天地之心、生民之命，所赖以立也。(《全集》卷七《南游会纪》)

而在嘉靖三十六年的三山石云馆第之会时，龙溪在答友人问中对此有更为明确的解释：

佛虽不入断灭，毕竟以寂灭为宗。只如卢行者在忍祖会下，一言见性，谓"自性本来清净，具足自性，能生万法"，何故不循中国礼乐衣冠之教，复从宝林祝法弘教度生？盖既

以寂灭为宗，到底不肯背其宗乘。虽度尽未来际，众生同归寂
灭，亦只是了得他教门中事，分明是出世之学。故曰要之不可
以治天下国家。吾儒却是与物同体，乃天地生生之机。先师尝
曰："自从悟得亲民宗旨，始勘破佛氏终有自私自利意在。"此
却从骨髓上理会出来，所差只在毫厘，非言语比并、知识较量
所得而窥其际也。

夫吾儒与禅不同，其本只在毫厘。昔人以吾儒之学主于经
世，佛氏之学主于出世，亦大略言之耳。佛氏普度众生，尽未
来际，未尝不以经世为念，但其心设法一切，视为幻相，看得
世界全无交涉处。视吾儒亲民一体、盰盰之心，终有不同。此
在密体而默识之，非器数言诠之所能辨也。❶

在龙溪看来，佛教固然"空明未尝不普照"、"未尝不以经世为念"，
在"无所住而生其心"的同时能够"不恶六尘"，进而普度众生，
但是佛教的慈悲是以缘起性空的观念为基础，所谓"无缘慈"。因
此，正如我们在第4章讨论龙溪四无论的思想定位时已经指出的，
佛教无论如何强化其入世的倾向，也不论各宗各派之间的思想有
何具体的差异，缘起性空都是佛教最基本的观念，可以说是佛教的
底色。而既然从自我到家国天下，从草木瓦石到芸芸众生其实最终
都不过是因缘假合而生，那么"众因缘生法，我说即是空"，社会
伦理、天下国家乃至天地万物对佛教来说，毕竟在存有论的意义上
不具有终极的实在性。龙溪所谓"虽度尽众生，同归寂灭，与世界
冷无交涉"，"但其心设法一切，视为幻相，看得世界全无交涉处"，

---

❶ 王畿：《龙溪会语》卷二《三山丽泽录》。此两条不见于通行本《全集》，参见本书附
录二："明刊《龙溪会语》及王龙溪文集佚文——王龙溪文集明刊本略考"。

以及"盖既以寂灭为宗，到底不肯背其宗乘。虽度尽未来际，众生同归寂灭，亦只是了得他教门中事"，正是指出了这一点。与之相较，儒家万物一体、生生不已的价值观和宇宙论，则显然说明儒家在存有论上对世界的客观实在性持肯定的态度。就此而言，不管儒学怎样在心灵境界上发扬自身空无虚寂、无执不滞的超越向度，也不管佛教怎样缩短彼岸与此岸之间的距离，以至"担水砍柴，无非妙道"，双方在彼此融合、互相取益的过程中只要还没有丧失各自内在的规定性，儒学与佛教之间仍然存在着基本的分野，其间的毫厘之辨，正在于双方存有论上"有"与"无"根本立场与信念的差别。也正是这种存有论上的基本差异，决定了双方在价值观以及其他所有方面的不同取向。佛教对龙溪来说，正所谓"视吾儒亲民一体、盹盹之心，终有不同"。儒佛之间如此，儒道之间也是同样。而龙溪所谓"吾儒与二氏之学不同，特毫发间，须从源头上理会，骨髓上寻究，方得相应"，就是希望人们能够从思想根源上把握到儒学与佛道两家在存有论上"有"、"无"与"实"、"虚"的不同。

正是因为儒学与佛道两家在存有论上存在着这样一种根本的差异，就此而言，如果不是以入世与出世截然对立、互不相容来简单化、极端化地分判儒学与佛道两家，对于儒学与佛道两家基本价值取向的不同侧重，其实仍然不妨可以借用入世与出世这一对概念来加以指示。龙溪在《与李中溪》一书中说道：

> 先师提出良知二字，乃三教中大总持。吾儒所谓良知，即佛所谓觉，老所谓玄。但立意各有所重，而作用不同。大抵吾儒主于经世，二氏主于出世。象山尝以两言判之：惟其主于经世，虽退藏宥密，皆经世分上事；惟其主于出世，虽至普度未来众生，皆出世分上事。顺逆公私，具法眼者，当有以辨之

矣。(《全集》卷十）

龙溪所引象山之说，见于象山《与王顺伯》第一书，所谓"儒者虽至于无声无臭、无方无体，皆主于经世；释氏虽尽未来际普度之，皆主于出世"。❶这里，龙溪和象山一样，均看到了儒学既有"退藏于密"这出世的一面，而佛道两家也有"普度未来众生"这经世的一面。但两者从存有论上的基本立场和价值论上的终极归趣来比较，仍然可以突显出经世与出世的不同侧重，所谓"立意各有所重，而作用不同"。因此从比较的角度择其大者而言，便仍然可以说儒学"主于经世"，而佛道两家"主于出世"。因此，掌握了儒学与佛道两家均同时具有入世与出世这两个向度，同时又能意识到双方存有论上"有"与"无"的基本差别这一根源所在，在深入全面把握儒释道三家义理结构的基础上再以入世与出世来彰显儒学与佛道两家价值取向的不同侧重，就显然构成以入世与出世二元对立来两分儒学与佛道两家这一简单理解的否定之否定。当然，全面与周延地看，说儒学"主于经世"，佛道两家"主于出世"，毕竟只是突出重点与要点的表示，所以龙溪用了"大抵"两字。而在上引万历元年滁阳阳明祠聚会答李渐庵之问，以及嘉靖三十六年三山石云馆第之会答友人问中，龙溪在以入世与出世对比儒学与佛道两家时，也正是明确指出这种区分只不过是其中的"大凡"与"大略言之耳"而已。

儒释道三教融合在中晚明所达到的理论深度，使入世与出世或经世与出世这样虽然总体上并不错但毕竟不免失之笼统的传统讲法受到了相当程度的挑战。禅佛教以及以全真道为代表的新道教在理

---

❶ 陆九渊：《陆九渊集》卷二，页17。按：象山集卷二《与王顺伯》二书辨儒释甚精，而其对佛老两家的态度，委实可以说奠定了后来阳明学基本的精神方向。

论上早已将儒学注重社会伦理的思想尽可能地容纳于自身之内，而中晚明像一些往来于三教之间的道士，以及像憨山德清、紫柏真可那样积极投身社会活动、甚至卷入政治斗争的禅宗高僧，[❶]其实践活动本身更是使儒释道之间变得疆界难明。在这种情况下，对于三教思想理论同异分合、交融互涉所呈现的精密复杂结构，像龙溪这样能够深入周延地加以掌握的人，便自然会不主张在儒释道三家之间轻易地论同辨异。事实上，几乎在每次应友人之问而辨儒释道之同异时，龙溪都表示不要在言语上有所轻议。正如在前引《书陈中阁卷》那段话之后，龙溪紧接着便说了以下这样一段话：

> 吾人今日，未须屑屑与二氏作分疏对法，且须究明吾儒本教一宗。果自能穷源，方可理会彼家之源头；自能彻髓，方可研究彼家之骨髓。毫发不同处，始可得而辨。若自己不能究明此事，徒欲从知解凑泊、言说比拟，以辨别同异，正恐同者未必同，异者未必异，较来较去，终堕葛藤，祇益纷纷耳。

而在前引万历元年滁阳阳明祠答李渐庵问儒佛同异的那段话之前，

---

❶ 憨山德清的生平参见其自撰《憨山老人自叙年谱实录》，吴应宾：《大明庐山五乳峰法云禅寺前中兴曹溪嗣法憨山大师塔铭》，钱谦益：《大明海印憨山大师庐山五乳峰塔铭》，陆梦龙：《憨山大师传》。《年谱实录》见《憨山大师梦游全集》卷五十三，两篇《塔铭》及一篇《传》见《憨山大师梦游全集》卷五十五，《全集》见《续藏经》第1辑第2编，第32套第5册。紫柏真可的生平参见德清：《达观大师塔铭》，《紫柏尊者全集》卷首，《续藏经》第1辑第2编，第31套第4册，陆符：《紫柏尊者传》，《紫柏尊者别集附录》，《续藏经》第1辑第2编，第32套第1册。有关憨山德清的研究可参考（一）Hsu Sung-peng, *A Buddhist Leader in Ming China: The Life and Thought of Han-Shan Te-ch'ing*. University Park：Pennsylvania State University Press, 1979；（二）Wu Pei-yi, The Spiritual Autobiography of Te-ching，见 Wm. T. de Bary, ed.，*The Unfolding of New-Confucianism*, New York：Columbia University Press，1975, pp.67-92。

龙溪其实也首先有这样一番开场白：

> 岂易易言也？未涉斯境，妄加卜度，谓之猜语。请举吾儒所同者与诸公商之。儒学明，佛学始有所证。毫厘同异，始可得而辨也。

此外，在《水西别言》中，龙溪在对佛道两家予以充分肯定的同时，更是明确表达了同样的意思。所谓：

> 二氏之学，虽与吾儒有毫厘之辨，精诣密证，植根甚深，岂容轻议？凡有质问，予多不答。且须理会吾儒正经一路，到得彻悟时，毫厘处自可默识，非言思所得而辨也。（《全集》卷十六）

相对于龙溪"儒学明，佛学始有所证"的话，北宋张商英（1043—1122）也讲过"吾学佛而后知儒"的话。但不论张商英所持的佛教立场与龙溪不同，对于儒释道三家义理的理解与把握，张商英及其同时代的学者们，也显然无法与龙溪所代表的中晚明阳明学者相提并论。委实，中晚明三教高度融合情况下的阳明学者，对于儒学与佛道两家思想同异了解与掌握的精微，的确已到了"牛毛茧丝，无不辨析"的地步。在中晚明的思想界，龙溪无论在思考还是表达上都堪称辩才无碍，但是，越是对不同思想系统内部以及彼此之间的错综复杂具有深刻的体察，在辨别同异时由于需要顾及各种不同的层面、向度与分际，往往就越会感到语言的限制。对于强调实践优先性的儒释道三家来说，彼此交往互动发展到中晚明水乳交融的程度时，毫厘之辨的最终结果恐怕更是"此中有真意，欲辨已忘言"了。

龙溪不主张轻议儒学与佛道两家的同异，既不意味着混漫不同思想系统之间的分际，这一点从以上龙溪对儒学与佛道两家的辨析中显然可见，同时也更不意味着龙溪在儒释道三教之间缺乏明确的自我认同。事实上，龙溪反复要求学者"究明吾儒本教一宗"、"理会吾儒正经一路"，并认为在对儒家思想"穷源"、"彻髓"而自身达到"彻悟"的情况下自然能够掌握儒学与佛道两家的毫厘之辨，本身便已经显示了龙溪儒家身份的自我认同。

隆庆四年庚午（1570），龙溪在《自讼长语示儿辈》中曾将儒学与禅学和俗学作过一番对照，所谓：

> 因此勘得吾儒之学与禅学、俗学，只在过与不及之间。彼视世界为虚妄，等生死为电泡，自成自住，自坏自空，天自信天，地自信地，万变轮回，归之太虚，漠然不以动心，佛氏之超脱也。牢笼世界，桎梏生死，以身徇物，悼往悲来，戚戚然若无所容，世俗之芥蒂也。修慝省愆，有惧心而无戚容，固不以数数成亏自委，亦不以物之得丧自伤，内见者大而外化者齐，平怀坦坦，不为境迁，吾道之中行也。古今学术毫厘之辨，亦在于此，有识者当自得之。（《全集》卷十五）

这里，龙溪明确将儒学视为既有别于佛教又有别于俗学的中行之道，表示出对儒家之道的高度推崇与认同。并且，所谓"修慝省愆，有惧心而无戚容，固不以数数成亏自委，亦不以物之得丧自伤，内见者大而外化者齐，平怀坦坦，不为境迁"，也鲜明地显示出龙溪对儒家精神的深刻体知。

而在万历八年庚辰（1580），八十三岁的龙溪在嘉禾舟中曾与陆光祖有过一场讨论。陆光祖因归宗佛学尤其大慧禅，始终认为良知教了不得生死。龙溪最后在感到难以说服对方时对陆光祖说道：

先师谓吾儒与佛学不同，只毫发间，不可相混。子亦谓儒
佛之学不同，不可相混。其言虽似，其旨则别。盖师门归重在
儒，子意归重在佛。儒佛如太虚，太虚中岂容说轻说重，自生
分别？子既为儒，还须祖述虞周，效法孔颜，共究良知宗旨，
以笃父子，以严君臣，以亲万民，普济天下，绍隆千圣之正
传。儒学明，佛学益有所证。将此身心报佛恩，道固并行不相
悖也。(《全集》卷六《答五台陆子问》)

由此更可见出，无论对佛教如何地肯定，在最终的立场上，龙溪的
认同与自我归属无疑是儒家。并且在龙溪看来，相对于佛教，儒学
也仍然是"正传"。

龙溪对儒家的自觉认同，在他写的一些诗句中屡有流露。在
《用黄久庵韵六首》之五中，龙溪开头便说："一脉天泉自有归，肯
从别派问因依？"(《全集》卷十八)我们从第 4 章有关龙溪四无论
的讨论可见，天泉证道对龙溪具有十分重要的意义，它既意味着龙
溪思想成熟并开始提出自己独立的见解，同时又显示出龙溪对阳明
的一脉相承与善绍。而所谓"一脉天泉自有归，肯从别派问因依"，
无疑表示龙溪认为自己的归属与认同在儒家思想、阳明的良知之
教，而不在于作为"别派"的佛道两家。❶再如《桐庐安乐书院与诸

---

❶ 曾阳晴对龙溪"一脉天泉自有归，肯从别派问因依？"的解释是："王阳明一生论学几
乎以天泉证道终，而王龙溪一生论学则几乎以天泉证道始。王龙溪接受了王阳明晚年成
熟的思想体系，若要有所突破，实属不易；或许他'肯从别派问因依'，正是其有所创
新的原因吧。"见氏著：《无善无恶的理想道德主义》(台湾大学出版社，1988)，页183。
认为天泉证道标志着阳明与龙溪论学的终始，显然是正确的观察。而龙溪能够发扬推进
阳明学的展开，当然也与充分吸收佛道两家的思想资源有关，这一点阳明也不例外。但
是，从文句的解读上，这里"肯从别派问因依"承上句显然应当是反问句，即不必从别
派问因依之意，恰恰表达了龙溪自觉归宗儒学、归宗阳明的立场与态度。

生论学次晦翁韵四首》之四所谓：

> 名教之中乐有余，肯从异学泥空虚？舍身尘刹还归幻，入
> 口刀圭未是腴。法界固应无内外，纵邻终是有亲疏。亡羊歧路
> 皆妨道，岂独雕虫愧壮夫？（《全集》卷十八）

这里所谓"名教之中乐有余，肯从异学泥空虚"，便反映出龙溪儒家归属感的自信与自得，而在《经三教峰》中，龙溪的自我认同更是在儒释道三教的对比表达中确然无疑：

> 三教峰顶一柱骖，俯看尘世隔苍烟。青牛白马知何处？鱼
> 跃鸢飞只自然。（《全集》卷十八）

"青牛"是指道家、道教，"白马"是指佛教。"鱼跃鸢飞"语原出《诗经·大雅·旱麓篇》，所谓"鸢飞戾天，鱼跃于渊"，但在儒学尤其理学传统中，"鱼跃鸢飞"大概更多会让人联想到《中庸》里的话，所谓"君子之道费而隐，夫妇之愚，可以与知焉，及其至也，虽圣人亦有所不知焉；夫妇之不肖，可以能行焉，及其至也，虽圣人亦有所不能焉。天地之大也，人犹有所憾。故君子语大，天下莫能载焉；语小，天下莫能破焉。诗云：'鸢飞戾天，鱼跃于渊。'言其上下察也。"龙溪此处的"鱼跃鸢飞"，应当是以《中庸》的这段话为背景。而从《中庸》这段话来看，"鱼跃鸢飞"指示的是一种绾合、贯通凡俗与神圣、内在与超越、此世与彼岸的"上下与天地同流"、"天人合一"的大化流行的自然之境。正如我们在第4章指出的，龙溪四无论的指向，也正是这种"鱼跃鸢飞只自然"的如如自在的生活世界与主体心境。

龙溪的三教观与自我认同，决定了他对佛道两家必然采取融摄的态度与立场。而存有论上"有"与"无"这一儒学与佛道两家根源性的毫厘之辨，又决定了龙溪只能是在境界论的向度上吸收佛道两家的思想资源，或者对佛道两家存有论、工夫论意义上的思想加以儒家境界论和工夫论的转化和改造。这种判摄与融通，反映在龙溪对佛道两家一些具体观念与命题的儒家解读与创造性诠释之上。

三　道教思想的判摄与融通

尽管在三教融合日益深化的过程中，道教经过宋元之际新道教的洗礼，强化了思想理论的内容，从而不再像以往的道教那样主要表现为追求肉体长生的形态。心性论色彩浓厚的内丹学也成为宋元以降道教概念的主要指涉。但是，无论怎样在与儒学和佛教的交往互动中不断强化其精神性的向度，也不论长生的观念经历了怎样从追求"含形升举"到"无相真形"的变化，**❶**相对于儒家和佛教，或至少在儒家与佛教人士看来，基于身体修炼的神仙信仰显然是道教无法放弃的终极承诺，也是道教之所以为道教的规定性所在。因此，理学家几乎都是在养生的意义上与道教发生交涉，如前文所述

---

❶ 道教的长生观念从魏晋到唐宋之际有一个发展变化的过程。约略而言，秦汉到西晋期间，长生基本上是指形神相即基础上的肉体不灭；由两晋到隋唐，长生观念开始趋于多样化，形神同飞虽仍是各种道法的共宗，但对形体的理解已不再是作为"旧形"的肉体；而唐代以后，肉体不灭不再是长生的追求目标，"无相真形"的追求成为长生观念的主旨。参见杨立华："两宋内丹道教及其渊源研究"，北京大学博士论文，1998年，页15。不过，即使是"无相真形"，也并非是一种纯粹精神性的观念。对于以"性命双修"为基本原则的内丹学来说，尽管反对将"身"与"心"、"命"与"性"视为对立的二元，但"身"、"命"所指涉的以身体为载体的物质向度，也始终无法化约为"心"与"性"而尤其在实践修炼（工夫）的意义上有其相对的独立性。

龙溪道教法门的修炼，而在涉及精神性的问题时，又往往总是用自己儒学的理论和信念去诠释道教的内容。或者说，理学家视域中的道教，主要是作为养生之道的道教理论与实践。对于认同儒家并对佛道两家自觉采取融摄态度的龙溪来说，情况更是如此。当然，这并不意味着龙溪对道教内丹学的了解便仅仅限于一般的养生术，事实上，龙溪对内丹学的理论与实践有深入的了解。他充分意识到一般执著于身体的养生术不过是"下士了命之说"，并不能代表道教内丹学"性命双修"的宗旨，这和道教内丹学本身对单修"命功"的批评是一致的。但是，在龙溪看来，尽管道教内丹学的"性命双修"与儒家的"性命合一"具有同样的思想基础，二者相较，仍然在"主神"与"主气"、"修性"与"修命"、"养德"与"养生"之间显示出侧重不同的毫厘之辨，这是由二者在价值论上的不同取向所造成的。基于这种分判，龙溪又进一步对道教的观念与命题进行了良知教的诠释和融摄，这具体表现在龙溪对道教"息"观念与"调息"工夫的创造性诠释上。

（一）主神与主气

在三教融合的过程中，宋元以降成为道教主流的内丹学充分发展了自己的形上思想与心性理论，以肉体长生为目标，以身体修炼为工夫，已经不足以反映其终极追求。[1]因此，在新的历史阶段如何明确儒道两家各自的规定性，成为明代儒家学者经常需要面对和探讨的问题。

嘉靖三十六年丁巳（1557），龙溪曾应王慎中之邀至三山石云

---

[1] 有关宋元以降道教内丹学的心性思想，可参考张广保：《金元全真道内丹心性学》（北京：生活·读书·新知三联书店，1995）。

馆第，这是龙溪江南讲学活动行程最远的一次，也是龙溪至福州府有案可考的唯一一次。会中多有对佛道二教的讨论。龙溪在与王慎中谈论唐顺之（字应德，号荆川，1507—1560）修习道教"锻炼虚空"之术时指出：

> 盖吾儒致知以神为主，养生家以气为主。戒慎恐惧，是存神工夫，神住则气自住，当下还虚，便是无为作用。以气为主，是从气机动处理会，气结神凝，神气含育，终是有作之法。（《全集》卷一《三山丽泽录》）

"神"与"气"是道教中的一对重要观念，如谭峭（字景升，五代道士）曾指出，修道即是一个"炼精化气，炼气化神，炼神还虚"的过程，所谓"道之委也，虚化神，神化气，气化形，形生而万物所以塞也。道之用也，形化气，气化神，神化虚，虚明而万物所以通也。是以古人穷通塞之端，得造化之源，忘形以养气，忘气以养神，忘神以养虚。虚实相通，是谓大同"。[1] 而这一表述也几乎成为后来内丹学各派描述修炼过程的一致用语。由于"精"往往被作为"气"的更实质性状态，"虚"则被视为"神"的终极境界，"炼精化气，炼气化神，炼神还虚"的修炼过程，其实也就是一个"神"与"气"的修炼过程，所谓"丹道千言万语，不过神气二字。始而神与气离，我即以神调气，以气凝神，终则神气融化于虚空"。[2] 龙溪所谓"神住则气自住，当下还虚"，便是指这一由神气而还虚的过程。只是在龙溪看来，似乎不需要经历由炼精化

---

❶ 谭峭：《化书》（北京：中华书局，1996），页1。
❷ 黄裳：《乐育堂语录》，载胡道静等主编：《藏外道书》第25册，页700。

气到炼气化神再到炼神还虚的次第，只要做存神的工夫，自然神住气住，可以当下还虚。道教内丹学在理论上也承认有这种"当下还虚"的顿悟先天之学，但并不认为具有普遍的适用性。全真道南宗之所以强调"先命后性"，也正在于此。至于龙溪将存神工夫界定为"戒慎恐惧"，则显然是以儒家的精神修养工夫对道教修炼的改造，无疑更加突显了精神修养的意义。

对道教内丹学来说，神气是相互依赖作用的统一关系。如《高上玉皇胎息经》云："神行即气行，神住即气住"，《太上九要心印妙经》也说："假一神调气，藉一气定神，……神不离气，气不离神，盖是神定则气定，气定则精定。"但是在龙溪看来，道教内丹学与儒学相较，仍然可以在神与气之间显示出不同的侧重，所谓"吾儒致知以神为主，养生家以气为主"。当然，龙溪之所以说"为主"，也正表明他并不是简单地以神与气的二元对立来区隔儒道两家，而是认为二者都兼顾神气，只是在比较时才有轻重、主次的差异。这一点，当龙溪换用"主理"与"主气"来分判儒道两家时，同样有明确的表达。

商明洲是龙溪的一位友人，素好《参同契》之说，龙溪所作的《寿商明洲七袭序》中，借向商明洲祝寿之机，表达了他对于儒学与道教养生术的分判：

> 龙溪子读《易》洗心亭上，有客造而问曰："儒者之学与道家养生之术，有以异乎？"龙溪子曰："一也，而毫厘则有辨矣。千古圣人之学，不外于性命，道家则有修性修命之术。《易》所谓'尽性以至于命'，乃道脉也。自圣人之道不明，儒者之学与养生之术各自为说，道术为天下裂，而其说始长。汉魏伯阳氏，儒而仙者也，作《参同契》以准《易》，而法象生焉。以乾坤为鼎器，以坎离为药物，以屯蒙六十四卦为火候，

称名引喻，至不可穷诘，而其微旨，不出于身心两字。乾，即心也；坤，即身也。坎离者，乾坤二用。神寓于心，气寓于身，即药物也。二用无爻无位，升降于六虚之中。神气往来，性命符合，即所谓火候也。而其机存乎一息之微。先天肇基，后天施化。一息者，性之根，命之蒂也。但吾儒之学主于理，道家之术主于气。主于理，则顺而公，性命通于天下，观天察地，含育万物，以天地万物为一体。主于气，则不免盗天地窃万物，有术以为制炼，逆而用之以私其身，而不能通于天下。此所谓毫厘之辨。"（《全集》卷十四）

　　龙溪的这段话主要包含两层意思，首先是指出儒道两家具有共同的思想基础。所谓"千古圣人之学，不外于性命，道家则有修性修命之术。《易》所谓'尽性以至于命'，乃道脉也"。便是认为性与命是儒道两家共同的基本观念，围绕性命观念所展开的论说也构成儒道两家的基本理论。在这一点上，儒道两家可以说是"一也"。从性命的角度分判儒道两家的同异，我们下一节再予以详细地讨论。龙溪这段话的第二层涵义，则是在指出儒道两家具有共同思想基础的同时，进一步从理气的角度指出二者的毫厘之辨。

　　理与气是理学传统中的一对重要范畴，在朱子学中尤其如此。但在阳明学中，不仅使用的频率相对较少，对理这一观念的理解也与朱子学有着明显的不同。由于对"心"与"理"关系的不同看法与规定，理在朱子学中基本上是"只存有不活动"的，[1]而在阳明学中

---

❶ 当然，这里的朱子学主要是指宋代朱子本人及其后学这一脉。明代的朱子学者如曹端、薛瑄等已开始尝试修正朱子有关理不能活动的看法，至于韩国李朝时代被称为"海东朱子"的李滉（字景浩，号退溪，1501—1570），则明确提出了"理自动静"的主张。

则理与心是一，本身具有能动性。就此而言，龙溪用"主于理"与"主于气"来说明儒道两家的不同侧重，与其用"主神"与"主气"来分判儒道两家是一致的。在龙溪看来，"主于理"与"主于气"显示了不同的理论后果与价值取向，前者是"顺而公，性命通于天下，观天察地，含育万物，以天地万物为一体"，后者则"不免盗天地窃万物，有术以为制炼，逆而用之以私其身，而不能通于天下"。这同样是对儒道两家的一种评判。当然，龙溪认为理气是合一的，所谓"理是气之主宰，气是理之运用。……理乘乎气，气乘乎理，不可得而离也"。（《全集》卷八《孟子告子之学》）因此，龙溪不会认为儒家只讲理而道教只论气，双方只是在相比较时有各自的侧重而已。顺带一提的是，龙溪很少使用理和气的概念，这是一例。

由上引龙溪的文字来看，身心、乾坤、神气、性命、理气是一组两两相对的观念。事实上，神气与性命正是道教内丹学理论的基本观念。并且，二者可以相互规定和互换。出于晚唐的《无能子》便已经说"夫性者神也，命者气也"。❶后来内丹学中以神气与性命为内涵相同的一对观念之说，更是比比皆是。如王重阳（1112—1170）所谓"性者神也，命者气也，……性命是修行之根本"。（《重阳立教十五论》）白玉蟾（1194—1229）说："心者气之主，气者形之根，形是气之宅。神者形之真，神即性也，气即命也。"（《琼馆白真人集》）李道纯也说："夫性者，先天至神，一灵之谓也；命者，先天至精，一气之谓也。"（《中和集》卷四《性命论》）对此，龙溪也有深入的了解。他在《同泰伯交说》中指出：

夫人之所以为人，神与气而已。神为气之主宰，气为神之

---

❶ 王明：《无能子校注》（北京：中华书局，1981），页7。

流行，一也。神为性，气为命。良知者，神气之奥、性命之灵枢也。良知致，则神气交而性命全，其机不外于一念之微。（《全集》卷十七）

龙溪这段话的前半部分完全与道教论神气与性命的说法一致，既认为神气与性命是一对可以互换的对等观念，又认为神气与性命是合一不可离的。而在这段话的后半部分，龙溪以良知为"神气之奥"、"性命之枢"，并以"一念之微"的致良知工夫为交神气、全性命的修炼法门，则无疑显示出龙溪以良知观念与致良知工夫融摄道教的鲜明取向。事实上，在融摄道教的话语脉络中，龙溪又赋予了"一念之微"以独特的涵义。在前引《寿商明洲七袠序》中，龙溪已经提到了"一息之微"的观念。其实，"一息之微"与"一念之微"之间的确存在着密切的关联。前者可以视为后者的另一种表达方式，是龙溪在以良知教融摄道教过程中提出的一个独特观念。对此，我们在后面对龙溪有关"息"与"调息"的讨论中会有较为详细的说明。

就实践的修炼工夫而言，道教内丹学往往更经常地使用性命这一对观念。因此，龙溪也从性命的角度对儒道两家进行了分判，并试图将道教的理论与实践纳入到良知教的系统之内。

（二）修性与修命

"性"与"命"是道教尤其内丹学中的核心观念之一，有关性功与命功的修炼也构成道教内丹学实践的基本内容。所谓"炼丹之要，只是性命二字"（《中和集》卷三《授诸门人》）。因此，张伯端（983—1082）在《悟真篇自序》中说："故老释以性命学，开方便门，教人修种，以逃生死"，将道教与佛教皆称为"性命学"。性与神一样，是一个精神性的范畴，而命则与气一样，是一个更多地与身体修炼有关的物质性范畴。在理学家视域中的道教或一般意义上的养生术，显然是以身体修炼的所谓"命功"为其主要内容的。而在《寿邹东廓翁七袠序》中，龙溪便曾从性命的角度对一般道教养生术提出批判，并在此基础上表达了以良知教融摄道教养生术的思想：

> 自圣学不明于世，世之学养生者，务为异术，诪谬泥执，并老氏之旨而失之。是非养生者之过，圣学不明之过也。圣人之学，复性而已矣。人受天地之中以生，而万物备焉。性其生理，命其所乘之机也。故曰天命之谓性。此性命合一之原也。……先师尝曰："戒惧不睹，恐惧不闻，则神住，神住则气住精住，而仙家长生久视之说，不外于是。"是说也，人孰不闻？亦曰有为之言耳。先生（邹东廓）独信之不疑，不淆于异术。故行年七十，视听不衰，而精气益强，非一于神守，能若是乎？而世之养生则异于是，裂性命为两端，分内外为二物。或迷于罔象，或滞于幻形，甚至颠溟浊乱，惟躯壳渣滓之为徇，岂惟不知圣人之学，所谓并老氏之旨而失之者也。"常无欲以观其妙，常有欲以观其窍，万物芸芸，以观其复"，非老氏之言乎？观妙即未发之中，性宗也；观窍即发而中节之和，以情归性，而机在我，命宗也。观复即慎独常明之旨也；不睹不闻即本体之药物也；戒慎恐惧，即工夫之火候也。种种名义，特假象之寓言耳。(《全集》卷十四)

龙溪这里所批判的道教养生术，是指"裂性命为两端，分内外为二物"而执著于身体的专修命功者。至于龙溪这种批判的理据，则是其"性命合一"的思想。所谓"人受天地之中以生，而万物备焉。性其生理，命其所乘之机也。故曰天命之谓性。此性命合一之原也"。而在诠释并阐发孟子人性论思想的《性命合一说》(《全集》卷八)中，龙溪也开头便说"性与命，本来是一"。

当然，严格而论，一般养生术并不能代表道教内丹学。后者在性命问题上的基本理论是主张"性命双修"的，即并不认为修炼仅限于身体方面的命功，即便是学界一般认为主张"先命后性"的内丹学南宗一脉，其实也不过是认为命功更容易为一般人所掌握，从而以命功修炼创造性功觉悟的条件，并不否认有"顿悟圆通"的先性后命之法，而无论是先命后性还是先性后命，最终的目标都是要性命双修，不能将性命打为两橛，只修其中的一个方面。正如吕祖《敲爻歌》所云："只修性，不修命，此是修行第一病。只修祖性不修丹，万劫阴灵难入圣。达命宗，迷祖性，恰似鉴容无宝镜。寿同天地一愚夫，权握家财无主柄。"❶对此，龙溪显然有着深入的了解，因此，他批评那些一味追求身体修炼的养生术甚至连道教宗主老子的本旨也失去了，所谓"或迷于罔象，或滞于幻形，甚至颠溟浊乱，惟躯壳渣滓之为徇，岂惟不知圣人之学，所谓并老氏之旨而失之者也"。而在《遗徐紫崖语略》中，面对徐紫崖"圣学与养生家同异之旨"的扣问，龙溪更是将儒家的"未发"与"已发"、"寂"与"感"与老子的"观妙"与"观窍"相比附，从"体用一源，显微无间"的思维模式出发，指出儒家与道教养生学同样持性命合一之见。

　　圣人之学，务在理会性情。性者，心之生理；情则其所乘

---

❶ 刘一明：《道书十二种》(北京：书目文献出版社，1996)，页476。

以生之机，命之属也。故曰喜怒哀乐之未发谓之中，发而皆中节谓之和。中和者，性情之则也。戒慎恐惧而谨其独，立本以达其机，中和所由以出焉者也。有未发之中，而后有发而中节之和，中和一道也。虞廷谓之道心之微，孔门谓之寂，此圣学之宗也。养生者宗老氏。老氏之言曰："常无欲以观其妙，常有欲以观其窍。"自今观之，观妙即所谓微所谓寂，观窍即所谓人心感通之机，性命之说也。（《全集》卷十六）

可是，道教内丹学既然主张性命双修，与儒家的性命合一论似乎具有同样的思想基础，那么二者在实践的工夫上是否也无分轩轾了呢？在《示宜中夏生说》中，龙溪便遇到了这一问题：

予惟宜中初至会中，即举《中庸》天命谓性为问：圣学性命合一，而养生家乃有双修之旨，何居？予非云房、紫阳，何以酬子之问？若圣学则尝闻之矣。夫性命本一，下士了命之说，因其贪着，而渐次导之云尔。若上士，则性尽而命亦在其中，非有二也。戒慎恐惧，乃是孔门真火候；不睹不闻，乃是先天真药物。先师所谓神住则气住、精住，而仙家所谓长生久视在其中矣。此是性命合一之机，直超精气，当下还虚之秘诀。（《全集》卷十七）

这里，龙溪虽然没有正面回答夏宜中的问题，但显然认为"性"的修养可以内在地容纳"命"的向度。换言之，精神的修养可以带来身体状态的改善。而精神的修养，在龙溪看来无疑是指儒家的道德实践、致良知的工夫，所谓"戒慎恐惧，乃是孔门真火候；不睹不闻，乃是先天真药物"。当然，正如我们上一段已经提到的，道教内丹学也有"先性后命"的说法，但是，道教内丹学的"先性后命"和龙溪所谓的"性尽而命实在其中"，仍然有着细微但却十分重要的差异。虽然道教内丹学本身并非铁板一块，而是一个包含不同流派和思想倾向的复杂形态，但在性命的问题上，仍然可以通约出一些共同的基本的认识。其中一点便是：尽管论轻重，或许"性"的方面要超过"命"，但"命"的修炼始终具有独立不可化约的地位与意义。禅佛教讲究明心见性，不重视身体方面的修炼，似乎以单纯精神性的觉悟为了究生死的解脱之道，因而内丹学家们往往批评禅宗为"干慧"、"枯禅"，只能出"阴神"而成"鬼仙"，不能出"阳神"成就"天仙"和"大罗金仙"。❶这正显示出内丹学对于和身体修炼密切相关的"命功"的重视。而道教内丹学与禅宗的这一差异，也同样适用于儒学。因此，龙溪的"性命合一"与道教内丹学的"性命双修"虽然都认为性命不可分，但相比较而言，双方尤其在实践工夫上，仍然显示出不同的侧重。

龙溪"性尽而命实在其中"的说法，意味着在性与命之间，更强调直趋本源的修性工夫，这在龙溪《与魏水洲》第二书中有明确的反映：

> 近有方外传圞中术者，彻头彻尾只以了性为宗。性是万劫不坏之真体，所谓无漏清净法身。只缘万劫虚妄，凡心不了，故假修命延年之术，以为炼养复性之机。徒守后天渣渣，不究性源，到底只成守尸鬼，永无超脱之期，上品先天之学所不屑道也。若能见性，不为境缘所移，到处随缘，缘尽则去，去来

---

❶ 当然，这种批评严格来说只适用于一般的二乘禅学，真正圆通透悟的禅宗，在内丹学家看来也是融命于修性之中而性命双修的。如张伯端在其《悟真篇》后附的《禅宗歌颂序》中，便甚至将禅的"究竟空寂"之境作为内丹学命功修炼的归宿。

> 自由，无所碍滞，如金之离矿，潜藏变化，皆由自得，方成大
> 超脱，延促非所论也。（《全集》卷九）

这里，龙溪同样批判了专修命功者，所谓"徒守后天渣滓，不究性源，到底只成守尸鬼，永无超脱之期，上品先天之学所不屑道也"。认为"修命延年之术"只是为了"炼养复性"，本身并不具有终极的意义。而若能直趋性体，顿见性真，则能"到处随缘，缘尽则去，去来自由，无所碍滞"，"成大超脱"。当然，道教内丹学中的确有主张专修性功的，如龙溪所举的"圜中术"，龙溪在这封书信中也完全是用的道教修炼术语。但是，正如前面所引《示宜中夏生说》中所谓"戒慎恐惧，乃是孔门真火候；不睹不闻，乃是先天真药物"，龙溪其实是用儒家的思想来诠释道教的观念。因此，在同样是给魏水洲的书信中，龙溪便说道：

> 大抵我师良知两字，万劫不坏之元神，范围三教大总持。
> 良知是性之灵体，一切命宗作用，只是收摄此件，令其坚固，
> 弗使漏泄消散了，便是长生久视之道。古人以日月为药物，日
> 魂之光，便是良知，月魄便是收摄日光真法象，所谓偃月炉
> 也。（《全集》卷九《与魏水洲》第一书）

这里将良知比作道教的"元神"，以之为"范围三教大总持"，正表明了龙溪用良知教来融摄道教的态度。在下面有关"息"与"调息"的讨论中，我们会更加明确地看到这一点。显然，龙溪以"修性"与"修命"来区别儒学与道教养生术，认为"性尽而命实在其中"，既反映了他侧重精神性的儒家立场，与其致良知工夫论中强调"心体立根"的先天之学也保持了高度的一致。而对道教来说，

内丹学各派所一致追求的"内丹",也显然不是单纯精神修养所能够获得的。

在龙溪看来,儒家的道德修养工夫本身便具有养生的功能,只不过儒家的养生与道教的养生显然具有不同的价值论动机。龙溪在《与潘笠江》中指出:

> 吾儒之学,未尝不养生,但主意不为生死起念。阳明先师良知两字,乃是范围三教之宗,是即所谓万劫不坏、先天之元神。养生家一切修命之术,只是随时收摄、保护此不坏之体,不令向情境漏泄耗散,不令后天渣滓搀和混杂,所谓神丹也。凡铅汞龙虎种种譬喻,不出情性两字。"情来归性物,乃得称还丹",已一句道尽,外此皆旁门小术。吾儒未发之中,发而中节之和,皆是此义,其要只是一念之微识取。戒惧慎独而中和出焉,即火候药物也。中和位育,即宇宙在我,万化归身也。此千圣相传性命之神机,在人时时能握其机,不为情境所夺,不为渣滓所染,谓之还丹。随缘聚散,一日亦可,百年亦可,更无生死执吝。与太虚同体,与大化同流,此大丈夫超脱受用、功成行满之时也。微躯系念,去道日远;千圣过眼,良知吾师。毋谓吾儒与养生家各有派头,长生念重,不肯放舍。望只专心定念,承接尧舜姬孔一派源流,亦不枉却大丈夫出世一番。未修仙道,先修人道。到此辨别神仙有无,未为晚也。(《全集》卷九)

一般意义上道教养生术修炼的目标,无疑在于追求自然生命的延续。这种追求背后的动机,则显然是贪生畏死的心态,所谓"为生死起念"。这一点,也是几乎所有理学家批评佛道二教的共同所在。道教养生术固然是追求自然生命的延续,禅佛教虽然讲究通过明心见性而达到精神的解脱，并不执著于肉体生命，但在儒家看来，生死之念仍然是其追求解脱的心理动机。而儒家学者内部不论如何分歧，在批评佛道二教其实皆不免于"生死执吝"这一点上，则几乎是百虑一致的。龙溪在给潘笠江的这封信中，不仅视良知为元神，以致良知工夫为道教内丹学的修炼，认为致良知本身可以取得养生的功效，实际上在信的后半部更表达了他对生死问题的看法。正是对生死问题的不同理解，使儒家与道教产生了不同的价值取向，导致了双方在"修性"与"修命"上各自的侧重。而龙溪最后劝"长生念重"的潘笠江"专心定念，承接尧舜姬孔一派源流"，"未修仙道，先修人道"，就像我们前面提到龙溪劝倾向于佛教的陆光祖"还须祖述虞周，效法孔颜，共究良知宗旨"一样，也再次表明了龙溪儒家的自我认同以及在儒家立场上融摄道教的基本态度。

对生死问题的不同理解，的确是儒学有别于佛道两家的一个重要方面。在中晚明儒释道三教高度融合互动的情况下，生死问题也委实成为阳明学者颇为关注的论题，不再像以往的儒者那样往往略而不谈。对此，我们在第7章讨论中晚明的阳明学与三教融合时再进行专门的探讨。

（三）养德与养生

无论从"主神"与"主气"、"主理"与"主气"还是"修性"与"修命"的角度分判儒学与道教并以前者融摄后者，儒学与道教的基本差异，似乎都可以概括为"养德"与"养生"这两种不同的价值与实践取向。当然，从龙溪以良知教融摄道教的立场来看，养德的工夫又必然可以容纳养生的向度。

在前引《三山丽泽录》、《寿邹东廓翁七袠序》和《示宜中夏生说》，龙溪都提到阳明所谓"神住则气住、精住"的说法。阳明的确有过这样的讲法，在正德十六年辛巳（1521）的《与陆原静》书中，阳明对欲习养生之术的陆澄（字原静，又字清伯，生卒不详）说：

> 闻以多病之故，将从事于养生，区区往年盖尝弊力于此矣。后乃知其不必如是，始复一意于圣贤之学。大抵养德养生，只是一事，原静所云"真我"者，果能戒谨不睹，恐惧不闻，而专志于是，则神住气住精住，而仙家所谓长生久视之说，亦在其中矣。❶

在这封信中，阳明不仅有"神住气住精住"的说法，更明确表达了"大抵养德养生，只是一事"的看法。龙溪以"养德"与"养生"的不同侧重来分判儒道两家，并以前者融摄后者，无疑是继承了阳明的思想。

在嘉靖四十四年乙丑（1565）的留都之会中，龙溪有两次与学者谈到过养生的问题，从中，我们对龙溪的思想可以有明确的了解。

> 桂岩顾子曰："阙自幼气体薄劣，属意养生。今虽有志圣学，养生一念，尚未能忘。"先生（龙溪）曰："吾人今日所讲是何学？喜怒哀乐稍不中节，皆足以致疾。戒慎恐惧则神住，神住则气住精住。虽曰养德，而养生亦在其中。老子云：'外其身而身存。'世人伤生，以其生生之厚。子惟专志圣学，将从前一切养生知见伎俩，尽情抛却，洁洁净净，一毫不复蕴于

---

❶ 《王阳明全集》，页 187。按：阳明此信的略写，亦见《年谱》正德十六年辛巳五月条下，见《王阳明全集》，页 1282。

胸中。如此精专，方见有用力处，方见有得力处。久久行持，方见有无可用力处。苟情存养生一念，志便有碍，不惟不能养生，圣学亦被耽搁，无从究竟，所谓两头失之也。"（《全集》卷四《留都会纪》）

这里，龙溪显然是秉承了阳明《与陆原静》中的思想。不过，许多儒者习炼道教养生术往往是由于体弱多病，需要藉之以改善身体健康状况，还并不是出于神仙信仰而追求长生不老。龙溪本人早年修炼道教养生术便是因身体赢弱，所谓"少患赢，尝事于养生"[1]。那么，儒家精神性的道德修养工夫能否具有强身健体的功能呢？

在上引《与陆原静》书中，阳明尚未具体谈到儒家的道德修养工夫是否可以改善人体的健康，而龙溪则明确认为儒家"养德"的工夫可以治疗身体的疾病。同样是在留都之会中，还有这样一番问答：

三渠王子出访，见先生（龙溪）容色未衰，扣有术乎？（龙溪）曰："无之，所守者师承之学耳。未发之中，千圣学脉。医家以喜怒过纵为内伤，忧思过郁为内伤。纵则神驰，郁则神滞，皆足以致疾。眼看色，不知节，神便着在色上；耳听声，不知节，神便着在声上。久久皆足以损神致疾，但人不自觉耳。惟戒慎不睹，恐惧不闻，聪明内守，不着于外，始有未发之中。有未发之中，始有发而中节之和。神凝气裕，冲衍欣合，天地万物且不能违，宿疾普消，特其余事耳。此保命安身第一义，世间小术，名为养生，实则伤生之媒。"（《全集》卷四《留都会纪》）

---

[1] 徐阶：《龙溪王先生传》，《王龙溪先生全集》"附录"，万历四十三年丁宾刻本。

在身心两分的思维模式下，生理状况与心理、精神状态是互不相属的两个领域。心理、精神的修养恐怕难以治疗身体的疾病。但是，在龙溪看来，许多不易治愈的所谓"宿疾"，恰恰是心理、精神经常性有失调节的结果，所谓"医家以喜怒过纵为内伤，忧思过郁为内伤。纵则神驰，郁则神滞，皆足以致疾。眼看色，不知节，神便着在色上；耳听声，不知节，神便着在声上。久久皆足以损神致疾，但人不自觉耳"。事实上，基于身心交关的思维模式，探究人类各种疾病由于心理、精神方面的深层原因，确实是中国传统医学、养生学的一个基本特征。现代医学、生命科学的发展，也越来越意识到各种疑难杂症的产生，与人的心理、精神向度密切相关，绝非一个单纯的生理现象。并且，精神修养得好，如龙溪所谓"神凝气裕，冲衍欣合"，也的确可收延年益寿之功。古今许多大儒多享高年，却并无特别的养生之道，恐怕不能不得益于长期怡情养性的"养德"工夫。对于人类的健康，儒家"养德"的实践工夫同样可以提供一笔丰厚的资源。

"养德"当然是指儒家的道德修养，对龙溪来说，自然更多地意味着致良知的工夫实践。而"养生"在龙溪处尽管可能更多的是针对当时社会上流传的养生术，却也可以在一般的意义上适用于整个道教内丹学。我们在前文论"修性"与"修命"时已经指出，对以养生为主要内容的命功来说，即使在强调"性命双修"的道教内丹学中也仍然具有不可化约的独立地位。这里，我们对此还需略加申论，以说明龙溪用"养生"来概括道教的基本取向确实具有普遍的意义，并非不可以将宋元以来强调心性修养的内丹理论包括在内。

众所周知，全真道北宗是以偏重"性功"而著称的，其中又以丘处机（亦作邱处机，字通密，号长春子，1148—1227）开创的龙门派最为突出。其实，这种似乎只言性不言命的印象，只是一种表面现象，至少并不能全面反映龙门派的面貌。事实上，即使是龙门派也仍然有自己一套调息、理气的"修命"工夫，整个全真道北宗亦概莫能外。至于如何会给外界造成一种只言性不言命的表面印象，则与整个全真道命功授受重视亲传口授且绝不轻易示人有极大的关系。全真道一般绝不公开讨论与调息、理气等有关的命功修炼法门，即便本教内的传授也极为秘密。如振兴全真道的关键人物、全真七子之一的丘处机便有这样的一段经历：

> 一日，祖师（王重阳）闭户与丹阳（马钰）论调息法，师父（丘处机）窃听于外，少间推户入，即止其议论。一日乘见进问祖师，答曰：性上有。再无所言，师父亦不敢复问。❶

由此可见，给人以重性轻命表象的全真道北宗，也仍然有一套独立于"性功"之外的"命功"授受传统。只是由于传授与修炼的保密性，教内人机缘未到尚难以接触，外界人士自然更是无从知晓了。而这种传授的机密性，也恰恰反而可以证明全真道实际上对"命功"的格外重视。其实，道教所理解的生命无疑偏重于自然生命，相对于儒家与佛教显宗，❷道教内丹学最大的特点正在于为人类的身体修炼提供了一套系统的理论解释和实践方法。而道教在整体上有别于儒学、佛教甚至世界上其他宗教传统的一个独特所在，也正是

---

❶ 尹志平撰，段志坚编：《清和真人北游语录》卷二，《正统道藏·正乙部》第55册，"弁字号"，页737。

❷ 佛教密宗讲究"即身成佛"，如《菩提心论》所谓"惟真言法，即身成佛故"。因而和道教重视"命功"的修炼一样，对人体的气脉修炼有一套严密复杂的理论和实践法门。并且，密宗尤其强调上师在传承中的重要性。密宗之所以为"密"，也和道教内丹学一样，在于其功法授受中的保密性。

其致力于掌握、改变人类自然生命存在样态的勇气与信心。客观而言，这一点在现代对于人体生命科学的探索仍然不无意义。

既然"养生"在整体上的确可以概括道教之所以为道教的基本特征和取向，龙溪以上"养生"即在"养德"之中的说法，显然反映了龙溪儒家的自我认同以及以良知教融摄道教的立场。在前面所引龙溪的一些文献中，我们已经可以看到龙溪常常将儒学与道教的观念和命题相提并论，譬如将良知比作"元神"、"神丹"、"日魂之光"，将儒家戒慎恐惧、不睹不闻的修养工夫比做道教内丹修炼的"火候"与"药物"。除此之外，龙溪对道教的融摄，更多的表现在他对道教一些观念与命题的创造性解读与诠释上。

（四）息与调息

嘉靖四十三年甲子（1564），龙溪与耿定向在宜兴有过一次聚会，当时耿定向曾向龙溪提出过"老佛虚无之旨与吾儒之学同异何如"的问题，对此，龙溪有过一番系统的论述：

> 先生（龙溪）曰："先师有言：'老氏说到虚，圣人岂能于虚上加得一毫实？佛氏说到无，圣人岂能于无上加得一毫有？老氏从养生上来，佛氏从出离生死上来，却在本体上加了些子意思，便不是他虚无的本色。'吾人今日未用屑屑在二氏身份上辨别同异，先须理会吾儒本宗明白，二氏毫厘，始可得而辨耳。圣人微言，见于大《易》，学者多从阴阳造化上抹过，未之深究。夫乾，其静也专，其动也直，是以大生焉。夫坤，其静也翕，其动也辟，是以广生焉。便是吾儒说虚的精髓。无思也，无为也，寂然不动，感而遂通天下之故，便是吾儒说无的精髓。自今言之，乾属心，坤属身，心是神，

身是气。身心两事，即火即药。元神元气，谓之药物；神气往来，谓之火候。神专一，则自能直遂，性宗也；气翕聚，则自能发散，命宗也。真息者，动静之机，性命合一之宗也。一切药物老嫩浮沉，火候文武进退，皆于真息中求之。大生云者，神之驭气也；广生云者，气之摄神也。天地四时日月，有所不能违焉，不求养生而所养在其中，是之谓至德。尽万卷丹书，有能出此者乎？无思无为，非是不思不为。念虑酬酢，变化云为，如鉴之照物，我无容心焉，是故终日思而未尝有所思也，终日为而未尝有所为也。无思无为，故其心常寂，常寂故常感。无动无静、无前无后而常自然。不求脱离而自无生死可出，是之谓大《易》。尽三藏释典，有能外此者乎？先师提出良知两字，范围三教之宗，即性即命，即寂即感，至虚而实，千圣至此，骋不得一些精彩，活佛活老子至此，弄不得一些伎俩。同此即是同德，异此即是异端。如开拳见掌，是一是二，晓然自无所遁也。不务究明本宗，而徒言诠意见之测，泥执名象，缠绕葛藤，只益纷纷射覆耳。"（《全集》卷四《东游会语》）

龙溪这一段话所包含的内容非常丰富，我们前面讨论龙溪三教观及其自我认同时所得出的基本结论，以及目前正在探讨的龙溪对道教观念与命题的融摄，在这段话里都可以得到印证。除此之外，则有两点需要格外注意：第一，是龙溪将道教的修炼和佛教的解脱工夫归结为"无中生有"的致良知工夫；第二，是龙溪提出了"真息"的概念。

我们在第3章讨论龙溪的致良知工夫论时已经看到，所谓"终日思而未尝有所思"、"终日为而未尝有所为"、"常寂常感"、"无动无静、无前无后而常自然"，正是龙溪"无中生有"致良知工夫论的特征所在。在以上的话语中，这些特征却成为道教内丹修炼甚至佛教生死解脱工夫的表现形式。而由所谓"先师提出良知两字，范围三教之宗，即性即命，即寂即感，至虚而实，千圣至此，骋不得一些精彩，活佛活老子至此，弄不得一些伎俩"这样的话语来看，龙溪显然是力图将道教的修炼与佛教的解脱工夫容纳到致良知的工夫实践之中。对此，我们可以发现进一步的证据。在万历二年甲戌（1574）的天柱山房之会中，裴子充向龙溪询问"卫生之经"，龙溪回答说：

> 人之有息，刚柔相摩、乾坤合辟之象也。子欲静坐，且从调息入手。调息与数息不同，数息有意，调息无意。绵绵密密，若存若亡。息之出入，心亦随之。息调则神自返，神返则息自定。心息相依，水火自交，谓之息息归根，入道之初机也。然非致知之外另有此一段工夫，只于静中指出机窍，令可行持。此机非脏腑身心见成所有之物，亦非外此别有他求。栖心无寄，自然玄会；恍惚之中，可以默识。要之无中生有一言尽之。愚昧得之，可以立跻圣地，非止卫生之经，圣道亦不外此。（《全集》卷五《天柱山房会语》）❶

尽管道教修炼工夫中本来有"无中生有"的话头，但龙溪并不是简单地袭用，从所谓"非致知之外另有此一段工夫"以及"调息与数息不同，数息有意，调息无意"的话来看，龙溪显然是将道教

---

❶ 通行《全集》中该篇文字未记时间，《龙溪会语》卷六《天山答问》则说明为"万历二年甲戌"，而《龙溪会语》之《天山答问》即通行《全集》本之《天柱山房会语》。参见本书附录二："明刊《龙溪会语》及王龙溪文集佚文——王龙溪文集明刊本略考"。

"无中生有"的修炼工夫赋予了致良知工夫中"无中生有"的意涵。调息本来是道教修炼的一个基本法门，但由于龙溪力图将道教的修炼收摄到致良知的工夫当中，调息在龙溪这里也就具有了不同于道教思想脉络中的涵义。而龙溪对"真息"概念的独特规定，既构成其"调息"说的基础，同时也是龙溪对道教观念进行创造性诠释这一融摄道教立场的表现。

在《寿史玉阳年兄七十序》中，龙溪也曾提到过"真息"的字眼：

> 夫儒者之学，以尽性为宗。性者，万劫无漏之真体。只缘形生以后，假合为身，而凡心乘之，未免有漏，故假修命之术以摄炼之，使涤除凡心，复还无漏之体。所谓借假修真，修命正所以复性也。即养生家言之，性以心言，命以身言。心属于乾，身属于坤。身心两字，即火即药，一切斤两法度、老嫩浅深，皆取于真息。真息者，性命之玄机，非有待于外也。是故尽性以至于命者，圣人之学也。（《全集》卷十四）

"息"是道教本身固有的一个概念，在道教内丹学中基本上是指呼吸之气。"真息"则是指有别于口鼻呼吸的所谓"先天清气"，如李道纯所谓："呼则接天根，是之谓辟；吸则接地根，是之谓合。一呼一吸，化生金液，是之谓变。呼吸即玄牝之门，天地之根矣。所谓呼吸者，非口鼻呼吸，乃真息合辟也。"（《中和集》卷三《问答语录》）但是，依龙溪之见，作为"性命之玄机"而"非有待于外"的"真息"，在儒家圣人之学"尽性以至于命"的工夫实践中，究竟又有什么特定的内涵呢？

在《与李原野》一书中，龙溪也曾经对"息"有所说明，所谓：

湖中请教息之一字，非止对治之方，乃是养生要诀，亦便是学问真正路头。至人有息而无睡，睡是后天浊气，息是先天清气。庄生所谓六月息，孔子所谓向晦入燕息。息者，随时休息之谓。终日间，眼视色，耳听声，鼻闻臭，口吐声音，手足动触，魂魄精神随意流转，随在泄漏，是谓生机。循晦至夜，机事已往，万缘渐消，目无所见，耳无所闻，鼻无所臭，口止不言，四肢静贴，魂魄藏伏，精神翕凝，一意守中，如潜如蛰，如枝叶剥落而归其根，是谓杀机。生机为顺，杀机为逆。逆顺相因，如循环然，在知道者默而识之。若果信息之一字，可使终夜不打一鼾，不作一梦。一念炯然，自由自在，先天补益之功，自有出于昏睡之外者矣。若果信得及，可使终日酬应万变，而此念寂然，不为缘转，是谓通乎昼夜之道而知。圣功生焉，神明出焉。盖养德养生，原非两事，但其求端用力，作用不同。(《全集》卷九)

我们在第2章讨论龙溪的良知观时看到，作为信仰的对象，关联于"信得及"而言者是"良知"这一龙溪思想的核心观念。在第3章讨论龙溪的致良知工夫时也发现，龙溪所谓"炯然"、"寂然"的"一念"，是指良知初发的端倪，可以说也就是良知本身。龙溪经常以"一念灵明"指代良知，正是在这个意义上来使用的。但是在这里，"信得及"的对象变成了"息"，一念之所以能够炯然、寂然，也变成了"信得及""息"的结果。那么，"息"和良知又构成什么关系呢？其实，在道教来说，不论是作为"先天清气"的"息"还是作为"后天浊气"的呼吸之"息"，"息"都是一种"气息"，但在龙溪看来，"息"却不仅仅是"气息"，还具有"生生之机"的涵义。龙溪在《大象义述》中指出：

> 息者，生生之机也。……颜子如愚，三月不违，三月一息也；日月而至，日月一息也，尧之允恭，舜之玄德，文之不显，孔之无知，群圣一息也；专而直，翕而辟，天地一息也。尺蠖之屈，龙蛇之藏，万物一息也；通古今于一息，万年一息也。……息有二义：有止息，有生息，如水之凝而时释也，如虫之蛰而时启也。此造化出入之机，圣人至诚无息之学也。

确切而言，这种作为"生生之机"的"真息"，也就是良知。在嘉靖四十四年乙丑（1565）的留都之会上，龙溪对从事养生之术的王子实说：

> 千古圣学，存乎真息。良知便是真息灵机。知得致良知，则真息自调，性命自复，原非两事。若只以调息为事，未免着在气上理会，与圣学戒慎不睹、恐惧不闻、致中和工夫，终隔一层。邵子弄丸，亦只是邵子从入路头。若信得良知过时，方是未发先天宗旨，方是一了百当，默而存之可也。（《全集》卷四《留都会纪》）

由此可见，就龙溪"养德养生，原非两事"这种以致良知工夫融摄道教养生修炼工夫的立场而言，在道教内丹学中作为"先天清气"的"真息"概念，显然成为龙溪良知观念在融摄道教时的特定表达方式。换言之，在龙溪以儒家良知教判摄道教的理论话语中，真息就是良知。而所谓"若果信息之一字"，也不过是"信得良知过时"在特定语境下的另一种说法而已。需要注意的是，我们前面提到，龙溪在万历二年的天柱山房之会中曾明确要裴子充"从调息入手"，这里却又说"若只以调息为事，未免着在气上理会，与圣学戒慎不睹、恐惧不闻、致中和工夫，终隔一层"。当然，这并非龙溪的自相矛盾，而恰恰说明龙溪对"调息"的理解，也有其不同于一般道教调息概念的独特内涵。这种情形和龙溪的"真息"概念是一样的。

事实上，龙溪有一篇名为《调息法》的文字，从中，我们可以了解龙溪"调息"说的具体涵义。其文如下：

> 息有四种相：一风，二喘，三气，四息。前三为不调相，后一为调相。坐时鼻息出入觉有声，是风相也；息虽无声，而出入结滞不通，是喘相也；息虽无声，亦无结滞，而出入不细，是气相也；坐时无声，不结不粗，出入绵绵，若存若亡，神资冲融，情抱悦豫，是息相也。守风则散，守喘则戾，守气则劳，守息则密。前为假息，后为真息。欲习静坐，以调息为入门，使心有所寄，神气相守，亦权法也。调息与数息不同，数为有意，调为无意。委心虚无，不沉不乱。息调则心定，心定则心愈调。真息往来，而呼吸之机，自能夺天地之造化。含煦停育，心息相依，是谓息息归根，命之蒂也。一念微明，常惺常寂，范围三教之宗。吾儒谓之燕息，佛氏谓之反息，老氏谓之踵息，造化合辟之玄枢也。以此征学，亦以此卫生，了此便是彻上彻下之道。(《全集》卷十五)

如果说"调息"是一个儒释道三家可以通用的说法的话，龙溪又进一步以所谓"燕息"、"反息"和"踵息"这三个不同的概念来区分三家的调息工夫。"踵息"之说来自庄子，所谓"真仙之息以踵"。陈致虚也说："《悟真篇》云：'漫守药炉看火候，但安神息看天然。'神息者，即庄子云：'真仙之息以踵'，广成子云：'丹灶河车休砢砢，鹤胎龟息目绵绵。'此龟息、神息、踵息名虽殊而用之则一。"(《金丹大要》三《妙用九章》)而"燕息"之说，龙溪在嘉靖三十六年丁巳的三山石云馆第之会中曾向王慎中作过如下解释：

> 遵岩子问先师在军中，四十日未尝睡，有诸？先生（龙溪）曰：然。此原是圣学。古人有息无睡，故曰向晦入燕息。世人终日扰扰，全赖后天渣滓厚味培养，方够一日之用。夜间全赖一觉熟睡，方能休息。不知此一觉熟睡，阳光尽为阴浊所陷，如死人一般。若知燕息之法，当向晦时，耳无闻，目无见，口无吐纳，鼻无呼吸，手足无动静，心无私累，一点元神，与先天清气相依相息，如炉中种火相似，比之后天昏气所养，奚啻什百？是谓通乎昼夜之道而知。(《全集》卷一《三山丽泽录》)

无论是《调息法》还是前引万历二年甲戌天柱山房之会中龙溪对裴子充语，都表明对龙溪来说，调息是静坐的入门工夫。并且，从作为"燕息"的调息法来看，龙溪还明确提供了一套有关静坐的切实可行的实践工夫。自从程明道"见人静坐，便叹其善学"，理学家几乎都在不同程度上肯定静坐的意义，但静坐的具体方法，却大都未有论及。龙溪在与道教的交往互动中提出"调息法"，显然于此有所弥补。

不过，既然"真息"在龙溪处只是"良知"的另名，从龙溪融摄道教的立场来看，调息也只能为致良知工夫所必涵。因此，在龙溪看来，作为"燕息"的儒家调息法，自不同于一般道教的调息工夫。事实上，在《调息法》的最后，龙溪正是明确地将调息归结到了"一念之微"的致良知工夫上，所谓"一念微明，常惺常寂，范围三教之宗"。在前引龙溪《寿商明洲七袠序》中，龙溪有认为"性命之学""其机存乎一息之微"的说法，现在，我们在掌握龙溪"真息"概念所指的基础上再将"一息之微"这一说法关联于《调息法》而加以考察，相信立刻可以看到调息法与致良知工夫二者之间内在的紧密联系。依龙溪所论，调息工夫的究竟，所谓"一念微明，常惺常寂"，显然是要时时刻刻以"一念灵明"为主宰而"念念致良知"，这无疑又回到了我们第3章所论龙溪"一念之微"致良知工夫论的宗旨。由此可见，调息在龙溪处已不再仅仅是道教内丹学的一种修炼法门，而具有了致良知工夫精神性自我转化的意义。这是龙溪以其包括良知观与致良知工夫在内的整个良知教融摄道教，在前者的立场上对后者的观念与命题进行创造性诠释的必然结果。❶

关于龙溪对静坐的看法，我们在后面第6章讨论中晚明阳明学的本体与工夫之辨时再详细讨论。这里需要略加说明的是，对于静坐，龙溪和阳明一样，虽然并未否定，而是认为在一定程度上可以起到收摄身心的作用，所谓"补小学一段工夫"，且龙溪本人也不无相应的经历，❷但毕竟不以之为究竟，所谓"亦权法也"。这从龙

---

❶ 龙溪将道教的话语引入阳明学，并通过调息法而赋予了静坐具体的方法，可以说在一定意义上改造了阳明学。但是，在这种将道教引入阳明学的过程中，从龙溪的三教观与自我认同来看，更为准确地说，显然是龙溪用阳明学思想诠释和改造了道教而非相反。这一点对佛教而言同样如此。

❷ 龙溪投身阳明门下而得悟之前，曾有一段"静修"的过程。徐阶《龙溪王先生传》云："（龙溪）试礼部不第，叹曰：'学贵自得，吾向者犹种种得失心，然则仅解悟耳。'立取京兆所给路券焚之，而请终身受业于文成。文成为治静室，居之逾年大悟。"由此可见，龙溪的工夫次第中其实包含了"静"的环节，并非一蹴而就，这是历来大多数研究者常常忽略的。因此，龙溪后来思想成熟后对罗念庵、聂双江等偏于"静"的致良知工夫的匡正，严格而论并非站在与"静"相对的"动"的一边，而应当说是在超越动静两边的基础上由"动静合一"的立场而发。

溪虽尊白沙为明代理学开端，但终以为白沙近于邵雍（字尧夫，谥康节，1011—1077）之"静"而未能"动静一贯"可见，所谓"白沙翁静中养出端倪，自是白沙入路，亦便是他受用处，与圣门动静合一宗旨，微隔一层。白沙终身学尧夫，明道作尧夫志云：'究其所至，可谓安且成矣'。此是千古断案，默识当自知之"。（《全集》卷十六《书陈中阁卷》）在龙溪的话语中，调息是关联于静坐的，前者是后者的"入门"与"入手处"。因此，即使是作为养生之道的静坐，在龙溪看来，也无疑可以并且应当容纳到致良知工夫的展开过程之中，构成致良知工夫的一个环节。

四　佛教思想的判摄与融通

龙溪以良知为"范围三教之宗"，在其建构良知教系统的过程中，对道教的观念与命题加以判摄与融通，和对佛教的观念与命题加以判摄与融通，是紧密交织在一起的。恰如上引龙溪《调息法》，事实上便既是融摄道教内丹学的表现，也是融摄佛教思想的一个极佳范例。❶因为从形式上看，《调息法》更直接地是取材于天台智颉（538—597）的《修习止观坐禅法要》（又称《小止观》或《童蒙止观》）中论调息的内容：

> 息有四种相：一风、二喘、三气、四息。前三为不调相，后一为调相。云何为风相？坐时则鼻中息出入觉有声，是风

---

❶ 有研究者曾注意到了《调息法》可以视为龙溪三教合一思想的案例并进行了相应的分析。见林惠胜："试论王龙溪'三教合一说'——以《调息说》为例"，台北：《中国学术年刊》第 14 期，1993 年，页 161—179。

也。云何为喘相？坐时息虽无声，而出入结滞不通，是喘相也。云何气相？坐时息虽无声，亦不结滞，而出入不细，是气相也。云何息相？不声、不结、不粗，出入绵绵，若存若亡，资神安隐，情抱悦豫，此是息相也。守风则散，守喘则结，守气则劳，守息则定。坐时有风、喘、气三相，是名不调，而用心者，复为心患，心亦难定。若欲调息之，当依三法：一者下着安心，二者宽放身体，三者想气遍毛孔出入通无障碍，若细其心，令息微然，息调则众患不生，其心易定，是名行者初入时调息方法。❶

将此段文字与龙溪的《调息法》相较，可以发现后者前半部分几乎完全取自前者。但龙溪并非简单袭取，而是在关键之处有所改易。一是将"息"与"风"、"喘"、"气"的对照由智颛所论的"调相"与"不调相"进一步表述为"真息"与"假息"；二是在后半部首先引入道教内丹学的话语，如所谓"神气相守"、"心息相依"，最后归结为"一念之微"的致良知工夫，所谓"一念微明，常惺常寂，范围三教之宗"。如果说"调"与"不调"还只是同一性质下两种相反状态的话，"真息"与"假息"则显示了两种不同性质的对照。而由龙溪"良知便是真息灵机。知得致良知，则真息自调，性命自复，原非两事"这一原则来看，龙溪显然是将以良知教融摄道教的手法同样地运用到了佛教之上。至于舍弃《修习止观坐禅法要》中论调息法的最后部分而代之以"一念微明，常惺常寂，范围三教之宗"，并以"一念微明"为"造化合辟之玄枢"、既"征学"又"卫生"的"彻上彻下之道"，则更体现了龙溪以良知教为归宗

---

❶ 《大正藏》第 46 卷，页 462—475；亦见《卍藏经》，第 32 套，第 9 册。

的立场。其实，智顗大师《修习止观坐禅法要》共分"具缘"、"诃欲"、"弃盖"、"调和"、"方便"、"正修"、"善发"、"觉魔"、"治病"、"证果"等十意。其中"调和第四"又分"调食"、"调睡眠"、"调身"、"调息"以及"调心"五法。上引调息法并非一种孤立的修炼法门，而只是其紧密关联的"调和"五法中的一个环节而已。并且，作为调和五法之一的调息法，还预设了智顗一整套的止观思想与实践方法作为其有效性与合理性的存有脉络。❶因此，从天台的角度而言，龙溪取材于智顗《修习止观坐禅法要》所作的《调息法》，就不免于"断章取义"和"改头换面"。对于道教的一些观念与命题，在道教人士看来或许也存在同样的问题。然而，撇开其中合法性的问题不论，正是这些属于创造性诠释的改易之处，表明了龙溪是基于其良知教立场而对佛教的判摄与融通。这一点，在龙溪对"祸福善恶"、"因果报应"、"生死轮回"这些佛教观念与命题的诠释与评价中，得到了更为具体的反映。

（一）善恶祸福

严格而论，佛教最初对善恶的理解并不完全等同于一般伦理道德意义上的善恶，凡有利于觉悟佛法、佛理而得解脱者为善，反之为恶。所谓"顺理为善，违理为恶"，❷ "能为此世他世顺益，故名为善；能为此世他世违损，故名不善"。❸但是，随着佛教在中土的流传，由于中国传统善恶观念的影响，佛教善恶观念中伦理道德的意义日益突显，与儒家以及一般常识对于善恶的理解已经

---

❶ 有关天台止观的专门研究，可参考关口真大：（一）《天台小止观の研究》（京都：山喜房佛书林，1974）；（二）《天台止观の研究》（东京：岩波书店，1969）。

❷ 《大乘义章》卷十二，《大正藏》第 44 卷，页 697。

❸ 《成唯识论》卷五，《大正藏》第 31 卷，页 26。

并无太大的区别。至于祸福观念的涵义，佛教与一般常识的理解也基本上并无不同。对佛教而言，其特点更多地不在于对善恶祸福这四种观念涵义的各自理解，而在于在善恶与祸福之间建立的那种必然对应关系，以及对这种必然对应关系得以存在的原因或根据的解释。

佛教在善恶与祸福之间建立的必然对应关系，简单地说就是为善必得福，为恶必致祸。如《旃檀越王经》云："罪福影响，如影随形，未有为善不得福，行恶不得殃者。"❶慧远（334—416）《明报应论》云："是故失得相推，祸福相袭，恶积而天殃自至，罪成则地狱斯罚。此乃必然之数，无所容疑。"（《弘明集》卷五）李师政《内德论》云："罪福之性，平等不二，而福以善臻，祸因恶至。"（《广弘明集》卷二）永明延寿（904—975）曾说："为善福随，履恶祸追。"（《万善同归集》卷三）紫柏真可也曾说："恶积则受苦，善积则受乐。"（《紫柏老人集》卷九）不过，单纯这种必然的对应关系，还不能说是佛教的特色，因为这在中西方不同观念系统中具有一定的普遍性。佛教东来之前，中国古代便有这样的思想。如《尚书·商书·伊训篇》所谓"惟上帝无常，作善降之百祥，作不善降之百殃"；《国语·周语》所谓"天道赏善而罚淫"；《老子》（七十九章）所谓"天道无亲，常与善人"；《易传》所谓"积善之家，必有余庆；积不善之家，必有余殃"；《韩非子·安危》所谓"祸福随善恶"等。至于这种必然对应关系存在的缘由，或者说靠什么来保证这种对应关系的必然性，佛教则纯粹归之于善恶行为主体自身的所谓"业力"（梵文 Karma），而不像中国先秦思想以及西方一神论宗教那样将之归于"天道"或者"上帝"。前者靠的是自

---

❶《大正藏》第14卷，页791。

力和内力，后者则是他力和外力。

与之相较，传统儒家的看法与之有一点相近，一点不同。首先，自孔子"为仁由己"尤其孟子"尽心、知性、知天"的思想确立以来，儒家虽从不否认"天"、"天道"的终极性意义，但从"天命之谓性"的角度来看，超越的价值根源即内在于主体的心性，这在心学、阳明学处尤其得到了高扬。就此而言，这种主体性的进路和佛教强调自我觉悟的"自力"性质有相近之处。当然，之所以只是相近而不相同，则在于佛教的主体或"自我"最终仍不过是因缘和合的"虚体"、"空体"，儒家的主体与自我至少在阳明学处却是具有道德创造性的"实体"。其次，从孟子"性命对扬"、"义命分立"的原则来看，儒家认为善恶与祸福属于两个不同的领域，并不主张善恶与祸福之间有必然的对应关系，着眼点在于善之当为与恶之当去，祸福则非所与论。佛教的终极关怀虽然是超越层面的清净解脱，但其对善恶与祸福之间关系的界定，就世俗层面导人为善去恶的宣教而言，却无疑预设了人们求福避祸的普遍心理愿望与行为取向。而在人们求福避祸心理支配下善恶的取舍之间，为善去恶成为手段，求福避祸才是目标。这显然与儒家有别。就善恶祸福的观念从伦理学的角度而言，儒家表现为一种义务论伦理学（deontological ethics）或存心伦理学（Gesinnungs-ethick），而佛教表现为一种目的论伦理学（teleological ethics）或功效伦理学（Erfolgs-ethick）。❶ 这是在一般

---

❶ 义务论伦理学和目的论伦理学是英美学界的区分，其内涵参见 William K.Frankena, *Ethics*. Englewood Cliffs/New Jersey，1973，pp，14–17。存心伦理学和功效伦理学则是欧陆尤其德国学界的用语。在内涵上，义务论伦理学大体相当于存心伦理学，目的论伦理学则大体相当于功效伦理学。对于存心伦理学、功效伦理学关联于儒家伦理的辨析，可参考李明辉："存心伦理学、责任伦理学与儒家思想"，《台湾社会研究季刊》第 21 期，1996 年 1 月，页 217—244。

意义上对儒家与佛教在善恶祸福观念上的比较，而龙溪对善恶祸福的论述，则向我们透露了新的思想信息。

隆庆四年庚午（1570），龙溪家遭火灾，在所作《自讼问答》中，龙溪讲过这样一段话：

> 圣贤之学，根于所性，虽不从祸福起因，而亦未尝外于祸福。祸福者，善恶之征；善恶者，祸福之招，自然之感应也。圣贤之处祸福与常人同，而认祸福与常人异。常人之情，以富寿为福，以贫夭为祸，以生为福，以死为祸。圣贤之学，惟反诸一念以为吉凶。念苟善，虽颜之贫夭，仁人之杀身，亦谓之福；念苟恶，虽跖之富寿，小人之全生，亦谓之祸，非可以常情例论也。（《全集》卷十五）

从龙溪这段话开头的两句来看，龙溪认为圣贤之学"未尝外于祸福"，和传统儒家判善恶与祸福分两途、不相关联的看法有所差异。在龙溪看来，如果说圣贤之学以善恶问题为着眼点和作用点的话，则善恶又并非将祸福的问题排除在外。二者之间存在着自然的感应关系，所谓"祸福者，善恶之征；善恶者，祸福之招，自然之感应也"。这种对善恶与祸福之间相关性的肯定，无疑表明龙溪对佛教思想的吸收。不过，从以上这段文字来看，龙溪对善恶祸福观念的理解与侧重，仍然显示出不同于佛教的立场和价值取向。

首先，龙溪所谓圣贤之学不从祸福起因，其实是指出了儒家圣贤之学与佛教在善恶祸福之间目的与手段的不同立场。从祸福起因，也就是说出于求福避祸的心理动机而从事为善去恶的道德实践。不从祸福起因，则意味着为善去恶本身即是目的，凡事为所当为而不计祸福利害，恰如董仲舒（公元前197—公元前104）所谓"正其义不谋其利，明其道不计其功"。这可以说是儒家的基本原则之一。在龙溪看来，善恶意识与行为是否从祸福起因，应当是区别儒家圣贤之学与常人之情的一个标准。而当时在善恶祸福问题上的所谓"常人之情"，显然是长期以来早已深入广大社会民众文化心理结构的佛教观念。

不过，最能反映龙溪善恶祸福观念的是该段文字中圣贤之学对待祸福的理解和态度。"圣贤之处祸福与常人同"，是说就作为客观事实的祸福而言，发生在圣贤身上与发生在常人身上都是一样的，如圣贤与常人都会遇到富寿、贫夭、生死的问题。圣贤也无法改变这些客观事实。但是，圣贤之所以为圣贤而不同于常人，在于圣贤对这些客观事实的理解和态度与常人有别，所谓"认祸福与常人异"。龙溪说得很清楚，对于富与贫、寿与夭、生与死，常人以前者为福，后者为祸。而对圣贤之学来说，富与贫、寿与夭、生与死本身都无所谓祸福，何者为祸，何者为福，取决于主体与自我的一念之善恶。正所谓"圣贤之学，惟反诸一念以为吉凶。念苟善，虽颜之贫夭，仁人之杀身，亦谓之福；念苟恶，虽跖之富寿，小人之全生，亦谓之祸"。显然，从龙溪这里对祸福的理解和规定来看，祸福已经失去了自身的独立性，不再与善恶分属"客"与"主"、"所"与"能"以及"命"与"义"两个不同的领域，而是消融于善恶。可以说，善即福，恶即祸。这与佛教的看法显然有别。

事实上，善恶祸福涉及的是中西方思想中一个普遍的问题，即道德与幸福的关系问题。康德曾在其有关"圆善"（das höchste Gute）概念的讨论中对道德与幸福这两个概念的涵义以及二者如何统一的问题进行了解说。依康德之见，道德的本质规定是善良意志，●幸福是指人的种种感性意欲得到满足时产生的感受状态。● 前者系属于人的自由意志，后者则受制于现象世界的自然法则。双方是异质异层的综合关系，二者的统一需要灵魂不灭和上帝存在这两个所谓实践理性的设准来加以保证。牟宗三先生也曾在其《圆善论》中直接基于康德的思想提出了自己的看法。在此，我们无须对康德以及牟宗三有关"圆善"问题的不同解答加以分析和检讨。●需要指出的是，牟宗三以"自由无限心"保证道德与幸福统一的圆善论，其思想资源的重要组成部分之一，正是龙溪的"四无"论。我们在第 4 章考察龙溪四无论时已经看到，由于心知、意、物之间的体用关系，在四无论中，物通过意且与意一道实际上被提到了心知所在的同一层面，换言之，本来尚未完全失去客观实在性的"意之所在为物"被进一步收摄于良知心体的流行发用之中而转换为"明觉之感应为物"。事实上，较之前引龙溪《自讼问答》中取消祸福的独立性而将其化约为善恶，二者之间存在着内在的一致性与对应关系。也正因此，牟宗三以龙溪的四无论为建构儒家式圆善论的主要资源，便最终仍然无法避免像龙溪那样"销福归德"，在相当程度上又回到了斯多葛（Stoic）主义的立场。显然，这同样是龙溪善恶祸福观念所要面对的问题。

当然，我们应当看到，在善恶祸福的问题上，龙溪尽管最终仍然持守的是儒家不以祸福利害动其心，而惟以为所当为系其念的基本立场，但龙溪"祸福者，善恶之征；善恶者，祸福之招"的说法毕竟有取于佛教基于因果报应说之上的善恶祸福观。在儒释道三教

● 康德：《道德形而上学原理》，苗力田译，页 43；牟宗三译注：《康德的道德哲学》（台北：台湾学生书局，1983），页 16。

● 康德：《实践理性批判》，关文运译（北京：商务印书馆，1960），页 127；牟宗三译注：《康德的道德哲学》，页 372。

● 参见彭高翔（彭国翔）："康德与牟宗三之圆善论试说"，台北：《鹅湖》，1997 年 8 月，页 21—32。

密切融合，各种善书、宝卷、功过格广泛流行的中晚明，这是很自然的。❶龙溪弟子袁黄及再传陶望龄、陶奭龄（陶望龄之弟，1565—1639）等人所大力推行的功过格，❷则进一步容纳了佛教善恶祸福与因果报应的思想，肯定了趋福避祸的大众心理对于道德教化的现实意义。就此而言，从伦理学的角度来看，至少中晚明阳明学所体现的儒家伦理，虽然可以借助西方义务论伦理学或存心伦理学以为诠释的资源，但显然无法完全归于义务与目的、存心与效果严格二分之下的义务论或存心伦理学。对于目前学界以西方德性伦理（virtue ethics）诠释儒家伦理的趋向，我们也应当意识到其中的复杂与分际。

（二）因果报应

佛教善恶祸福的观念与其因果报应的思想是密不可分的。善恶与祸福之间之所以存在必然的对应关系，就在于因果报应的存在；因果报应的实际内容，也就是善与福、恶与祸之间的配享。因果报应之说广泛地见于佛教的各种经典，如《菩萨璎珞本业经》所谓"善果从善业生，恶果从恶因生"。❸《中阿含经》中世尊告诸比丘说："若有故作业，我说彼必受报。或现世受，或后世受。若不故作业，我说此不必受报。"❹《无量寿经》所谓"天地之间，五道分明，恢廓窈冥，浩浩荡荡，善恶报应，祸福相承"。❺佛教传入中土

---

❶ 相关的研究可参考（一）酒井忠夫：《中国善书の研究》（东京：弘文堂，1960）；（二）Cynthia J. Brokaw, *The Ledgers of Merit and Demerit: · Social Change and Moral Order in Late Imperial China*, Princeton: Princeton University Press, 1991。

❷ 二人的功过格思想参见（一）袁黄：《了凡四训》、《立命篇》；（二）陶望龄：《功过格论》。按：《功过格论》署名陶望龄编，但酒井忠夫认为实际应当是陶奭龄所编。

❸ 《大正藏》第 24 卷，页 1019。

❹ 《大正藏》第 54 卷，页 651。

❺ 同上书，页 405。

以后，也和中国传统固有的善恶报应理论相结合，从而更加深入人心。慧远曾专门作《三报论》与《明报应论》来论证善恶祸福的因果报应"乃必然之数"，对后世影响极大。明代佛教的特点不在于高僧大德的造论立说、开宗创派，而在于佛教思想广泛深入地普及于社会并与儒家、道家道教思想水乳交融。因此，因果报应之说也无疑早已成为当时人们文化心理结构的历史积淀。

较之一般哲学上因果律（causality）所谓的"有果必有其因"，佛教的因果（梵文 Hetu-phala）更进一步强调相同性质的原因造成相同性质的结果，具体而言，即通常所谓"善有善报，恶有恶报"。并且，善恶的果报往往关联着祸福，善报即是福报，恶报即是祸报。❶ 因此，如果说善恶最终不免始终要归结到主体的意志而言的话，那么，佛教的因果报应说其实也是要像康德那样，在意志自由法则支配的道德世界与自然法则支配的现象世界之间建立一种必然的关联。只不过这种必然关联的保证在康德处是上帝与灵魂，在佛教是主体自身的业力而已。并且，由于与善恶祸福密切相关，佛教因果报应说的直接结果使人们在行为时往往更加注意的是该行为会产生怎样的实际结果，是得福还是遭祸，而不是行为本身的应当与否。即使是为善去恶的行为，在因果报应观念的支配下，也不免是出于趋福避祸、趋利避害的动机。这不免导致儒家所极力反对的"行仁义"而非"由仁义行"的"义袭之学"。❷

据龙溪自己的记载，其夫人张氏安人是一位虔诚的佛教徒，所谓"中年好佛，虔事观音大士，扫静室，持《普门品》及《金刚

---

❶ 对佛教因果观念较为全面的检讨，见中村元："因果"，《佛教思想》第 3 期，佛教思想研究会编（东京：平乐寺书店，1978），页 3—35。

❷ 刘蕺山后来作《人谱》，反对袁黄的功过格思想，正是基于儒家讲求动机、存心与应当的道德严格主义立场。而袁黄的功过格思想，正是主要由佛教而来。

经》，出入必祷，瘝痒精神，时相感通，若有得于圆通观法者"。（《全集》卷二十《亡室纯懿张氏安人哀辞》）可见龙溪所在是一个多元宗教的家庭。张氏安人曾经向龙溪询问过因果报应之说。

> 问因果报应。予谓一念善因，终成善果；一念恶因，终成恶果，其应如影。止恶修善，不昧因果，便是大修行人。一念万年，无有生灭，即无轮回。知生则知死矣。

细观这里龙溪对因果报应的解释，显然与佛教有别。与对善恶祸福观念的理解相应，龙溪将因果报应的焦点与重点由客观世界的"果"转移到了主体自身的"因"，由对祸福的趋避转向对善恶的关注。就"一念善因，终成善果；一念恶因，终成恶果"而言，固然也可以说龙溪未尝不接受佛教的因果报应说，但仔细在语脉中体会"终成"的涵义，可见龙溪关注的焦点其实并不在于得什么样的"果"，而在于一念的善恶与否。在对善恶祸福的理解中，如果可以说龙溪的立场是惟一念之善恶是问，祸福非所论也，那么对因果报应来说，龙溪则同样可以说是惟一念之善恶是问，果报非所论也。这无疑是儒家道德哲学的基本立场。而把握了这一点，对于龙溪在其他场合不主张讲学活动中宣传佛教因果报应之说，我们或许就不难理解了。

龙溪听闻罗近溪在讲学活动中"时及因果报应之说"，曾委婉地提出过批评或至少是提醒。他在给罗近溪的信中说道：

> 传闻吾兄主教，时及因果报应之说，固知引诱下根之权法，但恐痴人前说梦，若不喜听，又增梦语，亦不可以不慎也。何如？何如？不肖数时行持，只寻常此学，只从一念入微处自信自达，与百姓同作同止，不作一毫奇特伎俩，循此以报

知己而已。(《全集》卷十一《与罗近溪》第一书)

同样的意思，龙溪也曾在给门人贡安国（字玄略，号受轩，生卒不详）的书信中表达过，所谓：

> 近溪兄主盟一方，吾道尤幸。闻提省人，颇涉禅家因果。中人以下以此作接引阶梯，坚其信道之心，亦是权法。上根敦行之士不能相谅，或不免于有疑，亦或不可以不慎也。惟只时时提省良知，从一念不可欺、不容昧处默默体究，高者俯而就，下者跂而及，至微而彰，至近而神，以共进此道，更觉省力无弊耳。(《全集》卷十二《与贡玄略》第二书)

由此可见，对龙溪的整体思想而言，佛教的因果报应说充其量不过是讲学活动中用来接引下根人士的"权法"而已。并且，若使用不当，还会出现痴人前"又增梦语"的情况。而"一念入微"的致良知工夫，才是龙溪念兹在兹、反复提倡的不二宗旨。从前引龙溪对张氏安人所作因果报应的解释来看，龙溪也正是立足于其"一念入微"的致良知工夫论而对之作出了儒家式的诠释。

（三）生死轮回

生死轮回也是佛教的基本观念之一，❶是指主体生命在未悟佛法

---

❶ 轮回观念最早并非佛教提出，在印度婆罗门教的《奥义书》中便已有轮回之说。但佛教轮回的观念却是流传最广的。因此，目前人们一般接受的轮回观念，大都是透过佛教而来。有关佛教轮回观念较为具体的研究，参见木村泰贤："业与轮回之研究"，张曼涛主编：现代佛教学术丛刊第54册，《佛教根本问题研究》（二）（台北：大乘文化出版社，1978），页133—151。

以断无明、绝因果情况下在"天、人、阿修罗、畜牲、饿鬼、地狱"这所谓"六道"中周而复始的生死流转。就因果报应的观念而言,生死轮回既是其进一步的展开,又为其合理性提供了思想基础。依生死轮回之说,地狱、饿鬼、畜牲、阿修罗、人、天这六道本身便构成一个由低到高不同等级的存在序列。其中前三者为三恶道,后三者为三善道。人为善,其生死的流转便可以在六道中渐次上升,不堕三恶道;作恶,其生死流转则渐次下降。显然,死后因其生前的善恶不同而在六道中获得不同的存在形式,这本身就是不同的果报。因此,生死轮回可以说是因果报应观念的进一步展开。另外,生死轮回观念蕴涵着三世说,即所谓前世、现世与来世。人生前的生命存在为前世,死后的生命存在为后世,当下的生命存在则为现世。人的生死流转也就是三世之间的不断绵延。而因果报应的具体落实,既有现世因果的"现世报",更多的是展开于三世之间,正如《佛说善恶因果经》中所谓"欲知前世因,今生受者是;欲知后世果,今生所为是"。因果报应说在日常经验中经常受到挑战的是现实生活中大量善恶祸福不相配称的业报反常现象,而生死轮回中的三世说,则从理论上化解了善恶祸福不相配称的矛盾。因为这种矛盾只不过是现世的现象,而在以生死轮回为基础的三世因果说中,报应的发生不必在现世,还可以在来生甚至来生之后的来生。对此,慧远在《三报论》中曾有解释,所谓:"业有三报,一曰现报,二曰生报,三曰后报。现报者,善恶始于此身,即此身受。生报者,来生便受。后报者,或经二生、三生、百生、千生,然后乃受。"(《弘明集》卷五)俗语所谓"善有善报,恶有恶报,不是不报,时候未到",也一语道破了三世因果说的关键所在。

生死轮回之说结合因果报应的观念,一方面可以使人接受现世的决定论(determinism),因为今生的吉凶祸福,乃前世的善恶所造就，作为前世之"因"的现世之"果"，是无可改变的。一方面又赋予人们自己决定自己命运的权利，因为后世的吉凶祸福，乃今生的善恶所造就，而今生为善亦或作恶，是可以"操之在我"的。就前一方面而言，人们对现实生活的一切可以安之若素；从后一方面来看，人们又会积极为善去恶，为今后的生命广植福田。加之佛教生死轮回与因果报应又不同于佛教东来之前中国传统报应论原有的"承负说"，认为善恶的结果完全由生死流转中的主体自身承担，而不会由其子孙后代分担惩负，这样更加促进了个体自我的善恶责任意识。中国历代提倡佛教的统治者们，也往往是着眼于佛教有利于社会教化的这一点。

不过，以上两个方面是正面积极而言，若从反面消极来看，也同样存在两方面的问题。其一，既然今生皆由前世决定，为善去恶虽于来世有益，却不足以改变现实的生活状况，于是人们不免会视为善去恶为无所谓，淡化甚至取消善恶是非的道德意识。其二，既然今生为善去恶可为来世先植福田，那么人生在世的种种为善去恶便不免于成为谋求来世幸福的手段，而失去了是非善恶为所当为的道德意义。这种基于功利主义的考虑，则是和儒家的道德思想适成对反的。

在万历三年乙亥（1575）的新安斗山书院之会中，龙溪也表达过他对于佛教生死轮回之说的看法。

> 或问生死轮回有无之说。先生（龙溪）曰："此是神怪之事，夫子所不语。力与乱，分明是有，怪与神，岂得谓无？但君子道其常，此等事，恐惑人，故不以语耳。大众中尤非所当问，亦非所当答。"诸友请扣不已。先生曰："人之有生死轮回，念与识为之祟也。念有往来，念者二心之用，或之善，或

之恶，往来不常，便是轮回种子。识有分别，识者发智之神，倏而起，倏而灭，起灭不停，便是生死根因。此是古今通理，亦便是见在之实事。儒者以为异端之学，讳而不言，亦见其惑也矣。夫念根于心，至人无心，则息念，自无轮回。识变为知，至人无知，则识空，自无生死。为凡夫言，谓之有可也。为至人言，谓之无可也。道有便有，道无便无，有无相生，以应于无穷。非知道者，何足以语此？"（《全集》卷七《新安斗山书院会语》）

以上龙溪对生死轮回说的看法，包含三层意思。首先，龙溪虽然认为生死轮回之说属于非常的"神怪之事"，不宜作为言说的对象，但却明确承认其存在。这在整个理学传统甚至阳明学中都是非常大胆和罕见的。阳明虽然也常常谈到生死，但似乎并未肯定过轮回之说。龙溪不仅肯定其存在，并且对儒者视之为异端避而不谈的做法提出了批评。所谓"儒者以为异端之学，讳而不言，亦见其惑也矣"。

其次，龙溪对生死轮回产生的根源作出了解释。在龙溪看来，念与识分别是产生轮回与生死的根源所在，所谓"轮回种子"、"生死根因"。对于"念"与"识"的涵义，我们在第3章一念工夫与第2章良知与知识的部分已进行过检讨。作为"二心之用，或之善，或之恶，往来不常"的"念"，显然是指脱离了良知心体的欲念与邪念，或者说康德、刘蕺山意义上的"意念"，而非作为良知心体直接发用的本念与正念。而作为"发智之神，倏而起，倏而灭，起灭不停"的"识"，也无疑不是良知心体的明觉感应，而是有能所、分别的计较之心，是龙溪《意识解》中的"意识"。就像生灭门最终仍由如来藏自性清净心所开一样，念与识的终极根源仍在于良知心体，本身乃良知心体受到习染所生，并无终极的实在性。恰如阴霾乃阳光受到云气蒙蔽产生，云气散去，阴霾自消，依旧阳光普照，阴霾本身并非阳光一样的最后实在。值得注意的是，龙溪对生死轮回产生根源的解释，和佛教本身的解释有相似之处。因为佛教也是将生死轮回归因于离心所起的妄见。❶不过，龙溪的良知心体和佛教的自性清净心、妙明真净妙心在内容规定上却有着极大的不同，而儒释之辨的毫厘所在，正在于这种不同之处。

最后，龙溪则提出了超脱生死轮回的方法。由于念与识在终极意义上的非实在性，念与识所产生的生死轮回显然也并不具有终极存在的真实性。一旦"化念还心"（借用刘蕺山语）、"转识成智"，生死轮回自然也就不存在了。正所谓"念根于心，至人无心，则息念，自无轮回。识变为知，至人无知，则识空，自无生死"。而在龙溪的整个思想系统中，"念根于心"、"识变为知"以及"息念"、"无知"，恰恰是"心体立根"与"无中生有"的致良知的工夫。因此，对龙溪来说，生死轮回尽管对"凡夫"而言是客观存在的，但完全可以通过致良知的工夫加以超越。而能够实践致良知工夫，通过精神性的自我转化来超越生死轮回的"至人"，自然是儒家的大人君子、圣贤人物。就此而言，龙溪显然是立足于良知教的立场。

当然，对于生死轮回之说，龙溪最后是将其归于超名言之域，而采取了如维特根斯坦所谓"对于不可言说者当保持沉默"的态度。正如他在给张元忭的信中所谓"区区近来勘得生死一关颇较明切，皆从一念妄想所生。道有轮回便是觅空中之华，道无轮回

---

❶ 如阿难曾向佛祖询问六道轮回的起因，佛祖便认为是脱离了妙明真净妙心的妄见、妄习所致。见《楞严经》卷八，《大正藏》第19卷。

便是捞水底之月。有无之间，不可以致诘，默契之可也"。(《全集》卷十一《与张阳和》第一书）对生死轮回的态度，显示出龙溪对佛教思想的充分容纳。就一位并未放弃自己儒家身份认同的理学家而言，龙溪对佛教的开放在以往的理学史上是罕见的。当然，龙溪的这种容纳显然也不是无条件地接受。在龙溪的缄默之中，究竟隐含的是儒释之间终究不可调和的张力，还是"道通为一"之后的圆融无碍，我们或许也只能"默契之可也"。然而，至少就龙溪的自觉而言，其"默契"中所包含的，无疑更多还是对以良知教融摄佛教的高度自信。这一点，在龙溪有关生死的论述中有明确的表达。

生死可以说是佛教的基源问题，正如憨山德清所谓："从上古人出家本为生死大事，即佛祖出世，亦特为开示此事而已，非于生死外别有佛法，非于佛法外别有生死。"[1]而在中晚明，生死问题同样也成为龙溪以及其他许多阳明学者经常探讨的课题。在龙溪的文集中，有时间可考龙溪谈论生死最晚的文字，应当是给李渐庵以下的这封信：

> 不肖年已八十，百念尽灰，一日亦可，百年亦可，任之而已。孔氏云："未知生，焉知死。"此是究竟语，非有所未尽也。吾人生于天地间，与万缘相感应，有得有失，有好有丑，有称有讥，有利有害。种种境界，若有一毫动心，便是临时动心样子。一切境界，有取有舍，有欣有戚，有一毫放不下，便是临时放不下样子。生之有死，如昼之有夜，知昼则知夜，非

---

❶ 释德清：《憨山大师梦游全集》卷三《法语·示妙湛座主》，《续藏经》第1辑第2编，第32套第2册。

有二也。于此参得透，方为尽性，方为立命，方是入圣血脉路。若不从一念微处彻底判决，未免求助于外，以为贲饰。虽使勋业格天、誉望盖世，检尽世间好题目，转眼尽成空华，与本来性命未有分毫交涉处也。不肖中夜默坐，反观眼前，有动心处，有放不下处，便是修行无力，便是生死关头打叠不了勾当。常以此自盟于心，颇有深省。(《全集》卷十一《答李渐庵》第二书)

从所谓"不肖年已八十"的话来看，这封信至少是龙溪八十岁所作。而在龙溪文集所有讨论生死的文字中，再没有比这更晚的了。因此，这可以说是龙溪论生死的"晚年定论"。而在这封信中，龙溪不仅以孔子"未知生，焉知死"的话为"究竟语"，认为生死如昼夜，不过是一气的周流复始，更要求将了究生死之道"从一念微处彻底判决"。显然，龙溪在生死问题上同样是立足于致良知的根本立场，而将生死解脱之道纳入到"一念入微"致良知工夫的绵密展开过程之中。这也再次说明龙溪是自觉地力图将佛教有关生死的观念融摄到良知教的系统之内。

龙溪对生死轮回起因的解释以及所提出的超越生死轮回的方法，都和佛教有一致之处。因为佛教不仅也是将生死轮回归因于"妄心"，而且也是认为就俗谛而言可说轮回，对真谛来说则轮回亦是虚妄，并不具有存在的真实性。❶就此而言，也再次说明龙溪对佛教思想深有了解并多有所取。但是，这仍然可以说只是形式上的。因为在对终极实在的理解上，龙溪和佛教是分道扬镳的。儒释之别的关键，最终也归结于这一点。

---

❶ 参见常觉："佛教的轮回思想"，《佛教根本问题研究》(二)，页307。

明代是禅佛教盛行的时代，禅佛教的一个核心命题是"明心见性"，而就禅佛教来说，所要明的"心"以及所要见的"性"，恰可以说是佛教的终极实在。显然，以孟子的"尽心、知性、则知天"为源头，在理学的话语中，心性同样可以说是指示终极实在的概念。而在阳明学中，心性即是良知。因此，阳明学"致良知"的核心命题也完全可以表述为"明心见性"。但是，恰恰在内容规定上，阳明学的良知心体显示出与佛教"明心见性"中"心"、"性"的本质区别。

以往对禅佛教心性论的解释，多是将其置于《大乘起信论》、华严宗一脉的真常心系统之下。在以如来藏自性清净心为首出的真常心系统中，如来藏性（佛性）本身即具有觉性，因此如来藏性与如来藏自性清净心其实是一，只不过分别从客观与主观两方面来说而已。但也有学者认为以真常心的系统来理解禅宗的心性论，只适用于神会一脉的荷泽禅，惠能的心性思想并非"真心即性"，而是相当于天台宗"一念三千"、"法性无明同体依而复即"以及"三道即三德"的特征。❶不过，无论是从心性是一还是从心性非一非异来理解禅宗的心性论，心与性在禅宗处都是指清净的空寂性，这种空寂性本身并不包含实质的内容。推而言之，甚至各宗佛教言心言性都不以之为具有终极的实在性，否则即有落入佛教所根本反对的"梵我"之嫌。佛心与佛性固然可以说是众生成佛的超越根据，但既然众生的存在本身便是因缘假合而成，并不具有真实不虚的独立存在价值，那么，佛心佛性自身也并无对众生所当承担的道德责任。换言之，佛心佛性并没有道德的性理作为其本质内容。

与之相较，我们在第2章讨论龙溪的良知观时已经看到，良

---

❶ 参见牟宗三：《佛性与般若》（下），页1039—1070。

知心体在龙溪看来，是"有无合一"、"虚实合一"的。"有"与"实"，是从存有论的角度指明其存在的真实不虚；"无"与"虚"，是从境界论的角度指出良知心体作用的无执不滞。良知心体在龙溪处尽管具有"空无虚寂"的"无"性，但这只能是良知心体流行发用时的存在状态，或者说良知心体的作用形式。至于良知心体本身，则显然不是空无一物、毫无内容的空寂性本身。它本身即是道德的至善，一切道德实践所当为的原则都蕴涵在良知心体之中，所谓"万化皆从此出"。由于前文对此已有较为详细的检讨，这里就不再引文赘述了。朱子曾说："如释氏说空，空亦未是不是。但空里面须有道理始得。若只说道我见得个空，而不知他有个实底道理，却做甚用得？"(《朱子语类》卷六十七）龙溪若见此言，当必以为是。显然，龙溪的良知心体与佛教的心性无疑在内容规定上有着根本的不同。虽然都可以说"明心见性"，但其实是各明其所明，各见其所见。同样的命题表述形式下，双方在对"心"、"性"的内容理解上包含着深刻的内涵差别。正如龙溪所谓："良知者，性之灵，即尧典所谓峻德，明峻德，即是致良知，不离伦物感应，原是万物一体之实学。……佛氏明心见性，自以为明明德，自证自悟，离却伦物感应，与民不相亲，以身世为幻妄，终归寂灭。"(《全集》卷七《南游会纪》）

从龙溪的儒家立场来看，佛教不能肯定以道德理性（天理）为其本质内容的心性是真实不虚的创生实体（creative reality），自然在存有论上陷入完全的虚无主义。这是所有儒家学者评判佛教的共识。从佛教的立场来看，良知心体不能完全舍弃对道德理性的终极承诺，仍不免有所执著、爱根未断。因此，晚明高僧虽对阳明学多有肯定，但在阳明学的良知与佛教的心性之间，仍然有所区别而以前者为尚未究竟之说。如云栖祩宏便曾反对将良知与佛教的真知混同，批评良知已落入爱亲敬长的经验领域，无法做到真常寂照。❶当然，儒佛两家在心性论上对心性内涵的不同理解，根本还是来源于双方存有论上"有"与"无"的不同立场。儒家以心性为真实不虚的道德创造实体，以及佛教以心性为"本来无一物"的空寂性本身，可以说是双方存有论不同立场在心性论上的反映。就此而言，通过前面对龙溪思想各个方面的分析可见，龙溪尽管对佛教思想作出了最大化的容纳与吸收，充分将佛教尤其禅宗空无虚寂的人生智慧彰显为良知心体的一个内在向度，但是，这种融摄只能是境界论的，一旦涉及存有论上"有"的底线，作为"三教宗盟"的龙溪仍然无法放弃儒家的基本立场。在中晚明三教高度融合的局面下，儒释之间几乎到了无处不可以会通融合的境地，但彼此质的规定性与身份认同并没有丧失，原因正在于双方存有论上"有"与"无"的对立。对此，我们在前面有关龙溪自我认同的部分也已有较为详细的讨论。而这一点，恐怕才是在中晚明三教水乳交融情况下辨别儒家学者是否"未始出吾宗"的终极标尺。

在前面的几章中，我们集中对龙溪思想的各个方面进行了较为详细的讨论，从中，我们也已经触及了中晚明阳明学的一些基本问题。但是，尽管龙溪的思想对于研究中晚明的阳明学来说是一个极好的个案取样，要进一步掌握阳明学在中晚明的展开，我们还需要将视野放大，进入中晚明不同阳明学者话语所共同构成的思想脉络之中，考察其基本问题的历史发展与理论内涵。并且，龙溪的思想之所以有代表性，恰恰因为是在与中晚明其他阳明学者广泛与深入的对话和互动中形成的。因此，掌握了中晚明阳明学基本问题的发展与内涵，也无疑将会反过来深化与拓展我们对龙溪思想的了解。

---

❶ 参见袾宏:《竹窗随笔·初笔》"良知"条。

第 **6** 章

中晚明阳明学的本体与工夫之辨

　　理学所有话语的终极指向无疑都是"成圣成贤"。这一追求包括成圣成贤的可能根据和具体途径这两个基本方面。还原到理学本身的话语中，前者是本体的问题，后者是工夫的问题。而如果说本体与工夫构成整个理学传统两大基本问题的话，有关良知与致良知的讨论，便构成中晚明阳明学本体与工夫之辨的基本内容。阳明身后学者对良知观念的不同理解，即龙溪所谓的各种"良知异见"，以及在追求究竟工夫这一共同目标下所产生的各种侧重不同的工夫论说，都是本体与工夫之辨的直接表现。而知识之辨、现成良知之辨、无善无恶之辨、格物工夫之辨，则可以说是中晚明阳明学本体与工夫之辨的具体展开。这些重大论辩，无不与龙溪密切相关。龙溪的良知观及其致良知工夫论，作为中晚明阳明学本体与工夫之辨的重要组成部分，也正是在与当时其他阳明学者的相互辩难中提出的。就此而言，龙溪委实可以说是中晚明阳明学本体与工夫之辨的核心人物。因此，通过对中晚明阳明学本体与工夫之辨的考察，我们不仅可以使中晚明阳明学一些基本问题的发展与内涵得以呈现，还可以进一步了解龙溪的立场。

一 良知异见

严格而论，阳明在世时其门人后学对于良知本体的理解已不能无异，如天泉证道时龙溪与钱绪山对"无善无恶心之体"在内涵理解上的不同。阳明身后，对良知本体在理解上的差异逐渐演化为许多不同的现实形态，对此，龙溪首先提出了敏锐的观察与分判。

嘉靖三十二年癸丑（1553）初夏，龙溪赴南谯之会途中先与吕怀等人有滁阳之会。就在滁阳之会中，龙溪对阳明身后良知观的分化有如下的描述和评判：

> 慨自哲人既远，大义渐乖而微言日湮。吾人得于所见所闻，未免各以性之所近为学，又无先师许大炉冶，陶铸销熔以归于一，虽于良知宗旨不敢有违，而拟议卜度，搀和补凑，不免纷成异说。有谓良知落空，必须闻见以助发之；良知必用天理，则非空知。此沿袭之说也。有谓良知不学而知，不须更用致知；良知当下圆成无病，不须更用消欲工夫。此凌躐之病也。有谓良知主于虚寂，而以明觉为缘境，是自窒其用也。有谓良知主于明觉，而以虚寂为沉空，是自汩其体也。盖良知原是无中生有，无知而无不知。致良知工夫，原为未悟者设，为有欲者设。虚寂原是良知之体，明觉原是良知之用。体用一原，原无先后之分。学者不循其本，不探其源，而惟意见言说之胜，只益其纷纷耳。（《全集》卷二《滁阳会语》）

而在嘉靖四十一年壬戌（1562）冬的抚州拟砚台之会中，龙溪再次对当时流行的几种有关良知的不同看法进行了概括与评价：

> 先师首揭良知之教以觉天下，学者靡然宗之，此道似大明于世。凡在同门、得于见闻之所及者，虽良知宗说不敢有违，未免各以其性之所近拟议搀和，纷成异见。有谓良知非觉照，须本于归寂而始得。如镜之照物，明体寂然而妍媸自辨，滞于照，则明反眩矣。有谓良知无见成，由于修证而始全。如金之在矿，非火符锻炼，则金不可得而成也。有谓良知是从已发立教，非未发无知之本旨。有谓良知本来无欲，直心以动，无不是道，不待复加销欲之功。有谓学有主宰、有流行，主宰所以立性，流行所以立命，而以良知分体用。有谓学贵循序，求之有本末，得之无内外，而以致知别始终。此皆论学同异之见，差若毫厘，而其谬乃至千里，不容以不辨者也。寂者心之本体，寂以照为用，守其空知而遗照，是乖其用也。见入井之孺子而恻隐，见嘑蹴之食而羞恶，仁义之心，本来完具，感触神应，不学而能也。若谓良知由修而后全，扰其体也。良知原是未发之中，无知而无不知，若良知之前复求未发，即为沉空之见矣。古人立教，原为有欲设，销欲正所以复还无欲之体，非有所加也。主宰即流行之体，流行即主宰之用。体用一原，不可得而分，分则离矣。所求即得之之因，所得即求之之证，始终一贯，不可得而别，别则支矣。吾人服膺良知之训，幸相默证，以解学者惑，务求不失其宗，庶为善学也已。(《全集》卷一《抚州拟砚台会语》)

由上可见，龙溪在滁阳之会中共指出了四种良知异见，在每一种之后即予以评判。在抚州拟砚台之会中则首先列举六种良知异见，然后再分别加以评判。

不过，以上龙溪五十六岁和六十五岁时分别指出的良知异见显然有重复之处，滁阳之会中的第二种，所谓"有谓良知不学而知，不须更用致知；良知当下圆成无病，不须更用销欲工夫"，即抚州拟砚台之会中的第四种，所谓"有谓良知本来无欲，直心以动，无不是道，不待复加销欲之功"。滁阳之会中的第三种，所谓"有谓良知主于虚寂，而以明觉为缘境"，即抚州拟砚台之会中的第一种，所谓"有谓良知非觉照，须本于归寂而始得。如镜之照物，明体寂然而妍媸自辨，滞于照，则明反眩矣"。因此，龙溪所指当时的良知异见，实为如下八种：

1. 有谓良知落空，必须闻见以助发之；良知必用天理，则非空知。

2. 有谓良知不学而知，不须更用致知；良知当下圆成无病，不须更用消欲工夫。

3. 有谓良知非觉照，须本于归寂而始得。如镜之照物，明体寂然而妍媸自辨，滞于照，则明反眩矣。

4. 有谓良知主于明觉，而以虚寂为沉空。

5. 有谓良知无见成，由于修证而始全。如金之在矿，非火符锻炼，则金不可得而成也。

6. 有谓良知是从已发立教，非未发无知之本旨。

7. 有谓学有主宰、有流行，主宰所以立性，流行所以立命，而以良知分体用。

8. 有谓学贵循序，求之有本末，得之无内外，而以致知别始终。

第一种对良知的看法，在强调闻见之知的重要性这一点上，基本上反映了朱子学传统影响下许多学者的共识，这在第 2 章龙溪良知观中有关良知与知识的部分已经可以看到。[1]而所谓"良知必用天理，则知非空知"，强调天理作为良知的内容规定，则显然是指湛若水一派的观点。甘泉曾明确指出："良知必用天理，天理莫非良知"（《湛甘泉文集》卷七《答何吉阳》），"若知良知即天理，则知非空知"（《湛甘泉文集》卷二十三《天关语通录》）。虽然甘泉和阳明都可以说"良知即天理"，但相对而言，以"致良知"为宗旨的阳明更强调以良知来规定天理，而以"随处体认天理"为宗旨的甘泉，则无疑更着重于以天理来规定良知；良知毕竟侧重内在的主体性，天理也毕竟侧重超越的客体性。在明中后期的儒家思想界，甘泉一脉虽不如阳明学发展之盛大，影响之深广，但也的确构成阳明"致良知"之外的另一统绪，并对阳明学产生的流弊产生了一定的限制与救正作用。并且，甘泉门人弟子与阳明门下后学多有交游，于阳明学亦多有取益，如洪垣（字峻之，号觉山，生卒不详）"调停王、湛二家之学"（《明儒学案》卷四十《甘泉学案四》），唐枢（字惟中，号一庵，1497—1574）"慕阳明之学而不及见"（同上），以及蔡汝楠"师则甘泉，而友皆阳明门下也"（同上）。而这些甘泉门人又全都与龙溪有较为密切的交往。不过，在龙溪看来，包括湛甘泉一派在内的这些学者，不免仍未脱离传统朱子学的旧典范。所以龙溪批评这一种看法为"沿袭之说"。因此，严格而论，第一种看法更多地反映了阳明学之外较为传统的儒家学者对良知观念的修正或限制，还不能说是阳明学内部的一种"异见"。

---

[1] 唐君毅先生谓这是吕怀的主张，所谓"甘泉学案吕巾石复黄损斋书明有是言"。见唐君毅：《中国哲学原论原教篇——宋明儒学思想之发展》（台北：台湾学生书局，1990），页363。然《甘泉学案》中吕巾石有《复王损斋》，其中"良知必藉见闻而后致"之语乃王损斋语，非巾石语。唐先生误王损斋为黄损斋，又误王损斋语为巾石语，恐未核之故。

第二种看法应当是指泰州王艮一脉。❶王艮之子王襞（字宗顺，号东崖，1511—1587）曾经如此描述过王艮之学的特点：

> 见阳明翁而学犹纯粹，觉往持循之过力也。契良知之传，工夫简易，不犯做手，而乐夫天然率性之妙，当处受用。（《新镌东崖王先生遗集》卷一《上昭阳太师李石翁书》）

王艮本人也曾对同门欧阳南野说自己"以日用现在指点良知"，讲"良知致"而不同于师门的"致良知"。❷王襞则继承了王艮的良知观，强调良知的自然圆成以及致良知工夫的顺适简易，所谓"才提起一个学字，却似便要起几层意思。不知原无一物，原自现成，顺明觉自然之应而已。自朝至暮，动作施为，何者非道？更要如何，便是与蛇添足"。（《新镌东崖王先生遗集》卷一《语录》）诚然，王艮、王襞强调良知的自然和乐、当下圆成，相对而言的确容易导致道德实践上的过度乐观主义，❸忽略人性中消极负面的因素，以至于脱略工夫，所谓"不须更用致知"，"不须更用消欲工夫"。不过，这种看法在强调"良知不学而知"、"良知当下圆成无病"这一

---

❶ 唐君毅先生认为是指孟秋（字子成，号我疆，1525—1589），所谓"良知本来无欲，则北方王门孟我疆，亦明有是言"。见唐君毅：《中国哲学原论原教篇——宋明儒学思想之发展》，页363。按：《明儒学案》卷二十九《北方王门学案》中仅录孟我疆五条论学语，其中第三条虽无"良知本来无欲"的确语，然却有此意。黄宗羲亦谓我疆持现成良知之论。但仅凭此孤语恐不足以孟我疆为此说之代表，若以持现成良知为据，龙溪、心斋较之我疆更有代表性。故唐先生此说不切。

❷ 王元鼎：《王心斋先生年谱》"嘉靖十二年"条下，见《重镌心斋王先生全集》"附录"。

❸ 这集中表现在王艮的《乐学歌》中，所谓："人心本自乐，自将私欲缚。私欲一萌时，良知还自觉。一觉便消除，人心依旧乐。乐是乐此学，学是学此乐。不乐不是学，不学不是乐。乐便然后学，学便然后乐。乐是学，学是乐。呜呼！天下之乐，何如此学？天下之学，何如此乐？"

点上，与龙溪自己的见在良知说是一致的。见在良知或现成良知也历来被认为是龙溪与王艮、王襞等泰州一派的共同主张。[1] 然而，龙溪将这种看法作为一种良知异见提出并加以批评，认为"此凌躐之病也"，则显然说明龙溪并不认同这种"现成良知"。正如唐君毅先生所言："王龙溪之学，亦似有此现成良知之说，故人亦可本其说以成其狂肆。然实则龙溪言现成良知，乃悟本体，而即此本体以为工夫；非悟本体后，更无去蔽障嗜欲工夫者也。"[2] 当然，龙溪此处所指的这第二种良知异见，在"不须更用致知"、"不须更用消欲工夫"这一点上是否需要王艮等人自己负责，还是主要表现为王艮、王襞的弟子、后学对现成良知说理解不透、运用不善的结果，是需要我们加以鉴别的。但是，就像脱略工夫的批评虽然对于龙溪本人并不允当，对于其影响所及的流弊却仍有意义一样，无论是否适用于王艮、王襞，这第二种良知异见都不无现实的针对性。

第三种良知异见是指聂双江为代表的归寂说。[3] 聂双江在《赠王学正之宿迁序》中也曾指出他所认为的两种主要的良知观，所谓：

> 今讲良知之学者，其说有二：一曰良知者，知觉而已，除却知觉别无良知。学者因其知之所及而致之，则知致矣。是谓无寂感、无内外、无先后而浑然一体者也。一曰良知者，虚灵

---

❶ 如冈田武彦先生便将龙溪与心斋共同作为王门之现成派的两个代表人物。参见氏著：《王阳明与明末儒学》第三章。许多学者均接受此说。

❷ 唐君毅：《中国哲学原论原教篇——宋明儒学思想之发展》，页378。

❸ 罗念庵也曾一度认同聂双江的归寂之说，认为"双江所言，真是霹雳手段，许多英雄瞒昧，被他一口道着，如康庄大道，更无可疑"。见《明儒学案》，页373。但念庵思想有一变化的过程，非可以归寂说一概而论。有关聂双江、罗念庵思想的专门研究，可参见林月惠："良知学的转折——聂双江与罗念庵思想之研究"，台湾大学中国文学研究所博士论文，1995年6月。

之寂体，感于物而后有知，知其发也。致知者，惟归寂以通感，执体以应用，是谓知远之近，知风之自，知微之显而知无不良。夫二说之不相入，若枘凿然。主前说者，则以后说为禅定，为偏内；主后说者，又以前说为义袭，为逐物。（《双江聂先生文集》卷四）

这里两种良知观的对比，正是指龙溪的见在良知说和双江自己主张的归寂说。龙溪的"见在良知"是否只是作为经验意识的一种"知觉"，我们在第2章龙溪良知观见在良知的部分已经有所讨论，此处不赘。而双江此处以良知为"虚灵之寂体，感于物而后有知，知其发也"，则与龙溪对双江的概括和比喻是相一致的。双江以良知为"寂体"，以良知为"未发之中"，并以虚、寂、独、密来形容良知，所谓"此四者，同出而异名，均之为未发之中也。虚寂言其湛一之体，密独言其归止之奥"。（《双江聂先生文集》卷九《答陈履玄给舍》）这一点与龙溪并无不同，对此由我们第2章对龙溪有关良知之"无"的讨论可以看到。双方的不同之处，在于设定与安顿良知的基本架构有别。由双江以上的文字已大体可以看到，这种基本架构的差别具体反映在对寂感、内外、未发已发之间关系的不同理解上，总而言之可以归结为双方体用观的根本差异。龙溪与双江之间的诸多辩难，可以说是这一差异的集中反映。事实上，正是这种体用观的根本差别，构成了中晚明阳明学良知观念产生分化的重要原因之一。而这种体用观的不同，也是朱子学与阳明学在思维方式上存在基本分歧的一个重要表现。这一点也贯穿于中晚明阳明学本体与工夫之辨的许多具体问题之中。

　　第四种良知异见与上述聂双江之见正相对反，而如果根据双江上引文中对龙溪良知说的描写，这种"有谓良知主于明觉，而以虚寂为沉空"的看法，简直就是龙溪以知觉为良知的见在良知说的表述。但龙溪既然以之为一种"异见"，不论其实际指涉如何，至少说明龙溪自认为其见在良知说并非单纯以良知为明觉，以虚寂为沉空。并且，从我们第 2 章对龙溪良知观的考察来看，虚寂反倒正是龙溪赋予良知的重要特征。就龙溪常举"良知知是知非，而实无是无非"的话而言，"明觉"与"虚寂"并不对立，而是良知本体统一的两个方面。

第五种良知异见的主张是否定良知的见在性。反对见在良知说的阳明学者有许多，如聂双江、罗念庵、刘狮泉等人。刘狮泉便曾经举过未经锻炼的在矿之金不可名金的比喻，所谓"赤子之心，孩提之知，愚夫妇之知能，如顽矿未经锻炼，不可名金。其视无声、无臭、自然之明觉，何啻千里！是何也？为其纯阴无真阳也。复真阳者，更须开天辟地，鼎立乾坤，乃能得之。以见在良知为主，决无入道之期矣"（《明儒学案》卷十九《江右王门学案四》）。但这些人的良知观并不完全一致。因此，这第五种良知异见似乎只能代表一种反对见在良知说的基本倾向，并非某位学者所持的特定立场。❶

第六种良知异见的看法是在区分未发已发的基础上反对将良知视为已发之物，而主张良知应当是未发之物，所谓"未发无知之本

---

❶ 有学者认为这种良知异见是指邹守益，见左东岭：《王学与中晚明士人心态》（北京：人民文学出版社，2000），页 407。这或许是对龙溪所谓"有谓良知无见成，由于修证而始全"中的"修证"一词缺乏内在于理学脉络的相应了解所致。以往的研究者大都将邹守益作为修证派，这大概多承冈田武彦先生之说。称邹守益为修证派，自有其立论的根据。但龙溪这里所谓"修证"一词的所指，却是针对见在良知说的对立面而言。在这种语境下，主张"良知无见成，由于修证而始全"的"修证派"、"主修派"，可以指聂双江、罗念庵、刘狮泉，却不适用于邹守益。不过，瑕不掩瑜，该书虽属文学思想的研究，但对许多阳明学者的思想分析常能得其内蕴。

旨"。龙溪是否具体有所指，我们不得而知，但这种良知异见显然也可以适用于聂双江的归寂说。因为双江反对龙溪见在良知说的立场，正是在区分未发已发的基础上认为良知是虚寂的"未发之中"，所谓"中是心之本体，虚寂是也。虚静便是未发之中，即《中庸》之不睹不闻是也"（《双江先生困辨录》卷一《辨诚》）。

第七种良知异见是指刘狮泉之说。我们在第 2 章有关龙溪见在良知的讨论中已经看到，刘狮泉正是站在兼修性命的立场上反对龙溪见在良知说的。黄宗羲曾经引述过刘狮泉关于这一主张的明确表述，所谓：

> 夫人之生有性有命。性妙于无为，命杂于有质。故必兼修而后可以为学。盖吾心主宰谓之性，性无为者也，故须首出庶务以立其体。吾心流行谓之命，命有质者也，故须随时运化以致其用。常知不落念，是吾立体之功。常运不成念，是吾致用之功。二者不可相离。常知常止，而念常微也。是说也，吾为见在良知所误，极探而得之。（《明儒学案》卷十九《江右王门学案四》）❶

这段话和第 2 章见在良知部分所引龙溪《与狮泉刘子问答》中刘狮泉的自述大体一致，这说明龙溪所谓"学有主宰、有流行，主宰所以立性，流行所以立命"，的确是指刘狮泉的主张。

第八种良知异见龙溪讲得比较简略，我们目前难以确认具体的代表人物。唐君毅先生认为是指王艮，所谓"则盖指泰州王艮之安

---

❶ 《明儒学案》中作"刘师泉"，我们依《全集》卷四《与狮泉刘子问答》作"刘狮泉"，特此说明。

身为本，齐家治国平天下为末之论也"。[1] 王艮之"淮南格物"论确以安身为本，但所谓"学贵循序，求之有本末，得之无内外，而以致知别始终"，似乎主要是从致良知工夫的角度立论，严格说来并不能反映对良知本体的看法。

这八种良知异见，自然在当时的思想界都有实际的指涉，但从以上的简略说明与分析来看，龙溪所论的这八种良知异见，尚不是一种统一标准之下的严格分类。如聂双江固然是第三种良知异见的代表，但第六种良知异见同样可以适用于双江。刘狮泉固然是第七种良知异见的确指，但第五种良知异见也一样可以为狮泉所接受。显然，这并不意味着双江与狮泉每人持两种不同的良知观，而只能意味着二人各自的良知观在不同视角下和语境中可以有不同的表达方式。因此，对龙溪指出的良知异见，我们还需要加以进一步的考察。

在上述对各种良知异见的说明与评判中，龙溪实际上围绕两个中心环节。一是见在良知的问题；一是"体用一源，始终一贯"的基本架构。我们在第2章检讨龙溪见在良知的观念时指出，见在良知是指良知本体在感性经验中的当下呈现。换言之，良知既具有先验的本体属性，又体现为经验的感性知觉，必然表现为"见在"。而根据龙溪见在良知的这种涵义，第二种良知异见和第五种良知异见恰好构成对立的两端，前者片面夸大见在良知"不学而知"、"当下圆成"的现实完满性与作为感性知觉的向度，忽略了其作为本体的先验属性，结果不免将良知放逐到单纯感性经验的领域，以知觉为良知，导致纵情恣肆的"凌躐之病"。后者片面强调良知的本体先验性，忽略了良知必然要表现为感性经验，看不到表现为感性

---

[1] 唐君毅：《中国哲学原论原教篇——宋明儒学思想之发展》，页 363。

知觉的见在良知和作为先验本体的良知之间的同质性，结果不免将良知隔离于干枯的先验与超越之域，导致龙溪批评的所谓"扰其体也"。从"体用一源，始终一贯"的角度思考良知本体，便会看到第三种、第六种良知异见和第四种良知异见又恰好构成对立的两端。前者偏于未发、内、寂、静，守体遗用，所谓"是自窒其用也"；后者偏于已发、外、感、动，逐用遗体，所谓"是自汩其体也"。换言之，如果从已发未发、内外、寂感、动静这些二元一组的范畴来看的话，前者与后者都是在分已发未发、内外、寂感、动静为二的基础上各执一端。既然龙溪对此提出批评，则说明龙溪不取这种二元论的立场。

再进一步思考，这两个中心环节又并非平行的关系。事实上，"体用一源，始终一贯"的中道圆融的思考方式，可以说是龙溪评判各种良知异见的最终坐标和基本预设。第三、第六种良知异见与第四种良知异见的对立固然是各执体用之一端而流于边见，第二种良知异见与第五种良知异见的分歧虽然是围绕见在良知，但由以上的分析可见，双方共同的问题也恰恰正在于无形中将良知的先验属性（体）与经验属性（用）裂为两橛而各自堕入一边，未能达到"体用一源，始终一贯"的中道圆融。至于第七种和第八种良知异见虽然似乎能够兼顾"体用"与"始终"而不堕落边见，但却是基于"分体用"、"别始终"之上的兼顾，仍然不是"体用一源，始终一贯"的结果。因此，对第七和第八种良知异见的评判，同样反映了龙溪是以"体用一源，始终一贯"的思维方式作为衡量的坐标。而龙溪在两处讨论良知异见的文字中最后都以强调"体用一源"总结，也正是龙溪这种一元论思维方式的反映。

除了龙溪在《滁阳会语》和《抚州拟岘台会语》中的描述之外，阳明的另一同乡弟子胡瀚（字川甫，号今山，1381—？）对当时流传的主要几种良知异见也有说明与评价：

> 先师标致良知三字于支离泪没之后，指点圣真，真所谓滴骨血也。吾党慧者论证悟，深者研归寂，达者乐高旷，精者穷主宰流行，俱得其说之一偏。且夫主宰即流行之主宰，流行即主宰之流行，君亮之分别太支。汝中无善无恶之悟，心若无善，知安得良？故言无善，不如至善，天泉证道其说不无附会。汝止以自然为宗，季明德又矫之以龙惕。龙惕所以为自然也，龙惕而不怡于自然，则为拘束；自然而不本于龙惕，则为放旷。良知本无寂感，即感即寂，即寂即感，不可分别。文蔚曰："良知本寂，感于物而后有知，必自其寂者求之，使寂而常定，则感无不通。"似又偏向无处立脚矣。（《明儒学案》卷十五《浙中王门学案五》）

胡瀚之说与龙溪的不同在于既指出了当时几种主要良知异见的特征，又明确举出了这几种不同说法的代表人物。当然，在今山的分判中，龙溪也是良知诸说的其中一家。所谓"慧者论证悟"，说的便是龙溪。但是，且不论"证悟"的描述并不足以概括龙溪对良知本体的基本看法，根据我们第 4 章对龙溪四无论的深入检讨，今山对龙溪的质疑和批评，所谓"汝中无善无恶之悟，心若无善，知安得良？故言无善，不如至善"，显然对"无善无恶心之体"这一命题的内在意涵与要领缺乏相应的理解。而认为"天泉证道其说不无附会"，则更表明今山于阳明晚年时不在左右，不了解阳明晚年的思想与活动。至于其他三家，依今山之见，所谓"深者研归寂"，说的是聂双江，其失在于"偏向无处立脚"。所谓"达者乐高旷"，说的是王艮，其失在于"放旷"。季本（字明德，号彭山，1485—1563）虽欲以龙惕矫之，却又不免失之于"拘束"。❶所谓"精者穷主宰流行"，说的是刘狮泉，其失在于"分别太支"。较之前面龙溪对双江、心斋、狮泉良知说的描述与评价，可谓若合符节。如此看来，对于当时阳明学者对良知本体的不同理解，至少就聂双江、王心斋、刘狮泉的观点而言，龙溪的说明可以说反映了当时的实际状况。事实上，除了龙溪本人之外，双江、心斋以及狮泉诸说，也正是当时最有代表性的几种不同的良知之教，恰如黄宗羲所谓"阳明殁，诸弟子纷纷互讲良知之学，其最盛者山阴王汝中、泰州王汝止、安福刘君亮、永丰聂文蔚"。(《明儒学案》卷十五《浙中王门学案五》)

就我们目前的研究而言，指出龙溪理解良知本体背后所采取的那种"体用一源"的一元论思维方式，并不意味着要像龙溪那样以之为"判教"的标准，将凡不符合此种思维方式的说法皆视为"异见"。而是要从此入手，进一步分析中晚明阳明学者对良知本体产生各种不同见解的原因所在。而如果我们对"异见"一词取"各种不同的见解"这种中性用法的话，则正如胡瀚所论，龙溪之说也不过为诸多"异见"之一种而已。

自从程伊川提出"体用一源，显微无间"以来，经过朱子的运用与提倡，"体用一源"逐渐成为几乎所有理学家共同接受的命

---

❶ 季彭山作《龙惕》书是要反对以良知的自然性为宗，所谓"然是时方兴慈湖杨氏之书，同门诸友，多以自然为宗，至有以生言性，流于欲而尚不知者矣。余窃病之。越三年，转二吉安，乃为龙惕书以贻月山（杨月山），亦未以为然也。双江聂子独深信之，则为心龙之说，以发其义。"见《季彭山先生文集》卷一《赠都阃杨君擢清浪参将序》。而龙溪则曾作《答季彭山龙镜书》(《全集》卷九)，认为"夫学当以自然为宗，警惕者，自然之用"，反对将"自然"与"警惕"对立起来，所谓"若以乾主警惕，坤贵自然，警惕时未可自然，自然时无事警惕，此是堕落两边见解"。邹东廓也进一步调和自然与警惕，所谓"不警惕则不足以言自然，不自然不足以言警惕。警惕而不自然，其失也滞；自然而不警惕，其失也荡。"见《邹东廓先生文集》卷四《再简季彭山》。不过，有关自然与警惕的讨论更多地着眼于致良知的工夫。

题。❶更为确切地说，就是理学家们一致力图将其作为一种基本的思维方式运用到对儒学观念、命题的理解与诠释当中。到了明代，"体用一源"更是成为儒释道三教共同提倡的一种思维方式。❷但是，朱子和阳明这理学传统中两大典范对"体用一源"本身的理解其实并不一样。朱子对伊川"体用一源，显微无间"的话头是这样解释的：

> 体用一源者，自理而观，则理为体，象为用，而理中有象，是一源也。显微无间者，自象而观，则象为显，理为微，而象中有理，是无间也。……且既曰：有理而后有象，则理象便非一物。故伊川但言其一源而无间耳。其实体用显微之分，则不能无也。今曰：理象一物，不必分别，恐陷于近日含胡之弊，不可不察。(《朱文公文集》卷四十《答何叔京》第三十书)

显然，朱子反对"理象一物，不必分别"的看法，认为这种看法不免陷于"含胡之弊"。而通过对"理"与"象"关系的解释，说明朱子认为二者之间是"不离不杂"的关系。所谓"一源"、"无间"，对朱子而言只是表示一种不相分离的关系，并不意味着"理"与"象"、"体"与"用"之间没有分别，所谓"其实体用显微之分，

❶ 朱子对"体用一源"的阐发与运用，可参考（一）David Gedalecia, "Excursion into Substance and Function: The Development of the Ti-yung Paradigm in Chu Hsi", *Philosophy East and West*, 26(1974), pp. 443–451；（二）张永隽："朱熹哲学思想之'方法'及其实际运用"，《国际朱子学会议论文集》（上册）（台北："中研院"中国文哲研究所，1993），页 343—369。
❷ 唐顺之便曾经指出："儒者曰体用一原，佛者曰体用一原；儒者曰显微无间，佛者曰显微无间。其孰从而辨之？"见《唐荆川集》卷十《中庸辑略序》。

则不能无也"。依朱子之见,"体"是形而上之"理","用"则为形而下之"象"。对此,朱子在《答吕子约》第十二书中说的更为明确,所谓"至于形而上下却有分别。须分别得此是体,彼是用,方说一源。合得此是象,彼是理,方说的无间。若只是一物,却不须更说一源、无间也"(《朱文公文集》卷四十八)。由此看来,朱子是将"体用一源"理解为一种相即不离的关系,但这种相即不离的基础却是体用之间形上与形下的区别。无疑,朱子的体用观反映的是一种二元论的思维方式。并且,朱子将这种二元论的体用思维方式广泛贯彻到了理气、性情、未发已发、内外、寂感、阴阳、动静、中和等几乎理学的所有范畴。

与朱子相较,阳明对"体用一源"的理解显示出殊为不同的特点。阳明曾有以下论体用的话头:

> 盖体用一源,有是体即有是用,有未发之中,即有发而中节之和。(《传习录上》)
>
> 体即良知之体,用即良知之用,宁复有超然于体用之外者乎?(《答陆原静》,《传习录中》)

当薛侃(字尚谦,号中离,1486—1545)问阳明:"先儒以心之静为体,心之动为用,如何?"阳明也回答说:

> 心不可以动静为体用。动静时也,即体而言用在体,即用而言体在用,是谓体用一源。(《传习录上》)

薛侃所谓的先儒,应当是指朱子,而阳明强调"心不可以动静为体用",并以"即体而言用在体,即用而言体在用"来解释"体用一源"，已经流露出与朱子不同的意味。不过，单凭这几句话还不能判断阳明与朱子体用观的不同，因为朱子尽管强调体用须有别，但毕竟还主张二者不相离，似乎也未必不可以接受阳明"即体而言用在体，即用而言体在用"的表达。但是，正如体用观作为一种基本的思维方式被朱子普遍运用于理气、性情、未发已发、内外、寂感、阴阳、动静等范畴一样，阳明在从未发已发、动静、寂感、内外的角度论述良知本体时，贯彻的也同样是作为其基本思维方式的体用观。因此，从阳明相关的讨论中，我们可以更为明确地把握到他对"体用一源"的理解。在《答陆原静》中，阳明指出：

> 未发之中即良知也，无前后内外而浑然一体者也。有事无事，可以言动静，而良知无分于有事无事也。寂然感通，可以言动静，而良知无分于寂然感通也。动静者所遇之时，心之本体固无分于动静也。（《传习录中》）

在朱子的思想系统中，前后、内外、动静、寂感等均表现为一种二元的关系，虽不相分离，却各自有别。而阳明认为良知本体"无前后内外而浑然一体"，"无分于有事无事"，"无分于寂然感通"，"无分于动静"，显示出明显的一元论倾向。为了打破传统朱子学那种二元论的思维方式，阳明甚至运用了禅宗惯用的吊诡的（paradoxical）表达方式和比喻。《传习录下》有这样一段问答：

> 或问"未发已发"。先生（阳明）曰："只缘后儒将未发已发分说了，只得劈头说个无未发已发，使人自思得之。若说有个未发已发在，听者依旧落在后儒见解。若真见得无未发已发，说个有未发已发，原不妨原有个未发已发在。"问曰："未

发未尝不和，已发未尝不中。譬如钟声，未扣不可谓无，既扣不可谓有，毕竟有个扣与不扣，何如？"先生曰："未扣时原是惊天动地，既扣时也只是寂天寞地。"

这里有关"未发已发"的讨论，显然是针对朱子学"将未发已发分说"而发。"未扣时惊天动地，既扣时寂天寞地"的吊诡之辞，以及所谓"人之本体常常是寂然不动的，常常是感而遂通的。未应不是先，已应不是后"（《传习录下》），也鲜明地反映出阳明对"体用一源"的理解委实不同于朱子，而表现为一种一元论的思维方式。阳明身后除龙溪之外，如邹东廓所谓"寂感无二时，体用无二界"（《明儒学案》卷十六《江右王门学案一》），欧阳南野所谓"盖良知妙用有常而本体不息。不息故常动，有常故常静。常动常静，故动而无动，静而无静"（《欧阳南野先生文集》卷一《答陈盘溪》），黄洛村所谓"存主之明，何尝离照？流行之照，何尝离明？是则天然良知，无体用先后、内外深浅、精粗上下，一以贯之者也"（《明儒学案》卷十九《江右王门学案四》），陈明水所谓"心本寂而恒感者也。寂在感中，即感之本体，若复于感中求寂，辟之谓'骑驴觅驴'，非谓无寂也。感在寂中，即寂之妙用，若复于感前求寂，辟之谓'画蛇添足'，非谓无感时也"（同上），都对这种"体用一源"的思维方式有自觉的把握。因此可见，同样是"体用一源"，朱子是以二元论为基础，阳明则可以说是一元论为前提。对于这种差异，龙溪有着明确的意识，所谓"存省一事，中和一道，位育一源，皆非有二也。晦翁随处分而为二，先师随处合而为一"（《全集》卷二《书婺源同志会约》）。可以说一针见血地道出了朱子与阳明在体用观这一基本思维方式上的根本差别。

阳明学产生时，朱子学作为儒家思想的权威与正统已经存在了数百年。经由与科举制的结合，朱子的思想无疑已深入广大儒家学者的意识结构。而朱子学二元论的体用思维方式，恐怕更是沁入心脾，成为"习焉而不察"、"日用而不知"的"前见"（Vorurteil）。即使在阳明学派获得成功建构之后，在阳明学内部，这种思维方式也并未销声匿迹。从前文检讨龙溪对各种"良知异见"的评判可见，龙溪批评诸多"良知异见"的共同症结，正是这种二元论的体用思维方式。不妨说，这些良知异见在龙溪看来不过是这种二元论思维方式的不同表现而已。

由于聂双江持论立说言必称先师、阳明先生，[1]文必引《传习录》为据，并编《传习录节要》，自谓该书"本欲发明先师正意"（《双江聂先生文集》卷九《寄罗念庵》第十一书）。但其对良知本体的思考，尽管有救正仅从知觉发用处致良知所产生的流弊的考虑，背后其实不自觉地采取的是朱子二元论的体用思维方式。[2]而亲炙阳明的及门弟子如龙溪、钱绪山、邹东廓、黄洛村、陈明水等人，虽然思想并不相同，但在阳明一元论的体用思维方式这一点上，却有着一致的自觉。因此，双江归寂说一出，立刻引起王门诸子包括龙溪、邹东廓、欧阳南野、陈明水、黄洛村等人的群起而攻。所谓"当时同门之言良知者，虽有深浅详略之不同，而绪山、龙溪、东廓、洛村、明水皆守'已发未发非有二候，致知即所

---

[1] 阳明生前聂双江未得及门，阳明死后嘉靖十一年壬辰（1532），双江在苏州由龙溪和钱绪山共证称阳明门生。参见本书附录一：《王龙溪先生年谱》"嘉靖十一年壬辰"条下。

[2] 黄宗羲其实也看到了双江二元论的思路与李侗（字愿中，称延平先生，1093—1163）、朱子相同。所谓"按阳明以致良知为宗旨，门人渐失其传，总以未发之中，认作已发之和，故工夫只在致知上，甚之而轻浮浅露，待其善恶之形而为克治之事，已不胜其艰难杂糅矣。故双江、念庵以归寂救之，自是延平一路上人。"见《明儒学案》卷十九《江右王门学案四》"郎中陈明水先生九川"，页458。

以致中'，独双江以归寂为宗，功夫在于致中，而和即应之。故同门环起难端，双江往复良苦"（《明儒学案》卷十七《江右王门学案二》）。在围绕"致知"与双江展开的论辩中，龙溪便曾站在阳明"体用一源"的立场批评双江裂未发已发为二，所谓"良知之前无未发者，良知即是未发之中，若复求未发，则所谓沉空也。良知之外无已发者，致此良知即是发而中节之和，若别有已发，即所谓依识也"（《全集》卷六《致知议辨》）。欧阳南野也曾注意到双江对"体用一源"的理解不同于阳明，双方并就体用的问题展开过直接的辩论。❶双江以"源泉"与"江淮河汉"、"根本"与"枝叶花实"的比喻表达过他对于体用关系的理解，认为体与用是先验的"所以然"与经验的"然"的关系，立体可以自然生用，但却无法即用以为体。❷欧阳南野则以"水之流"与"流之水"的比喻来说明他对于体用关系的理解，强调体用之间本质的同一性，恰如作为体的水和作为用的流本来是一物。❸总之，在双江与龙溪、南野等双方的往复辩难之中，正聚焦了朱子学与阳明学在体用思维方式上的根本分歧。

像聂双江这样自觉认同阳明学并以阳明学的话语展开其论说，但却不自觉地沿袭了传统朱子学体用思维方式的情况，在中晚明的阳明学中绝非孤立的现象。从前面龙溪、胡瀚有关当时良知异见的文字可见，刘狮泉以心之主宰与流行分性命也是二元论的思维架构，如龙溪所谓"以良知分体用"。而在罗念庵、刘狮泉等人与龙溪有关见在良知的辩难中，同样反映出朱子学二元论与阳明学一元

---

❶ 双江与南野有关体用的辩论，林月惠曾有较为细致的检讨，见林月惠：《良知学的转折——聂双江与罗念庵思想之研究》，页 317—320。故此处不赘，惟点出其主旨所在。

❷ 见聂豹：《双江聂先生文集》卷八《答欧阳南野》第二书。

❸ 见欧阳德：《欧阳南野先生文集》卷五《答聂双江》第二书。

论两种体用思维方式的碰撞，尽管双方辩论的具体内容并非关于体用，涉及的问题也并非思维方式这一种视角可以观察。对此，我们在下面现成良知之辨的部分再作讨论。

龙溪、双江、南野等阳明第一代弟子之后，江右的王时槐提出"透性研几"、"悟性修命"的宗旨。王塘南师事刘文敏（字宜充，号两峰，1490—1572），而两峰为阳明及门弟子，因此塘南为阳明学的第二代传人。双江提出其良知观后，两峰也曾和龙溪、东廓、南野、明水、洛村等人一道站在阳明"体用一源"的立场上致书驳难，但黄宗羲又谓两峰对双江之说"晚乃信之"（《明儒学案》卷十七《江右王门学案二》），可见两峰思想有一变化的过程。这一倾向于双江二元论思路的变化，恐对塘南不无影响。事实上，塘南虽也有一些看似一元论的说辞，如所谓"良知实贯彻于天地万物，不可以内外言者"（《塘南王先生友庆堂合稿》卷二《答杨晋山》第二书），"舍发而别求未发，恐无是理"（《塘南王先生友庆堂合稿》卷一《答钱启新邑侯八条》"其一"），但以体用分言性命的二元论思维模式，却是其根本预设。所谓：

> 性命虽云不二，而亦不容混称。盖自其真常不变之理而言曰性，自其默运不息之机而言曰命。一而二，二而一者也。《中庸》"天命之谓性"，正恐人于命外求性，则离体用而二之，故特发此一言。若执此语，遂谓性命果无分别，则言性便剩一命字，言命便剩一性字，而"尽性至命"等语皆赘矣。故曰性命虽不二，而亦不容混称也。尽性者，完我本来真常不变之体；至命者，极我纯一不息之用，而造化在我，神变无方，此神圣之极至也。（《塘南王先生友庆堂合稿》卷一《答邹子尹》）

并且，塘南对良知的理解颇为独特，他在《答萧勿庵》中指出：

> 性之一字本不容言，无可致力。知觉意念总是性之呈露，皆命也。性者先天之理。知属发窍，是先天之子，后天之母也。此知在体用之间，若知前求体，则着空；知后求用，则逐物。知前更无未发，知后更无已发，合下一起俱了，更无二功，故曰独。独者，无对也。无独则一，故曰不二。意者知之默运，非与之对立而为二也。是故性不假修，只可云悟。命则性之呈露，不无习气隐伏其中，此则有可修矣。修命者尽性之功。（《塘南王先生友庆堂合稿》卷一）

这一段话可谓塘南之纲领。其中，塘南并不像双江等人那样以知为经验意识层面的"用"，而是认为"此知在体用之间，若知前求体，则着空；知后求用，则逐物"，这比双江等人从知觉发用来理解良知要接近阳明对良知本体的规定。可是塘南毕竟认为"知属发窍"，视良知之上、之后尚有一"性"，因而在其性命体用二元的架构之下，良知终究不能是"体用一源，显微无间"的终极实在。牟宗三先生曾认为两峰、狮泉、塘南等都像是龚自珍（定庵，1792—1841）所谓的"病梅"，在王学的话语内辗转扭曲，不能得阳明之正传，充其量是从阳明到刘蕺山思想的过渡。[1] 这种仅以是否合乎阳明思路来检讨塘南等人思想的"判教"方式，自然不免化约思想的丰富性，难以对塘南等人学说理论与时代的双重意义有同情的了解。在思维方式上，刘蕺山继承的也恰恰是阳明的一元论而非狮泉、塘南的二元论，但认为由两峰、狮泉、塘南而逐渐开启了脱离

---

[1] 牟宗三：《从陆象山到刘蕺山》第五章，页399—447。

阳明学形态的契机，则显然是正确的观察。

与王塘南同时的还有李材（字孟诚，别号见罗，1519—1595），为李遂之子，曾经从学于邹东廓，因而也可以说是阳明的第二代弟子。但李材以"止修"立说，公开反对阳明的良知教。见罗之所以提出"止修"之说，关键在于他认为不能以良知为本体。他在《答詹养澹》一书中说：

> 从古立教，未有以知为体者。经书星日炳然，吾敢无征而说此？予二十年前，即不信之矣，故有"致知者，致其知体"之说。良知者，发而不加其本体之知者也，非知体也。辛酉之岁，又觉其非，复为性觉之说。今思之，总之鼠迁穴中，未离窠臼。阳明先生曰："良知即是未发之中，即是寂然不动、廓然而大公的本体。"尽力推向体边，其实良知毕竟是用，岂可移易？（《见罗先生书》卷十一）❶

显然，见罗认为阳明的良知毕竟属于经验层面的发用，而不是先验的本体。因此批评以良知为本体，"毕竟是随感而见，前念后念，不相照应"（《明儒学案》卷三十一《止修学案》），"以致知为主脑者，是知有流行，而不知有归宿者也"（《见罗先生书》卷十二《答董蓉山》）。在见罗看来，本体只能是至善的性体，所谓"四端之发，固自有性根在也"，因此他十分认同王塘南以性体为本体的说法，所谓"王塘南先生云：'圣贤千言万语，无非欲人识其性之本体，学问千头万绪，亦只求复其性之本体。'斯言甚确"

---

❶ 黄宗羲《明儒学案》卷三十一《止修学案》曾引此书，但文字微有不同，"从上立教"作"从古立教"，且无"经书星日炳然，吾敢无征而说此"句。参见黄宗羲：《明儒学案》，页677。

（《明儒学案》卷三十一《止修学案》）。而其"止修"中的"止"，便是要依托《大学》中"止于至善"的话头，主张不以良知为宗，而以性体为本。至于"止修"中的"修"，则同样是以《大学》中"修身"的观念为凭藉，强调切己的道德实践。"止"是言本体，"修"是说工夫，正所谓"止为主意，修为工夫"（同上）。见罗将良知判为已发的知觉，判为不足恃的"用"，必欲向上、向后返求一个未发至善的天命之体，由此看来，其思路明显同于双江，是一种二元论的体用思维方式。这一点，见罗以下的论述表示得尤为明确：

> 善一也，有自主宰言者，有自流行言者。故止一也，有自归宿言者，有自感应言者。君臣父子朋友之交，所谓止之感应者也，故仁敬孝慈信，所谓善之流行者也。归宿不明，而直于感应上讨止，犹主宰不悟，而直于流行之际看善也。（《见罗先生书》卷十一）

事实上，在体用思维方式上持一元论立场的黄宗羲，已经敏锐地看出见罗与双江属于同一种思路，所谓"若单以知止为宗，则摄知归止，与双江之归寂一也"（同上）。即便为了避免双江所曾遭受的"沉空守寂"之评而以"修身"作为补充，在其体用二元的思维方式下，也只能是回归于朱子学"敬存动察"的路数。因此黄宗羲又评价见罗之学说："其实先生之学，以止为存养，修为省察，不过换一名目，与宋儒大段无异，反多一张皇耳。"（同上）不过，双江、念庵完全是在阳明学的内部展开其论说，两峰、狮泉虽已开启了脱离阳明学的契机，但毕竟尚在阳明学的话语笼罩之下，甚至塘南也还并未完全逸出阳明学的范围，至于见罗则明确打出反对良知教的旗帜而别立宗旨。当然，必须说明的是，双江、念庵、狮泉、塘南、见罗从提出良知异见到走出良知教，主观上无疑并不是要回归于朱子学，而毋宁说更多地是为了回应良知教在发展演变过程中所产生的一系列问题，特别是要对治现成良知说所产生的流弊。尤其是塘南、见罗，身处阳明学风行的时代，也许未必有双江、念庵那样程度的朱子学"前见"。但是，即使在发展最盛的隆庆、万历时代，阳明学也并未能取代朱子学的正统地位。❶ 与科举制的结合使得朱子学在广大儒家士子中间始终发挥着难以消解的持久影响力，李见罗自幼便耳沾目染阳明学，却自谓"二十年前，即不信之矣"，可见其对阳明学并未能契入。因此，不论主观的认同以及问题意识的来源如何，在中晚明阳明学的展开过程中，在对良知本体的理解上，确实交织着一元论与二元论这两种不同体用思维方式的冲突。

由以上的讨论可见，即使在共同的阳明学话语之下，仍然潜伏着朱子学的思维方式。也正是在这个意义上，我们说朱子学与阳明学的互动，依旧是影响中晚明不同阳明学者之间各种辩难的因素之一。除了心与理关系的不同立场之外，体用思维方式上一元论与二元论的差别，也应当是观察阳明学与朱子学基本分野的一个视角。因为无论对朱子还是阳明来说，作为基本思维方式的体用观都渗透于各自的思想系统并在背后发挥着重要的支配作用。并且，阳明学内部两种思维方式的分歧，也正是阳明身后分化出各种良知异见，由双江、念庵、狮泉到塘南、见罗而逐渐走出阳明学典范与形态的重要原因之一。

---

❶ 阳明从祀一事万历二年提出，屡经波折，至万历十二年方才被朝廷通过，便是明证。有关阳明从祀一事所引发的争论以及所反映的问题，参见 Chu Hung-lam, The Debate Over Recognition of Wang Yang-ming, *Harvard Journal of Asiatic Studies* 48,1（1988），pp.47-70。

二　究竟工夫

对于始终强调实践优先性的儒家学者而言，在致良知工夫过程中不同的体会与心得，会影响学者对于良知本体的理解。而对良知本体的不同理解，更会引导出不同的致良知工夫。因此，就像工夫论在龙溪的良知教中占据相当的比重一样，如何致良知的问题同样是中晚明阳明学者讨论的重要内容。

对中晚明不同阳明学者的工夫论，海内外学界已积累了一定的研究成果。首先要提到的是日本学者冈田武彦先生"王门三派"的说法。❶冈田先生认为中晚明的阳明学大体可以分为以龙溪、心斋为中心的现成派（左派）、以聂双江、罗念庵为中心的归寂派（右派）以及以邹东廓、欧阳南野为中心的修证派（正统派）。现成派由于持现成良知之说，抛弃或轻视工夫，归寂派与修证派虽然不同，但都强调在真切的工夫中去追求良知本体。❷冈田先生虽然没有明确专门从工夫论的角度立言，但其三派的划分其实是认为现成派专从本体入手，并无真正的工夫论可言，对工夫论的研究只能着眼于归寂派与修证派。大陆学界较为通常的观点是首先区分本体派与工夫派或者现成派与工夫派两大系统，然后在两大系统内部再作进一步的划分。这一做法的基本预设也是认为本体派或现成派专从本体入手，不讲或忽略工夫，并无真正的工夫论，真正不同的工夫主张体

---

❶ 荒木见悟先生也是研究明代阳明学的大家，但荒木先生偏重于深入的个案与专题研究，似乎并未从整体上对阳明学进行某种划分类型、区别流派的研究。之所以如此，也许也是认为那种方法难以曲尽阳明学的丰富内涵。

❷ 冈田武彦：《王阳明与明末儒学》，页103—105。

现在工夫派这一系统内部更进一步的区分上，如包括聂双江、罗念庵、刘两峰的所谓"主静派"、包括邹东廓、季彭山、刘狮泉在内的所谓"主敬派"以及包括钱绪山、欧阳南野、张元忭在内的"主事派"等。❶ 显然，这种观点可以说是从冈田武彦三派说中发展而来。当然，无论是冈田先生还是以上所举大陆学者的观点，对工夫论都是持较为狭义的看法。但是，从我们第 3 章对龙溪工夫论的研究可见，无论我们对工夫论持广义还是狭义的理解，即无论是否将"即本体以为工夫"视为一种工夫，龙溪显然都有一套完整而严密的工夫理论。因此，以上的观点将龙溪、心斋、近溪、海门等人排除于工夫系统之外，认为他们都因相信现成良知而取消工夫，不免未能得其底蕴而有失片面。港台学界较有代表性的是唐君毅先生的看法。❷ 唐先生认为阳明后学的工夫论可以概括在"悟本体即工夫"与"由工夫以悟本体"这两种基本类型之下。龙溪、心斋、近溪等人属于前者，钱绪山、季彭山、邹东廓、聂双江、罗念庵等人属于后者。而在这两种基本类型之下，每个人还可以再区分不同的形态。❸ 唐先生能够正视龙溪等人"悟本体即工夫"其中的工夫论意义，这是其有进于前两种观点之处。

以上诸说的确揭示了中晚明阳明学工夫论的某些方面，也为我们进一步的研究提供了不可或缺的基础。不过，这些对中晚明阳明学工夫论的观察，都是基于对中晚明阳明学不同学派的划分。可

---

❶ 如钱明："王学流派的演变及其异同"，《孔子研究》第六期，1987 年；屠承先："阳明学派的本体功夫论"，《中国社会科学》第六期，1990 年。

❷ 牟宗三先生在《从陆象山到刘蕺山》一书中对阳明后学的发展也有深入的研究，但牟先生主要以是否符合阳明思想为标准而对阳明后学采取一判教式的研究，并未从工夫论的角度加以考察。且牟先生虽然称赞龙溪之学对阳明能有"调适上遂"的发展，但似乎也不太能正视龙溪"即本体以为工夫"的工夫论意义。

❸ 参见唐君毅：《中国哲学原论原教篇——宋明儒学思想之发展》第十三至十六章。

是，在目前个案与专题研究仍嫌不足的情况下，学派的划分往往难以曲尽不同学者丰富的思想内容，甚至不免削足适履，无法反映思想史的真实面貌。因此，我们在此不求对中晚明不同阳明学者的工夫论再进行那种以划分学派为基础的研究，而是要首先指出中晚明阳明学在工夫论问题上追求究竟工夫的一致趋向，然后再根据一元论与二元论体用思维方式的不同这一视角，对这种一致趋向中的分殊之处略加提示。当然，对于以往基于流派划分的诸多研究，我们这种考察的方式并非提出某种修正，而毋宁说是希望提供又一种观察问题的角度，为以往的研究增加一个新的理解层面。

从朱子到阳明，理学的工夫论有一个由外到内的转换过程。虽然以外向性指称朱子的工夫论未必能尽其全，但朱子心理不一的前提和格物穷理的路数，也的确包含一种导致"义外"的可能性与向外用力的知性倾向。阳明自幼有以学圣贤为第一等事的志业，但朱子指示的门径却未能产生良好的效果，反而误导出十五六岁时格竹子的一幕。经由龙场之悟，阳明确立了"心即理"的第一原则，并通过将"物"规定为一种意向性中的意义结构，使得"格物"工夫由外在对象的探求，转化为内在意识的范导。如此，工夫的着力点便由"物"内收到"意"。但是，正如我们在第3章讨论龙溪致良知工夫论时指出的，虽然对阳明来说"工夫到诚意始有着落处"，而诚意工夫之所以可能，又需要预认良知心体的先在性，站在心学的立场上，良知心体是最终的决定机制。在阳明"诚意"与"致知"工夫之间所蕴涵的问题，正是龙溪提出其先天正心之学与一念工夫的内在原因。龙溪将工夫的着力点再由"意"内收到"心"，显然是阳明工夫论进一步的必然展开。如此看来，从朱子到阳明再到龙溪，工夫论呈现出一个由外向内不断深化的过程，从最外部的客观对象，回归于最内在的良知心体。事实上，阳明之后在工夫论上追求最终的决定机制，在不同的阳明学者中间表现为一种共同的趋向。

我们在第3章第一部分检讨阳明工夫论的重点与问题时提到，陈明水于阳明在世时已经感到诚意与致知之间的逻辑先后问题。而在嘉靖二十八年己酉（1549）的冲玄之会上，明水便明确表示在产生善恶的意念之后再施以为善去恶的工夫并不究竟，而应当直接从本体上入手。邹东廓在记录冲玄之会的《冲玄录》中曾记明水的话说：

> 某近有觉悟，直从本体精明，时时儆惕，一有碍滞，不容放过。视向者补过救缺，支撑悔尤，更透一格。（《东廓邹先生文集》卷九）

而在给龙溪的书信中，明水自己对此说的更为清楚：

> 诚意之学，却在意上用不得工夫。直须良知全体洞彻普照，旁烛无纤毫翳障，即百虑万几，皆从此出，方是知几其神，乃所谓诚其意也。若俟意之不善，倚一念之觉，即已非诚意，落第二义矣。却似正心，别是上面一层工夫，故窃谓炳于几先，方是诚意之学。（《明儒学案》卷十九《江右王门学案四》）

明水虽未像龙溪那样明确将"正心"与"诚意"相对而提出先天之学与后天之学的区分，但此处对诚意之学的解释，却显然是指出立足于良知心体，所谓"炳烛几先"的工夫，才是诚意之学的根本。

至于邹东廓，其工夫以主张"戒惧"著称。但对东廓而言，戒惧工夫也有深浅不同的层次。东廓曾论及自己工夫的三次变化如下：

> 戒慎恐惧之功，命名虽同，而命意则别。出告反面，服劳奉养，珍宅兆而肃蒸，尝戒惧于事为也。思贻令名，必果为善，思贻羞辱，必不果为不善，戒惧于念虑也。视于无形，听于无声，全生而归之，戒惧于本体也。戒慎不睹，恐惧不闻，帝规帝矩，常虚常灵，则冲漠无朕。未应非先，万象森然；已应非后，念虑事为，一以贯之。是为事亲事天仁孝之极。(《东廓邹先生文集》卷八《书谢青冈卷》)

这里，东廓显然以"戒惧于本体"的工夫最为究竟。而龙溪在强调"心体立根"时有过类似更为明确的说法：

> 惩欲之功有难易，有在事上用功者，有在念上用功者，有在心上用功者。事上是遏于已然，念上是制于将然，心上是防于未然。惩心忿窒心欲，方是本原简易工夫。在意与事上遏制，虽极力扫除，终无廓清之期。(《全集》卷四《留都会纪》)

对明水、东廓来说，本体自然是良知心体，因此，无论是明水的"直从本体精明，时时儆惕"，还是东廓的"戒惧于本体"，显然和龙溪的立足于良知心体的先天工夫在工夫的着力点上是一致的。明水曾自叙其工夫的变化次第，指出最终之所以能够"尽扫平日一种精思妙解之见，从独知几微处严谨缉熙"，乃是"就正龙溪，始觉见悟成象"的结果。❶东廓为学工夫三变而立足于本体，或许也是受到龙溪的影响。东廓对龙溪评价甚高，所谓"汝中兄，同志之隽，所得最深"。(《东廓邹先生文集》卷五《复戚司谏秀夫》)而龙溪也在《寿东廓翁七十序》和《漫语赠韩天叙分教安成》(两篇文字分别见《全集》卷十四和卷十六)中特别转述东廓自述的这为学三变，引为自己先天工夫的同调。

明水与东廓可能受到龙溪的影响，但其他一些学者则恐怕更多的是出于对问题本身的认识。如欧阳南野在《答胡仰斋》书中曾指出：

> 所谕比来同志但讲良知，而遗却致的意思，是盖亿想谈说而未尝实用力者，正恐良知亦未能知得耳。夫知良知而后知所以致良知。……故某尝言一切应物处事，只要是良知。盖一念不是良知，即不是致知矣。(《欧阳南野先生文集》卷一)

在《答欧梦峰》第二书中也强调"故知良知之所以为良知，则知所以致知"(同上)。由此可见，南野同样要求将致良知工夫的作用点用在最根本的良知心体上。

聂双江的思维方式不同于阳明以及龙溪、东廓、南野、明水，这是前文已经指出的，而双江也批评诚意工夫有不究竟之处。他说：

> 盖意者，随感出现，因应变迁，万起万灭，其端无穷，乃欲一一制之，以人力去其欺而反乎慊，是使初学之士，终身不复见定、静、安、虑境界。劳而无功，只自废以速化耳。(《双

---

❶ 黄宗羲：《明儒学案》卷十九《江右王门学案四》，页458。

江聂先生文集》卷九《答钱绪山》)

至于如何是究竟法，双江认为：

> 若在意上做诚的工夫，此便落在意见。不如只在良知上做
> 诚的工夫，则天理流行，自有动以天的机栝。故知至则意无不
> 诚也。(《双江聂先生文集》卷九《答钱绪山》)

撇开思想的整体架构不论，就工夫论本身而言，双江此处的看法，
和龙溪先天工夫所要追求的目标，不能不说是相当的一致。

王栋（字隆吉，号一庵，1503—1581）师事王心斋，属于阳明
学的第二代。他也曾指出阳明以来的诚意工夫并非究竟之学：

> 旧谓意者心之所发，教人审几于动念之初。窃疑念既动
> 矣，诚之奚及？盖自身之主宰而言谓之心，自心之主宰而言谓
> 之意。心则虚灵而善应，意有定向而中涵。非谓心无主宰，赖
> 意主之，自心虚灵之中确然有主宰者而名之曰意耳。大抵心之
> 精神无时不动，故其生机不息、妙应无方。然必有所以主宰乎
> 其中而寂然不动者。所谓意也，犹俗言主意之意，故意字从心
> 从立，中间象形太极图中一点，以主宰乎其间，不着四边，不
> 赖倚靠。人心所以能应万变而不失者，只缘立得这主宰于心
> 上，自能不应而知。不然，孰主张是？孰纲维是？圣狂之所以
> 分，只争这主宰诚不诚耳。若以意为心之发动，情念一动，便
> 属流行，而曰及其乍动未显之初用功防慎，则恐恍惚之际，物
> 化神驰，虽有敏者，莫措其手。圣门诚意之学、先天简易之
> 诀，安有此作用哉？(《一庵王先生遗集》卷一)

历来研究者对一庵此段文字，大都仅留意其对"意"概念的理解不同于阳明学的一般规定，而与后来刘蕺山严分"意""念"基础上的"意"概念具有相同的内涵，对一庵提出此说的目的却未甚措意。诚然，一庵与蕺山对"意"的理解确实前后一揆，至于蕺山是否知道一庵有此一说并受到一庵的影响，学界有不同的看法，此处不及。需要指出的是，由上引文字明确可见，一庵之所以要以心之主宰来界定"意"，正是认为在作为心之所发的意上做工夫并不究竟，所谓"恐恍惚之际，物化神驰，虽有敏者，莫措其手"。而在一庵处既然意为心之主宰，则一庵的诚意工夫在目标与效果上便其实也无异于龙溪的先天工夫。

王塘南虽然已不以良知为终极实在而开始回归性体，这是我们上一节已经指出的。但塘南"悟性"的主张，也同样显示了追求究竟工夫的要求。当有人问："有谓性无可致力，惟于念上操存、事上修饰，则性自在"时，塘南回答说：

> 悟性矣，而操存于念、修饰于事可矣。性之未悟，而徒于念与事上致力，所谓"可以为难矣，仁则吾不知也"。（《塘南王先生友庆堂合稿》卷四《语录·三益轩会语》）

显然以悟性作为在事为与念虑上做工夫的前提与根据。

唐枢虽与龙溪多有交往，但毕竟是湛甘泉的弟子，他对于工夫也提出了相应的看法：

> 工夫就是本体，不容添得一些。寻见本体不走作，才是真工夫。若以去人欲，作存天理工夫，便如捕贼保家。所谓"克己复礼"，惟其礼，故己克；所谓"闲邪存诚"，惟其诚，故闲

邪。故存天理是去人欲的下手处。荀卿性恶之说，不曾教人从
恶，只要人反转克治，这便矫枉过正。不在本体上做工夫，却
从外边讨取，不自信，将谁以为据乎？（《木钟台集》亨卷《景
行馆论·论功夫》）

由此可见，追求究竟工夫的趋向，在当时已经不限于阳明的门下，
而成为一种普遍的现象。

　　刘蕺山对阳明之学是"始疑之、中信之，终而辩难不遗余
力"，❶对龙溪的批评更为严厉。相对于阳明的良知教，蕺山思想自
成系统，对阳明学在中晚明所产生的流弊，也无疑具有救正的价值
和意义，此处不赘。就工夫论来说，蕺山曾批评阳明的四句教，所
谓"因有善有恶而后知善知恶，是知为意奴也，良在何处？"❷认为
阳明使"知"落后于"意"，即良知在善恶的意念产生之后才发挥
作用，无法显示出良知的主宰定向功能。对此，他在《答韩参夫》
一书中说的更为明确：

　　　　只教人在念起念灭时，用个为善去恶之力，终非究竟一
　　　着。与所谓"只于根本讨生死，莫向支流辨清浊"之句，不免
　　　自相矛盾。❸

就此而言，蕺山虽然曾经批评龙溪"即本体以为工夫"，但他要求
在作为道德实践的终极根据——意体、知体、诚体上用功，这种追

---

❶ 此为蕺山之子刘汋（伯绳，1613—1664）语，见《刘宗周年谱》"先生六十六岁，著
　《证学杂解》及《良知说》"条下，《刘宗周全集》（第五册）《附录》，页480。
❷ 刘宗周：《刘宗周全集》（第二册）《语类》卷十《良知说》，页373。
❸ 刘宗周：《刘宗周全集》（第三册上）《文编》卷七，页422。

求"究竟一着"的用心，却与龙溪提出先天工夫的目标是相当一致的。陈来先生曾指出，心学的工夫从象山到阳明再到蕺山，呈现出一个不断深入意识内部的过程。[1]其实，就心学的立场而言，工夫不断内化，到了龙溪"心体立根"、"一念之微"的先天工夫，可以说已经在逻辑上达到了终点。因为良知心体已经是终极的实在，不论是"意体"、"知体"、"诚体"、"独体"，在功能和地位上，也只能相当于龙溪的先天工夫中的良知心体。

龙溪紧随阳明之后提出其先天工夫，关键即在于他看到良知心体作为终极实在，不仅是道德行为发生后的最终裁判原则，更是道德行为之所以发生的最初发动与主宰机制。只有始终立足于良知心体，具体行为的每一次发生，均直接以良知这一"定盘针"为根据，[2]修养工夫才会最为彻底，道德实践也才会最为纯粹。而由对以上诸人的讨论，我们可以看到，阳明之后理学工夫论发展所表现出的那种普遍趋向，恰恰与龙溪不谋而合，即要求将工夫的用力点落实于道德实践的终极根据上去，而不论对这一终极根据的概念规定是如何的因人而异。

当然，在中晚明阳明学"牛毛茧丝，无不辨析"的丰富思想话语中，即使是单单就工夫论而言，这种追求究竟工夫的一致趋向也仍然只是其中的一个方面。况且，就在这种一致的追求中，不同学者的工夫实践也仍然表现出不同的取径和各自的侧重。

龙溪曾有"三悟"之说，所谓：

---

[1] 陈来：《宋明理学》（沈阳：辽宁教育出版社，1991），页406—407。

[2] 虽然蕺山喜用"定盘针"的字眼，但龙溪亦有此说，所谓"人人自有良知，如定盘针，针针相对，谓之至善。稍有所偏，或过或不及，即谓之恶"（《全集》卷六《格物问答原旨》）。就此而言，蕺山的用法不外于龙溪。唐君毅先生也已看到此点。见唐君毅：《中国哲学原论——原性篇》（台北：台湾学生书局，1984），页476注。

君子之学，贵于得悟，悟门不开，无以征学。入悟有三：有从言而入者，有从静坐而入者，有从人情事变炼习而入者。得于言诠者，谓之解悟，触发印证，未离言诠。譬之门外之宝，非己家珍。得于静坐者，谓之证悟，收摄保聚，犹有待于境。譬之浊水初澄，浊根尚在，才遇风波，易于淆动。得于炼习者，谓之彻悟，磨砻锻炼，左右逢源。譬之湛体冷然，本来晶莹，愈震荡愈凝寂，不可得而澄淆也。根有大小，故蔽有浅深，而学有难易，及其成功一也。(《全集》卷十七《悟说》) ❶

在这"三悟"中，第一种"解悟"由于尚未实有诸己，所谓"门外之宝，非己家珍"，因而还不能算是一种致良知的工夫进路。只有"从静坐而入"的"证悟"以及"从人情事变炼习而入"的"彻悟"，才真正构成两种不同的工夫取径。在龙溪看来，"证悟"工夫从静处的收摄保聚入手，对外在的环境有所依赖，一旦环境由"静"转"动"，置身于纷繁缠绕的境况下，内心的宁静不免会被打乱。就像澄清的浊水一样，由于浊根并未彻底清除，一受到摇荡，便又会恢复到浑浊的状态。"彻悟"工夫从人情事变入手，则已达到"湛体冷然，本来晶莹"的境界，无论外在的环境如何纷繁缠绕，总是可以气定神闲地应对自如，所谓"左右逢源"、"愈震荡愈凝寂"，始终可以保持明道所谓"定性"的状态。当然，龙溪这里

---

❶ 相同而较为简略的表达见《全集》卷十六《留别霓川漫语》，所谓"师门常有入悟三种教法。从知解而得者，谓之解悟，未离言诠；从静坐而得者，谓之证悟，犹有待于境；从人事炼习者，忘言忘境，触处逢源，愈摇荡愈凝寂，始为彻悟，此正法眼藏也。"而在龙溪最早的文集《龙溪会语》卷四《自讼问答》中，第二悟作"心悟"，参见本书附录二："明刊《龙溪会语》及王龙溪文集佚文——王龙溪文集明刊本略考"。

明显有高下的评判，并且自觉认同"彻悟"的工夫与境界。不过，暂且不论龙溪的评判，龙溪所谓"证悟"与"彻悟"的工夫入路，倒的确透露了中晚明阳明学在工夫问题上追求一致趋向下两种不同的取径。

一元论与二元论这两种不同的体用思维方式，不仅制约着阳明学者对良知本体的理解，也同样制约着他们的致良知工夫论。由于龙溪、邹东廓、欧阳南野、陈明水、钱绪山等人均持守阳明那种"体用一源，显微无间"的一元论体用观，他们在工夫论上的一个共同之处就是不主张与日常经验相脱离，而是要在"事上磨炼"，这也正是龙溪所谓的"从人情事变炼习而入"。表面上看，这种工夫取径与"从静坐而入"相对，似乎应当是主于"动"。但是，正如我们前面已经指出的，从阳明那种"体用一源，显微无间"的思维方式出发，动与静、寂与感、未发与已发、理与事之间本来并不存在区隔。由于体在用中、寂在感中、未发寓于已发，静寓于动、理寓于事，从"人情事变"入手，便并不是将工夫落在与体相对的用、与寂相对的感、与未发相对的已发、与静相对的动以及与理相对的事上，而其实是超越了体用、寂感、未发已发、动静、理事的二元对立并同时贯穿了双方。正如龙溪在强调"心体立根"工夫时所说的那样，"若见得致知工夫下落，各各随分做去。在静处体玩也好，在事上磨察也好。譬诸草木之生，但得根株着土，遇着和风暖日，固是长养他的，遇着严霜烈日，亦是坚凝他的。盖良知本体，原是无动无静，原是变动周流。此便是学问头脑，便是孔门教法"（《全集》卷四《东游会语》）。在这一点上，龙溪、东廓、南野以及明水诸人并无二致。至于在不同境遇下表述的差异，不但这几位学者会因人而异，对同一位而言，在不同的情况下也会有不同的相机表达。但是其中一贯而共同的原则，则是我们应当把握到的。

同样，由于聂双江、罗念庵等人采取的是二元论的体用思维方式，在他们看来，"感"、"已发"、"动"以及"事"都属于"用"的范畴，因此，在追求究竟工夫的情况下，他们无疑会要求将工夫的着力点放在属于"体"范畴的"寂"、"未发"、"静"以及"理"之上，而认为只要能默识本体，便自然会贯动静、摄内外。如双江所谓："思虑营欲，心之变化。然无物以主之，皆能累心。惟主静则气定，气定则澄然无事，此便是未发本体。然非一蹴可至，须存养优柔，不管纷扰与否，常觉此中定静，积久当有效。若不知紧切下功，只要驱除思虑，真成弊屋御寇矣"（《双江聂先生文集》卷十《答戴伯常》）。念庵也说："吾心之知无时或息，即所谓事状之萌应，亦无时不有。若诸念皆泯，炯然中存，亦即吾之一事，此处不令他意搀和，即是必有事焉，又何茫荡之足虑哉？此等辨别，言不能悉，要在默坐澄心，耳目之杂不入，自寻自索，自悟自解，始见觌面相见。"（《罗念庵先生文集》卷三《答刘月川》）与此相应，他们在现实的工夫实践中，也就往往表现出重视静坐、要求摆脱日常经验干扰的内收静敛的倾向。双江体认未发之"寂体"的经验以及念庵闭关石莲洞三年的经历，都是这种内收静敛工夫的体现。❶龙溪所论"从静坐而入"，其实指的就是双江与念庵。显然，这与宋儒道南一脉从杨时（字中立，称龟山先生，1053—1135）到罗从彦（字

---

❶　念庵晚年彻悟仁体后，开始反思双江寂感、动静、内外两分的二元论思路。如他曾对龙溪说："当时之为收摄保聚偏矣。盖识吾心之本然者犹未尽也，以为寂在感先，感由寂发。夫谓感由寂发可也，然不免于执寂有处；谓寂在感先可也，然不免于执感有时。彼此既分，动静为二，此乃二氏之所深非以为边见者。我坚信而固执之，其流之弊，必至重于为我，疏于应物，盖久而后疑之。"（《石莲洞罗先生文集》卷十二《甲寅夏游记》）其收摄保聚的工夫也开始追求超越动静、内外的分别，在思维方式上开始向阳明的"体用一源"靠近。有关念庵晚年工夫的变化与特征，可参见林月惠："良知学的转折——聂双江与罗念庵思想研究"，页231—246。

仲素，称豫章先生，1072—1135）再到李侗（字愿中，称延平先生，1093—1163）"体认大本以前未发气象"的工夫路数是一致的。❶双江曾谓："龟山为程门高弟，而其所传，不过令人于静中以体夫喜怒哀乐未发之中。此是顶门上针，往圣之绝学也。"（《双江聂先生文集》卷八《答唐荆川》）也正印证了这一点。

从理论上说，尽管龙溪、东廓、南野、明水、绪山等人一元论的体用思维方式与双江、念庵等人二元论的体用思维方式不同，但既然前者的工夫谋求的是超越体用、寂感、未发已发、动静、理事的二元对立并同时贯穿双方，就不应当构成后者立足于体、寂、未发、静与理这种内收静敛工夫的对立面。不过，由于双方的立场不同，在实际的论辩中，前者由于要纠正后者的一偏，不免于用、感、已发、动与事方面提揭过重，就很容易被理解为后者的对立面而似乎成为立足于用、感、已发、动与事的工夫论。但这实际上并不符合前者工夫论的内涵与自我要求。这是我们应当注意的。

龙溪所谓的"从静坐而入"，虽然反映了双江、念庵等人二元论思维方式下追求究竟工夫的路数与实践，但二元论思维方式下对于究竟工夫的追求，却还有另外一种形态，那就是从刘狮泉到王塘南、李见罗的路数与实践。与双江、念庵用力于未发心体的内收静敛工夫不同，这一工夫形态是在分体用为二的前提下在体与用两方面同时作工夫。刘狮泉曾说：

> 夫人之生有性有命。性妙于无为，命杂于有质，故必兼修而后可以为学。盖吾心主宰谓之性，性无为者也，故须首出庶

---

❶ 有关道南一脉体验未发的工夫路数，参见陈来：《朱子哲学研究》第二章第二节"体验未发"（上海：华东师范大学出版社，2000），页 48—52。

物以立其体。吾心流行谓之命，命有质者也，故须随时运化以致其用。常知不落念，是吾立体之功。常运不成念，是吾致用之功。(《明儒学案》卷十九《江右王门学案四》)

依狮泉之见，性命之分的内容就是心之主宰与流行之分，前者是体，后者为用，前者是"妙于无为"，后者是"杂于有质"，因此，工夫必须从性命两个方面同时入手，既要"首出庶物以立其体"，又要"随时运化以致其用"。这种二元论的思维方式和双江、念庵相同，但既要"立体"又要"致用"的"兼修"之法，则不同于双江、念庵专求"立体"的工夫。而由上一节所引王塘南《答萧勿庵》书可见，虽然塘南对良知的理解较为独特，但其"悟性修命"的工夫路数，则显然与狮泉的性命、体用兼修之法如出一辙。

我们在上一节曾经指出，李见罗和聂双江的思路其实是相当一致的。只不过双江被阳明学的话语所笼罩，仍然以良知作为本体或终极实在，而见罗则自觉地脱离良知教的典范，不再以良知为首出与核心的观念，所谓"故《大学》未尝废知也，只不以知为体，盖知本非体也。《大学》未尝不致知，只不揭知为宗，盖知本用，不可为宗也"。(《见罗先生书》卷十二《答董蓉山》)在工夫实践上，见罗不以致良知为究竟，要求"摄知归止"、"摄情归性"，止于作为终极实在的至善的性体，所谓"四端之发，固自有性根在也。吾养吾性，随在皆至善之流行矣"。(《明儒学案》卷三十一《止修学案》)显然，这与双江以立足于未发寂体为究竟工夫的思路同样十分接近。但是，和双江不同的是，见罗在强调立足于性体的同时，又提出"修"的工夫作为补充。与立足于性体的"止"的工夫相较，"修"的工夫则侧重于日常经验中的道德实践（"用"）。对于"止修"的宗旨，见罗是这样描述的：

止修者，谓性自人生而静以上，此至善也。发之而为恻隐四端，有善便有不善。知便是流动之物，都向已发边去，以此为致，则日远于人生而静以上之体。摄知归止，止于人生而静以上之体也。然天命之真，即在人视听言动之间，即所谓身也。若刻刻能止，则视听言动各当其则，不言修而修在其中矣。使稍有出入，不过一点提撕修之工夫，使之常归止而已。故谓格致诚正，四者平铺。四者何病？苟病其一，随病随修。（《明儒学案》卷十九《江右王门学案四》）

虽然就"止"与"修"而言，见罗最终的重点仍在"止"，且见罗反对将"止"与"修"分别开来，所谓"人皆知止善与修身为两语，然不知两者原是一条脉络也"。（《正学堂稿》卷五《答黄光普书》）但是，就见罗二元论的思维方式来说，"止善"与"修身"毕竟前者的着力点在未发之"体"而后者的着力点在已发之"用"。而见罗之所以要在"止"之外又以"修"为补充，很可能是要避免双江、念庵等人所曾受到的非议，因为双江单纯着力于"体"的归寂工夫曾经面临"沉空守寂"的批评。对此，黄宗羲也说："若单以知止为宗，则摄知归止，与双江之归寂一也。先生（见罗）恐其邻于禅寂，故实之以修身。"（《明儒学案》卷三十一《止修学案》）如此看来，见罗的工夫实践也可以和刘狮泉、王塘南归为一类，都是在体用二元的基础上同时在体与用两方面作工夫。

总之，由以上讨论可见，阳明身后，中晚明的阳明学在追求究竟工夫这一一致的趋向下，又表现为三种不同的形态。在内外、寂感、动静、理事、未发已发一源无间的基础上，龙溪、邹东廓、欧阳南野、陈明水、钱绪山等第一代阳明及门弟子主张着力于良知心体。而在内外、寂感、动静、理事、未发已发二元两分的前提下，双江、念庵等人不满于将工夫的着力点用于他们理解为属于已发的"现成良知",而要求再向后、向内推求,将着力点用于他们理解为未发之体的良知本体上去。作为第三种形态,从刘狮泉到王塘南、李见罗,则在内外、寂感、动静、理事、未发已发二元两分的前提下,要求在"体"与"用"两方面同时作工夫。从时间的发展上来看,双江、念庵虽然服膺阳明的良知教,并完全使用阳明学的话语,但对良知的理解其实已经开始有别于阳明本人以及龙溪、东廓、南野、明水、绪山等人。狮泉虽然也和以上诸人同属阳明的第一代传人,但狮泉不但也和双江、念庵那样对良知有了不同的理解,更在话语的使用上显示了偏离阳明学的征兆。作为阳明学的第二代传人,王塘南进一步继承了狮泉的发展方向。不过,塘南虽实际上已经开始逸出阳明学的典范,但尚未公开反对阳明学的良知教。而与塘南属于一代的李见罗,便公开与阳明学决裂,打出了回归于性体的旗帜。事实上,从双江、念庵、狮泉到塘南、见罗,是一个逐渐脱离阳明学的发展线索。这一线索的最终指向,其实是对作为良知观念之核心内涵的"心即理"这一阳明学的根本命题产生了怀疑。从双江、念庵质疑"现成良知",到见罗根本视良知为不足为最终凭藉的已发之用而回归性体,正是"心即理"说受到动摇这一发展线索由隐而显的表现。❶ 阳明学一元论的思维方式无论在本体还是工夫上都使超越与内在、主体性与客体性之间的距离与张力趋于消解,这在流传影响的过程中就有可能导致以感性知觉为良知本体、以自然主义的脱略工夫为"率性之谓道"。如此看来,明末刘蕺山标举性天之学,顾宪成、高攀龙等东林学人对阳明学

---

❶ 王汎森先生较早注意到了"心即理"说在明清之际所受到的挑战,参见氏著:"'心即理'说的动摇与明末清初学风之转变",《"中研院"历史语言研究所集刊》第六十五本第二分,1994 年 6 月,页 333—373。惟王先生对该现象的解释是从德性与知性的关系尤其后者对前者必要性的角度来加以说明。

的批判，以及明末清初以阳明学全面式微为主要内容的学风转变，便显然是理有固然、势所必至了。不过，阳明学这种逐渐式微的发展趋向，并不能简单地视为向朱子学的回归。因为无论是刘蕺山之学还是戴震、颜元所代表的清代儒学，尽管一致反对"心即理"的命题，但他们在思维方式上却偏偏又采取了阳明学一元论而非朱子学二元论的思维方式，这在人性论的问题上有集中的反映。因此，中晚明阳明学的逐渐式微，并不简单地意味着朱子学的再兴。其间变化过程的丰富性，绝非那种心学、理学彼此兴替或"朱陆异同"的简单理解模式所可以范围。这一点，是我们必须指出的。

最后需要说明的是，不论是双江、念庵，还是狮泉、塘南、见罗，就他们自己的主观用意来说，之所以提出有别于龙溪等人的工夫论，当然更多的恐怕是要针对中晚明阳明学所产生的流弊，还不是出于思维方式的考虑，更不是自觉地要在一元论的体用思维方式之外另起炉灶。但是，就客观的义理结构而言，阳明学在中晚明的发展，除了有关良知本体的各种异见之外，的确产生了上述三种不同的工夫形态。并且，这三种不同的工夫形态也确实基于一元论与二元论两种体用思维方式的差异。我们这里对工夫形态差别的分析，其角度在于思想结构上的客观原因，而不在于不同工夫实践者的主观用意。

三　知识之辨

我们在第 2 章曾经考察了龙溪对良知与知识的看法，事实上，知识之辨是中晚明思想界的一个普遍论题，它构成了中晚明阳明学有关本体之辨的一项具体内容。在中晚明阳明学的发展过程中，阳明学与朱子学的互动在知识之辨的问题上尤其得到了鲜明的体现。

如果说朱子学元代以降由于成为意识形态而出现了异化的话，那么，知识化则是这种异化在明代的一个重要方面。作为对知识化了的朱子学的回应，中晚明阳明学知识之辨的发展方向，便是在区分良知与知识的前提下强调前者的优先性。尽管阳明学的主流在一元论的体用思维方式下仍然试图将良知与知识统一起来，承认知识对于成就德性的必要性。但是，在严格分辨良知与知识异质性的前提下坚持良知第一性的原则，不仅难以使良知与知识真正构成一元论的体用关系，而且不可避免地产生了轻视甚至反对知识的倾向。这一点，不但使中晚明的阳明学体现出独尊德性、刊落知性的特征，从而为儒学的社会化提供了思想基础，也使得对儒家圣人甚至儒学基本性格的理解发生了深刻的转变。

由我们第 2 章对龙溪在良知与知识问题上的检讨可见，无论阳明还是龙溪，都是在坚持德性之知与闻见之知区别的前提下试图将良知与知识圆融无间地统合起来，这可以说是从阳明以降中晚明阳明学在这一问题上的主流看法。在此，我们不妨再以阳明学第一代传人欧阳南野、第二代传人查铎以及第三代传人杨起元的相关论述为例来加以说明。

相对于阳明学，朱子学比较强调成就圣贤人格过程中的知识要素。由于朱子学在意识形态上的正统地位，从阳明学兴起以来，阳明学者便经常会遇到良知与知识究竟是何关系这样的质疑。曾经有人因王艮轻视知识，所谓"专以天德为知而恶见闻"，而与欧阳南野讨论有关"天德之知"与"闻见之知"的关系问题。显然，天德之知与闻见之知也就是良知与知识。对此，南野提出过如下的解释：

> 良知不由见闻而有，而见闻莫非良知之用。犹聪明不由视听而有，而视听莫非良知之用。心斋传习师训，必不致专以

天德为知而恶闻见。专以天德为知而恶闻见，是以聪明为聪明而恶视听矣。吾契又谓天资高者可无闻见，而其次则不可无闻见，是耳聪目明者可无视听，而其次则不可无视听矣。夫良知者，见闻之良知；见闻者，良知之见闻。致其良知之见闻，故非良知勿视，非良知勿听，而一毫不以自蔽。致其见闻之良知，故见善则迁，闻过则改，而一毫不以自欺。是致知不能离却闻见，以良知闻见本不可得而二也。然多闻择善而从之，多见而识，则以闻见为主而意在多识，是二之矣。二之则非良知第一义，盖已著在闻见，落在第二义而为知之次矣。今谓天德之知与闻见之知初无二理，谓闻见之知即所以致天德之知，是知其本无二。然于所谓第二义者，或未深究，而语意之间犹有彼此，则于所谓本无二者，亦未免察焉不精，至谓天资高者顿悟，不由闻见，其次必由闻见，则已居然二之。而究其实，则有大不然者。夫孩提知爱敬，乞人知耻嘑蹴，皆不由学虑而自知，岂皆天资高者耶？伏羲至圣，然仰观俯察，远求近取，岂无闻见而能类万物之情耶？（《欧阳南野先生文集》卷四《答冯州守》）

由于南野的这段话起于问者对王艮"专以天德为知而恶闻见"的质疑，我们不妨先对心斋对良知与知识的看法略作说明。《重刻心斋王先生语录卷上》中有这样一段记载：

> 先生（心斋）问在座曰："天下之学无穷，惟何学可以时习之？"江西涂从国对曰："惟天命之性可以时习也。"童子周泩对曰："天下之学虽无穷，皆可以时习也。"先生曰："如以读书为学，有时作文，有时学武。如以事亲为孝，有时又事君；如以有事为学，有时又无事；乌在可以时习乎？"童子

曰："天命之性，即天德良知也。如读书时也依此良知，学作文时也依此良知，学事亲、事君、有事、无事无不依此良知，学乃所谓皆可时习也。"先生喟然叹曰："信予者从国也，始可与言专一矣。启予者童子也，始可与言一贯矣。"

涂从国所谓"惟天命之性可以时习也"的观点，无疑有将读书、作文等知性活动排除于"学"之外的倾向。"学而时习之"对涂从国来说，恐怕更多地意味着单纯的道德修养。而从心斋所谓"信予者从国也"的话来看，涂从国的这种看法大概更能代表心斋本人平时的主张。因此，心斋被质疑"专以天德为知而恶闻见"，恐怕也并非全属子虚乌有。但是，我们也不能够认为心斋完全排斥知识。相对于涂从国的看法，童子周滗对"学"的理解则显然将读书、作文等知识活动明确地容纳在内，而将良知作为整个"学"中的主宰与头脑，所谓"读书时也依此良知，学作文时也依此良知，学事亲、事君、有事、无事无不依此良知"。心斋既然肯定童子为"启予者"，便说明他并不反对童子的主张。事实上，童子此处的说法恰恰反映了阳明、龙溪等人在良知与知识问题上的基本态度。南野首先为心斋辩解，所谓"心斋传习师训，必不致专以天德为知而恶闻见"，也正是在这个意义上而言。南野的意思很清楚，阳明所传的"师训"并不是"专以天德为知而恶闻见"，心斋既传师训，则不至于此；若竟至于此，则心斋所传便非阳明之教。

南野在为心斋辩解的同时，无疑也表明了自己的立场。很明显，前引南野这段话的重点，在于围绕阳明"良知不由见闻而有，而见闻莫非良知之用"的话，强调良知与知识的不可相离，所谓"良知者，见闻之良知；见闻者，良知之见闻"，"良知闻见本不可得而二也"。而聪明与视听之关系的比喻，也正是要说明这一点。

在南野看来，良知决非天资高者所独有，所谓"孩提知爱敬，乞人知耻嘑蹴，皆不由学虑而自知，岂皆天资高者耶？"另一方面，良知本体得到充分展现的圣贤人物，在实际的道德实践过程中，也需要具体知识的帮助，才能"范围天下，曲成万物"，所谓"伏羲至圣，然仰观俯察，远求近取，岂无闻见而能类万物之情耶？"

阳明、龙溪、南野等人均在作为良知之"用"的意义上肯定知识，这在阳明学的第二代传人那里也有明确的表现。查铎是安徽宁国府泾县人，曾师事龙溪与钱绪山。嘉靖四十二年癸亥（1563）五十岁中进士之前，查铎曾长期开馆授学，门人达百人之多，泾县年轻一代的学者多出其门。任职京师期间，又与张元忭、邓以赞、赵志皋等当时著名的阳明学者结社讲学。晚年更是主讲水西书院，成为阳明学深入民间社会的有力推动者之一。❶在讲会的语录中，查铎曾说：

> 良知与知识不同。良知是天命之性，至善者也；知识是良知之用，有善有恶者也。认知识为良知，则善恶混矣。如石中有火，击石火出，神触神应，一毫人力不得与焉。此是用不离体，所谓体用一原也。禅家谓之石火之间，即乍见孺子入井，皆有怵惕恻隐之心是也。知识则火从石出后至于延烧燎原，此良知与知识之辨也。（《毅斋查先生阐道集》卷四《会语》）

显然，如果说欧阳南野的视听之喻已经蕴涵了以良知与知识为体用关系的话，那么，查铎这里的石火之喻，同样是将良知与知识理解

---

❶ 黄宗羲在《明儒学案》卷二十五《南中王门学案一》中对查铎其人仅有简略的介绍，当为文献不足征之故。因此，这里根据查铎之子查琪所撰《明故中宪广西按察司副使先考毅斋查公讳铎行实》（《毅斋查先生阐道集》卷末），对其生平略作交代。

为体用的关系。并且，查铎明确使用了"用不离体"、"体用一原"的用语来形容这种关系。在这种思考方式下，知识是作为良知本体的发用而被肯定的，正所谓"知识是良知之用"。

在试图统一良知与知识的这一发展方向上，罗近溪首座弟子杨起元的一段问答之词也对此提供了进一步的说明。

> 明德之明，一明也；明明德之明，又一明也。明德之明，明之出乎天者也；明明德之明，明之系乎人者也。系乎人者，必由学问之力以求其明。学问一毫之未至，即其明亦未彻。若其出于天者，则虚灵之体，人人完具，圣非有余，凡非不足，岂容一毫人力哉？人之有是明德也，犹其有是面貌也。由学问以求明，犹欲自识其面貌者援镜以自照也。一照之后，不过自识其面貌而已，不能以分毫加之。然则未识之前，亦岂容以分毫损哉？识与不识，而面貌自如；明与不明，而明德自若。今人不达明字之义，遂疑明德之体有拘、有蔽、有昏，必待人之磨淬洗涤然后明也，如此则明德乃人造作而成，安得言天哉？是不求自识其面貌，而徒欲以粉泽膏脂装点。虽装点妍美，与自己面貌了不相干。要之，皆不达此一明字之误也。
>
> 问："明德既本明矣，又欲求明之，何也？"曰："此圣人修道立教之事也。太古之时，不识不知，顺帝之则，故其本明者足矣，无事于教也。天下之生久矣，习染渐深，知识渐起，求欲渐广，而民始苦也。圣人者，思有以救之。而救之之道，又非政刑之所能齐也。于是乎自明其明德，而鼓舞天下以共明之，然后天下知识渐忘，而安于作息耕凿之常，用其本明者以自乐，实圣人救之也。然本明之德，实不因明而有所增，如人之有面貌，何以照镜为哉？然出入关津，当之图形相，必

假镜自照，然后得其真。其实相貌不照，亦是如此。深山穷谷之中，人民无有镜者，亦是如此。所以云明德虽不同，亦未尝不明也。然苦乐关津，吾人何以度越，则明明德之镜，何可少哉？"（《太史杨复所先生证学编》卷一《笔记》）

杨起元这里区分的"明德之明"与"明明德之明"，即是指良知与知识、德性与知性。而杨起元这两段话的主要意思不外两点。首先，强调作为明德之明的良知是人人所固有的先验本体，其本体性的存在不依赖于后天的"学问之力"，否则即是"造作而成"，所谓"出于天者"、"人人完具，圣非有余，凡非不足"。就像人照镜子一样，照镜子固然可以认识自己的面貌，但照与不照，对于自己的本来面貌并无加损，所谓"由学问以求明，犹欲自识其面貌者援镜以自照也。一照之后，不过自识其面貌而已，不能以分毫加之。然则未识之前，亦岂容以分毫损哉？识与不识，而面貌自如；明与不明，而明德自若。""深山穷谷之中，人民无有镜者，亦是如此。"其次，面对"明德既本明矣，又欲求明之，何也？"杨起元又指出了知识之于良知、知性之于德性的必要性。虽然良知本体先天固有，所谓"明德本明"，但由于后天的习染，人们的良知本体已经受到蒙蔽，所谓"天下之生久矣，习染渐深，知识渐起，求欲渐广，而民始苦也"。在这种现实的情况下，人们要使其良知本体重新焕发光明，便需要借助于后天的学问知识，就像人们出入关津需要借镜以辨图形真假一样，所谓"必由学问之力以求其明"，"苦乐关津，吾人何以度越，则明明德之镜，何可少哉？"

　　从以上欧阳南野、查铎以及杨起元的相关论述来看，和阳明、龙溪相一致，阳明学主流在良知与知识问题上的基本立场是试图仍然以一元论的体用思维方式将二者统一起来。然而，无论是龙溪有关良知与知识的看法，还是以上南野、查铎、杨起元的论述，我们从中都可以看到，统一良知与知识的前提是明确二者在性质上的根本差别。南野在强调良知与知识不可"二之"的同时，毕竟认为良知是"第一义"，知识是"第二义"。虽然"致知不能离却闻见"，但若"以闻见为主而意在多识"，便会失去良知的主宰与头脑作用，所谓"着在闻见，落在第二义而为知之次矣"。查铎以体用来统合良知与知识的出发点更是首先指出"良知与知识不同。良知是天命之性，至善者也；知识是良知之用，有善有恶者也。认知识为良知，则善恶混矣"。至于杨起元，尽管指出了知识对于良知的必要性，但仍然是要首先明辨良知与知识，反复强调良知作为本体性的存在是独立于知识之外而为人所先天固有的。并且，在回答为什么"明德本明"还需要知识以"求明之"的第二段文字中，杨起元的解释还有两点需要注意：第一，圣人是"自明其明德"的，不需要借助后天知识；第二，天下众人在圣人鼓舞之下"假镜自照"，通过学问之力以明其本明，而达到共明其明德之后，作为假借之物的知识便不再具有存在的必要，所谓"然后天下知识渐忘，而安于作息耕凿，用其本明者以自乐"。如此看来，知识在终极的意义上并不具有独立的价值。用龙溪的话来说，知识属于"不必尽知"的领域，而良知则是"不可不知"的。显然，作为德性之知的良知具有绝对的优先性，知识只有在成就德性的意义上才有价值。传统德性之知与闻见之知在异质性区分的基础上又以"第一义"与"第二义"的关系被赋予了价值论的排序。这可以说是整个中晚明的阳明学者在良知与知识问题上普遍接受的基本原则。如不太为人所知的耿定向弟子祝世禄（字延之，号无功，1540—1611）曾说：

　　　　学莫病于认识作知，知与识疑而致甚远。知从性生，识从习起，知混识别，知化识留。婴儿视色而不辨为何色，闻声不辨为何声。夫知视知听，知也；辨色辨听，识也，非知也。真知之体，即能辨不加，不能辨不损也。(《明儒学案》卷三十五《泰州学案四》)

王塘南虽然未必以良知为最终的本体而有回归性体的倾向，但他"意与形之灵"与"性灵之真知"的区分，同样显示了明辨德性之知与闻见之知并以前者为优先的特征。所谓：

识察照了分别者，意与形之灵也，亦性之末流也。性灵之真知，非动作计虑以知，故无生灭。意与形之灵，必动作计虑以缘外境，则有生灭。性灵之真知无欲，意与形之灵则有欲矣。今人以识察照了分别为性灵之真知，是以奴为主也。(《塘南王先生友庆堂合稿》卷四《语录·三益轩会语》)

也正是在这个意义上，刘蕺山认为德性之知与闻见之知只有到阳明处才被真正对立起来而成为理学话语中的一个中心问题，所谓"闻见、德性分言，自阳明子始"。❶

事实上，中晚明朱子学者批判阳明学的焦点之一，正是阳明学严格区分德性之知（良知）与闻见之知（知识）的这一基本立场。与阳明同时的王廷相（字子衡，号浚川，1474—1544）曾经指出：

心者，栖神之舍；神者，知识之本；思者，神识之妙用也。自圣人以下，必待此而后知。故神者在内之灵，见闻者在

---

❶ 《刘宗周年谱》"六十二岁十二月，书《存疑杂著》"条下，《刘宗周全集》（第五册）《附录》，页 481。

外之资。物理不见不闻，虽圣哲亦不能索而知之。使婴儿孩提之时，即闭之幽室，不接物焉。长而出之，则日用之物不能辨矣。而说天地之高远，鬼神之幽冥，天下古今事变，杳无端倪，可得而知之乎？夫神性虽灵，必藉见闻思虑而知；积知既久，以类贯通，而上天下地，入于至细至精，而无不达矣。虽至圣莫不由此。……夫圣贤之所以为知者，不过思与见闻之会而已。世之儒者乃曰思虑见闻为有知，不足为知之至，别出德性之知为无知，以为大知。嗟乎！其禅乎？不思甚矣。殊不知思与见闻必由吾心之神，此内外相须之自然也。德性之知，其不为幽闭之孩提者几希矣。（《雅述》"上篇"）

王廷相这里所谓"别出德性之知为无知，以为大知"的"世之儒者"，显然是指阳明。与阳明"良知不由见闻而有"的立场正相对反，王廷相认为并不存在完全与见闻无关的"德性之知"，一切"知"都是"思"与"见闻"内外会合的结果，所谓"神性虽灵，必藉见闻思虑而知"，"圣贤之所以为知者，不过思与见闻之会而已"。罗钦顺（字允升，号整庵，1465—1547）在给欧阳南野的信中也指出：

然人之知识不容有二，孟子本意但以不虑而知者名之曰良，非谓别有一知也。今以知恻隐、知羞恶、知恭敬、知是非为良知，知视、知听、知言、知动为知觉，是果有二知乎？夫人之视、听、言、动，不待思虑而知者亦多矣。感通之妙捷于桴鼓，何以异于恻隐、羞恶、恭敬、是非之发乎？且四端之发，未有不关于视、听、言、动者。是非必自其口出，恭敬必形于容貌，恶恶臭臭辄掩其鼻，见孺子将入于井，辄匍匐而往救之，果何从而见其异乎？知唯一尔，而强生分别，吾圣贤之

书未尝有也。(《困知记》卷五附录《答欧阳少司成崇一》)

由此可见，罗钦顺无疑也是将分别良知与知识作为阳明学的基本观念来加以批判的。欧阳南野对罗钦顺的上述批评有所回应，所谓：

> 某之所闻，非谓知觉有二也。恻隐、羞恶、恭敬、是非之知，不离乎视、听、言、动，而视、听、言、动未必皆得其恻隐、羞恶之本然者。故就视、听、言、动而言，统谓之知觉，就其恻隐、羞恶而言，乃见其所谓良者。知觉未可谓之性，未可谓之理。知之良者，盖天性之真，明觉自然，随感而通，自有条理，乃所谓天之理也。犹之道心、人心非有二心，天命、气质非有二性，源头、支流非有二水。(《欧阳南野先生文集》卷一《答罗整庵先生困知记》)

南野与罗钦顺的这一论辩还涉及现成良知的问题，此处暂且不论。而由南野的回应可见，南野是希望继续以一元论的体用观来论证良知与知识的统一性。但是，由于将良知与知识视为在本质与属性上有别，南野的"非谓知觉有二"其实预设了良知与知识的二元关系。这时良知与知识的统一便只能成为一种现实状态中"不离不杂"的关系，所谓"恻隐、羞恶、恭敬、是非之知，不离乎视、听、言、动，而视、听、言、动未必皆得其恻隐、羞恶之本然者"。显然，根据我们前面对朱子与阳明体用观的分析，在良知与知识的关系问题上，南野的体用观实际上已由阳明学的一元论滑向朱子学的二元论。当然，这种无形的滑转是南野所未必自觉的。

因此，尽管阳明学一元论的体用思维方式仍然延伸到了良知与知识的问题上，但在严格区分良知与知识的情况下，这种一元论体用观的有效性在此不免发生问题。在以良知的本体存在不依赖于知识且具有绝对的第一性这一立场下，良知与知识实难构成真正的体用关系。并且，由于这种强势的德性优先立场，使得中晚明的阳明学在良知与知识的问题上产生了严重轻视甚至反对知识的倾向。

薛侃是亲炙阳明的第一代弟子，他就曾经明确流露出轻视并反对知识的态度，这由以下的两则问答可见：

> 客有问"知识不足，故其心未明者"。先生（薛侃）曰："去其知识则明矣。"
>
> 问"学须博求，乃能有见"。曰："见个什么？"曰："见道。"曰："见道如见天，或隔一纱，或隔一壁，或隔一垣，明暗不同，其蔽一也。欲见，须是辟开垣壁，撤了纱纸，便自见，何须博求？博求正未辟未撤耳。"（《研几录》）

显然，此处薛侃已经不仅仅是将知识视为"第二义"的东西，而是将知识视为道德实践的对立面。在这个意义上，从事道德实践以成就圣贤人格不但不需要知识以为必要的辅助，反而必须以去除知识为条件。这一点，在王栋那里也有更为鲜明的表现。王栋曾说：

> 不识不知，然后能顺帝之则。今人只要多增见闻，以广知识，搀杂虚灵真体，如何顺帝则乎？盖人有知识，则必添却安排摆布，用智自私，不能行其所无事矣。故曰："所恶于智者，为其凿也。"（《一庵王先生遗集》卷二）

这里，王栋同样将知识视为良知之障。知识已经完全成为消极性的东西，由于"人有知识，则必添却安排摆布，用智自私，不能行其

所无事"，因此，只有消除知识，才能"行其所无事"，真正实践
"顺帝之则"的道德修养，以成就道德的人格。

客观而论，虽然阳明、龙溪以及以上所举如欧阳南野、查铎、
杨起元等人在一元论的思维模式下力图以体用关系来统一良知与知
识的做法并不成功，他们毕竟并不反对知识，甚至肯定知识对于
道德实践的必要性。这与薛侃、王栋等人明确反对知识的取向显
然有别。就此而言，我们还不能将阳明学的主流视为反智论（anti-
intellectualism）。不过，由于强调良知与知识的异质性以及德性优先的
基本立场，我们仍然可以在阳明学的主流话语中发现若干轻视知识
或至少有轻视知识嫌疑的言论。如龙溪曾说："吾人学不足以入圣，
只是不能蒙。知识反为良知之害，才能反为良能之害，计算反为经
纶之害。若能去其所以害之者，复还本来清净之体，所谓溥博渊泉，
以时而出，圣功自成，大人之学在是矣。"（《全集》卷五《与阳和张
子问答》）因此，阳明学在中晚明的发展出现如上述薛侃、王栋等人
那样明显轻视并且反对知识的倾向，绝非偶然。较之朱子学，阳明
学也的确可以说在整体上显示出一种轻视客观知识的价值取向。

如果说理学话语展开所围绕的中心以及儒家道德实践的终极指
向是成就圣贤人格的话，中晚明阳明学的知识之辨，则无疑使传统
圣贤人格的内容规定发生了鲜明的变化。❶以下阳明晚年的这段话，
明确地道出了阳明学所理解的圣人形象。

　　　"吾有知乎哉？"人皆以圣人为多知，而不知圣人初不从
　　事于知识也。故曰："无知也。有鄙夫问于我，我只空空而

---

❶ 当然，陆象山所谓"若某则不识一个字，亦须还我堂堂地做个人"（《陆九渊集》卷
三十五《语录下》，页 447），可以说已经发了纯粹从德性角度理解圣人这种观念的先声。

已。"但于所问，只举是非之两端，如此而为是，如此而为非，一如吾心之天理以告之，斯已矣。盖圣功之本，惟在于此心纯乎天理，而不在于才能。从事于天理，有自然之才能。若但从事于才能，则非希圣之学矣。后人不知此意，专以圣人博学多知而奇之，如商羊萍实之类，以为圣人不可及者在此，尽力追之，而不知圣人初不贵也。故曰："君子多乎哉？不多也。"又曰："赐也，汝以予为多学而识者？非也。"❶

阳明的意思很清楚，圣人之所以为圣人，并不在于博学多知，而在于"此心纯乎天理"。圣人的本质规定性只有德性这一个向度，有无知识并不能决定圣人与否，所谓"圣人初不从事于知识也"。并且，在阳明看来，专注于内在的德性，便自然会产生相应的才能，反之便非圣学，所谓"从事于天理，有自然之才能。若但从事于才能，则非希圣之学矣"。万历元年癸酉（1573），龙溪在与李渐庵的一段问答中，也透露了他对圣人的理解。

> 李子（李渐庵）问颜子屡空之义。先生（龙溪）曰："古人之学，只求日减，不求日增。减得尽，便是圣人。一点虚明，空洞无物，故能备万物之用。圣人常空，颜子知得减担法，故庶乎屡空。子贡、子张诸人，便是增了。颜子在陋巷，终日如愚，说者谓与禹稷同道。吾人欲学颜子，须尽舍旧见，将从前种种闹嚷伎俩尽情抛舍，学他如愚，默默在心地上盘植，始有用力处。故曰'为道日损'。若只在知识闻见上拈弄，便非善学。"

---

❶ 《阳明先生遗言录》（上），第53条。《清华汉学研究》第一辑，页185；《中国文哲研究通讯》第八卷第三期，页28。

问曰："然则废学与闻见，方可以入圣乎？"

先生曰："何可废也。须有个主脑。古今事变无穷，得了主脑，随处是学，多识前言往行，所以蓄德。蓄德便是致良知。舜闻善言、见善行，沛然若决江河，是他心地光明，圆融洞彻，触处无碍，所以谓之大知，不是靠闻见帮补些子。此千圣学脉也。"（《全集》卷七《南游会纪》）

龙溪起先对颜子与子贡、子张的比较与评价以及"减"与"增"的对比，显然有将德性与知识对立起来的意思，因此李渐庵马上追问成为圣人是否必须否定知识。而龙溪尽管补充说知识不可废弃，但由龙溪的话中可见，知识对于圣人之为圣人，只有助缘的作用，并无决定的意义。圣人之所以为圣人，完全是由德性这一个因素来规定的。如此看来，如果说以往传统儒家的圣人观包含德性与知性这两个方面的话，❶在阳明学的视域中，圣人则成为摆脱了知性向度的纯粹德性人格。这种圣人观，甚至对中晚明的孔庙从祀制产生了影响。相对而言，如果说以往儒者从祀孔庙的资格大多有赖于其知性学术成就的话，明中叶以后，从祀孔庙的资格则明显逐渐向德性倾斜。❷

"人皆可以为尧舜"，是儒家传统的共识。就此而言，儒学的自觉指向不是专属于士人阶层、知识分子的精英文化。但是，当像尧

---

❶ 孟子曾说："仁且智，夫子既圣矣。"（《孟子·公孙丑上》）这句话中，孟子对圣人是从"仁"与"智"两方面来规定的。而如果说仁指内在的德性，智则更多地代表知识的向度。并且，朱子学也是从德性与知性两方面来理解圣人，并试图通过知性的探求来最终成就德性。对于朱子学通过知性探求来建立德性这一为学途径的讨论，参见（一）陈来：《朱子哲学研究》第十三章"格物与穷理"，页294—314；（二）刘述先：《朱子哲学思想的发展与完成》（台北：台湾学生书局，1982）。

❷ 参见黄进兴："'圣贤'与'圣徒'：儒教从祀制与基督教封圣制的比较"，《"中研院"历史语言所集刊》第七本第三分，2000年，页509—729。

舜那样的圣人除了崇高的道德品质之外又被视为具有无所不知的才能时，圣人的目标在现实中就无法是人人可以企及的了。阳明学的知识之辨将德性与知性分离，使圣人的目标单凭道德修养便可以达至，显然使"人皆可以为尧舜"这一命题在性善论的基础上获得了更为坚实的论证，并为中晚明儒学的民间化与宗教化奠定了基础。如果说圣人之学并不是指知识的获得与积累，而意味着人人所同具的本然善性的开发与充拓，那么，圣人便不再只是士人阶层、知识分子才可以追求的目标，而成为社会各个阶层、各行各业的所有人士都可以自我成就的榜样。王栋对此有着高度的自觉：

> 自古士农工商虽不同，然人人皆可学。孔门弟子三千，而身通六艺者才七十二，其余皆无知鄙夫耳。至秦灭学，汉兴，惟记诵古人遗经者，起为经师，更相授受，于是指此学独为经生文士之业，而千古圣人与人人共明共成之学，遂泯没而不传矣。天生我师（王艮），崛起海滨，慨然独悟，直超孔、孟，直指人心，然后愚夫俗子，不识一字之人，皆知自性自灵，自完自足，不暇闻见，不烦口耳，而二千年不传之消息，一朝复明。(《一庵王先生遗集》卷一）

诚然，由于基于知识之辨之上的圣人观使儒者的身份特征在人们的心目中发生了重大的变化，阳明学使得儒学在中晚明不再"独为经生文士之业"，而成为社会各界人士都可以奉行的"共明共成之学"。被王栋称为"崛起海滨，慨然独悟，直超孔、孟，直指人心"的王艮本人是一介布衣，这一点自不必论。黄宗羲在《明儒学案·泰州学案》中提到的樵夫朱恕、陶匠韩贞、田夫夏廷美，也不过是当时大量将儒学奉为人生准则的普通百姓中的几个例证而已。在这个意义上，儒学的实践既不需要寄寓于某种特定的职业，也不必一定依赖于某种特定的社会身份。诚如龙溪所谓："予惟古者四民异业而同道。士以诵书博习，农以力穑务本，工以利益器用，商以贸迁有无。人人各安其分，即业以成学，不迁业以废学，而道在其中。"（《全集》卷七《书太平九龙会语》）显然，摆脱了知性向度而单纯突显德性的儒学已经成为一种价值信仰。也正因为中晚明的阳明学极大强化了儒学的精神性与宗教性，儒学才可以在当时深入到民间社会，真正成为每一个人都可以体现的生存方式，而不再仅仅是知识阶层的专利。在这一点上，阳明学知识之辨的社会学意义的确像马丁·路德等人倡导的宗教改革那样，将圣人变成常人的同时，又把常人变成了圣人；将人们从圣人不可企及的神圣性下解放出来的同时，又在每一个人的心中建立起了完满自足的道德的神圣性。

就德性的培养与境界的提高而言，知识委实并非必要条件。知识的积累也并不意味着道德水准一定有相应的提升。就此而言，阳明学的知识之辨无疑有其意义。在以德性优先于知性这一点上，朱子学与阳明学其实并无不同。圣人如果只能具有一种单一性格的话，朱子学也一定会将德性而非知性作为那种性格的内容。但问题的关键是，理想的圣人究竟只能是单一德性的化身，还是可以同时兼具德性与知性这两方面。儒学究竟只是一种单纯的道德修养与价值信仰，还是可以同时表现为一种高度知性的学术传统。阳明学与朱子学之间，也确实深深蕴涵着对圣人甚至儒学内涵的不同理解。因此，阳明学的知识之辨固然使"人皆可以为尧舜"的可能性大大提高，也为儒学以宗教信仰的身份深入社会提供了思想基础。但是，根据孟子"仁且智，夫子既圣矣"（《孟子·公孙丑上》）的话来看，孟子认为像孔子那样的圣人是同时具备道德与知识这两方面高度成就的。就中国历史上的整个儒家传统而言，儒学既表现为一种价值信仰，又表现为一种学术传统，还表现为一种政治社会实践。在这一点上，阳明学知识之辨的后果，又不免化约了儒家思想的丰富内容。

作为一个具有普遍性的理论问题，道德与知识的关系问题，也可以说是贯穿儒学史的基本线索之一。宋儒德性之知与闻见之知观念的提出，使这一问题由隐而显。中晚明阳明学的知识之辨，则将其聚焦为儒学问题意识的中心之一。从一元论的思考方式出发，以体用关系来解释道德与知识，固然并不成功，也有悖于其本身严辨良知与知识这一二元论的前提。但撇开一元论的体用观不论，阳明学坚持良知与知识异质性的立场，却显然看到了道德与知识在各自属性以及认识方式上的差异。近代以降，许多学者多认为朱子学"格物穷理"的观念可以成为吸收西方科学思想的资源。其实，这只能就基本的态度来说。较之阳明学，朱子学自然具有注重知性的特征，但在道德与知识的关系问题上，朱子学却未能像阳明学那样自觉地意识到道德与知识的异质性，而明确道德与知识的异质性，才是正确理解二者关系并合理地将西方知识取向的科学思想吸收到中国思想传统之中的出发点。在这个意义上，撇开轻视知识的态度不论，阳明学的知识之辨反而更具有契接西方科学思想的学理基础。事实上，近代以降，在西方科学思想的强势刺激下，现代儒家学者进一步深入思考道德与知识这一儒家思想史内在问题的出发点，正是首先对道德与知识的不同性质加以区分。❶

---

❶ 唐君毅先生曾明确从纯理论的角度提出道德与知识的四种关系说，见氏著：《中国哲学原论——导论篇》(台北：台湾学生书局，1984)，页360—367。牟宗三先生的"良知坎陷说"，其实也是确定道德与知识关系的一种模式。而二人对道德与知识关系的论证，都以明确二者的异质性为前提。这一点，在唐、牟之后的新儒家学者那里也是共识。杜维明先生尽管反对道德与知识二分，但杜先生反对的是将道德与知识划为两个不相管属的范畴，而不是反对认为二者具有不同的性质、属于不同的层次。见杜维明：《一阳来复》(上海文艺出版社，1997)，页176—181。

四 现成良知之辨

在第 2 章中，我们曾经对龙溪"见在良知"的观念进行了分析。由于龙溪这一观念在当时就遭到聂双江、罗念庵、刘狮泉等人的非议，龙溪也与双江尤其念庵就此问题进行了长期的往复辩难。并且，晚明的许多学者也继续对"现成良知"说提出自己的看法。因此，有关"见在良知"或"现成良知"的讨论，便构成中晚明阳明学有关本体之辨的具体内容之一。

我们在第 2 章已经指出，"见在良知"作为一个明确的观念虽然始于龙溪，但其涵义实来自于阳明。事实上，甚至连龙溪常用的"昭昭之天与广大之天"的比喻，也于阳明处有本。《传习录下》载：

> 黄以方问："先生格致之说，随时格物以致其知，则知是一节之知，非全体之知也。何以到得溥博如天、渊泉如渊地位？"
>
> 先生（阳明）曰："人心是天渊。心之本体无所不该，原是一个天。只为私欲障碍，则天之本体失了。心之理无穷尽，原是一个渊。只为私欲窒塞，则渊之本体失了。如今念念致良知，将此障碍窒塞一齐去尽，则本体已复，便是天渊了。"乃指天以示之曰："比如面前见天，是昭昭之天；四外见天，也只是昭昭之天。只为许多房子墙壁遮蔽，便不见天之全体。若撤去房子墙壁，总是一个天矣。不可道眼前天是昭昭之天，外面又不是昭昭之天也。于此见一节之知，即全体之知；全体之

知，即一节之知。总是一个本体。"

"一节之知，即全体之知"，是说具体的感性经验中包含着先验而普遍的"良知"；"全体之知，即一节之知"，是说先验而普遍的良知必然要表现为具体的感性经验。显然，阳明这里"一节之知，即全体之知；全体之知，即一节之知"的说法，其实也正表达了"见在良知"的涵义。如此看来，龙溪"见在良知"的观念实在是发阳明所欲发。但是，双江、念庵等人虽自认为服膺阳明之学，却并不接受龙溪"见在良知"的观念。

双江在《答王龙溪》第一书中说：

> 尊兄高明过人，自来论学，只从混沌初生、无所污坏者而言，而以见在为具足，不犯做手为妙悟。以此自娱可也，恐非中人以下所能及也。……仁是生理，亦是气，理与气一也，但终当有别。告子曰："生之谓性。"亦是认气为性，而不知系于所养之善否。杞柳、湍水、食色之喻，亦以当下为具足。"勿求于心，勿求于气"之论，亦以不犯做手为妙悟。孟子曰："苟得其养，无物不长。苟失其养，无物不消。"是从学问上验消长，非以天地见成之息冒认为已有而息之也。(《双江聂先生文集》卷八)

在《答王龙溪》第二书中同样批评龙溪的"见在良知"说"以见在为具足，以知觉为良知，以不起意为工夫。乐超顿而鄙坚苦，崇虚见而略实功"。对此，龙溪的答复是：

> 公谓不肖"高明过人，自来论学只从混沌初生无所污坏者

而言，而以见在为具足，不犯做手为妙悟"，不肖何敢当？然窃窥立言之意，却实以为混沌无归着，且非污坏者所宜妄意而认也。观后条于告子身上发例可见矣。愚则谓良知在人，本无污坏。虽昏蔽之极，苟能一念自反，即得本心。譬之日月之明，偶为云雾之翳，谓之晦耳。云雾一开，明体即见，原未尝有所伤也。此是人人见在不犯做手本领工夫。人之可以为尧舜，小人之可使为君子，舍此更无从入之路、可变之几。故非以妙悟而妄意自信，亦未尝谓非中人以下所能及也。（《全集》卷六《致知议辨》）

念庵起初对龙溪极为信服，[1]但致良知工夫实践的切身经验，却使念庵对龙溪的"见在良知"发生了由信而疑再到辩难不已的转变。在念庵与龙溪长达三十年的交往过程中，与龙溪就"见在良知"的问题进行了多次的书信往复与当面切磋。嘉靖四十一年壬戌（1562）的松原之会，是念庵生前与龙溪的最后一次会面，二人最终在"见在良知"的问题上仍未能达成共识。念庵在其《松原志晤》中记载两人的对话如下：

（龙溪）问曰："君信得乍见孺子入井怵惕与尧舜无差别否？信毫厘金即万镒金否？"

（念庵）曰："乍见孺子，乃孟子指点真心示人，正以未有

---

[1] 念庵回忆初见龙溪时云："忆壬辰岁（嘉靖十一年，1532）与君处，君是时孳孳然，神不外驰，惟道之求。汎观海内，未见与君并者，遂托以身之不疑。"见罗洪先：《念庵文集》卷八《书王龙溪卷》。顾宪成也说："始先生（念庵）倾慕阳明，真如孔孟复出。见阳明之高足弟子王龙溪，如见阳明焉。以故一颦一笑，亦步亦趋，无不奉为著察。"见顾宪成：《顾端文公文集》附录《南岳商语》。

纳交、要誉、恶声之念。无三念处始是真心。其后扩充，正欲时时是此心，时时无杂念，方可与尧舜相对。"

次早，纵论二氏与《参同契》。

龙溪曰："世间那有现成先天一气，非下万死工夫，断不能生，不是现成可得。……"

余应声赞曰："兄此言极是。世间那有现成良知？良知非万死工夫，断不能生也，不是现成可得。今人误将良知作现成看，不知下致良知工夫，奔放驰逐，无有止息，茫荡一生，有何成就？谚云：'现钱易使'，此最善譬。……"（《念庵文集》卷八）

龙溪在《松原晤语》中也记载了此事并重申了自己"见在良知"的观点，所谓：

至谓"世间无有现成良知，非万死工夫，断不能生"，以此校勘世间虚见附和之辈，未必非对症之药。若必以现在良知与尧舜不同，必待工夫修整而后可得，则未免于矫枉之过。曾谓昭昭之天与广大之天有差别否？此区区每欲就正之苦心也。夫圣贤之学，致知虽一，而所入不同。从顿入者，即本体以为功夫，天机常运，终日兢夜保任，不离性体。虽有欲念，一觉便化，不致为累，所谓性之也。从渐入者，用功夫以复本体，终日扫荡欲根，袪除邪念，以顺其天机，不使为累，所谓反之也。若其必以去欲为主，求复其性，则顿与渐未尝异也。（《全集》卷二）

另外，刘狮泉也反对龙溪的"见在良知"说，念庵曾记载狮泉与龙溪二人的论辩以及自己的调停之词如下：

> 龙溪问："见在良知与圣人同异？"狮泉曰："不同。赤子
> 之心，孩提之知，愚夫妇之能知，如顽矿未经锻炼，不可名
> 金。其视无声无臭、自然之明觉，何啻千里！是何也？为其纯
> 阴无真阳也。复真阳者，便须开天辟地，鼎立乾坤，乃能得
> 之。以见在良知为主，决无入道之期矣。"龙溪曰："谓见在良
> 知便是圣人体段，诚不可。然指一隙之光，以为决非照临四表
> 之光，亦所不可。譬之今日之光，非本不光，却为云气掩蔽。
> 以愚夫愚妇为纯阴者，何以异此？"予（念庵）曰："圣贤只
> 是要从见在寻源头，不曾别将一心换却此心。狮泉欲创业，不
> 享见在，岂是悬空做得？只时时收摄保聚，使精神归一便是。
> 但不可直任见在以为止足耳。"（《石莲洞罗先生文集》卷十二
> 《甲寅夏游记》）

以上围绕龙溪"见在良知"的论辩，包括三方面的问题：一、
良知与知觉的关系问题；二、见在良知具足与否的问题；三、由见
在良知所引出的工夫论问题。龙溪对这三方面问题的看法，我们在
第 2 章已有较为详细的分析。在此，我们将着重指出双江、念庵和
狮泉有关"见在良知"的看法，进而对龙溪与双江、念庵和狮泉双
方立论的不同与意义加以诠释。

双江、念庵和狮泉都认为龙溪见在良知的观念不免将良知混同
于知觉，所谓"以知觉为良知"。而在他们看来，作为先天本体的
良知与后天的感性经验具有本质的区别，以良知为"见在"，即用
求体，于已发求未发，于感上求寂，难以把握到真正的良知本体。
念庵曾向龙溪坦言自己对良知与知觉的体认：

来教云:"良知非知觉之谓,然舍知觉无良知;良知即是主宰,而主宰渊寂,原无一物。"兄之精义,尽在于此。夫谓知觉即主宰,主宰即又渊寂,则是能渊寂亦即能主宰,能主宰亦即自能知觉矣,又何患于内外之二哉?今之不能主宰者,果知觉纷扰故耶?亦执著渊寂耶?其不渊寂者,非以知觉纷扰故耶?其果识渊寂者,可复容执著耶?自弟受病言之,全在知觉,则所以救其病者,舍渊寂无消除法矣。夫本体与工夫固当合一,源头与现在终难尽同。弟平日持源头本体之见解,遂一任知觉之流行,而于见在工夫之持行,不识渊寂之归宿。是以终身转换,卒无所成。(《明儒学案》卷十八《江右王门学案三》)

可见,念庵认为表现为知觉的"见在良知"毕竟不是作为本体的良知,所谓"源头与现在终难尽同"。而双江更是指出:"夫知觉乃良知之影响,良知自然知觉,而以知觉为良知,其与逐块之犬何异?"(《双江聂先生文集》卷九《答胡青崖》)"若乃今之以知觉为良知者,特缘情流注,逐物变迁。"(《双江聂先生文集》卷八《答唐荆川》第二书)由于二元论的体用思维方式,双江与念庵将良知与知觉分属于两个异质性的领域,很难认同龙溪"见在良知"的观念。另外,对知觉这一概念缺乏共同的明确界定,或许也是双方产生分歧的一个原因。对龙溪来说,就像四端之心、孩提之爱敬一样,作为见在良知表现与发用的知觉并非一般的感性经验,而更多的是一种道德理性与道德情感的合一体。但对双江、念庵来说,知觉一词在当时的通行涵义,却显然泛指一般日常的感性经验。良知与知觉究竟是何种关系,委实成为当时儒家学者普遍反省的一个问题。除了我们前面提到欧阳南野曾与罗钦顺辩良知与知觉之外,就连远在岭南,"以不得及阳明之门为憾"的卢宁忠(字献甫,号冠岩，生卒不详）也曾意识到："阳明先生之致良知，当先辨于知也。夫知有知觉之知，有意见之知，有本然之知，昧者均以为良知。夫知觉之知，人与物一也，有真率，无节制。意见之知，萌于念虑，善恶几焉。虽本然之知出于性天之灵觉，不待学虑，童而知爱亲，长而知敬兄，感触而应，孺子入井而怵惕，见嘑蹴之食，无礼仪之万钟而辞让，此谓本然之良知，所当致焉者也。"（《明儒学案》卷五十四《诸儒学案下二》）

在良知与知觉关系问题上的分歧，反映的其实是双方一个更为根本的差异。即见在良知是否具足的问题。龙溪见在良知的内容规定，便是强调作为先验本体的良知必然要表现于后天的感性经验。而表现为感性经验的见在良知又和作为先验本体的良知具有本质的同一性。所谓"昭昭之天即广大之天"以及"一隙之光即照临四表之光"的比喻，便是要说明这一点。但是，无论双江、念庵还是狮泉，却都认为不能将表现为感性经验的良知之用（见在良知）等同于先验的良知之体。二者之间的差别，念庵在解释双江反对"以知觉为良知"的用意时曾有一喻：

> 譬之于水，良知源泉也，知觉其流也；流不能不杂于物，故须静以澄汰之，与出于源泉者，其旨不能以不殊，此双公（双江）所为辨也。（《念庵罗先生文集》卷四《读双江先生困辨录抄序》）

而狮泉所谓"赤子之心，孩提之知，愚夫妇之能知，如顽矿未经锻炼，不可名金"，以及念庵所谓"源头与现在终难尽同"，表达的都是同样的意思。也正是由于在双江、念庵和狮泉等人看来，龙溪的"见在良知"将表现为知觉的良知之用视为完满无缺的良知本体或良知本体的完成与现实状态，他们便更多地将龙溪的"见在良知"表述为"现成良知"。龙溪本人其实并未明确使用过"现成良知"这一表达方式，后来对龙溪"见在良知"的了解多透过双江、念庵等人，于是在晚明思想界流行更广的便是"现成良知"而非"见在良知"。当然，从龙溪并不否认"现成良知"的用法来看，"见在良知"与"现成良知"在内涵上无疑具有相当的重叠性，但"现成"一词更具有"已完成"的意思，这是"见在"一词所欠缺的。因此，如果说龙溪"见在良知"强调的是良知在存有论或本体意义上的先验完满性的话，"现成良知"的用语却更容易使人联想到良知本体在现实经验意识中的完成与完满状态。就此而言，中晚明对现成良知说的批评都着眼于认为是说有混知觉为良知以及脱略工夫的问题，便非偶然。这是我们必须注意的。当然，对现成良知说的批评并非完全出于这种用语差别情况下焦点意识的分化，随着流弊的愈演愈烈，对现成良知的批评在中晚明阳明学的发展中越来越具有了现实的针对性。

既然认为龙溪以"见在良知"为良知本体的具足与完满状态，批评龙溪现成良知说导致忽略致良知工夫的实践，便是自然的逻辑结果。双江所谓"以见在为具足，不犯做手为妙悟"，"乐超顿而鄙坚苦，崇虚见而略实功"，以及念庵所谓"世间那有现成良知？良知非万死工夫，断不能生也，不是现成可得。今人误将良知作现成看，不知下致良知工夫，奔放驰逐，无有止息，茫荡一生，有何成就？"显然都是从工夫论的角度对龙溪"见在良知"说的批评。在双江、念庵看来，现成良知不过是良知本体的发用状态，这种发用状态就像远离了源泉的水流一样，需要"澄汰"才能不杂于物。同样，只有充分意识到作为良知之用的现成良知与良知本体之间的差异性，通过致良知工夫的不断实践，才能最终获得良知本体的完满实现。

双江、念庵与龙溪在"现成良知"问题上的辩难，在一定意义上表现为某种存在主义（existentialism）与本质主义（essentialism）的差异。双江、念庵具有某种存在主义的立场，龙溪则具有某种本质主义的特征。不过，双江、念庵不许"现成良知"，并不同于萨特式的掏空本质，以为道德、伦理的行为毫无内在的先验根据，否则势必消解良知本体存有论意义上的实在性，如前引念庵在调停龙溪与狮泉争辩时所谓"圣贤只是要从见在寻源头，不曾别将一心换却此心"。而龙溪肯定现成良知，强调表现为感性知觉的见在良知与作为先天本体的良知具有本质的同一性，不以"昭昭之天"与"广大之天"为异，也并非纯粹西方哲学意义上的本质主义，认为良知是既得性（given）而非构成性（making）的。龙溪并不认为良知在日常经验中的表现与发用便已完满无缺，不再需要艰苦不懈的致良知工夫，所谓"谓见在良知便是圣人体段，诚不可"。因为龙溪对世间假托现成良知之说所产生的流弊亦深有所见，所谓"世间熏天塞地，无非欲海；学者举心动念，无非欲根，而往往假托现成良知，腾播无动无静之说，以成其放逸无忌惮之私。所谓行尽如驰，莫之能止"。（《全集》卷二《松原晤语》）事实上，双江、念庵与龙溪的差异并不导出前者要求工夫而后者可以无须工夫的结论。双方对良知的不同理解均直接以强调工夫为逻辑结果。只是前者对现成良知的批评更多地与工夫的必要性相关，后者对现成良知的肯定则更多地与工夫之可能性相连。对于龙溪是否因主张现成良知而忽略致良知的工夫论，以及龙溪本人是否有脱略工夫的问题，我们在第 3 章也已经进行了颇为详细的检讨与论证，此处不赘。

在前引龙溪的《松原晤语》中，由于对现成良知的不同看法，龙溪将自己与念庵在工夫论上致思路向的差别概括为"即本体便是工夫"与"用工夫以复本体"。尽管这两种不同的工夫取向仍然分别具有某种本质主义与存在主义的特征，但严格而论，"即本体便是工夫"既不等于先验的本质结构决定经验的存在过程那种本质主义，"用工夫以复本体"也不等于萨特意义上完全取消任何先验本质的"存在先于本质"。"即本体便是工夫"并不意味着先验的良知本体已经完成，无须在经验的层面通过历史性的过程而获得其充分的现实性；"用工夫以复本体"也并非放弃对先验的良知本体的终极承诺，从而主张良知本体本来无有，完全是通过经验层面意义活动（工夫）的历史性而后天建构的。可以肯定的是，双方都承认良知心体作为成就圣贤人格的先天根据，也承认这一先天根据需要在经验层面意义活动的历史性中才能获得完满的现实性，成为具体而非抽象的普遍性。在这一前提下，"即本体便是工夫"重在强调，在成圣这一使良知本体获得自身完满的现实性以成就具体普遍性的历史性过程中，先验的良知本体始终是这一过程得以展开的根据与动力；而"用工夫以复本体"则更多的是要指出，良知心体尽管已经是先验的存在，但这一存在结构充分发育成为具体的普遍，一定要在经验的层面上，通过意义活动的历史性过程方可达成。因此，龙溪与念庵、双江的两种思路只是各有侧重，并非互相对立。

事实上，当龙溪反复强调现成良知与良知本体的同一性时，龙溪的着眼点在于人们应然的本质结构。当双江、念庵等人不断要求意识到现成良知与良知本体的差异性时，他们其实是在谈论人们实然的存在过程。❶对于人的生存来说，本质结构与存在过程

---

❶ "本质结构"与"存在过程"的说法借自杜维明先生。在关联于成圣之学的论述中，杜先生对二者关系的阐释极富启发性。见"主体与实体——王阳明思维方式阐述"，《人性与自我修养》，页 132—133。

是不可分割、相互规定的两个方面。人的现实生命总是一个不断生成变化的过程，人总是其所将是、是其所能是。但是，人在成为"将是"、"能是"的过程中，又总是必须根据其所"已是"。当人被抛入此世时，时间、空间、种族、性别等等，便已经赋予了人们某种先天的规定性。正是这种先天规定性，成为人们后天自由发展不可脱离而必须依据的本质结构。因此，说人是一个本质结构，并不意味着人已经丧失了成长与发展的多种可能性；说人是一个存在过程，也并不意味着人可以在缺乏任何凭藉与根据的情况下"为所欲为"。恰恰是在"已是"的本质结构与"将是"、"能是"的存在过程这两方面的双重规定下，人获得其生命发展的现实状态。就儒家的成圣之学而言，儒家所追求的圣人生命境界是"肉身成道"，即人本身完全成为良知的化身。在这个意义上，成圣这一存在过程的终点与起点的确具有某种同一性，终点不过是在更高的意义上回到起点自身。存在过程的展开也就是本质结构充分实现自身的过程。不过，就以圣人境界为目标的道德实践来说，从起点到终点或者说实现自身并回归自身，却是一个理想上可能而现实上无尽的过程。换言之，良知既是一个决不会丧失的本真实在，又是一个难以完满实现的可能性。

由以上的诠释可见，龙溪与双江、念庵有关现成良知的论辩，其实只是双方视域有别，焦点互异。可惜在论辩的过程中，双方并未能充分理解对方的立场与重点所在。当然，在体用思维方式上一元论与二元论的不同以及对这种不同缺乏自觉，是造成双方不免自说自话的根源所在。双江、念庵批评龙溪以知觉为良知以及忽略工夫，显然对龙溪"见在良知"的内涵缺乏相应的正解，龙溪在回应双江、念庵对见在良知的批评时，往往反复重申自己的观点，也缺乏必要的视域转换。❶不过，如果说双江、念庵对龙溪"见在良知"的批评欠缺理论上针对性的话，对于"现成良知"说造成的流弊，则不无救正的意义。并且，晚明有关现成良知讨论的主题，也从良知现成与否转换成了圣人现成与否。这是现成良知之辨发展的一个必然结果。

我们前已指出，现成良知说（更为准确地说应当是"见在良知"说）实为阳明思想的题中之义。因此，现成良知在中晚明并非龙溪个人的主张。在体用思维方式上持一元论立场的阳明学者，几乎都不反对现成良知说，尽管对现成良知观念的理解可以有细微的差别。如王艮曾说："良知天性，往古来今，人人具足，人伦日用之间举而措之耳。"（《王心斋先生遗集》卷一《答朱思斋明府》）王栋也说："吾人日用之间，只据见在良知，爽然应答，不作滞泥，不生迟疑，乃是健动而谓之易。"（《一庵王先生遗集》卷一）正是由于现成良知说在中晚明的思想界形成了一股思潮，在流传影响的

❶ 如隆庆三年己巳（1569），时双江与念庵俱已作古，曾见台与龙溪会于武林，重提念庵的收摄保聚说以质疑龙溪的见在良知。龙溪再次表明了自己见在良知的一贯立场："见台举念庵子收摄保聚之说，以为孩提爱敬，乃一端之发见，必以达之天下继之，而后为全体。孩提之知，譬诸昭昭之天；达之天下之知，譬诸广大之天。收摄保聚，所以达之也。予谓昭昭之天即广大之天，容隙所见，则以为昭昭；寥廓所见，则以为广大，是见有所梏，非天有大小也。齐王觳觫堂下之牛，特一念之昭昭耳，孟子许其可以保民而王，此岂有所积累而然哉？充而至于保民，亦惟不失此一念而已。故曰'大人者，不失赤子之心'。大人之所以为大人，惟在不失之而已，非能有加毫末也。但以为近来讲学之弊，看得良知太浅，说得致良知工夫太易。良知万古不息，吾特顺之而已，其有所照应。有所修持，皆病其为未悟良知本体。然则圣人之兢兢业业，终身若以为难者，果何谓耶？予尝为之解曰：易者，言乎其体也；难者，言乎其功也。知易而不知难，无以征学；知难而不知易，无以入圣。非难非易，法天之行，师门学脉也。"（《全集》卷十六《别曾见台漫语摘略》）当然，所谓"易者，言乎其体也；难者，言乎其功也。知易而不知难，无以征学；知难而不知易，无以入圣"，也显示出龙溪力图使自己的看法能够达到圆融中道，不堕一偏。同样的话还见于《全集》卷八《致知难易解》。

过程中，现成良知说强调良知本体必然呈现于感性经验，试图消解道德理性与感性经验之间必要张力的倾向，便不免的确产生了以知觉为良知，以纵情恣肆为率性而行的非预期后果。例如，在晚明与龙溪齐名的罗近溪也主张现成良知说，并且，与龙溪侧重于同当时的儒家知识分子进行理论的辨析相较，近溪更多地致力于儒学在民间的传播，是晚明阳明学在民间最为有力的推动者之一。❶而近溪在宣讲现成良知时经常从人们的日常经验中加以指点：

> 今抱赤子而弄之，人从左呼则目即盼左，人从右呼则目即盼右。其耳盖无时而不听，其目盖无处而不盼；其听其盼盖无时无处而不展转，则岂非无时无处而无所不知能哉？（《盱坛直诠》下卷）

类似的比喻还有很多，著名的如"童子捧茶是道"等等，强调的都是良知的当下圆成。青原惟信曾说："老僧三十年来未参禅时，见山是山，见水是水。及至后来亲见知识，有个入处，见山不是山，见水不是水。而今得个休歇处，依前见山只是山，见水只是水。"（《指月录》卷二十八）客观而论，近溪这里的比喻，和龙溪的四无论一样，其实都是指示致良知工夫圆熟之后的终极化境，即"见山不是山，见水不是水"之后的"见山只是山，见水只是水"。但是，由于近溪的比喻正是用人的感性经验、生理本能来形容现成良知的自然流行发用，对于大多数尚停留在"见山不

---

❶ 当然，这并不是说龙溪的活动只限于儒家知识分子的理论思辨，近溪的活动只限于平民百姓的日常教化。事实上，近溪的讲学活动既无法脱离当时以士大夫为主体的儒家学者圈子，龙溪遍布大江南北的讲学活动无疑也广泛涉及民间的日常教化活动。因此，这种差别只是相对而言的。

是山，见水不是水"之前"见山是山，见水是水"阶段的人来说，近溪这种"以悟后语语未悟之人"的做法，便很容易使人自觉不自觉地以知觉为良知，以感性挥洒、意气承当为良知运用，自以为已跻圣地。正如黄宗羲所谓："以夫妇知能言道，不得不以耳目口鼻四肢之欲言性。"(《明儒学案》卷三十四《泰州学案三》) 晚明信从李卓吾者甚众，刘元卿（字调父，号泸潇，1544—1621）对此不解，请教于东廓之子邹善（号颖泉，嘉靖丙辰进士，生卒不详），颖泉回答说："人心谁不欲为圣贤？顾无奈圣贤碍手耳。今渠谓酒色财气，一切不碍菩提路，有此便宜事，谁不从之？"(《颖泉先生语录》) 颖泉之答，也在相当程度上深中当时现成良知说的流弊。

如果说针对龙溪"见在良知"观念的批评无论在理论还是实践上都还缺乏严格针对性的话，由于晚明社会和思想界以知觉为良知，以感性挥洒、意气承当为良知运用的情况日益严重，对现成良知的批判就越来越具有了现实的意义。但是，随着理解的深化，后来现成良知的批判者们对现成良知批判的具体内容也发生了变化。我们前面已经指出，在承认良知具有先验的本质结构以及现成良知与良知本体具有本质的同一性这一点上，双江、念庵等现成良知的批评者们其实并无异议，否则必将对宋代以来已经成为儒家知识分子共识前提的孟子性善论构成挑战，动摇人皆可以为尧舜这一普遍命题的理论基础。他们所强调的其实只是良知本体在现实中的完满实现应当是致良知工夫历史展开过程的最终结果。但是，在和龙溪围绕"见在良知"的论辩过程当中，由于双方缺乏"视域的交融"，这一点并没有被明确地意识到。后来的现成良知批判者们便逐渐意识到了这一点。如顾宪成在解释念庵对现成良知的批评时指出：

罗念庵先生曰:"世间那有见成良知?"良知不是见成的,那个是见成的?且良知不是见成的,难道是做成的?此个道理稍知学者,类能言之,念庵能不晓得而云尔?只因人自有生以来,便日向情欲中走,见声色逐声色,见货利逐货利,见功名逐功名,劳劳攘攘,了无休息。这良知却掷在一边,全然不采,有时觌面相逢,亦默然不认,久久习熟那一切后来添上的,日亲日近,遂尔不招而集,不呼而应,反似见成。那原初见成的日疏日远,甚且嫌其能觉察我,能检点我,能阻碍我,专务蒙蔽,反成胡越。于此有人焉为之指使本来面目,辄将见成情识,冒作见成良知。这等乱话,岂不自欺欺人?于此又有人提出个致字,谓须着实去致,方得良知到手。辄又言良知不虑而知,不学而能,本自见成,何用费纤毫气力?这等大话,岂不自误误人?其为天下祸甚矣。念庵目击心恫,不得已特开此口,以为如此庶几。(《小心斋札记》卷十一)

在顾宪成看来,念庵已不再简单地是一味反对现成良知,因为就道德本体而言,存有论意义上良知的实在性是不容怀疑的,否则儒家成圣成贤之所以可能的道德实践必将失去终极的先天根据。念庵批评现成良知只是出于对"将见成情识,冒作见成良知"以及由此而来脱略工夫的忧虑,所谓"其为天下祸甚矣。念庵目击心恫,不得已特开此口",而不是针对现成良知观念本身的理论内涵,所谓"良知不是见成,难道是做成的?此个道理稍知学者,类能言之,念庵能不晓得而云尔?"显然,顾宪成这里的解释其实更多地反映了他自己对现成良知观念的认识。而这种认识说明,像顾宪成这样晚明的现成良知批判者,已经自觉地意识到:自己所要否定的,是那种在以知觉为良知情况下自以为已获得良知本体现实完满性而无须不懈道德实践的论调，而不是要怀疑甚至取消现成良知的本体实在性或现成良知与良知本体之间的本质同一性。这一点，对现成良知持肯定态度的学者也看得很清楚。如耿定向曾说：

> 吉水诸公之学，大率不欲享用现成良知，别寻主宰。此亦惩冒认良知、猖狂自恣者之过耳。良知若非现成，又岂有造作良知者乎？予尝谓良知如灵魂然，顾投胎何如。如骨根不正，至于猖狂自恣，非良知之罪也。亦如灵魂投胎时，所遇则然耳。（《明儒学案》卷三十五《泰州学案四》）

就此而言，如果说圣人是良知本体现实完满性的体现的话，对现成良知说的批判，便必然地转换成了对现成圣人论的批判。

晚明现成良知之辨在内容上所发生的变化，顾宪成弟子史孟麟（字际明，号玉池，万历癸未进士，生卒不详）概括得最为简明扼要，所谓：

> 人心有见成的良知，天下无见成的圣人。（《当下绎》）

"人心有见成的良知"，是从本体的意义上肯定良知的实在性，指出每个人都是潜在的圣人。肯定了"人心有见成的良知"，便为人们从事道德实践以成就圣贤人格（"人皆可以为尧舜"）提供了可能性的担保。"天下无见成的圣人"，是从现实的角度指出圣人人格的成就或者说良知本体现实完满性的实现，是要在意义活动的历史性过程中方可达成的。每个人都有成为圣人的潜质，但每个人又都不是天生的圣人，只有通过不懈的道德实践，人们才能优入圣域，成为良知本体的现实化身与体现。前者说的是人的本质结构，后者说的是人的存在过程。无视后者，自然是现成良知批判者们一致反对的。否定前者，最终也不免会动摇成就圣贤人格的先天根据与终极承诺。顾宪成本人在对念庵批判现成良知做出以上诠释的同时，也进一步指出："究竟不如说个世间无现成圣人较稳当，免得惹人吹求。"这里所谓"免得惹人吹求"，便是意识到了后一种情况的可能性。在晚明思想界，顾宪成、史孟麟的这种看法并不是个别的，刘蕺山也同样一方面批评现成良知说流弊所导致的"情炽而肆"，认为"自古无现成的圣人，即尧舜不废兢业"，(《人谱·证人要旨》)一方面不再对现成良知加以简单地否定与怀疑，而是肯定"良知本是现成"。(《重刻王阳明先生传习录序》)显然，顾宪成、史孟麟以及刘蕺山等人虽然仍对以龙溪为代表的现成良知说持批判的立场，但根据我们第 2 章对龙溪见在良知观念的分析，以及前面对双江、念庵和狮泉现成良知批判论的检讨，可见就客观的学理而言，顾宪成、史孟麟和刘蕺山所代表的对现成良知说的看法，既不构成龙溪见在良知观念的直接对立面，也不是双江、念庵和狮泉批判现成良知思想的简单延续，而是在一定意义上顾及并统合了龙溪与双江、念庵、狮泉双方立论的不同层面与各自问题意识的焦点。如果说"人心有见成的良知"是龙溪见在良知观念的重点所在的话，"天下无见成的圣人"则其实正是双江、念庵、狮泉批判现成良知所要强调的关键所在。另外，现成良知的持论者们也越来越能够正视现成良知批判论者们强调工夫实践就成就现实圣贤人格而言的意义。如罗近溪在肯定良知现成的同时，在圣人之所以为圣人的问题上，便也指出圣人的成就是一个长期工夫实践的结果。所谓：

圣人之为圣人，只是把自己不虑不学的现在，对同莫为莫

致的源头。……久久便自然成个不思不勉而从容中道的圣人也。（《近溪子明道录》卷四《会语》）

如此看来，在中晚明阳明学的发展过程中，这种由批判良知现成到批判圣人现成的变化，从相对而言的各执一端到一定程度上的视域融合，无疑意味着现成良知之辨的深化。

当然，除了像顾宪成、史孟麟和刘蕺山所代表的这种对现成良知的看法之外，在晚明以至清初，还有很多对现成良知持严厉批判态度的学者。如王嗣槐曾说："阳明之致良知也是从现成说的，去人欲也是从现成说的。不但从圣人说也是个现成的圣人，从孩提说也是个现成的孩提，即从庸众人说，也是个满街都是现成的圣人。"（《桂山堂读传习录辨》卷一《事物辨一》）不过，这类说法显然对现成良知说缺乏相应的了解，与其说具有多少理论上的内涵，不如说更多地显示了晚明以降阳明学式微的历史动向。

五　无善无恶之辨

在整个理学传统中，无论不同理学家的思想是如何的分歧，孟子的性善论却无疑是所有理学家一致接受的基本前提。在儒释道三教互动交融日益密切的情况下，是否坚持性善论的基本立场，也无形中成为分别儒家与释道尤其佛教的关键所在。由于阳明在四句教中将心体表述为无善无恶，龙溪更在"无善无恶心之体"的基础上提出其四无论，使"无善无恶"的观念成为当时学者关注的焦点，于是在整个中晚明的思想界，便围绕有关"无善无恶"展开了广泛而持续的讨论。在此，我们首先对无善无恶之辨的历史发展略作交代，然后着重分析其理论内涵与相关的意义。

虽然以"无善无恶"形容心体的说法并非阳明偶发之论，但毕竟是阳明晚年居越之后才提出。由于阳明早逝，当时无论在学界还是阳明的弟子当中都尚未引发正式的讨论。❶ 使"无善无恶"的观念成为中晚明思想界关注与论辩焦点的，显然更多地要归因于龙溪的四无论。后来一些批判无善无恶说而又同情阳明的学者，甚至将"无善无恶心之体"的说法归于龙溪，如方学渐（字达卿，号本庵，1540—1615）所谓："王龙溪《天泉证道记》以'无善无恶心之体'为阳明晚年之密传。阳明，大贤也。其于心体之善，见之真，论之确，盖已素矣。何乃晚年临别之顷，顿易其素，不显示而密传，倘亦有所附会而失真欤？"（《心学宗》）在龙溪的讲学活动中，经常有人感到无善无恶之说似乎与孟子的性善论有矛盾，而龙溪也经常需要对此加以解释。我们在第4章检讨龙溪四无论的思想定位时已经提到，吴中淮和张阳和就曾经向龙溪提出无善无恶之说如何面对孟子性善论的问题。这里，我们不妨详细征引双方的问答之词，作为分析无善无恶之辨的思想材料。在《答中淮吴子问》中，吴中淮和龙溪之间有这样一段问答：

> 问："继善成性"，《易》言之。后世之论性纷纷矣，岂非见下愚不移者多而言然耶？见孺子之入井而恻隐，见委壑而有泚，则性善之说，不辨自明。而阳明先生又谓"无善无恶者性"，此与"性无善无不善"者何异？岂以才言善，便有不善，

---

❶ 湛甘泉曾对"无善无恶"说有过评论，如有人问："有善有恶为二，无善无恶为不二法门，如何？"甘泉答曰："谓不着有善恶之见则可。既云'继之者善'，无善无恶终是寂相。吾儒自有不二法门，正以其能善善恶恶耳。"（《湛甘泉集》卷二十三）但甘泉高寿，对"无善无恶"的批评应当更多的是针对龙溪。

未免一滞于偏，故混言为是，而孟子性善之说，亦有所不得已，而姑为救弊之言耶？若是，则"无善无恶者性"与"性无善无不善"，辞同而意实殊也，然否？

（龙溪答）孟子道性善，本于大《易》"继善成性"之言。人性本善，非专为下愚立法。先师无善无恶之旨，善与恶对，性本无恶，善亦不可得而名。无善无恶，是为至善，非虑其滞于一偏而混言之也。孟子论性，莫详于公都子之问。世之言性者，纷纷不同。无善无不善，似指本体而言；性可以为善为不善，似指作用而言；有性善有性不善，似指流末而言。斯三者，各因其所指而立言，不为无所见，但执见不忘，如群盲摸象，各得一端，不能观其会通，同于日用之不知，故君子之道鲜矣。孔子"性相近，习相远"、"上智下愚不移"三言，又孟轲氏论性之本也。至于直指本原，征于《蒸民》之诗。孔子说诗之义，断然指为性善。说者谓发前圣所未发，亦非姑为救弊之言也。而诸子之议，乃谓"性本无善无不善"，既可以言善，亦可以言恶；"有善有恶"，亦可以言善恶混，而性善之论，若有时而穷，大都认情为性，不得孟子立言之本旨。先师性无善恶之说，正所以破诸子之执见而归于大同，不得已之苦心也。（《全集》卷三）

在《与阳和张子问答》中，张元忭也与龙溪有过类似的一段问答：

问：良知不分善恶，窃尝闻之矣。然朱子云："良者本然之善"，恐未为不是。"继之者善"，孟子道性善，此是良知本体。颜子有不善，未尝不知，即良知也。知之未尝复行，即致良知也。学者工夫，全在于知善知恶处，为之力，去之决。如好好色，如恶恶臭，必求自慊而后已。此致知之实学也。若曰"无善无恶"，又曰"不思善，不思恶"，恐鹘突无可下手处，而甚者自信自是，以妄念所发为良知，人欲肆而天理微矣。请质所疑。

（龙溪答）性无不善，故知无不良。善与恶，相对待之义。无善无恶，是谓至善。至善者，心之本体也。性有所感，善恶始分。本体之知，未尝不知也。致其本体之知，去恶而为善，是谓格物。知者寂之体，物者感之用，意者寂感所乘之机也。毋自欺者，不自欺其良知也。如好好色，如恶恶臭，良知诚切，无所作伪也。真致良知，则其心常不足，无有自满之意，故曰此之谓自慊。才有作伪，其心便满假而傲，不诚则无物矣。知行有本体有工夫，良知良能，是知行本体。颜子有不善，未尝不知，知之未尝复行，皆指工夫而言也。人知未尝复行为难，不知未尝不知为尤难。颜子心如明镜止水，纤尘微波，才动即觉，才觉即化，不待远而后复，所谓庶几也。若以未尝不知为良知，未尝复行为致良知；以知为本体，行为工夫，依旧是先后之见，非合一本旨矣。不思善，不思恶，良知知是知非，而善恶自辨，是谓本来面目，有何善恶可思得？非鹘突无可下手之谓也。妄念所发，认为良知，正是不曾致得良知。诚致良知，所谓太阳一出，魍魉自消。此端本澄源之学，孔门之精蕴也。（《全集》卷五）

不过，以上吴中淮、张元忭对龙溪的发问，虽有质疑，但更多的属于后学向前辈请益的性质，还没有形成正式的论辩。龙溪对"无善无恶"的解释似乎也未能获得普遍的认同。因此，在龙溪卒后，"无善无恶"之说便引发了更大范围的讨论。万历二十年（1592）

前后，在当时南都（南京）一次"名公毕集"的讲会上，被时人目为"今之龙溪"的周海门❶与唐一庵门人许孚远正式围绕"无善无恶"展开了一场辩论。许孚远提出九条批判"无善无恶"，名为"九谛"。次日，周海门则作"九解"，逐条加以回应。罗近溪门人、海门好友杨起元也作《天泉要语》支持"无善无恶"说。周海门的《东越证学录》和黄宗羲的《明儒学案》全文收录了"九谛"、"九解"，足见此次论辩的重要性。

谛一：《易》言元者，善之长也。又言继之者善，成之者性。《书》言德无常师，主善为师。《大学》首提三纲，而归止于至善。夫子告哀公以不明乎善，不诚乎身。颜子得一善，则拳拳服膺而弗失。《孟子》七篇，大旨道性善而已。性无善无不善，则告子之说，孟子深辟之。圣学源流，历历可考而知也。今皆舍置不论，而一以无善无恶为宗，则经传皆非。

解一：维世范俗，以为善去恶为堤防，而尽性知天，必无善无恶为究竟。无善无恶，即为善去恶而无迹；而为善去恶，悟无善无恶而始真。教本相通不相违，语可相济难相非。此天泉证道大较也。今必以无善无恶为非然者，见为无善，岂虑入于恶乎？不知善且无，而恶更从何容？无病不须疑病。见为无恶，岂疑少却善乎？不知恶既无，而善不必再立，头上难以安头。故一物难加者，本来之体；而两头不立者，妙密之言。是为厥中，是为一贯，是为至诚，是为至善，圣学如是而已。经

---

❶ 陶望龄在《海门文集序》中说："海门子少闻道龙溪之门，晚而有诣焉。自信力，故尊其师说也益坚，其契也亲，故词不饰而甚辩。四方从游者皆曰：先生，今龙溪也。"见陶望龄：《歇庵集》卷三，亦见周汝登《东越证学录》卷首。海门与龙溪之间的传承关系，参见彭国翔："周海门的学派归属与《明儒学案》相关问题之检讨"。

传中言善字，故多善恶对待之善，至于发心性处，善率不与恶对。如中心安仁之仁，不与忍对；主静立极之静，不与动对。《大学》善上加一至字，尤自可见。荡荡难名为至治，无得而称为至德，他若至仁至礼等，皆因不可名言拟议，而以至名之。至善之善，亦犹是耳。夫惟善不可名言拟议，未易识认，故必名善，乃可诚身。若使对待之善，有何难辨，而必先明乃诚耶？明道曰：人生而静以上不容说，才说性时，便已不是性也。凡人说性，只是说继之者善也，孟子言人性善是也。语此，益可通于经传之旨矣。

谛二：宇宙之内，中正者为善，偏颇者为恶，如冰炭黑白，非可以私意增损其间。故天地有贞观，日月有贞明，星辰有常度，岳峙川流有常体，人有真心，物有正理，家有孝子，国有忠臣。反是者，为悖逆，为妖怪，为不祥。故圣人教人以为善而去恶，其治天下也必赏善而罚恶。天之道亦福善而祸淫，积善之家必有余庆，积不善之家必有余殃，自古及今未有能违者也。而今曰无善无恶，则人将安所趋舍者欤？

解二：曰中正，曰偏颇，皆自我立名，自我立见，不干宇宙事。以中正与偏颇对，是两头语，是增损法。不可增损者，绝名言而无待者也。天地贞观，不可以贞观为天地之善；日月贞明，不可以贞明为日月之善；星辰有常度，不可以常度为星辰之善。岳不以峙为善，川不以流为善。人有真心，而莫不饮食者此心，饮食岂以为善乎？物有正理，而鸢飞鱼跃者此理，飞跃岂以为善乎？有不孝而后有孝之名，孝子无孝；有不忠而后有忠之名，忠臣无忠。若有忠有孝，便非忠非孝矣。赏善罚恶，皆是可使由之边事。庆殃之说，犹禅家谈宗旨，而因果之说，实不相碍。然以此论性宗，则粗悟性宗，则趋舍二字，是学问大病，不可有也。

谛三：人心如太虚，元无一物可着，而实有所以为天下之大本者在。故圣人名之曰中、曰极、曰善、曰诚，以至曰仁、曰义、曰礼、曰智、曰信，皆此物也。善也者，正中纯粹而无疵之名，不杂气质、不落知见，所谓人心之同然者。故圣贤欲其止之。而今曰无善，则将何以为天下之大本？为其为物不贰，则其生物不测？天地且不能无生，而况于人乎？

解三：说心如太虚，说无一物可着，说不杂气质，不落知见，已得斯旨矣。而卒不放下一善字，则又不虚矣，又着一物矣，又杂气质，又落知见矣，岂不悖乎？太虚之心，无一物可着者，正是天下之大本，而更曰实有所以为天下大本者在，而命之曰中，则是中与太虚之心二也。太虚之心与未发之中，果可二乎？如此言中，则曰极、曰善、曰诚，以至曰仁、曰义、曰礼、曰智、曰信等，皆以为更有一物而不与太虚同体，无惑乎？无善无恶之旨不相入，以此言天地，是为物不贰失其主矣。

谛四：人性本善，自蔽于气质、陷于物欲，而后有不善。然而已善者，原未尝泯灭。故圣人多方训迪，使反其性之初而已。祛蔽为明，归根为止，心无邪为正，意无妄为诚，知不迷为致，物不障为格，此彻上彻下之语，何等明白简易！而今曰：心是无善无恶之心，意是无善无恶之意，知是无善无恶之知，物是无善无恶之物，则格致诚正工夫，俱无下手处矣！岂《大学》之教，专为中人以下者设欤？近世学者皆上智之资，不待学而能者欤？

解四：人性本善者，至善也。不明至善，便成蔽陷。反其性之初者，不失赤子之心耳。赤子之心无恶，岂更有善耶？可无疑于大人矣！心、意、知、物，只是一个，分别言之者，方便语耳。下手工夫，只是明善。明则诚，而格致诚正之功更无法。上中根人，皆如是学。舍是而言正诚格致，头脑一差，则正亦是邪，诚亦是伪，致亦是迷，格亦是障。非明之明，其蔽难开；非止之止，其根难拔，岂《大学》之所以教乎？

谛五：古之圣贤，秉持世教，提撕人心，全靠这些子秉彝之良在。故曰"民之所好好之，民之所恶恶之"。斯民也，三代之所以直道而行也。惟有这秉彝之良，不可殄灭，故虽昏愚而可喻，虽强暴而可驯。移风易俗，反薄还纯，其操柄端在于此。奈何以为无善无恶，举所谓秉彝者而抹杀之？是说唱和流传，恐有病于世道非细。

解五：无有作好作恶之心，是秉彝之良，是直道而行。着善着恶，便作好作恶，非直矣。喻昏愚，驯强暴，移风易俗，须以善养人。以善养人者，无善之善也。有其善者，以善服人，喻之驯之必不从，如昏愚强暴何？如风俗何？至所谓世道计，则请更详论之：盖凡世上学问不立之人，病在有恶而闭藏；学问用力之人，患在有善而执著。闭恶者教以为善去恶，使有所持循，以免于过。惟彼着善之人，皆世所谓贤人君子者，不知本自无善，妄作善见，舍彼取此，拈一放一，谓诚意而意实不能诚，谓正心而心实不能正。象山先生云：恶能害心，善亦能害心。以其害心者而事之，则亦何由诚、何由正也？夫害于其心，则必及于政与事矣。故用之成治，效止欢虞；而以之拨乱，害有不可言者。后世若党锢之祸，虽善人亦不免自激其波，而新法之行，即君子亦难辞其责。其究至于祸国家、殃生民，而有不可胜痛者，是岂少却善哉？范滂之语其子曰："我欲教汝为恶，则恶不可为；教汝为善，则我未尝为恶。"盖至临刑追考，觉无下落。而天下方耻不与党，效尤未休。真学问不明，而认善字不彻，其蔽乃一至此！故程子曰：东汉尚名节，有虽杀身不悔者，只为不知道。嗟乎？使诸人皆知道，而其所造就、所康济，当为何如！秉世教者可徒任其所见而不唤醒之，将如斯世斯民何哉？是以文成于此，指出无善无恶之体，使之去缚解粘，归根识止。不以善为善，而以无善为善；不以去恶为究竟，而以无恶证本来。夫然后可言诚正实功，而收治平至效。盖以成就君子，使尽为皋夔稷契之佐；转移世道，使得跻唐虞三代之隆。上有不动声色之政，而下有何有帝力之风者，舍兹道其无由也。孔子曰："听讼吾犹人也，必也使无讼乎！"无讼者，无善无恶之效也。嗟乎！文成兹旨，岂特不为世道之病而已乎？

谛六：登高者不辞步履之难，涉川者必假舟楫之利，志道者必竭修为之力。以孔子之圣，自谓下学而上达，好古敏求，忘食废寝，有终其身而不能已者焉。其所谓克己复礼，闲邪存诚，洗心藏密，以至于惩忿窒欲，改过迁善之训，昭昭洋洋，不一而足也。而今皆以为不足取法，直欲顿悟无善之宗，立跻圣神之地，岂退之所谓务胜于夫子者耶？在高明循谨之士，着此一见，犹恐其涉于疏略而不情，而况天资鲁钝根器浅薄者，随声附和，则吾不知其可也。

解六：文成何尝不教人修为？即无恶二字，亦足竭力一生，可嫌少乎？既无恶而又无善，修为无迹，斯真修为也。夫以子文之忠，文子之清，以至原宪克伐怨欲之不行，岂非所谓竭力修为者？而孔子皆不语其仁，则其所以敏求忘食，与夫复礼而存诚，洗心而藏密，亦自可思。故知修为自有真也。阳明使人学孔子之真学，疏略不情之疑，过矣。

谛七：《书》曰："有其善，丧厥善。"言善不可衿而有也。先儒亦曰："有意为善，虽善亦粗。"言善不可有意而为也。以善自足则不宏，而天下之善，种种固在；有意为善则不纯，而古人为善，常惟日不足。古人立言，各有攸当，岂得以此病彼，而概目之曰无善？然则善果无可为、为善亦可已乎？贤者之疑过矣。

解七：有善丧善，与有意而为、虽善亦私之言，正可证无善之旨。尧舜事业，一点浮云过太虚。谓实有种种善在天下，不可也。古人为善，为此不有之善、无意之善而已。

谛八：王文成先生致良知宗旨，元与圣门不异。其集中有云："性无不善，故知无不良。良知即是未发之中，即是廓然大公、寂然不动之本体。但不能不昏于物欲，故须学以去其昏蔽。"又曰："圣人之所以为圣人者，以其心之纯乎天理而无人欲之私也。学圣人者，期此心之纯乎天理而无人欲，则必去人欲而存天理。"又曰："善念存时，即是天理；立志者，常立此善念而已。"此其立论，至为明晰。无善无恶心之体一语，盖指其未发廓然寂然而言之，而不深惟《大学》止至善之本旨，亦不觉其矛盾于平日之言。至谓有善有恶意之动，知善知恶是良知，为善去恶是格物，则指点下手工夫，亦自平正切实。而今以心、意、知、物俱无善恶可言者，窃恐其非文成之正传也。

解八：致良知之旨，与圣门不异，则无善无恶之旨，岂与致良知异耶？不虑者为良，有善则虑而不良矣。无善无恶心之体一语，既指未发廓然寂然处言之，已发后岂有二耶？未发而廓然寂然，已发亦只是廓然寂然。知未发已发不二，则知心、意、知、物，难以分析。而四无之说，一一皆文成之秘密。非文成之秘密，吾之秘密也。何疑之有？于此不疑，方能会通其立论宗旨，而工夫不谬。不然，以人作天，认欲作理，背文成之旨多矣。夫自生矛盾，以病文成之矛盾，不可也。

谛九：龙溪王子所著天泉桥会语，以四无四有之说，判为两种法门，当时绪山钱子已自不服。《易》不云乎："神而明之，存乎其人。默而成之，不言而信，存乎德行。"神明默成，盖不在言语授受之际而已。颜子之终日如愚，曾子之真积力久，此其气象可以想见。而奈何以玄言妙语，便谓可接上根之人。其中根以下之人，又别有一等说话，故使之扞格而不通也！且云："汝中所见，是传心密藏，颜子明道所不敢言。今已说破，亦是天机该发泄时，岂容复秘！"嗟乎！信斯言也。文成发孔子之所未发，而龙溪子在颜子明道之上矣。其后四无之说，龙溪子谈不离口，而聪明之士，亦人人能言之。然而闻道者，竟不知为谁氏！窃恐天泉会语，画蛇添足，非以尊文成，反以病文成。吾侪未可以是为极则。

解九：人有中人以上、中人以下二等，所以语之亦殊。此两种法门，发自孔子，非判自王子也。均一言语，而信则相接，疑则扞格。自信自疑，非有能使之者。盖授受不在言语，亦不离言语。神明默成，正存乎其人。知所谓神而明，默而成，则知颜子之如愚、曾子之真积，自有入微之处。而云想见气象，抑又远矣。闻道与否，各宜责归自己，未可疑人，兼以之疑教。至谓颜子、明道所不敢言等语，自觉过高，然要之论学话头，未足深怪。孟子未必过于颜闵，而公孙丑问其所安，绝无逊让，直曰故舍是而学孔子。曹交未足比于万章辈，而孟子教以尧舜，不言等待，而直言诵言行行，是尧而已。然则有志此事，一时自信得及，诚不妨立论之高、承当之大也。若夫四无之说，岂是凿空自创？究其渊源，实千圣所相传者：太上之无怀，《易》之何思何虑，舜之无为，禹之无事，文王之不识不知，孔子之无意无我、无可无不可，子思之不见不动、无声无臭，孟子之不学不虑，周子之无静无动，程子之无情无心，尽皆此旨，无有二义。天泉所证，虽阳明氏且为祖述，而况可以龙溪氏当之也？虽然，圣人立教，俱是因病设方。病尽方消，初无实法，言有非真，言无亦不得已。若惟言是泥，则何言非碍？而不肖又重以言，或者更增蛇足之疑，则不肖之罪也夫！

在"九解"中，周海门将阳明、龙溪"无善无恶"的思想加以充分发挥，而许孚远的"九谛"，也显示了"无善无恶"说批判者们的立论层面与关注焦点。因此，对于澄清中晚明阳明学"无善无恶"之辨的理论内涵与意义来说，"九谛""九解"是一个极佳的分析个案。不过，我们这里不对"九谛""九解"加以单独讨论，❶而是要将其纳入中晚明"无善无恶"之辨的脉络之中，和前面龙溪与吴中淮、张阳和的问答一起，作为我们下面分析无善无恶之辨理论内涵与相关意义的主要思想材料。

　　九谛九解之辨虽然已经颇能揭示有关无善无恶的意蕴，但辩难仍未结束。到了明末，以顾宪成为代表的东林人士等人皆对阳明、龙溪的"无善无恶"之说提出批驳，刘蕺山、黄宗羲等人则将"无善无恶"之说归于龙溪而加以批评。万历二十六七年间（1598—

---

❶ 这一方面是由于本书的结构与篇幅限制，一方面也是由于对"九谛""九解"之辨的讨论，已经有了像蔡仁厚先生那样持论平正通达的专门研究。见蔡仁厚："王门天泉'四无'宗旨之论辩——周海门'九谛九解之辨'的疏解"，收入氏著：《新儒家的精神方向》（台北：台湾学生书局，1989），页239—276。

1599），耿定向门人、当时以"绝学"自居的管志道（字登之，号东溟，1536—1608），❶又在苏州回应顾宪成对"无善无恶"的批驳。双方往复书牍达十余万言，成为继"九谛""九解"之后又一次在思想界产生深远影响的论辩。❷其后，"其学多得自海门"的陶望龄之弟陶奭龄，又在绍兴与刘蕺山、黄宗羲师徒继续围绕无善无恶展开辩论。黄宗羲甚至"邀吴越知名之士六十余人，共侍（蕺山）讲席，立摧石梁（陶奭龄）之说，恶言不入于耳"。（《黄梨洲先生年谱》"崇祯二年"条下）由于双方辩论的理论内涵基本上并未超出"九谛""九解"之辨，加之篇幅所限，我们就不再将双方的辩难文字列出。在以下对无善无恶之辨理论内涵与相关意义的诠释中，我们也将主要以龙溪与吴中淮、张阳和的问答以及许孚远与周海门的"九谛""九解"为文献依据。

无论在龙溪与吴中淮、张阳和的问答中，还是在周海门、许孚远的"九谛""九解"之辨中，我们都首先应当看到的是，所有对无善无恶说的批评，其焦点与关键都是认为有悖于孟子的性善论。因此，以往一些学者便从分别心性的角度出发，认为阳明的无善无恶是指心体而非性体，试图以此来化解无善无恶说与孟子性善论之间的矛盾，从而维护无善无恶说。如面对史孟麟对阳明"无善无恶"的批驳，杨东明（号晋庵，1548—1624）在给史孟麟的书信中便回应说：

某往亦有是疑，近乃会得无善无恶之说，盖指心体而言，

---

❶ 黄宗羲仅在《明儒学案》卷三十二《泰州学案》前言中提及管志道，故知者不多。然管志道实为晚明融通三教、博学精思人物之一。黄宗羲亦谓其"著书数十万言，大抵鸠合儒释，浩瀚而不可方物"。参见荒木见悟：《明末宗教思想研究——管东溟の生涯とその思想》（东京：创文社，1979）。惟中文世界似乎尚未见有专门研究。

❷ 双方的往复书信收入管志道：《问辨牍》、《续问辨牍》（万历年间刻本，现收入《四库全书存目丛书》）。

非谓性中一无所有也。夫人心寂然不动之时，一念未起，固无所谓恶，亦何所谓善哉？夫子曰："吾有知乎哉？无知也。"夫知且无矣，何处觅善恶？譬如鉴本至明，而未临于照，有何妍媸？故其原文曰："无善无恶心之体。"非言性之体也。今谓其说与告子同，将无错会其旨欤！（《明儒学案》卷二十九《北方王门学案》）

后来刘蕺山也说：

阳明先生言"无善无恶者心之体"，原与性无善无不善之意不同。性以理言，理无不善，安得云无？心以气言，气之动有善有不善，而当其藏体于寂时，独知湛然而已，安得谓之有善有恶乎？（《学言中》）

黄宗羲秉承杨东明、刘蕺山的这一说法，也认为"阳明言无善无恶心之体，原与性无善无不善之意不同"（《明儒学案》卷三十六《泰州学案五》），并因而称赞东明此说为"真得阳明之肯綮也"（《明儒学案》卷二十九《北方王门学案》）。当然，仅就四句教字面而言，阳明无善无恶的所指的确是心体，以上的这种解释也是出于维护阳明的立场。但是，阳明的无善无恶是否只能是指心体而不能指性体呢？

在阳明的思想中，区分心体与性体其实是不必要的，阳明曾明确指出"心之本体即是性"，（《传习录上》）**❶**这也是阳明学有别于

---

❶ 《王阳明全集》，页 24。如果说《传习录上》反映的是阳明早年思想的话，反映阳明晚年思想的《大学问》中亦有"心之本体则性也"的话，见《王阳明全集》，页 971。这说明，心体与性体的同一性在阳明处是一贯的。

朱子学的一个关键所在。对阳明来说，心体与性体是异名同实的关系，而良知则可以说既是心体，又是性体。心、性与良知无疑都是道德本体与终极实在的共同指谓。事实上，阳明也曾明确以无善无恶来形容过性体。《传习录下》有这样两段话：

> 又曰：告子病源从"性无善无不善"上见来。性无善无不善，虽如此说，亦无大差；但告子执定看了，便有个无善无不善的性在内。有善有恶又在物感上看，便有个物在外。却做两边看了，便会差。无善无不善，性原是如此。

> 问：古人论性，各有异同，何者乃为定论？先生曰：性无定体，论亦无定体。有自本体上说者，有自发用上说者，有自源头上说者，有自流弊处说者。总而言之，只是一个性，但所见有浅深耳。若执定一边，便不是了。性之本体原是无善无恶的，发用上也原是可以为善，可以为不善的，其流弊也原是一定善一定恶的。

正因为对阳明而言心体与性体的区分并无实质意义，用后来周海门的话来说即是"心性有两名而无两体"（《王门宗旨》卷首《王门宗旨序》)，且阳明又的确曾以无善无恶形容性体，无善无恶说才会不断地遭到从站在孟子性善论立场而来的质疑与批判，就像吴中淮、张阳和的发问以及许孚远"九谛"中所显示的那样。并且，也正因为无善无恶还可以用来形容良知，对于前引吴中淮与龙溪的问答中中淮为什么会劈头便问"阳明先生又谓'无善无恶者性'，此与'性无善无不善'者何异？"以及张阳和与龙溪的问答中阳和为什么同样会劈头便说"良知不分善恶，窃尝闻之矣"，我们就不难理解了。如此看来，以分别心体与性体来为阳明的无善无恶之说辩护，是既不恰当也不必要的。问题的关键是，当阳明、龙溪、海门等人以无善无恶来形容心、性以及良知所指的道德本体与终极实在时，"无善无恶"的涵义究竟是什么。只有在充分厘清了这一点的基础上，我们才能进而讨论"无善无恶"之说与孟子性善论之间的关系，并对无善无恶之辨的理论内涵与相关意义获得相应的了解与把握。

我们在第4章讨论龙溪的四无论时已经指出，阳明与龙溪的"无善无恶"包括两层涵义：一是存有论意义上的至善；一是境界论意义上的无执不滞。前者是本质内容，后者是作用形式。对此，当时除了龙溪之外，阳明的其他弟子们其实也有相应的了解。如何廷仁（字性之，号善山，1486—1551）曾说："师称无善无恶者，指心之应感无迹，过而不留，天然至善之体也。"（《明儒学案》卷十九《江右王门学案四》）董沄（字复宗，号萝石，晚号从吾道人，1457—1533）也曾说："性者，天地万物之一原，即理是也。初本无名，皆人自呼之。以其自然，故曰天；脉络分明，故曰理；人所享受，故曰性。生天生地，为人为物，皆此而已。至虚至灵，无声无臭，非惟无恶，即善字亦不容言。然其无善无恶处，正其善之所在也，即所谓未发之中也。"（同上）之所以选择"无善无恶"来表示至善，是由于一般日常语言中的善，都是指与恶相对的经验层面的善。而作为道德本体的心性与良知，则是绝对的至善或者说善本身。这种绝对的至善或善本身与经验层面善恶相对的善是不在同一层面的。这是在存有论的意义上来看道德本体。因此，无善无恶的说法，是为了不使对作为道德本体的至善的理解落入相对的善恶之中的善。正如龙溪在答吴中淮与张阳和时所谓"先师无善无恶之旨，善与恶对，性本无恶，善亦不可得而名。无善无恶，是为至善"。"性无不善，故知无不良。善与恶，相对待之义。无善无恶，是谓至善"。周海门在"九解"中"解一"至"解四"，也同样对此有更为详细的说明。海门说得很清楚："经传中言善字，固多善恶对待之善；至于发心性处，善率不与恶对。如中心安仁之仁，不与忍对；主静立极之静，不与动对；《大学》善上加一至字，尤自可见。"对于"绝名言而无待者"的至善本身而言，如果再以善名，便是"头上安头"。以"无善无恶"表示不与恶相对的绝对至善，正所谓"一物难知者，本来之体；而两头不立者，妙密之言"。在这一点上，明末清初的阳明学者如孙奇逢（字启泰，号钟元，称夏峰先生，1584—1675）、李颙（字中孚，称二曲先生，1627—1705）、李绂（字穆堂，1675—1750）等人也能理解"无善无恶"所表示的"至善"的涵义。❶

另外，从境界论的意义上来看，道德本体的"现身情态"（存有状态）与流行发用又具有无执不滞的先验品格。这种在落实于经验层面"为善去恶"、"是是非非"的情况下又不自居于善、自居于是的品格，也是"无善无恶"一语所要揭示的道德本体的境界论向度。龙溪着力发挥的良知之"无"以及"无中生有"的致良知工夫，正是要表示"无善无恶"这一方面的涵义。欧阳南野也曾指出："吾人良知，非但不沾恶习，虽善亦未有着处。于此有得，则融化痕迹、削磨觚棱，内不失己，外足以同人。"（《欧阳南野先生文集》卷三《答周以介》）而在"九解"中，海门所谓"无善无恶，即为善去恶而无迹"，"太虚之心，无一物可着者，正是天下之大本"，"无有作好作恶之心，是秉彝之良"，"既无恶而又无善，修为无迹，斯真修为也"，"有善丧善，与有意而为，虽善亦私之言，正

---

❶ 分别参见孙奇逢：《理学宗传》"义例"；李颙：《二曲集》卷十八《答朱自绿书》（北京：中华书局，1996），页216—218；李绂：《李穆堂初稿》卷十八《心体无善无恶说》。

可证无善之旨。……古人为善，为此不有之善、无意之善而已"，既对此无执不滞的先验品格做了极为系统与详细的阐发；在最后的"解九"中，所谓"太上之无怀，《易》之何思何虑，舜之无为，禹之无事，文王之不识不知，孔子之无意无我、无可无不可，子思之不见不动、无声无臭，孟子之不学不虑，周子之无静无动，程子之无情无心，尽皆此旨，无有二义"，又追溯了"无善无恶"这种涵义在儒家思想发展史上的一贯性，从而为"无善无恶"说的合法性提供了历史的论证。正所谓"若夫四无之说，岂是凿空自创？究其渊源，实千圣所相传者"。"天泉所证，虽阳明氏且为祖述，而况可以龙溪氏当之也？"在海门看来，切实把握到良知心体这种不着是非善恶的境界论向度，甚至是保证道德实践真实性的必要条件。对此，陶望龄也有明确的意识，所谓"无善即进善之捷径，无非乃去非之要津"（《歇庵集》卷十四《书周子九解后》）。这与龙溪"无中生有"的工夫论意涵是完全一致的。其实，从无执不滞的作用形式来理解心性本体，阳明当时其他的儒家学者甚至也不无同调。如王鏊（字济之，1450—1524）晚年作性善论云："欲知性之善乎？曷反而内观乎？寂然不动之中，而有至虚至灵者存焉。湛兮其非有也，窅兮其非无也；不堕于中边，不杂乎声臭。当是时也，善且未行，而恶有所谓恶者哉？恶有所谓善恶混者哉？恶有所谓三品者哉？性，其犹鉴乎！鉴者，善应而不留，物来则应，物去则空，鉴何有焉？"❶阳明在为王鏊作传时特别引述这段话，显然是感到"与我心有戚戚焉"。

无论对阳明本人是否持较为同情的态度，中晚明不同学者批评

---

❶ 王守仁：《太傅王文恪公传》，《王阳明全集》，页 946。按：值得注意的是，不论王鏊对心与性的关系持何种看法，这里"无善无恶"也仍然说的是性而非心。

无善无恶都是以孟子的性善论为共同立场，以龙溪的四无论为批判的中心。并且，对"无善无恶"的批评也都集中在两点：一是认为无善无恶说同于告子的善恶无定性；一是认为无善无恶说流于禅佛教意义上的"不思善，不思恶"。❶不论是前引吴中淮、张阳和与龙溪的问答，还是许孚远与周海门的"九谛""九解"之辨，都鲜明地显示了这一点。但是，从我们以上对"无善无恶"涵义的分析来看，这两点批评其实都并不相应。首先，告子以无善无恶说性，是单纯从经验的层面立言，指现实的人性可以表现为善，也可以表现为恶，在这个意义上可以说人性并无所谓善恶。告子在与孟子辩人性时的流水之喻，说明告子完全是经验主义、自然主义的立场，并没有认为人性可以具有先验与超越的根据。与之相反，孟子性善论意义上的人性，则恰恰不是指经验层面的人性，而是指人之所以为人的先验与超越根据。因此，作为超越了经验层面善恶对待的绝对至善，孟子性善论中的"善"，正是阳明、龙溪、海门等人"无善无恶"说之本质内容的"至善"。如阳明、龙溪所谓"无善无恶，是为至善"，亦如海门所言"人性本善者，至善也"。其次，佛教意义上的"不思善，不思恶"，就存有论的意义而言，是指心性只是一种空寂性本身，并不具有善或者恶构成其本质内容的实在性。也正因此，心性的作用才体现出一种不执著于任何善恶观念与行为的境界论意义。就境界论意义的不执著于善恶而言，阳明、龙溪和海门等人的"无善无恶"，的确和佛教有相似之处。事实上，从阳明到龙溪再到海门，良知心体"无"的向度之所以会不断得到突

---

❶ 禅宗六祖慧能得五祖法嗣南还时，僧慧明追求说法，慧能曰："不思善，不思恶，正与么时，那个是明上座本来面目。"见宗宝本《六祖坛经》"行由品第一"。敦煌本《坛经》中虽无该段文字，但所谓"恶之于善，善法、恶法，尽皆不舍，不可染著，犹如虚空，名之为大"，显然与"不思善，不思恶"的思想一致。

显，也正是不断吸收融摄佛教的结果。但是，与佛教"不思善，不思恶"根本不同的是，对阳明、龙溪和海门等人来说，就存有论而言，必须肯定心性或者说良知本体真实不虚的实在性。正如海门所谓"无善者，无执善之心，善则非虚"（《东越证学录》卷七《立命文序》）。在阳明、龙溪和海门等人看来，这种以"无善无恶"所表示的实在性，也就是超越于经验层面之善恶的绝对至善。正如我们在第5章讨论龙溪与佛道二教的最后部分所指出的，是否在存有论的意义上肯定作为道德本体的心性的这种至善的实在性，可以说是分判儒学与佛教的最终所在。阳明、龙溪和海门批评佛教的关键之处，也均在于此。

当然，对于存有论与境界论的区分，阳明、龙溪和海门等人不必有自觉的意识。因而他们在回应对"无善无恶"的批评时，就现代的理论眼光来看，有时还不免欠缺清晰的分疏，甚至会有一些"险语"。如海门在"九解"之"解七"中所谓"谓实有种种善在天下，不可也"，便是未能了解许孚远"谛七"中"天下之善，种种固在"是在存有论的层面立言，与自己在境界论层面着力发挥的不执著于善并不构成对立，而在存有论的层面上是必须肯定善的实在性的。此外，对于"无善无恶"说分别在存有论与境界论两种意义上不同涵义的分疏，从阳明到龙溪再到海门，也有一个在表述上由隐到显逐渐明确的过程。比如境界论意义上不执著于善的涵义，阳明已有表示，龙溪关联于良知之"无"作了进一步的发挥，而到了海门的"九解"，则可谓展露无遗。这一点，海门的好友、名重晚明士林的邹元标（字尔瞻，别号南皋，1551—1624）当时便已敏锐地看到，所谓：

　　　天泉证道初语，如花欲吐，尚含其萼。后龙溪氏稍稍拈出，闻者多不开悟。周子复扬其波，何耶？邹子曰：学必知性体而后为真学，证必彻性地而后为实证。山穷水尽，能者从之。龙溪见地，非不了义者所能究竟。继元后龙溪而出者，双目炯炯，横冲直撞。所至令人胆落心惊，亦能使人神怡情旷。东越之学，从今益显益光者，非继元氏乎？（《愿学集》卷四《东越证学录序》）❶

另一方面，就对"无善无恶"说的批评而言，则存在一个焦点意识的转换问题。起初，"无善无恶"的批评者也并未自觉意识到"无善无恶"分别在存有论与境界论这两个不同层面上的涵义差别，对阳明、龙溪和海门在彰显"无善无恶"境界论意义上不执著于善的同时并未放弃存有论意义上作为·"无善无恶"本质内容的"至善"，也缺乏应有的了解。无论是由吴中淮、张阳和对"无善无恶"的质疑，还是从许孚远"九谛"中对"无善无恶"的批评，都可以清楚地看到这一点。譬如在"九谛"的"谛七"中，许孚远似乎已经能够意识到海门"无善无恶"说的境界论意义，但在肯定"有意为善，虽善亦粗"、"善不可有意而为"的同时，却又认为海门"以此病彼"，仅取此义而否定存有论意义上善的实在性。这说明许孚远并不了解：境界论意义上的"为此不有之善、无意之善"与存有论意义上的"天下之善，种种固在"其实是"无善无恶"的双重规定。前者是良知心体的作用形式，后者是良知心体的本质内容。❷ 当然，更

---

❶ 亦见周汝登：《东越证学录》卷首。

❷ 当然，正如我们刚刚提到的，海门在"解七"中的回应，也因过于侧重发挥"无善无恶"的境界论涵义而未审许孚远说"天下之善，种种固在"时的立言层面。因为若在存有论的意义上说"谓实有种种善在天下，不可也"，则正坐许孚远所论之病。

为准确地说，在"九谛""九解"之辨中，对于"无善无恶"的两方面涵义，周海门与许孚远都并非只能了解一个方面，只是在论辩的过程中由于所强调的重点不同，因而彼此欠缺视域的融合而已。如许孚远所谓"人心如太虚，元无一物可着，而实有所以为天下之大本者在"，便是在肯定道德本体无执不滞品格的同时，强调其存有论意义上至善的本质内容。一旦双方对"无善无恶"在存有论与境界论意义上的不同以及彼此立言的层面有所简别与正视，应当可以"相视而笑，莫逆于心"，恰如海门所谓"教本相通不相违，语可相济难相非"。

不过，随着论辩的深入与发展，对"无善无恶"的批评，在实际的针对性上也开始发生了变化。刘蕺山也是无善无恶说的批评者，但他曾指出：

> 吾师许恭简公与周海门在南都，有《九谛》《九解》，辨有辨无，可谓详尽。而师论辞严而理直，凛乎日月为昭。今即从海门作妙解，亦只是至善作注脚，终脱不得善字。❶

所谓"今即从海门作妙解，亦只是至善作注脚，终脱不得善字"。显然说明蕺山对"无善无恶"的"至善"之义其实有所了解。但在这种情况下依然坚持对"无善无恶"的批评，则说明蕺山另有用意。事实上，晚明对"无善无恶"的批评，更多的是针对"无善无恶"说在工夫实践上所产生的流弊。换言之，批评更多的是考虑理论所产生的实际效果而非理论本身。如顾宪成《与李孟白》书中言：

---

❶ 《刘宗周全集》（第二册）卷十五《会录》，页 643。按：标点略有改动。

佛学三藏十二部，五千四百八十卷，一言以蔽之曰：无善无恶。第辨四字与告子易，辨四字与佛氏难。以告子之见性粗，佛氏之见性微也。辨四字与佛氏易，辨四字与阳明难。在佛自立空宗，在吾儒则阴坏实教也。夫自古圣人教人，为善去恶而已。为善为其固有，去恶去其本无也。本体如是，工夫如是，其致一而已矣。阳明岂不教人为善去恶？然既曰无善无恶，而又曰为善去恶，学者执其上一语，不得不忽其下一语也。……阳明曰：四无之说为上根人立教，四有之说为中根以下人立教。是阳明且以无善无恶扫却为善去恶矣。既扫之，又欲留之，纵曰为善去恶之功自初学至圣人究竟无尽，彼直以为是权教，非实教也。其谁肯听？既已拈出一个虚寂，又恐人养成一个虚寂，纵重重教戒、重重嘱咐，彼直见以为是为众人说，非为吾党说也。又谁肯听？夫何故？欣上而厌下，乐易而苦难，人情大抵然也。投之以所欣，而复困之以所厌；畀之以所乐，而复撄之以所苦，必不行矣。故曰惟其执上一语，虽欲不忽下一语，而不可得；至于忽下一语，其上一语虽欲不蔽，而不可得也。罗念庵曰："终日谈本体，不说工夫，才拈工夫，便以为外道。使阳明复生，亦当攒眉。"王塘南曰："心意知物，皆无善恶。使学者以虚见为实悟，必依凭此语，如服鸩毒，未有不杀人者。海内号有超悟，而竟以破戒负不韪之名，正以中此毒而然也。且夫四无之说，主本体言也，阳明方曰是接上根人法，而识者至等之鸩毒；四有之说，主工夫言也，阳明第曰是接中根以下人法，而昧者遂等之外道。然则阳明再生，将有摧心扼腕、不能一日而安者，何但攒眉已乎？（《明儒学案》卷五十八《东林学案一》）

顾宪成将阳明、龙溪的"无善无恶"与告子、佛教相提并论，固然未明其实义，但顾宪成这里批评的重点，显然不在于辨析"无善无恶"的涵义，而在于指出"无善无恶"在工夫实践上所产生的负面效果。从顾宪成的话来看，他认为龙溪的四无论尤其要对此负有不可推卸的责任。

就工夫实践而言，"无善无恶"说的核心思想强调的是让至善的道德本体自然流行发用，不要有意去为善，如海门所谓"古人为善，为此不有之善、无意之善"。否则，一起心转念，有所思虑计算，便不免使善行的发生异化为获取善名或别有所图的工具与手段，丧失了为善本身为所当为的自在价值。如乍见孺子入井时由于"纳交"、"要誉"、"恶其声"这三转念，救援行为便不再是恻隐之心的表现而成为义袭的伪善。正如我们在第3章指出的，这也正是龙溪在其致良知工夫论中提出"无中生有"思想的意义所在。不过，这种想法其实只考虑了善行的发生，未免忽略了恶行发生的问题，所以刘蕺山说："无善无恶，语虽双提，而意实寄于无善。"❶对于善行而言，无心、无意那种"无"的智慧固然可以使善行的发生不必因转念而异化，但对于恶行的发生来说，无心、无意却不免可以成为推脱责任的口实。顾宪成曾说：

> 所谓无善无恶，离有而无耶？即有而无耶？离有而无，于善且薄之而不屑矣。何等超卓！即有而无，于恶且任之而不碍矣。何等洒脱！是故一则可以抬高地步，为谈玄说妙者树标榜；一则可以放松地步，为恣情肆欲者决堤防。宜乎君子小人咸乐其便，而相与靡然趋之也。(《小心斋劄记》卷四)

---

❶ 《刘宗周全集》(第二册)卷十五《会录》，页643。

尽管阳明、龙溪、海门等人的"无善无恶"并不在存有论的意义上否定善的实在性，如顾宪成所谓"离有而无"。但宪成所谓"即有而无，于恶且任之而不碍矣"以及"可以放松地步，为恣情肆欲者决堤防"，却正指那种借口无心之恶而滋生的道德沦丧。而在与学者有关"无善无恶"的讨论中，周海门便曾直接面对过这样的质疑："合无善之体者，无心为善也。既可无心为善，独不可无心为恶乎？"（《东越证学录》卷五《剡中会语》）对此，海门的回答是："善可无心，恶必有心。有无心之善，决无有无心之恶。身为体验，当自知之。"海门否认有"无心之恶"的解释，是纯粹从动机论的角度立言。不是有意而为的错误行为，只能叫做"过"，而不能称为"恶"。这在阳明、龙溪那里也是一致的看法。由于心性是至善的道德本体，其流行发用自然不会有恶的产生。海门所谓"恶必有心"、"决无有无心之恶"，便是说恶行的产生一定是人们有意而为，没有依本心而行、率本性而为。但是，既然心性至善无恶，"有心为善"中的"心"又是何心？此心又从何而来呢？当然，这里"有心"、"无心"其实是指"有意"、"无意"。不过，既然对阳明、龙溪和海门来说意是心之所发，至善的本心又如何会产生"有心为恶"的不良之意呢？这就触及了恶的起源这一阳明学所必须面对的基本理论问题。

在阳明学的系统中，心性或良知是道德法则、道德意志和道德情感的统一，自然不存在恶的问题。对于经验层面恶的产生，龙溪多次指出其根源在于意，如所谓"吾人一切世情嗜欲，皆从意生。心本至善，动于意始有不善"。（《全集》卷一《三山丽泽录》）"万欲起于意，万缘生于识。意胜则心劣，识显则知隐。"（《全集》卷八《意识解》）"千过万恶，皆从意生。不起意，是塞其过恶之源。"（《全集》卷五《慈湖精舍会语》）当然，这里的意，是指"有善有恶"的经验意识，而不是直接由良知心体所发的"无善无恶之意"、"无意之意"。可是，本来作为良知心体直接发动的善良意志，为何会脱离良知心体而成为产生恶的经验意识呢？我们在第4章曾经指出，龙溪的四无论相当于从良知心体开出了"心真如门"这一层面，而在阳明四句教的表述形式下，意与物均处在经验的层面，相当于"生灭门"。良知心体相当于"如来藏自性清净心"，顺良知心体开出四无论，恰如由"清净心"开出"真如门"一样，是自然而然、没有什么曲折的，反而由超越层的良知心体到经验层的意和物，则含有一步曲折。对佛教的一心开二门来说，由"清净心"生出"生灭门"下的污染法，是由于"无明"的存在。而在心与意的体用关系下，对由"无善无恶心之体"为何会产生"有善有恶意之动"，阳明的解释是由于"习心"的存在，即因为人有习心，意识的发动才会脱离良知心体的控制。对佛教而言，"无明"可以说是宇宙中一个与"清净心"并存的终极成分，它与生俱来，本身便是源始的存在，所谓"无始无明"。但与佛教不同的是，对阳明学来说，终极的实在只能是良知心体，"习心"并不能是和"本心"并存的终极成分。龙溪也继承了"习心"的说法。然而，如果是"习心"的存在导致了"意"脱离"本心"而成为"欲"，则恶的根源就应当是"习心"而非"意"。可是，既然"习心"并非一个终极性的存在，它又从何而来？和"本心"又构成何种关系？这对阳明学来说不能不说是个难以索解的问题。事实上，在东西方的文化传统中，恶的起源问题也是一个普遍性的难题。我们不能要求阳明学者对此给出一个完满的答案，也无法在此对该问题本身做出进一步的探讨。我们只想指出的是，就"无善无恶"说的理论相关性而言，必然会触及恶的起源问题，这一问题最终也将牵动阳明学"心即理"的第一原则。由于阳明、龙溪与海门等人对恶的起源缺乏明确与合理的解释，加之晚明社会道德风气的堕落，"无善无恶"说的批评者们便对恶的问题或者说人们的"幽暗意识"投入了更多的关注。❶当然，这种关注更多地表现为为善去恶的道德实践而非理论说明。如刘蕺山在其《人谱》中虽然也对恶的起源问题加以说明，❷但主要还是制定了一整套严格的道德实践工夫。明末清初各种"省过会"与"省过书"（如功过格、记过格、自反录、自监录之类）的大量出现，❸也正表明了这一点。

在"解九"中，周海门为儒家"无善无恶"在境界论意义上无执不滞的涵义追寻了一条历史发展的一贯线索。但是，佛道两家心灵境界向度上"无"的智慧，的确是阳明、龙溪和海门等人"无善无恶"思想的重要资源。而从阳明到龙溪再到海门，对佛道两家尤其禅宗的涉入也不断深入，海门与晚明高僧大德的交游亦较阳明、龙溪更为广泛与频繁。❹事实上，几乎所有赞同或同情"无善无恶"说的儒家学者都对佛道两家持较为开放的态度，而"无善无恶"说的批评者们，则几乎无不严守儒释之辨，对佛老采取排斥的保守态度。因此，在中晚明三教融合的背景之下，无善无恶之辨的背后，还蕴涵着不同儒家学者在正统与异端问题上深刻的思想差异。或者说，对于儒释道三家正统与异端的不同理解，

---

❶ "幽暗意识"一语取自张灏先生。"所谓幽暗意识是发自对人性中或宇宙中与始俱来的种种黑暗势力的正视和省悟：因为这些黑暗势力根深蒂固，这个世界才有缺陷，才不能圆满，而人的生命才有种种的丑恶，种种的遗憾。"见张灏：《幽暗意识与民主传统》（台北：联经出版公司，1989），页4。

❷ 可参考李明辉："刘蕺山论恶之根源"，《刘蕺山学术思想论集》，页93—126。

❸ 有关这一现象的研究，参见王汎森："明末清初的人谱与省过会"，《"中研院"历史语言研究所集刊》，第63本第3分（1993年7月），页679—712。

❹ 彭国翔："周海门与佛教"与"周海门先生年谱稿"，见彭国翔：《近世儒学史的辨正与钩沉》（北京：中华书局，2015），页250—315，316—379。

也是导致不同儒家学者在中晚明无善无恶之辨中分别采取不同立场的一个重要因素。

六　格物工夫之辨

对《大学》中"格物"观念的不同诠释，或许是最能反映阳明学与朱子学不同取向的一个方面。不过，即使在中晚明阳明学的系统内部，不同学者对"格物"观念也有互不相同的理解并且相互之间进行过辩难。格物之辨不仅是一个经典诠释学的问题，更多地反映了不同学者对工夫问题的各自看法，构成中晚明阳明学工夫之辨的一项具体内容。明末的刘蕺山曾谓"格物之说，古今聚讼有七十二家"。❶这当然是就整个宋明理学传统而言，但其中有相当一部分应当是中晚明的儒家学者提出的。在此，我们无法也不打算对中晚明的格物诸说一一分析求证，而是希望通过考察一些学者之间有关"格物"的论辩，进一步掌握中晚明阳明学在展开过程中工夫理论的某些动向与特征。

龙场悟道是阳明摆脱朱子学的笼罩，确立其一生精神方向的转折点。而龙场之悟的核心内容，正是对"格物"观念有了不同于朱子学的崭新理解。所谓"忽中夜大悟格物致知之旨，寤寐中若有人语之者，不觉呼跃，从者皆惊。始知圣人之道，吾性自足，向之求理于事物者误也"。(《年谱》"正德三年戊辰"条下）尽管朱子未必将认识客观事物作为其思想学说的终极追求，但"格物"观念在朱子学的解释中的确主要在于探究外在客观事物的规律，所谓"穷

---

❶　刘宗周：《大学杂言》，《刘宗周全集》（第一册），页771。

理"。**❶** 而阳明龙场之悟对"格物"的重新诠释，正是将对外在客观事物的认识转向内在自我意识的端正，所谓"正念头"。这一基本取向的转变，体现了阳明学与朱子学在工夫问题上的基本差异。并且，正如本章第二节所论，中晚明阳明学工夫论的一个重要发展方向便是继续"鞭辟入里"，不断向主体意识的深层发掘，直至最后的终极实在。然而，阳明学这种内向的道德修养工夫如何避免将道德实践封限于单纯自我意识的领域，不仅是儒家"万物一体"基本观念的必然要求，在当时也是圣学工夫区别于佛老的标志之一。

事实上，阳明在提出其有别于朱子对"格物"的解释之后，便立刻面对了这一问题。当时学者如湛若水、罗钦顺、顾璘（字华玉，号东桥，1476—1545）等人与阳明关于"格物"的论辩，**❷** 核心也正是围绕这一问题。在湛若水和罗钦顺看来，阳明"正念头"的"格物"说既与《大学》"正心"、"诚意"的说法有文义上的重复，又难以与释老的自我修养工夫划清界限，总之不免"局于内而遗其外"。经过这些论辩，阳明的"格物"说表现出一个发展的过程，由单纯自我意识的端正转变为道德实践中行为的正当化。前者如正德年间所谓"'格物'如孟子'大人格君心'之'格'，是去其心之不正，以全其本体之正。但意念所在，即要去其不正，即无时无处不是存天理，即是穷理"。（《传习录上》）后者如嘉靖年间所谓"事事物物皆得其理者，格物也"。（《传习录中》之《答顾东桥书》）

---

❶ 朱子的"格物"虽然也包括对内心念虑的省察，但穷格心之念虑在朱子的"格物"说中并不占主要的地位。并且，朱子的"格物"说恰恰是作为以反观内省解释"格物"的对立主张而提出的。这从朱子对杨时（字中立，称龟山先生，1053—1135）将"格物"解释为"反身而诚"的批评即可见。参见陈来：《朱子哲学研究》，页294—314。

❷ 阳明与湛若水、罗钦顺、顾东桥有关格物致知之辨的内容及有关的讨论，参见陈来：《有无之境——王阳明哲学的精神》，页135—151。

"物者，事也。凡意之所发，必有其事，意之所在谓之物。格者，正也。正其不正以归于正之谓也。正其不正者，去恶之谓也；归于正者，为善之谓也。夫是之谓格。"（《大学问》）由于阳明始终认为不能离开人的意识活动来谈事物，所谓"意之所在为物"，因此，即使在晚年强调"格物"是在行事过程中的为善去恶，将良知的发用流行充拓推广到事事物物当中使之皆得正当化，阳明对"格物"的理解也并没有因为在有关格物之辨中受到朱子学者或认同朱子格物说学者的批评而回到认识客观事物的道路上去。阳明"格物"说的发展过程，其实反映出阳明对"格物"观念理解的深化。就此而言，作为工夫论而非认识论的格物说，其最终内涵应当说既非单纯探究外在客观事物而与朱子学的"格物穷理"有着根本的不同，又非单纯内在自我意识的端正而与"诚意"有别。不过，阳明对此尚未有明确的分疏。这一点，在龙溪与一些学者的"格物"之辨中，得到了进一步明确的揭示。

相对于朱子学，阳明的"格物"说在整体上毕竟体现出主体主义的倾向。因此，随着阳明学影响的日渐深远，许多学者无形中受到阳明正德年间以"正念头"诠释"格物"这种说法的影响，在对"格物"观念的理解上又走到了朱子学"格物"观的对立面，确实出现了将"格物"工夫收缩于单纯自我意识领域的倾向。对此，王艮的"淮南格物"说可为一例。对王艮而言，自我与天地万物都可以说是"物"，但二者是有本末之别的。所谓"身与天下国家一物也，惟一物而有本末之谓"。（《心斋语录》）"身也者，天地万物之本也；天地万物，末也。"（同上）因此，"格物"的根本涵义便是"正身"，身正则天地万物、家国天下也就随之而正。所谓"格，絜度也。絜度于本末之间，而知'本乱末治者否矣'，此格物也"。（同上）"吾身是个矩，天下国家是个方，矩则知方之不正，由矩之不正也。是以只去正矩，却不在方上求。矩正则方正矣，方正则成格矣，故曰物格。"（同上）尽管"正身"思想中的"身"还容纳了感性甚至肉体生命的向度，但更多地仍然是指主体的自我意识。因此，将"格物"的工夫限定于主体自身，是"淮南格物"说的基本特征所在。正如王栋所谓："格物之学，究竟只是反身工夫。"（《一庵王先生遗集》卷一）这一倾向的影响之广，甚至波及了湛若水的门下。如湛若水的再传许孚远认为：

> 格物之说，彼谓"待有物而后格，恐未格时，便已离根者"，此其论似高而实非也。若得常在看到方寸地洒洒不挂一尘，乃是格物真际。人有血气心知，便有声色，种种交害虽未至目前，而病根常在，所以诚意工夫透底，是一格物。孔子江汉以濯、秋阳以暴，胸中一毫渣滓无存，阴邪俱尽，故能毋意、毋必、毋固、毋我。此非圣人，不足以当格物之至。（《明儒学案》卷四十一《甘泉学案五》）

这实际上是将"格物"等同于"诚意"。而明末师承许孚远的刘蕺山称赞王艮的"格物"说，所谓"后儒格物之说，当以淮南为正"（《明儒学案》卷六十二《蕺山学案》)，并将"诚意"、"慎独"作为"格物致知"的实质内容，❶无疑也是将"格物"工夫收缩于自我

---

❶ 如《学言上》将"格物"归为"诚意"；所谓"《大学》之教，只教人知本。天下国家之本在身，身之本在心，心之本在意。意者，至善之所止也，而工夫则从格始。正致其知止之知，而格其物有本末之物，归于止至善云耳。格致者诚意之功，功夫结在主意中，方为真功夫。如离却意根一步，亦更无格致可言。故格致与诚意二而一、一而二者也"。见《刘宗周全集》（第二册），页458，标点略有改动。又如《大学杂言》将"格物"归为"慎独"，所谓"慎独，是格物第一义。才言独便是一物，此处如何用工夫？只戒谨恐惧，是格此物正当处"。见《刘宗周全集》（第一册），页776。

意识领域的表现。当然，这一倾向更为鲜明的反映，是聂双江"格物无工夫"以及王宗沐以"无欲"解"格物"的主张。但是，这一倾向并不能代表所有阳明学者对"格物"的看法，而正是在与聂双江、王宗沐的格物之辨中，龙溪进一步阐发了阳明晚年的"格物"思想，显示了中晚明阳明学中"格物"说的另一种致思取向。

聂双江与龙溪曾经展开过系统的往复辩难，其中涉及了阳明学的许多重要方面。❶除了我们前面讨论过的现成良知之外，"格物"观念也是双方辩论的问题之一。聂双江对"格物"的理解，是与其"致知"观念紧密相关的。他说："致知者，止至善之全功。格物者，止至善之妙用。意也者，感于物而生于知者也。诚言其顺，格言其化，致言其寂也。寂以妙感，感以速化，万而一者也。"（《双江聂先生文集》卷三《大学古本臆说序》）显然，双江从体用的角度来理解"致知"与"格物"的关系。而既然"致知"是"立体"的"全功"，"格物"便不过是致知工夫所取得的效果，本身并不具备工夫论的意涵（严格而论，双江的"格物"其实应当是"物格"）。在与龙溪论辩的书信中，双江便明确提出了"格物无工夫"说法。所谓：

> 愚夫愚妇之知未动于意欲之时与圣人同，是也。则夫致知之功要在于意欲之不动，非以"周乎物而不过"之为致也。镜悬于此而物自照，则所照者广。若执镜随物以鉴其形，所照几何？延平此喻未为无见。致知如磨镜，格物如镜之照。谬谓格物无工

❶ 龙溪方面的文献记载见《全集》卷六《致知议辨》，双江方面的文献记载见《双江聂先生文集》卷十一《答王龙溪》第一书。双方文字略异，大旨相同，而以双江记载较为详细。对于双方的论辩，牟宗三先生曾根据龙溪的《致知议辨》而有详细的逐条疏解，见牟宗三：《从陆象山到刘蕺山》第四章"'致知议辨'疏解"，页315—395。

夫，以此。(《双江聂先生文集》卷十一《答王龙溪》第一书）

在双江看来，工夫如果落在"格物"而不本于"致知"，就会像"执镜随物以鉴其形"那样所照有限。而如果工夫本于"致知"，即将着力点落在良知心体，就会像"镜悬于此而物自照"那样，收到"所照者广"的功效，所谓"充满乎虚灵本体之量，而不以一毫意欲自蔽，则自此而发者，自然中节"。(《双江聂先生文集》卷三《大学古本臆说序》）当然，如果双江强调"格物"须本于"致知"的重点在于指出格物工夫之所以可能的先天根据在良知心体，格物工夫的实践须预设良知心体的先在性，则龙溪并不能反对，龙溪致良知工夫尤其先天正心之学的重点也正在于此。不过，正如我们前面已经指出的，双江是二元论的体用思维方式。因此，"致知"与"格物"便不会是相互蕴涵的关系。既然双江归寂说的宗旨在于"充满乎虚灵本体之量"的"致知"，"格物"失去其独立的工夫论意义，便是必然的理论后果。

由于双江的"格物"说关联于"致知"，龙溪也从"格物"与"致知"关系的角度表达了他对"格物"观念的看法。龙溪全集中共收录两封给双江的书信。其中都谈到了"格物"的问题。在《答聂双江》中，龙溪指出：

> 所谓致知在格物，格物正是致知实用力之地，不可以内外分者也。若谓工夫只是致知，而谓格物无工夫，其流之弊，便至于绝物，便是仙佛之学。徒知致知在格物，而不悟格物正是致其未发之知，其流之弊，便至于逐物，便是支离之学。争若毫厘，然千里之谬，实始于此，不可不察也。(《全集》卷九）

在这封信中，龙溪讲得比较圆融，既批评了只讲"致知"不讲"格物"的"绝物"，又批评了只讲"格物"不讲"致知"的"逐物"。对龙溪来说，"格物"与"致知"其实是相互蕴涵的关系。**❶** 而在《与聂双江》中，龙溪则进一步针对双江归寂立体的主张强调了"格物"的工夫论意义。龙溪指出：

> 然欲立定命根，不是悬空做得。格物正是致知下手实地，故曰"在格物"。格是天则，良知所本有，犹所谓天然格式也。若不在感应上参勘得过，打叠得下，终落悬空，对境终有动处。良知本虚，格物乃实，虚实相生，天则常见，方是真立本也。（《全集》卷九）

由龙溪与双江的格物之辨可见，双江"格物无工夫"的主张完全将道德实践的工夫收缩到了自我意识的领域。针对双江之说，龙溪"格物"说强调工夫不能只限于主体自身，还必须落实到人伦日用的各种实事上去，否则不免产生两方面的问题。首先，如果道德实践仅仅封限于自我意识的领域，一旦与外物交接，便难以保证实际的行为仍然符合道德法则，所谓"若不在感应上参勘得过，打叠得下，终落悬空，对境终有动处"。另外，佛道两家的基本特征便是缺乏"经世之学"而将修养的工夫限于个体自我。双江只讲"致知"而否定"格物"的工夫论意义，在龙溪看来，就不免同样是将道德实践封限于个体自我而难以与佛道两家划清界限。所谓"若谓

---

❶ 如龙溪在《答毛治卿》中所谓："来教疑致知反在格物之先，夫先师格物致知之旨，本无先后，致知者，致不学之知，是千古秘密灵明之窍；格物者，格见在之物，是灵明感应之实事。故致知在于格物，则知非空知；格物本于致知，则物非外物。此孔门一贯之旨，无内外，无精粗，而不可以先后分者也。"（《全集》卷九）

工夫只是致知，而谓格物无工夫，其流之弊，便至于绝物，便是仙佛之学"。而龙溪强调致良知工夫必须落实到不离伦物感应的"格物"上去，与阳明在《答聂文蔚》书中要求"必有事焉"的告诫，是完全一致的。

王宗沐（字新甫，号敬所，1523—1591）师事欧阳南野，属于阳明学的第二代。他曾将"格物"中的"物"字解作"欲"，将"格物"解作"无欲"。这种将"格物"解释为消除欲念的工夫，显然与朱子学有着本质的不同而接近于阳明正德年间"正念头"的立场。但是，当王宗沐致书于龙溪时，龙溪并不以是说为然，而是更为明确地强调了"格物"不能离开人伦日用而限于自我意识的领域。

龙溪指出，将"物"解作"欲"在经典诠释的传统中并无依据，所谓"兄径以物字作欲字看，从古无此训释"。（《全集》卷六《格物问答原旨——答敬所王子》）但是，对龙溪来说，问题的关键尚并不在此。在龙溪看来，作为"诚意"工夫的"格物"并非一种与外界事物无关的单纯自我意识活动，而是必然要关联于"伦物感应之实事"。"物"泛指人伦日用中的各种行为。不符合道德法则的行为实际上是人们私欲的反映，在这个意义上"为善去恶"的"格物"工夫，也可以说就是要消除人们的私欲的"无欲"工夫。不过，这种"无欲"的"格物"工夫是要消除人伦日用中不合乎道德法则的行为，而不是要取消人伦日用的各种行为本身，使道德实践的工夫仅仅退缩到自我意识的领域。正如龙溪所谓："即如颜子非礼毋视毋听，视听物也，非礼之视听，方谓之欲，毋视毋听，正是克己无欲工夫，亦非并视听为欲而欲格去之也。"以"无欲"为"格物"，不免有导致离却"伦物感应"的可能。因此，针对王宗沐将"格物"解作"无欲"，龙溪格外强调了"格物"中"即物"的一面，所谓"无欲须于人伦事物上磨。……在人伦事物上磨，格其不正以归于正，正是无欲工夫"。(《全集》卷六《格物问答原旨——答敬所王子》) 并明确指出：

> 天生蒸民，有物有则。良知是天然之则，物是伦物感应之实事。如有父子之物，斯有慈孝之则；有视听之物，斯有聪明之则。伦物感应实事上循其天然之则，则物得其理矣。是之谓格物。(《全集》卷九)

显然，这里龙溪对"格物"的界定，所谓"伦物感应实事上循其天然之则"，与阳明晚年所谓"事事物物皆得其理者，格物也"的说法是一致的。

不过，无论在与聂双江还是王宗沐的论辩中，龙溪在"格物"问题上对不离"伦物感应之实事"的强调，决不意味着龙溪回到了朱子学"格物穷理"的思想。龙溪的"格物"说无疑继承了阳明有别于朱子学的基本取向，如他在《与万合溪》中所谓：

> 意之所用为物，是吃紧要语。物之善恶无定形，意善则物善，意恶则物恶。格者，正也。格其不正以归于正，为困勉立法。正与不正，皆从意根上用力。故曰格物者，格其意之物也。若在物上求正，即为义袭之学，非大学本旨矣。敬所兄认物为欲，似抑之太过；吾丈训格物为至善，似扬之太过，恐皆未得孔门立言之旨也。(《全集》卷十一)

不论万合溪"训格物为至善"的涵义究竟是什么，龙溪这段话的主要意思显然是反对朱子学的"格物"说。进一步说，龙溪认为格物工夫的着力点不应当落在外在的客观事物上，而应当放在主体的意识活动中，否则道德实践的自律性不免丧失。所谓"正与不正，皆从意根上用力。故曰格物者，格其意之物也。若在物上求正，即为义袭之学，非大学本旨矣"。当然，龙溪将"格物"工夫理解为主体的意识活动，并非意味着这种主体的意识活动仅限于单纯自我意识的领域。对龙溪来说，作为主体意识活动的"格物"工夫始终必须关联于自我之外的各种事物。正如前文所论，龙溪对聂双江、王宗沐"格物"说的批评，强调的无非都是这一点。

我们在第3章讨论龙溪的致良知工夫以及本章第二节"究竟工夫"的部分时曾经指出，龙溪致良知工夫论的一个显著特点便是将阳明对朱子学外向工夫的内向扭转继续推进，贯彻到了最为根本的良知心体这一向内追究的逻辑终点。但是，通过以上龙溪对聂双江、王宗沐"格物"说的批评，我们可以看到，龙溪的致良知工夫论尽管立足于最内在的良知心体，却又并非离却伦物感应而退居于单纯自我意识的领域，而是必然要展开于由自我而家、国、天下的整个社会关系网络之中，正所谓"非即其物而格之，则无以致其知"，"致知在格物，谓不离伦物感应以致其知也"（《全集》卷六《格物问答原旨——答敬所王子》），如此才能最终达到四无论所揭示的万物一体与天德流行的圆善之境。这一点，也可以对前面第3章的内容略作补充。

如果说朱子学的"格物穷理"不免"忘内求外"的话，聂双江的"格物无工夫"和王宗沐的"无欲"说所代表的倾向则均不免"务内遗外"。这两种"格物"说的取向都不为龙溪所取，在龙溪看来，"格物"工夫应当是一种"合内外之道"。在上引《答聂双江》书中，龙溪对"支离之学""逐物"与"仙佛之学""绝物"的两方面批判，便已经显示了龙溪在"格物"观念上的基本立场，而在万历三年乙亥（1575）的新安斗山书院之会中，七十八岁的龙溪对此更有明确的表达：

> 或问格物之义：或以格物为至其理，或以格物训作无欲，其旨何如？先生（龙溪）曰：天生蒸民，有物有则。良知是天然之则，物是伦物所感之应迹。如有父子之物，斯有慈孝之则；有视听之物，斯有聪明之则。应感迹上，循其天则之自然，而后物得其理，是之谓格物，非即以物为理也。人生而静，天之性也。物者因感而有，意之所用为物。意到动处，便易流于欲，故须在应迹上用寡欲工夫。寡之又寡，以至于无，是之谓格物，非即以物为欲也。夫身心意知物，只是一物；格致诚正修，只是一事。身之主宰为心，心之发动为意，意之明觉为知，知之感应为物。正者，正此也；诚者，诚此也；致者，致此也；格者，格此也。此虞廷精一之旨，合内外之道。物从意生，意正则物正，意邪则物邪。认物为理，则为太过；训物为欲，则为不及，皆非格物之原旨也。（《全集》卷七《新安斗山书院会语》）

由此可见，在格物的问题上，龙溪采取的是双遣两边之见的中道立场。既不将工夫的实践对象系于外在事物，又不取消外在事物客观实在性以至于将其化约为纯粹的自我意识。通过对"格物"观念的阐发，龙溪使阳明学的工夫论在继续针对朱子学"格物穷理"外向路线不免削弱道德主体性这一问题的同时，又力图避免将致良知工夫化约为单纯自我道德意识的修养，以便与佛道的心性工夫划清界限。后者从龙溪与聂双江、王宗沐的格物之辨来看，在中晚明阳明学的展开过程中更具有理论的针对性和现实意义。

作为阳明晚年成熟的"格物"说的进一步展开，龙溪这种将"格物"工夫作为"合内外之道"而指向"我"与"物"之间感应关系的立场和取向，在中晚明的思想界也具有相当的代表性，反映了中晚明阳明学"格物"说发展的另一个基本方向。周海门后来便对王艮的淮南格物说提出批评，所谓：

> 心斋格物之说，自是归根之旨，然亦不能舍却家国天下心意，另求一物。阳明子所谓致吾心之知在事事物物之间，格其不正以归于正。夫事物非迹，即是吾知；吾知非虚，即是事物。工夫即格即致，本末难分。如此修证，于孔门博约中和之训，无不合辙。故区区谓惟当遵阳明子之说，着实做去，不必别立新奇也。(《东越证学录》卷十《与赵学博怀莲》)

这显然是秉承龙溪"合内外之道"的格物宗旨，认为王艮之说不免会限于自我意识。"舍却家国天下心意"中的"心意"是虚说，"家国天下"才是实指。海门是龙溪之后最能发扬龙溪思想的弟子，在格物工夫上与龙溪保持一致是很自然的。此外，我们可以欧阳南野、王塘南对"格物"的看法为例加以说明。这两个人物既分别属于阳明学的第一代和第二代传人，又各自具有不同的思维方式，但在"格物"的问题上均与龙溪持论相当，应当比较能够说明问题。

对于聂双江"格物无工夫"的说法，欧阳南野也曾经作出过回应。南野在给聂双江的书信中指出：

> 夫知以事为体，事以知为则。事不能皆循其知，则知不能皆极其至。故致知在格物，格物以致知，然后为全功。后世以格物为功者，既入于揣摩义袭，而不知有致知之物；以致知为功者，又近于圆觉真空，而不知有格物之知，去道愈远矣。(《欧阳南野先生文集》卷四《寄双江》第三书)

在南野看来，朱子学"以格物为功"，不免入于"揣摩义袭"，而双江主张"格物无工夫"，仅"以致知为功"，又不免沦于佛教的沉空守寂之学，所谓"近于圆觉真空"。将南野此信与前引龙溪《答聂双江》相对照，我们立刻会发现，就对双江的批评而言，无论在基本立场还是论证方式上，南野与龙溪简直可谓如出一辙。

我们前已指出，由于二元论的体用思维方式，王塘南在一些根本问题上的所见并不同于龙溪、南野，并开启了脱离阳明学典范的契机。但是，在对"格物"的理解上，塘南却又与龙溪、南野保持了高度的一致。首先，在对"物"的理解上，塘南认同阳明"意之所在为物"的说法：

> 阳明以意之所在为物，此义最精。盖一念未萌，则万境俱寂，念之所涉，境则随生。且如念不注于目前，则虽泰山觌而不睹；念苟注于世外，则虽蓬壶遥阁而成象矣。故意之所在为物，此物非内非外，是本心之影也。（《塘南王先生友庆堂合稿》卷四《语录·三益轩会语》）

在此基础上，塘南也认为"致知"的工夫必须落实在"格物"上。当有人提出"致知焉尽矣，何必格物"这一认同聂双江"格物无工夫"主张的问题时，塘南回答说：

> 知无体，不可执也。物者知之显迹也。舍物则何以达此知之用？如窒水之流，非所以尽水之性也，故致知必在格物。（同上）

这种从"格物"与"致知"关系的角度对于前者的强调，也与龙溪、南野相同。另外，塘南还曾说：

> 盈天地间皆物也，何以格之？惟以意之所在为物，则格物之功，非逐物亦非离物也，至博而至约矣。（《塘南王先生友庆堂合稿》卷四《语录·三益轩会语》）

这种"非逐物亦非离物"的"格物"观，与龙溪既反对"逐物"又反对"绝物"的立场也是完全一致的。

由以上的讨论可见，中晚明阳明学"格物"观念的发展虽然总体上有别于朱子学而具有主体主义的基本特征，但在其内部仍然可以区分出两种不同的取向。一种是将"格物"完全收缩到自我意识的领域，不免取消了"格物"这一经典用语本身所具有的面对客观事物的致思方向。如聂双江、王宗沐、王艮以及刘蕺山等人的"格物"说。另一种则是通过将"物"理解为意向性中的对象或者作为各种实际生活行为的"事"，使"格物"工夫不再是一种单纯自我意识的孤立活动，而是展开于自我与外界事物的关系结构与互动过程。这是从阳明到龙溪等人的"格物"说所代表的方向。这一方向不再像前一种那样构成朱子学"格物"说的简单对立，而是在相当程度上吸取了朱子学重视探究外界客观事物的精神。当然，这种对外界事物的重视如果在朱子学那里更多地具有认知主义意味的话，在阳明、龙溪等人这里，则完全服从于伦理中心的原则。

从阳明到龙溪，"格物"说不再仅仅作为朱子学"格物穷理"的对立面表现为单纯自我意识的端正（正念头），而是发展成为一种既不"逐物"又不"绝物"的"合内外"工夫，其实反映了阳明学在与朱子学互动过程中由反对到吸收的动向。事实上，阳明本人格物说之所以会有一个从"正念头"到"事事物物皆得其理"的转变，正是与湛若水、罗钦顺和顾东桥等朱子学立场或倾向于朱子学立场的学者相互论辩的结果。此外，这种动向并非仅仅发生在阳明学之中，中晚明的朱子学者或倾向于朱子学的学者在"格物"的问题上，也修正了朱子的看法而在实际上对阳明学主体主义进路的"格物"说不无所取。这一点，在罗钦顺、顾宪成和高攀龙等几位中晚明的主要人物那里都有鲜明的反映。如罗钦顺在与阳明辩"格物"时曾批评阳明将"格物"解释为"格心"的说法不免"局于内而遗其外"，但罗钦顺最终对"格物"的解释也并非完全采取朱子学的立场。朱子学以"至"训"格"，阳明正德年间以"正"训"格"，而罗钦顺则将"格"解为"通彻无间"。所谓"格物之格，正是通彻无间之意。盖工夫至到则通彻无间，物即我，我即物，浑然一致，虽合字亦不用矣"。（《困知记》卷上）如果说阳明正德年间的"格物"说与朱子的"格物"说分别有内外之偏的话，罗钦顺这种将"格物"工夫既不推向外物又不收回内心，而是强调心物交融、物我交融的"格物"说，显然是吸取了阳明"格物"说的结果。这种将"格物"理解为物我之间彼此相通的看法，在阳明学中甚至颇有同调，如晚于罗钦顺的杨起元曾说："格亦有通彻之义，通而谓之格，犹治而谓之乱也。格物者，己与物通一无二也。如此，则无物矣。有则滞，滞则不通；无则虚，虚则通。物本自无，人见其有。格物者，除其妄有，而归其本无也。"（《太史杨复所先生证学编》）这也向我们透露了阳明学与朱子学在"格物"问题上渐趋融合的消息。东林的顾宪成与高攀龙虽然对"格物"的看法不尽相同并进行过讨论，❶似乎顾宪成强调格物要落实在性情上的看法受到阳明学的影响，而高攀龙则更接近朱子学的立场而肯定

---

❶ 参见高攀龙：《高子遗书》卷八《答泾阳先生论格物》。

了格"一草一木之理"的意义，但是，由于根据自身的内在体验而预设了心与理同一的前提，[1] 高攀龙对格"一草一木之理"的肯定其实并不同于朱子，而是将"一草一木之理"纳入到自我的心中，如此则"格物"工夫的基本取向仍在于反观自得，所谓"才知反求诸身，是真能格物者也"。(《高子遗书》卷一《语》)也正是因此，黄宗羲认为高攀龙这种诉诸主体的"格物"说"是与程、朱之旨异矣"(《明儒学案》卷五十八《东林学案一》)，反而与阳明并无本质的区别，所谓"先生之格物，本无可诤，特欲自别于阳明，反觉多所扞格耳"。(同上)如此看来，顾、高二人虽对阳明均有批评，但在"格物"的问题上，却也都不免在实际上受到阳明学的影响而注意到了心与物之间的融通。此外，甚至连归宗气学的王廷相在解释"格物"时也有可能受到阳明的影响，批评朱子学解"格"为"至"而认同阳明以"正"训"格"。所谓："格物之解，程朱皆训'至'字。程子曰'格物而至于物'，此重叠不成文义，朱子则曰'穷至事物之理'，是'至'字上又添出一'穷'字。圣人之言直截，决不如此，不如训以'正'字。"(《雅述》上篇)"格物者，正物也，物各得其当然之实则正矣。"(《慎言·潜心篇》)当然，不论是罗钦顺、顾宪成、高攀龙还是王廷相，其"格物"说的具体内涵都值得深入探讨，但由于我们研究的对象是中晚明阳明学的展开，因此，这里只是指出他们的"格物"说都或多或少有取于阳明学这一一般特征，以便与前面所论以龙溪等人为代表的阳明学在"格物"问题上吸收朱子学这一发展方向相对照，使我们可以进一步窥见中晚明

---

[1] 高攀龙曾经有过极其丰富的神秘体验，关于这一方面的研究，可参考 Rodney L. Taylor, *The Cultivation of Sagehood as d Religious Goal in Neo-Confucianism: A Study of Selected Writings of Kao P'an-lung*（1562–1661）.Missoula, Mont：Scholars Press / American Academy of Religion, 1978。

阳明学与朱子学互动交融下所产生的新的发展动向与特征。

当然，正如阳明与湛若水、罗钦顺以及龙溪与聂双江、王宗沐的论辩所显示的那样，由于在"格物"的过程中是否能够做到"及物"而不"绝物"在当时还是圣学工夫区别于佛老的一个标志，因此，格物之辨还纠结着儒释之辨的因素，而不是一个只限于儒学内部的问题。从我们前面的讨论也可以看到，这一点还表现在无善无恶之辨等本体与工夫之辨的许多方面。事实上，除了朱子学之外，与佛老的互动交融，同样是制约中晚明阳明学发展的一条重要线索。

第 **7** 章

中晚明的阳明学与三教融合

　　龙溪思想的丰富内涵，已经向我们提供了阳明学与佛道两家互动交融的极佳个案。在中晚明阳明学的本体与工夫之辨中，也渗透纠结着佛道两家的因素。显然，中晚明阳明学的发展过程，绝非一个儒家思想不与其他思想系统发生关涉的自我展开。除了与朱子学的互动这一线索之外，中晚明阳明学的许多方面与特征，是在当时三教融合的历史与思想脉络中生发出来的。换言之，儒学与佛道两家的深度融合，塑造了中晚明阳明学发展过程中一些特有的问题意识。因此，除了围绕本体与工夫这两大基本问题所展开的一系列讨论之外，我们还需要在三教融合尤其儒学与佛教思想互动交融这一线索与视域之下，考察中晚明阳明学在展开过程中那些特有的问题意识以及随之而来的某些方面。只有较为深入地考察这些方面，对于中晚明阳明学展开过程中的基本问题，我们才能够获得较为全面的把握。由于龙溪是中晚明阳明学与佛道两家交融互动的代表人物，我们这一章从儒学与佛道两家互动融合的视角观察中晚明阳明学的展开，就仍然以龙溪为中心或线索。而通过本章的讨论，我们不仅可以对中晚明阳明学的展开这一"面"有更为完整的了解，对于龙溪思想这一"点"，也将会由于获得了其存在的更为广阔的脉络而使我们的理解更为深入。

一　三教融合

"三教融合"可以指示一种社会历史现象，我们这里所论，是指一种会通儒释道三家的思想主张。当然，这两者是相辅相成的关系，前者的存在为后者培育了土壤，后者的发生发展又推动了前者的深入。三教融合的思想主张起源甚早，有明确文献记载的可以追溯到东汉末年牟融的《理惑论》，其后历代儒释道三方几乎都或多或少有提倡此说者。[●] 唐代官方举办的三教讲论活动促进了三教的交融，于是宋、元时代出现了一批较有代表性的主张三教融合的著作，如契嵩（1007—1072）的《辅教编》、张商英（1043—1121）的《护法论》、夏元鼎（生卒不详）的《三教归一图说》、李纯甫的《鸣道集说》、陶宗仪（约 1320—1402）的《三教一源图》以及刘谧（生卒不详）的《三教平心论》等。而到了明代尤其是明中后期，无论是思想主张还是社会现实，三教融合都可以说达到了中国传统社会的高峰。在此，我们无法对中晚明儒释道三家的三教融合

[●] 有关中国历史上三教关系与融合的历史研究，参见常盘大定：《支那に於ける佛教と儒教道教》，东洋文库，1930；久保田量远：（一）《支那儒释道三教史论》，东方书院，1931；（二）《支那儒道佛交涉史》，大东出版社，1943。迄今为止海内外学界专门研究三教关系史的专著大概仍只有此三书，但久保田量远《支那儒道佛交涉史》一书于明代阳明学与佛道两家关系全无涉及，常盘大定书分前后编，前编讨论儒学与佛教的交涉，后编讨论道教与佛教的交涉，前编"下"第二、三、四章讨论明儒与佛教，但仅涉及胡居仁、王阳明与罗钦顺三人，于阳明后学则全未提及。因此，对三教关系史的研究尚有待于进一步的开拓。

思想进行全面的检讨，而是要以阳明学有关三教融合的思想作为考察的对象。从总体来看，是否对佛道两家持较为开放的态度并肯定三教融合的发展方向，在一定程度上可以说是中晚明区分阳明学与朱子学的一个指标。几乎所有朱子学或倾向于朱子学的学者都反对三教融合的思想，在陈建（字廷肇，号清澜，1497—1567）、唐伯元（字仁卿，号曙台，1540—1598）、冯少墟、顾宪成、高攀龙等人对阳明学的批判中，一个重要的方面就是反对阳明学者的三教融合思想。因此，三教融合的思想的确构成中晚明阳明学的一个基本特征，恰如四库馆臣所谓："盖心学盛行之时，无不讲三教归一者。"（《四库全书总目提要》）不过，我们不打算对不同阳明学者有关三教融合的思想逐一加以检讨，而是要指出从阳明到龙溪以降中晚明阳明学三教融合论发展的一条重要线索。作为儒学与佛道两家长期互动交融的必然结果，这一发展线索也是中晚明阳明学展开过程中的一个重要方面。

在明代阳明学以前的理学传统中，几乎每一位理学大师都与佛道两家有着或多或少的交往，而这种交往本身便是三教互动的表现。正是以往理学与佛道不断深入互动所形成的传统以及明朝统治者保护、提倡佛道二教所营造的意识形态，为中晚明阳明学三教融合论的深入发展奠定了思想基础并创造了社会条件。不过，虽然阳明学以前的儒者几乎都有泛滥佛老多年的经历，但对佛道两家一般均视之为异端而采取排斥和批判的态度，鲜有明确提倡三教融合之说者。只有到了明代阳明学兴起之后，随着中晚明阳明学者对佛道二教的了解与吸收较之宋儒更为精微深入，理学传统中三教融合的思想主张才逐渐得到发展。

阳明虽未明确提出三教融合的说法，但其思想中实际上已经包含了三教融合的主张。我们在第 5 章讨论龙溪的三教观之前，曾经提到阳明有关三教问题的两条材料，这里需要再次引用，以便分析阳明三教融合思想的具体内涵。嘉靖二年癸未（1523）十一月，阳明渡钱塘至萧山时，曾与张元冲讨论过三教关系的问题：

> 张元冲在舟中问："二氏与圣人之学所差毫厘，谓其皆有得于性命也。但二氏于性命中着些私利，便谬千里矣。今观二氏作用，亦有功于吾身者，不知亦须兼取否？"先生（阳明）曰："说兼取，便不是。圣人尽性至命，何物不备？何待兼取？二氏之用，皆我之用。即吾尽性至命中完养此身谓之仙；即吾尽性至命中不染世累谓之佛。但后世儒者不见圣学之全，故与二氏成二见耳。譬之厅堂三间共为一厅，儒者不知皆吾所用，见佛氏，则割左边一间与之；见老氏，则割右边一间与之；而己则自处中间，皆举一而废百也。圣人与天地民物同体，儒、佛、老、庄皆吾之用，是之谓大道。二氏自私其身，是之谓小道。"（《年谱》"嘉靖二年十一月"条下）

张元冲"兼取二氏"的说法已经是三教融合的主张，但在阳明看来还不够。或者说，张元冲三教融合的根本内涵与阳明是有差别的。因为张元冲的说法预设了儒释道三教作为三种独立思想系统的不同，而由阳明"说兼取，便不是"的态度及其三间屋舍的比喻来看，阳明其实认为佛道两家的思想本来完全可以为儒学所容纳，只是后来儒者画地为牢，才将本来家当割舍与佛道两家。因此，阳明的话中蕴涵着三教融合的思想，只是这种融合可以说是三教归儒，因为在阳明看来，三教共同的源头就是他所理解的儒家思想。阳明的这种思想，在其晚年又发生了微妙的变化。在朱得之所录的《稽山承语》中，阳明再次以三间屋舍的比喻阐发了他对于三教关系的理解：

或问："三教同异。"师曰："道大无外。若曰各道其道，是小其道矣。心学纯明之时，天下同风，各求自尽。就如此厅事，元是统成一间。其后子孙分居，便有中有傍。又传，渐设藩篱，犹能往来相助。再久来，渐有相较相争，甚而至于相敌。其初只是一家，去其藩篱仍旧是一家。三教之分亦只似此。"❶

初看起来，阳明这里三间屋舍之喻与对张元冲所论并无不同，但仔细观察，如果说阳明在与张元冲之论中将三教的本源与全体归为儒家的话，由此处所谓"道大无外。若曰各道其道，是小其道矣"，以及"其初只是一家，去其藩篱仍旧是一家。三教之分亦只似此"的话来看，儒家本位的色彩显然大为淡化，儒释道三教的本源与全体似乎已不再是儒，而是宇宙间无外的大道。当然，阳明的意思尚不甚显豁，需要我们仔细地体会。然而，阳明思想的这种隐微变化，事实上却正指示了中晚明阳明学者三教融合论的一个主要发展方向。这一方向，在龙溪处得到了明确的揭示。

我们在第 5 章考察过龙溪的三教观，而龙溪儒家本位的三教一源论，可以说是将阳明上述思想的进一步明确化。一方面，龙溪始终没有放弃儒家的自我认同，在三教融合的问题上显示了儒家的本位；另一方面，龙溪又表现出了超越儒释道三家的倾向。所谓"人受天地之中以生，均有恒性，初未尝以某为儒、某为老、某为佛而分授也"（《全集》卷十七《三教堂记》），显然认为人的"恒性"是儒释道三教共同的基础与根源，而儒释道三教则可以说是这种"恒性"的表现。这两个方面，构成龙溪三教融合思想的具体内容。由

---

❶ 见（一）陈来等："关于《遗言录》、《稽山承语》与王阳明语录佚文"，《清华汉学研究》第一辑，页 189；（二）《中国文哲通讯》第八卷第三期，页 62。

于我们在第 5 章对此已有较为详细的说明，这里就不再赘述了。而龙溪之后，晚明阳明学者在三教融合思想上的一个重要发展方向，则正是表现为进一步淡化并超越儒家的本位，将儒释道三教平等地视为宇宙间一个更为根本的本源的不同表现。这一点，我们可以焦竑为例加以说明。

焦竑（字弱侯，号澹园，又号漪园，1541—1620）师从耿定向，并曾在南京亲聆过龙溪、近溪的讲席，在晚明不仅是一位阳明学的中坚，还是一位学识渊博的鸿儒，所谓"博极群书，自经史至稗官、杂说，无不淹贯"。（《明史》卷二八八）作为一位百科全书式的人物，在当时享有崇高的学术地位与社会声望，被誉为"钜儒宿学，北面人宗"。❶四方学者、士人无不以得见焦竑为荣，所谓"天下人无问识不识，被先生容接，如登龙门。而官留都者自六官以下，有大议大疑，无不俯躬而奉教焉"。❷并且，焦竑曾著《老子翼》、《庄子翼》、《楞严经精解评林》、《楞伽经精解评林》、《圆觉经精解评林》以及《法华经精解评林》等，更是当时会通三教的思想领袖。❸焦竑曾明确指出：

　　道一也，达者契之，众人宗之。在中国曰孔、孟、老、庄，其至自西域者为释氏。由此推之，八荒之表，万古之上，

---

❶ 徐光启：《尊师澹园焦先生续集序》，见焦竑：《澹园集》附编二，页 1219。

❷ 黄汝亨：《祭焦弱侯先生文》，见焦竑：《澹园集》附编三，页 1234。

❸ 焦竑当时三教领袖的地位，甚至利玛窦（Matteo Ricci，1552—1610）在其回忆录中也曾提到。利氏这样写道："当时，在南京城里住着一位显贵的公民，他原来得过学位中的最高级别（按：焦竑曾中状元），中国人认为这本身就是很高的荣誉。后来，他被罢官免职，闲居在家，养尊处优，但人们还是非常尊敬他。这个人素有我们已经提到过的中国三教领袖的声誉。他在教中威信很高。"参见利玛窦、金尼阁著，高泽译：《利玛窦中国札记》（北京：中华书局，1983），页 358—359。

莫不有先达者为师，非止此数人而已。昧者见迹而不见道，往往瓜分之，而又株守之。(《澹园集》卷十七《赠吴礼部序》)

对于这种三教同是一道之表现的观点，焦竑还曾用"天无二月"的比喻来加以说明：

> 道是吾自有之物，只烦宣尼与瞿昙道破耳。非圣人一道、佛又一道也。大抵为儒佛辨者，如童子与邻人之子，各诧其家之月曰："尔之月不如我之月也。"不知家有尔我，天无二月。(《澹园集》卷四十九《明德堂答问》)

由于这种将儒释道三家平等地视为"一道"的表现，焦竑甚至对"三教合一"的说法也表示反对：

> 三教鼎立，非圣人之意也。近日王纯甫、穆伯潜、薛君采辈始明目张胆，欲合三教而一之，自以为甚伟矣。不知道无三也，三之未尝三。道无一也，一之未尝一。如人以手分擘虚空，又有恶分擘之妄者，随而以手一之，可不可也？梦中占梦，重重成妄。(《支谈》上)

这里焦竑提到三位主张三教合一的人物分别是王道（字纯甫，号顺渠，1487—1547）、穆孔晖（字伯潜，号玄庵，1479—1539）和薛蕙（字君采，号西原，1489—1541）。据黄宗羲之说，王道最初从学阳明，后"因众说之淆乱，遂疑而不信"，又从学湛若水，但"其学亦非师门之旨"（《明儒学案》卷四十二《甘泉学案二》）。而穆孔晖则是阳明弟子，被列入北方王门。三教合一之说，可以构成三教融合论的一种具体主张。焦竑三教同出一道的看法，其实也未尝不可以说甚至恰恰正是三教合一说的思想基础。在道术已裂为儒释道三家的情况下，正是由于三教原出一道，合一方有可能。而合一的目标，也是要汇归于一道。但是，焦竑为了强调三教本来便是一道的表现，并不接受三教合一的说法。这里的关键在于，在焦竑看来，这些三教合一的持论者们之所以主张三教合一，其背后的预设并非三教本于一道，而是将三教视为三种各自独立的思想系统或者说三种各自不同的"道"。而对焦竑来说，既然"道"本来是一非三，也就无所谓合一。焦竑站在"道无三"的立场上不接受三教合一说，正如阳明不许张元冲的所谓"说兼取，便不是"。所不同者，对阳明来说，最后的道即是儒；对焦竑而言，最后的道则是超越于儒释道之上的更为源初的东西。

钱新祖（Edward T. Ch'ien）曾经认为，焦竑的三教融合论与以往各种三教融合论存在着本质的区别。前者是非区隔化（non-compartmentalization）的立场，而以往各种三教融合说则都是区隔化（compartmentalization）的立场。换言之，焦竑三教融合思想的具体内容不预设三教本质上有别且以某一家为本位，而以往各种三教融合说则不免首先预设了儒释道三教作为三种"道"的区隔。[1]诚如余英时先生所言，以非区隔化与区隔化在焦竑与以往的三教融合论之间作出截然的划分，不免过于绝对而忽略了思想发展的连续性。[2]事实上，正如我们已经指出的，龙溪虽并未放弃儒家的自我认同以及

---

[1] 参见 Edward T. Ch'ien, *Chiao Hung and the Restructuring of Neo-Confucianism in the Late Ming*.New York: Columbia University Press, 1986。

[2] Ying-shih Yu, "The Intellectual World of Chiao Hung Revisited: A Review Article", *Ming Studies*, 25 (1988), pp.24-26. 当然，余先生对钱新祖的批评尚不止这一点，而是从方法论到具体的文献史料对钱书进行了全面的检讨。

三教问题上的儒家本位，但龙溪的思想中也的确流露出超越三教区隔的倾向，这一倾向甚至在阳明处已经埋下了端倪。因此，从阳明到龙溪，或者至少说龙溪，已经为焦竑的思想开辟了道路。不过，以非区隔化来形容焦竑三教融合论的思想内涵，认为焦竑不预设儒释道三教作为三种"道"的区隔，倒不失为正确的观察。事实上，至少就中晚明阳明学三教融合思想的发展来看，从阳明到龙溪再到焦竑，也的确体现出一种由区隔化到非区隔化的变化过程。只是这一过程是逐渐发生的，我们很难从中截取一个环节而认为突变是从该环节开始的。就整个儒学思想史上的三教融合论而言，情况恐怕更是这样。

另外，如果说焦竑的三教融合论采取的是这种非区隔化的立场，那么，这种平等地将三教视为一道之表现的三教融合论，当时也并非仅仅是焦竑个人的主张。何继高是山阴人，其生平不详，但何继高曾于万历二十六年戊戌（1598）刊刻过八卷本的《卓吾先生批评龙溪王先生语录钞》，当为龙溪后学而与焦竑属同时代人。他在为邓豁渠（名鹤，号太湖，约1498—1578）《南询录》所作的跋中说道：

> 无分中国外夷，同戴天，同履地，无分中国外夷之人。……同一血气心知，同一性命，性命之外无道，岂于道而独有二乎？圣，此道也，人圣之；佛，此道也，人佛之；仙，此道也，人仙之。圣人之所以圣，此性命也；佛之所以佛，此性命也；仙之所以仙，此性命也。圣佛仙之名不同，圣佛仙之道，未始不一也。世人目之曰三教，自其教而言，可曰三，自其道而言，不可谓三也。❶

---

❶ 邓豁渠：《南询录》（日本内阁文库万历二十七年刊本）卷末。转引自荒木见悟："邓豁渠的出现及其背景"，《中国哲学》第十九辑，页19。

何继高并非知名的阳明学者，但他在三教的问题上持论与焦竑相当一致，这足以说明焦竑的三教融合说在当时具有相当的代表性。对于龙溪之后阳明学者继承由龙溪所开启的三教融合论这一发展方向，我们之所以选择焦竑为例来加以说明，原因也正在于此。当然，三教融合的思想在中晚明是儒释道三家共同的论调，并非阳明学的独唱。不过，就儒家传统而言，明确肯定三教融合并表现出超越三教的倾向，却的确是中晚明阳明学发展所特有的产物。事实上，林兆恩创立三一教，以"归儒宗孔，教复以一"为宗旨，正是以阳明学三教融合的思想为其主要的理论基础。[1]在这个意义上，我们可以说林兆恩的三一教是阳明学三教融合思想影响下的具体实践。

由于阳明学三教融合的基本立场以及对佛道两家的开放态度，在晚明尤其隆庆、万历年间成为当时思想界最具影响力的思想潮流的情况下，阳明学甚至成为刺激佛道两家发展与复兴的重要因素。我们在第 5 章考察龙溪与道教人物的交游时曾经介绍过净明道士胡清虚其人。胡清虚既是龙溪门人，又是近溪二子的老师，还精通佛典，是一位往来于三教之间的人物。而胡清虚奉了"将以广教"的师命投身龙溪门下，至少是为了借助阳明学的声势。这既显示了中晚明阳明学对道教的影响，也为中晚明儒释道三教的水乳交融，提供了道教方面的见证。至于阳明学对晚明佛教复兴运动的刺激与接引之功，则更是历来有目共睹的一个重要历史现象。根据释圣严的统计，明末禅僧 117 人中有 72 人出生于江苏、浙江、安徽、江西、福建以及两湖这 7 个省，浙江一省即有 31 人。[2]而浙江不仅是王阳明的故乡，在晚明无疑更是阳明学的重镇。江苏、江西、安徽等东

---

[1] 林国平：《林兆恩与三一教》第二章第一节（福州：福建人民出版社，1992），页 30—36。

[2] 释圣严：《明末中国佛教之研究》，关世谦译（台北：台湾学生书局，1988），页 9—23。

南一带，也是阳明学传播最盛的地区。即以晚明四大师而论，袾宏是浙江杭州人，真可是苏州吴江人，德清是安徽全椒人，智旭是江苏吴县人。这恐怕并非偶然的巧合。事实上，对于阳明学之于晚明佛教的作用，当时儒释两家的一些重要人物都已经深有所感。如陶望龄曾说："今之学佛者，皆因良知二字诱之也。"（《歇庵集》卷十六《辛丑入都寄君奭弟书》）刘宗周也说："今之言佛者，大都盛言阳明子。止因良知之说与性觉较近，故不得不服膺其说，以广其教门，而衲子之徒亦浸假而良知矣。"（《刘子全书》卷十九《答胡嵩高朱绵之张奠夫诸生》）藕益智旭也说："阳明一人，直续孔颜心脉。佛门居士，唐梁肃、宋陈瓘、明袁宏道，盖未可轩轾也。"（《灵峰宗论》卷六十四《西方合论序》）由此看来，阳明学不仅提出并发展了三教融合的思想主张，并且推动强化了三教融合的社会现实。

我们在讨论龙溪的三教观时还指出，在龙溪看来，空无虚寂的心灵境界不是佛道两家的专利，而是儒家思想的内在向度。这一点，在中晚明的阳明学中也具有相当的代表性，可以说是中晚明阳明学者提倡三教融合思想的一个重要表现和结果。如刘文敏曾说：

> 上天之载，以无声无臭为至；君子之学，以不睹不闻为功。知体常虚，则其真明常止，千念万念，总是无念。生生化化，自协天则，故先天而天弗违，后天而奉天时。（《明儒学案》卷十九《江右王门学案四》）

罗念庵也曾说：

> 佛氏曰空，圣人不讳。空，鄙夫之问也；空空，颜氏之庶

也，屡空，第其言不数数也。老氏曰无，圣人不讳。无，言上天则无声无臭，言大易则无思无为，第于言不数数然也。原宪之不得为仁也，为其不无；子贡之未达一贯也，为其不空。然其与仁与一，亦不数数然也，何哉？夫焉有倚中庸也？是故圣人谨庸德，虽下愚可易行也。故尝言近而因材。二氏窥真，原非上智不易语也，故尝行独而违也。（《石莲洞罗先生文集》卷十四《杂著·瘏言》）

薛侃更是明确指出：

> 后儒谓："释空老无为异。"非也。二氏之蔽在遗伦，不在虚无。着空沦无，二氏且以为非，以是罪之，故弗服也。圣人亦曰虚明，曰以虚受人，亦曰无极，曰无声无臭，虽至玄妙，不外彝伦日用，即圣学也，安可以虚无二字归之二氏？以是归之二氏，则必落形器、守方隅、泥文义，此圣学所以不明也。（《研几录》）

甚至认为圣学不明恰恰是由于将虚无的精神境界归于佛老的结果。此外，正如我们在上一章讨论无善无恶之辨时看到的，周海门继承阳明尤其龙溪无善无恶的思想，着力阐扬良知心体"无"的境界向度，其实也与海门对佛教尤其禅宗思想的吸收密切相关。以上所举这些阳明学者对待佛老的立场并不完全相同，并非都持开放与吸收的态度，如刘文敏便认为"引佛老之言以证其说，借修炼之术以秘其养，皆非卓然以圣为归者也"。（《明儒学案》卷十九《江右王门学案四》）但在不以空无虚寂的心灵境界为佛老的专利，而视之为儒家传统固有的精神境界这一点上，却又是彼此一致的。这正是与佛道两家交融互动的结果之一，像刘文敏那样在态度上对佛老较为严厉的阳明学者，其实也身在其中、概莫能外，只是未必有足够的自觉而已。

在提倡三教融合并对佛道两家思想采取开放与吸收的情况下，中晚明的许多阳明学者都不再讳言空无虚寂，而是力图自觉地将以往佛老所着力阐扬的空无虚寂的心灵境界与智慧进一步融摄到儒家思想的内部。正是由于这一点，从阳明开始，中晚明阳明学发展的一个重要方面，便表现为这样一个如何立足于儒家"有"的基本立场而充分吸纳佛道两家"无"的精神境界的过程。

二　有无之境

陈来先生曾以"有无之境"来概括王阳明哲学的精神，并认为对阳明来说，有无之境的具体内涵是站在儒家"有"的立场上充分吸收佛老尤其禅宗"无"的智慧而达到"有无合一"的境界。❶而我们在第四章则进一步指出，"有无合一"不仅仅可以作为阳明个人思想所追求的体系结构，还可以视为整个宋明理学发展所呈现的动态过程。在这一过程中，阳明个人的思想也只是其中的一个重要环节。事实上，从前面我们对龙溪思想的个案解析可见，从阳明到龙溪，正表现为以"有"合"无"这一过程的日趋完善。不过，龙溪在使这一发展方向得到明确揭示的同时，也并没有终结这一过程，反而进一步推动了后来的发展，成为中晚明阳明学"有无之境"展开过程中承上启下的人物。就儒学与佛道两家的互动交融而言，中晚明

---

❶ 参见陈来：《有无之境——王阳明哲学的精神》第八、九章，页193—276。

阳明学发展的一个主要方向也恰恰体现为以"有"合"无"的不断深入。

在第3章对龙溪思想的考察中，我们曾经对"有"和"无"分别在存有论和境界论意义上的不同涵义进行过分析。尽管境界论上的"有"不必只有缺乏超越性、有所执著的负面涵义，也有正面的意义，如儒家一贯的"择善固执"精神。但是，从儒释道互动融合的视角来看，阳明学对佛道两家的融摄，基本上表现为一个站在儒家"有"的立场上吸收佛道两家"无"的精神境界的过程。因此，从阳明到龙溪所追求的有无合一之境，确切而言主要是指存有论意义上的"有"与境界论意义上的"无"的结合。这种"有无之境"中的"无"只是一种境界论意义上的主体心境，即那种超越世俗，无执无著，自由自在的精神品格，而绝不是等于佛教"缘起性空"意义上的"无"，后者在存有论的意义上根本否定道德本体与各种道德实践行为的客观实在性。这一点，在阳明的相关论说中已经有所流露，但还并不十分显豁，需要经过我们的诠释才能获得较为清晰的显示。而经过龙溪良知之"无"以及"无中生有"致良知工夫论的阐发，随着中晚明阳明学的展开，有无之境的这种涵义与指向，在许多阳明学者那里获得了日益明确的自觉意识。

在前面对龙溪思想的专案考察中，我们已经可以看到龙溪屡屡言及这种"有无之境"。在此，我们不妨再引一段龙溪对"有无之境"较为系统的表述。龙溪在《太极亭记》中指出：

> 夫千古圣人之学，心学也。太极者，心之极也，有无相生，动静相承。自无极而太极而阴阳五行而万物，自无而向于有，所谓顺也。由万物而阴阳五行而太极而无极，自有而归于无，所谓逆也。一顺一逆，造化生成之机也。粤自圣学失传，

心极之义不明，汉儒之学，以有为宗，仁义、道德、礼乐、法度、典章，一切执为典要，有可循守。若以为太极矣，不知太极本无极，胡可以有言也？佛氏之学，以空为宗，仁义为幻，礼乐为赘，并其典章法度而弃之，一切归于寂灭，无可致诘。若以为无极矣，不知无极而太极，胡可以无言也？一则泥于迹，知顺而不知逆；一则沦于空，知逆而不知顺。拘挛谬悠，未免堕于边见，无以窥心极之全，学之蔽也久矣。濂溪生于千载之后，默契道原，洞见二者之蔽，建图立说，揭无极太极之旨以救之，说者以为得千载不传之秘，信不诬也。……周子数百年之后，阳明先师倡明良知之教以觉天下，而心极之义复大明于世。寂然不动者，良知之体，感而遂通者，良知之用。常寂常感，忘寂忘感，良知之极则也。夫良知知是知非，而实无是无非。无中之有，有中之无，大易之旨也。(《全集》卷十七)

这里，龙溪借对濂溪"无极"和"太极"观念的创造性诠释，明确揭示了良知心体"有无合一"的二重向度。在龙溪看来，汉儒"一切执为典要"，"以有为宗"，"不知太极本无极"，是忽略了良知心体的作用具有无执不滞的先验品格，而佛教"一切归于寂灭"，"以空为宗"，则是从存有论上根本否定了良知心体的实在性。双方"一则泥于迹"，"一则沦于空"，均"未免堕于边见"。良知心体一方面"常寂常感"，一方面又"忘寂忘感"；一方面"知是知非"，一方面又"无是无非"。"常寂常感"与"知是知非"是"有"，"忘寂忘感"与"无是无非"是"无"，前者是在存有论的意义上肯定良知心体的真实不虚，后者是在境界论的意义上指出良知心体的无执不滞。前者是本质内容，后者是作用形式。只有把握到良知心体的这二重向度，才能够"窥心极之全"。良知心体既是这样一种"有无合一"的结构，根据良知心体而进行的道德实践必然表现为"无中之有，有中之无"的"有无之境"。

由于阳明哲学的精神的确蕴涵并指向这样一种"有无之境"，除龙溪之外，其他一些亲炙阳明并真得阳明精神的弟子对此便也不无相应的了解。譬如，欧阳南野就曾经同样向友人解释过良知心体的这种"有无之境"。南野在《答贺龙冈》书中说：

> 凡事求讨格子，固是舍本逐末。然心之良知，怵惕必于入井，惭愤必于嘑蹴，恭敬必于宾祭，虽屡变而不乱，至于凡事莫不皆然，谓之有格子可也。然变易无常，恻然而怵惕矣，忽赧然而惭愤，又忽肃然而恭敬，虽不乱而屡变，至于动静有无，莫不皆然，谓之无格子可也。（《欧阳南野先生文集》卷五）

南野的这段话前半部分是说良知心体的"有"，后半部分是说良知心体的"无"。首先，良知心体虽然在道德行为的不同情况下会有不同的表现形式，似乎没有一定的法则可以依循，但"怵惕必于入井，惭愤必于嘑蹴，恭敬必于宾祭"，却"屡变而不乱"，这就说明良知心体并非毫无内容。良知心体在不同的境况下始终能够决定人们采取适当的道德行为表达，这本身足以说明自己是真实不虚的终极实在。在这个意义上说"谓之有格子可也"，便是在存有论的意义上肯定良知心体这种"有"的本质内容。同时，良知心体虽然一定要发用流行、表现为各种具体的道德行为，似乎有种种规矩法则需要遵守，但"恻然而怵惕矣，忽赧然而惭愤，又忽肃然而恭敬"，却又"变易无常"，"虽不乱而屡变"，这又说明良知心体在作用时并不会拘泥、胶着于各种僵化的格套和教条，而总是会根据不同境遇的具体要求选择道德行为的相应表达方式。在这个意义上说"谓之无格子可也"，则是在境界论的意义上指出良知心体这种"无"的作用形式。

当然，在阳明门下，还是龙溪对此"有无之境"最能有得于心，也是龙溪于此发挥最详，这是在我们前面对龙溪思想的专门研究中已经可以看到的。因此，在晚明阳明学的发展中，阳明学所指向的这种"有无之境"，也在龙溪这一脉的传承中得到了尤为明确的表达。龙溪弟子查铎曾说：

> 盖天地原有变者，有不变者。刚柔所以立本，变通所以趋时，道之全者如此也。彼昧于立本者，既流荡情识，出入内外，罔知所止，昧于趋时者，又拘执典要，通志成务，难于成能。其于易道者，胥失之矣。此圣人所以不得不反复开示也。知其不可为典要，则天地万物莫非变迁之迹也，安所执之以为常？知其有典要，则食息语默莫非天则之存也，安可忽之而不慎？故君子身在天地万物之中，心超于天地万物之外。(《毅斋查先生阐道集》卷五《典要》)

查铎此处所论，与前引欧阳南野的那段话不仅涵义相同，在表达方式上也非常接近。查铎首先批评了两种人及其行为取向，一是"昧于立本者"，这种人"流荡情识，出入内外，罔知所止"，是流于"无"而不知"有"（存有论意义上）。一是"昧于趋时者"，这种人"拘执典要，通志成务，难于成能"，是执著于"有"而不知"无"（境界论意义上）。二者都如龙溪所谓"未免堕于边见"。在此基础上，查铎提出了自己的看法，这种看法则同样显示了"有无之境"

的追求。所谓"知其不可为典要，则天地万物莫非变迁之迹也，安所执之以为常？"，是从"无"的角度立言；所谓"知其有典要，则食息语默莫非天则之存也，安可忽之而不慎？"，是强调"有"的一面。而"君子身在天地万物之中，心超于天地万物之外"，则为画龙点睛之语，前一句说的是"有"，后一句讲的是"无"，形象而贴切地揭示了"君子"所达到的那种"有无合一"的精神境界。

查铎的这段话中并没有直接使用"有"、"无"字眼，周海门则直接以"有"、"无"为概念而发挥了"有无之境"的思想。

> 问："老子云'有之以为利，无之以为用'，如何？"
>
> 先生（海门）曰："即是此屋，居住全是空处，明取牖，由取足，是空如此。桌上面铺设是空，此椅坐处亦是空。至如人身，目窍空，故能视；耳窍空，故能听；鼻窍空，故能嗅；口窍空，故能食。总之只是受用得个空。然空亦离不得有，非有空亦无。世有一种着空的，又要并去其有，譬如因住处是空，连屋也不用，如何使得？可见有以成无，无以成有。实处是空，空处是实。有无空实，分不得，取舍不得，于此圆融，方称妙悟。"（《东越证学录》卷五《剡中会语》）

这里，问者是就老子的思想向海门提问，而海门运用比喻的方法对"有""无"关系的阐释，实际上却是对阳明、龙溪以来阳明学者所追求的"有无之境"的极佳说明。即以屋子为例，屋子之所以能居住，是因为屋子的空间，而不是屋子的构成实体如砖瓦木石本身，所谓"只是受用得个空"。而屋子之所以为屋子，人们往往又总是从它所提供空间的居住功能这一角度去理解和界定。但是，屋子之所以能够提供空间，从而被人们认为它是一所屋子，却在于构成屋子实体本身的砖瓦木石，所谓"空亦离不得有，非有空亦无"。屋子所形成的居住空间是"无"，构成屋子实体本身的砖瓦木石是"有"。前者是"用"，后者是"体"。离开了前者，后者本身固然失去了屋子的意义，只是一堆砖瓦木石；而否定后者，作为居住空间的屋子更将会荡然无存，所谓"因住处是空，连屋也不用，如何使得？"海门的这一比喻，正可以表示道德活动中良知本体的存在本身及其作用。良知心体的作用固然随不同的境遇而变化无端，似乎无一定的程式可以执守，但良知心体作为至善的道德实在本身，却又始终给人们提示着一个"应当"，只有在这个"应当"的要求之下，人们才会进一步根据不同的境况来选择表达这种"应当"的恰当、具体的行为。如欧阳南野和查铎所论，前者可以说是"无格子"、"不可为典要"，后者可以说是"有格子"、"有典要"。而二者则又密不可分，所谓"有以成无，无以成有"，"分不得，取舍不得"，如此才能达到"圆融"与"妙悟"的"有无之境"。

存有论意义上的"有"，是儒家传统一直较为强调和突出的方面，因此，阳明思想的"有无之境"，重点在于彰显境界论意义上"无"的一面，这在阳明晚年的思想中尤其得到了流露，更在龙溪的思想中得到了充分的发挥。不过，随着阳明学对"无"的强调和突显，如果一往不返，执"无"而遗"有"，如海门所谓"因住处是空，连屋也不用"，便又会从根本上丧失了儒家的基本立场。海门曾指出：

> 阳明子曰：目无体，以万物之色为体；耳无体，以万物之声为体；鼻无体，以万物之臭为体；口无体，以万物之味为体；心无体，以天地万物感应之是非为体。予更为一转语以足

之：色无体，以吾之目为体；声无体，以吾之耳为体；臭无体，以吾之鼻为体；味无体，以吾之口为体；天地万物无体，以吾之心为体。(《东越证学录》卷五《剡中会语》)

表面上看，海门之论与阳明正相对反，但实际上二者却又相辅相成。在阳明的话中，强调的重点是"无"，"耳无体"、"目无体"、"鼻无体"以及"口无体"的比喻，最后都落实到"心无体"上，而"心无体，以天地万物感应之是非为体"，就是说心体在流行发用时并不拘泥于某些固定的格套，而是要根据天地万物在具体情况下的感应来是是非非。"心无体"中的"体"字，并不是存有论意义上的本体之义。但是，心体的流行发用根据天地万物在具体情况下的感应来是是非非之所以可能，又因为心体就是至善的道德本体，本身足以决定和发动道德实践。因此，如果说在阳明的时代为了回应异化了的朱子学给儒家知识分子带来的心灵僵化，而有必要在吸收佛道两家思想的基础上彰显"无"这一面的话，在海门的时代，由于阳明学派的成功建构，阳明学的广为流传，学者对阳明、龙溪所谈之"无"已至少是耳熟能详，此时面临的问题相对而言便不再是"无"强调得不够，而很有可能是执"无"而忘"有"，于是海门认为需要对阳明的话"更为一转语以足之"，重新强调儒家"有"的一贯立场。所谓"天地万物无体，以吾之心为体"，便是指出道德实践的动源与准则并不在于外在的事事物物，而在于内在的心体。在存有论的意义上，心体具有真实不虚的实在性。阳明的话与海门的这一"转语"相合，正是对"有无之境"的形象说明。此外，正如我们在上一章无善无恶之辨的部分所见，海门也的确是秉承了由阳明而龙溪这一以"有"合"无"的发展线索，使阳明学的"有无之境"这一基本结构与精神方向得到了进一步的开展。

当然，这一"有无之境"的自觉意识并不仅仅限于龙溪的门人与后学，晚明的许多阳明学者对此都有着相当的自觉。如焦竑在比较孔孟与老庄所各自代表的儒学与道家思想时，就曾明确指出：

> 夫老之有庄，犹孔之有孟也。老子与孔子同时，庄子又与孟子同时。孔孟未尝攻老庄也。后之学者顾诸诸然，沸不少置，岂以孔孟之言详于"有"而老庄详于"无"，疑其有不同者欤？嗟乎！孔孟非不言"无"也，"无"即寓于"有"。而孔孟也者，故因后之所明者引之，所谓下学而上达者也。彼老庄生其时，见夫为孔孟之学者，局于"有"而达焉者寡也，以为必通乎"无"而后可以用于"有"焉，取其所略者而详之，以庶几乎助孔孟之所不及。（《庄子翼》卷首）

在焦竑看来，"无"并非道家的专利，而是儒家思想固有的东西，所谓"孔孟非不言'无'也，'无'即寓于'有'"，只不过与道家相比未详言而已。由此来看，儒家思想的基本结构理当是"有无合一"的"有无之境"。不过，通过前面的考察，我们还是应当并且可以看到，的确是通过龙溪的着力发挥，作为阳明学的一个基本结构和精神方向，"有无之境"才得以成为晚明阳明学者心目中日益明确的自觉意识并获得了长足的发展。阳明之后，从龙溪到海门等人，使站在儒家"有"的基本立场上充分吸收佛道两家"无"在心灵境界意义上的智慧，在中晚明阳明学的展开中形成了一条鲜明的发展脉络。这一方向和发展的脉络，应当说最能代表和体现阳明的思想基调。

我们前面曾不止一处指出，儒释之辨的最终分际在于双方存有论上"有"与"无"的不同立场，因此，中晚明阳明学无论怎样充分吸纳佛道两家的智慧，其发展过程中所展示的"有无之境"中的"无"，只能是境界论而非存有论意义上的。这一点，至少在阳明、龙溪和海门等人那里是有着自觉意识的。而随着中晚明阳明学的展开，阳明学者已经越来越清楚地意识到了这两种"无"的不同。

邹东廓之孙邹德涵（字汝海，号聚所，1526—1581）就曾经明确指出：

> 空亦不同。有一等闲人的空，他这空，是昏昏懵懵，胸中全没主宰，才遇事来，便被推倒，如醉如梦，虚度一生。有异教家的空，是有心去做空，事物之来，都是碍他空的，一切置此心于空虚无用之地。有吾儒之空，如太虚一般，日月、风雷、山川、民物，凡有形象色貌，俱在太虚中发用流行，千变万化，主宰常定，都是碍他不得的，即无即有，即虚即实，不与二者相似。（《邹聚所先生语录》）

"空"和"无"是一对可以互换的概念，邹德涵这里论"空"，也就是说"无"。这段话前面都是说"空"，而最后却说"即无即有"，也可以说明"空"与"无"至少在聚所的这段话中是相同的概念。聚所这里虽然提出了三种"空"，其实关键是后两种"空"的比较。第一种"空"说的只是世俗之人的一般生活态度，第二种与第三种"空"，才具有理论上的意义。所谓"异教家的空"，是指佛老两家尤其是佛教的"无"，聚所认为这种"空"是"有心去做空"，就如同阳明所谓"佛氏不着相，其实着了相；吾儒着相，其实不着相"（《传习录下》），是批评佛教执著于"空"，反倒不能真"空"。而所谓"事事物物之来，都是碍他空的，一切置此心于空虚无用之地"，则是指出佛教的"空"是"缘起性空"之"空"，是否定事物自身实在性的存有论之"空"。与此相较,儒家的"空"既然"如太虚一般",将"日月、风雷、山川、民物"等"凡有形象色貌"的事物都容纳于其中而不否定所有这些事物的实在性,那么,这种"空"便不是存有论意义上的"空",只能是境界论意义上的"空"。而"太虚"虽然容纳了万事万物的"发用流行"与"千变万化",其中却有着"常定"的"主宰",是那些"发用流行"与"千变万化"都"碍他不得的"。这"常定"的"主宰",则是存有论意义上的"有",在阳明学的话语中确切而言,便是良知心体。至于"即无即有,即虚即实"的话,也正反映出聚所对阳明学"有无之境"的高度自觉。

此外,师事耿定向的江右阳明学者刘元卿(字调父,号泸潇,1544—1621),在其论学语中曾经提到过有关罗近溪的一则故事,并加以评论。从中,我们也可以看到调父颇能自觉意识到儒家与佛教言"无"的不同以及儒家以"有"合"无"的"有无之境"。

近溪罗先生会讲,有僧在座。近溪问之曰:"儒者言心、言性、言念、言意、言虑、言才,纷若茧丝,诸微细惑,试一一为我破。"僧久之谓近溪曰:"我今见近溪,唤作近溪矣,不知夫人作何称谓?"曰:"称相公。"曰:"父母云何?"曰:"称行。"曰:"为诸生时广文云何?"曰:"称字。"僧大声向近溪云:"汝乃有许多名色!"近溪恍然下拜。丘汝止述之。调父曰:"夫纷纷名号,由人所称,信矣。然令夫人唤先生名,家公称先生号,先生能安之耶?以斯知三千三百,探之则漠然而无,达之则森然而有。强有其所无,命之曰凿,强无其所有,命之曰灭。凿与灭,皆不可以为道。"(《明儒学案》卷二十一《江右王门学案六》)

这里僧人对近溪所说的话，意在指出世间种种名色的非实在性。僧人的"禅机"其实并不难理解，在僧人看来，近溪各种不同称呼的获得，所谓"许多名色"，只是不同条件下的产物，本身并无客观实在性。这无疑显示出佛教"缘起性空"这一基本立场下对"无"的理解。而僧人向近溪的大声喝问，也无非是以禅宗惯用的方式希望近溪能顿悟到这一点。对于僧人话中的涵义与用意，调父显然很清楚，所以他首先说"夫纷纷名号，由人所称，信矣"，肯定了非实在性的"无"的意义。但是，调父接着所作的反问，则立刻表明他所能接受的只是境界论意义上的"无"。所谓"然令夫人唤先生名，家公称先生号，先生能安之耶？"其实是要指出名号固然"由人所称"，似乎并无自性，可是名号在不同社会关系脉络中的使用不能错乱，却又说明决定这些名号不同使用的种种社会关系有其实在性。肯定这些名号背后种种社会关系的实在性，便反映了存有论意义上"有"的立场。而最后调父所谓"以斯知三千三百，探之则漠然而无，达之则森然而有"，既反对"强有其所无"的"凿"，又反对"强无其所有"的"灭"，也同样说明了他对以儒家之"有"合佛老之"无"这种"有无之境"的自觉与认同。

邹德涵与刘元卿在阳明后学中都并非声名显赫的人物，在以往的研究中也很少受到注意，但前者对不同"空"的区分以及后者对"有"的坚守，显然与阳明、龙溪、周海门、查铎和焦竑等人对"有无之境"的理解相一致，这足以说明中晚明阳明学的主流或者说一个主要的方向的确是在不丧失儒家根本立场的前提下将佛道两家"无"的精神境界融摄到儒学传统内部中来。然而，也有一些阳明学者未能够站稳脚跟，把握住"有"与"无"在不同意义上的分际。如李贽和邓豁渠便是这样两位始于阳明学而终至失去儒家矩矱的人物。也许正因为二人明显有失儒家的基本立场而倒向佛教，黄宗羲才未将二人列入《明儒学案》。

李贽曾说："学者只宜于伦物上识真空，不当于伦物上辨伦物。"（《焚书》卷一《答邓石阳》）而这种"真空"在李贽处具有本体的地位，并非后天获得之物，也并不仅具有境界的意义。所谓：

> 世间有一种不明自己心地者，以为吾之真心如太虚空，无相可得，只缘色想交杂，昏扰不宁，是以不空耳。必尽空诸所有，然后完吾无相之初，是为空也。夫使空可为，又安得谓之真空哉！纵然为得空来，亦即是掘地出土之空，如今之所共见太虚空耳，与真空总无交涉也。（《焚书》卷四《解经文》）

李贽的思想历来被认为是于龙溪处多有所取，他也确实对龙溪表示了最高的景仰。❶但李贽所谓的"童心"，却与龙溪的良知心体有着重要的差别。我们在第 2 章已经指出，龙溪的良知心体是"有无合一"的结构，而李贽的"童心"则未免抽空了"有"的本质内容，成为只能"无是无非"而不能"知是知非"的光板镜照之心。僧人无念深有数十年历参当时的许多名僧而未有所得，却在李贽处找到自己的思想上的归宿并常年追随李贽左右，这恐怕不是偶然的。❷

---

❶ 李贽对龙溪的称赞在其言论中随处可见，如称龙溪为"圣代儒宗，人天法眼；白玉无瑕，黄金百炼"。（《焚书》卷三《王龙溪先生告文》）。称赞龙溪的学问著述无人能及，所谓"盖先生学问融贯，温故知新，若沧州瀛海，根于心，发于言，自时出而不可穷，自然不厌而文且理也。而其谁能赘之欤！故余谓先生此书（按：指二十卷本《全集》），前无往古，今无将来，后有学者可以无复著书矣，盖逆挽其决不能条达明显一过于斯也"。（《焚书》卷三《龙溪先生文录抄序》）

❷ 有关无念深有的传记资料参见《续灯存稿》卷十二、《五灯严统》卷十六、《高僧摘要》卷二等佛教史著作。另邹元标在其《太平山房外集》中亦有《无念禅师小传》。

邓豁渠初从赵贞吉（字孟静，号大洲，1508—1576）入道向学，亦属于阳明学者的范围，但他二十多年遍访高人求道的结果，却最终超出了阳明学的范围。❶甚至连对禅宗多有肯定并被其他一些儒者目为"近禅"的赵大洲最后也对邓豁渠表示难以容忍，所谓"自负张皇之甚，轻侮前训，以表己能，堕于罪业而不自觉"。在邓豁渠看来，阳明的良知教"了不得生死"（《南询录》第三条），"有生灭，纵能透彻，只与造化同运并行，不能出造化之外"（《南询录》第四条）。而他认为：

> 真精妙明，本觉圆净，非留生死，及诸尘垢，乃至虚空，皆因妄想之所生起，此言性命真窍，原是无一物的。今欲透上去，必须空其所有，干干净净，无纤毫沾带，故曰心空及第归。（《南询录》第七十九条）

并且，邓豁渠根本否定现实世界的价值与意义，这由以下的一段问答可见：

> 或曰："以坚（按：疑当为"见"）性为宗。有此宗旨而已，情欲宛然如云中日，波中水，本色不得呈露，如何得以见性？"渠曰："性宗之学，如彼岸有殿阁，八宝玲珑，迥出寻常。我原是那里头人，不知何时误到此岸来了。投宿人家臭秽

---

❶ 有关邓豁渠的生平，参见（一）耿定向：《耿天台文集》卷十六《里中三异传》中的《邓豁渠传》；（二）岛田虔次："异人邓豁渠传"，收入《吉川博士退休纪念论文集》。有关邓豁渠思想的研究，参见荒木见悟："邓豁渠的出现及其背景"，《中国哲学》第十九辑，页1—21。该文为荒木先生《中国心学の鼓动と佛教》（福冈：中国书店，1995 年 9 月版）一书的第六章。

不堪。忽有长者，指我彼岸。八宝庄严处，是我家当。我未曾见，今得见之，一心只要往那里去。此岸臭秽，安能羁绊哉？"（《南询录》第三十六条）

显然，李贽与邓豁渠这样的人物，也是晚明阳明学与佛教深入交融的产物。但是，他们在阳明学以"有"合"无"这一发展过程中自觉不自觉地接受了存有论意义上的"无"，从而使阳明学"有无之境"的应有涵义发生了变异，最终也不免失去了儒家的身份认同。因此，像那些虽深入佛教却能够从根本上把握住儒学与佛教最终分际的阳明学者，便自然对此不以为然。如周海门就曾批评邓豁渠丧失了儒家的基本立场，于儒佛之间的毫厘之辨不免有失，所谓：

尝观邓子《南询录》，亦以为良知不足了生死，惟人睡着不做梦时，方是妙心真脉。是此非彼，边见为崇，卒至枯槁沦陷而无归。学术之谬，只在毫厘。弁可不蚤乎哉！（《东越证学录》卷六《寄李楮山序》）

袁宏道严格而论或非阳明学者，但他也曾看出邓豁渠与阳明在有关佛教问题上的立场截然异趣，阳明是"以儒而滥禅"，邓豁渠却是"以禅而滥儒"（《袁宏道集》卷二十二《答陶石篑》）。不过，阳明学者在"有无之境"的问题上，像李贽和邓豁渠这样偏离了阳明学基本精神方向的人物毕竟是少数。从阳明到龙溪再到海门等人，才体现出中晚明阳明学发展的主流。或者说，由龙溪到海门这一发展方向，才最能够继承和发扬阳明以"有"合"无"的价值取向。

在以往的一些研究中，常常不加分别地将中晚明许多提倡三教融合的阳明学者一概斥为丧失了儒家的立场而流入佛教尤其禅宗。这其实大多是沿袭了明清以降学术史的一般讲法，对儒释之辨的根本分际并无深入的了解和明确的自觉。但是，提倡三教融合并对佛道两家采取开放与吸纳的态度是一回事，在根本的哲学立场与宗旨上认同佛道两家又是一回事。因此，究竟哪些学者像李贽与邓豁渠那样在存有论上自觉不自觉地接受了佛教"无"的立场从而真正丧失了儒者的身份认同，还需要我们在对相关学者加以专门研究的基础上才可以作出判断，并不能简单地认为那些对佛道两家采取开放甚至肯定态度以及提倡三教融合者便都丧失了儒者的身份。对此，龙溪便是一个最有代表性的例证。以前通常的研究大都顺着黄宗羲《明儒学案》的说法而认为龙溪流入于禅。而我们第 5 章的考察已经足以说明，以往在这个问题上对龙溪的判断不免因佛老的忌讳而失之简单与偏颇。同样，中晚明其他一些因提倡三教融合而在以往的学术、思想史中被认为有失儒者矩矱的人物，也需要在全面与深入研究的基础上才能予以较为恰当的定位。

三　生死关切

以往对儒学的了解常常认为，儒家重视生命存在的价值和意义，对死亡的问题并没有过多的措意。尤其没有像西方哲学那样，将死亡作为一个重要的人生课题来加以思考。在面对死亡这一生命现象时，古代儒家也采取一种"以生制死"的态度，以礼仪的方式来安顿生者对死者的哀悼之情，以"立德"、"立功"、"立言"来实现精神生命的不朽。[1]孔子所谓"未能事人，焉能事鬼"、"未知生，焉知死"（《论语·先进》），也几乎被屡屡引用作为这种看法的根据。因此，如果说所谓生死关切主要是针对死亡问题的话，则儒家似乎更多地对此保持缄默。如果仅仅就中晚明之前的儒学笼统而言，这一判断并非无据。至少在儒家的文献记载中，死亡问题的确并非话语的关注所在。正如朱子所说："六经记载圣贤之行事备矣，而于死生之际无述焉，盖以为是常事也。"（《朱文公文集》卷八十《跋郑景元简》）但是，我们是否能够断言整个儒家传统中缺乏对死亡问题的深度探索呢？杜维明先生曾经对《中庸》的宗教性意涵进行了深入的发掘，他说："固然，未能事人，必不能事鬼；未知生，必不能知死。但既然能事人、知生，则应进一步学习事鬼、知死。不仅如此，事人的起点虽不必涉及事鬼，事人的极致则不得不包括事鬼。同理，知生的起点虽不必涉及知死，知生的极致则不得不包括知死。我因为选择了这样一条诠释的策略，才不得不强调儒家的宗教性。"[2]儒家宗教性的问题，我们后面再作讨论。需要指出的是，探讨儒家传统中生死关切的问题，并不只是一种诠释的策略。事实上，生死关切已经成为中晚明阳明学者普遍的焦点意识之一。如果将这一重要的儒家历史阶段考虑在内，便势必会对那种认为儒家传统忽略死亡问题的通常判断作出重大修正。

直至宋代理学，儒家学者对生死问题基本上仍秉承孔子以降不愿多言的态度，将死亡视为一种不可逃避亦无须逃避的自然现象而坦然面对。横渠所谓"存，吾顺事；没，吾宁也"，（《正蒙·乾

---

[1] 参见康韵梅：《中国古代死亡观之探究》（台湾大学文史丛刊，1994），页198—236。当然，该书并未将中晚明的儒家包括在内。

[2] 杜维明："儒家人文精神的宗教涵义——《论儒学的宗教性》中文版代序"，《鹅湖》，1999年第10期，页28。

称篇》)正是这一基本态度的最佳概括。因此，生死关切成为中晚明阳明学焦点意识的表现，首先便是许多阳明学者不再将生死视为佛老两家专属的问题意识，而是儒家终极关怀的内在向度。在这方面，龙溪仍然具有相当的代表性。我们在第5章曾经指出，龙溪对佛教生死轮回的观念有所融摄。事实上，龙溪并不仅仅在关联于佛教时才谈论生死问题。在龙溪看来，了究生死已经成为儒家圣人之学的根本方面。所谓"若非究明生死来去根因，纵使文章盖世，才望超群，勋业格天，缘数到来，转眼便成空华，身心性命了无干涉，亦何益也？"（《全集》卷十五《自讼问答》）深得龙溪精神的周海门更是认为究明生死是最为根本的问题，应当进入自觉反省的意识层面，而不应当加以讳言。所谓"生死不明，而谓能通眼前耳目见闻之事者，无有是理；生死不了，而谓能忘眼前利害得失之动者，亦无有是理。故于死生之说而讳言之者，其亦不思而已矣"。（《东越证学录》卷三《武林会语》）徐用检（字克贤，号鲁源，1528—1611）也说："如执定不信生死，然则《中庸》可以言至诚无息？将此理生人未有、未生既化之后俱息耶？抑高明博厚悠久无疆之理，异于天地耶？"（《兰游录语》）正是在这个意义上，管志道批评宋儒没有关注生死问题，是未能深究儒家的题中应有之义，所谓"有宋大儒，扶纲常而尊圣道，厥功不细，而未尝深究吾夫子幽明死生游魂为变之说，是以失之"。（《宪章余集》卷下《注观自在菩萨冥示末法中比丘毁灭正法一十五事法语引》）"其蔽在不能原始反终而知死生之说，遂并二家出世之宗而遏之，则行门何所归宿？孔子所谓知至知终之学岂其如是？"（《续问辨牍》卷二《答赵太常石梁丈书》）至于论证的方式，则都是诉诸儒家经典，寻求话语的根据。《论语》和《易传》中分别有"未知生，焉知死"、"朝闻道，夕死可矣"以及"原始反终，故知死生之说"的话。因此，这两句话便经常被阳明学者在讨论生死问题时所引用。如杨起元说:"佛学有脱离生死之说,即孔子'朝闻道,夕死可矣'之说。"(《太史杨复所先生证学编》)邹元标说:"此路(了究生死)一提,不知事者硬以为佛氏之学,不知《易》曰:'原始反终,故知死生之说',吾夫子先道之矣。"(《愿学集》卷二《答冯少墟侍御》)焦竑也说:"世以出离生死之说,创于西极之化人,而实非也。孔子不云乎?曰'朝闻道,夕死可矣'。曰'未知生,焉知死'。曰'原始反终,故知死生之说'。"(《澹园集》卷四十八)以上这些学者的思想并不相同,但在以生死问题作为儒家传统以及自身终极关怀的重要内容这一点上,则是百虑一致、不谋而合的。❶

　　人自降生之始,便随时面临着死亡的可能。生与死是生命不可分割的两个方面,对生命意义有真正体验者,都不可能将死亡视为遥遥无期者而加以漠视。正是在这个意义上,雅斯贝尔斯(Jaspers,1883—1969)认为死亡是"一种一直渗透到当前现在里来的势力"。海德格尔甚至将人规定为"向死的存在",认为本真的存在正是将死亡视为一种无从闪避的东西,只有在对死亡的时时警觉下,存在的本真性与整体性才会得到澄明。❷恰如舒兹(A. Schutz)所言,生死关切是人类的"基本焦虑"(fundamental anxiety)。❸正因为生死并非佛道二教人士才会面对的特殊问题,中晚明的许多阳明学者同样时常会感受到这种"基本焦虑"。如龙溪曾在和徐阶的诗中有云:"相看皆白首,不学待何时?于己苟无得,此生空浪驰。百年开道

---

❶ 龚鹏程在对李贽、焦竑、袁宏道、袁中道等人的研究中也认为生死问题构成这些人的核心关怀与存在焦虑。参见氏著:《晚明思潮》(台北:里仁书局,1994)。

❷ 参见海德格尔:《存在与时间》第二篇第一章"此在之可能的整体存在与向死亡存在",页283—320。

❸ 参见舒兹著,卢岚兰译:《舒兹论文集》第一册(台北:桂冠图书公司,1992)。

眼，千里赴心期。人命呼吸间，回首已较迟。"（《全集》卷十八《会城南精舍和徐存斋少师韵四首》之一）焦竑也有诗云："庭前有芳树，灼灼敷春荣。秋霜中夜陨，枝条忽已零。我有同怀子，疏忽如流星。生者日已乖，死者日已泯。徘徊顾四海，谁能喻中情？"（《澹园集》卷三十七《送别》）其实，这种充分流露生死关切的诗句在中国历史上是不胜枚举的。因此，即便中晚明以前的儒家对生死问题保持相对的缄默，也未必意味着对生死问题的忽视。缄默的背后，或许反而恰恰隐含着高度的重视。

宋代理学家批判佛老究心于生死问题的重要方面，是认为二氏以出脱生死为根本不过是出于贪生畏死的自私心理。如明道所谓"佛学只是以生死恐动人，可怪二千年来，无一人觉此，是被他恐动也。圣贤以生死为本分事，无可惧，故不论生死。佛之学为怕生死，故只管说不休"。（《河南程氏遗书》卷一《端伯傅师说》）这一看法，在中晚明阳明学的发展中也发生了显著的改变。阳明已经认为"人于生死念头，本从生身命根上带来，故不易去"。（《传习录下》）耿定向进一步肯定好生恶死乃人之常情，所谓"孟子曰：'生，我所欲也。'即如弘忍禅者，见虎而怖，亦不免有这个在矣。盖好生恶死，贤愚同情，即欲不着，焉得不着耶？"（《耿天台先生文集》卷七《出离生死说》）焦竑则秉承了耿定向的这一立场并明确肯定了生死之念的正当性。他说：

古云：黄老悲世人贪着，以长生之说，渐次引之入道（按：此语本自张伯端《悟真篇后序》）。余谓佛言出离生死，亦犹此也。盖世人因贪生乃修玄，玄修既彻，即知我自长生。因怖死乃学佛，佛慧既成，即知我本无死。此生人之极情，入道之径路也。儒者或谓出离生死为利心，岂其绝无生死之念耶？抑未隐诸心而漫言此以相欺耶？使果毫无悦生恶死之念，则释氏之书政可束之高阁，第恐未悟生死，终不能不为生死所动。虽曰不动，直强言耳，岂其情乎？（《澹园集》卷十二《答友人问》）

在焦竑看来，"悦生恶死"本是人之常情，只有在了悟生死之道之后，才能真正不为生死所动。如果不能正视贪生畏死的自然心理，视之为自私自利之心而一概加以否定，不免自欺欺人。所谓"未悟生死，终不能不为生死所动。虽曰不动，直强言耳，岂其情乎？"在这一点上，杨起元不仅与焦竑有同样的看法，并且进一步肯定了"怕死"对于追求圣人之道的正面意义。在杨起元看来，怕死是人们普遍的心态，圣人也不能免，以往儒家不能正视"怕死"的日常心理，不但有违人情，甚至反而会使人离圣人之道愈行愈远。他在《答友人不怕死说》中指出：

　　《传》曰：道不远人。人之为道而远人，不可以为道。死者，人人所共怕也，圣人亦人耳，谓其不怕死，可乎？……凡圣人所以济世之具，皆起于怕死而为之图，此之谓不远人以为道也，而闻道以离生死。尤其济世之大而舟楫之坚者，惟怕死之极，然后有之。后世儒者讳言怕死二字，故其始也，姑以不怕死为名，而昧其中情。其既也，遂以不怕死为实，而去道实远。呜呼！其亦不思而已矣。（《太史杨复所先生证学编》）

由焦竑和杨起元的话可见，对死亡的恐惧不但是人之常情，更有可能是促使人们求道的内在动力。怕死之心愈重，求道之心便愈切。显然，在肯定生死关切构成儒家传统终极关怀重要内容的基础上，中晚明的许多阳明学者也不再像以往的儒者那样对贪生怕死的心理持否定的态度，而是开始正视这种内在经验并试图将其转化为追求圣人之道的动源。当然，从阳明以降，这些中晚明的阳明学者肯定"生死之念"以及"悦生恶死"是人们原初心理结构的基本内容，并不意味着与明道所谓"以生死为本分事，无可惧"相悖。后者作为圣贤的精神境界，无疑是儒家学者的一致追求，这一点中晚明的阳明学者也概莫能外。问题在于，在这些中晚明的阳明学者看来，恰恰需要从承认"悦生恶死"的人之常情出发，才能达到"以生死为本分事，无可惧"的境界，从而最终摆脱生死之念，坦然面对死亡。事实上，阳明龙场悟道的关键，正是对"生死一念"而非其他得失荣辱之类的超越。

既然生死关切被视为儒家终极关怀的内在向度，"生死之念"以及"悦生恶死"也是追求圣贤之道的契机，那么，在死亡来临之际能否坦然面对，自然成为衡量是否达到圣贤境界的一个标准。龙溪在《答殷秋溟》书中所谓："平时澄静，临行自然无散乱。平时散乱，临行安得有澄静？"（《全集》卷十二）正反映了这样的看法。龙溪弟子查铎也说"古人每谓生死为大事，此处了得，则诸念了矣，然非临时所可袭取"。（《毅斋查先生阐道集》卷二《再与萧兑嵎书》）并且，查铎也的确从是否能够坦然面对死亡的角度考察了龙溪的临终状况。龙溪去世后，查铎在给友人的书信中写道：

> 今海内宗盟咸归龙溪先生，今忽忽化去，殊甚怆然。初闻化去时颇有散乱，此末后一着，若就此散乱，则平时所论谓何？今寓府询知，惟气息奄奄，心神了了，无异平时。化于初七日，初六日与麟阳（赵锦）面诀语，初五日与乃郎语，今其言俱在，非心神了了，安能若此？传者尚属未知。（《太史杨复所先生证学编》）

查铎对龙溪临终时"颇有散乱"的传闻非常重视，因为这直接关涉到龙溪是否能将平时的讲论"体之于身，验之于心"的问题，所谓"若就此散乱，则平时所论谓何？"直到亲自到龙溪府上询问，得知龙溪临终前"心神了了，无异平时"，才终觉释然。并且，查铎此信及其专门撰写的《纪龙溪先生终事》（《毅斋查先生阐道集》卷九），也意在澄清传闻的不实。同样，查铎弟子萧彦在为查铎所作的祭文中，也记载了查铎坦然面对死亡的情况。在萧彦的描述中，查铎临终前不仅神气不乱，甚至能够预知自己的死期。

事实上，类似的记载在中晚明的阳明学者中还有许多。如王艮《年谱》记载其临终前的情况如下：

> 先是卧室内竟夜有光烛地，众以为祥。先生（王艮）曰："吾将逝乎。"至病革，诸子泣，请后事。顾仲子襞曰："汝知学，吾复何忧？"……神气凝定，遂瞑目。是为八日子时也。及殓，容色莹然不改。（《重镌心斋王先生全集》卷一）

罗近溪临终的情况：

> 九月朔，盘桓出堂，端坐，命诸孙次第进酒，各各微饮，随拱手别诸生曰："我行矣。"诸生恳留盘桓一日，许之。初二日午刻，整衣冠，端坐而逝。（《罗近溪先生全集》卷一）

邓以赞的临终情况：

> 己亥三月，先生偶微咳，依圆觉寺静摄，侄履高辈侍。一日呼履高曰："天地是这样，人心是这样。此心直与太虚合而

为一，天下之理，何不可通？天下之事，何不可任？"至闰四月十二日，呼履高曰："吾本知造化在手，已可留这几日，又觉不欲留矣。"豫章士夫十九日相率，黎明诣圆觉问疾，适先生命还，已就舆，辞曰："远劳未晤。"履高辈扶舆，先生问曰："行几里？"对曰："将五里。"曰："吾留留。"呼履高曰："汝辈要知学问，万事万念皆善，只一事一念不善，一事一念不善就筹了。万事万念皆善，都不筹。"高唯唯。先生色喜，又曰："行当近。"履高曰："将及渡。"先生曰："再留留。"至中廷，先生下舆，连呼大是奇事者二，入寝室，端坐不语，逾时而化。（《邓文洁佚稿》卷一）

根据以上的传记资料，这些阳明学者不仅在面对死亡时都能够从容不迫，气定神闲，罗近溪、邓以讚甚至可以控制自己的生死，决定自己的死期，王艮临终前竟然"卧室内竟夜有光烛地"。有学者曾经对传记究竟能够在多大程度上反映传记主人公的真实生命表示过怀疑，❶ 这的确可以使我们警觉到传记与纪实之间的距离。但是，不论这些传记资料的可信度如何，这种叙述本身却足以反映当时的记述者将坦然面对死亡视为一种得道与悟道的表现。事实上，譬如高攀龙就曾明确从临终状态的角度来评价曾子与阳明道德修养所达到的境界，所谓"曾子易箦而卒，便显出个曾子，阳明至南安而卒，便显出个阳明。曾子曰：'吾得正而毙焉，斯已矣。'此曾子所以为曾子矣。阳明曰：'此心光明，更复何言？'此阳明所以为阳明也。"（《高子遗书》卷一）这一点，可以说是生死关切成为中晚

---

❶ 参见 Ira Bruce Nadel, *Biography: Fiction, Fact and Form*, London: The Macmillan Press, 1984。

明阳明学甚至整个儒学焦点意识的第三个表现。

由以上几个方面可见，儒家传统讳言生死的情况在中晚明的思想界发生了明显的改变，生死关切在儒家的问题意识中由"幕后"转至"台前"，从以往较为边缘的话语地位突显成为当时以阳明学者为代表的儒家学者问题意识的焦点之一。死亡已不再是儒者讳言的问题，而成为关联于圣人之道的一项重要指标。

生死关切可以说是佛道两家一贯的焦点所在，而在生与死之间，佛教对于死的问题则提供了更多的思想资源。因此，生死关切之所以会突显为中晚明许多阳明学者的焦点意识，与佛教长期的交融互动以及阳明学者对佛教思想的主动吸收，显然是一个重要的原因。❶换言之，生死关切成为中晚明阳明学展开过程中的一个重要方面，可以说是儒释交融的结果之一。上述阳明学者生死关切的三方面表现，其实都与佛教思想密切相关。将生死关切明确作为终极关怀的重要组成部分，本来就是佛教的基本特征。如憨山德清所云："从上古人出家本为生死大事，即佛祖出世，亦特为开示此事而已，非于生死外别有佛法，非于佛法外别有生死。"（《憨山大师梦游全集》卷三《法语·示妙湛座主》）现代佛教学者傅伟勋也说："'生死大事'四字足以说尽佛教的存在意义。"❷前引龙溪诗中"人命呼吸间"的句子，便是出于佛教的典故。❸正视"悦生恶死"的"基本焦虑"并将

---

❶ 吕妙芬在研究晚明儒家圣人观的特点时，也曾经指出了生死问题成为晚明儒学重要内涵这一现象，并将这一现象归因于儒释的交融。见吕妙芬："儒释交融的圣人观：从晚明儒家圣人与菩萨形象相似处及对生死议题的关注谈起"，《"中研院"近代史研究所集刊》第 32 期，1999 年 12 月，页 165—207。

❷ 傅伟勋：《生命的尊严与死亡的尊严》（台北：正中书局，1994），页 141。

❸ "人命呼吸间"的说法出自佛教《四十二章经》第三十八章，所谓："佛问沙门：'人命在几间？'对曰：'数日间。'佛言：'子未知道。'复问一沙门：'人命在几间？'对曰：'饭食间。'佛言：'子未知道。'复问一沙门：'人命在几间？'对曰：'呼吸间。'佛言：'善哉！子知道矣。'"

其转化为求道的内在动力，也是历史上许多佛教徒共同的经验。就连以临终之时是否能够坦然面对死亡作为是否悟道、得道的衡量标准，在佛教传统中也是早就有案可循。如上引有关龙溪、王艮、罗近溪、邓以赞临终的传记资料，其中提到这些阳明学者都能神气不乱，甚至还能预知、控制死期，临终前有异象出现，显然与南朝时梁慧皎（497—554）《高僧传》中对许多高僧大德圆寂时神色安详和悦并有各种神迹出现的大量记载颇有相似之处。

除了三教融合背景之下佛教的影响这一思想方面的主要因素之外，明代政治高压体制对儒家学者的残酷迫害，经常使他们面临生死关头，恐怕也是使生死关切成为中晚明阳明学重要问题意识的一个外部原因。许多阳明学者都曾经因政治迫害而身陷九死一生之地。阳明龙场处困的例子自不必言。此外，钱绪山因郭勋事下狱，在《狱中寄龙溪》书中说："亲蹈生死真境，身世尽空，独留一念莹魂。耿耿中夜，豁然若省，乃知上天为我设此法象，示我以本来真性，不容丝毫挂带。"（《明儒学案》卷十一《浙中王门学案一》）聂双江被逮下狱，在狱中发生心体呈露的体验，所谓"狱中闲久静极，忽见此心真体，光明莹澈，万物皆备"。（《明儒学案》卷十七《江右王门学案二》）亲炙阳明的魏良弼（字师说，号水洲，1492—1575）两年之内先是"受杖于殿廷，死而复苏"，后"又下狱拷讯"，以至于"累遭廷杖，肤尽而骨不续"。（《明儒学案》卷十九《江右王门学案四》）"受学于阳明，卒业于东廓"的刘魁（字焕吾，号晴川，1488—1552）入狱四年，被释后"未抵家而复逮"。（同上）龙溪弟子周怡与刘魁同坐一事而为狱友。（《明儒学案》卷二十五《南中王门学案一》）其他如邹元标遭廷杖九死一生而致残的例子也比比皆是。经常由于政治迫害而面临死亡的威胁，迫使儒家知识分子不得不进一步思考生死的问题，并将生死关头作为自己见道真切与否的最大考验。这一点，也是明代儒家学者在整体上有别于宋代儒家学者的一个方面。

三教融合尤其是与佛教的互动以及外部政治的压力，使得生死关切成为中晚明阳明学发展的一个重要课题。但是，在如何了究生死的问题上，虽然也有像李贽、邓豁渠之类最终倒向佛教的情况，但大多数阳明学者仍然立足于儒学存有论上"有"的根本立场，提供了有别于佛老的生死智慧与解脱之道。

《传习录上》记载过一段阳明与弟子萧蕙有关"死生之道"的问答：

> 萧蕙问死生之道。先生曰："知昼夜即知死生。"问昼夜之道。曰："知昼则知夜。"曰："昼亦有所不知乎？"先生曰："汝能知昼！懵懵而兴，蠢蠢而食，行不著，习不察，终日昏昏，只是梦昼。惟息有养，瞬有存，此心惺惺明明，天理无一息间断，才是能知昼。这便是天德，便是通乎昼夜之道，而知更有什么死生？"

阳明对生死问题虽然有深刻的体认，但在与门人弟子的问答中尚未多加阐发，而是基本上秉承传统"未知生，焉知死"的说法。龙溪对于生死的根源以及超脱生死的方法则有较为明确的解释。在万历三年乙亥（1575）的新安斗山书院之会中，龙溪指出：

> 人之有生死轮回，念与识为之祟也。念有往来，念者二心之用，或之善，或之恶，往来不常，便是轮回种子。识有分别，识者发智之神，倏而起，倏而灭，起灭不停，便是生死根因。此是古今通理，亦便是见在之实事。儒者以为异端之学，

讳而不言，亦见其惑也矣。夫念根于心，至人无心，则息念，自无轮回。识变为知，至人无知，则识空，自无生死。为凡夫言，谓之有可也。为至人言，谓之无可也。道有便有，道无便无，有无相生，以应于无穷。非知道者，何足以语此？（《全集》卷七《新安斗山书院会语》）

我们在第 5 章考察龙溪对佛教生死轮回观念的融摄时引用过这段话。在龙溪看来，"生死根因"在于有分别对待的"念"、"识"，而"化念还心"、"转识成智"，便可以超脱生死。这种将生死的根源与超脱生死的方法系于主体意识的看法，在中晚明的阳明学者中是具有普遍性的。如周海门在答弟子问如何了得生死时说："生死俱是心。心放下，有甚生死可了。"（《东越证学录》卷五《剡中会语》）邹元标也说："人只是意在作祟，有意则有生死，无意则无生死。"（《明儒学案》卷二十三《江右王门学案八》）海门弟子刘塙（字静主，号冲倩，生卒不详）说："四大聚散，生死之小者也。一念离合，生死之大者也。忘其大而惜其小，此之谓不知生死。"（《明儒学案》卷三十六《泰州学案五》）

客观而言，将"生死根因"与生死解脱之道归于主体的自我意识，仍然可以说来源于佛教的理论。像刘塙那样批评佛教仅从肉体生命的角度来理解生死，所谓"四大聚散，生死之小者也"，其实并不恰当。因为佛教对生死理解的关键并非只是"四大聚散"，而毋宁说反倒是"一念离合"。认为穷究生死的根源在于阿赖耶识的种子，❶这虽然是唯识学派的讲法，却也是佛教各宗的基本共识，只不过其他宗派不使用唯识的名相而已。问题的关键在于，阳明学者

---

❶ 参见印顺：《唯识学探源》（台北：正闻出版社，1987），页 163。

尽管和佛教一样将生死的根源与解脱生死的方法诉诸主体的自我意识，但对于主体自我意识本质的理解，却和佛教有着根本的不同。也正因此，几乎所有将生死关切作为自己问题意识焦点之一的阳明学者，包括以上提到的那些，均在超脱生死的问题上自觉保持了高度的儒家认同。这也说明，儒家在生死关切的问题上的确与佛教蕴涵着深刻的差异。

对于超脱生死之道，同样在万历三年的华阳明伦堂之会上，龙溪在回答有关"孔子答季路知生知死之说"的疑问时，有更为明确的说明：

> 或问孔子答季路知生知死之说。先生曰："此已一句道尽。吾人从生至死，只有此一点灵明本心为之主宰。人生在世，有闲有忙，有顺有逆，毁誉得丧诸境。若一点灵明时时做得主，闲时不至落空，忙时不至逐物，闲忙境上，此心一得来，即是生死境上一得来样子。顺逆、毁誉、得丧诸境亦然。知生即知死。一点灵明，与太虚同体，万劫常存，本未尝有生，未尝有死也。"（《全集》卷七《华阳明伦堂会语》）

我们在第5章"生死轮回"的部分曾引用过龙溪晚年给李渐庵的一封书信。龙溪在该信中指出：

> 孔氏云："未知生，焉知死。"此是究竟语，非有所未尽也。吾人生于天地间，与万缘相感应，有得有失，有好有丑，有称有讥，有利有害。种种境界，若有一毫动心，便是临时动心样子。一切境界，有取有舍，有欣有戚，有一毫放不下，便是临时放不下样子。生之有死，如昼之有夜，知昼则知夜，非

有二也。于此参得透，方为尽性，方为立命，方是入圣血脉路。若不从一念微处彻底判决，未免求助于外，以为贲饰。虽使勋业格天、誉望盖世，检尽世间好题目，转眼尽成空华，与本来性命未有分毫交涉处也。不肖中夜默坐，反观眼前，有动心处，有放不下处，便是修行无力，便是生死关头打叠不了勾当。常以此自盟于心，颇有深省。（《全集》卷十一《答李渐庵》第二书）

当周海门以"心放下"来回答弟子"如何了得生死"的问题之后，那位弟子紧接着又问："心如何一时放得下？"海门回答说："要知孔门说知生知死，则放下二字俱多。"（《东越证学录》卷五《剡中会语》）徐用检也有如下一段答问：

> 问："先生既不非生死之说，何不专主之？而曰性、曰学，何也？"曰："性率五常，学求复性，大公至正之道也。如此而生，如此而死，何不该焉？专言生死，生寄死归，自私耳矣。"（《兰游录语》）

由此来看，在龙溪、海门、鲁源等阳明学者的问题意识中虽然有着强烈的生死关切，但在对待生死的基本态度上，却又都诉诸《论语》中孔子"未知生，焉知死"的经典依据，而回到了儒家传统从生的角度来理解死这一基本立场。这与阳明答萧蕙问死生之道中的看法也是完全一致的。显然，对像阳明、龙溪、海门、鲁源来说，生死解脱的关键不在于对死后世界的探索，而在于对当下生命意义的觉悟。可以说，对生的觉解越多，对死的体认也就越深入。因此，孔子"未知生，焉知死"的话不必是对死的忽略，毋宁说是强调知生是知死的前提，并指示了由知生而知死这样一种了解死亡的方向。其实，因材施教的孔子在回答子贡同样是询问死亡的问题时，却并未避而不谈，而是旁征博引，以至子贡发出了"大哉死乎！"的感叹。[1]而通过这些阳明学者的诠释与论说，孔子"未知生，焉知死"之中的深刻蕴涵，也获得了充分的展开。佛教从印度的原始佛教到大乘佛教乃至禅佛教，虽然在二谛中道的思想下日益强调"生死即涅槃"，但在六道轮回的信仰基础上，其实仍然更多地关注死后的问题，祈求死后往生净土而脱离人世间的苦海。[2]这与阳明学者对待生死的态度可以说是截然异趣的。

阳明学者对生死解脱之道的理解之所以终归不同于佛教，更深一层的原因仍然在于双方存有论上"有"与"无"的根本差异。我们前面提到，在讨论生死问题时，中晚明阳明学者所诉诸的经典依据与诠释资源除了《论语》中孔子"未知生，焉知死"的话之外，还有《易传》中"原始反终，故知死生之说。精气为物，游魂为变，是故知鬼神之情状"的说法。所谓"原始反终"，其实是指一气周流的往复不已。作为道德创造性现实化所不可或缺的物质基础，气具有不可消解的实在性。阳明学者虽然对"气"的观念谈的相对较少，但对这一点却也从不否认。生死的根源固然系于主体的意识，所谓"有意则有生死，无意则无生死"，"一念离合，生死之大者也"。但生死之心的破除，并不意味着认同因缘假合的缘起观，将生死的主体视为无自性的存在。在佛教看来，死意味着构成生命

---

[1] 《荀子·大略》载："子贡问于孔子曰：'赐倦于学矣，愿息事君？'孔子曰：'《诗》云：温恭朝夕，执事有恪。事君难，事君焉可息哉！'……'然则赐无息者乎？'孔子曰：'望其圹，皋如也，填如也，鬲如也，此则知所息矣。'子贡曰：'大哉死乎！君子息焉，小人休焉。'"见王先谦：《荀子集解》（下）（北京：中华书局，1988），页510—511。

[2] 傅伟勋：《生命的尊严与死亡的尊严》，页152—153。

因缘的离散。由于生命本来便是因缘和合而成，并无存有论的实在性，死亡因此恰恰可以使作为生命本质的"无"这种空寂性得以揭示。对阳明学者来说，作为道德主体之本质的良知固然"千古不磨"，如龙溪所谓"与太虚同体，万劫常存，本未尝有生，未尝有死也"，"缘此一点灵明，穷天穷地，穷四海，穷万古，本无加损，本无得丧，是自己性命之根。尽此谓之尽性，立此谓之立命。生本无生，死本无死，生死往来，犹如昼夜"。（《全集》卷四《留都会纪》）自然生命的生死更不过是气之聚散而非气之有无。就作为构成自然生命物质基础的"气"来说，始终是"有"而非因缘假合的空寂性之"无"。以昼夜之喻而言，死之于生恰如夜之于昼，并不意味着终结与断裂，而不过是无限连续性不同方式的周而复始而已。无论是从道德本体的创造性还是从一气的"原始反终"来看，死亡都不意味着生命流于虚无。因此，儒家固然是以道德修养的方式超越生死，将有限的生命升华于无限的精神之中，实现心灵境界意义的生死解脱。然而，这种生死解脱之道的背后，还有着一气周流、原始反终的存有论和宇宙论基础。如耿定向所谓"始自太虚来，终还太虚去，原始反终，本自无生，亦自无灭，一切众生，总皆如是"。（《耿天台先生文集》卷七《出离生死说》）高攀龙和刘蕺山也从这一角度区别了儒家与佛教的生死解脱之道。虽然高、刘二人严格而论或许并不属于阳明学者的范围，但由于这相对佛教而言其实可以说是晚明儒家学者的共识，我们便不妨仍然可以他们的某些相关论说为据来加以说明。

高攀龙于万历四十六年曾有《戊午吟》诗二十首，其中两首云：

> 闻道如何夕可死，死生原是道之常。不闻有昼可无夜，几见无阴只有阳。道在何从见寿夭，心安始可等彭殇。更与此外

求闻道，踏遍天涯徒自忙。

　　精气为躯造化功，游魂为变浩无穷。如何谓死为灭尽，反落禅诃断见中。神化自然称不测，有无不著是真空。莫将空字谩归佛，虚实原与显微同。(《高子遗书》卷六)

另外在《夕可说》中，高攀龙通过对孔子"朝闻道，夕死可矣"的诠释，发挥了与这两首诗同样的意思：

　　此物何动静？何生何死耶？噫嘻！我知之矣。死生，道也。譬之于沤，其灭，一水也，寂然不动者也。吾欲复寂然者，岂遗弃世事，务一念不起之谓哉？君君、臣臣、父父、子子，万象森罗，常理不易。吾与之时寂而寂，时感而感，万感万寂而一也，故万死万生而一也。(《高子遗书》卷三)

而刘蕺山说的更为明确详细：

　　理会生死之说，本出于禅门。夫子言原始反终，这是天地万物公共的道理，绝非一身生来死去之谓，与禅门迥异。自圣学不明，学者每从形器起见，看得一身生死事极大，将天地物都置之膜外，此心生生之机早已断灭种子了。故其工夫专究到无生一路，只留个觉性不坏。再做后来人，依旧只是贪生怕死而已。吾儒之学，宜从天地万物一体处看出大身子，天地万物之始即吾之始，天地万物之终即吾之终，终终始始，无有穷尽，只此是死生之说。原来死生只是常事，程伯子曰："人将此身放在天地间，大小一例看，是甚快活。"余谓生死之说正当放在天地间大小一例看也。于此有知，方是穷理尽性至命之学。藉令区区执百年以内之生死而知之，则知生之尽，只是个贪生之生；知死之尽，只是个怕死之死。然则百年生死不必知乎？曰：奚而不知也？子曰："朝闻道，夕死可矣"是也。如何是闻道？其要只在破除生死心。此正不必远求百年，即一念之间一起一灭，无非生死心造孽。既无起灭，自无生死。(《证人社语录·第九会附记》)

通常意义上的生死，往往是就个体生命的生灭而言。但如果从一气的聚散和原始反终以及万物一体的观点来看，个体生命的生灭不过是生死之念的结果，宇宙间其实只是物质守恒与能量转化，如此更不存在生死的问题。高攀龙和刘蕺山从这一角度对生死的理解与超越，进一步说明了儒家与佛教在生死关切问题上的差异源于双方存有论上"有"与"无"的基本立场。

通过对中晚明阳明学者生死关切的考察，我们可以看到，对于死亡这一人类普遍的终极关怀，儒家传统并非始终采取漠视的态度，而是同样可以与世界各大宗教——伦理传统一道提供丰富的精神资粮。事实上，在西方精神思想的发展史上，死亡这一课题也并非始终处于问题意识的焦点。在不同的历史阶段，西方的思想家们对死亡的关注同样表现出轻重详略的不同。❶

四 正统与异端

我们在第5章讨论龙溪的三教观时曾经指出：传统的正统与异

---

❶ 参见段德智：《死亡哲学》（武汉：湖北人民出版社，1996）。

端之辨在龙溪的思想中发生了重点的变化，开始由儒家与佛道之间更多地向真儒与俗儒、身心之学与口耳之学之间倾斜。事实上，这一点在整个中晚明的阳明学中具有相当的代表性。正统与异端的问题意识与相关讨论，也构成三教融合之下中晚明阳明学发展过程中的一个重要方面。在此，我们将进一步在中晚明阳明学的整体脉络中考察正统与异端问题的发展特征，并分析这一发展特征产生的原因及其所具有的意义。

如果说孟子时代儒家所面对的异端是杨、墨的话，那么，认为唐宋以降儒家传统最大的异端是佛老，应当是一个基本不错的判断。就理学传统而言，儒家在总体上对佛老尤其佛教一直视为异端而采取较为严厉的排斥态度，这种局面一直延续到阳明学兴起之前。明太祖时，大理寺卿李仕鲁对朱元璋崇佛不满，曾直言切谏说："陛下方创业，凡意旨所向，即示子孙万世法程，奈何舍圣学而崇异端乎？"并且"章数十上"，但朱元璋未予理睬。李仕鲁"性刚介，由儒术起，方欲推明朱氏学，以辟佛自任"，见朱元璋不以为意，便对朱元璋说："陛下深溺其教，无惑乎臣言之不入也。还陛下笏，乞赐骸骨，归田里。"说完竟将笏板置于地下。以朱元璋之专制残暴，自然大怒，于是"命武士捽搏之，立死阶下"。（《明史》卷一三九《李仕鲁传》）当然，这是儒家学者辟佛的一个极端事例，但明代阳明学兴起之前的儒家学者的确大都深排佛老。如薛瑄（字德温，号敬轩，1392—1464）曾说："如佛老之教，分明非正理，而举世趋之。虽先儒开示精切，而犹不能祛其惑。"（《读书录》卷七）胡居仁也说："禅学绝灭物理，屏除思虑，以谓心存，是空其心，绝其理。内未尝有主，何以具天下之理哉？"（《居业录》卷七）"杨墨老佛庄列，皆名异端，皆能害圣人之道。为害尤甚者，禅也。"（《胡敬斋集》卷二《归儒峰记》）丘濬

（字仲深，号琼台，称琼山先生，1421—1495）更是严厉指出："秦汉以来异端之大者，在佛老。必欲天下之风俗皆同，而道德无不一，非绝去异端之教不可也。"（《大学衍义补》卷七十八）至于像曹端（字正夫，号月川，1376—1434）"朝夕以圣贤崇正辟邪之论"奉劝"勤行佛老之善"的父亲（《明儒学案》卷四十四《诸儒学案上二》），何塘（字粹夫，号柏斋，1474—1543）"入郡城见弥勒像，抗言请去之"，（《明儒学案》卷四十九《诸儒学案中三》）则将对佛老的排斥进一步落实到了具体的行为之中。

然而，明代前期儒者对佛老的深排，恰恰反映出佛老尤其佛教在儒家知识分子中影响的深广。上引薛瑄的话，其实也正透露了这一点。随着中晚明三教融合的日益深入，儒家学者对佛老的态度也日渐开放。以佛老为异端的看法，在阳明学兴起与发展的过程中，发生了明确而意义深远的变化。当然，这种思想史的变化不可能突如其来，总是渊源有自、由积累而成。将陆象山之学视为阳明学的先驱绝不是偶然的，事实上，即便在对异端的理解上，象山也同样发了阳明学的先声：

> 今世类指佛老为异端。孔子时佛教未入中国，虽有老子，其说未著，却指那个为异端？盖异与同对，虽同师尧舜，而所学之端绪与尧舜不同，即是异端，何止佛老哉？有人问吾异端者，吾对曰：子先理会得同底一端，则凡异此者，皆异端。（《陆九渊集》卷三十四《语录上》）

象山这里虽然并未推翻以佛老为异端这一理学传统的基本看法，但对异端的理解，重点却显然已另有所指。而阳明在论及异端时，无疑继承了象山的思想。《传习录上》载：

或问异端。先生曰："与愚夫愚妇同的，是谓同德。与愚夫愚妇异的，是谓异端。"

这里，阳明面对异端之问绝口不提佛老，而是以与愚夫愚妇的同异作为分判正统与异端的标准，其实具有丰富的思想史意涵。这一点，在龙溪的相关论说中获得了明确的展开。我们在第5章已经看到，正统与异端之辨的重点，在龙溪那里由儒学与佛老之间转换到了儒学内部。依龙溪之见，至少在当时的思想界，最需要面对的异端不是佛老，而是所谓"俗学"。对此，我们不妨再引以下的一段文献资料以为说明：

夫异端之说，见于孔氏之书。先正谓吾儒自有异端，非无见之言也。二氏之过，或失则泥，或失则激，则诚有之。今日所忧，却不在此，但病于俗耳。世之高者，溺于意识；其卑者，缁于欲染。能心习见，纵恣谬幽，反为二氏所嗤。有能宅心虚寂、不流于俗者，虽其蹈于老释之偏，犹将以为贤，盖其心求以自得也。学者不此之病，顾汲汲焉惟彼之忧，亦见其过计也矣。(《龙溪会语》卷三《别见台曾子漫语》)

龙溪所谓先正是指象山，而"俗学"的所指包括两种情况：一是"溺于意识"；一是"缁于欲染"。在当时的情况下，这种"俗学"显然更多地是指异化了的朱子学。作为官方的意识形态，由于朱子学与科举制的结合，研习朱子学对许多人来说便主要不是出于追求圣人之道的终极关怀，而是为了通过科举考试以谋求功名富贵。这种"缁于欲染"的情况固然是"俗学"，而即便尚未将当时作为儒学正统的朱子学作为谋求功名富贵的工具，可是将对朱子学的研究仅仅作为一种单纯理智的活动，不是"求以自得"，这在龙溪看来也同样是"溺于意识"，出于"能心习见"的俗学。因此，正统与异端的对立在当时与其说是在儒学与佛老之间，不如说更多地体现在儒学内部的"真"与"伪"之间。

阳明对异端的看法虽然已发生了微妙的变化，但阳明并未放弃以佛老为异端的基本立场。龙溪以俗学为异端，也没有推翻以佛老为异端的大前提。异端并非只能有一种，在龙溪看来，佛老与俗学显然都是异端，只是在当时的情况下，俗学对圣人之道的危害要超过佛老，因此，俗学是首先需要加以对治的异端。然而，随着三教融合的深化，龙溪的这种看法却开启了新的契机，晚明的许多阳明学者将龙溪的这种重点转移进一步推进，甚至完全放弃了以佛老为异端的看法。如焦竑在给耿定向的信中说：

> 士龙遽至手书，知拳拳以人惑于异学为忧。某窃谓非惑于异学之忧，无真为性命之志之忧也。学者诚知性命之真切，则直求知性而后已，岂其以茇茇议论为短长，第乘人而斩其截哉！佛虽晚出，其旨与尧、舜、周、孔无以异者，其大都儒书具之矣。(《澹园集》卷十二《又答耿师》)

这一封信主要是不以佛教为异端，同样，焦竑还为道家思想进行了辩护：

> 老子，古史官也，闻先圣之遗言，闵其废坠，著五千言以存之，古谓之道家。道也者，清虚而不毁万物，上古南面临民之术也，而岂异端者哉！古道不传，而世儒顾以老子为异，多诎其书而不讲，至为方士所托。于是黄白男女之说，皆以传著之。盖学

者之不幸，而亦道之辱也。(《澹园集》卷十六《盘山语录序》)

在此基础上，焦竑明确指出：

> 学者诚有志于道，窃以为儒释之短长可置勿论，而第反诸
> 我之心性。苟得其性，谓之梵学可也，谓之孔孟之学可也。即
> 谓非梵学、非孔孟学，而自为一家之学可也。(《澹园集》卷
> 十二《答耿师》)

无疑，焦竑不以佛老为异端的看法，与其平等看待儒释道三教的立
场是一致的。而杨起元所谓"二氏在往代则为异端，在我朝则为正
道"(《太史杨复所先生证学编》卷一)，则既是指出了明代朝廷三
教共倡的社会现实，更是透露了大部分阳明学者不以佛老为异端的
心声。冯少墟曾经指出：

> 盖异端可驳也，而以驳异端者驳时事，则为越俎。异端可
> 辟也，而以辟异端者辟宋儒，则为操戈。此尤人情之异流、学
> 术之隐痛，不可不亟辨也。(《少墟集》卷一《辨学录跋》)

显然，倾向于朱子学的冯少墟已经敏锐地感受到，随着中晚明阳
明学的展开，阳明学者已经开始入室操戈，排斥异端的锋芒在相
当程度上由佛老转向了朱子学。对少墟这样的学者而言，这种异
端观的转变绝不是一件无足轻重的事，所谓"人情之异流、学术
之隐痛，不可不亟辨"的话，鲜明地流露出少墟对这一思想动向
的重视与焦虑。

在中晚明阳明学的发展中，发生这种正统与异端之辨的重点转

移并不是偶然的。儒释道三教的深入互动与高度融合，是中晚明阳明学出现这一特征的重要原因。我们可以看到，以龙溪为代表，将正统与异端之辨的重心转移到儒学内部真伪之间的阳明学者，几乎无一例外都提倡三教融合或至少对佛道两家持较为开放的态度。龙溪的三教观我们已经在第5章进行了专门的考察，此处不赘，其他许多阳明学者对佛道两家涉入的深浅容或有不同，但与以往理学传统普遍地明确斥佛道为异端相较，采取包容甚至肯定的态度则是其一致之处。对这些阳明学者来说，要么像龙溪那样不主张在儒学与佛道两家之间轻易地论同辩异，而以能否自得于心、有所受用作为评判取舍的标准。如当有人问周海门"象山阳明之学杂禅是否"时，海门便回答说："子还体认见之？抑随声和之者？夫禅与儒名言耳，一碗饭在前，可以充饥，可以养生，只管吃便了，又要问是和尚家煮的？百姓家煮的？"（《东越证学录》卷一《南都会语》）焦竑在解释自己为何主张三教本一时也说："仆非左袒释氏者，但以学者不究明己事，日梦梦二氏之辨，所谓如人数他宝，自无半钱分，故一为晓之耳。"（《澹园集》卷十二《答钱侍御》）要么直接指出佛道两家并无危害。如赵贞吉就不仅不以自己习禅为讳，反而以自己的切身体验论证禅不足以害人，他在答友人的书信中说："夫仆之为禅，自弱冠以来矣，敢欺人哉？公试观仆之行事立身，于名教有背谬者乎？则禅之不足以害人明矣。仆盖以身证之，非世儒徒以口说诤论比也。"（《明儒学案》卷三十三《泰州学案二》）杨起元则在以儒学与佛道两家"其教虽异，其道实同"的前提下不仅认为佛道两家不会造成人心的沦丧，甚至认为学习佛道两家之说乃是良知本心的内在要求，排斥佛老者不过是执著于名称而已，所谓"学之者本心之良，而辟之者名义之束也。"（《太史杨复所先生证学编》卷一）这些学者之所以大都对佛道两家持较为开放的态度，自然是因为他们比理学传统中以往的儒者对佛道两家有着更为深入的涉入。像龙溪那样与佛道二教颇有交涉的情况，在阳明的第一代传人与后学中并不是个别现象。如萧蕙好佛老，魏水洲长期修炼道教养生术，罗念庵习静等等。而龙溪之后许多阳明学者与佛道两家的关系则更为密切。如周海门、陶望龄与禅僧的交往，焦竑对佛道两家经典的研究等等。对佛道两家思想的深度涉入，无疑使得这些阳明学者对佛道两家的了解远比以往的儒家学者来得深入。

另外，阳明学这种正统与异端观念的转化，也不能排除朱子学与阳明学之间学派之争的因素。由于朱子学在整个有明一代始终居于意识形态的正统地位，作为对朱子学的反动，阳明学本身恰恰可以说是儒学内部的异端。事实上，在当时以至于后来清代的朱子学者眼中，阳明学也的确是和佛教一道被视为异端的。罗钦顺、吕柟、魏校（字子才，号庄渠，1483—1543）、崔铣（字子钟，号后渠，1478—1541）、陈建、冯柯（字子新，号宝阴，1523—1601）等人，曾经从各个不同的方面和角度对阳明学进行过程度不同的批评。这些批评的共同之处，就是都认为阳明学与禅宗难脱干系。而禅宗既然历来被儒家视为异端，阳明学自然也就不言而喻。极端的朱子学者如清初的吕留良（字用晦，号晚村，1629—1683）等人，甚至视阳明学为洪水猛兽。此外，阳明学确实被作为异端邪说而于嘉靖年间三次遭到官方的明令禁止，其中虽然包含着权力斗争的因素，而朱子学与阳明学作为两种不同学派的对立，也是其中不可忽视的一个重要因素。❶ 至于从万历二年到万历十二年围绕阳明从祀一事的争辩，同样在政治权力争夺的同时，纠结着朱子学与阳明学之

---

❶ 参见郑德熙："从官私学派纠纷到王学传习禁令"，《中国哲学》第十九辑，页250—270。

间的学派之争。因此，阳明学者将正统与异端之辨由儒学与佛道两家之间逐渐转换到儒学内部的"为己之学"与"为人之学"之间，在一定程度上也是为自己谋求合法性的一种表现。并且，就像在三教融合思想上的基本差异一样，如果说中晚明的朱子学或倾向于朱子学的学者基本上普遍坚持视佛道两家为异端这一固有立场的话，阳明学者在正统与异端这一问题上的不同看法，在一定程度上也成为在总体取向上区分朱子学与阳明学的标准之一。

不过，即便我们不能忽略学派之争的因素，阳明学者将正统与异端之辨由儒学与佛道两家之间逐渐扭转到儒学内部，还有一个更重要的原因是出于对儒学异化的批判。对于儒学的异化现象，许多阳明学者都有痛切的观察和反省。譬如，唐顺之在给罗念庵的信中曾感叹佛老求道真切而学圣贤者却多假托之人，所谓：

> 近会一二方外人，见其用心甚专，用工最苦，慨然有叹于吾道之衰。盖禅家必欲作佛，不生化超脱则无功；道人必欲成仙，不留形住世则无功，两者皆假不得。惟圣贤与人同而与人异，故为其道者皆可假托潴帐，自误误人。（《明儒学案》卷二十六《南中王门学案三》）

龙溪嘉靖四十一年壬戌（1562）在松原会晤罗念庵时，曾提到唐顺之此书并深表同感：

> 尝忆荆川子与兄书，有云偶会方外一二人，其用心甚专，用力甚苦，以求脱离苦海，祛除欲根，益有慨于吾道之衰。盖禅宗期于作佛，不坐化超脱则无功；道人期于成仙，不留形住世则无功。此二人者，皆不可以伪为。圣贤与人同而异，皆可

假托混帐，误己诬人。以其世间功利之习心而高谈性命，傲然自以为知学，不亦远乎？甚矣！荆川子之苦心，有类于兄也。（《全集》卷二《松原晤语》）

从龙溪的这段话来看，罗念庵也显然持同样的看法。另外，焦竑在给耿定向的信中对此也有一针见血的观察与批评：

承谕"学术至今贸乱已极"，以某观之，非学术之贸乱也，大抵志不真、识不高也。盖其合下讲学时，原非必为圣人之心，非真求尽性至命之心，只斸一知半解，苟以得意于荣利之途，称雄于愚不肖之林已耳。（《澹园集》卷十二《答耿师》）

朱子学与科举制相结合并成为官方意识形态的重大流弊，便是导致儒家思想由"身心性命之学"异化为口耳之学、利禄之门。这可以说是儒家"为己之学"的最大异化。因此，对儒学异化的批判，不免在实际的针对上更多地指向当时的朱子学。但是，就这些学者的议论本身而言，批评的对象却并非只是异化了的朱子学，凡是不能出于"必为圣人之心"、"真求尽性至命之心"者，都可以"假托混帐"，以至于"误己诬人"，都可以说是儒家内部的异端之学。当然，对儒学异化为功利俗学的批判，并不仅仅来自于阳明学者，许多朱子学者也对这一现象严加伐挞。这说明，尽管被作为官方意识形态与科举的典范，朱子学本身在当时还并不就等于功利俗学。在秉承儒家道德理想主义的朱子学与假朱子学以为利禄之媒的功利俗学之间，始终存在着本质的区别。

如此看来，阳明学者将异端的矛头由佛老转向功利俗学，又显然不只是学派之争的反映，而其实可以说是儒家道德理想主义在当时的一种表现方式，显然具有鲜明的现实批判意义。在中国历史上，儒家对佛老的批判，往往主要是着眼于其社会影响与效果的层面。而一旦儒学变质为功利俗学所产生的社会危害超过了佛老，这种功利俗学便理应成为儒家批判精神的首要目标。韩德森（John B. Henderson）曾经以早期基督教、犹太教、伊斯兰教以及理学传统为素材，探讨了不同宗教传统中正统与异端形成过程中一些具有普遍性和共同性的特征。在有关异端的建构（the construction of heresy）的讨论中，韩德森指出，异端本身是一个包含不同等级的系统，不同异端的等级区分取决于其危害性的大小。❶换言之，最高等级或者说最大的异端是那种对社会最为有害的思想。尽管韩德森的理学传统主要以程朱理学为依据，但这一点也适用于中晚明的阳明学。对中晚明的阳明学者来说，功利俗学的危害既然已经远远超过了佛道两家，儒家批判异端的锋芒首先指向儒学异化而成的功利俗学，无疑便是理所当然的了。其实，朱子本人也曾称赞佛教可以使人超脱世俗，所谓："盖佛氏勇猛精进，清净坚固之说，犹足以使人淡泊有守，不为外物所移也。"（《朱子语类》卷一百三十二）这说明在朱子内心的价值坐标中，即使佛教作为异端毋庸置疑，但与功利俗学相较，佛教也仍然处在较高的位置。而朱子生前遭党禁并被贬为伪学，死后其学却在被定为官方意识形态和科举考试典范的情况下沦为俗儒谋求功名富贵的工具，不能不说是历史发展的一大吊诡。当然，儒学异化的现象之所以在中晚明达到空前严重的程度，除了朱子学与科举制结合所产生的流弊之外，还与当时商品经济发展所导致的社会变迁密切相关。由于中晚明商品经济的高度发

---

❶ John B. Henderson, *The Construction of Orthodoxy and Heresy*: *Neo-Confucianism*, *Islamic*, *Jewish*, *and Early Christian Patterns*. New York: State University of New York Press, 1998, pp.131–132.

展，奔竞、功利之风席卷天下，这无疑给当时的儒家知识分子带来了极大的冲击。儒家传统的许多价值观念如义利之辨、公私之辨等等，都遭受到了相当程度的挑战而逐渐开始发生变化。[1]而这一点，是在尚未受到西方文化这一"外力"强行介入之前就已经产生于中国社会内部了。

五　儒学的民间化与宗教化

在中晚明儒释道三教水乳交融的思想和社会条件下，阳明学发展的另一个重要特点是出现了民间化与宗教化的倾向。并且，民间化和宗教化这两种倾向又彼此配合，互相推动，使得中晚明的阳明学具有了不同于以往儒家传统的鲜明特征。因此，检讨儒学民间化与宗教化的历史现象，显然也应当是我们深入理解中晚明阳明学发展的一项重要内容。

阳明所谓"与愚夫愚妇同的，是谓同德。与愚夫愚妇异的，是谓异端"，其实已经开启了阳明学民间化的契机。这一点，《传习录下》中的一段记载表示得更为明确：

> 洪（钱德洪）与黄正之、张叔谦、汝中（龙溪）丙戌会试归，为先生道途中讲学，有信有不信。先生曰："你们拿一个圣人去与人讲学，人见圣人来，都怕走了，如何讲得行？须做得个愚夫愚妇，方可与人讲学。"

---

[1] 参见（一）沟口雄三，索介然、龚颖译：《中国前近代思想的演变》，（北京：中华书局，1997）；（二）余英时："士商互动与儒学转向——明清社会史与思想史之表现"，氏著：《现代儒学论》（上海人民出版社，1998），页58—127。

阳明这番话无疑为阳明学后来的展开指示了一个民间化的方向。如果说儒学的民间化在阳明在世时尚未充分展开的话，阳明卒后，随着王门诸子与阳明后学大规模社会讲学活动的影响所及，儒学的民间化达到了中国历史上空前的程度。清代的焦循（字理堂，晚号里堂老人，1763—1820）曾说：

> 余谓紫阳之学所以教天下之君子，阳明之学所以教天下之小人。……至若行其所当然，复穷其所以然，诵习乎经史之文，讲求乎性命之本，此惟一二读书之士能之，未可执颛愚顽梗者而强之也。良知者，良心之谓也。虽愚不肖、不能读书之人，有以感发之，无不动者。(《雕菰集》卷八《良知论》)

这里所谓"君子"、"小人"，更多的不是就道德意义而言，而是从社会地位的角度来说。"君子"是指具有较高社会地位的知识阶层，"小人"则是指一般文化程度不高的平民百姓。当然，君子小人之分以"位"不以"德"，是春秋之前通行的用法。在《论语》中，孔子虽然还偶尔保留了以往的用法，但君子、小人已经主要成为表示德性修养高低的名词。而在孔子以降的儒家传统中，君子、小人也基本上是在表示道德修养高低的意义上来使用的。焦循使用"君子"、"小人"在当时几乎已弃之不用的古义来指代朱子学与阳明学影响所及的主要对象，或许流露了他自己对朱子学与阳明学的不同价值判断，但这里对阳明学"所以教天下之小人"，能令"愚不肖、不能读书之人"无不感动的观察，却无形中向我们透露了阳明学深入影响到社会大众层面的消息。并且，"紫阳之学所以教天下之君子"与"阳明之学所以教天下之小人"的区分，也说明中晚明儒学的民间化是一个主要与阳明学而非朱子学密切相关的历史现象。换言之，中晚明儒学的民间化可以说是阳明学发展特有的产物。

中晚明阳明学发展所带来的儒学民间化，是一个以往许多研究者都曾经注意到并有所探讨的问题。然而，所谓"民间化"的实际指涉或者说具体内涵是什么，以及应当如何理解这种民间化的动向，还有进一步分疏的必要。首先，儒学的民间化是指儒者群体的成员构成以及儒家社会讲学活动的参与者由以往的士大夫阶层扩展到了包括农工商贾在内的其他社会阶层，简单地说即大批布衣儒者的出现。自从儒学成为中国文化的主流以来，儒家思想便无疑逐渐影响并渗透到民间社会的方方面面，甚至积淀成为社会大众普遍的文化心理结构。例如，汉代的循吏便在儒学的民间教化方面发挥了重要的作用。❶不过，中晚明儒学的民间化主要还不是在这个意义上来说的。这里的关键在于，不论儒学的观念如何在社会的各个层面发挥影响，儒者群体由知识分子、士大夫阶层构成，儒家讲学活动的参与者或者说儒学的话语专属于"士农工商"中"士"这一阶层，却是中晚明之前中国社会的一个基本事实。可是，随着阳明学的发展，阳明学者却不再是一个专属于士人阶层的群体，士农工商不同社会阶层的人物都可以因为讲习和实践阳明学而成为布衣儒者。王艮以一介布衣从游阳明门下，最后成为开启泰州学派的一代儒学宗师，自然是一个最能说明问题的例证，而樵夫朱恕、陶匠韩贞（字以贞，号乐吾，1509—1585）、田夫夏廷美由习阳明学而被黄宗羲列入《明儒学案》，则更是以往儒家传统中不曾有过的事。颜钧虽"辞气不文，其与人

---

❶ 参见余英时："汉代循吏与文化传播"，氏著：《士与中国文化》（上海人民出版社，1988），页129—216。

札，三四读不可句"，**❶**但却参加过大学士徐阶主持的灵济宫讲会，并应邀至徐阶府第论学，且令罗近溪这样的士大夫儒者终生拜倒门下。**❷**韩贞虽以陶业为生，但同时却又在乡间积极传播儒家之道。黄宗羲称其：

> 以化俗为己任，随机指点农工商贾，从之游者千余。秋成农隙，则聚徒讲学，一村既毕，又之一村，前歌后答，弦诵之声，洋洋然也。(《明儒学案》卷三十二《泰州学案一》)

这里不仅向我们提供了一位民间儒者的形象，其中所描绘的以农工商贾为听众的大规模布道的场景，更是在以前的理学传统中难以看到的。有学者还对泰州学派成员的身份构成进行过量化研究，指出在王艮与王襞文集所录的成员中，士人与庶民所占比例分别为32.2％：67.4％和14.3％：85.7％。**❸**由于以往的传记史料都是以士大夫阶层为构成主体，即使像《明儒学案》这样非官方的学术史书也不例外，在中晚明像韩贞这样的民间儒者恐怕还有很多是如今已经难以稽考的了。不过，如果我们深入考察各种地方志，我们其实可以发现中晚明的社会中存在着大批的布衣儒者。《明儒学案》中记载的几位，只不过是其他大批无法进入到历史传记材料中的布衣儒者的几个代表而已。当然，就儒者群体的总体而言，仍然以士大夫阶层为主体，这是不容怀疑的，但布衣儒者的大批涌现，也的确是中晚明一个特有的现象。此外，阳

❶ 罗汝芳：《揭词》，《颜钧集》(北京：中国社会科学出版社，1996)，页44。

❷ 参见黄宣民：《颜钧年谱》，《颜钧集》，页117—153。

❸ 程玉瑛："王艮与泰州学派"，《台湾师范大学历史学报》第17期，1989年6月，页123—127。

明学者遍及全国各地的讲会尽管仍然以生员为主要参与者，[1] 但其中也不乏农工商贾之人。在一些宗族形式的讲会中，农工商贾的成分可能还要高一些。譬如，龙溪曾经主讲过的太平九龙会，参与者便不仅仅是知识阶层。龙溪在其所作的《书太平九龙会籍》中写道：

> 予赴会水西，太平杜子质，偕同志二十余辈，诣会所请曰：质昔闻先生之教，归而约诸乡，立会于九龙。始而至会者，惟业举子也，既而闻人皆可以学圣，合农工商贾，皆来与会。(《全集》卷七）

龙溪的这段记载很能说明问题。九龙会的参与者起初只是单纯的"业举子"者，后来则扩展到了农工商贾。之所以出现"合农工商贾，皆来与会"的情形，是因为"闻人皆可以学圣"，而"人皆可以学圣"，正是阳明学所着力发挥的一个命题。

儒学民间化的这一方面，与当时阳明学者观念上的变化是相配合的。更为明确地说，中晚明阳明学者对什么是儒者的理解，为儒者的范围扩展到民间社会农工商贾的阶层提供了观念上的支持。余英时先生曾经援引过王阳明嘉靖四年乙酉（1525）为商人方麟（节庵）所作的《节庵方公墓表》，认为阳明肯定士、农、工、商在"道"的面前完全处于平等的地位，不再有高下之分，从而使传统的四民论发生了重要的变化。[2] 而龙溪在同样一篇为商人所作的序中，则在阳明这一思想的基础上进一步明确提出了究竟什么才是"儒"

---

[1] 参见吕妙芬："阳明学讲会"，《新史学》第九卷第二期，1998 年 6 月，页 48—52。

[2] 余英时："中国近世宗教伦理与商人精神"，氏著：《士与中国文化》，页 525—527。

这一根本性的问题。在《赠南山黄君归休序》中，龙溪这样写道：

> 世有沾沾挟册，猥云经史之儒，而中无特操。甚或窃饾饤以媒青紫，及践肬华，辄乾没于铢两，举生平而弁髦之，谓经术何？卒使士人以此相诋訾，耻吾儒之无当于实用，而却走不前矣。夫其人之不敢步趾儒也，岂诚儒足耻哉！亦谓心不纯夫儒耳。乃若迹与赢牟息者伍，而其心皭然不淄于出入，不悖于人伦，若南山黄君，斯非赤帜夫儒林者耶？（《全集》卷十三）

在龙溪看来，"儒"已经不再是一个外在的职业和身份，而是某种内在精神价值的体现。是不是真正的儒者，不在于是否操儒业，而在于是否"心"能够"纯夫儒耳"。因此，龙溪批评那些"沾沾挟册"的所谓"经史之儒""中无特操"，甚至以儒学作为谋求利禄的工具，所谓"窃饾饤以媒青紫，及践肬华，辄乾没于铢两"，认为这些人其实并非真正的儒者。而像南山黄君那样的人，虽然从事于商业，却"其心皭然不淄于出入，不悖于人伦"，反而可以说是一位能够"赤帜夫儒林"的真正儒者。中晚明的士商互动是一个很重要的历史现象，[1]其中，儒家学者在为商人撰写的各种序、表、墓志铭里肯定所写商人具有儒者之风的例子也比比皆是。龙溪这篇文字直接将儒学视为一种精神价值或者说"道"，将儒者理解为这种精神价值或"道"的人格体现，可以说道出了当时许多儒家学者的心声。这也是龙溪这篇文字重要的思想史意义所在。而正是在这种思想观念的支持下，虽然像颜钧、韩贞那样的人物与士大夫阶层的阳

---

[1] 余英时："士商互动与儒学转向——明清社会史与思想史之表现"，见氏著：《现代儒学论》，页58—127。

明学者在许多方面仍然显示了颇为不同的特征，却仍然能够被接纳为儒家群体的一员。

儒学民间化的另一个方面，是阳明学者儒学实践致力方向的侧重点由庙堂转向了民间社会。这一点，又表现在以下两个方面。第一，是阳明学者大规模、大范围面向社会的讲学活动。吕妙芬曾经对阳明学的讲会进行过专门研究，❶ 陈来先生也写过有关嘉靖时期阳明学者会讲活动的专题论文。❷ 不过，我们这里所谓的"社会讲学活动"，还不仅仅限于"讲会"或者"会讲"活动。"讲会"或"会讲"当然不无面向平民大众的教化活动，但主要还是阳明学者的内部活动。而除了"讲会"或"会讲"之外，阳明学者的社会讲学活动还包括直接针对社会大众所组织的民间宣教活动。在这样的民间宣教活动中，主要的参与者往往是以农工商贾为主体的社会大众，而非以生员为主的知识阶层。譬如，王阳明正德年间在江西时便推行过乡约教育，罗近溪在任宁国知府时也"以讲会乡约为治"。(《明儒学案》卷三十四《泰州学案三》)而周海门在遭贬谪任两淮盐运判官时，甚至"建学延师"，将讲学活动推广到盐场工人之中，以至于收到了"场民向化"的效果。❸ 阳明、近溪和海门等人是士大夫儒者，至于布衣儒者，则更是以民间社会为其宣教的主要空间，以社会大众为其施教的对象。如颜钧在家乡举办的"三都萃和会"，"士农工商皆日

---

❶ Lu Miaw-fen, Practice as Knowledge: "Yang-ming Learning and Chiang-hui in Sixteenth-Century China," Ph. D. Dissertation, University of California, Los Angeles, 1997.

❷ 陈来："明嘉靖时期王学知识人的会讲活动"，《中国学术》第四辑（北京：商务印书馆，2000），页1—53。

❸ 《钦定大清一统志》卷二百二十七载："周汝登，字继元，嵊人。万历进士，授南京工部主事。榷税芜湖关时，当道增税额，汝登不忍苛民，以缺额谪两淮盐运判官。建学延师，场民向化。"文渊阁四库全书，第479册，页237。

出而作，晚皆聚宿会堂，联榻究竟。会及两月，老者八九十岁，牧童十二三岁，各透心性灵窍，信口各自吟哦，为诗为歌，为颂为赞"。❶ 在南昌张贴《急救心火榜文》，所救对象也包括"四方远迩仕士耆庶，及赴秋闱群彦与仙禅、贤智、愚不肖等"。❷ 而在泰州、如皋、江都各盐厂的三年期间，跟随颜钧学习的人竟达几千百众。❸ 第二，是阳明学者领导或参与的地方自治和宗族伦理建设。例如，王阳明在江西推行的乡约教育，一方面具有社会讲学的内容，一方面还包含一整套具体的组织形式和操作方法。乡约设有约长、约副、约正、约史、知约、约赞，有同约人名册、彰善簿、纠过簿，有固定的会所和每月望日举办的同约人大会，❹ 是结合地方民众管理与社会教化的一种政教合一的组织。除了乡约之外，阳明还实行十家牌法的户籍管理制度，而在颁发十家牌法的告谕中，几乎完全是伦理教育的内容。❺ 因此，这实际上也是一种行政管理与伦理教化相结合的地方制度。江右的邹东廓、董燧等人也都以阳明学的思想从事于乡里宗族的伦理建设。❻ 前面提到龙溪曾去主讲过的宁国府太平县的九龙会，同样是一种以杜氏宗族为核心的地方伦理建设活动。至于何心隐在家乡江西永丰创建的"聚和堂"，无疑是从其师颜钧的"三都萃和会"转手而来。我们从何心隐的《聚和率教谕族俚语》、《聚和率养谕族俚语》可以看到，这更是以家族为单位将教育、经济和行政等多方面职能

---

❶ 颜钧：《自传》，《颜钧集》，页 24。
❷ 颜钧：《颜钧集》，页 2。
❸ 颜钧：《自传》，《颜钧集》，页 26。
❹ 王守仁：《南赣乡约》，《王阳明全集》，页 599—604。
❺ 王守仁：《十家牌法告谕各府父老子弟》，《王阳明全集》，页 528。
❻ 董燧以阳明学思想从事家乡宗族建设的情况，参见梁洪生："江右王门学者的乡族建设——以流坑村为例"，《新史学》第八卷第一期，1997 年，页 43—85。

结合在一起的一种带有地方自治性的组织形式。其中，老人统一抚养，子弟共同教育，年轻人的婚嫁则由族人统一经办，赋役也大家共同承担。这种组织形式，可以说是何心隐将儒家传统政教合一的理想切实贯彻于宗族教育和管理的一种尝试。❶

对中晚明阳明学的发展而言，儒学的民间化与过去所谓"左派王学"尤其泰州学派的关系最为密切。❷由于过去一些学者在特定的历史背景下过于强调泰州学派的平民化与反封建性，引起了晚近一些学者的反激，指出即使是泰州学派的主要成员构成以及交游范围，仍然以士大夫阶层为主体。例如，余英时先生根据最近新发现的《颜钧集》中颜钧遭难入狱时捐钱营救者的名单，指出信仰和支持颜钧的人仍然以士大夫、各级官吏、普通儒生等为最多，因此不能过分强调颜钧的"平民性"。❸的确，如果说"平民化"或"平民性"是就价值观念来说的话，根据我们以上所论，作为儒学民间化的一个重要方面，布衣儒者的大批涌现，恰恰主要是意味着更多的社会大众开始接受士大夫阶层所认同的价值观念，而不是居于社会上层的儒家士大夫们接受了世俗大众的

---

❶ 有关"聚和堂"的情况，参见吴宣德：《江右王学与明中后期江西教育发展》（南昌：江西教育出版社，1996），页 343—350。而有关何心隐生平与思想较为全面的研究，可参考 Ronald G. Dimberg, *The Sage and Society：The Life and Thought of Ho Hsin-yin*.Honolulu：University Press of Hawaii, 1974, 其中对"聚和堂"的情况也有介绍。

❷ "左派王学"大概最早是嵇文甫先生提出的，主要是指龙溪与王艮所开启的思潮。参见氏著：《左派王学》（上海：开明书店，1934）。迄今海内外许多研究者仍然沿用这一说法。其实这种说法的根源还是在黄宗羲《明儒学案》中"泰州学案"前的序言，所谓"阳明先生之学，有泰州、龙溪而风行天下，亦因泰州龙溪而渐失其传"。尽管这种讲法自有其根据和意义，但如果从全面深入的研究要求来看，此说不免失之笼统与混漫。

❸ 余英时："士商互动与儒学转向——明清社会史与思想史之表现"，氏著：《现代儒学论》，页 101。

价值取向。不过，我们也不能矫枉过正，从历史发展的纵向比较来看，中晚明的儒家群体开始打破"士"阶层与"农、工、商"阶层的鸿沟而向后者开放，儒学话语也不再是"士"阶层的专属，却又委实是一个重要而有意义的历史现象。同样，作为儒学民间化的另一方面，中晚明阳明学者儒学实践的侧重点由庙堂朝廷转向民间社会，尽管并不意味着那些阳明学者完全舍弃了政治取向而单纯致力于民间社会的讲学活动，如恰恰是为官不高、任期不长且以讲学活动为其社会实践主要成就的龙溪，就曾经在万历登基前夕编辑过一部以宦官为教育对象、以正确引导年幼的万历皇帝为最终目标的《中鉴录》。❶但是，就儒学发展的整体动态而言，较之以往的儒家传统，这种由"得君行道"到"移风易俗"的侧重点的转换，也的确是中晚明儒学基调发生调整与变化的反映。❷

　　对于中晚明阳明学者儒学实践的侧重点转移到民间社会，余英时先生认为根本原因在于君主专制的高压。❸这无疑是一个重要原因。而对于中晚明儒学民间化的整体动向来说，除了政治上的因素之外，思想本身内在的因素同样值得我们关注。换言之，阳明学自身的某些特质，是导致中晚明儒学民间化的内在机制。我们前面提到，宁国府太平县的九龙会起初参加者只是那些习举子业的诸生，但后来的发展却是"合农工商贾，皆来与会"。而参与

---

❶ 彭国翔："王龙溪的《中鉴录》及其思想史意义"，《汉学研究》第 19 卷第 2 期，2001年 12 月，页 59—81。

❷ 余英时先生认为明清儒学的一个新基调就是"移风易俗"的下行路线取代了"得君行道"的上行路线，见氏著："现代儒学的回顾与展望——从明清思想基调的转换看儒学的现代发展"，《现代儒学论》，页 31。如果我们不把这种基调的转换理解为舍此取彼，而只是重点的相对转化，余先生的观察无疑是正确的。

❸ 同上文，《现代儒学论》，页 32—35。

者普及到农工商贾的原因，九龙会的组织者杜质告诉曾经主讲的龙溪说是由于那些农工商贾听说"人皆可以学圣"。"人皆可以为尧舜"虽说是一个儒学的传统命题，但事实上"学圣"历来却只是"士"阶层才可以考虑的事情，农工商贾是与此无缘的。其中的关键在于，传统的圣人形象，不仅是道德完美的人格，还是博学多知的典范，即同时具备"仁且智"这两个方面。由于"知性"这一面需要许多先后天的条件，只有知识阶层才能够满足这一方面的要求，"学圣"在现实生活中只能成为读书人的事，便似乎是在所难免的了。但是，一旦圣人剔除了知性的因素，成为单纯德性的化身，通向圣贤境界的大门自然会立刻向所有人敞开，知识阶层在"学圣"的道路上也就和农工商贾处在同一条起跑线上了。布衣儒者韩贞有这样一首诗：

> 一条直路与天通，只在寻常日用中。静来观空空亦物，无心应物物还空。固知野老能成圣，谁道江鱼不化龙？自是不修修便得，愚夫尧舜本来同。[1]

不但对儒家"无"的境界有相应的了悟，更反映了剔除知性因素后对人皆可学而至圣人的高度自信。而中晚明阳明学知识之辨的内在指向和必然结果，正是儒家传统圣人观的重大改变。在阳明学者看来，圣人之所以为圣人，不在于"多学而识"，而在于良知明定、常作主宰。因此，恰恰是知识之辨这一阳明学的重要方面，为儒学的民间化提供了思想基础，使儒学作为精英文化的现实形态发生了改变，也将"人皆可以为尧舜"这一非精英论的儒学基本命题落实

---

[1] 韩贞：《韩贞集·七言绝句》"勉朱平夫"，见《颜钧集》附录，页180。

到了现实性的层面。

对于中晚明阳明学知识之辨的内涵及其所导致的儒家圣人观的改变，我们前面已经进行过专门的考察，故此处不赘。这里需要说明的是，中晚明儒学的民间化虽然以泰州王艮一脉的推动最为有力，但其理论基础，却正在于阳明学者有关良知与知识的分辨。而知识之辨虽由阳明发端，后来阳明学者中在理论的辨析上发挥最详的，恐怕要首推龙溪了。我们在本书第 2 章"良知与知识"一节以及第 6 章"知识之辨"的部分，可以很清楚地看到这一点。在龙溪遍及大江南北的讲学活动中，虽然主要的内容是与当时思想界的其他儒家学者讨论儒学的各种观念与命题，与泰州一脉学者如罗近溪等人重在深入民间、化民成俗的讲学活动有所差别，但是，我们必须看到，由于知识之辨为龙溪所着力发挥，因此，在中晚明儒学民间化的问题上，龙溪同样具有相当的贡献。当然，在知识之辨或者说良知与知识（德性与知性）的关系问题上，龙溪的思想理论较为圆融周洽，知识并不处在被简单否定的地位。但是在儒学民间化的过程中，知识对于成就圣贤人格的意义不仅日益减弱，甚至沦为德性的对立面而终有反智主义的出现。在像颜钧、韩贞那样的许多布衣儒者那里，都有鲜明的反知识化倾向。其间的差异，也是我们应当注意到的。

在中晚明阳明学的发展过程中，与民间化密切相关且同时出现的是儒学的宗教化。以前也有一些研究者注意到了中晚明儒学宗教化的问题，但对"宗教"的理解往往大都未经说明地预设了西方传统中"religion"的涵义，以至于无法顾及中晚明儒学宗教化的不同情况。事实上，中晚明儒学宗教化的具体内涵与指涉有两种，或者可以说，中晚明儒学的宗教化表现为两种不同的发展方向和类型。一种是儒学日益强化并突显其精神性（spirituality）

的方面而明确地成为一种终极关怀和"安身立命"之道；另外一种才是在西方传统"religion"意义上所理解的宗教化。以往的研究基本上关注的是后者，但前者其实更为重要。因为只有在出现前者这种宗教化的前提下，后者的发生才有进一步的可能。

事实上，在本书第2章讨论龙溪作为信仰对象的良知部分，我们已经接触到了儒学宗教化的问题。而龙溪将对良知的信仰理解为内在自我的觉悟，本真人性的开发，不是表现为对外在于主体的超越者的顶礼膜拜，而是展开为不断深入本然善性以转化实然自我的致良知工夫，也正向我们展示了儒学宗教化的一种方向与形态。我们还指出，这种以通过自我的创造性转化来实现"天人合一"的终极关怀与"安身立命"之道，尽管与传统西方以基督教为代表的"religion"极为不同，但却和基督教以及世界其他各大宗教传统一样，向世人提供了一种回应终极实在（the Real）的方式。而既然在世界各大宗教传统多元互动的情况下，许多基督教背景的学者和神学家已经调整了传统"religion"的狭窄涵义，不再过分强调人格神、组织化等因素对于"宗教"的必要性，那么，将中晚明阳明学对儒家传统中超越性与精神性向度的着力发挥称为"宗教化"，就完全是合理的。事实上，即便是就西方传统中以基督教为背景的"religion"来说，最为核心的成分，也仍然并非各种外在的宗教形式，而同样是内在的价值信仰与宗教情操。离开了后者这种"宗教性"（religiosity, religiousness），任何宗教形式包括制度、组织等等，都不免流于"玉帛云乎哉"和"钟鼓云乎哉"的形同虚设。

龙溪所展示的这种儒学的宗教特征，在中晚明阳明学的发展中具有相当代表性。如果说这种宗教化的趋势以良知信仰论为核心，强调对自我良知心体的高度自觉自信，由此获得成就圣贤人格的终极根据，与天地万物建立一种彼此感通的亲和一体关系，那么，中晚明许多阳明学者都在不同程度上表现出这种良知信仰论的特征。如周海门曾说："信能及者，当下即是。稍涉拟议，即逐之万里。然有程途可涉，人便肯信；不行而至，便自茫然，所以开口实难。"（《东越证学录》卷一《南都会语》）"人人本同，人人本圣。而信是此人人本同、人人本圣之本体。故信，则人人同，而为圣人；不信，则人人异，而为凡人。"（《东越证学录》卷六《重刻心斋王先生语录序》）刘塙也说："当下信得及，更有何事？圣贤说知说行，只不过知此行此，无剩技矣。只因忒庸常、忒平易、忒不值钱，转令人信不及耳。"（《明儒学案》卷三十六《泰州学案五》）焦竑更是指出："信者，实有诸己之谓。吾人果能信得及，则实有诸己矣。此信一真，美大圣神相因而至。"（《澹园集》卷四十九《明德堂答问》）而罗近溪为了强调肯信内在良知的重要性，甚至将"尊德性"中的"尊"解释为"信"。他说："所谓尊者，尊也，信也。故不尊德性，则学为徒学矣。然尊而不信，则尊焉能成实尊耶？"（《近溪子集》"庭训纪上"）对于这些阳明学者来说，作为道德实践、成就圣贤人格以及"知性、知天"的根据与始基，良知心体不是知解求索的对象，而是实有诸己的先天实在。因此，对于良知心体的肯定，就应当表现为当下即是的信仰而不是理智的认识活动。只有当下"信得良知及"，"成己"、"成物"的道德实践才能得以展开，圣贤人格的成就才有可能，"知性"、"知天"而"上下与天地同流"的"天人合一"之境也才能够实现。

罗伯特·贝拉（Robert N. Bellah）曾经指出，"早期现代宗教"（early modern religion）的一个基本特征在于"个人与超越实在之间的直接关系"（the direct relation between the individual and transcendent reality）。**❶**换言之，个人可以无须通过教会组织的中介，而只要在内心中建立真实的信仰，便可以得到救赎。用马丁·路德的话来说就是"单凭信仰，即可得救"（salvation by faith alone）。当然，贝拉虽然承认伊斯兰教、佛教、道教等都发生过程度不同的变革，但他所谓的"早期现代宗教"，主要是以西方宗教改革之后的新教为背景和实际指涉的。但是，如果我们确实可以将不通过某种组织化中介的"个人与超越实在之间的直接关系"视为早期现代宗教的基本特征，那么，在阳明学者的推动下，中晚明儒学宗教化的一个方向与特点，恰恰表现为谋求建立一种"自我与超越实在之间的直接关系"。只不过对基督教和伊斯兰教来说，超越实在是外在于主体的上帝、安拉。而对于中晚明以龙溪为代表的阳明学者而言，超越实在则是内在的良知心体。这个意义上儒学的宗教化，可以说是儒家主体性取径的"为己之学"的极致。

不过，即使以西方传统意义上的"religion"作为宗教这一概念的主要参照，随着阳明学的展开，中晚明儒学的宗教化仍然具有类似的方向和形态。对此，我们可以颜钧与林兆恩为例加以说明。由于最近《颜钧集》的重新发现和整理出版，使我们对这位布衣阳明学者思想和实践的了解有了第一手的可靠材料。从中我们可以看到，宗教化的倾向，正是颜钧思想和实践的一个重要方面。颜钧称阳明为"道祖"，**❷**试图建立"教统"；称孔子为"圣神"，**❸**将儒学的理性传统神格化；还实行类似于道教修炼的七日闭关静坐法。

---

❶ Robert N. Bellah, "Religious Evolution", William A. Lessa & Evon Z.Vogt eds., *Reader in Comparative Religion*. New York：Harper & Row, Second Edition, 1965, pp.82–84.

❷ 称阳明为"道祖"一说分别见于《急救心火榜文》、《自传》，见《颜钧集》，页 1，页 23。

❸ "圣神"之说分别见于《论三教》、《引发九条之旨·七日闭关开心孔昭》以及《耕樵问答·晰行功》，见《颜钧集》，页 16，页 37 以及页 51。

这显然都是其将儒学宗教化的具体内容。而他在《自传》中回忆嘉靖二十三年甲辰（1544）与罗近溪聚会王艮祠堂时感格上天所发生的天象之变，❶更是接近于基督教传统中所谓的"神迹"。此外，林兆恩在福建创立的三一教，以"三教合一"为形式，以"归儒宗孔"为宗旨，融儒释道三家为一教，有教主，有教义，有组织，有信徒，无论从各个方面衡量，都符合"religion"的标准。严格而论，林兆恩并不属于阳明学者的范围，在其约百万言的著作中，屡屡提到的也是宋代诸儒而非阳明及其后学。但事实上，不仅林兆恩的祖父林富与阳明的关系十分密切并于致仕归乡后设立讲坛宣讲阳明学，林兆恩自幼一直从祖父学习，而且林兆恩本人也与罗念庵、何心隐等阳明学者有过密切的往来。与此相关且更为重要的是，就三一教的思想内容来看，其理论基础可以说完全在于阳明学。因此，林兆恩三一教的建立，应当可以作为阳明学影响下儒学宗教化的一个具体例证。事实上，当时管志道就曾指出林兆恩的三一教"稽其品，其在泰州王氏后耳"（《觉迷蠡测·林氏章第六》）。而清代学者徐珂也认为林兆恩可以说是"姚江别派"（《清稗类钞·宗族类》）。这些都指出了阳明学之于林兆恩三一教的渊源关系。林兆恩之所以绝少提到阳明及其后学的名号，或许是出于创立新说的需要，或许有着其他种种原因。然而欲盖弥彰，其实反而透露了阳明学对于其思想的重要意义。有关林兆恩及其

---

❶ "秋尽放棹，携近溪同止安丰场心师祠。先聚祠会半月，洞发心师传教自得《大学》、《中庸》之止至。上格冥苍，垂悬大中之象，在北辰圆圈内，甚显明，甚奇异。铎同近溪众友跪告曰：'上苍果喜铎悟通大学中庸之胏灵，乞及大开云蔽，以快铎多娄之肯启。'刚告毕，即从中开作大圈围，围外云霭不开，恰如皎月照应。铎等纵睹逾两时，庆乐无涯，叩头起谢师灵。是夜洞讲辚辚彻鸡鸣。出看天象，竟泯没矣。"见《颜钧集》，页 25—26。

三一教，学界已经有了许多专门的研究。❶《颜钧集》虽然正式出版才五年，也已经积累了一些研究成果。❷因此，我们这里不必再详细介绍其思想与实践的具体内容。需要指出的是，颜钧、林兆恩等人所体现的儒学宗教化，尽管或许更符合"宗教"这个概念在其西方语源学中的涵义，但其实并不能代表阳明学的主流。❸对构成阳明学主体的儒家知识分子而言，龙溪所代表的那种宗教化的方向和形态，可能更容易为他们所接受和认同。不过，如果撇开外在的宗教形式和种种"神道设教"的行迹不论，龙溪良知信仰论所体现的高度精神性，仍然可以说构成颜钧、林兆恩所代表的那种宗教化方向和形态的核心成分。

　　无论是儒家知识分子的聚会讲学，还是面向社会大众的宣教活动，大规模的聚会讲学，是中晚明儒学宗教化两种不同方向和类型的一个共同形式。而这一形式本身，也是儒学宗教化的一个重要反映。这种大规模的聚会活动有两方面的特征。首先，聚会往往以山林、寺庙、道观为场所，在此期间，参与者通常远离自己的家

---

❶ 如以下三部专著：（一）Judith A. Berling, *The Syncretic Religion of Lin Chaoen*. New York: Columbia University Press, 1980；（二）郑志明：《明代三一教主研究》（台北：台湾学生书局，1988）；（三）林国平：《林兆恩与三一教》（福州：福建人民出版社，1992）。其中林国平的书尤其注意到了阳明学与林兆恩三一教的关系。还有散见于各种期刊的论文，此处不列。

❷ 如黄宣民："颜钧及其'大成仁道'"，《中国哲学》第十六辑，1993 年 9 月；钟彩钧："泰州学者颜山农的思想与讲学——儒学的民间化与宗教化"，《中国哲学》第十九辑，1998 年 9 月；陈来："颜山农思想的特色"，《中国传统哲学新论——朱伯崑教授七十五寿辰纪念文集》。另外。余英时先生在其"士商互动与儒学转向——明清社会史与思想史之表现"一文的最后一节中也专门以颜钧为例讨论了儒学的宗教转向。见《现代儒学论》，页 98—112。

❸ 这一方向和形态在清代民间社会有所发展，参见王汎森：（一）"道咸年间民间性儒家学派——太谷学派研究的回顾"，《新史学》五卷四期，1994 年 12 月，页 141—162；（二）"许三礼的告天之学"，《新史学》九卷二期，1998 年 6 月，页 89—122。

庭，衣食起居都在一起，组成一种大家庭式的生活社群。而这种社群的维系，完全有赖于参与者共同的精神追求。其次，在这种聚会活动中，彼此之间劝善改过、互相监督，力求不断提高个人的道德修养，构成参与者们日常生活的基本内容。无论在罗念庵的《冬游记》、《夏游记》中，还是在颜钧、何心隐的"萃和会"、"聚和堂"中，我们都可以看到这一点。从这两方面来看，这种群体性的聚会讲学活动，显然可以同西方宗教团体的集会相提并论，具有某种宗教"团契"（fellowship）的意涵。阳明学者这种宗教性的聚会活动，其实是受了佛道两家的影响。邓元锡（字汝极，号潜谷，1528—1593）曾从学邹东廓，但其实却倾向于朱子学。他在辨儒释异同时有这样一段话：

> 其弃人伦、遗事物之迹，则为世人执著于情识，沉迷于嗜欲，相攻相取，胶不可解，故群其徒而聚之，令其出家，以深明夫无生之本，而上报四恩，下济三途，如儒者之聚徒入山耳，为未悟人设也。（《明儒学案》卷二十四（《江右王门学案九》））

潜谷这段话意在批判佛教遗弃人伦事物，而竟以"儒者之聚徒入山"与之相比，无形中恰恰透露了在潜谷这样儒者的心目中，阳明学者的讲学聚会活动实类似于佛教的出家生活。作为讲学活动的代表人物，龙溪在万历二年甲戌（1574）与张元忭等人聚会天柱山房时曾说："时常处家，与亲朋相燕昵，与妻孥佃仆比狎，又以习心对习事，因循隐约，固有密制其命而不自觉者。才离家出游，精神意思，便觉不同。"（《全集》卷五《天柱山房会语》）本来，儒家圣人之道的追求是首先要落实于家庭生活之中的，但在龙溪的话语中，家庭生活竟然成为求道的妨碍。龙溪对与道友、同志"团契"生活的向往，不能不说是具有宗教性的心态。并且，这种远离甚至舍弃家庭生活而在道友的聚会活动中获得心灵安顿的宗教性心态，在许多阳明学者中也都有不同形式的反映。像李贽、邓豁渠那样出家求道的极端情况自不必论，而何心隐早年虽致力于宗族建设而颇有成效，"数年之间，几一方三代矣"，[1]后来却终于放弃家庭，试图通过道友、同志的凝聚来实现其政治社会理想，所谓"欲聚友以成孔氏家云"（《耿天台先生文集》卷十六《里中三异传》）。耿定向属于较为保守的学者，他与李贽的冲突很大一部分即在于强调家庭伦理而无法接受李贽那种置家庭于不顾的生活方式。但耿氏临终前三年却是在这样一种境况下度过的，所谓"不言家事，亦不言国事，日以望道未见为怀，开导后学"。（《惕若斋集》卷四《祭先师天台先生文》）甚至连辟佛甚严的刘元卿也认为"正欲离其妻子，捐亲戚，杖剑慨然以万里为志，不少回头，乃于尧舜之道有少分相应"。（《山居草》卷一《答尹甥一绅》）

如果说宗教经验是宗教现象的一项重要内容的话，与中晚明儒学宗教化密切相关的，还有许多阳明学者的神秘体验问题。对阳明学而言，既然个人可以与超越实在建立直接的关系，而超越实在又是内在的良知心体，那么，自我对良知心体的体认活动，就常常具有神秘体验的现象发生。事实上，在整个儒学传统中，恰恰以中晚明阳明学中的神秘体验现象最为丰富与突出。因此，有关神秘体验的问题，也可以说是儒学宗教化的一个重要方面。由于陈来先生对此问题已经作过专门的考察，[2]我们这里就不再赘述了。但有一点需

---

[1] 邹元标：《梁夫山传》，见《何心隐集》（北京：中华书局，1960），页 120。

[2] 陈来："心学传统中的神秘主义问题"，见氏著：《有无之境——王阳明哲学的精神》"附录"，页 390—415。

要指出的是，从理性主义的立场来看，儒家道德主体性与道德形上学的建立自然不必以种种形式的神秘体验为预设。诸多中晚明儒家学者虽有神秘体验的经历，但他们道德主体性与道德形上学的建立，也不必自觉地以自己的神秘体验为基础。这里关键的问题是，为什么许多不同的学者在同样的求道过程中、在不同的条件下都会产生一些类似的神秘体验？这些神秘体验有没有共同的基础？如果有，那么它只是一种心理现象还是某种具有先验属性的实在？如果神秘体验其实不过是将我们引向这种更为深层实在的表象，那么，这种实在又是什么？就此而言，究竟如何认识这种神秘体验，或许还值得我们进一步思考。

在神圣与凡俗、自我与社会之间，西方的思想传统或许更多地强调彼此的对立与紧张。但对儒学传统来说，却始终谋求二者之间的"中庸"之道。自我的超越之路虽然可以由"尽心、知性"而"知天"，最终达至"大而化之"且"不可知"的"神圣"之境，以至于"与天地合其德，与日月合其明，与四时合其序，与鬼神合其吉凶。先天而天弗违，后天而奉天时"，但个体自我这种"极高明"的超越并非指向"无何有之乡、广漠之野"，而是必然要"道中庸"，以"共他存在"、"在世存有"的身份内在地展开于"人间世"的各种社会关系网络之中。如果说"君子之道费而隐，夫妇之愚可以与知焉，及其至也，虽圣人亦有所不知焉"，指示了神圣与凡俗的统一，"吾非斯人之徒与而谁与"，则表明了自我与社会的同构，而这两个方面，都可以在"不离日用常行内，直造先天未画前"中得到反映。不过，在中晚明阳明学兴起之前，儒学传统在其历史发展过程中更多地展示了凡俗性与社会性的一面。有一种通常而流行的看法，即将儒学理解为主要是一种调节人与人之间关系的社会伦理，也基本上由此而来。但是，随着中晚明阳明学的展开，特别是儒学的民间化与宗教化，儒学传统中本来所蕴涵的神圣与自我的一面，尤其是即凡俗而神圣、深入社会而成就自我的独特性格，得到了较为充分的展现。而龙溪的人格思想与社会实践，也正可以说是中晚明阳明学所开启的这一独特视域中的一个缩影。

王龙溪先生年谱

王畿，字汝中，别号龙溪，浙之山阴人

　　赵锦《龙溪王先生墓志铭》曰："先生系出晋右军，世居越之山阴，与阳明为同郡宗人。大父理，临城县令。父经，贵州按察副使，先任台中，有直声。"

　　　赵锦（1516—1592），字元朴，号麟阳，余姚人。嘉靖二十三年（1544）进士。累官至太子少保，兵部尚书，谥端肃。学宗阳明，立身清正。焦竑《国朝献征录》卷四十五有朱赓撰《资德大夫正治上卿太子少保刑部尚书赠太子太保赵公锦墓志铭》。张廷玉《明史》卷二百十列传九十八有传。

　　徐阶《龙溪王先生传》曰："公先世出王右军，考贵州按察副使，讳经。"

　　　徐阶（1503—1583），字子升，号存斋，松江华亭人。聂双江弟子。嘉靖癸未（1523）进士，授翰林编修。历官浙江提学佥事、司经局洗马兼侍讲、国子祭酒、礼部侍郎、礼部尚书、文渊阁大学士、武英殿大学士。赠太师，谥文贞。有《世经堂集》二十六卷、《世经堂续集》十四卷。黄宗羲《明儒学案》卷二十七《南中王门学案三》有录。

弘治十一年戊午　1498 年　一岁

是年五月六日，龙溪生。

　　徐阶《龙溪王先生传》曰："妣陆，感神人异梦，以弘治
戊午五月六日生公。"

是年，阳明二十七岁，寓京师，谈养生。

　　阳明《年谱》十一年戊午条下载："先生自念辞章艺能
不足以通至道，求师友于天下又不数遇，心持惶惑。一日读
晦翁上宋光宗疏，有曰：'居敬持志，为读书之法。'乃悔前
日探讨虽博，而未尝循序以致精，宜无所得；又循其序，思
得渐渍洽浃，然物理吾心终若判而有二也。沉郁既久，旧
疾复作，益委圣贤有分。偶闻道士谈养生，遂有遗世入山之
意。"（案：此处旧疾复作，当指昔日官署格竹，思理不得所
引生之疾。）

三月，陈白沙撰（《重修梧州府学记》（《白沙子》卷一）。十
月，朝廷复征白沙翰林检讨（《国榷》卷四十三）。

弘治十二年己未　1499 年　二岁

是年春，阳明会试举南宫第二人，赐二甲进士出身第七人，观
政工部。

夏，陈白沙撰《慈元伯记》（《白沙子》卷一）。

八月，湛若水与张博之、邓顺之、赵景凤、李子长、李天秩相
偕游西樵。有《游西樵记》（《湛甘泉先生文集》卷十八）。

是年邹东廓九岁，从父南大理官邸。罗钦顺见而奇之，相庆署中有颜子（《明儒学案》卷十六、《圣学宗传》卷十五、《理学宗传》卷二十一）。

> 邹守益（1491—1562），字谦之，号东廓，江西安福人。阳明弟子。正德六年（1511）会试第一，授翰林编修。历官南考功、太常少卿、侍读学士、南京国子祭酒。隆庆元年，赠礼部右侍郎，谥文庄。有《东廓邹先生文集》十二卷。《明儒学案》卷十六《江右王门学案一》有录。

弘治十三年庚申　1500年　三岁

是年，王阳明授刑部云南清吏司主事。

七月，陈白沙卒，葬于圭峰之麓，远近会葬者几千人。（《陈白沙先生年谱》）

弘治十四年辛酉　1501年　四岁

是年，王阳明以刑部主事审录江北，游九华山，宿化城寺。薛侃年十六，闻讲《中庸》，遂志圣贤之学（《薛中离先生全书》卷首、《理学宗传》卷二十一）。王艮年十九，奉父命商游四方，以山东阙里所在，径趋山东（《王心斋年谱》）。

> 薛侃（1486—1545），字尚谦，号中离，广东揭阳人。正德十二年（1517）进士。从学阳明于赣，四年后而归。正德十六年（1521）授行人。有《研几录》、《薛中离先生全书》。《明儒学案》卷三十《粤闽王门学案》有录。

> 王艮（1483—1540），原名银。阳明易名为艮，字以汝止。号心斋，泰州安丰场人。阳明卒后，归泰州授学，影响颇广。

有《心斋王先生全集》。《明儒学案》卷三十二《泰州学案一》有录。

弘治十五年壬戌　1502 年　五岁

是年，阳明渐悟仙释二氏之非，告病归越，筑室阳明洞。

是年，聂豹年十六，督学无锡二泉邵宝取为弟子员，一见奇之（《华阳馆集》卷十）。

弘治十六年癸亥　1503 年　六岁

是年，王栋、徐阶生（《王一庵先生遗集》卷首、《疑年录汇编》卷七、《国榷》卷七十二）。

弘治十七年甲子　1504 年　七岁

是年秋，王阳明聘主山东乡试，举穆孔晖第一（《顺渠先生文录》卷九、《理学宗传》卷二十一）。

九月，阳明改兵部武选清吏司主事。

是年，罗洪先生。

罗洪先（1504—1564），字达夫，别号念庵，吉水人。嘉靖八年（1529）进士第一。历任翰林修撰、左春坊左赞善。隆庆改元，赠光禄少卿，谥文恭。服膺阳明之学，然于阳明称后学未称弟子。有《罗念庵集》十三卷、《石莲洞罗先生文集》二十五卷。《明儒学案》卷十八《江右王门学案三》有录。

弘治十八年乙丑　1505年　八岁

是年，阳明在京师与湛甘泉定交，共以倡明圣学为事。门人始进。

> 湛若水（1466—1560），字元明，号甘泉，广东增城人。弘治乙丑（1505）进士，授翰林院庶吉士。历官侍读，南京国子祭酒，吏部、礼部右侍郎，南京礼部、吏部、兵部尚书。主张随处体认天理。有《甘泉先生文集》内篇二十八卷、外篇十二卷。《明儒学案》卷三十七有《甘泉学案》。

正德元年丙寅　1506年　九岁

是年二月，阳明抗疏下诏狱，谪龙场驿丞。

正德二年丁卯　1507年　十岁

是年夏，阳明赴谪。徐爱此年始师事阳明。

> 徐爱（1487—1517），字曰仁，号横山，余姚马堰人。正德三年（1508）进士，官至南京兵部郎中。阳明妹婿。于阳明弟子中及门最早。有《横山集》。《明儒学案》卷十一《浙中王门学案一》有录。

正德三年戊辰　1508年　十一岁

是年春，阳明至龙场，居夷处困，大悟格物致知之旨。

正德四年己巳　1509年　十二岁

是年，阳明在贵阳，提学副使席书聘主贵阳书院，始论知行合一。

正德五年庚午　1510 年　十三岁

正德六年辛未　1511 年　十四岁

是年正月，阳明调吏部验封清吏司主事。二月，阳明以吏部主事同考官会试。

正德七年壬申　1512 年　十五岁

是年三月，阳明升考功清吏司郎中。十二月，升南京太仆寺少卿，便道归省。

正德八年癸酉　1513 年　十六岁

是年二月，阳明至越。五月，与徐爱共游越中诸胜。十月，至滁州督马政，地僻官闲，日与门人游滁之胜境，四方之士皆来学，从游之众自滁始。此间与孟源论静坐。孟源问："静中思虑纷杂，不能强禁绝。"阳明曰："纷杂思虑，亦强禁绝不得；只就思虑萌动处省察克治，到天理精明后，有个物各付物的意思，自然精专无纷杂之念。《大学》所谓'知止而后有定'也。"

正德九年甲戌　1514 年　十七岁

是年四月，阳明升南京鸿胪寺卿。五月，至南京。自滁游学之士，多放言高论，亦有渐背师教者。故南畿论学，只教学者存天理，去人欲，为省察克治实功。

正德十年乙亥　1515 年　十八岁

是年，龙溪成婚，娶妻张氏。

《龙溪王先生全集》(下称《全集》)卷二十龙溪所作《亡

室纯懿张氏安人哀辞》曰："安人少予三岁。成婚时，安人年十五。"

赵锦《龙溪王先生墓志铭》曰："配张安人，贤淑无出，为置侧室。"

徐阶《龙溪王先生传》曰："公历官不满二考，每以安人未有封命为念。安人曰：'君不闻古孟光、桓少君乎？布素妾能自安也。'绍兴守建三江闸成，谓石画出自公，即以新开沙田二顷致谢。安人以为非义，力赞勿受。"

是年，罗汝芳生。

罗汝芳（1515—1588），字惟德，号近溪，江西南城人。嘉靖癸丑（1553）进士。曾知太湖县，后历任刑部主事，知宁国府、东昌府、云南副使、参政。与龙溪皆为王门后学之佼佼者。陶望龄谓时人有"龙溪笔胜舌，近溪舌胜笔"之说。有《近溪子文集》等。《明儒学案》卷三十四《泰州学案三》有录。

正德十一年丙子　1516年　十九岁

是年九月，阳明升都察院左佥都御史，巡抚南赣、汀漳等处。十月，阳明归省至越。

正德十二年丁丑　1517年　二十岁

是年，阳明春平漳南象湖山，冬平南赣横水、桶冈。

五月十七日，徐爱卒。

案：《明儒学案》云徐爱卒于正德十二年丁丑五月十七日。《甘泉文集》之《寄王阳明都宪书》云："曰仁处莫愧迟，莫文已具，早晚当讨梁进士转达也。"其书在丁丑十一月。又甘泉《祭徐郎中曰仁文》云："维正德十二年岁在丁丑十一月，友人翰林院编修养病增城湛若水敬寓香中致祭"，其文亦在丁丑十一月。而阳明《年谱》则以徐爱卒于十三年戊寅，误也。过庭训《明分省人物考》谓徐爱卒时"年才三十有七"，亦误。盖徐爱卒时年三十一。

正德十三年戊寅　1518 年　二十一岁

是年春，阳明平三浰，升都察院右副都御史。七月，刻《古本大学》，傍刻《朱子晚年定论》。八月，门人薛侃刻《传习录》。

正德十四年己卯　1519 年　二十二岁

是年，龙溪领乡荐。

赵锦《龙溪王先生墓志铭》云："先生以正德己卯领乡荐。"

夏，阳明平宁王朱宸濠乱，兼巡抚江西。

是年，钱绪山补邑庠弟子。

《王龙溪先生全集》卷二十《刑部陕西司员外郎特诏进阶朝列大夫致仕绪山钱君行状》（下简称《钱绪山行状》）云："正德己卯，补邑庠弟子，举业日有声，屈其项背。"

正德十五年庚辰　1520 年　二十三岁

是年九月，阳明还南昌。泰州王银来学，与之反复论难，大服，遂称弟子。阳明易其名为艮，字以汝止，始归。

正德十六年辛巳　1521 年　二十四岁

是年，阳明始倡良知之教。九月归余姚。十月，封新建伯。

九月，钱德洪及门受业于阳明。

阳明《年谱》正德十六年辛巳九月条下载："德洪昔闻先
生讲学江右，久思及门，乡中故老犹执先生往迹为疑，洪独潜
伺动支，深信之，乃排众议，请亲命，率二侄大经、应扬及郑
寅、俞大本，因王正心通贽请见。"

钱德洪（1496—1574），名宽，字德洪，后以字行，改字洪
甫，号绪山，余姚人。嘉靖十一年（1532）进士。官至刑部郎
中。与龙溪同为阳明高第弟子。阳明平濠归越后从学者甚众，多
先由龙溪、德洪为之疏通大旨，称为教授师。有《绪山会语》
二十五卷，已佚。《明儒学案》卷十一《浙中王门学案一》有录。

嘉靖元年壬午　1522 年　二十五岁

嘉靖二年癸未　1523 年　二十六岁

是年，龙溪赴京师试礼部不第，归请终身受业于阳明。

徐阶《龙溪王先生传》曰："试礼部不第，叹曰：'学贵自
得，吾向者犹种种生得失心，然则仅解悟耳。'立取京兆所给路
券焚之，而请终身受业于文成。文成为治静室居之，逾年大悟。"

案：龙溪试礼部不第，归请终身受业于阳明是在此年，然
龙溪始受业于阳明，当更早。尹守衡《明史窃》列传卷七十六
曰："王阳明初以良知之学倡起，姚江士骇之。畿弱冠举于乡，
首往受业。入试礼部不第，即取京兆所给路券焚而归，愿弃举
子业，求卒学于师门。"可见龙溪试礼部前已受业于阳明。又
《全集》卷二十《钱绪山行状》亦云："追惟夫子还越，惟予与

君二人最先及门。"徐阶《龙溪王先生传》亦谓绪山与龙溪于阳明归越后最先及门。而绪山及门阳明是在正德十六年九月阳明归越后。但阳明《年谱》载绪山及门之从者,却未见龙溪之名。由此可见,龙溪始受业于阳明,或稍晚于绪山,然不至晚至嘉靖二年。故大略可断在正德十六年末或嘉靖元年初。

又,龙溪受业阳明,乃阳明诱入门墙,颇具传奇色彩。袁宗道《白苏斋类集》卷二十二《杂说》云:"于时王龙溪妙年任侠,日日在酒肆博场中,阳明亟欲一会,不来也。阳明却日令门人弟子六博投壶,歌呼饮酒。久之,密遣一弟子晌龙溪所至酒肆家,与共赌。龙溪笑曰:'腐儒亦能博乎?'曰:'吾师门下日日如此。'龙溪乃惊,求见阳明,一睹眉宇,便称弟子矣。"《明儒学案》卷十九《江右王门学案·魏良器传》亦有类似记载,盖阳明所遣弟子,即魏良器也。赵锦《龙溪王先生墓志铭》云:"先生英迈天启,颖悟绝伦,阳明以为法器,故其欲得先生也,甚于先生之欲事阳明。"张岱《明越人三不朽图赞·立德·理学一》亦曰:"王龙溪,畿,山阴人。负高才,不喜学,倡论与阳明相角。文成曰:'此学种也。'多方劝掖,方委贽为弟子。颖敏异常,能阐明师教,分教乃门,多得其力。"

嘉靖三年甲申 1524年 二十七岁

是年,阳明门人日进,辟稽山书院讲学。十月,门人南大吉续刻《传习录》。

南大吉(1487—1541),字元善,号瑞泉,陕之渭南人。正德辛未(1511)进士,历官户部主事、员外郎、郎中,绍兴知府。嘉靖辛丑(1541)卒。《明儒学案》卷二十九《北方王门学案一》有录。

嘉靖四年乙酉 1525 年 二十八岁

是年九月，阳明归余姚省墓，会于龙泉寺中天阁，时龙溪对阳明思想已能心领神会。

《传习录下》载："王汝中、省曾侍坐。先生（阳明）握扇命曰：'你们用扇。'省曾起对曰：'不敢。'先生曰：'圣人之学，不是这等捆缚苦楚的，不是装作道学的模样。'汝中曰：'观仲尼与点言志一章略见。'先生曰：'然。以此章观之，圣人何等宽容包涵气象！且为师者问志于群弟子，三子皆整顿以对。至于曾点，飘飘然不看那三子在眼，自去鼓起瑟来，何等狂态。及至言志，又不对师之问目，都是狂言。设在伊川，或斥骂起来了。圣人乃复称许他，何等气象！圣人教人，不是个束缚他通做一般：只如狂者便从狂处成就他，狷者便从狷处成就他。人之才气如何同得？'"

案：《传习录下》未载此事何年。然阳明《年谱》记嘉靖四年九月阳明归余姚省墓，定会于龙泉寺中天阁，可推知此事在是年。

嘉靖五年丙戌 1526 年 二十九岁

是年，龙溪奉阳明之命偕钱德洪复试礼部，二人同举南宫，因阁臣不喜阳明之学，二人不就廷试而归。同榜者有戚贤。

徐阶《龙溪王先生传》云："复当试礼部，文成命公往，不答。文成曰：'吾非欲以一第荣子。顾吾之学，疑信者犹半，而吾及门之士，朴厚者未尽通解，颖慧者未尽敦毅。觐试仕士咸集，念非子莫能阐明之。故以属子，非为一第也。'公曰：'诺。此行仅了试事，纵得与选，当不廷试而归卒业焉。'文成曰：'是惟尔意。'乃觅大舟，聚诸同志以行。其在途，自良知外口无别谈，自《六经》、《四书》、《传习录》外手无别捡。间有及时艺者，曰：'业已忘之矣。'有及试事者，曰：'业已任之矣。'及抵都，欧阳南野宗伯、魏水洲谏议、王瑶湖宪伯，泊郡县入觐诸同志，争迎公，与相辩证，由是公名盛一时。"

《全集》卷二十《钱绪山行状》云："丙戌，予与君同举南宫，不就廷试而归，夫子迎会，笑曰：'吾设教以待四方英贤，譬之店主开行以集四方之货，奇货既归，百货将日积，主人可无乏行之叹矣。'"

阳明《年谱》是年四月条下载："德洪与王畿并举南宫，俱不廷对，偕黄弘纲、张元冲同舟归越。先生喜，凡初及门者，必令引导，俟志定有入，方请见。"

案： 查继佐（《罪惟录·列传》卷十《理学诸臣列传·龙溪传》谓："正德丙戌，文成强令会试，主司破格置高等，卒不就廷试还。"误以嘉靖丙戌为正德丙戌。

《全集》卷十九《祭戚南玄文》云："丙戌之岁，忝兄同榜。"

嘉靖六年丁亥　1527年　三十岁

是年，龙溪曾至归安访戚贤。

《全集》卷十九《祭戚南玄文》云："追惟丙戌之岁，忝兄同榜，予以阳明先生在越，图告南还。次年，兄出宰归安，与越临壤，余尝与玉溪扁舟过苕溪，期兄出会。兄泥于时忌，意向虽切，行迹稍存。余以脚跨两家船戏之，兄即幡然愧悔，出头担当，兴学育才，能声大起。每公事过越，必谋数日之会，而情益亲。"

是年九月七日，天泉证道。龙溪发"四无"奥义。

《全集》卷一《天泉证道记》载："阳明夫子之学，以良知为宗，每与门人论学，提四句为教法：'无善无恶心之体，有善有恶意之动，知善知恶是良知，为善去恶是格物。'学者循此用功，各有所得。绪山钱子谓：'此是师门教人定本，一毫不可更易。'先生谓：'夫子立教随时，谓之权法，未可执定。体用显微，只是一机。心意知物，只是一事。若悟得心是无善无恶之心，意即是无善无恶之意，知即是无善无恶之知，物即是无善无恶之物。盖无心之心则藏密，无意之意则应圆，无知之知则体寂，无物之物则用神。天命之性，粹然至善，神感神应，其机自不容已，无善可名。恶固本无，善亦不可得而有也。是谓无善无恶。若有善有恶，则意动于物，非自然之流行，着于有矣。自性流行者，动而无动；着于有矣，动而动也。意是心之所发，若是有善有恶之意，则知与物一齐皆有，心亦不可谓之无矣。'绪山子谓：'若是，是坏师门教法，非善学也。'先生谓：'学须自证自悟，不从人脚跟转，若执著师门权法以为定本，未免滞于言诠，非善学也。'时夫子将有两广之行，钱子谓曰：'吾二人所见不同，何以同人？盍相与就正夫子？'晚坐天泉桥上，因各以所见请质。夫子曰：'正要二子有此一问，吾教法原有此两种。四无之说为上根人立教。四有之说，为中根以下人立教。上根之人，悟得无善无恶心体，便从无处立根基，意与知物，皆从无生，一了百当，即本体便是功夫，易简直截，更无剩欠，顿悟之学也。中根以下之人，未尝悟得本体，未免在有善有恶上立根基，心与知物，皆从有生，须用为善去恶工夫，随处对治，使之渐渐入悟，从有以归于无，复还本体。及其成功一也。世间上根人不易得，只得就中根以下人立教，通此一路。汝中所见，是接上根人教法，德

528

洪所见，是接中根以下人教法。汝中所见，我久欲发，恐人信不及，徒增躐等之病，故含蓄到今。此是传心秘藏，颜子、明道所不敢言者。今既已说破，亦是天机该发泄时，岂容复秘？然此中不可执著。若执四无之见，不通得众人之意，只好接上根人。中根以下人，无从接授。若执四有之见，认定意是有善有恶的，只好接中根以下人，上根人亦无从接授。但吾人凡心未了，虽已得悟，仍当随时用渐修功夫，不如此不足以超凡入圣，所谓上乘兼修中下也。汝中此意正好保任，不宜轻以示人。概而言之，反成泄漏。德洪却须进此一格，始为玄通。'"

案：天泉证道，《传习录下》与阳明《年谱》亦有记载，内容无大差异。只是阳明《年谱》谓天泉证道为丁亥九月八日事，然阳明丁亥十二月所作《赴任谢恩疏》云："已于九月八日扶病起程"，则阳明当于八日发越中，而天泉证道即当在七日矣。如阳明所记不差，则《年谱》所载有误。

九月下旬，阳明征思田，龙溪偕钱德洪等人送阳明游吴山、月岩、严滩，至钓台。

阳明《年谱》六年丁亥"九月壬午，发越中"条阳明过钓台诗后跋曰："嘉靖丁亥九月二十二日书，时从行进士钱德洪、王汝中、建德尹杨思臣及元材，凡四人。"

十月初，严滩问答，龙溪再发有无合一之论。

《王文成公全书》卷三十七《讣告同门文》载："前年秋，夫子将有广行，宽、畿各以所见未一，惧远离之无证也，因夜侍天泉桥而请质焉，夫子两是之，且进之以相益之义。冬初追送严滩，请益，夫子又为究极之说。"

《传习录下》载："先生起征思田，德洪与汝中追送严滩。汝中举佛家实相幻相之说，先生曰：'有心俱是实，无心俱是幻。无心俱是实，有心俱是幻。'汝中曰：'有心俱是实，无心俱是幻，是本体上说工夫。无心俱是实，有心俱是幻，是工夫上说本体。'先生然其言。洪于是时尚未了达，数年用功，始信本体工夫合一。"

案：此条为钱德洪所录，《传习录》误作黄以方录。

《全集》卷二十《钱绪山行状》载："夫子赴两广，予与君送至严滩。夫子复申前说：'二人正好互相为用，弗失吾宗。'因举'有心是实相，无心是幻相；有心是幻相，无心是实相'为问。君拟议未答。予曰：'前所举是即本体证工夫，后所举是用工夫合本体。有无之间，不可以致诘。'夫子莞尔笑曰：'可哉！此是究极之说。汝辈既已见得，正好更相切磨，默默保任，弗轻漏泄也。'"

案：此处龙溪所记严滩问答与绪山所记不同，读者幸留意焉。

严滩问答后，龙溪、德洪与阳明告别归越。阳明行至洪都，邹东廓、魏水洲、欧阳南野等率百余人出谒请益。阳明嘱其裹粮往质龙溪。

徐阶《龙溪王先生传》云："文成至洪都，邹司成东廓暨水洲南野诸君，率同志百余人出谒。文成曰：'吾有向上一机，久未敢发，近被王汝中拈出，亦是天机该发泄时，吾方有兵事，无暇为诸君言，但质之汝中，当有证也。'其为师门所重如此。"

赵锦《龙溪王先生墓志铭》曰："阳明过江右，邹东廓、欧阳南野率同志百余人出谒，阳明谓之曰：'吾有向上一机，久未敢发，今被汝中拈出，亦是天机该发泄时，吾方有兵事，未暇，诸君试质之汝中，当必有证也！'其善发阳明之蕴而为其所重也如此。"

李贽《续藏书》卷二十《龙溪传》曰："文成至洪都，邹东廓暨水洲、南野率三百余人请益。文成曰：'吾虽出山，汝中与同志里居，究竟此事，诸君只裹粮往浙，相与质之，当证也。'"

魏良弼（1492—1575），字师说，号水洲，南昌新建人。与其弟魏良政、魏良器皆于阳明抚豫时受学。有《魏水洲先生文集》六卷。《明儒学案》卷十九《江右王门学案四》有录。

欧阳德（1496—1554），字崇一，号南野，江西泰和人。阳明弟子。嘉靖癸未（1523）进士。历官刑部员外郎、翰林院编修、南京国子司业、太仆寺少卿、南京鸿胪寺卿、太常卿、礼部尚书兼翰林院学士。赠太子少保，谥文庄。有《欧阳南野先生文集》三十卷。《明儒学案》卷十七《江右王门学案二》有录。

嘉靖七年戊子　1528 年　三十一岁

是年九月，阳明平思、田，与龙溪、德洪书。十月，又与龙溪、德洪书，促其北上赴廷试（二书俱见阳明《年谱》是年九、十月条下）。

十一月，阳明平思、田归，卒于南安，龙溪方偕钱德洪赴廷试，因阳明归，渡江复返，迎至严滩，闻讣，与德洪议服制。德洪以为父母在，麻衣布经弗敢加。龙溪请服斩衰以从，共奔广信。

徐阶《龙溪王先生传》云："文成平思田归，卒于南安，公方偕钱公赴廷试，抵彭城闻讣，即同驰还。"

嘉靖八年己丑　1529 年　三十二岁

是年正月，龙溪偕德洪等门人为阳明成丧于广信，并讣告同门，扶榇归越。奔丧过玉山时检收阳明遗书。归越于西安时与德洪等共定每岁会期。抵越之后，因朝中奸佞把持，尽革阳明封爵，龙溪与德洪扶持阳明遗孤，经纪其家，并筑室阳明墓场，守丧三年。

阳明《年谱》八年己丑正月条载："先是德洪与畿西渡钱塘，将入京殿试，闻先生归，遂迎至严滩，闻讣，正月三日成丧于广信，讣告同门。"

阳明《年谱·附录一》十四年乙未条载："先是洪、畿奔师丧，过玉山，检收遗书。"

阳明《年谱·附录一》十三年甲午三月条下载："先自师起征思田，舟次西安，门人乐惠、王玑等数十人雨中出候。师出天真二诗慰之。明年师丧，还玉山，惠偕同门王修、徐需、林文瓒等迎榇于草萍驿，凭棺而哭者数百人。至西安，诸生追师遗教，莫知所寄。洪、畿乃与玑、应典等定每岁会期。"

阳明《年谱·附录一》十年辛卯五月条下载："先是师殡在堂，有忌者行谮于朝，革锡典世爵。有司默承风旨，媒孽其家，乡之恶少遂相煽，欲以鱼肉其子弟。胤子正億方四龄，与继子正宪离析窜逐，荡析厥居。"

《全集》卷二十《钱绪山行状》云："及归越襄事，时权贵忘师德业之盛，尽革身后锡典。有司默承风旨，媒孽其家，乡之恶少，行将不利于胤子。内讧外侮并作。君与予意在保孤宁家为急，遂不忍离，相与筑室于场，妥绥灵爽，约同志数人，轮守夫子庐室，以备不虞。暇则与四方同志往来聚会，以广师门教旨。"

赵锦《龙溪王先生墓志铭》云："阳明既没，嗣子未离母怀。内外诸衅并作，而一时谗构，有力者复风行颐指其间。先生为之履艰丛谤，卒植遗孤，无愧古婴杵之义。故议者谓阳明之教，得先生以益章，而阳明之后，亦得先生以有今日。呜呼！岂虚语哉？"

嘉靖九年庚寅　1530 年　三十三岁

是年，龙溪与德洪、王臣、薛侃共建天真书院，以祀阳明。

阳明《年谱·附录一》三十四年乙卯条下载："岁庚寅，同门王子臣、薛子侃、王子畿暨德洪建书院，以祀先生新建伯。"

嘉靖十年辛卯　1531 年　三十四岁

是年五月，龙溪偕钱德洪赴金陵黄绾处，筹措阳明子正億婚事。

阳明《年谱·附录一》十年辛卯五月条下载："是月，洪、畿趋金陵为正億问名。绾曰：'老母家居，未得命，不敢专。'洪、畿复走台，得太夫人命，于是同门王艮遂行聘礼焉。"

徐阶《龙溪王先生传》云："时文成嗣子孤弱，且内外忌毁交构，悍宗豪仆，窥伺为奸，危疑万状。龙溪极力拥护，谋托孤于黄尚书绾，结婚定盟，久之乃定。"

黄绾（1480—1554），字叔贤，号久庵，台之黄岩人。阳明归越后及门称弟子。历任南京二部员外郎、光禄寺少卿、南京礼部右侍郎、礼部尚书、翰林院学士。有《石龙集》。《明儒学案》卷十三《浙中王门学案三》有录。

是年，程文德有《与王龙溪同年书》。

程文德《程文恭公遗稿》卷三十四《与王龙溪同年书》云：

"丙戌之春，自隆兴奉别，星霜凡六易矣。闻吾兄已有闻，迈往甚勇，近来复筑室天真为依归地，意气修为，无愧六年矣。"

案：自丙戌起第六年为辛卯，故可推知程文德此信在是年。

程文德（1497—1559），字舜敷，号松溪，婺之永康人。阳明弟子。嘉靖己丑（1529）进士第二，授翰林院编修。历官安福知县、南京兵部主事、礼部郎中、都御史、礼部右侍郎、吏部左侍郎、翰林院学士。万历间赠礼部尚书，谥文恭。有《程文恭遗稿》三十二卷。初学于枫山，卒业于阳明。《明儒学案》卷十四《浙中王门学案四》有录。

嘉靖十一年壬辰　1532 年　三十五岁

正月，龙溪偕德洪赴廷试，授南职方主事。期间，结识罗念庵，并与戚贤、王玑等同僚同志定月会于京师，聚会讲学不已。

徐阶《龙溪王先生传》曰："初，公赴廷对，故相永嘉公欲引置一甲，公不应。开吉士选，又欲引之，又不应，又开科道选，必欲引之，终不应，久乃授南职方主事。"

《全集》卷二十龙溪所作《中宪大夫都察院右佥都御史在庵王公墓表》云："壬辰，余与绪山钱君赴就廷试，诸君相处益密，且众至六七十人，每会舆马塞途，至不能行，乃分处为四会，而江右同志居多。每期会，余未尝不与。众谬信谓余得师门晚年宗说，凡有疑义，必归重于余，若为折衷者。旧会仍以翰林科道部属官资为序。余请曰：'会以明学，官资非所行于同志，盍齿序为宜？'君倡言以为然，至今守以为例。"

《全集》卷十九《祭戚南玄文》曰："及余壬辰就廷试，兄时亦以行取补吏科，乃就居密迩。出则并马，燕则共席，寝则连床。日以聚友讲学为事。每大会中有所商订，或有所指陈，兄以余能道其师说，必谬属于予。从而赞之，以起人信心。阖辟鼓舞。一时同志，多赖以兴起。"

罗念庵《念庵文集》卷八《书王龙溪卷》云："忆壬辰岁，与君处，君是时孳孳然，神不外驰，惟道之求。泛观海内，未见与君并者，遂托以身之不疑。"

王玑（1490—1556），字在叔，号在庵，后更号六阳山人。浙江西安（衢州）人。阳明弟子。嘉靖八年进士，授兵科给事中，升山东按察佥事，迁江西布政使参议。官至右佥都御史，巡抚淮阳。嘉靖三十二年罢归。

是年，龙溪与钱德洪游姑苏，共证聂双江称阳明门生。

阳明《年谱》嘉靖五年丙戌条下载："（钱德洪）按，豹初见称晚生，后六年出守苏州，先生（阳明）已违世四年矣。见德洪、王畿曰：'吾学诚得诸先生，尚冀再见称赞，今不及矣。兹以二君为证，具香案拜先生。'遂称门人。"

案：由此处所谓"后六年出守苏州"、"先生已违世四年"，可知当在嘉靖十一年壬辰。

阳明《年谱·附录二》钱德洪《答论年谱书之四》云："聂双江文蔚见先生于存日，晚生也；师没而刻二书于苏，曰：'吾昔未称门生，冀再见也，今不可得矣。'时洪与汝中游苏，设香案告师称门生，引予二人以为证。"

案：宋仪望《双江聂公行状》载双江于嘉靖九年庚寅往守苏州，嘉靖十年辛卯十月奔父丧，则嘉靖十一年双江已离开苏州。故《双江聂公行状》所记与阳明《年谱》有冲突，双方必有一误，今暂系此事于此年下。

聂豹（1487—1563），字文蔚，号双江，永丰人。正德丁丑

（1517）进士。历官华亭知县、御史、苏州知府、陕西按察司副使、巡抚苏州右金都御史、兵部侍郎、兵部尚书、太子少傅。隆庆元年赠少保，谥贞襄。有《双江聂先生文集》十四卷。《明儒学案》卷十七《江右王门学案二》有录。

嘉靖十二年癸巳　1533 年　三十六岁

是年闰二月八日，龙溪与林春等十三人游览都城之东，宴集邵氏园中。

林春《林东城文集》卷上《春园宴集序》曰："嘉靖癸巳闰二月八日，同年比冈胡子、龙溪王子辈十有三人，偕予游于都城之东，寻邵氏之园亭池阁，登歌鼓枻而乐焉。"

六月，林春曾两次访问龙溪，皆未遇（林春《林东城文集》卷七《访王龙溪不遇纪事》、《再游崇寿寺记》）。

林春（1498—1541），字子仁，号东城，泰州人。嘉靖壬辰会试第一。历官户部主事、礼部主事、吏部主事、员外郎。师事王心斋，友王龙溪、邹东廓、欧阳南野、罗念庵、唐荆川、赵大洲、湛甘泉、洪觉山、吕泾野等人。有《林东城文集》，为其门人张纯及其子林晓晖手录遗文所成。

嘉靖十三年甲午　1534 年　三十七岁

是年，龙溪离开京师，正式赴南都就职。临行时黄绾有《赠王汝中序》，已经开始对龙溪的思想表示异议。

黄绾《石龙集》卷十三《赠王汝中序》云："王汝中选南京职方主事，将行，同志之士请予赠言。"

是年正月，邹守益建复古书院于安福，祀阳明。

嘉靖十四年乙未 1534 年 三十八岁

是年，戚补之、贡玄略、周顺之、沈思畏、梅纯甫等人受业于龙溪门下。

《全集》卷二十《文林郎项城县知县补之戚君墓志铭》云：“嘉靖乙未，予为南职方，因偕玄略、周顺之、沈思畏、梅纯甫辈，受业于予。”

戚衮，字补之，号竹坡。曾任项城知县。初及门邹东廓、欧阳南野，后卒业于龙溪。《明儒学案》卷二十五《南中王门学案一》有简述。其余如《明史》、《国朝献征录》等皆未有录。

贡安国，字玄略，号受轩，宣州人。尝师事欧阳南野。《明史》、《国朝献征录》等皆未有录。唯《明儒学案》卷二十五《南中王门学案一》有简述。

周怡（1505—1569），字顺之，号讷溪，宣州太平人。嘉靖戊戌（1538）进士。历任顺德推官、吏科给事中、太常少卿。天启初追谥恭节。有《周恭节公文集》二十七卷。《明儒学案》卷二十五《南中王门学案一》有录。

沈宏，字思畏，号古林，宣城人。尝问学欧阳南野，后就学于龙溪、钱德洪。历任监察御史、湖广江防佥事、广西左参议。隆庆辛未（1571）卒。《明儒学案》、《明史》、过廷洲《明分省人物考》皆不见有传，惟《国朝献征录》卷一百一有万士和撰《广西布政司左参议沈君宏墓表》。

梅守德，字纯甫，号宛溪，宣城人。嘉靖辛丑（1541）进士。任台州府推官、户部主事、山东督学副使、云南分守左参政。万历丁丑（1577）卒。年六十八。《明史》、《明儒学案》、《国朝献征录》等皆未见有录，惟《明分省人物考》卷三十八有传。

嘉靖十五年丙申　1536年　三十九岁

是年，龙溪在任南京兵部武选郎中时，周怡卒业南雍，投于龙溪门下。

《周恭节公年谱》"嘉靖十五年丙申，先生（周怡）三十二岁"条下载："卒业南雍，适山阴王公畿为南京兵部职方郎中。东廓、龙溪，皆阳明高弟。时先生与东廓相违背有六年，心甚怏怏。得龙溪在南畿，喜甚，即往拜从学焉。"

案：龙溪《文林郎项城县知县补之戚君墓志铭》谓周怡嘉靖十四年乙未受业门下，《周恭节年谱》则谓为嘉靖十五年丙申，或有一方有误。

五月，龙溪与王心斋会于金山，相偕访唐顺之于武进家中。

《王心斋先生年谱》丙申十五年五十四岁条下载："夏五月，会王龙溪畿金山，访唐荆川顺之武进。"

《明唐荆川先生年谱》十五年丙申三十岁条下载："家居。王心斋、王龙溪相偕来访。"

唐顺之（1506—1560），字应德，称荆川先生，武进人。文行为学者所宗。嘉靖己丑（1529）会试礼部第一。历官翰林编修、兵部主事、太仆少卿、右通政、右佥都御史。御倭寇有功，于学无所不窥。崇祯中，追谥文襄。有《荆川先生文集》。《明儒学案》卷二十六《南中王门学案二》有录。

十一月，黄宗明卒。

黄宗明，字诚甫，号致斋，宁波鄞县人。阳明弟子。正德甲戌（1514）进士。历官南京兵部主事、福建盐运使、光禄寺卿、兵部右侍郎、福建参政、礼部侍郎。《明儒学案》卷十四《浙中王门学案四》有录。

嘉靖十六年丁酉　1537 年　四十岁

是年，龙溪因病归里，与薛侃聚学杭州天真精舍。

是年四月，各地私创书院遭禁，民间讲学活动受挫。

《明通鉴》卷五十七"世宗嘉靖十六年十五条"曰："是年四月，御史游居敬论劾王守仁、湛若水伪学私创，罢各处私创书院。"

嘉靖十七年戊戌　1538 年　四十一岁

是年，张元忭生。

张元忭（1538—1588），字子荩，别号阳和。山阴人。曾作《龙溪会语·跋》、《祭王龙溪先生文》。隆庆辛未（1571）进士。历任编修、南京祭酒、礼部右侍郎。赠礼部尚书，谥文节。有《张阳和先生不二斋文选》。《明儒学案》卷十五《浙中王门学案五》有录。

嘉靖十八年己亥　1539 年　四十二岁

是年，龙溪病愈改任南武选郎中，时罗念庵召拜春坊右赞善，自江西北上，十月二日抵镇江，龙溪邀念庵共游南京。

十月，邀罗念庵至南京。六日，龙溪与王鲤湖于南京城外东流寺迎接罗念庵。十一日，龙溪邀念庵观都城，入观音寺，相与论学。十二日，龙溪上午入城了部事，下午与念庵、鲤湖游灵谷寺，晚宿月泉寺。

十一月，二十二日，龙溪携酒肴至江东报恩寺与念庵相聚，次日回城入部。二十四日，龙溪再至报恩寺与念庵等人论学。二十六日，龙溪至江东会王遵岩。二十七日，龙溪赴报恩寺之会，与念庵等论学。二十八日，龙溪与念庵等人入城晤湛甘泉，晚念庵留宿龙溪家中。

十二月，一日晚，龙溪与念庵等人宿牛首寺，连卧论学。八日，龙溪偕念庵东游观音山，论佛老之辨。九日，龙溪送别念庵。

案：以上据罗洪先《念庵文集》卷五《冬游记》整理。念庵《冬游记》为日录体，记载颇详，惟冗长不便引，加之其中叙述以念庵为主，故撮要整理如上。

嘉靖十九年庚子　1540 年　四十三岁

是年十二月八日，王艮卒。

《王心斋先生年谱》十九年庚子五十八岁条下载："冬十二月八日子时卒。邹东廓、王龙溪为位哭于金陵。"

嘉靖二十年辛丑　1541 年　四十四岁

是年春，龙溪知王艮卒，与时任南京国子祭酒的邹守益率同志设位哭祭。

是年四月，戚贤举荐龙溪可备馆员，因龙溪不欲结纳时相夏言在前，遭其进言否决。旨下戚贤降一级谪山东布政司都事，寻致仕，龙溪亦以病陈乞去位。

《全集》卷二十《刑科都给事中南玄戚君墓志铭》云："戊戌，丁继母朱氏忧。辛丑，服除，擢工科都给事中。未几太庙灾，君上进贤退不肖疏，遂落职，居家十二年以卒。"

嘉靖二十一年壬寅　1542 年　四十五岁

嘉靖二十二年癸卯　1543 年　四十六岁

嘉靖二十三年甲辰　1544 年　四十七岁

是年，王廷相卒。

　　王廷相（1474—1544），字子衡，号浚川，河南仪封人。弘治十五年（1502）进士。曾任御史、右副都御史、南京兵部尚书、左都御史。幼有文名，为明代文学"前七子"之一。有《雅述》、《慎言》。《明儒学案》卷五十《诸儒学案四》有录。

嘉靖二十四年乙巳　1545 年　四十八岁

是年四月，薛应旂以南京考功郎中考察南京，龙溪被黜罢官。

　　徐阶《龙溪王先生传》云："时相夏贵溪公言，议选宫僚，其婿吴仪制春，龙溪门人也，首以龙溪荐。贵溪曰：'吾亦闻之，但恐为文选所阻，一往投刺乃可。'龙溪谢曰：'补宫僚而求之，非所愿也。'贵溪曰：'人投汝怀，乃敢却耶？若负道学名，其视我辈为何如人？'遂大不怿。会三殿灾，诏求直言。六科疏荐王畿学有渊源，宜列清班，备顾问，辅养圣德。因票旨诋为伪学，而贬荐首吏科都给事中戚贤官。龙溪时为南武选郎中，再疏乞休。铨司报与告归。踰年，以大察去。故龙溪名虽高，仕乃竟不达。"

《明唐荆川先生年谱》二十四年乙巳条云："薛应旂为南京考功郎中，考察南京。部郎王畿、白悦及本州守符验，并置察典，被黜。士论骇然。"

> 薛应旂（生卒不详），号方山，江苏武进人。嘉靖乙未（1534）进士。历官慈溪知县、南考功、浙江提学副使。有《四书人物考》四十卷、《宋元通鉴》一百五十卷、《宪章录》四十六卷、《薛方山先生全集》四十六卷。

案： 黄宗羲谓其尝及南野之门，将其归入南中王门。然方山自己在《更定阳明先生祠额告文》中则谓"某等虽未及门，窃幸私淑"。

是年，龙溪曾与万表共过嘉禾龙渊寺。

万表《玩鹿亭稿》卷一《春日同王龙溪过嘉禾龙渊寺》诗云："兰桨共秉春气早，龙渊遥向夕阳开。香阶草满双林接，古塔云连一水回。因登宝地窥金相，偶与诗僧话茗杯。自笑浮生亦何事，行吟无处不徘徊。"

案：《玩鹿亭稿》卷一是诗后附曰："以上皆甲辰乙巳年作。"姑暂系于此。

> 万表（1498—1556），字民望，号鹿园。历官浙江把总署都指挥佥事、督运、浙江府掌印都指挥、南京锦衣卫佥事、广西副总兵左军都督、漕运总兵佥书、南京中军都督府都督佥事。掌漕运、御倭皆有功。其学多得自龙溪，重躬行。有《玩鹿亭稿》八卷等。《明儒学案》卷十五《浙中王门学案五》有录。

嘉靖二十五年丙午　1546年　四十九岁

是年春，龙溪与罗念庵、戚南玄、唐荆川、万鹿园、陈明水、吕沃洲等在毗陵相聚旬日。

《全集》卷二十龙溪所作《刑科都给事中南玄戚君墓志铭》
云："丙午春，念庵再访君，君送至毗陵，因与予及荆川、鹿
园、陈明水、吕沃洲复为旬日之聚。"

《明唐荆川先生年谱》二十五年丙午四十四岁条下载：
"春，戚南玄、罗念庵来访。周七泉、王龙溪、万鹿园、陈明
水、吕沃洲亦至。"

八月，龙溪为季本《庙制考议》作《庙制考议序》。

季本《庙制考议》篇首龙溪《庙制考议序》文末署："嘉
靖丙午岁秋八月既望东浙龙溪王畿汝中甫书。"

季本（1485—1563），字明德，号彭山，会稽人。阳明弟子。
正德十二年（1517）进士。历官建宁府推官、御史、揭阳主簿、
苏州同知、南京礼部郎中。有《庙制考议》一卷、《易学四同》八
卷、《别录》四卷、《读礼疑图》六卷、《春秋私考》三十六卷、
《乐律纂要》一卷、《诗说解颐》四十卷、《孔孟事迹图谱》四卷、
《说理会编》十六卷和《季彭山先生文集》四卷。季本与龙溪对良
知学有不同的理解，参见龙溪《全集》卷九《答季彭山龙镜书》。

九月，龙溪为林春《林东城文集》作《东城子文集序》。

林春《林东城文集》篇首龙溪《东城子文集序》文末署：
"嘉靖丙午秋九月山阴龙溪王畿书。"

嘉靖二十六年丁未 1547年 五十岁

是年，罗钦顺卒。

罗钦顺（1465—1547），字允升，号整庵，江西泰和人。弘

治六年（1493）进士，授翰林编修。历官南京国子司业、太常寺少卿、礼部侍郎、吏部尚书、礼部尚书。有《困知记》。明代朱子学代表人物，有"朱学后劲"之称。《明儒学案》卷四十七《诸儒学案中一》有录。

嘉靖二十七年戊申　1548年　五十一岁

是年春，龙溪往赴青原，取道于泾县，与诸友共订每岁春秋水西之会。

> 《龙溪会语》卷一《水西会约题辞》云："先是戊申春仲，余因江右诸君子期之青原，道经于泾。诸友闻余至，相与报聚，信宿而别，汹汹若有所兴起。诸君惧其久而成变，复相与图会于水西。岁以春秋为期，薪余与绪山钱子迭至，以求相观之益。"

夏，龙溪赴青原之会。六月一日龙溪偕钱德洪于丰城聚合罗念庵，有《过丰城问答》，后数人返行赴吉水念庵居处。二日，晤张浮峰等人于临江。七日，于念庵讲学处石莲洞与念庵辨析学术二日。青原之会自六月二十五日始，七月二十三日解。会后龙溪偕念庵等人至贵溪县龙虎山，寻堪江浙大会之所。初在青原议江浙会地，因见上清宫喧闹，八月二十日赴冲玄，至秋仲南还。乃定于冲玄为每岁江浙大会之约。

> 案：《龙溪会语》卷一《冲玄会纪》仅曰："戊申之夏，既赴冲元之会。秋仲，念庵诸君送余南还，相与涉鹅湖之境，陟象山之墟。慨流光之易迈，叹嘉会之难数。乘间入龙虚（虎）山，得冲玄精庐，乃定为每岁江浙大会之约，书壁示期。"记载简略。以上据《念庵文集》之《夏游记》，然因念庵日录体繁冗，乃整理如上。

十二月十五日，龙溪访钱薇于秦溪草堂。

　　钱薇《海石先生文集》（万历四十一年至四十二年钱氏刻清增修本）卷十九《送王龙溪序》曰："岁在戊申腊月之望，龙溪王子偕石山沈子过我秦溪草堂。谈燕既集，慰我夙怀。"

　　钱薇（1502—1554），字懋垣，号海石，浙江海盐人。嘉靖十一年进士。由行人擢礼科给事中。因星变极言主失，世宗深衔之。已又书谏南巡，斥为民。既归，务讲学，足迹不及公府。隆庆时赠太常少卿。有《海石先生文集》。

嘉靖二十八年己酉　1549 年　五十二岁

是年四月，龙溪赴泾县水西会。十五日发自钱塘，由齐云历紫阳，至水西。临别龙溪作《水西会约题辞》。

　　《龙溪会语》卷一《水西会约题辞》篇末记："己酉夏五月下浣书于水西风光轩中。"

秋，龙溪偕钱德洪赴会冲元，道出睦州（今浙江建德）时，为《邹东廓先生续摘稿》作序。离睦州后至信江，因人之求，作《云坞山人集序》。至冲玄观大会同志百余人。后有《冲玄会纪》。

　　《全集》卷一《冲元会纪》云："己酉仲秋，先生偕绪山钱子，携浙徽诸友，赴会冲元，合百余人，相与抽绎参互。"

　　《全集》卷十二《邹东廓先生续摘稿序》云："嘉靖乙酉秋，予偕绪山子赴冲元之会，道出睦州，少府对崖周子示予以东廓先生之集，曰此第三续稿也，且属之言。"

　　案：此处题为"嘉靖乙酉秋"，有误。盖乙酉为嘉靖四年（1525），龙溪方二十八岁，且后文有"先师云云"，当在阳明卒后，故应为"己酉"。

嘉靖二十九年庚戌　1550年　五十三岁

是年，罗近溪至维扬，约龙溪、钱绪山会于留都天坛道场，未果。

> 罗近溪《盱坛直诠》下卷云："庚戌，师至维扬，约龙溪王公、绪山钱公大会于留都天坛道观，竟不果行。"

是年，万表以左军都督漕运总兵任因病乞归，居杭州养病。时龙溪居杭州金波园，常与万表共阅《明名臣奏议》及《十三省九边图考》。万表采编二书，成《皇明经济文录》四十一卷，龙溪颇为赞赏（见万表《玩鹿亭稿》卷三《皇明经济文录序》）。

是年，龙溪有《答罗念庵》书二封。

是年，唐顺之有《答王龙溪郎中》（见《明唐荆川先生年谱》）。

嘉靖三十年辛亥　1551年　五十四岁

是年秋，周顺之来访。龙溪偕其游东南诸胜，聚讲数月，其间访禅僧玉芝法聚于天池山（庐山天池峰），作四绝诗。过姑苏，聚会道山亭。后又过武进访唐荆川，过溧阳访史玉阳于玉潭仙院，作《辛亥长至玉潭仙院同天卿史玉阳吴周二司谏祝圣用韵》。

> 《全集》卷十八诗序云："辛亥秋，予偕周顺之、江叔源，访月泉天池山中，出阳明先师手书《答良知二偈》卷，抚今怀昔，相对黯然。叠韵四绝，聊识感遇之意云。"诗共四首，其一云："四十年前参学时，分明举似众中知。深山落木虚堂夜，衣钵于今付阿谁？"其二云："衣钵于今付阿谁？良知知处本无知。会须领取言前句，才落丝毫即强为。"其三云："十月风

霜叶落时，天然公案少人知。行歌燕坐非无事，些子机关举向谁？"其四云："些子机关举向谁？谩从痛痒觅灵知。分明月在天池上，不着丝毫亦强为。"

《全集》卷二《道山亭会语》云："嘉靖辛亥秋，太平周子访予山中，因偕之西游，将历观东南诸胜。遇同志之区，则随缘结会，以尽切磨之益。过苏，值近沙方大夫、开府吴中，闻予与顺之（案：唐荆川）至，集同志数十辈，会于道山亭下，延予二人往莅之。"

案：《龙溪会语》卷一之《道山亭会记》作"丁亥"，盖丁亥为嘉靖六年（1527），有误，当为"辛亥"。

《周恭节公年谱》"三十年辛亥 先生四十七岁"条下载："秋，往山阴访龙溪。适武陵赵公为浙江金事，遂至越。湖上一会，将即同龙溪并云门、敬所诸公，经行台州，窥探奇胜。游天台，聚讲数月，乃发疟于越。治弗止，不能强振，遂别诸公，独侍龙溪。从湖州过苏州，历宜兴、溧阳诸处，一游而返，至姑苏已冬月矣。访质山黄公姬水。……既与质山别，即从龙溪过武进，访荆川唐公顺之。又同掌科龙津吴公及云淘、云庄、云渊诸友过溧阳，访玉阳史公。适逢至日，在玉潭仙院，同祝圣寿。"

《全集》卷十八《辛亥长至玉潭仙院同天卿史玉阳吴周二司谏祝圣用韵》诗云："瞳瞳晓日映初霞，一径迥看阁道斜。渐喜阳和旋地脉，遥分春色到山家。虚堂想象钧天奏，琼树参差上苑花。绛节瞻依同拜舞，无云飞处是京华。"

案：单从龙溪此诗，未易判断此辛亥是何年。然与《周恭节公年谱》"三十年辛亥 先生四十七岁"条合观，则可断定为嘉靖三十年辛亥无疑。

《明唐荆川先生年谱》三十年四十五岁条下载："冬，周讷溪从王龙溪来访。"

法聚（1492—1563），字玉芝，号月泉，嘉禾富氏子。少孤贫，资质慧敏，好读书，每就寺僧借阅经卷，隔宿即还付。僧讶其速，聚为背诵，一若旧熟。十四投资圣寺剃染入道。既受具，谒吉庵、法舟等俱不契。偶值王阳明，与语，疑情顿发，一日闻僧诵古案，不觉释然，参天通显于碧峰，蒙印可。遂隐居湖州天池，衲子闻名而至，渐成丛林。有《玉芝内外集》。

史际（1495—1571），字恭甫，号玉阳，又号燕峰，江苏溧阳人。阳明弟子，又学于湛若水。嘉靖十一年进士，官春坊乞归。因御倭有功，进太仆少卿。晚年专事养生。其生平传记见焦竑《国朝献征录》卷七十二李春芳所撰《太仆寺少卿史公际墓志铭》、《严文靖公文集》卷十一《史玉阳公传》。邓元锡《皇明书》卷四十一、何乔远《名山藏》卷一百以及查继佐《罪惟录列传》卷二十四中也有简略的介绍。

嘉靖三十一年壬子　1552 年　五十五岁

是年冬，龙溪偕钱德洪赴会南谯并访戚贤。时戚贤已病重，然扶病参加，为会五日。

《全集》卷二十《刑科都给事中南玄戚君墓志铭》云："壬子冬，予与钱绪山再往南谯，时君已病，犹强起赴会，众若不能堪，君言笑自若。"

嘉靖三十二年癸丑　1553 年　五十六岁

是年二月，戚南玄卒。龙溪赶赴全椒拜祭，并作《祭戚南玄文》。

《全集》卷二十《刑科都给事中南玄戚君墓志铭》云："嘉靖癸丑二月十七日，南玄戚君卒于家，予闻讣，既哭诸寝，亟走全椒为文以哀之。"

戚贤（1492—1553），字秀夫，号南玄，全椒人，阳明门人，嘉靖丙戌（1526）进士。历官归安知县、吏科给事中、刑科给事中。《明史》卷二百零八、《国朝献征录》卷八十、《明分省人物考》卷十一有录。

初夏，龙溪往赴南谯水西之会，途中于滁阳拜谒阳明新祠于紫薇泉，与吕怀等数十人聚会祠下，有滁阳之会，会中龙溪指出了阳明之后王门良知观的分化。别后作《书滁阳会语兼示水西宛陵诸同志》。水西会后又有宛陵（宣城）会，会中与沈宠、汪尚宁阐发研几之学，龙溪有《别言赠沈思畏》、《周潭汪子晤言》。

《全集》卷二《滁阳会语》曰："予赴南谯，取道滁阳，拜瞻先师新祠于紫薇泉上。太仆巾石吕子，以滁为先师讲学名区，相期同志，与其隽士数十人，大会祠下。……慨自哲人既远，大义渐乖而微言日湮。吾人得于所见所闻，未免各以性之所近为学，又无先师许大炉冶，陶铸销熔以归于一，虽于良知宗旨不敢有违，而拟议卜度挽和补凑，不免纷成异说。有谓良知落空，必须闻见以助发之；良知必用天理，则非空知。此沿袭之说也。有谓良知不学而知，不须更用致知；良知当下圆成无病，不须更用消欲工夫。此凌躐之病也。有谓良知主于虚寂，而以明觉为缘境，是自窒其用也。有谓良知主于明觉，而以虚寂为沉空，是自汩其体也。盖良知原是无中生有，无知而无不知。致良知工夫，原为未悟者设，为有欲者设。虚寂原是良知之体，明觉原是良知之用。体用一原，原无先后之分。学者不循其本，不探其源，而惟意见言说之胜，只益其纷纷耳。"

《龙溪会语》卷一《书滁阳会语兼示水西宛陵诸同志》

云："余既别滁阳，赴水西，因忆巾石诸兄相属，今日之会，不可以无记。"篇末署："癸丑夏四月朔书。"

《全集》卷三《水西精舍会语》云："嘉靖丁巳春，先生赴水西之会。周潭汪子偕诸友晨夕周旋，浃旬而解。汪子因次集所与答问之词，执简以请曰：'宁执侍先生久矣，先是癸丑会于郡城，辱先生示以研几之旨。乃者温绎旧闻，幸赐新知笔录记存。'"

《全集》卷四《周潭汪子晤言》云："周潭子别予若干年，兹予来赴水西之会，使得相会于敬亭山中。见周潭子之学，津津日进矣。尚以气弱为患，时有所滞。扣予所闻，以证交修。予惟君子之学，在得其几。此几无内外，无寂感，无起无不起，乃性命之源、经纶之本，常体不易，而应变无穷。譬之天枢居所，而四时自运，七政自齐，未尝有所动也。此几之前，更无收敛；此几之后，更无发散。盖常体不易，即所以为收敛，寂而感也；应变无穷，即所以为发散，感而寂也。恒寂恒感，造化之所以恒久而不已。若此几之前更加收敛，即滞，谓之沉空；此几之后更加发散，即流，谓之溺境。沉与溺，虽所趋不同，其为未得生机，则一而已。浩然之气，由集义所生，即是致良知，即是独知。独知者，本来不息之生机也。时时致其良知，时时能握其几，所行时时慊于心，而浩然之气自然盛大流行，充塞无间。"

阳明《年谱·附录一》三十二年癸丑九月条下载："太仆少卿吕怀、巡按御史成守节改建阳明祠于琅琊山。山去城五里。旧有祠在丰乐亭右，湫隘不容俎豆。兹改建紫薇泉上。是年，畿谒师祠，与怀、戚贤等数十人大会于祠下。"

案：戚贤已于是年二月卒，而《龙溪会语》又载《滁阳

会语》作为是年夏四月，故阳明《年谱·附录一》此处所记
恐误。

  吕怀，字汝德，号巾石，广信永丰人。嘉靖壬辰（1532）
  进士。历官庶吉士、给事中、南京司业、太仆寺少卿。湛若水弟
  子。《明儒学案》卷三十八《甘泉学案二》有录。

  汪尚宁（1509—1578），字廷德，号周潭，江西新安人。嘉
  靖己丑（1529）进士，授行人，历官户部郎中出知兖州府，累迁
  云南布政使，右副都御史。有《周潭集》。

嘉靖三十三年甲寅　1554 年　五十七岁

是年春，龙溪再往全椒展拜戚南玄墓，并为戚贤作墓志铭。

  《全集》卷二十《刑科都给事中南玄戚君墓志铭》云："嘉
  靖癸丑二月十七日，南玄戚君卒于家，予闻讣，既哭诸寝，亟
  走全椒为文以哀之。明年甲寅春，再往展墓。寻经纪其家政。
  诸孤汝学辈，持念庵罗达夫所述状，乞铭于予。呜呼！铭岂待
  于乞耶？君之知予，予之受知之于君，三十年于兹。吉凶同患
  之迹，大道同躯之志，无间生死，虽微罗君之状与诸孤之请，
  志以铭之，固所自尽也。"

秋，龙溪入武夷，历鹅湖，返棹广信，赴闻讲书院之会，有
《闻讲书院会语》。

  《全集》卷一《闻讲书院会语》云："嘉靖甲寅春，先生赴
  江右之约，秋入武夷，历鹅湖，返棹广信，郡中有闻讲书院之
  会。吉阳何子，请先生往莅之。"

  何迁（1501—1574），字益之，号吉阳，江西德安人。嘉靖
  辛丑（1541）进士。历官户部主事、南刑部侍郎。湛若水弟子。

《明儒学案》卷三十八《甘泉学案二》有录。

是年，龙溪曾开讲于新安斗山书院，净明道士胡东洲随众来学。

《全集》卷十九《祭胡东洲文》云："嘉靖甲寅岁，予开讲新安之斗山，东洲随众北面执礼，为缔交之始。"

案：《王龙溪先生全集》卷十九《祭胡东洲文》中载胡东洲名楼，东洲当为其字。罗近溪《罗明德公文集》卷四《二小子传》中则有胡中洲其人，为近溪二子之师，与近溪二子同死于肇庆，时近溪亦在侧。由耿定向《耿天台先生文集》卷六《寄示里中诸友》则可知胡东洲即胡中洲，又称胡清虚，生嘉靖壬辰（1532），浙江义乌人，盖清虚当为其号。《明儒学案》谓胡清虚即楚人胡宗正，有误。

是年，巡按直隶监察御史闾东、宁国知府刘起宗建水西书院，祀阳明。刘起宗礼聘龙溪、钱德洪间年至会。

阳明《年谱·附录一》三十三年甲寅条下载："水西在泾县、大溪之西，有上中下三寺。初与诸生会集，寓于各寺方丈。既而诸生日众，僧舍不能容，乃筑室于上寺之隙地，以备讲肆。又不足，提学御史黄洪毗与知府刘起宗创议建精舍于上寺右。未就，巡按御史闾东、提学御史赵镗继至。起宗复申议。于是属知县邱时庸恢弘其制，督成之。邑之士民好义者，竞来相役。南陵县有寡妇陈氏，曹按妻也，遣其子廷武输田八十亩有奇，以廪饩来学。于时书院馆谷具备，遂成一名区云。起宗礼聘洪、畿间年至会。"

嘉靖三十四年乙卯　1555 年　五十八岁

是年春，龙溪往赴水西，途中讲学于九龙及杜氏祠中。

《全集》卷十七《太平杜氏义田记》云："宣歙旧有讲会，岁嘉靖乙卯春，予将赴水西，道出九龙。杜子质，偕其族党同志若干人来与会，遂迎予入九龙问学焉。惟时精舍翕合，远迩闻风至者，凡二百余人。杜氏父老，以九龙地隘，复邀予入杜氏祠，以终讲业。"

是年，龙溪有《致知议略》之作。

案：《全集》卷六《致知议略》云："徐生时举将督学敬所君之命，奉奠阳明先师遗像于天真，因就予而问学。"阳明《年谱》卷二附录载："嘉靖三十四年改建天真仰止祠，江右提学副使王宗沐（王敬所）访南康生祠塑师像，遣生员徐应隆（时举）迎至新祠为有司公祭，下祠塑师燕居像为门人私祭。"故可知《致知议略》当作于是年。

嘉靖三十五年丙辰　1556 年　五十九岁

正月，万表卒于杭州。龙溪撰《骠骑将军南京中军都督府都督佥事前奉敕提督漕运镇守淮安地方总兵鹿园万公行状》。（文见《全集》卷二十）

冬，唐荆川入闽，龙溪送之兰江之上，作赠别诗。

《龙溪会语》卷二《三山丽泽录》曰："先是丙辰冬，唐子荆川以乃翁状事入闽，予送之兰江之上。"

《全集》卷十八《万履庵偕其师荆川唐子南行，予送之兰溪，用荆川韵赠别》诗云："江涵夕照浴文空，去棹归帆尚此同。可是狂歌托衰凤，谩将绝响寄寒蛩。亡羊路觉千歧少，弹指心知万古通。迷悟两途应自验，唐门衣钵可无公？"

嘉靖三十六年丁巳　1557年　六十岁

是年四月，龙溪赴宁国水西之会，沈宠、梅守德前往迎接。四月一日抵会，汪尚宁、周怡等百余人参加，十三日会解。临别，龙溪作《水西同志会籍》，又汪尚宁以其所录问答笔记请龙溪订正，乃有《水西精舍会语》。五月初六日，龙溪寿六十，周怡作《龙溪王先生六十寿序》。

《全集》卷二《水西同志会籍》曰："宁国水西之有会，闻于四方久矣。嘉靖丁巳岁，值予赴会之期，思畏、国贤、时一、允升、纯甫辈，迓琴溪道中，遂同游仙洞。薄暮乘风抵水西。则汪子周潭、周子顺之辈，已候予浃旬矣。先至后至者百余人。晨夕聚处，显论微言，随解证悟，充然各自以为有得。予籍诸友，相与意恳神专，亦惕然不容以自已。信乎此会之不为虚矣。会自四月朔，至十三日而解。"

《全集》卷三《水西精舍会语》云："嘉靖丁巳春，先生赴水西之会。周潭汪子，偕诸友晨夕周旋，浃旬而解。"

周怡《周恭节公年谱》"三十六年丁巳　先生五十三岁"条载："春，龙溪主泾县水西会，先生与焉。……五月初六日，龙溪寿六十，在会诸同人，属先生为文致祝。"

周怡《讷溪先生文录》卷三《龙溪王先生六十寿序》云："嘉靖丁巳，乃予师龙溪王先生耳顺之年。夏五月六日，其诞辰也。……先生之寿，宜有言以祝，命怡执役。"

五月，龙溪从齐云趋会星源，与洪觉山等数十人聚会普济山房，作《书婺源同志会约》。访杨应诏于华阳山中。杨应诏有《与王龙溪别言》（《天游山人集》卷十四、卷十九）。

《全集》卷二《书婺源同志会约》云："嘉靖丁巳五月端阳，予从齐云趋会星源，觉山洪子，偕诸同志，馆予普济山房。聚处凡数十人，晨夕相观，因述先师遗旨及区区鄙见，以相订绎，颇有所发明。同志互相参伍，亦颇有所证悟。"

> 洪垣，字峻之，号觉山，婺源人。嘉靖壬辰（1532）进士。历官永康知县、御史、温州知府。湛若水弟子。《明儒学案》卷三十九《甘泉学案三》有录。

夏，龙溪赴新安福田之会，应门人叶茂芝、叶献芝之邀，入叶氏云庄宣教，作《书进修会籍》。

《全集》卷二《书进修会籍》云："蓬莱叶君，尝作《见一堂铭》。盖取见道于一之意。君素抱经世之志，而化始于家。尝欲示法和亲，以敦睦为己任。限于年未就，公既殁。二子茂芝、献芝，乃作见一堂于云庄之麓，谋于父兄子侄，倡为进修会，以会一族之人，相与考德而问业，以兴敦睦之化，承先志也。岁丁巳夏，予赴新安福田之会，二子既从予游，复邀入云庄，集其会中长幼若干，肃于堂下而听教焉。"

夏，龙溪会王遵岩于三山（福州）石云馆第，共十九日。临别有《三山丽泽录》，即此会相与问答之记。

《龙溪会语》卷二《三山丽泽录》云："予与遵岩子相别且十余年矣。每书相招，期为武夷之会。时予羁于迹，辞未有以赴也。嘉靖丁巳夏杪，始得相会于三山石云馆第。"

> 王慎中（1509—1559），字道思，初号遵岩居士，后号南

江，晋江人。十八岁举嘉靖五年（1526）进士。历官户部主事、礼部祠祭司、吏部考功员外郎、礼部员外郎、山东提学佥事、江西参政、河南参政。与唐顺之并以文名天下。有《遵岩先生文集》二十一卷、《王遵岩家居集》七卷等。

嘉靖三十七年戊午　1558 年　六十一岁

是年三月，龙溪与蔡汝楠同访天池法会，相与次韵为偈。龙溪偈云："何幸钟期共禅席，高山流水有知音。"

蔡汝楠《自知堂集》卷十五《天池法会偈引》云："嘉靖戊午暮春，玉芝禅德举法会于天池，大集名禅，各为偈言。余同龙溪王子过访斯会，诸偈适成。余二人亦次韵为偈。偈成，龙溪颂余偈曰：'但闻黄梅五百众，不知若个是知音。'是知音者希也。因自颂曰：'何幸钟期共禅席，高山流水有知音。'（案：此句龙溪集中未见）余不觉爽然。盖知音者希，何异乎可者与之之指？乃若高山流水幸有知音，岂非容众尊贤之盛心哉？于是乎可以考见余与龙溪之用心矣。鸣呼！禅客当机截流掣电，岂不亦犹余辈各自表见者哉？宜并存之，庶令自考。玉芝颇以余以为然，请题于卷首，次第录之。"

蔡汝楠《自知堂集》卷五有《戊午秋日会同年王龙溪、谢狷斋、陈紫墩、吴中山、许铭山、何虚泉、赵尚莘于瑞石岩二首》。其一云："岩畔琅玕翠十寻，江城连海树森森。相期桂月看秋影，同着荷衣到石林。绛关少怜陪侍从，青山老倦不登临。因思雁塔当年事，欲扣群公白社吟。"其二云："无端世故各归田，顷洞风尘复数年。皓月几回虚胜会，停云今夕傍文筵。攀翻桂树情弥切，宴乐江城地更偏。旧忝题名称最少，清樽相对总华颠。"

案：蔡汝楠《自知堂集》中尚有多首与龙溪共游时所作诗，然难以确定年代。

蔡汝楠（1516—1565），字子木，号白石，浙江德清人。少闻湛若水讲学，有解悟。嘉靖十一年（1532）进士，授行人，转南京刑部员外郎，出守归德、衡州，历江西参政、山东按察使、江西布政使、右副都御使，至南京工部右侍郎。虽师湛若水，而友人则皆阳明门下。有《自知堂集》等。《明史》卷二百八十七、《明儒学案》卷四十有录。

是年，龙溪过宛，由九华抵新安。定会所于泾县之水西，与钱德洪主教席。

沈懋学《郊居遗稿》卷五《王龙翁老师八十寿序》云："戊午，先生（龙溪）过宛，由九龙抵新安。诸郡士讽讽乎多所兴起，乃定会所于泾之水西。与绪山钱先生主教席，而信从者日益众。"

是年，严嵩起唐顺之为兵部主事，次及罗洪先，念庵辞之不起（《明儒学案》卷十八）。三月，唐顺之赴部就职，龙溪有《送唐荆川赴召用韵》。

《明唐荆川先生年谱》三十七年戊午五十二岁条下载："三月，祭告有怀公庙，赴部就职。"

《全集》卷十八《送唐荆川赴召用韵》云："与君卅载卧云林，忽报征书思不禁。学道固应来众笑，出山终是负初心。青春照眼行偏好，黄鸟求朋意独深。默默囊琴且归去，古来流水几知音。"

嘉靖三十八年己未　1559 年　六十二岁

是年，龙溪赴杭州天真之会并访胡宗宪，周怡从之。

周怡《周恭节公年谱》"三十八年己未　先生五十五岁"条载："春往杭州，从龙溪赴天真会，并访梅林胡公宗宪。"

是年，程文德卒。

案：《明实录》谓卒于十月，《明儒学案》则谓卒于十一月。

嘉靖三十九年庚申　1560 年　六十三岁

是年春，胡宗宪平倭有功，天子嘉奖，龙溪作《三锡篇赠宫保梅林胡公》。邹东廓是年七十大寿，龙溪作《寿邹东廓翁七十序》。

《全集》卷十三《三锡篇赠宫保梅林胡公》云："嘉靖庚申春，宫保制师梅林胡公，以平倭伟绩，受天子明命，署以青宫之衔，锡以围玉，荫以锦衣，宠至渥也。凡在交承之下者，咸旅进于庭，所以颂公之德，表公之功，彰公之宠，殆将无所不用其情矣。予复何言哉？窃惟居德者忌、居功者怠、居宠者危。古人深处戒也。爰述三锡篇，以为万一之助。"

《全集》卷十四《寿邹东廓翁七十序》云："是年先生寿七十，春二月某日，值其悬弧之辰，宣州水西门人周子怡，率其同门之友若干辈，将旅进于庭，以寿先生，而属言于予。"

案：文中未明言何年，然由东廓生卒年，可推知其七十岁在嘉靖三十九年。

> 胡宗宪，字汝贞，别号梅林。绩溪人。嘉靖戊戌（1538）进士。历官益都、余姚知县，御史，右金都御史，兵部右侍郎，右都御史，少保。万历初，谥襄懋。平倭有功。《明史》卷二百零五有传。

是年，湛若水卒。唐顺之卒。龙溪作《祭唐荆川文》（文见《全集》卷十九）。

嘉靖四十年辛酉　1561 年　六十四岁

是年五月，黄洛村卒。

> 黄弘纲（1492—1561），字正之，号洛村，江西雩县人。位列阳明高弟子。历任江洲推官、刑部主事。《明儒学案》卷十九《江右王门学案四》有录。

八月，陈明水卒。

> 陈九川（1494—1561），字惟浚，号明水，临川人。正德甲戌（1514）进士，授太常博士。历任礼部员外郎、郎中。位列阳明高弟子。颇契阳明良知即寂即感宗旨。各处周流讲学不辍。有《明水陈先生文集》十四卷，附录一卷。《明儒学案》卷十九《江右王门学案四》有录。

嘉靖四十一年壬戌　1562 年　六十五岁

是年冬仲十月七日，龙溪往赴松原，与罗念庵等聚会，双方就现成良知的问题进一步交换了意见，虽仍见解不一，彼此却友好如初。十月十四日，念庵五十九岁生日，龙溪作《松原晤语寿念庵罗丈》，并为念庵之子罗世光作《世光以昭说》。临别，龙溪请念庵为其三子留言，念庵有《书王龙溪卷》之作。

> 《全集》卷二《松原晤语》云："予不类，辱交于念庵子三十余年，兄与荆川子，齐云别后，不出户者，三年于兹矣。海内同志，欲窥见颜色，而不可得，皆疑其或偏于枯静。予念之不能忘。因兄屡书期会。壬戌冬仲，往赴松原新庐，共订所学。"

《全集》卷十七《世光以昭说》云："罗生名世光，冠而字曰以昭，予友念庵罗君之子也。壬戌仲冬，予访君于松原。生晨夕侍教，醒然若有所省，临行授册求说于予，以发明冠字之义，俾得祗承不忘，固通家之情，锡类之意也。"

仲冬，龙溪自洪都趋抚州，赴会抚州拟砚台，有《抚州拟砚台会语》，其中，龙溪继嘉靖三十二年滁阳之会后，再次指出了阳明之后王门后学良知观的分化。

《全集》卷一《抚州拟砚台会语》云："壬戌仲冬，先生自洪都趋抚州，元山曾子、石井傅子、偕所陈子率南华诸同志扳莅砚台之会。……先师首揭良知之教以觉天下，学者靡然宗之，此道似大明于世。凡在同门、得于见闻之所及者，虽良知宗说不敢有违，未免各以其性之所近拟议揉和，纷成异见。有谓良知非觉照，须本于归寂而始得。如镜之照物，明体寂然而妍媸自辨，滞于照，则明反眩矣。有谓良知无见成，由于修证而始全。如金之在矿，非火符锻炼，则金不可得而成也。有谓良知是从已发立教，非未发无知之本旨。有谓良知本来无欲，直心以动，无不是道，不待复加销欲之功。有谓学有主宰、有流行，主宰所以立性，流行所以立命，而以良知分体用。有谓学贵循序，求之有本末，得之无内外，而以致知别始终。此皆论学同异之见，差若毫厘，而其谬乃至千里，不容以不辨者也。寂者心之本体，寂以照为用，守其空知而遗照，是乖其用也。见入井之孺子而恻隐，见嘑蹴之食而羞恶，仁义之心，本来完具，感触神应，不学而能也。若谓良知由修而后全，扰其体也。良知原是未发之中，无知而无不知，若良知之前复求未发，即为沉空之见矣。古人立教，原为有欲设，销欲正所以复还无欲之体，非有所加也。

主宰即流行之体，流行即主宰之用。体用一原，不可得而分，分则离矣。所求即得之之因，所得即求之之证，始终一贯，不可得而别，别则支矣。吾人服膺良知之训，幸相默证，以解学者惑，务求不失其宗，庶为善学也已。"

十月，龙溪赴复古之会，候问邹东廓。十日东廓即卒。龙溪作《祭邹东廓文》（见《全集》卷十九）。

《全集》卷十六《漫语赠韩天叙分教安成》云："昔年予赴会所，适值东廓示疾，予往候问，数千里之交，半日证果，遂成永诀。"

是年，龙溪为友人周有之殇子作《周生可学小传》（文见《全集》卷二十）。

嘉靖四十二年癸亥　1563 年　六十六岁

是年五月，阳明《年谱》历多年而成，龙溪作《阳明先生年谱序》，虽然对《年谱》予以高度肯定，但也指出未能尽发阳明思想的底蕴。

钱德洪《阳明先生年谱序》云："嘉靖癸亥夏五月，阳明先生年谱成。"

《阳明年谱·附录一》嘉靖四十二年癸亥四月条下载："师既没，同门薛侃、欧阳德、黄弘纲、何性之、王畿、张元冲谋成年谱，使各分年分地搜集成稿，总裁于邹守益，越十九年庚戌，同志未及合并。洪分年得师始生至谪龙场，寓史际嘉义书院，具稿以复守益。又越十年，守益遗书曰：'同志注念师谱者，今多为隔世人矣，后死者宁无惧乎？谱接龙场，以续其后，修饰之役，吾其任之。'洪复寓嘉义书院具稿，得三之二。

壬午十月，至洪都，而闻守益讣。遂与巡抚胡松吊安福，访罗洪先于松原。洪先开关有悟，读年谱若有先得者。乃大悦，遂相与考订。促洪登怀玉，越四月而谱成。"

龙溪《阳明先生年谱序》云："友人钱德洪氏与吾党二三小子虑学脉之无传而失其宗也，相与稽其行实终始之详，纂述为谱，以示将来。其于师门之秘，未敢谓尽有所发；而假借附会，则不敢自诬，以滋臆说之病。善读者以意逆之，得于言铨之外，圣学之明，庶将有赖，而是谱不为徒作也已。故曰所以示训也。"

八月，龙溪曾往宣城志学书院讲学。

《阳明年谱·附录一》嘉靖四十二年癸亥八月条下载："提学御史耿定向、知府罗汝芳建志学书院于宣城"及"是年，畿至。"

十一月，聂双江卒。龙溪作《祭聂双江文》（文见《全集》卷十九）。

是年，季本、王玑卒，龙溪作《祭季彭山文》和《中宪大夫督察院右佥都御史在庵王公墓表》，又为周凤（更名廷通，字时亨，号梅岭）作《梅岭周君墓志铭》（三文分别见《全集》卷十九、二十）。

嘉靖四十三年甲子　1564 年　六十七岁

是年春，李见罗来访龙溪，聚会浃旬。秋，万思默过杭州访龙溪，临别时龙溪作《书见罗卷兼赠思默》，嘱其转交见罗。

《全集》卷十六龙溪《书见罗卷兼赠思默》云："嘉靖甲子春，比部见罗李子，在告南还，访予金波园中，得为浃旬之会。往复证悟，颇尽交修。临别出卷授予，索书绪言，用征赠处。予受而藏之。因循至今，未有以应也。秋仲，库部思默万子，复以差事过武林，三宿而别，因忆所授之卷，欲追述数语，托以携归。"

李材（1519—1595），字孟诚，别号见罗，丰城人。嘉靖壬戌（1562）进士。历任刑部主事，云南按察使。尝学于邹东廓。戍边平缅有功。有《见罗先生书》二十卷。《明儒学案》卷三十一《止修学案》有录。

暮春，龙溪于宜兴会耿定向，作《击壤集序》，并应罗近溪之约聚会宛陵。期间四月十六日为近溪之父生日，龙溪因友人之请作《赠前峰罗公寿言》。会中遇顾海阳，偕其先抵水西，与贡安国、周怡、王维桢等人有信宿之聚。后抵太邑，游黄山诸胜，于紫阳山麓作《寿近溪罗侯五秩序》，临别应顾海阳之请作《书顾海阳卷》。

《全集》卷四《东游会语》曰："甲子暮春，先生赴水西之会，道出阳羡，时楚侗耿子，校夕宜兴。晨启，堂吏入报，瞿然离座曰：'异哉。'亟出访，握手相视，欢若平生。"

耿定向（1524—1596），黄安人。嘉靖丙辰（1556）进士。历官监察御史、大理寺丞、太仆寺少卿、右佥都御史、刑部侍郎、户部尚书。赠太子少保，谥恭简。有《耿天台先生文集》二十卷。《明史》、《明分省人物考》、《明儒学案》等皆谓其字在伦，号天台，未言其号楚侗，惟何三畏《云间志略》卷之四谓其"字端芝，号楚侗，更号天台"。龙溪集中多有楚侗之称。

《全集》卷二《宛陵会语》云："近溪罗侯之守宣也。既施化于六邑之人，复裒六邑之彦。聚于宛陵，给之以馆饩，陶之以礼乐。六邑之风，蹶然震动。甲子暮春，予以常期赴会宛陵，侯大集六邑之士友，长幼千余人，聚于至善堂中。"

《全集》卷十三《击壤集序》云："嘉靖甲子，予赴宛陵之期，与督学使者耿子会于阳羡，索唐仁甫氏《击壤集》善本，授池守钟君镂梓以传，属言于予。"

《全集》卷十四《寿近溪罗侯五秩序》云："嘉靖甲子暮春，予赴近溪使君之期，相会于宛陵，晨夕证悟，颇尽交修。且得观菁莪之化，闻弦诵之声。若身际武城，而神游中阿之曲，可谓千载一时之盛矣。浃辰复过水西，与诸友为信宿之处。贡子玄略、周子顺之、王子维桢辈，率诸友请于予曰：'近溪公莅吾宣州，以万物同体之学，施化于六邑。其施六邑之人，若一家之子弟，无不欲煦养而翼诲之。其于水西诸生，尤嘉惠栽培，若楚之有翘，将藉此以六邑之倡也。诸生感德于公，尤深且至。五月二日，值公五秩初度之辰，诸生称觞致祝，不敢后于六邑之人。公之知心，莫如先生，敢蕲一言，以侑觞祝。'予曰：'可哉！斯固予之情也。'既历天都黄山，假绡于紫阳之墟，方期构思属稿。"

《全集》卷十六《书顾海阳卷》云："甲子暮春，予赴宁国近溪罗侯之会，遇海阳顾子于宛陵。谈及黄山天都温泉之胜，欣然命驾，由水西抵太邑，遍观弦歌之化。信宿合并，意廓如也。顾子质粹气和，有志于学。与之语，倾耳注目，神与偕来，可谓虚受之咸矣。临别授册索一言，以辅成此志。爰述相与问答之语数条，录以就正。"

嘉靖四十四年乙丑 1565 年 六十八岁

是年春，龙溪赴会留都，李克斋迎接于白下门前，大会于城中新泉精舍为仁堂。与会者有李克斋、耿定向、许孚远、蔡汝楠等人，相与问答为《留都会纪》，并作《跋徐存斋师相教言》。

《全集》卷四《留都会纪》云："嘉靖乙丑春，先生之留都，抵白下门。司马克斋李子出邀于路，遂入城，偕诸同志，大会于新泉之为仁堂。"

《全集》卷十五《跋徐存斋师相教言》云："嘉靖岁乙丑春，予赴留都同志之会，学院楚侗子出示罗宁国所记元宰存斋公教言一编，予得受而读之。"

春暮四月十八日，龙溪赴新安福田之会，洪觉山率徽州六邑弟子讲会十余日。临别龙溪应邀作《新安福田山房六邑会籍》，强调讲学之必要。

《全集》卷二《新安福田山房六邑会籍》云："嘉靖乙丑春暮，予赴新安福田之会，至则觉山洪子，偕六邑诸子，已颙颙然候予久矣。旧在城隅斗山精舍，改卜于此。盖四月十八日也。昼则大会于堂，夜则联铺，会宿阁上，各以所见所疑，相与质问酬答，显证默悟，颇尽交修之谊。诸生沨沨然有所兴起。可谓一时之盛矣。凡余十日而会解。临别，诸友相与执简乞言，申饬将来，以为身心行实之助，且使知此学之有益，不可以一日不讲也。"

夏，龙溪往吊罗念庵，作《祭罗念庵文》（文见《全集》卷十九），拜聂豹、邹东廓墓，后与李见罗等人讲会洪都，有《洪都同心会约》，并作《王瑶湖文集序》。后回舟过彭蠡讲学白鹿洞，有《白鹿洞续讲义》。

《全集》卷三《洪都同心会约》云："嘉靖乙丑夏，予赴吊念庵君，复之安城永丰，展拜双江、东廓诸公之墓，回途与敬吾、见罗、汝敬、恭整诸同志，会于洪都。"

《全集》卷十三《王瑶湖文集序》云："嘉靖乙丑春，予赴吊念庵子，与诸友会于洪都。厥子辑录君（王瑶湖）遗文一编示予。予展而读之，多与同志问答观法切磨之说，及咏歌酬应之词，与夫当官兴革宜民之疏。虽不屑屑以文名家，要皆以真志发之。……因弁数语于册，授而归之。"

案：此处谓"嘉靖乙丑春"，与《洪都同心会约》所谓"嘉靖乙丑夏"不符，较之《留都会纪》与《跋徐存斋师相教言》，龙溪是年夏有留都之会，故赴吊念庵及洪都之会，或当均在是年之夏，或吊念庵在是年春末，而洪都之会已在夏，此未可确定，故系于此。

《全集》卷十七龙溪《重修白鹿书院记》云："嘉靖乙丑夏，予趋江右之会，回舟南康，入谒洞中，与诸生聚讲信宿。历览诸形胜。谂知公之有功于兹洞也。洞主陈司训汝简，及诸生张文端、万鉴辈，相率征予一言，以记其盛。"

嘉靖四十五年丙寅　1566年　六十九岁

是年仲春，龙溪赴会杭州天真书院，后至平湖天心精舍讲会，作《天心题壁》（文见《全集》卷八）。在天心精舍讲会中，主持讲会的龙溪弟子陆光宅选择包括丁宾、周梦秀以及龙溪三子王应吉等八人，共定天心盟约，立志圣学，并推龙溪为盟主。龙溪因作《天心授受册》和《盟心会约》。

《全集》卷十五《天心授受册》云："天心精舍，门人陆生光宅所建，后为尊师阁。以予久从阳明夫子，颇能传其晚年精义，谬以北面之礼属予。群集四方同志共明此学，其志可谓远矣。又念群处泛聚，未免玩愒无归，择其中志粹志真、终身可信托者八人，相与焚香对越，定为盟约，而吾儿应吉与焉。"

《全集》卷十五《盟心会约》云："予览盟心会约数条，见诸友此生任道苦心，乐虚受，锐交儆，惩小就，且切切于源流授受，可谓知所重矣。……不肖年几七十，精神向衰，诚宜爱惜保聚。乃为爱人心切，或致牵情，过于泼洒而不自觉者。自今以后，一切应感，务为简约，终身打并，干办一路，无复纷于外胶。所谓日应万变而心常寂然。不敢不自勉也。"

案：《盟心会约》中龙溪谓自己"不肖年几七十"，故系于是年。

是年八月，龙溪等人与唐枢相聚金波园。唐枢有《金波园聚咨言》（《木钟台集再集》元卷）。

> 唐枢（1497—1574），字惟中，号子一，称一庵先生。浙江归安人。从学湛若水。嘉靖五年（1526）进士，授刑部主事，以疏请立福达罪，斥为民，隆庆初复官。有《木钟台集》。《明史》卷二百零六、《明儒学案》卷四十有录。

是年，阳明《文录续编》刻成。

《阳明年谱·附录一》嘉靖四十五年丙寅条载："师文录久刻于世。同志又以所遗见寄，汇录得为卷者六。嘉兴府知府徐必进见之曰：'此于师门学术皆有关切，不可不遍行。'同志董生启予征少师存斋公序，命工入梓，名曰《文录续编》，并《家乘》三卷行于世。"

隆庆元年丁卯　1567年　七十岁

是年五月，龙溪七十初度，门人王襞有《庆龙溪夫子寿七十》

诗，王宗沐亦为寿序。

袁承业编《王东隅先生残稿》载王襞《庆龙溪夫子寿七十》诗云："张主师门七十翁，身如海鹤面如童。文章山斗卑韩愈，吾道东南陋马融。到处好花皆拥耀，百年枯木顿生荣。不才叨列春风末，拈笔无能状德容。"

王宗沐《敬所王先生文集》卷六《寿龙溪王先生七十序》云："山阴龙溪王先生，乡之先进，以理学师海内。而余与同志友人赵君麟阳、徐君龙川间以游，雅及通家。……隆庆元年五月某日，先生七十初度，于是共谋所以寿先生。"

王襞（1519—1587），字宗饬，号东隅，王艮第三子，师事龙溪。有《先公语录私绎》，今佚。《王东隅先生残稿》收录其诗歌九十三首、序文一篇。

同月，诏赠阳明新建侯，谥文成。

隆庆二年戊辰　1568 年　七十一岁

是年六月，阳明子正億袭伯爵。龙溪为之作《袭封行》。

《阳明年谱·附录一》隆庆二年戊辰六月条下载："先生嗣子正億袭伯爵。"

《全集》卷十八《袭封行》云："袭封行，为吾师嗣子仲时承袭封爵而作也。"

秋八月，南京右佥都御史吴时来自镇江访龙溪于金波园，信宿论学，与龙溪未能相合，返后寄书论学，龙溪有《答吴悟斋》第一书作答，吴时来接信后未安，又寄数千言书信一封，龙溪又有《答吴悟斋》第二书之作。信中对良知学进行了较为充分与详尽的阐释。

案：龙溪《答吴悟斋》两书未明言何年，但据《明史》，吴时来隆庆二年始拜南京右佥都御史、提都操江，驻地在镇江。而龙溪《答吴悟斋》第一书开首言："首秋，领兄镇江发来书，叠叠数百余言。"故将龙溪与吴时来论学事及两封论学书系于是年。

> 吴时来（生卒不详），字惟修，号悟斋，浙江仙居人。嘉靖三十二年（1553）进士，擢刑科给事中。因劾严嵩父子，下诏狱，戍横州。隆庆元年复故官，次年升南京右佥都御史，提都操江。万历中，累迁左副都御史，被劾，乞休卒。有《江防考》。《明史》有传。

冬，龙溪应蔡国熙（春台）之请，讲学于姑苏竹堂。

《全集》卷五《竹堂会语》云："隆庆戊辰冬，先生赴春台蔡子之请，抵姑苏，馆于竹堂。"

十二月初，龙溪自松江过嘉兴，与诸友会宿东溪山房，因诸友请问愤乐之意而有《愤乐说》（《全集》卷八）。

隆庆三年己巳　1569 年　七十二岁

是年夏，龙溪与曾见台约会杭州，冒暑西渡赴会，两人晨夕共聚，联床论学。临别，曾见台出卷请龙溪赠言，龙溪于是作《别见台曾子漫语》。

《龙溪会语》卷三《别见台曾子漫语》篇末署："隆庆己巳夏闰月上浣书。"

《全集》卷十六《别曾见台漫语摘略》云："见台曾子，质粹思澄，服膺家庭之训，自幼有志圣学，杰然以千古经纶为己任，深信阳明先师良知之旨，虚明寂感，为千圣直截根源，以为舍此更无从入之路。质粹则专，思澄则精，家学则服习久。精专且久，而又知所从入，其进于道也孰御？起家进士，历吏曹，陟奉常。己巳夏，请假南还，先期折简，寓先师嗣子龙阳，约会武林。予辱交尊翁莓台先生素爱，又闻颇邃于学，情不容已，乃冒暑西渡趋会。"

曾同亨（1533—1607），字于野，号见台，江西吉水人。嘉靖三十八年（1559）进士，历官贵州巡抚、工部尚书、南京吏部尚书。《明史》有传。

是年，龙溪又应蔡春台之请至苏州讲学，曾与蔡春台等人同游报恩卧佛寺，作《报恩卧佛寺德性住持序》。

《全集》卷十四《报恩卧佛寺德性住持序》云："隆庆己巳，……时蔡侯方育才兴化，延予至苏，与诸士友谈学，助成弦歌之政。众谓塔功落成，周望遐览，可以尽东南之胜，乃相期蔡侯、别驾招君、司理张君，同往观之。予先至。"

案：观此处龙溪所云，似初到苏州，是否此次与以上《竹堂会语》所言为一事，而龙溪记忆有误，则不得而知，姑依其所述系年于此。

是年，龙溪友人黄子钟之父松轩黄公卒，龙溪应其请作《松轩黄君墓志铭》（文见《全集》卷二十）。

是年冬，龙溪为《欧阳南野先生文选》四卷作序。

案：《全集》中《欧阳南野文选序》未署作于何年，然明刊本《欧阳南野先生文选》卷首龙溪所作《欧阳南野先生文选序》末署"隆庆己巳孟冬朔日同门友人山阴王畿拜序"。

是年,周怡(顺之)卒。

隆庆四年庚午 1570 年 七十三岁

是年,龙溪曾应邀往剡中讲学,周汝登往谒。

周汝登《东越证学录》卷五《剡中会语》云:"予少年不知学,隆庆庚午,邑令君请先生入剡,率诸生旅拜,不肖与焉。"

周汝登(1547—1629),字继元,号海门。嵊县人。曾与许孚远有"九谛"、"九解"之辨,阐发龙溪"无善无恶"意旨,为龙溪之学在浙中的有力传人。有《东越证学录》、《圣学宗传》、《王门宗旨》、《四书宗旨》等。《明儒学案》将其归入泰州一脉,于史实有悖,参见拙作"周海门的学派归属与《明儒学案》相关问题之检讨",载《近世儒学史的辨正与钩沉》(北京:中华书局,2015),页 201—249。

岁末,龙溪家遭火灾,所藏典籍、图画和阳明手迹等皆付之一炬。痛心之余,龙溪作《自讼长语示儿辈》,进行了深刻的自我反省。

《全集》卷十五《自讼长语示儿辈》云:"隆庆庚午岁晚,十有二日之昏候,长儿妇厅檐积薪起火,前厅后楼尽毁,仅余庖湢数椽,沿毁祖居及仲儿侧厦、季儿厅事之半。赖有司救权,风回焰息,幸存后楼傍榭,及旧居堂寝。所藏诰轴、神厨、典籍,及先师遗墨,多入煨烬,中所蓄奁具器物,服御诸俟,或攘或毁,一望萧然。"

隆庆五年辛未　1571 年　七十四岁

正月，门人张元益作《龙溪先生自讼帖后序》。

　　《龙溪会语》卷四张元益《龙溪先生自讼帖后序》篇末谓："隆庆辛未春正月元日吉门人张元益撰。"

二月，龙溪友人商明洲作《自讼帖题辞》。

　　《龙溪会语》卷四商明洲《自讼帖题辞》篇末谓："隆庆辛未春二月上浣会下生明洲商廷试撰。"

　　　　商廷试（1497—1584），字汝明，别号明洲，会稽人。嘉靖辛丑（1541）进士。历官刑部主事、陕西行太仆寺卿。《明史》、《明分省人物考》等皆未载，惟《国朝献征录》卷一百有张元忭撰《陕西行太仆寺卿商公廷试行状》。另张萱《西园闻见录》录其数则轶事。

　　案：张元益《龙溪先生自讼帖后序》及商明洲《自讼帖题辞》，《全集》俱未录，载《龙溪会语》。可参见拙作"明刊《龙溪会语》及王龙溪文集佚文——王龙溪文集明刊本略考"附录三。

六月，诸友念龙溪自遭室人张氏之变后心情哀痛，恐其有伤，崇酒肴邀其会聚白云山房。龙溪作《白云山房答问纪略》。

　　案：《全集》卷七作《白云山房问答》。

　　《龙溪会语》卷四《白云山房答问纪略》篇末署："隆庆辛未岁六月念日书。"

　　案：龙溪夫人张氏或于是年六月之前不久卒。《全集》卷二十《亡室纯懿张氏安人哀词》云："安人少予三岁。成婚时，安人年十五。聚首五十余年，中间违顺好丑、得失荣枯、利害凶吉，色色种种，其变如奕，其纷如丝，其倏忽如云，至不可穷诘。"且《白云山房答问纪略》云："予自遭室人之变，意横境拂，哀情惨惨不舒。诸友虑予之或有伤也，谋于白溪王子，崇酒与肴，旋集于白云山房。"所谓"自遭室人之变，意横境拂"，亦距张氏卒必不甚久，或在六月前不久，故将张氏卒年暂系于此。

隆庆六年壬申　1572 年　七十五岁

万历元年癸酉　1573 年　七十六岁

是年秋，龙溪赴会南滁、留都，与李渐庵、陆五台、耿楚侗等人的相与问答为《南游会记》。

　　《全集》卷七《南游会记》云："万历癸酉，冏卿渐庵李子、五台陆子，缄词具舟，迎先生为南滁之会。既而学院楚侗耿子，使命适至，期会于留都，先生乃以秋杪发钱塘，达京口。"

是年，龙溪《中鉴录》书成，致书京中诸友，希引导中官，以辅养圣躬。

　　案：关于龙溪《中鉴录》的基本情况及其思想史意义，参见拙作"王龙溪的《中鉴录》及其思想史意义"，载《汉学研究》（台北）第 19 卷第 2 期，现收入《近世儒学史的辨正与钩沉》。

万历二年甲戌　1574 年　七十七岁

是年，张元忭因父病请假由北都归里，于绍兴云门山习静。五月二十日，张元忭邀龙溪至云门相会，三宿山中，相与论学。张元忭出示北都同志赠言并请龙溪略缀数语，龙溪于是作《书同心册卷》（见《全集》卷五）。

张元忭《龙溪会语·跋》开篇云："是岁仲夏，柱棹云门，相从累日，或默而坐，或步而游，一时迭为唱和，欣欣焉舞雩风咏之乐，不是过也。忭不自量，乃出所疑数条请正于先生，而先生条答之，亹亹数千言，所以启师门之关钥，指后学之迷津者，至详恳矣。"篇末署曰："万历甲戌夏五月之吉张元忭谨跋。"

是年闰十二月，立春前一日，张元忭再约龙溪与周继实、裘子充等人聚会天柱山房，寻岁寒之盟。龙溪有《天山答问》之作。

《龙溪会语》卷六《天山答问》开篇云："甲戌间立春前一日，阳和子相期会宿天柱山房，寻岁寒之盟，任沛裘子充与焉。"篇末署："万历二年至日书于洗心亭中。"

案：《全集》卷五作《天柱山房会语》。

十月，钱德洪卒于杭州。十二月，龙溪作《钱绪山行状》。

《全集》卷二十龙溪《钱绪山行状》云："君善摄养，去冬始觉少衰。今年九月，念同志之会，忽戒仆束装西渡，寓表忠观，谢绝有司，以静养为事，饮食言笑如常。十月二十六日犹衣冠凤与。翌日丑时，趺坐，气息忽微，奄然逝矣。"

案：《明儒学案》谓"二十六日卒"，有误，当为二十七日。

冬，麻城赵望云，携子来访龙溪请益，盘桓阅岁。临别，乞龙溪赠言，龙溪因作《赵望云别言》。

《全集》卷十六《赵望云别言》云："麻城赵子望云，素有志于学。万历甲戌冬，携其子伯兹，走数千里，访予山中，盘桓阅岁，虚心求益，意甚款款！"

万历三年乙亥　1575 年　七十八岁

是岁春，查铎与俞允升、程平甫、萧以宁一行四人往杭州吊钱德洪，后往谒龙溪门下。

查铎《龙溪会语·后序》云："乙亥春，始得与俞允升、程平甫、萧以宁三兄由武林吊绪山先生，因谒门下。"

查铎（1516—1589），字子警，号毅斋，泾县人。历任刑科给事中、山西参议、广西副使。学于龙溪、德洪。有《毅斋查先生阐道集》。《国朝献征录》卷一百一有《广西宪副毅斋查先生墓志铭》记载较详。《明儒学案》卷二十五《南中王门学案一》及《明史·列传》一百十五有简述。惟《国朝献征录》与《明儒学案》均谓其为嘉靖乙丑（1565）进士。《明史》则谓其为嘉靖丙寅（1566）进士。

夏初，门人贡安国作《龙溪先生会语序》。

《龙溪先生会语序》篇末署："万历三年岁在乙亥季夏初吉门人贡安国顿首书于宛陵精舍。"

秋，龙溪在华阳与丁宾等百数十人聚会华阳明伦堂，有《华阳明伦堂会语》。后赴新安斗山书院之会，有《新安斗山书院会语》。

《全集》卷七《新安斗山书院会语》云："新安旧有六邑大会。每岁春秋，以一邑为主，五邑同志士友，从而就之。乙亥秋，先生由华阳达新安，郡守全吾萧子，出迎曰：'先生高年，得无车马之劳乎？郡中士友相望久矣。'乃洒扫斗山书院，聚同志大会于法堂，凡十日而解。"

《全集》卷七《华阳明伦堂会语》云："句曲邑令丁子礼原，请于阳山宋子，迎先生（龙溪）至。集诸生百数十人，大会于明伦堂。"

冬，龙溪偕张元忭等人与云栖袾宏聚会山阴兴浦庵，有《兴浦庵会语》。

《全集》卷七《兴浦庵会语》云："阳和张子，访莲池沈子于兴浦庵山房。因置榻园中，共修静业。沈子盖儒而逃禅者也。"然文中未言何年。张元忭《张阳和先生不二斋文选》卷七《赠莲池上人》诗前小序则曰："莲池本杭城沈氏少方伯洲之弟，弱冠有声黉门，已而弃室家，祝发为僧。是岁乙亥冬，吾邑兴浦庵结禅期，延为首座。予因获见之，嘉其超世之勇，而尤异其归于正也，故遗之以诗。"由是可知事在乙亥，是年，被后人称为莲宗八祖的云栖袾宏年尚四十。

是岁，江西南赣黄乡叶楷叛乱，中丞江新源、宪伯太谷朱使君及南赣水营郭将军合力平叛。时龙溪子应斌在南赣水营郭将军幕下，平叛后请龙溪一言为贺。龙溪有《贺中丞江公新源武功告成序》、《赠宪伯太谷朱使君平寇序》以及《贺郭将军平寇序》之作。

《全集》卷十三《贺郭将军平寇序》云："万历乙亥，黄乡叶楷，因军门议立县治，谋为叛。将军以计剿平之。予儿应斌承乏水营，属在幕下。驱驰行阵，与有微劳。遣人驰报予曰：'黄乡旧有兵三百在赣营，属参府团练，参府抚之，人人布以腹心，盖得以策中之隐微。一旦举兵，奋身先进，即命黄乡之兵自随，而大兵继之。人多疑畏，劝弗轻进。参府曰：予筹之熟矣。既得其腹心，方将用此成功，何至自疑若此？是非笃于自信，沉毅忠勇，不惑于利害，能若此乎？此不世出之功，愿大人一言以为贺。'"

案：由《贺中丞江公新源武功告成序》与《赠宪伯太谷朱使君平寇序》所叙，知皆为平定叶楷事，故此二文亦当作于同时。

万历四年丙子　1576 年　七十九岁

是年《龙溪会语》六卷书成。查铎作《龙溪先生会语后序》。

《龙溪先生会语后序》篇末署："万历四年岁在丙子仲夏吉门查铎书于汾州公署。"

万历五年丁丑　1577 年　八十岁

夏，龙溪赴会水西，道出桐川，讲学于复初法堂，作《图书先后天跋语》、《书先师过钓台遗墨》。赴宣歙之会，道出太平九龙山，应门人杜质之请，为杜氏家谱作序。

《全集》卷十五《图书先后天跋语》曰："中淮使君，素信师门良知之学。丁丑夏，予赴水西之会，道出桐川。桐川，予旧同东廓子开讲之所，使君因偕诸学博，集新旧诸生数十辈，开复初法堂，晨夕聚处，显参默证，颇证交修，益若自信。临别，复举书及先后天之义，请质于予。蕲予一言以发其旨，并置二册，列像画图，彼此手中二义，各藏一册，以为通家传世之符，其用心可谓厚矣。"

《全集》卷十六《书先师过钓台遗墨》云："予赴水西之会，道出桐川界。牧伯中淮吴使君，一见欢若平生。谦抑由衷，无所矫饰。所谓倾盖如故者非耶？使君天性纯毅，志于圣学，深信良知宗旨。一切感应，盎然而出。以贞教育才为己任，渐成弦歌之化。偶出先师遗墨一卷见示，丁亥过钓台手笔也。末记从行进士王汝中，即予贱字。五十年相从之迹，恍如昨梦，而仙踪渺不可攀矣！"

《全集》卷十三《太平杜氏重修家谱序》云："万历丁丑夏，予赴宣歙之会，道出太平九龙山。杜生质偕叔侄子弟咸赴讲下，出所藏谱牒，乞予一言弁首，以诏后人。"

夏，龙溪作《寿东邱吴君七秩序》（文见《全集》卷十四）。

秋，龙溪赴阳羡之会，作《书贞俗卷序》。

《全集》卷十三《书贞俗卷序》云："万历丁丑秋，予赴阳羡之会，与诸友论学，言及风俗。会中有举吴母守节事为言者。"

秋，徐阶寿七十五，龙溪作《原寿篇赠存斋徐公》以贺之。

《全集》卷十四《原寿篇赠存斋徐公》云："万历丁丑岁，存斋徐公寿七秩有五。秋九月二十日，值其悬弧令辰，走羁俗缘，未能如期赴候。道述卮言一编，属通家门人陆子光宅，泊季儿应吉，往畀宾筵，用申觞祝之敬。"

是年，龙溪曾访周顺之之庐，并作《太平杜氏义田记》。

《全集》卷十七《太平杜氏义田记》云："越万历丁丑，予复过太邑，访故友周顺之之庐。杜子复率子弟谒予，请记其事，予惟兴事倡始，屡省乃成。"

闰八月，邓以赞（定宇）将北上，渡钱塘，访龙溪于会稽，与张阳和（元忭）、罗康洲（万化）等会宿龙南山居，龙溪有《龙南山居会语》。

张元忭《不二斋文选》卷四《秋游记》云："予与定宇邓子告假还，相后先寻丁家严之变，亦如之。契阔者五载矣。是岁丁丑春，定宇服除，秋八月，将北上，既发，以太夫人不与俱，辄怀归。闰八月望，抵钱塘，走价要予曰：'予念母病复举，归志决矣。自三衢而下，意在山阴也。子且西渡，偕我穷吴山之胜，而后放耶溪之棹，可乎？'予闻定宇至，喜狂，方为仲儿毕婚，冗甚，尽却之。十六日晚，遂行。过龙溪宅，约与偕。翁遣使要会。次日午，予渡江，会定宇舟中。……二十日，相与入城，了应酬。午后至云居庵。……漏下二鼓，各就寓，则闻龙溪翁已至金波园矣。"

邓以赞《邓定宇先生文集》卷三《秋游记》云："是岁丁丑服阙，以八月二十日赴阙下，而予毋不往，既发，灼如也。然犹割情以去。……十二日午抵钱塘。十三日入天真，谒阳明先生像。……十四日，龙溪翁及阳和先使。……二十二日会省中诸公。午同阳和再至云居，观前所观。……闻龙溪翁至。……二十五日登泰望。……夜造龙南庵，龙溪翁、罗康洲先后至。坐良久，予引颜子不迁不贰以问。（龙溪）翁曰：'此非闵宪以下学问……'二十六日早，抵西陵临歧。……（与张阳和别去）抵武林，以病留四日。龙溪又遗书至邀，谓予'所见虽是，而保任多疏，此事不是说了便休'。予惕然感谢，为是语者夫谁？"

案：是文篇末又谓"是游凡两月，与龙溪先生辈，聚首浃辰，幸证予狂见。"

《全集》卷七《龙南山居会语》云:"定宇邓子将北上,渡钱塘,访先生于会稽,会宿龙南小居。阳和张子、康洲罗子与焉。"

> 邓以赞(1542—1599),字汝德,号定宇,新建人。隆庆五年(1571)进士,授编修。张居正柄国,定宇时有匡谏,不纳,移疾归。起中允,复以念母返。再起南京祭酒,至吏部右侍郎,在疏请建储,且力斥三王并封之非,不报。居母忧,不胜丧。卒年五十八,谥文洁。定宇未第时,曾从龙溪游。有《文洁集》、《邓定宇先生文集》、《邓文洁公佚稿》。

万历六年戊寅 1578年 八十一岁

是年仲春,陆树声七十寿辰,龙溪应门人陆光宅之请作《从心篇寿平泉陆公》(文见《全集》卷十四)。

五月,沈懋学因反对张居正夺情,引疾归里。查铎、杜质往访,杜质因是年龙溪年届八十,请沈懋学为寿文。沈懋学因作《王龙翁老师八十寿序》。

> 沈懋学《郊居遗稿》卷五《王龙翁老师八十寿序》云:"万历戊寅夏五月沈生某请告归。"

是年,刘宗周生。

> 刘宗周(1578—1645),字起东,号念台,山阴人,称蕺山先生。万历辛丑(1601)进士,授行人。历官礼部主事、太仆少卿、吏部左侍郎。清正有操守,为官几起几革。明末儒学殿军,有《刘子全书》四十卷。《明儒学案》卷六十二有《蕺山学案》。现"中研院"中国文哲研究所编有《刘宗周全集》。

万历七年己卯　1579年　八十二岁

是年，龙溪子应吉登第应天乡试。

《全集》卷十九《祭岳父张菱塘文》云："乃者外孙应吉，偶于万历己卯，叨荐顺天之乡试。其（龙溪岳父张菱塘）为老怀之喜，不言可知。"

是年，龙溪门人净明道士胡东洲卒，龙溪闻讣，作《祭胡东洲文》（《全集》卷十九）。

万历八年庚辰　1580年　八十三岁

是年春，龙溪于嘉禾遇陆五台，陆氏以大慧宗杲之看话禅为了生死之究竟法，认为致良知教不能了生死，龙溪与之有辩，并认为儒学明，佛学始有所证。

《全集》卷六《答五台陆子问》篇云："万历庚辰春，先生遇五台陆子于嘉禾舟中。"

　　陆光祖（1521—1597），字与绳，别号五台居士，嘉兴平湖人。嘉靖丁未（1547）进士，累官至刑部尚书、吏部尚书，赠太子少保，谥庄简。有《庄简公存稿》。《国朝献征录》卷二十五有曾同亨撰《陆庄简公光祖传》，《明史·列传》一百十二有传。

是年六月，龙溪晚年最为属意的弟子陆光宅卒，龙溪深感悲痛，作《祭陆与中文》，又作《乡贡士陆君与中传略》。

案：《祭陆与中文》见《全集》卷十九，《乡贡士陆君与中传略》见《全集》卷二十。

是年，耿定向有《与王龙溪》书，对龙溪《龙南山居会语》提出异议。龙溪接信后有《答耿楚侗》，重申并坚持了自己的主张。

案：耿定向书见《耿天台先生全书》卷三《与王龙溪》，亦见同书卷八《观生记》万历八年条下。龙溪《答耿楚侗》书见《全集》卷十。

万历九年辛巳　1581年　八十四岁

是年，龙溪曾会见徐阶，双方再次讨论了致良知的问题。龙溪有《与存斋徐子问答》。这是龙溪与徐阶的最后一次会面。

《全集》卷六《与存斋徐子问答》云："存斋徐子曰：公既高年，阶明岁八十矣。今忽忽作别，恐后会难必，将遂虚度此生，何以见教？"

案：徐阶八十岁在万历十年壬午，故此当在万历九年辛巳。

万历十年壬午　1582年　八十五岁

是年末，龙溪为诸蜀南（名绎，字成甫，号蜀南）作《宣德郎六字州同知蜀南诸君墓志铭》（文见《全集》卷二十）。

万历十一年癸未　1583年　八十六岁

是年六月初七，龙溪卒。

查铎《毅斋查先生阐道集》卷九《纪龙溪先生终事》曰："先生革于万历十一年六月初七未时。先生无大疾痛，未尝一日不衣冠、不饮食、不游坐。但革前四五日微疾，食粥不饵饭。至革之日早晨，盥栉，冠唐巾，食粥，从容出寝室，端坐于琴堂之卧榻而逝。先初六日，赵麟阳公谒舍问疾。先生曰：'吾今欲化矣！'麟阳公尚以能生语慰之。先生叹曰：'尔谓我畏死乎？我无畏也。但此回与尔永诀，不妨再留坐话耳。'前二三日，忽出家堂，与嗣子应吉曰：'汝有事但说，毋谓我能食，望我久存，我心了了，已无窒碍，即今可去，我即去矣。'闻之，吾宛施主道来视。先生危笃不能认识。嗣子书其名于先生之手。先生相视首肯，拱手致意者再。盖平时尝谓我一生精力在讲学，而尤属望于宁国者深也。往岁丁丑，先生来水西，尝谓予曰：'我每乘月夜起坐，自试问心，眼前有许多玩好珍美、妻子童仆，可割舍而去否？但亦无甚眷恋，可以逝即长逝矣。'今观临革之际，先生气息奄奄，心神了了，如此自非能超脱死生者，孰能与于斯？夫子谓朝闻夕死可，惟先生云云，故记之。"

八月望日，葬龙溪于娄家坞之原。

赵锦《龙溪王先生墓志铭》云："应斌应吉卜以是年八月望日丑时，葬先生于娄家坞之原。为之铭曰：'才岂不达，有巍其科。德岂不彰，令闻孔多。然而逡巡郎署，名实未加，岂天意有所独愿，自不得复兼其他。洙泗日远，斯文日晦，有觉阳明，实震其聩，以衍以绎，则先生垂千万年，孰为重轻？'"

徐阶《龙溪王先生传》云："公天性温良，居常坦然平怀，无疾言暴色，虚缘而容物。予尝观公自赞之词曰：'志若迂而自信，才若蹇而自强。行己若污若洁，闻道若存若亡。洞照千古而不逾咫尺，俯视万物而不异寻常。潜而若见，发而若藏。几希乎一息千里而忘其牝牡骊黄。'又尝曰：'同于愚夫愚妇为同德，异于愚夫愚妇为异端。使自处太高，为自了汉，非一体之学。'"

龙溪有子三人，曰：应桢、应斌、应吉。有孙三人，曰：继晁、继㬊、继炳。

赵锦《龙溪王先生墓志铭》云："桢庠生，娶中丞张公元冲女，生女一，配修撰张公元忭子汝懋。庠生桢早卒，以应吉长子继晃为后，遵先生治命也。应斌由武科官都司掌印都指挥佥事，娶佥事吴公彦女，生女二：一配主事朱公应子敬修；一配府判周公明卫子述先。吴早卒，继娶陈公镇女，生女一，配指挥使马公自道子如锦，袭父职。陈亦早卒，再娶参政胡公温曾孙女，生女二：一许配序班吴公兖子有端；一未字。应吉己卯举于京兆，娶尚书何公鳌女，生子三：继晃，娶太学生沈公云雷女为应桢后；继糵，聘乡贡士沈公大绥女；继炳，聘给谏徐公恒女，生女四：一配方伯祁公清孙承糵，庠生；一配署函刘公桢孙垒，太学生；一许配金宪俞公咨益孙光洵，庠生；一许配尚书陶公承学季子祖龄。门庭之内，雍如也。"

附识：本年谱最初作于1996年，曾刊于《中国文哲研究通讯》第七卷第四期（台北："中研院"中国文哲研究所，1997年12月）。五年来，笔者在从事阳明学研究的同时，随时根据所见新的文献材料对原作予以补充修正，故今文较原作有较大篇幅的增加。然历史上并无前贤曾作龙溪年谱可资依凭，且明代文献浩如烟海，笔者虽力求博涉，仍未敢谓已将龙溪生平的相关材料搜求殆尽。今后如有新的材料，当再予补充。另外，刊于《中国文哲研究通讯》的原作由于繁简字体转换及打印问题，致使文字多有讹误，今一并校正。

明刊《龙溪会语》及
王龙溪文集佚文

——王龙溪文集明刊本略考

　　本文对明刊龙溪文集，略事考察，重点介绍《龙溪会语》。因
此本知之者甚少，且中文世界研究龙溪思想者以往皆未尝以之为
据。在考察明刊龙溪文集各种版本的基础之上，本文将《龙溪会
语》中的佚文与异文辑出附于文后，于推进龙溪思想之研究及思想
材料建设本身，或不无小补。

一、龙溪文集诸明刻本概略

　　清光绪八年（1882），海昌朱昌燕曾重刻《龙溪王先生全集》
二十二卷（书名又题：《王龙溪先生全集》），卷末有一《刊刻缘
起》，为我们了解龙溪文集于明代之刊刻情况，提供了重要线索，
其文曰：

　　　　龙溪先生，王文成高弟也，其集流传绝少，余求之逾十年
　　不获。庚辰春，偶与徐丈六英、查丈来玉言及是书，两丈各出

所藏残本示余。一万历戊子萧刻本，王宋沐序；一万历戊戌何刻本，李贽序。读之欣然，亟商同志拟重刻焉，然皆以未观完书为憾。夏间，许壬伯广文有省垣之行，嘱其就藏书家访之，果得诸慈溪冯孝廉梦香处，盖丁刻本也。三书互校，微有异同，不敢臆改，谨依丁本付雕。

这里提到的"萧刻本"、"何刻本"、"丁刻本"，其中"萧"、"何"、"丁"分别指宛陵萧良榦、山阴何继高与嘉善丁宾，皆龙溪后学。万历戊子萧刻本名《龙溪先生全集》，二十卷。万历戊戌何刻本名《卓吾先生批评龙溪王先生语录钞》，八卷。而朱昌燕重刻所依之丁刻本，为万历乙卯年刻，名《龙溪王先生全集》，二十二卷。由此可知，明代有关龙溪之文集，便至少有三个刊本，即：一、万历戊子（1588）萧刻本；二、万历戊戌（1598）何刻本；三、万历乙卯（1615）丁刻本。

然而，此处有两个问题：首先，明代除萧、何、丁三种刊本以外，是否尚有其他龙溪文集的刊本？其次，萧、何、丁三种刊本，除戊子、戊戌及乙卯外，其他时间是否尚有刊刻？

据笔者考查，除萧、何、丁三种刊本外，明代龙溪文集的刊本，尚有以下二种：一、万历丙子（1576）泾县查氏（按：查铎，字子警，号毅斋，1516—1589，亦龙溪门人）所刻《龙溪先生会语》六卷（书口作"龙溪会语"）；二、崇祯十五年（1642）刻《石林先生批评龙溪王先生语录钞》八卷。其中查氏刊本（下称查刻本）不仅远较萧、何、丁三本为早，且在龙溪卒年（万历十一年癸未）前七载已成书，颇值得重视，就目前所掌握的情况而言，此查刻本为龙溪思想材料之最早刻本。

此外，萧、何、丁三本，除戊子、戊戌、乙卯年之外，分别于其他时间亦有刊刻，但在内容、体例上较之戊子、戊戌、乙卯三本略有不同，具体论述见后。以萧刻本而言，除万历十六年刻《龙溪先生全集》二十卷外，尚有万历十五年丁亥（1587）刻《龙溪王先生全集》二十卷。以何刻本而言，除万历二十六年戊戌（1598）刻《卓吾先生批评龙溪王先生语录钞》八卷（书口作"龙溪王先生文集"）外，尚有万历二十七年己亥（1599）刻《龙溪先生文录钞》九卷和《龙溪王先生文录钞》九卷二种。以丁刻本而言，万历四十三年乙卯（1615）就有二种，一为《龙溪王先生全集》二十二卷；一为《龙溪王先生全集》二十卷。此外，尚有万历四十七年己未（1619）刻《龙溪王先生全集》二十卷。

由以上所示，明代有关龙溪文集之刊本，依时间顺序可排列如下：

一、万历四年丙子（1576），刊有《龙溪先生会语》六卷，查刻本；

二、万历十五年丁亥（1587），刊有《龙溪王先生全集》二十卷，萧刻本；

三、万历十六年戊子（1588），刊有《龙溪先生全集》二十卷，萧刻本；

四、万历二十六年戊戌（1598），刊有《卓吾先生批评龙溪王先生语录钞》八卷，何刻本；

五、万历二十七年己亥（1599），刊有《龙溪先生文录钞》九卷，《龙溪王先生文录钞》九卷，同何刻本；

六、万历四十三年乙卯（1615），刊有《龙溪王先生全集》二十二卷，《龙溪王先生全集》二十卷，丁刻本；

七、万历四十七年己未（1619），刊有《龙溪王先生全集》二十卷，同丁刻本；

八、崇祯十五年辛巳（1642），刊有《石林先生批评龙溪王先生语录钞》八卷，石林本。

以上仅对明代龙溪文集之各种刊本，作一时间上的梳理，以提示其沿革之概要，下面将对不同版本、同一版本之不同时间刻本在体例、内容上的异同，略作考察。

二、萧、何、丁三种龙溪全集刻本异同略说

因查刻本情况特殊，我们置于最后重点加以介绍。在此依时间顺序，先就萧、何、丁三种版本在体例、内容上的异同作一说明。

萧刻丁亥本《龙溪王先生全集》二十卷及戊子《龙溪先生全集》二十卷，内容体例相同。卷之一至卷之八为"语录"，共七十六篇；卷之九至卷之十二为"书"，共一百五十二篇；卷之十三至卷之十四为"序"，共四十四篇；卷之十五至卷之十六为"杂著"，共五十五篇；卷之十七为"记、说"，共三十篇；卷之十八为"诗"，诗名题目共一百三十九篇，然每篇或不止一首，如《和良知四咏》等，实共一百五十九首诗作。卷之十九为"祭文"，共十六篇；卷之二十为"状、志、表、传"，共十九篇。

何刻本为李卓吾删节选编而成，而其所据底本，则显为萧刻本。较之萧刻本，内容大为减少，并非如朱昌燕所谓仅"微有异同"。如万历二十七年己亥所刊之《龙溪先生文录钞》九卷，较之万历十六年戊子《龙溪王先生全集》二十卷，其卷一内容实合十六年本卷之一、二而删四篇所成，所删四篇为十六年本卷一之《闻讲书院会语》、卷二之《怀玉书院会语》、《洪都同心会约》、《约会同志疏》。其卷二内容实合十六年本卷之三、四而删三篇所

成，所删为十六年本卷四之《与三峰刘子问答》、《与狮泉刘子问答》、《答退斋林子问》。其卷三内容实合十六年本卷之五、六而删一篇所成，所删者为十六年本卷五之《竹堂会语》。其卷四内容实合十六年本卷之七、八而删一篇所成，所删为十六年本卷八之《性命合一说》。其卷五内容实合十六年本卷九与卷十之一部分而删七篇所成，所删为十六年本卷九之《与吴学愚》、《答胡石川》、《与施益庵》、《答章介庵》、《与屠竹墟》及卷十之《与朱越峰》、《与李中溪》。其卷六之内容实合十六年本卷十之一部分与卷十一、卷十二而删四十二篇所成，因所删篇目（书信）较多，此不赘录。其卷七内容合十六年本卷之十三、十四所成，删二十篇，而卷中一篇《读云坞山人集序》，则不见于十六年本。其卷八内容合十六年本卷之十五、十六所成，删二十九篇。其卷九内容合十六年本卷之十七、十八、十九而成，卷内则分"记"、"诗"、"祭文"三节。其中"记"较十六年本删二十三篇，"祭文"删九篇，而"诗"部分则较十六年本所删尤多，共删一百三十一篇，龙溪大量诗作于此不得见矣。十六年本卷二十之"状"、"志"、"表"、"传"，此九卷本则未予收录。

何刻本删繁就简，然取舍之间，未能尽如人意，故丁刻本虽晚于何刻本，却仍以"全集"刊刻。丁本体例、内容多同于萧刻本，但卷之九至卷之十二书信部分，则与萧刻本略异。龙溪与友人之书信，萧刻本对每一封皆于目录中单独列出，如与聂双江（名豹，字文蔚，号双江，1487—1563）两封书信，目录即分列为《答聂双江》、《与聂双江》。而丁刻本则于目录中统列为《与聂双江二通》，两封书信内容在正文中则二本相同。除此体例上有别之外，丁刻本在原萧刻本之基础上又有增补，补者为龙溪著《大象义述》与徐阶（字子升，号存斋，又号少湖，1503—1583）所撰《王龙溪先生传》、赵锦（字符朴，号麟阳，1516—1591）所撰《龙溪墓志铭》以及张元忭（字子荩，号阳和，1538—1588）所作《吊文》这三篇文字。另外，因其刊刻于何刻本之后，故前述何刻本所有而萧刻本所无的数篇文字，亦补入于相应卷次。因此，萧、何、丁三刻本中，以丁刻本所收最为全面。

萧、何、丁三种版本在体例、内容上的基本同异如上所述。至于同一版本不同年代所刻，其体例、内容尽管小有出入，无关大局，但仍需略加说明。就何刻本而言，戊戌年八卷本与己亥年九卷本之所以有一卷之差，是因为八卷本将所选之"杂著"、"记"、"诗"、"祭文"共为第八卷，而九卷本则以"杂著"为卷八，"记"、"诗"、"祭文"另列为卷九。此外，戊戌八卷本卷八未录《训言付应吉儿收授》、《遗言付应斌应吉儿》两篇，己亥九卷本则有录。同为己亥年刊刻的九卷本《龙溪先生文录钞》与《龙溪王先生文录钞》，只是后者题名多一"王"字，九卷内容则完全相同。就丁刻本而言，乙卯与己未年刊本均题为《龙溪王先生全集》，之所以有二十卷与二十二卷之不同（两种卷次于乙卯年均有刊刻），是因为二十二卷本将龙溪之《大象义述》单列为第二十一卷，将龙溪之"传"、"墓志铭"与"吊文"共列为第二十二卷。而二十卷本则将《大象义述》与三篇纪念性文字皆作为附录，不单列卷次。故虽有体例之别而内容无异。关于萧刻本，则前已言及，丁亥年与戊子年两种，体例内容皆同，惟文字小有出入，如一本所录篇名为《梅纯甫别言》，另本则作《别言赠梅纯甫》。诸如此类，亦无关宏旨，且极琐屑，恕不赘文列举。

崇祯十五年辛巳所刻之《石林先生批评龙溪王先生语录钞》八卷，现藏于山东大学图书馆（案：其他各本收藏情况见本文附录四表），其刊刻最晚，流传亦少，内容不出萧、何、丁三本之外，而性质则类乎李卓吾所选编之何刻本，实依萧或丁刻本删节编定而成，故于此不再予以特别说明。

三、查刻本《龙溪会语》考论

最后，对于查刻本《龙溪先生会语》六卷，我们要作一单独说明。

此本现收藏于北京大学图书馆善本室。卷前有贡安国于万历三年乙亥（1575）所作《龙溪先生会语序》、查铎于万历四年丙子（1576）所作《龙溪先生会语后序》，卷末有张元忭于万历二年甲戌（1574）所作跋文（三篇文字均见本文附录三）。卷一有七篇文字，包括《水西会约题辞》、《冲元会纪》、《斗山留别诸同志漫语》、《南谯别言》、《道山亭会语》、《别周顺之漫语》、《书滁阳会语兼示水西宛陵诸同志》。卷二有两篇文字，包括《三山丽泽录》、《答吴悟斋掌科书》。卷三包括三篇文字，分别为《东游问答》、《愤乐说》、《别见台曾子漫语》。卷四有六篇文字，包括《自讼帖题辞》、《火灾自讼长语示儿辈》、《龙溪先生自讼帖后序》、《自讼问答》、《白云山房答问纪略》、《答问纪略后跋》。卷五为一篇《南游会纪》。卷六包括《天山答问》、《书同心册卷后语》两篇。

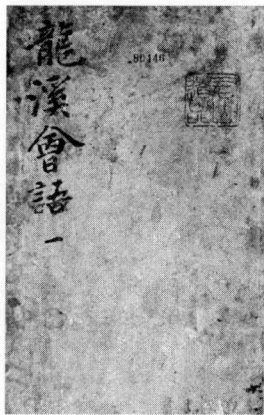

查刻本《龙溪会语》书影

值得注意的是，笔者所见此本卷末尾页有一手书识语，对我们了解此本的来源颇有帮助。其文曰：

之命於穆不已於乎不顯文王之德之
純蓋聖人之心語其微天之命也指其
顯帝之則也吾人之學盡性至命其的
矣文王我師也先生豈欺予我今年季
夏子警甫將赴官河東念離索無助將
挾是編以行夫子警甫嘗有志於道夫
苟志於道其於是編也必有心領神會
乎

而師承之矣千里同堂是編其警欵矣
萬曆三年歲在乙亥季夏初吉門人貢
安國頓首書于宛陵精舍

龍溪先生會語後序

余淮聞先生蓬之教夔以不得久
夔門牆為慼自河東歸即盍率
業困循奉劃者忩二又二三季
乙亥春始得興俞允孫翟平甫
蕭以寧三兄由武林吊緒山先
生因謁門下為久覆計先生復

水西別會遲刻
冲元會記
斗山留別諸同志談語
南譙別言
道山亭會語
別週灤之漫話

査刻本《龙溪会语》书影

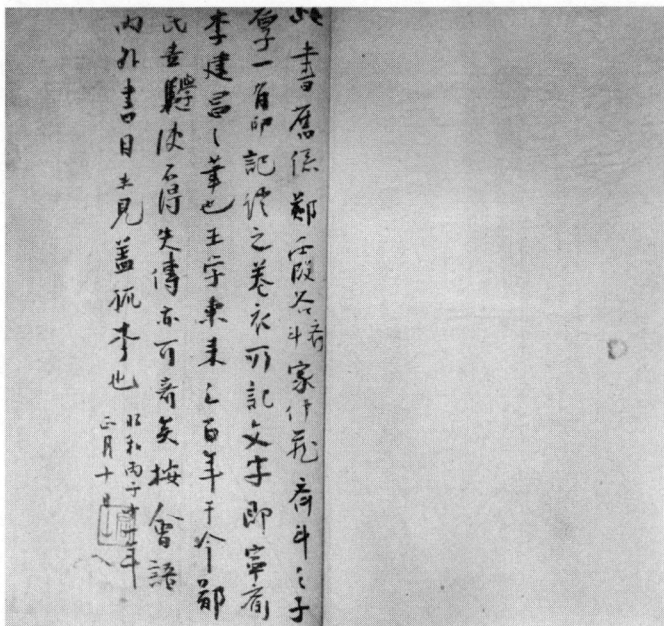

卷末跋语

　　此书旧系郑霞谷（齐斗）家所藏，齐斗之子厚一有印记，
信之。卷衣所记文字，即宁斋李建昌之笔也。王学东来三百
年，于今郑氏世学使不得失传，亦可奇矣。按《会语》内外书
目未见，盖孤本也。

文后日期题为"昭和丙子十一年正月十日"，署一印曰："君山"。
昭和十一年为公元 1936 年，霞谷为韩国李朝阳明学者郑齐斗
（1649—1736，字士仰）的号。阳明学在韩国一直受到居于正统的
朱子学的排斥，其流传多以家学的形式，郑霞谷一家则是阳明学得
以保存和传播的大本营，正所谓"王学东来三百年，于今郑氏世学
使不得失传"。由此可见，此查刻本《龙溪会语》曾传入朝鲜而为
郑霞谷一家收藏。据笔者的研究，霞谷的哲学思想与龙溪高度一

致，简直可谓龙溪在韩国的知音。[1] 此查刻本《龙溪会语》在其家保存的一事，恰可以为霞谷受到龙溪的影响提供了历史的说明。

至于文中"卷衣所记文字，即宁斋李建昌之笔也"，是指如下这段话：

> 王龙溪妙年任侠，日日在酒肆博场中。阳明亟欲一会，不能也。却日令门弟子六博投壶，歌呼饮酒。久之，密遣一弟子瞰龙溪随至酒肆家，索与共赌。龙溪笑曰："腐儒亦能博乎？"曰："吾师门下，日日如此。"龙溪乃大惊，求见阳明，一睹眉宇，便称弟子。
>
> 才如龙溪，阳明所必欲收之，然非阳明，亦何能得龙溪乎？

这段话出自袁宗道的《白苏斋类集》卷二十二"杂说类"。抄录此段话的李建昌（1852—1898，字凤朝，号宁斋，别号明美堂），也是韩国阳明学的传人。[2] 由此可知，此查刻本亦尝为李建昌收藏。而昭和十一年署印"君山"者所谓此书"内外书目未见，盖孤本也"，尤当引起重视。

除了"君山"的手书识语之外，一些印章也为我们了解查刻本的流传提供了线索。此本卷一首页，最下方有一"郑氏厚一之章"印，此印上方有一"稻叶岩吉"印，最上方有一"满洲国立中央图

❶ 参见彭国翔：《本体与工夫：郑霞谷与王龙溪合论》。该文是笔者 2006 年提交韩国阳明学会"第三届霞谷学国际学术会议"的论文，最初刊于《国学研究》（北京），第 21 卷，2008 年第 1 期，页 101—126。后收入彭国翔：《儒家传统的诠释与思辨——从先秦儒学、宋明理学到现代新儒学》（武汉大学出版社，2012），页 140—168。
❷ 李建昌与其父李象学（1829—1888，士劝）、祖父李是远（1790—1866，沙矶），都是江华阳明学的传人。李建昌有《明美堂集》二十卷、《党议通略》和《读易随记》一卷等。

王龍溪妙年任俠日〓庄〓酒肆博中陽明亞欲

一會不能也却令門弟子六博投壺歌呼飲

酒久之宏遠一第子〓龍溪徑〓酒肆家索

與其賭龍溪笑曰腐儒〓博〓曰去師門

下曰〓如此龍溪乃大驚永見陽明一覩眉宇

便稱弟子

十六龍溪陽明必欲〓之甚也陽
明占〓〓〓龍溪字

龍溪先生會語序　　先生姓君王〓圖

予年暮矣衰病侵尋懷求友四方之志

力不逮矣禽居默省壯年志學垂老無

聞謂何筈中蓄龍溪老師會語盈十餘

帙時捧一二焚香欽衽閱一過輒助發

多多近得查子警甫同心商究學脈所

尊信此帙意同但嫌散漫無紀因共謀

卷衣所记文字

也末必非同志之一助也同僭

言扵簡末　皆

萬曆四年歲在丙子仲夏初吉

門人查鐸書扵涿州公署

龍溪王先生會語卷之一

宣城門生貢安國輯

麻城後學蔡應揚

涇縣門生查　　鐸校

萊州後學胡来貢

廣德門生李天植同校

水西會約題詞

嘉靖巳酉夏余既赴水西之會次句將告歸復

暨諸交地里遠近月訂小會劉有終也先是戊

查刻本藏书印

书馆珍藏"印，该印左侧下则有"燕京大学图书馆珍藏"印。

另外，日本《国立国会图书馆汉籍目录》、《东京大学东洋文化研究所汉籍分类目录》、《京都大学人文科学研究所汉籍目录》以及泽规矩也著《和刻本汉籍分类目录》均载此书于"子部儒家类性理之属"，谓"昭和七年京城葛城氏用万历四年刊本影印"，且《京都大学人文科学研究所汉籍目录》更明确指出此书由"葛城氏"（葛城末治）"用稻叶氏藏万历四年刊本影印"。这里所谓的"稻叶氏"是指稻叶岩吉。而前引查刻本卷末手书识语的"君山"其人，正是这位稻叶岩吉。稻叶岩吉（1876—1940）号"君山"，是内藤湖南（1866—1934）的学生。日本侵略并占据朝鲜和中国的东三省并成立伪满洲国时期，他先后在朝鲜的京城（今韩国首尔）和中国的长春（伪满时期被称为新京）研究朝鲜和满洲史。查刻本既为稻叶岩吉所藏，而稻叶岩吉又有如此经历，那么，查刻本随之从朝鲜到日本，再从日本回到中国，便极有可能。不过，稻叶岩吉虽然可以说是查刻本从朝鲜经日本返回中国的关键人物，但其生平事迹与查刻本流传无关者，本文就无须赘述了。

总之，根据以上的各种线索，我们可以得出如下的结论：

一、日本昭和七年（1932）影印《龙溪王先生会语》六卷，底本即北大所藏此查刻本；

二、今北大所藏此本初收藏于韩国郑氏（郑齐斗及其子厚一）处，后由日人稻叶岩吉所获并携入日本，且晚至1932年，此本仍在日本；

三、伪满时期，此本或由稻叶岩吉携回中国，一度为伪满洲"国立中央图书馆"所藏，后又为燕京大学图书馆收藏，直至今日由北京大学图书馆善本室收藏。

查刻本刊刻时间在诸本中最早，且其时龙溪尚在世，故为龙溪思想之最早材料。但中文世界中研究龙溪者皆未尝以之为据，此或自黄宗羲《明儒学案》起已然。因此，对此本内容进行一番详细考察，极为必要。个别日本学者虽知此书，间或亦曾引用，但并未对其专门研究。因此，此书既不为中文世界所知，其文献价值在日本亦尚未引起足够的重视。

查刻本二十一篇文字，类属《全集》（按：以万历十六年萧刻本为参照）之"语录"、"杂著"和"书"（仅《答吴悟斋掌科书》一篇）的部分，但查刻本自身则未做分类。其中有三篇文字后来诸本未录，即商廷试（字汝明，号明洲，1497—1584）撰《自讼帖题辞》、张元益撰《龙溪先生自讼帖后序》及王锴撰《（白云山房）答问纪略跋》。其余各篇均为各本所有，只是有的题名不同。其中，卷一《斗山留别诸同志漫语》，后本卷二作《斗山会语》；卷一《别周顺之漫语》，后本卷十六作《别言赠周顺之》；卷一《书滁阳会语兼示水西宛陵诸同志》，后本卷二作《滁阳会语》；卷二《答吴悟斋掌科书》，后本卷十作《答吴悟斋》（后本共收两封龙溪与吴悟斋的书信，查刻本所收为第一封）；卷三《东游问答》，后本卷四作《东游会语》；卷三《别见台曾子漫语》，后本卷十六作《别曾见台漫语摘略》；卷四《白云山房答问纪略》，后本卷七作《白云山房问答》；卷六《天山答问》，后本卷五作《天柱山房会语》，此名完全不同，不核正文，或以为两篇不同的文字。卷六《书同心册卷后语》，后本卷五则将其分解为《书同心册卷》、《与阳和张子问答》两篇文字。从篇目上看，尽管上述各篇均为后本所录，但与后本对勘互校，查刻本却明显有其特异之处。

首先，就行文方式而言，查刻本《龙溪会语》均以第一人称自述方式（"予曰"或"龙溪曰"）写成，且文章开头多先叙写作缘起，最后则交代著文的时间、地点，显然为龙溪自撰。后来各本

（语录部分）则多以第三人称叙述方式（"先生曰"）写成，原来文末作文时间、地点均略去，开头缘起部分，则或略去或加以撮要缩写，较之查刻本，一观即知为后人整理编辑而成。查刻本虽亦经查铎编辑，因此本卷前贡安国《龙溪先生会语序》中曰"近得查子警甫同心商究旧学，所尊信此帙意同，但嫌散漫无纪，因共谋衷录，编写成书"，但每篇文字却保持了龙溪原作的风貌。

其次，查刻本《龙溪会语》中有颇多文字不见于后来诸本，当属佚文。其中，《水西会约题辞》一篇有两条；《冲元会纪》一篇有六条；《斗山留别诸同志漫语》一篇有三条；《道山亭会语》一篇有三条；《书滁阳会语兼示水西宛陵诸同志》一篇有两条；《三山丽泽录》一篇有十七条（多为论佛老的文字）；《答吴悟斋掌科书》一篇有三条；《东游问答》一篇有两条；《愤乐说》一篇有两条；《别见台曾子漫语》一篇有五条；《白云山房答问纪略》一篇有五条；《南游会纪》一篇有十二条；《天山答问》一篇有四条；《书同心册卷后语》一篇有三条。以上合计共六十九条。若再加上三篇非龙溪所作而查刻本中见录的《自讼帖题辞》、《龙溪先生自讼帖后序》、《（白云山房）答问纪略跋》，则《龙溪会语》总计共有后世诸本皆无的佚文七十二条。现辑出附之于后（见本文附录一）。

第三，查刻本中有些篇章中的条目，后本则加以扩充、修饰而成独立的篇章，分别列入各卷，原文则予以删除。后本卷五《慈湖精舍会语》、卷八《大学首章解义》、《河图洛书解义》，分别取自查刻本卷五《南游会纪》中三段文字。后本卷八《艮止精一之旨》、《天根月窟说》，分别取自查刻本卷二《三山丽泽录》中两段文字。后本卷十七《悟说》，则取自查刻本卷四《自讼问答》中一段文字。这六条文字经后本扩充、修饰，虽文意大体未变，但文字毕竟有别，故亦辑出附之于后（见本文附录二）。

第四，查刻本中有些文字条目，在后本中被编入了不同的篇章。查刻本卷二《三山丽泽录》中有一条论《老氏三宝之学》的文字，被后本编入了《南游会纪》。查刻本卷五《南游会纪》中则有十三条文字分别被编入了后本《抚州拟砚台会语》（九条，其中有八条为关于陆象山的议论）、《留都会纪》（四条），另有一条则直接被作为后本《维扬晤语》，只是略去了头尾与文意不甚相干的文字。

　　第五，查刻本卷二《三山丽泽录》中有四段文字，亦见于同本卷五《南游会纪》（三处）与卷六《天山答问》（一处）之中。此为重复文字，后本则删去了《南游会纪》与《天山答问》中的这些重复内容。

　　由上可知，查刻本包含一部分后来诸本所无的思想材料。后本对查刻本的删节、改编，或许可以视为依龙溪之意所为，因龙溪在《遗言付应斌应吉儿》（万历十六年萧刻本卷十五）中曾说：

　　　　我平生诗文、语录，应吉可与张二舅、蔡前山整理。中间有重复者，有叙寒温、无关世教者，俱宜减省，或量为改易，务使精简可传，勿尚繁侈。

后本看来是秉承龙溪遗命而行的。但上述佚失的文字，却并非仅仅是"重复者"或"叙寒温、无关世教者"。这些佚文以及与后本不同的内容，对于龙溪思想与生平的研究，具有相当重要的价值和意义。

　　作为原始的文献依据，查刻本中的佚文以及与后本相异的内容，对于长期沿袭的关于龙溪思想的一些所谓定论、共识，是否能够作出某些修正或补充呢？这应当是一个颇值得考虑的问题。查刻本最重要的一个特点是：自萧刻本以降各本均列为首篇，且最常为人所引的代表龙溪"四无"说的《天泉证道记》，却未见录于查刻本。查刻本卷三《东游问答》中有一段文字（见本文附录一《东游问答》佚文第一条）为龙溪论"四无"之说，然其立场却有异于《天泉证道记》中的描绘，反倒与《天泉证道记》中统合"顿"与"渐"、"上根"与"下根"的阳明相一致。这能够说明什么问题呢？因本文旨在对龙溪文集在明代刊刻的情况作一考察，重点指出万历四年刊刻《龙溪会语》的文献价值，并辑录其中的佚文与异文，不涉及对龙溪思想的发掘与诠释。❶

由于查刻本的特殊地位，我们不妨称之为会语本。萧刻本、丁刻本可称为全集本。何刻本、石林本可称为选集本。而据以上所述，有明一代龙溪文集的刊刻情况已大体可知。清代龙溪文集亦有刊刻，然皆以明本为底本重刻。除本文开头提到的光绪八年海昌朱昌燕刻本之外，尚有道光二年壬午（1820）会稽莫晋刻本，乃依万历戊子萧刻本重印。台湾华文书局曾于1970年出版《王龙溪先生全集》，则是依道光二年会稽莫晋刻本影印。日本方面，除前文提到昭和七年曾影印会语本外，尚有江户年间和刻本影印《龙溪王先生全集》二十一卷，收于冈田武彦和荒木见悟主编的《和刻影印近世汉籍丛刊》。此和刻本二十一卷内容全同万历四十七年丁刻本，只是将二十卷丁刻本附录部分的《大象义述》列为第二十一卷，而徐阶所撰《龙溪传》、赵锦所撰《龙溪墓志铭》、张元忭所撰《祭文》则移列于卷首，仅此编排不同而已（较之万历四十七年丁刻本《龙溪传》，此和刻本《龙溪传》文字略有简化之处）。

---

❶ 关于龙溪以及整个中晚明阳明学的思想，参见本书正文。

附录一　查刻本所录而后本未载之佚文

卷之一　水西会约题辞

1.（嘉靖己酉夏，余既赴水西之会，浃旬将告归，复量诸友地里远近，月订小会，图有终也。）先是戊申春仲，余因江右诸君子期之青原，道经于泾，诸友闻余至，相与扳聚，信宿而别，沨沨若有所兴起。诸君惧其久而或变，复相与图会于水西。岁以春秋为期，蕲余与绪山子迭至，以求相观之益。余时心许之。今年春，六邑之士如期议会，先期遣使戒途，劝为之驾。余既心许之，不克违。孟夏之望，发自钱塘，由齐云，历紫阳，以达于水西。则多士彬彬，候余已逾旬月，其志可谓专矣。诸友不以余为不肖，谬欲以北面之体相加。[1]夫千里求益，固余本心，而登坛说法，实非所敢当。若曰将以表诸友之信心，则是诸友之事，非余之咎也。是会合宛及旁郡闻风而至者，凡二百三十人有奇。少长以次，晨夕会于法堂。究订旧学，共证新功，沨沨益有所兴起。邑大夫东岑君，余同志也，以时来督教。邑之乡先生及穷谷之耆旧，乐其事之稀有，咸翩翩然辱临而观之，可谓一时之盛矣。诸友惧兹会之不能久也。（乞余一言，以志心期。夫道有本原，学有要领，而功有次第。真假毫厘之几，不可以不辨也。……）

2.（篇末）己酉夏五月下浣，书于水西风光轩中。

卷之一　冲元会纪

1.（篇首）慨惟先师设教，时时提揭良知为宗，而因人根器，

---

[1]《王畿集》此句中“体”误作“礼”。见《王畿集》（南京：凤凰出版社，2007），页679。

随方开示，令其悟入，惟不失其宗而已。一时及门之人，各以质之所近，领受承接，人人自以为有得。乃者仪刑既远，微言日湮，吾党又复离群而索居，未免各执其方，从悟证学，不能圆融洞彻，归于大同。譬之鼎彝钟甗，器非不美，非得大冶陶熔，积以岁月，终滞于器，不能相通，间复有跃冶而出者矣。不肖深愧弗类，图惟合并。窃念浙为首善之地，江右为过化之区，讲学之风于斯为盛。戊申之夏，既赴冲玄之会。秋仲，念庵诸君送余南还，相与涉鹅湖之境，陟象山之墟。慨流光之易迈，叹嘉会之难数。乘间入龙虎山，得冲玄精庐，乃定为每岁江浙大会之约，书壁示期。今兹仲秋，复偕绪山钱子，携两浙、徽、宣诸友，如期来赴。东郭丈暨卓峰、瑶湖、明水、觉山、少初、咸斋诸兄，先后继至，合凡七十余人。辰酉，群聚于上清东馆，相与绅绎旧闻，商订新得，显证密语，合异为同。闻者欣欣，咸有所发。顾余不肖，亦与有闻，自庆此会之不偶也。粤自朱陆之后，仅有此风，聚散不常，复成离索，窃有忧焉。爰述相与绅订之旨与诸友答问之词，约为数条，以识赠处，并俟他日相证之义云。

2. 先师提掇良知二字，乃是千圣秘密藏。虞廷所谓"道心之微"，一念灵明，无内外，无寂感。吾人只是不昧此一念灵明，便是致知。随时随物，不昧此一念灵明，便是格物。良知是虚，格物是实，虚实相生，天则乃见。或以良知未尽妙义，于良知上挽入无知意见，便是佛氏之学。或以良知不足以尽天下之变，必加见闻知识补益而助发之，便是世儒之学。

3. 吾人今日致知工夫不得力，第一意见为害最重。意见是良知之贼。卜度成悟、明体宛然，便认以为实际。不知本来灵觉生机，封闭愈密，不得出头。若信得良知及时，意即是良知之流行，见即是良知之照察，彻内彻外，原无壅滞，原无帮补。所谓"册府一粒，点铁成金"。若认意见为良知，便是认贼作子。此是学术毫厘之辨，不可以不察也。

4.（……世之议者，或以致良知为落空，其亦未思之耳。）吾人讲学，切忌帮补凑合。大抵圣贤立教，言人人殊，而其宗旨所在，一言便了。但得一路而进，皆可以入道。只如《大学》格致等说，本自完足无欠，必待补个"敬"字以为格致之本，便是赘说；必待提个"志"字以致其知，便是亿见。不知说个诚意，已是主一，已是敬了。格致是做诚意的工夫，非二事也。古人说个"欲明明德于天下"，便是最初大志愿。一切格致诚正工夫，不过了得此志愿而已，何等简径直截！才落补凑，便成葛藤，无有了期。

5. 大抵悟入与敦行工夫，须有所辨。敦行者未必皆悟，未有悟而不敦于行者也。今人自以敦行为足而不求证悟，固未免于未闻道；若曰吾已得悟而不必务于敦行，则又几于无忌惮矣。不可不戒也。

6.（篇末）不肖盖尝折肱于是者，幸相与儆戒，用终远业，不以身谤师门，庶几无负于今日之会，亦千古一快也。己酉仲秋日，书于上清东馆。

卷之一　斗山留别诸同志漫语

1.（……得与新安诸同志诸君为数日之会，其意固不在于山水之间也。）诸君不以余为不肖，相与辨析疑义，究订旧闻，相观相摩，情真而意恳，汲汲乎有不容已之机。参诸孟氏尚志之说、曾子格物之说、子思戒惧慎独之说，复证颜氏好学之说，宏纲大旨，节解丝纷，若合若离，迭迭绎绎，其说可谓详矣。至于求端用力之方，生身立命之原，则群居广坐之中，固有所未暇及也。比因久雨，移馆城隅，诸君复移榻相就，连床晤语者，更两日夜。探本要末，广引密证，其说又加详焉。**❶**（诸君乃复各以用力之疏密、受病之浅深，次第质言，以求归于一是之地。……）

2.（……若舍身心性情，而以胜心虚见觅之，甚至以技能嗜好累之，未见其善学也。）商量至此，岂惟说之加详，将并其意思一时泄漏。诸君珍重、珍重。虽然，此非悟后语，殆尝折肱于是者。自闻父师之教，妄志古人之学，于今几三十年。而业不加修，动只于悔，岌岌乎仆而复兴，夫亦虚见嗜欲之为累耳。动忍以来，稍有所悟，自反自艾，切切求助，以收桑榆之功，其本心也。（昔者秦越人，医之神者也。……）

3.（篇末）明发戒行，留此为别。流光易迈，其志难立。习俗易染，至道难闻。所望此志时时相应，共进此道，直以千古豪杰自待，而无愧于紫阳之乡人。斯固千里耿耿之心期也。

卷之一 道山亭会语

1.（……乃图为月会之约，而属言于予，以导其所志。）夫学之不讲，孔子以为忧。然后之讲学，有以口耳者，有以身心者，先哲盖尝言之矣。君子之学，以亲师取友为急，而其要以辨志为先。（古今之言志者，大略有三，富贵、功名、道德……）

2.（……此端本澄源之功，君子之辨志，辨诸此而已矣。）吾人有生以来，渐于习染，虽浅深不同，未有脱然而尽无者。所赖先哲之微言未泯，而吾心之炯然者未尝昧。一念尚友之志，不容自已，而不忍以功名富贵薄待其身。故每遇同志，亦复不量其力，呶呶焉妄为之言，以成相观之助。虽屡遭疑谤诋侮，有所不暇恤也。吾人今日之学，诚莫有先于辨志者矣。（此志苟立，自能相应，自

---

❶ 此句《王畿集》误作"探本要，末广引，密证其说，又加详焉"。见《王畿集》，页685。

乐于亲师取友……）

3.（篇末）不肖因同心之属，叹兹会之不偶也。聊发狂言，用终就正之愿，以广诸君子未究之业。试以质诸方大丈，将亦在所与也乎？嘉靖辛亥冬十一月朔，书于南濠别墅。

卷之一　书滁阳会语兼示水西宛陵诸同志

1.（篇末）而余也何足以知之？昔人尝有"贫儿说金"之喻，今者则何以异此？惟诸君终始保任，不复以易心乘之，不因其从旁乞食，而并疑其说金之非，庶几不负先师四十年前临滁开讲之苦心，亦不枉不肖千里取道求益之本愿，微言不致终泯，而圣学之明有日矣。

2.（篇后附）余既别滁阳，赴水西，因忆巾石诸兄相属，今日之会，不可以无纪。追述会中相与之意，作《会言》，将以遗之。谫闻虚见，无能仰窥先师之蕴，恐轻于玩泄，反增狂戾。临发复止，不得已。而后安国诸友见而请曰："滁旧为阳明夫子临讲之地，先生发其所悟所得之旨，而四十年前之精爽，俨然如在，可谓一时之盛矣。夫子之神，无所不在也。盍留宛陵、水西，使诸生晨夕观省，即其所学而庶几焉。以展其对越之诚，固滁阳诸君子之同心也。"并书以示。癸丑夏四月朔书。

卷之二　三山丽泽录

1.（篇首）予与遵岩子相别且十余年矣。每书相招，期为武夷之会。时予羁于迹，辞未有以赴也。❶嘉靖丁巳夏杪，始得相会于三山石云馆第。先是丙辰冬，唐子荆川以乃翁状事入闽，予送之兰江之上，意予沿途朋类追从，欲密其迹，遂独赴武夷会遵岩。遵岩讶

---

❶ 此句《王畿集》误作"时予羁于迹辞，未有以赴也"。见《王畿集》，页696。

之，乃复申订前约，以今年四月会于九曲、天游之间。比予将赴水西之会，恐不逮事，更以五月为期。至则遵岩以病未能即来，仲弟东台方解组，侨居芝城，因趋与东台会，且询来耗。适右辖万子枫潭赴任，过芝城，邀为予曰："讱峰公、龙岩、未山、远斋诸君在三山，福守祁子又为亲交，^❶诸士友亦有同此志者。子既入闽，情不容于不会。"已而龙岩子复遣使来劝驾，遂顺流抵三山，以迟遵岩之至。既会，彼此慰劳已，顾视形骸，相对黯然以欷，辄复释然以喜。故人久阔骤聚之情，固如是也。出则联舆，入则并席。日则间与讱峰及诸君子相聚处，更问互答，以尽切劘之益。夜则相与宴息深坐，究阐旧学，并证新功。或遵岩子倡而予酬之；或予启而遵岩子承之；或偕答问疑义，相与寻绎，以归于一。盖旬有九日而别。临别，龙岩诸君相谓曰："昔者朱陆鹅湖之会，才数日耳，数百年传为盛事，在当时尚不免有异同之见、动色求胜之嫌。今二君之会，迹合心骈，显证默悟，意象超豁，了无形迹之滞。吾辈日藉相观，亦有所发，不减于东莱之在鹅湖也。而顾无一言以纪其盛，不几于欠事乎？况闽为杨、罗、朱、李四子所自出，素称道学之乡，而承传既远，遗韵将堙，怀世道之虑者，方惕然病之。二君不远千里相聚于此，诸所发明，简易邃博，将溯四子而上之。譬之黄钟大吕，宣畅于绝响之余。有耳者所共闻，道将赖以复明，学将赖以复振也。而可少乎哉？"予与遵岩歉然避席曰："倡道兴学，则吾人岂敢当。若曰各纪所闻，以俟将来，庶乎其可耳。"爰述证悟答问之语，厘为数条。予启其端，遵岩发其趣，用致赠处，以就正于大方，且征他日再会之期，当不以为僭妄也。

---

❶ 此句《王畿集》标明有缺字："讱峰公、龙岩、未山、远斋诸君在三山福□□，子又为亲交。"见《王畿集》，页696。

2.（……吾儒之学，自有异端。老氏学道德，佛氏学性命，蒙庄宗老而任狂，过于矫与诞则有之，今日所病，却不在此，惟在于俗耳。）先师有云："世之人苟有究心虚寂，学道德性命而不流于俗者，虽其陷于老释之偏，犹将以为贤，盖其心求以自得也。"（世之儒者，不此之病，顾切切焉惟彼之忧，亦见其过计也已。）

3. 遵岩曰："老子原是圣学。"龙溪曰："然老子羲皇无为之学也，病周末文盛，故立言不免于矫，亦孔子从先进之意。"友人问观妙观徼之旨，龙溪曰："观妙是性宗，无中之有也；观徼是命宗，有中之无也。有无交入，老氏之玄旨也。在吾儒即寂感之义。"

4. 友人问："老子谷神玄牝，明是养生之术。"龙溪曰："吾儒未尝不养生，只是致知尽之，不如彼家名象多端庞杂。谷神即良知。谷神不死，即良知常活。良知是鸿蒙初判之窍，故曰'玄牝之门'。良知是生天生地万化之基，故曰'天地根'。以神驭气，神气自相配合，是集义所生者。集义即是致知。'用之不勤，绵绵若存'，即是勿忘勿助。集义，养气之节度也。彼家亦以孟子养气为几于道，但圣学不明，反自以为异耳。"

5. 遵岩论释氏学曰："萧梁以来，溯祖承宗，其说浸盛。学为士而溺于禅，遂多有之。心通性达，廓然外遗乎有物之累，而洞然内观于未形之本，则孔门之广大高明，其旨亦何以异？其疑虑融释，灵几照灼，雨施云行，则草木毕遂。天虚渊定，而飞潜自形。自谓妙得乎《姬易》、《大雅》之微传，足以辟夫执器滞言之陋。以为拟议矜缀，似而非真，诵说训解多而迷始也。然以其摆脱形迹以为无方体，舍弃大义以为黜聪明，荡然无复可守之矩度，而游移茫昧，徒有不可测之言，反为浮诞惰纵者之所托，故儒者尤患之。"龙溪曰："若是，则吾儒与禅学无复可辩矣。器本不可执，言本不容滞。议拟矜缀，执之病也。诵说训解，滞之讹也。有可守即为执,有可测即为滞。若曰'反为浮诞惰纵者之所托',此则学禅者之病,非禅病也。后儒以其执器滞言之见,而欲窥其廓然之际,以为形迹可略,品节将由以不存,大义少疏,条理或因之无辩,是谓不揣其本而齐其末。一切拘迫谫泥之态,将为禅者之所嗤,乌在其为辟禅也哉?夫吾儒与禅不同,其本只在毫厘。昔人以吾儒之学主于经世,佛氏之学主于出世,亦大略言之耳。佛氏普度众生,尽未来际,未尝不以经世为念,但其心设法,一切视为幻相,看得世界全无交涉处,视吾儒亲民一体、肫肫之心终有不同。此在密体而默识之,非器数言诠之所能辩也。"

6. 龙溪谓遵岩曰:"子之气魄大,精神力量足担当世界,与世之踽踽谅谅者不同。譬之大树则鹓凤易于杂栖;大海则龙蛇易于混处。世人以其踽踽谅谅之见,欲指摘訾议,撼而测之,只见其自小也已。若吾人自处,则不可以不慎。有混有杂,终非完行。凤翔则鹓自灭,龙起则蛇自藏。此身独往独来,随处取益,以挽回世界为己任,而不以世界累其身,方为善用其大耳。"

7. 友人问杨、罗、李、朱之学。龙溪曰:"龟山亲得明道先生道南之传,豫章、延平皆令学者观未发以前气象,此学脉也。延平自谓'默坐澄心,体认天理',此其终身用力之地。其传之考亭,亦谆谆以喜怒哀乐未发之旨启之。考亭乃谓'当时贪着训诂,不复记忆',至以为辜负此翁。则考亭又何学耶?考亭以穷理之要在读书,是专以穷理为知。明道云:'只穷理,便尽性以至于命。'若如考亭之言,不惟与大《易》穷理之旨未尽明透,其于所传于杨、罗诸贤之旨,亦若有所未契。不可以不深究也。"

8. 友人问:"河汾有云:'佛,西方之圣人也,中国则泥。'夫佛,具圆明无碍之智,不入断灭,使其主持中土,亦能随时立教,何至于泥?"龙溪曰:"佛虽不入断灭,毕竟以寂灭为宗。只如卢行者在忍祖会下，一言见性，谓'自性本来清净具足，自性能生万法'，何故不循中国礼乐衣冠之教，复从宝林祝髮，弘教度生？盖既以寂灭为宗，到底不肯背其宗乘，虽度未来际，众生同归寂灭，亦只是了得他教门中事，分明是出世之学。故曰'要之不可以治天下国家'。吾儒却是与物同体，乃天地生生之机。先师尝曰：'自从悟得亲民宗旨，始勘破佛氏终有自私自利意在。'此却从骨髓上理会出来，所差只在毫厘，非言语比并、知识较量所得而窥其际也。"

9. 龙溪谓遵岩曰："今人都说静坐，其实静坐行持甚难。念有所着，即落方所；若无所着，即成悬空。此中须有机窍，不执不放，从无中生出有来，方是天然消息。"遵岩曰："予时常也要静坐，正为此二病作祟。不知荆川于此有得否？昔人谓'不敢问至道，愿闻卫生之经'，子素究养生之术，为我略言之。"龙溪曰："荆川自有荆川作用。予于此虽有所闻，终是虚见，言之反成泄漏。子欲静坐，且从调息起手。息调则神自返，神住则息自定。神息相孕，水火自交。然非是致知之外另有此一段工夫，只于其中指出机窍，令可行持。古云'得其要机，则立跻圣地'。非止卫生之经，至道亦不外此。明秋不负台、荡之约，当共坐究竟此一事，非草草所能悉也。"

10. 峚峰过石云馆而论学，曰："诸君尝言寂感一体，此义何如？"龙溪曰："寂是心之本体，非以时言。有思有为，便不是寂。感有不通，即非寂体。""然则双江归寂之说何如？"龙溪曰："双江先生云'感处无工夫'，不为无见。然寂本无归，即感是寂，是为真寂。若有所归，寂感有时，终成二见。"遵岩曰："双江虑学者不知寂体，只从感上牵补过去，故提得寂字较重，非谓寂而后生感也。"峚峰云："双江寂感终分先后，自从虚静胎养出来。若只感上求寂，即为义袭之学。"龙溪曰："千古圣贤，只在几上用功。周子云：'寂然者，诚也。感通者，神也。动而未形，有无之间者，几也。'动者，感也；未形，则寂而已。有无之间，是人心真体用，当下具足，更无先后。几前求寂，便是沉空；几后求感，便是逐物。圣人则知几，贤人则庶几，学者则审几。是谓无寂无感，是谓常寂常感，是谓寂感一体。"

11. 㠀峰谓龙溪曰："昨来所论寂感之义，验之日用应酬，心体不动而触处皆通，觉有入处。得此生生之机，似不容已。乃知师友相观之益，不可无也。"龙溪曰："如此方是经世之学。天机所动，其容已乎？然此却是自能取益，所谓瓦砾黄金。若非虚心乐受，纵便黄金，亦成顽铁用耳。"

12. 未山过馆，论学曰："㠀峰先生谓以心喻镜，镜有尘垢，即用刮磨。心有尘垢，作怎生刮磨？"龙溪曰："古人取譬，只是得其大概。以无形之心而喻以有形之物，一一相比，如何同得？磨镜功夫，只在照上磨，不是磨了后方去照。吾人心镜被世情嗜欲尘垢昏蔽，亦只在应感上刮磨，务令光明透露。非是离了应感世情，逃诸虚空做得。人心未尝无感时，纵令槁心静坐，亦有静境相感。譬镜在匣，亦不废照，寂感一体也。"

13. 龙溪尝宿于蒙泉私署，见蒙泉日间百务纷纭，晚间对坐，意象超然，若无事者。尝曰："且管见在性命，过去未来，忧之何益？徒自苦耳。"予曰："只此便是无将迎，只此是学。若日间随分酬应，不论闲忙好丑，不以一毫荣辱利害、将迎意必介于其间，便是无入而不自得。古人无入而不自得，以其无入而非学也。"

14. 遵岩谓龙溪曰："予之作文，比荆川早悟一两年。予未有荆川识见，但荆川文字，终有凌振之气。予发之稍和厚，亦系于所禀耳。"又曰："韩子谓'师其意，不师其词'，此是作文要法。欧、苏不用《史》、《汉》一字，脱胎换骨，乃是真《史》、《汉》。"

15. 龙溪谓遵岩曰："古人作文，全在用虚。古今好文字足以有传，未有不从圆明一窍中发者。行乎所当行，止乎所不得不止。一毫意见不得而增减焉。只此是作文之法，只此是学。"

16. 龙溪曰："吾人居家，以习心对习事，未免牵缠堕落。须将此身撒得出来，时常求友于四方，换易境界，方有得力处。只如不肖，长年出游，岂是家中无些子勾当？岂是更无妻孥在念？亦岂是招惹朋类、专欲以教人为事？盖此学之于朋友，如鱼之于水，相濡相吻，不若相忘于江湖。终日与朋友相观相磨，一时不敢放逸，与居家悠悠，意味自大不同。朋友因此或亦有所感发开悟，亦是朋友自能取益，非我使之能益。固有士夫相接、一句开口不得时，真成对面千里，岂能一毫有所意必也？"

17. 尝读遵岩《孔孟图考序》。仲尼独为万世仁义礼乐之主，何也？既开室设科以来，四方之士复偕之周流四方，随地讲习，非独其门人子弟而后为此学也。举一世之人，莫不欲使之共学。故上则见其邦君，中则交其公卿大夫，下则进其凡民。如耦耕荷蓧之丈人、拏舟之渔父、阙党互乡之童子，皆有意焉。固非必人人之必能此道也。遇其邦君、卿大夫而得一二人焉，而学明于上矣；遇其凡民之父子兄弟而得一二人焉，而学明于下矣。启发掖引之机，问聘之所及，光辉之所见，在乡满乡，在国满国，所接莫非人，则亦莫非学矣。当其时，未尝一日不与人接，固以此为易天下之道也。史迁之知，不足以及此。谓"去来列国，皆以求仕，至于七十二君而不遇"，可慨也已！遵岩子因谓予曰："子之出游，亦窃似之。"（予曰："鸟兽不可与同群，非斯人而谁与？"……）

卷之二　答吴悟斋掌科书

1. 不肖年驰志迈，多过之身，修行无力，动憎众口，岂敢谓

毁誉忘情，自拟于贤者？而一念改过，颇能自信，两者路头，颇知
抉择，以为从违，不忍自负其初心。尝谓："君子为善有所顾忌，
则不能成大善；小人为恶有所顾忌，则不能成大恶。"善恶大小之
分，决诸一念而已。人之相知，贵于知心。既食五谷之味，则杂物
自无所容，亦赖知我者，有以谅其心而卒成之，固难与世人言也。

2.（……夫道有本而学有机，）不得其本，不握其机，则工夫
扞格不能入微，虽使勋业格天，文章盖世，声名喧宇宙，过眼等为
浮云。譬之无根之木，无源之水，徒有采摘汲引之劳，盈涸荣枯，
可立而待也。

3. 先师云："致知存乎心悟，致知焉尽矣。"昔有人会法义，
堕以赌头为约者，宁可有智人前舍头，不可无智人前取胜。此言可
以喻大，非兄相爱，无以发予之狂言。（此固报赐之情，亦捶挞相
期之初心也。）

卷之三　东游问答

1. 楚侗曰："阳明先生天泉桥印证无善无恶宗旨，乃是最上一
乘法门，自谓颇信得及。若只在有善有恶上用功，恐落对治，非究
竟，何如？"龙溪曰："人之根器不同，原有此两种。上根之人，
悟得无善无恶心体，使从无处立根基，意与知物皆从无生。无意之
意是为诚意，无知之知是为致知，无物之物是为格物。即本体便是
功夫，只从无处一了百当，易简直截，更无剩欠，顿悟之学也。下
根之人未曾悟得心体，未免在有善有恶上立根基，心与知物皆从有
生，一切是有，未免随处对治，须用为善去恶的功夫，使之渐渐入
悟，从有以归于无，以求复本体，及其成功一也。上根之人绝少，
此等悟处，颜子、明道所不敢言，先师亦未尝轻以语人。楚侗子既

已悟见心体，工夫自是省力。只缘吾人凡心未了，不妨时时用渐修工夫，不如此不足以超凡入圣，所谓上乘兼修中下也。其接引人，亦须量人根器，有此二法。不使从心体上悟入，则上根无从而接；不使从意念上修省，则下根无从而接。成己成物，原非两事，此圣门教法也。"

2. 楚侗曰："吴中士夫习俗，称为难处。仆一切以法裁之，分毫不与假借，宁任怨，求尽吾职而已。"龙溪曰："此是霹雳手，一切不与假借，士习一变，有补于风教不小。大凡应感之际，有从有违，未免有拣择炎凉之态，所以生怨。若一切裁之以法，我无容心焉，怨从何生？但闻往来交际，大煞严峻，不能以盎然出之，至使人有所不堪，或亦矫枉之过也。"

卷之三　愤乐说

1. （……吾人欲寻仲尼、颜子之乐，惟在求吾心之乐；欲求吾心之乐，惟在去其意必之私，荡邪消滓，复还和畅之体，便是寻乐真血脉路。）夫仲尼、颜子，至圣大贤，犹不忘发愤之心，吾人以不美之质，不肖之身，乃欲悠悠度日，妄希圣贤，是犹梦入清都，自身却未离溷厕，其不为赤之所笑者无几。《论语》一书，首发"学"之一字，曰："学而时习之，不亦说乎？"（学者，觉也，觉与梦对。）

2. （篇末）学为觉义，即良知也。愤乐相生，以至于忘年。无知，知之至也；罔觉，觉之至也。❶天生斯民，使先知觉后知，使先觉觉后觉，一知一觉，德可久而业可大。尧舜耄期，犹不忘

---

❶ 此句《王畿集》误作"愤乐相生以至于忘年无知，知之至也。罔觉，觉之至也"。见《王畿集》，页725。

兢业，此危微精一之旨，固夫子所祖述而觉焉者也。吾人可以自悟已。

卷之三　别见台曾子漫语

1. 儒者之学务于经世。古人论经纶无巧法，惟至诚为能之。至诚也者，无欲也。以无欲应世，立本知化而无所倚，此千古经纶手段，天德之良知也。若夫以任情为率性，以测亿为觉悟，以才能计度为经纶，皆有所倚而然，非无欲也。见台可以自考矣。

2. 见台问三教同异。予谓："昔儒辨之已详，今复言之，是加赘也。自儒教不明，二氏之教亦晦。三教不外于心，信得虚寂是心之本体，二氏所同者在此，其毫厘不同处亦在此。须从根源究取，非论说知解可得而分疏也。吾儒精义见于大《易》，曰'周流六虚'，曰'寂然不动'。虚以适变，寂以通感，不泥典要，不涉思为，此儒门旨诀也。自此义失传，佛氏始入中国，即其所谓精者，据之以主持世界。儒者仅仅以其典要思为之迹，与之相抗，才及虚寂，反若讳而不敢言。譬诸东晋、南宋之君，甘守偏安，无复恢复中原之志，其亦可哀也已！先儒判断，以儒为经世，佛为出世，亦概言之。文中子曰：'佛，西方之圣人，中国则泥。'使中国尽行其教，伦类几绝，谁与兴理？苟悟变通宜民之义，尚何泥之为病也哉？毫厘可以默识矣。若夫老氏，则固圣门之所与，就而问礼，未尝以为非。致虚守寂，观妙观缴，拟于圣功，未尝专以异端目之也。世之所传者，乃其后天渣滓，旁门小术，诪张烦琐，并老氏之旨而失之。使今之世而有老氏者出，盛德深藏，且将复有犹龙之叹矣。至其绝圣智、小仁义，剖析斗衡，以还无为之化，立言过激，使人无可循守，卒流于贤知者之过。较之吾儒中庸之道，似不免于毫厘之辨也。夫异端之说，见于孔氏之书。

先正谓'吾儒自有异端'，非无见之言也。二氏之过，或失则泥，或失则激，则诚有之。今日所忧，却不在此，但病于俗耳。世之高者，溺于意识；其卑者，缁于欲染。能心习见，纵恣谬幽，反为二氏之所嗤。有能宅心虚寂，不流于俗者，虽其陷于老氏之偏，犹将以为贤，盖其心求以自得也。学者不此之病，顾汲汲焉惟彼之忧，亦见其过计也已。良知者，范围三教之灵枢，无意无欲，内止而外不荡，圣学之宗也。予非悟后语，盖尝折肱而若有得焉。吾人果能确然自信其良知，承接尧舜以来相传一脉，以立天地之心、生民之命，不为二氏毫厘之所惑，不为俗学支离之所缠，方为独往独来担荷世界之大丈夫尔。"

3. 见台问乡愿、狂狷。予谓："孔子恶乡愿，以其学得圣人大逼真，从躯壳起念，坏人心而伤世教也。乡愿忠信廉洁，不只在大众面前矫持强饰，虽妻孥面前，亦自看他不破，才是无可非刺。孔子以为似者，以其不根于心而徇于迹也。同流非是干流俗之事，不与相异，同之而已。❶合污非是染污世之行，不与相离，合之而已。忠信廉洁，是学圣人之修行，既足以媚君子；同流合污，是学圣人之包荒，又足以媚小人。譬之紫之夺朱，郑声之乱雅。比之圣人，更觉光耀动人。圣人之学，时时反求诸心，常见有不是处。乡愿则终身精神全在躯壳上照管，无些渗漏，常常自以为是而不知反，故不可与入尧舜之道。坏心术而伤教本，莫此为甚。所以为德之贼，而恶之尤深。狂者其志嘐嘐然，只是要做古人，❷已有作圣胚胎，但功夫疏脱，行有所不掩耳。不掩处虽是狂者之过，亦是他心事光明无包藏，只此便是入道之基。若知克念，时时严密得来，即可以为

---

❶ 此句《王畿集》误作"同流非是干流，俗之事不与相异，同之而已。合污非是染污，世之行不与相离，合之而已"。见《王畿集》，页728。

❷ 此句《王畿集》误作"狂者其志，嘐嘐然只是要做古人"。见《王畿集》，页728—729。

中行矣。狷者不屑不洁，笃信谨守，耻为不善，尚未立有必为圣人之志，须激发成就，进此一格，方可以入道。此良工苦心也。虽然，知圣人之学，而后知乡愿之为似；知圣人之德，而后知乱德之为非。非易易然也。学绝教弛，世鲜中行，不狂不狷之习沦浃人之心髓，虽在豪杰有所不免。有人于此持身峻洁而不缁，处世玄同而无碍，精神回护，侈然自信自是，以为中行。世之人亦且群然以中行称之。究其所归，流入于乡党自好而不自觉。乡党自好，所谓愿也。夫乡党自好与贤者所为，原是两条路径。贤者自信本心，是非一毫不徇于俗，自信而是，虽天下非之而不顾；自信而非，虽天下是之而有所不为。若乡党自好，则不能自信其心，未免以世情向背为是非，于是有违心之行，有混俗之迹，外修若全，中之所存者鲜矣。谚云：'真货难识，假货易售。'后世取人，大抵泥迹而遗心，与古人正相反。譬之荆璞之于燕石，一以为瑕瑜，一以为完碬，真假固自有在也。见台卓然立志，尚友古人，而资性纯谨，耻于不善，乃类于狷。循勉以进，可冀于中行。区区媚世，断然知有所不为，但似是而非之习渐渍已深，真假毫厘易于眩惑，或有袭陷其中而不自觉。不可以不察也！"

4. 见台问："古之欲明明德于天下，说者谓既自明其德，使天下之人皆有以明其明德，何如？"予谓："如在效上取必，虽尧舜有所不能。大人之学，原是与万物同体。此一点灵明，原与万物通彻无间。痿痹不仁，以灵气有所不贯也。欲明明德于天下者，是发大志愿，欲将此一点灵明普照万物、著察昭朗，不令些子昏昧，是仁覆天下一体之实学。不然，便落小成之法，非大学之道也。"

5. 吾党致知之学，疏而未密，离而未纯，未能光显于世，虽是悟得良知未彻，亦是格物工夫未有归着，未免入于支离。物者，意之用，感之倪也；知者，意之体，寂之照也；意则其有无之间，寂感所乘之机也。自一日论之，动静闲忙，食息视听，歌咏揖逊，无非是物。自一生论之，出处逆顺，语默进退，无非是物。是从无声无臭凝聚感应之实事，合内外之道也。而其机惟在察诸一念之微。察之也者，良知也。格物正所以为致也。此件原无奇特，圣人如此，愚人亦如此，是为庸德庸言。一切应感，惟在察诸一念之微，一毫不从外面帮补凑泊。其用功不得不密，其存主不得不纯，可谓至博而至约也已。千钧之鼎，非乌获不能胜。见台，吾党之乌获也。从心悟入，从身发明，使此学廓然光显于世，非吾见台之望而谁望哉？隆庆己巳夏闰月上浣书。

卷之四　白云山房答问纪略

1.（篇首）予自遭室人之变，意横境拂，哀情惨惨不舒。诸友虑予之或有伤也，谋于白溪王子，崇酒与肴，旋集于白云山房。缱绻酬酢，坐起行歌，宾主协竟日之欢，意陶陶也。

2.（……是非举业能累人，人自累于举业耳。举业德业，原非两事。）士之于举业，犹农之于农业。伊尹耕莘以乐尧舜之道，未闻其以农业为累也。君子之学，周乎物而不过。（意之所用为物，物即事也。举业之事，不过读书作文。……）

3.（……诸君皆一日千里之足，区区非敢以身为教，但欲借此为诸君助鞭影耳。）夫学莫先于立志，先师有《立志说》。志犹木之根也，水之源也。木无根则枝枯，水无源则流竭，人无志则气昏。吾人一生经营干办，只是奉持得此志，故志立而学半。习心习气未能即忘，方知有过可改。忿心生，责此志则不忿；傲心生，责此志则不傲；贪心生，责此志则不贪；怠心生，责此志则不怠。无时而非责志之功，无处而非立志之地。此志既定，自不能不求于先觉，自不能不考于古训。二者便是辅成此志之节度。

譬之有欲往京师之志，便须问路，起脚便疑，必须寻问过来人，以决其疑。今人未有疑问，只是坐谋所适，未尝行也。既问于人，又须查路程本子，以稽其日履，然后路头不至疑忘。问过来人，便是质诸先觉；查路程本子，便是考诸古训，无非所以助成必往京师之志。若志不在燕，而吾强告以适燕之路，虽言之而不听，虽听之而不审，亦徒然也。今日诸君既相信爱，敢谓无志做人？但恐未立得做圣人之志耳。

4. 先师祠中旧有初八、二十三之会，屡起屡废，固是区区时常外出，精神未孚，修行无力而过日增，无以取信于人，亦因来会诸友，未发其真志，徒以意兴而来，亦以意兴而止，故不能有恒耳。（夫会所以讲学明道，非徒崇党与、立门户而已也。天之所以与我，人之所以异于禽兽，惟此一念灵明，不容自昧，古今圣凡之所同也。哲人虽逝，遗教尚存。海内同志，信而向者，无虑千百，翕然风动。而吾乡首善之地，反若幽郁而未畅，寂寥而无闻。）❶师门道脉，仅存一线，此区区日夜疚心不容已于怀者也。今日诸君来会，不过二三十人。越中豪杰如林，闻有指而非之者，有忌而阻之者，又闻有欲来而未果，观望以为从违者矣。其非而忌者，以为某某平时纵恣、傲气凌物，常若有所恃；某某虽稍矜饬，亦是小廉曲谨；某某文辞虽可观，行实未著。皆未尝在身心上理会。今欲为学，不知所学何事。此言虽若过情，善学者闻此，有则改之，无则勉之，莫非动忍增益之助。

5. （篇末）所云"为学只在理会性情"。然须得其要机，方成德业。颜子不迁怒，有未发之中始能。吾人欲求未发之中，须从戒慎恐惧养来。然戒慎恐惧之功，亦有浅深。每与东廓公相

---

❶ 按：括号内文字亦见后本卷二《约会同志疏》。

会，东廓常发此义：自闻先师良知教旨，即知从事此学。初间从事上戒惧，每事摄持，不敢流入恶道；中年从意上戒惧，一切善恶，只从意上抉择；近来始知从心上戒惧用力，更觉易简。盖心者，意之体；意者，心之用；事即意之应迹也。在事上摄持，不过强制于外。在意上抉择，动而后觉，亦未免于灭东生西。不睹不闻，心之本体。在心上体究，方是禁于未发，方是端本澄源之学，师门指诀也。诸君既知在性情上理会，去傲安分，不为旧习所汩、妄想所营，只须各随根器大小，量其浅深，以渐而入，水到渠成，真机自显。但办肯心，必不相赚。此学进退只在一念转移之间，得之可几于圣贤，失之将入于禽兽，可不惧乎？古人进德修业，贵于及时，亦望诸君趁此日力，各相懋勉，以终大业。无若区区过时而后悔也。同心之言，不嫌直致，诸君谅之。隆庆辛未岁六月念日书。

卷之五　南游会纪

1. 南都、滁阳会竟，虬峰学院、履庵司成、渐庵、五台二囧卿属言于予曰："昔者鹅湖之会，仅仅数语，简易支离，不无异同，尚传以为盛事。今日之会，诸老道合，群彦志应。随机启牖，风规翕然，无复异同之嫌，尤不可以无传。非惟征学，亦以弘教也。"因追述会中答问诸语，录以就正，以见一时相与之义。若曰比美前闻，则非所敢当也。（按：此为正文前识语，盖述作文之缘起。）

2. （……佛氏明心见性，自以为明明德，自证自悟，离却伦物感应，与民不相亲，以身世为幻妄，终归寂灭，要之不可以治天下国家。此其大凡也。）且天地间生人不齐，不问中国外夷，自有一种清静无为之人。唐、虞在上，下有巢、由。中国巢、由之辈，即西方之佛徒也。儒学明，有圣人主持世教，爱养此辈，如乔松贞璞，偃仰纵姿，使各得以遂其生，无所妨夺，大人一体曲成之仁也。圣学衰，此辈始来作主称雄。号为儒者，仅仅自守，不复敢与之抗，甚至甘心降服，以为不可及，势使然也。若尧、舜、姬、孔诸圣人之学明，自当保任廓清，光复旧物。虽有活佛出世，如唐、虞之有巢、由，相生相养，共证无为，无复大小偏全之可言。缘此灵性在天地间各各俱足，无古今无内外，浑然一体。在上则为君为相，都俞吁咈，以主持世教；在下则为师为友，讲习论辨，以维持世教。师友之功与君相并。统体源流，各有端绪，未尝一日亡也。不此之务，而徒纷纷然同异之迹，与之较量，抑末也已。

3. 问者曰："佛氏上报父母之恩，下乐妻孥之养，未尝遗弃伦理，是世出世法。只缘众生父子恩重，夫妇情深，佛氏恐其牵缠相续不断，为下根众生说法，立此戒门，所谓权也。若上根人，无欲应世，一切平等，即淫怒痴为戒定慧，所谓实也。"予曰："佛氏虽上报四恩，终是看得与众生平等。只如舜遇瞽瞍，号泣怨慕，引咎自责，至不可以为人，佛氏却便以为留情着相。天地细缊，万物生化，此是常道。佛氏虽乐有妻子，终以断淫欲为教门。若尽如佛教，种类已绝，何人传法度生？所谓贤知者之过也。"

4. 五台问："先师格物之说与后儒即物穷理不同，已信得及，但格物意义，尚未明了。"予曰："格物之物是应感之实事，从无声无臭凝聚出来，合内外之道也。致知不在格物，便会落空。良知是寂然之体，物是所感之用，意是寂感所乘之机。机之所动，万变不齐，莫非良知之妙应，用功只在格物上。使舜不遇瞽瞍，则孝之物有未格；周公不遇管、蔡，则弟之物有未格；汤、武不遇桀、纣，则忠之物有未格。格物所以致其良知也。"

5. 成山王子问曰："颜子不迁怒，不贰过。晦庵训解或非本意。"予曰："颜子不迁不贰，有未发之中始能。颜子心常止，故能不迁；心常一，故能不贰。常止常一，所谓未发之中也。颜子发圣人之蕴，此是绝学，故曰'今也则亡，未闻好学者也'。若如所解，原宪诸贤皆能之，何以谓之绝学？"

6. 时有山人谈佛学，诵《金刚经》，未明三心之意，请问。时方与山人对食，予谓："即此可以证明。念是心之用，未有无念之心。从前求食之念已往，便是过去心不可得。从后欲食之念未生，便是未来心不可得。只今对食之念本空，便是现在心不可得。此是无所住真心，不着四相。若有所得，既有所住、有所着矣。"

7. 山人又问有为法中六如之义。予谓："人在世间，四大假合而成，如梦境、如幻相、如水上泡、如日中影、如草头露、如空里电，倏忽无常，终归变灭。惟本觉无为真性，万劫常存，无有变灭。大修行人作如是观，即有为而证无为，世出世法。若外有为别求无为，是二乘见解，非究竟法也。"

8. 友人问象山、晦庵无极太极之辨。予谓："象山、晦翁往复辨难，莫详于论无极数书。某尝以质于先师。师曰：'无极而太极，是周子洞见道体，力扶世教，斩断汉儒与佛氏二学断案，所谓发千圣不传之绝学。朱陆皆未之悉也。'夫无极而太极、而阴阳五行万物，自无而达于有，造化之生机也。万物五行阴阳、太极而无极，自有而归于无，造化之杀机也。生机为顺，杀机为逆。一顺一逆，造化之妙用。故曰：'《易》，逆数也。'象山以无极之言出于老氏，不知孔子已言之矣。其曰：'易有太极'，'易无体。'无体即无极也。汉儒不明孔氏之旨，将仁义忠孝、伦物度数、形而下者，着为典要，索于刑名器数之末，一切皆有定理，以为此太极也，而不知太极本无极，不可得而泥也。佛氏之徒见圣人之学拘泥执滞，不能适变，遂遗弃伦物器数，一归于空，以为此无极也，而不知无极即太极，不可得而外也。一以为有物，一以为无始；一则求明于心而遗物理，一则求明物理而外于心。所趋虽殊，其为害道而伤教，均也。周子洞见其弊，故特揭此一言以昭来学，真良工苦心也。象山谓《通书》未尝言无极，不知《圣学篇》：'一者，无欲也。'一即太极，无欲即无极。周子已发之矣。晦翁恐太极沦为一物，力争无极以为纲维，而不知无极果为何物。'圣人定之以中正仁义而主静，立人极焉。'中正仁义所谓太极，静者心之本体；无欲故静，无欲即无极，主静所谓无极也。朱子乃以主静属之动静之静，分仁义为动静，众人失之于动，圣人本之于静，自陷于支离而不自觉矣。故曰：'言有无，诸子之陋。'"

9. 予谓五台曰："佛氏以生死为大，吾儒亦未尝不以为大。'原始反终，故知生死之说'，'未知生，焉知死'，乃真实不诳语。孔氏以后，任生死者不为无人，说到超生死处，实不易得。任则敦行者皆可能，超非大彻悟不能也。佛原是上古无为圣人，后世圣学不明，故佛学亦晦。吾人为此一大事出世一番，原是为天地立心，为生民立命。既幸有闻，岂容自诿？今日良知之学，原是范围三教宗盟。一点灵明，充塞宇宙。羲皇、尧舜、文王、孔子诸圣人，皆不能外此别有建立。灵性在宇宙间万古一日，本无生死，亦无大小。圣学衰，佛氏始入中国，主持世教。时有盛衰，所见亦因以异，非道有大小也。谓孔子之道大于佛，固不识佛；谓佛之道大于孔子，尤不识孔子。吾世契崇信孔子，复深于佛学，一言轻重，世法视以为向背。自今以后，望专发明孔氏以上诸圣大宗，立心立命，以继绝学而开太平，弗多举扬佛法，分别大小，以骇视听。非有所避忌，随时立教，法如是故也。圣学明，则佛学不待阐而自明矣。若夫同异毫厘之辨，存乎自悟，非可以口舌争也。"

10. 心之体不可言，圣人未尝言，独于《易》言"寂然不动，感而遂通天下之故"。心之体用，不过一感一应，古今言心者，尽于此矣。六十四卦，惟艮与咸取象于人身。艮，止也，不动也。咸，感也，感通也。止之体不可容言，而思之用则人生日用，之所以不穷，皆心主之。[1]思者，心之职也。日用寒暑、尺蠖龙蛇之屈信启蛰，极而至于穷神知化，皆不出乎此。寂非证灭也，感非起缘也。即寂而感行焉，寂非内也；即感而寂存焉，感非外也。是谓常寂常感，是谓无寂无感。心岂肉团之谓哉？圣人之意微矣。

11. 履庵邀予曾宿观光馆中。予扣近来新功，履庵若谦谦未遑。履庵一生冲淡谦抑，无一毫兢进之心，见之使人躁心自消。然未肯出头担荷世界，亦在于此。荆川每每激发，欲其开展任事。既为入室宗盟，此等处未可轻轻抹过。大丈夫出世一番，自有见在合干的事。身为国师，以教人为职，教学相长，学不厌，教不倦，原非两事。其机只在默识。内以成己，外以成物，合内外之道也。昔者泉翁及东廓、南野诸公为大司成，与诸生轮日分班讲学、歌诗、习礼，示以身心之益，弦诵之声达于四境，翕然风动。岂必人人皆能发真心、修实行？树之风声，以为之兆，其职固所以自尽。若徒循资格，了升散，绝馈遗，谨约束，使人无破绽可举，作自了汉，非所望于有道也。

12. 侍御湛台胡子出差方回，候于承恩寓所，自晨抵暮。闻予宿履庵馆中，即趣宿鸡鸣方丈，次早造馆求见。十年相别，叙寒燠外，汲汲以问学求印证，复期过私第请教，其志可谓切矣。湛台谓："与师相别多年，所闻良知之教，时时不敢忘。一切应用，逆顺好丑，起倒不常。才欲矜持，似觉拘迫；才欲舒展，又觉散缓，

---

[1] 此句《王畿集》误作"止之体不可容言，而思之用则人生日用之所以不穷，皆心主之"。见《王畿集》，页763。

未得个恰好处。勘来勘去，只是致良知工夫无病痛。故近来一意只是致良知，虚灵应感，自有天则。制而不迫，肆而不荡，日觉有用力处，日觉有得力处。以此就正，更望有以进之。"噫！若湛台，可谓善学矣。良知无尽藏，致知工夫亦无尽藏。古云："百尺竿头，更进一步。"四面虚空，从何处着脚？闻以有翼飞者矣，未闻以无翼飞者也。于此得个悟入，方为究竟法。待子更用工夫，火力具足，当储天泉勺水与子沃之，未晚也。

卷之六　天山答问

1. 甲戌闰立春前一日，阳和子相期会宿天柱山房，寻岁寒之盟。仕沛裘子充与焉。阳和子质性本刚毅，迩来留心问学，渐觉冲粹。一切应感，严而能容，和而有制。常见自己有过可改，不忍自欺其本心。学莫先于变化气质，若阳和，可谓善变矣。

2. 阳和子谓："周继实深信禅学，崇斋素，重因果，信自本心，不敢自肆，以为此是西方圣人之教，中国之学不是过也。"相留寝处数日，因丧中，亦与同斋，意颇无逆。亲交中，以予溺心虚寂，将外伦物而习于异教，亟来劝阻。予叹曰："世以斋素为异，恣情纷华，穷口腹之欲者，始得为常乎？以果报为惑，世之纵欲败度，肆然无所忌惮者，始为信心乎？先师有云：'世之人苟有沦于虚寂、究心性命而不流于世情者，虽其陷于异端之偏，犹将以为贤，盖其心求以自得也。求以自得而后可与语圣人之学。'良知者，心之本体，性命之灵枢也。致知之学，原本虚寂，未尝离于伦物之应感。内者不诱而外者有节，则固中国之宗传也。世人不此之虑，顾切切焉惟彼之忧，亦见其过计也已。"

3. 子充问操心之法。予谓："操是操习之操，非把持也。心之良知原是活泼之物，人能操习此心，时时还他活泼之体，不为世情嗜欲所滞碍，便是操心之法，即谓之存。才有滞碍，便着世情，即谓之亡。譬之操舟，良知即是舵柄，舟行中流，自在东西无碍，深浅顺逆无滞，全靠舵柄在手，随波上下，始能有济。良知之变动周流，即舵柄之游移，前却无定在也。若硬把捉死手，执定舵柄，无有变通，舟便不活。此心通达万变而昭昭灵灵，原未尝发，何出之有？既无所出，何入之有？既无出入，何方所之有？此是指出本心真头面与人看，以示为学之的，非以入为存、出为亡也。"阳和子曰："知此始为心之得其所养也。"❶

4.（篇末）云石沈子，期而未至，绎朝始会于舟中。云石有志于学，与阳和为同心，更图后会未晚也。万历二年至日，书于洗心亭中。

卷之六　书同心册后语

1. 内典有空假中三轮观法。静即空观，动即假观，动静交即中观。吾儒亦有取焉。夫根有利钝，习有浅深，学者各安分量，随时练养，或修空观，或修假观，或兼修中观。

2. 夫学必讲而后明，务为空言而实不继，则亦徒讲而已。仁者讱于言，惧其为之难也。古者言之不出，耻其躬之不逮也。此孔门家法也。故曰讲学有二：有以口耳者，有以身心者。入耳出口，游谈无根，所谓口说也。行著习察，求以自得，所谓躬行也。君子可以观教矣。此件事无巧法，惟在得悟。心悟者，无所因而入一切。依傍闻见，分梳道理，辨析文义，探索精微，自以为妙契，正落知解窠臼里，非心悟也。良知本明，无待于悟，只

---

❶ 按：后本卷七《华阳明伦堂会语》及卷十五《册付养真收受后语》中亦有此处论操心之法的文字。

从一念入微识取。悟与迷对，不迷所以为悟也。百姓日用而不知，迷也。贤人日用而知，悟也。圣人亦日用而不知，忘也。学至于忘，悟其几矣。北海之珠，得于罔象。悟之一字，主静之玄窍，求仁之密枢也。先师信手拈出良知二字，不离日用而造先天，乃千圣之绝学，已是大泄漏。世人听得耳惯，说得口滑，漫曰："良知，良知。"是将真金作顽铁用，陷于支离而不自觉，可哀也已。

3. 太史阳和张子归省，亲庭侍膳之余，时往云门避静，究明心性之旨，方图请乞，为久处计，其志可谓远矣。甲戌仲夏二十日，相期往会山中，商订旧学，并扣新功。张子以为："此学固须动静交参，不专于静。但吾人久泪世纷，走失不小，静中存息，若少有受用处。泰宇定而天光发，人不鉴于流水而鉴于止水，各安分限，求以自益，庶不为虚度耳。"予谓："张子发此真志，又肯安分，不为凌躐之图，尤为人所难能。张子取大魁、建大议，后辈方企羡以为不可及，今复锐志于学，为后辈作此榜样，其为企羡，又当何如？"张子所见，已渐超脱，犹虚心求益，请扣不已，以为心性本来是一，孟氏存其心，养其性，似若二之，何也？予谓："此是古人立教权法。性是心之生理，既曰心，又曰性，见心是天然主宰，非凡心也。心之说始于舜，性之说始于汤。《大学》言心不言性，心即性也；《中庸》言性不言心，性即心也。心无动静，故性无动静。定者，心之本体。动静，所遇之时也。悟得时，谓心是常动亦可，谓心是常静亦可。譬之日用之明，恒用不息而恒体不易。以用之不息而言谓之动，以体之不易而言谓之静。善观者随其所指，得其立言之意，而不以文害辞，则思过半矣。"三宿山中，往复辨证，颇征赠处之义。临别，复书静中所见，请质于予。因次第其语，披答如右，幸为终其远业，固交修之望也。

卷之四　自讼帖题辞

尝谓灾祥者，适然之数耳。天道微渺，而欲一一证之事应，则瞽史之见，君子不道也。然而君子反身修慝，恒必由之。故身之所遇，虽顺逆异境，将无适而非修德进业之地，是未可一诿之数而漫不之省也。语曰"灾祥在德"，是推天以验之人者也。又曰"吉凶不僭"，是修人以合于天者也。非通于天人之故，其孰与于斯？岁庚午冬，龙溪家毁于火，予往候之，见王子有惧心而无戚容，惟自引咎曰："吾欲寡过而未能，天其以是警戒我耶？"且以为自信未笃，致憎多口。凡所自讼，皆由衷之言，方与儿辈相勉戒，以庶几乎"震，无咎"之义。其他外物，成毁何常，岂能置忻戚于其间哉？因出其所自讼长语及所问答数条示予，得谛观之，皆超然卓越之见，融合精粹之学。中所称有孟之自反而后可以语颜之不校，则深于道者也。推此心以事天则为不怨；推此心以待人则为不尤，不怨不尤，此夫子之所以上达而乐天知命，其极则也。龙溪子殆通于天人之故者欤？龙溪昔从阳明夫子游，得讲于良知之学，而潜心者数十年矣。尝斥之以伪学而不惧，或目之为禅学而不疑。混迹尘俗而玩心高明，其仡仡乎任道之重、孜孜乎与人为善之心，盖有老而弥笃者。予幼不知学，晚未闻道，惟有真朴一念，守而弗渝，而辱与龙溪子交最久，时闻警策之言，若有所悟而步趋不前耳。观自讼帖而有感焉，因缀数语以志不忘。隆庆辛未春二月上浣，会下生明洲商廷试撰。❶

---

❶ 查刻本中此文原文为一整段，《王畿集》将其分成两段。见《王畿集》，页731—732。

卷之四　龙溪先生自讼帖后序

圣人之学，知微而已矣。知微则能无过，而圣人兢兢业业之心，盖不敢自以为是也。天地之大犹有所憾，而况于人乎？形生神发以后，一念之所动，宁能尽保其无过？过斯觉，觉斯复，复则天地之心见矣。此圣人之所以为圣，而亦贤人希圣之学也。虽然，微之难言久矣，过之难知也亦久矣。惟知微而后能知过，惟知过而后能知微。要非矫饰于一言一行者所可几也。《书》曰："人心惟危，道心惟微。"微为圣学之宗，非微之动，谓之曰危。危者，过之所由生也。几者，动之微，吉之先见。非微之动，谓之曰凶。凶者，过之所由成也。贞吉贞凶，安危之机，介于一念之动。非知几之君子，其孰能与此？余小子侍教龙溪先生三十余年于兹矣。先生，小子女兄之所归也。闻先生之言甚熟，而察先生之行甚详。自其起居动息之小，以至于出处辞受之大；自其夫妇兄弟之好，以至于君臣朋友之交；自其一乡一邑之近，以至于四海五岳之远，凡夫顺逆常变，是非好丑，与夫人情难易之迹，其所感无朕而所应无穷。先生笃于自信，直心以动，自中天则。纷沓往来，处之若一，未尝见有履错之咎。其交于海内，诚爱相与，不激不阿，善于知人之病，随机开诱，使人之意自消。教学相长，日入于微，易简直截，一洗世儒支离之习。不惟千圣学脉有所证明，而二氏毫厘亦赖以为折衷。海内同志，翕然信而归之，推为三教宗盟。而先生孜孜不自满之心，惟以过情为耻，以不知过为忧，自视歉如也。是岂矫饰于一言一行、以众人耳目为趋舍者，可得比而同也哉！微言微行，日精日察，无所怨于天而求合于天，无所尤于人而求信于人。何者为顺逆好丑？何者为难易？神感神应，声息俱泯。动斯觉，觉斯化，惟先生自知之，世人不得而尽知也。迩者火灾之变，亦数之适然耳。先生不透于数，惕然深警，引为己过，作自讼长语以训戒于家，因或人疑质，复述为问答，以衍其义。遇灾而惧，知过而改，古人兢业之心也。是虽意在反省，而天泉秘义时露端倪。标指可以得月，观澜可以窥源，信乎师门之嫡传也！善学者默体而悟，得于言诠之外，圣学斯过半矣。因书以诏同志，斯固先生一体同善之意也。隆庆辛未春正月元日，门人张元益撰。**❶**

卷之四 （白云山房）答问纪略跋

龙溪先生答问纪略，盖过余草堂与诸弟子论难语。陈子维府，敬梓以播同志者也。先生遭家不禄，余与子锡等亦君子之举，正以宽先生之忧耳。先生宴笑终日，意陶陶也。则理会性情之方，固已示之不言间矣。而复不容已于言者，其对症之药方也。虽然，求方于言，不若调自己性情，此疗病之要诀也。一点灵明，随缘随发，凡一切顺逆得丧，毫无增损。此体之心而可自得者。先生之不动心意，或在未发之前，独有所照察矣乎？然则求先生之教者，求之方乎？抑求之性情乎？余不学，敢与同志者同商之。白云溪隐人王锴谨识。

　★每条首尾括号内文字为后本中者，标出以识佚文之位置。

附录二　查刻本中为后本所修饰、扩充成单篇之条目

卷之二　三山丽泽录

1. 枫潭问"天根月窟"。龙溪曰："此是邵子一生受用功夫。

---

❶ 查刻本中此文原文为一整段，《王畿集》将其分成三段。见《王畿集》，页742—743。

是从阴阳升降之几，握固得住。消息循环，无终无端始，谓之弄丸。然此原是圣学，非如养生家任督周天之说。良知才觉处，谓之复。才觉便聚翕得住，弗致流散，谓之姤。吾人知复而不知姤，只如电光，灵根不固。知姤而不知复，只定得气，灵机不显。知复知姤，方是阴阳互根，方是太极生生之机，方是一阴一阳之道。邵子闲往闲来，亦只是窃弄此机。到熟处，便是内圣外王之学。"❶

2. 龙岩问曰："古云：'看一部《楞严经》，不如读一《艮》卦。'既曰'艮其背'，又曰'思不出其位'，何也？"龙溪曰："此是圣学之宗传。止必有所，'艮其背'，止其所也。圣学功夫只在'艮其背'一言。圣人取象，耳目口鼻手足感触，皆在于面，皆是动处，惟背不动。凡卦，阴阳相得谓之和应。《艮》卦上下二体，未尝相和，故谓敌应。言耳目感触与物相应，只如艮背一般，不为所引，故曰'不相与也'。外道绝应，众人和应，圣学敌应。'不获其身'，只如不用耳目感触一般，忘己也。虽'行于庭'，不见一些声色一般，忘物也。艮，非偏于静也。吉凶悔吝，生于动静而不与，故无咎。'心之官则思'，'思不出其位'，即所谓止其所也。不出位之思，方是心得其职，方是圣学。"又曰："北辰，天之枢也。天枢无时不运，七曜赖以生明，四时赖以成岁，而未尝离于本垣。此即'思不出其位'之义。若止而不思，则运息，便是禅学。若思而不止，则位离，便是俗学。"❷

卷之四　自讼问答

或曰："子谓'吾儒中行，异于禅学、俗学'，是矣。殆非可

---

❶ 此句《王畿集》作"邵子'闲往闲来'，亦只是窃弄此机到熟处，便是内圣外王之学"。见《王畿集》，页705。按：后本卷八《天根月窟说》本此。

❷ 按：后本卷八《艮止精一之旨》本此。

以袭取而得，请问从人之方。"予曰："君子之学，贵于得悟。悟门不开，无以证学。入悟有三：有从言而入者，有从静坐而入者，有从人情事变练习而入者。从言而入，谓之解悟，学之初机也。从静坐而入，得自本心，谓之心悟。从练习而入，无所择于境，谓之彻悟。静坐者必有所藉，境静而心始静。譬之浊水之澄，浊根犹存，才遇风波震荡，尚易淆动。若从人情事变练习，彻底晶莹，随流得妙，波荡万端而真宰常定。愈练习愈光明，不可得而澄淆也，是谓实证实悟。盖静坐所得，倍于言传；练习所得，倍于静坐。善学者量其根器大小，以渐而入，及其成功一也。先师之学，幼年亦从言入，继从静中得悟，其后居夷三载，从万死一生中练习过来，始证彻悟。生平经纶事业，皆其余事。儒者中行之实学也。"❶

卷之五　南游会记

1. 两峰问曰："《大学》首三条，闻先师有圣人、贤人、学者之分，何如？"予曰："大学是大人之学，对小人而言。大人以天地万物为一体，明德是立一体之体，亲民是达一体之用，止至善是体用一原，明德亲民之极则也。此是即本体为功夫，圣人之学也。因学者未悟至善之体，又提出知止一段工夫。人心无欲则止，有欲则迁。知止即是致知格物，定、静、安即是诚意、正心、修身。虑是与万物相感应，即是齐家治国平天下；得者，得《大学》之道也。又因学者未悟知止之功，故复说出先后次第，以示学者用功之序。此学者之事也。本体功夫、浅深难易，虽有不同，及其成功一也。"又问曰："文公格物之义有四，非止一草一木上去格，亦是身

---

❶ 按：后本卷十七《悟说》本此，只是第二悟作"证悟"。

心应感切实功夫。"予谓："先师格物，亦未尝外此四者，但于其中提出主脑，功夫始有归着。圣人之学，只是察诸念虑之微，凡文字、讲论、事为，皆在念虑上察，以致其知，此便是学问主脑。若作四项用功，即为支离之学矣。"❶

2. 友人问《河图》、《洛书》之义。予谓："造化之机，一顺一逆而已。《河图》为顺，《洛书》为逆。顺为生机，逆为杀机。顺而不逆，则无以成化育之功。《河图》左旋，《洛书》右旋，天水违行之象。故曰：'《易》，逆数也。'其用逆，而其机则顺也。不翕聚则不能发散，杀者所以为生也。世传金丹用逆，不知吾儒之学亦全在逆。颜子四勿，便是用逆之数。收视反听，谨言慎动，不远而复，所以修身也。《图》、《书》五皆居中，而一皆居下者，此尤造化示人之精蕴。五居中者，人受天地之中以生也；一居下者，即五中之一点也。万物发用在中，而根荄在下。雷在地中，复。阳气潜孚于黄钟之宫。君子以此洗心，退藏于密。《乾》之初爻曰'潜龙勿用'，阳在下也。《乾》之勿用，即图、书之一也，即复之初也。其旨深矣。旧曾与荆川子论及此。后儒不原古人画卦叙畴之本旨，不明顺逆之机，纷纷泥于方位象数之说，牵补附会，无益于学，其亦陋矣。"❷

3. 少岩举后渠序《杨子折衷》，以慈湖为灭意，与不起意本旨同否？予谓："意是本心自然之用，如水鉴之应物，变化云为，万物毕照，未尝有所起也。离心起意即为妄，有起而后有灭，万欲皆从意生。本心自清自明，虚灵变化，妙应无方，原未尝起，何待于灭？或以不起意为不起恶意，非也。善与恶对，心本无恶，虽善意

---

❶ 按：后本卷八《大学首章解义》本此。
❷ 按：后本卷八《河图洛书解义》本此。

亦不可得而名，是谓至善。有善可为，是谓义袭，非慊于心也。或以不起意非初学所能及，亦非也。初学与圣人之学，只有生熟安勉，原无二致，及其知之，成功一也。昔上蔡举'何思何虑'请正伊川，伊川以为'说得太早'，既而曰'却好用功'，则已自悔其说之有未尽矣。或以慈湖之学为禅，亦非也。慈湖之学得于象山。慈湖举本心为问，象山以扇讼是非启之，恍然自悟，乃易简直截根源。荆门之政，几于三代，儒者有用之学也。知不起意之说，则知今日诚意致知之旨矣。""然则慈湖疑正心、洗心皆非圣人之言，何也？"予曰："此是慈湖执见未化。古人垂训，皆因病立方。人心溺于染习，不能无邪无垢，故示以正心、洗心之方。病去则药除，所谓权法也。象山谓'予不说一，敬仲常说一，便是一障'。先师谓'慈湖见得无声无臭之旨，未能忘见'，未免为无声无臭所碍，将古人教法，尽与破调，则不起意三字亦剩语矣。要之大本大原，乃是入圣真脉路，瑕瑜自不相掩也。"❶

附录三　查刻本序与跋

龙溪先生会语序

予年暮矣，衰病侵寻，怀求友四方之志，力不逮矣。斋居默省，壮年志学，垂老无闻，谓何？笥中蓄龙溪老师会语，盈十余帙，时捧一二，焚香敛衽，阅一过辄助发多多。近得查子警甫，同心商究学脉，所尊信此帙意同，但嫌散漫无纪，因共谋衷录，编为成书。谨按先生之学，刊繁揭要，探本逢源，窥天人统宗之奥，握

---

❶ 按：后本卷五《慈湖精舍会语》本此。

阴阳合辟之机。种种不离伦物，而伦物一切生于虚明之中。故予尝信先生之学，真入圣梯航也。点掇心源，穷极微妙，拈来机窍，直凑天根，有发《易》《庸》所未发者。宋儒以来，未之或逮矣。不冥会之，孰从而臆及之乎？至于辨二氏之似是，揔百家之委流，入其精髓，析之毫厘，则有功圣门多矣。先生志意凌厉，识度宏深，有尚友千古之气，不屑屑世人称讥，一洗乡愿陋习。迹其用，常有独往独来、不求人知而求天知者。平生所在，憎多口，既功从师证，德由悟入，亦独信所诣，恢恢如也。夫气质未融，不妨其有未融也；查滓未净，不妨其有未净也。顾其学可以考往圣而俟百世焉尔。夫子曰："知及之，仁能守之。不庄以莅之，则民不敬。动之不以礼，未善也。"夫"知及之"，知止也；"仁守之"，缉熙其止也，特德未盛耳。更深造之，益酝酿之，则充实光辉，动容周旋而中礼矣。先生于此必有不自满假之心，非予小子能测其微也。先生晚年，气愈敛，神愈藏，混于尘世，不见与愚夫愚妇有异。熙熙穆穆，如抱赤子之心。夫人能自信其心，始信先生之心也与。昔《大雅》之称文王：无歆羡，无畔援，泯识知，穆然缉熙敬止，与帝则周旋。故后人颂之曰："维天之命，于穆不已。于乎不显，文王之德之纯。"盖圣人之心，语其微，天之命也；指其显，帝之则也。吾人之学，尽性至命，其的矣。文王，我师也，先生岂欺予哉？今年季夏，子警甫将赴官河东，念离索无助，将挟是编以行。夫子警甫，尝有志于道。夫苟志于道，其于是编也，必有心领神会而师承之矣。千里同堂，是编其警欬矣乎？万历三年岁在乙亥季夏初吉，门人贡安国顿首书于宛陵精舍。

龙溪先生会语后序

余往闻先生之教，每以不得久处门墙为憾。自河东归，即图率业。因循牵制者，忽忽又二三季。乙亥春，始得与俞允升、翟平甫、萧以宁三兄由武林吊绪山先生，因谒门下，为久处计。先生复先期有云间之行，无由得一面证。未几，而河东之命下矣。后会难期，归途怅怅。抵宛陵，遂谋诸吾师贡先生，得语录数帖以行。庶仪刑虽远，謦欬犹存，亦可为师资之助也。沿途细玩，见其于先天混沌之妙、乾坤合辟之机、千圣心传之要、二氏似是之非，莫不漏泄其蕴奥，剖析其几微，真有发前贤之所未发者。至于周流四方，日以求友为事。所至发挥性灵，则透人心髓。指点病痛，则直中膏肓。凡上而公卿大夫，下而乡耆士庶，承其颜色，听其议论，莫不各有所兴起。其与人为善之心，虽老而不倦。余窃以为，先生之学，圣学也。自昔文成公倡道东南，聪明睿智，直达天德。学者云从风附，多诣道妙。然其为教，亦随缘设法，因人而施耳。至其上达之妙，不落言诠，亦有可悟而不可传者。乃先生以上乘之资，独得不传之妙。故其学以万物为体，以混沌为根，不离一切伦物之间，而一切伦物卒不能为此心之碍。文成公致知格物之蕴，已深造而自得之矣。迨其晚年，其养愈纯，其精愈藏，盖已能所俱泯，顺逆两忘，熙熙穆穆，超乎生死之外者矣。乃世之学者，或以形迹之间疑之，不知贤者所为与乡党自爱者，原自殊科。先生固已言之矣。间以此录示诸同事，诸公读之，莫不跃然，且有津津知所兴起。以是知良知在人，真有不谋而合者。闻喜王君尤爱而传之，因托梓之，俾与同事者共焉。先生之会语甚多，此其十之二三耳。夫先生之精神，非言语所能传也。然不得见先生，待见余言而有所兴起，则是录也未必非同志之一助也。因僭言于简末。时万历四年岁在丙子仲夏初吉，门人查铎书于汾州公署。

跋云门问答

　　吾越为文成公倡道之乡，而龙溪先生又亲受衣钵之传者。先生之学，洞澈圆融，无所凝滞。汲汲乎欲人同进于善，故其于人也，无可否，皆和光以与之；孜孜乎求以利济乎物，故其于事也，无好丑，皆混迹以应之。盖先生唯自信其心，而吾乡之人每不能无疑于其迹。忭于先生，固不敢疑乡人之所疑，而犹未能信先生之所信。盖尝以吾之不可，学先生之可，而期先生不以为谬也。❶是岁仲夏，柱杖云门，相从累日，或默而坐，或步而游。一时诸友迭为唱和，欣欣焉舞雩风咏之乐，不是过也。忭不自量，乃出所疑数条，以请正于先生。❷而先生条答之，亹亹数千言。所以启师门之关钥，指后学之迷津者，至详恳矣。抑忭闻之，非言之艰，行之唯艰。今日之问答，皆言耳。吾党苟不能以身体之，入乎耳，出乎口，闻教之后与未闻教之先，犹若人也，则一时之辩论皆空言，而先生之嘉惠为虚辱矣。兹忭之所大惧，亦诸友之所同体者也。敢以是交勖焉。万历甲戌夏五月之吉，张元忭谨跋。

附录四　龙溪文集明刊本国内收藏情况表

版　本	书　名	刊刻年代	现收藏地点
查刻本	《龙溪先生会语》六卷	万历四年丙子	北京大学图书馆

---

❶　此句《王畿集》误断为"盖尝以吾之不可学先生之可而期，先生不以为谬也"。见《王畿集》，页789。

❷　"以请正于先生"句中"正"字《王畿集》误作"证"。见《王畿集》，页789。

版　本	书　名	刊刻年代	现收藏地点
萧刻本	《龙溪王先生全集》二十卷	万历十五年丁亥	南京大学图书馆
	《龙溪先生全集》二十卷	万历十六年戊子	北京大学图书馆、山东省图书馆
何刻本	《卓吾先生批评龙溪王先生语录钞》	万历二十六年戊戌	北京大学图书馆、中央党校图书馆、中科院图书馆、上海图书馆、华东师大图书馆、天津图书馆、甘肃省图书馆、南京图书馆、浙江省图书馆、湖北图书馆、四川图书馆
	《龙溪先生文录钞》九卷	万历二十七年己亥	北京大学图书馆、中央党校图书馆
丁刻本	《龙溪王先生全集》二十二卷	万历四十三年乙卯	中国国家图书馆、台湾"中央图书馆"
	《龙溪王先生全集》二十卷	万历四十三年乙卯	台湾"中央图书馆"
	《龙溪王先生全集》二十卷	万历四十七年己未	北京大学图书馆
石刻本	《石林先生批评龙溪王先生语录钞》八卷	崇祯十五年辛巳	山东大学图书馆

后　记

　　本书在我的博士论文基础上修订而成。完成博士论文和本书的修订工作时，一方面固然不无轻松之感，但内心感受更多的不是觉得结束了某件事情，而是觉得许多事情才刚刚开始。

　　回想起来，自己走上研究中国传统文化的道路绝非偶然，自幼家庭的经验和自我阅读的倾向可以说对此起到了相当关键的作用。大概也正是因为这一点，在80年代后期进入南京大学读本科的时候，我虽然和许多青年学生一样为当时的文化热所吸引，却完全没有像大多数学生那样受到以"河殇"为代表的批判传统文化思潮的裹挟。事实上，我之所以选择政治学专业，恰恰是受到儒家"治国平天下"理念的影响所致。当然，或许只有经过当时那股思潮的刺激，我对于中国的传统文化尤其儒家思想，才能由幼年所受潜移默化的熏陶逐渐转化为自觉深入的反省。由于中国传统文化尤其儒家思想很早便进入到我的人生经验，因此，我在大学时代对相关书籍、文字的广泛涉猎，除了"为学"的知性兴趣之外，还有"为道"的精神追求。我大学毕业工作三年之后考入北京大学哲学系，以研究中国哲学作为自己的志业，最终的动源正是这种精神追求。并且，在经历了从硕士到博士六年的学习之后，在专业化的学术训练使儒学似乎越来越成为一种自己客观研究的"对象"的情况下，我从来没有忘记这种"为学"活动对于自己的价值论意义。至少我自己目前的体验告诉我，儒学以及整个中国哲学的研究固然可以而且已经成为现代专业意义上的学科领域，但从中汲取身心切实受用的精神资源，变化气质而成为真正"成熟"的"成人"，才更能够领略到儒学以及中国哲学的内在价值。而要将儒学与中国哲学中丰富、深邃的意蕴转化为实有诸己的经验和意识，就必须将"为道"的终极追求建立在"为学"的坚实基础之上。否则，很难真正掘井及泉、深造自得。我之所以走上学术研究的道路，原因正在于此。而随着对儒家传统研究的相对深入，我也愈发感受到儒家为人修身的道理既简易明白、"愚夫愚妇可知"，同时却又广大精微，有无尽的意蕴值得我们在经典的钻研与人生的实践以及二者的互动渗透中不断地去体悟。正是在这个意义上，我觉得本书的完成，恐怕只能是"为学"、"为道"的初步而已。

博士论文从正式动笔到写就虽然不过八个月，但其实可以说是多年思索所得。硕士期间对王龙溪的思想已大略形成了通盘的想法，但限于时间与篇幅，硕士论文主要只写了龙溪的先天正心之学及其四无论。博士期间最初打算只完成龙溪思想的个案研究，但随着对中晚明阳明学相关文献与既有研究成果了解的不断扩展和深入，除了龙溪的思想之外，逐渐对中晚明阳明学发展过程中一些基本的线索与问题形成了若干个人的看法，感到单纯的个案研究已不能反映自己目前对阳明学的认识，于是在经过了一番认真的思考之后，毕业前一年的七八月之间才最终确定了论文的研究取径与整体架构。也正是由于动笔前的不断酝酿与反复斟酌，具体的写作过程才较为顺畅。

作为我的导师，陈来先生不仅对我的论文构思多有指点，更在论文完成后对每一个章节进行了细致入微的审阅。论文指导小组的其他老师也都提出了不少宝贵的意见。他们的指教，大部分已经采纳到本书当中。另外，2000年3月至7月访问台湾期间，得到了众多师友不同形式的帮助和指教，也使我进一步掌握了有关阳明学的一些历史文献与研究成果。这是我在此特别要向他们表示感谢的。事实上，不仅与古圣先贤超越时间的对话使我感受到了精神上的满足，现实生活中诸位同道师友所构成的跨越空间的学术群体，更使我在益智进德的过程中获得了"不孤"的快乐。

我还想一提的是，我的儿子煜哲2000年11月降生，因此，论文撰写与孩子的成长几乎是同步进行的。照料孩子固然占用了我的许多时间、精力，但同时也增添了以往不曾有过的乐趣。而撰写论文期间对煜哲的照顾，还颇有赖于父母家人的帮助，这也是我在此要表示感谢的。

去岁10月，我很荣幸地应安乐哲（Roger T. Ames）教授之邀至夏威夷大学担任客座教授，分别在中国研究中心和哲学系给研究生开设"儒家传统的身心修炼"和"中国哲学文献阅读"两门课程。今年8月夏大的访问结束后，又荣幸地获得杜维明教授的邀请转来哈佛大学进行自己的研究。由于客居海外，迄今为止，有关书稿与出版的若干事宜，只能通过电子邮件与三联书店的孙晓林女士往复。孙晓林女士为此书的出版做了许多细致的工作，我在此表示由衷的感谢。

此书即将由三联付梓之际，得悉我的博士论文今年9月正式荣获国务院学位委员会和教育部授予的"全国优秀博士论文"。在此，我要特别感谢业师陈来先生、北京大学哲学系各位老师以及母校北京大学对我的培养，同时也要感谢我所不知道的参与评审的一应前辈专家学者对论文的肯定。这篇论文荣获"全国优秀博士论文"，不仅是北大"中国哲学"专业的首次，同时也是全国以"宋明理学"为题材的首次。除了个人的荣誉之外，如果这能说明中国自身的思想传统日益受到重视、学术研究的评价机制日益由学术自身而非学术以外的其他因素来决定，那将是我更加感到喜悦的。毕竟，曾几何时，儒家思想在几乎完全负面的意义上被等同于"封建思想"（且不论"封建"一词在用于其所指涉的秦汉以降中国传统社会时的不类），而宋明理学作为"封建糟粕"中的"糟粕"，更是彻底批判和否定的对象。

　　最后需要说明的是，此书去岁 6 月曾由台湾学生书局出了繁体字版，但大陆地区未易得见。繁体版书后附录了与本书直接相关的"王龙溪先生年谱"和"明刊《龙溪会语》及王龙溪文集佚文——王龙溪文集明刊本略考"，分别是我硕、博士期间发表的两篇文字的修订版。此次简体字版因篇幅所限，后面一篇未能收录。然简体字版除得便再加校订外，更有较为详细的人名和术语索引，则为繁体字版所未具。

彭国翔

2004 年 10 月于哈佛大学

增订版后记

　　2005 年元月，此书由生活·读书·新知三联书店在大陆初版简体字版时，我在后记的最后部分曾经提到，本书最早的版本，其实是 2003 年由台湾学生书局在台北出版的。并且，学生书局当时同时出版了精装本和简装版。无论封面设计、用纸还是印刷，都相当精美。记得 2004 年底我由美回国途经台北参加会议时，顺便曾去学生书局和当时的发行人鲍邦瑞先生见了一面。那是我唯一一次驻足学生书局，也是唯一一次和鲍先生见面。当时鲍先生关心两岸关系以及中国文化前途时的慷慨激昂之情，至今仍有印象。可惜后来一次访台时，听说鲍先生不幸意外身故，不能不为之惋惜！

　　学生书局 2003 年的繁体字版与三联书店 2005 年的简体字版有所不同。前者附录部分不仅包括了"王龙溪先生年谱"，还包括了"明刊《龙溪会语》及王龙溪文集佚文——王龙溪文集明刊本略考"。而三联书店当初出版简体字版时，由于篇幅的顾虑，附录部分只收了"王龙溪先生年谱"。即使如此，以当初本书 604 页的篇幅，据说也是"三联·哈佛燕京学术丛书"从开始到当时最厚的一本了。

　　中国历史上向来有为重要人物编撰年谱的传统，但在 1996 年我开始撰写"王龙溪先生年谱"时，以往并无任何王龙溪的年谱之作，这与王龙溪在中国哲学、思想史特别是中晚明阳明学中的地位是不相称的。我之所以有年谱之作，也是因为这一点。当初我在阅读各种历史文献的过程中，随时摘录编排，很快便有了初稿。1997年，年谱初稿即发于台湾"中研院"中国文哲研究所的《中国文哲研究通讯》第七卷第四期。可惜由于繁简转换与列印的问题，文字多有讹误。后来我一直留意，不断增补。学生书局2003年繁体字初版时收录的"年谱"，既改正了《中国文哲研究通讯》发表时的讹误，更在内容上有所补充。对于王龙溪的生平事迹以及晚明阳明学的相关人物和事件，该年谱可以说提供了一份可资利用的材料。

不过，"王龙溪先生年谱"固然有首作之功，"明刊《龙溪会语》及王龙溪文集佚文——王龙溪文集明刊本略考"一文更具有历史文献学的价值。该文之作，缘于我1996年在北京大学图书馆善本图书室发现的万历四年泾县查氏刻本《龙溪会语》六卷。此前，中文世界的学者似乎并不知道该本的存在。该本虽曾一度在朝鲜和日本流传重刻，其中的一些文献也为个别日本学者偶有利用。但对于该刻本的文献价值和意义，日本学者并没有足够的重视，更无专门的考察。事实上，该本是王龙溪文集的最早刊本。万历四年该本刊刻之时，王龙溪尚在人世。特别值得重视的是，该本中有很多后来全集本不见的佚文，对于研究王龙溪的思想极为重要。我的这篇文章，就是在考察明刊王龙溪文集各种版本体例、文字异同的基础上，重点介绍了《龙溪会语》的内容、流传和价值，并且辑出了不见于后来全集本的佚文，为研究王龙溪的思想提供了崭新的第一手资料。

这次三联书店的增订版，将"明刊《龙溪会语》及王龙溪文集佚文——王龙溪文集明刊本略考"收录在内。借此之便，我也再次对该文进行了全面的修订，更正了以往发表中的误植。可以说，迄今为止该文最新的修订版，就是本书附录所收的这一篇了。鉴于该文的性质，在我有关 11—17 世纪儒学思想史和历史文献学的专集《近世儒学史的辨正与钩沉》（北京：中华书局，2015）一书中，也收录了这篇文字。这是要向读者说明的。

当然，本书的研究并不限于王龙溪个人。第一至五章固然是对于王龙溪个人思想的研究，占全书三分之一篇幅的第六、七两章，则已进入中晚明阳明学的整体，处理的课题已是整个阳明后学最为核心的问题意识。可以说，本书是一种"点"（王龙溪的个案）"面"（中晚明阳明学的整体）兼顾的研究方式与成果。这一特点，明眼的读者自不难看出。正如陈来先生在本书三联初版封底所说："作者首先以中晚明阳明学的核心人物王龙溪为取样，全面、彻底地考察其哲学思想，进而扩展到中晚明阳明学的整体脉络，探讨其思想内涵与发展线索，既进行专精深细的个案研究，又以问题为中心条分缕析地把握阶段哲学思想史的发展，并使二者彼此支持、有机结合，从而使中晚明阳明学丰富的思想内容获得了深入清晰的展示。"至于陈来先生紧接着说的话："本书资料翔实，尤为突出的特点是思想讨论的深入，理论分析能发前人所未发。在所处理的课题范围内，本书所达到的深度和广度都给人以深刻印象。"我自己则更多地视之为老师对学生的鼓励。

相对于我 2001 年完成的博士论文，除了个别文字的修订之外，本书的内容并没有多大的改动。而无论是论文完成的 2001 年，还是一直到学生书局在台湾出版繁体字初版的 2003 年以及三联书店在大陆出版简体字版的 2005 年，以阳明后学为主体的阳明学研究，在中国大陆可以说才刚刚开始。例如，记得 2001 年完成论文不久，我即遵陈来先生之嘱，将博士论文寄了一份给复旦大学的吴震教授。吴教授是日本留学的阳明学专家，他的《阳明后学研究》一书，也是 2003 年才在上海出版的。可以说，在我们的著作出版之后，以阳明后学诸多人物为题的博士论文，才比较集中地接踵而至。

学术研究如此，至于社会大众对于中国传统文化或者说所谓"国学"的认同，虽然 21 世纪初以来已逐渐开始，却是一直要到差不多 2010 年之后，才在整个社会的层面蔚然成风。而在"国学热"的背景之下，最近国家领导人对于阳明心学的公开肯定，似乎更进一步激发了普通民众对于阳明学的关注和兴趣。

20 世纪 80 年代末，我已经决定将中国思想文化尤其儒家传统的"学习"（study and practice）作为自己的终身志业。当时中国大陆席卷社会的是普遍的"西化"思潮。"儒学"尚没有从被批判的境遇中完全解脱出来。即便真正研究儒学的学者，也很少有人表达对于儒学的价值认同并以儒家自居，更遑论那些从未接受过儒学专业训练的人士了。譬如，像李泽厚那样在 80 年代初便比较能够肯定孔子，像陈来先生那样在 80 年代后期即表达出对于儒学价值的相当认同，绝对是屈指可数的。所以，在当时师友和同学的眼中，我的志业抉择大概是不可思议的。而如今，"国学"和"阳明学"受到政府的支持，几乎成为一种大众追捧的时尚，不但一些国学和儒学的从业人员纷纷走向社会、到处登坛说法，就连一些并未经过国学和儒学专业训练的人士，也都成了孔夫子的门下和阳明先生的信徒。真可谓"忽如一夜春风来，千树万树梨花开"。在 20 世纪 80 年代末，这种情形完全是难以想象的。抚今追昔，看到如今中国大陆"新儒家"甚至"新新儒家"风起云涌，不能不令人感叹。

对于我的研究领域而言，阳明学只是其中之一。但阳明学所体现的整个儒家传统的价值和智慧，却是我最为服膺的一个精神资源。因此，对于阳明学来说，无论是学术研究的推进，还是社会大众的追慕，都是我极为喜闻乐见的。不过，在这样一种"国学"、"儒学"和"阳明学"看起来欣欣向荣的局面之下，我不打算再说一些"锦上添花"的话，而是希望在这篇后记中，给那些真正打算在阳明学中"为学求道"的有志之士几点提醒。在看似一片大好的形势之下，"居安思危"的提醒或许比"锦上添花"的欢呼更有价值和意义。

首先，如今大家对于阳明学智慧的兴趣，我希望是为了切实解决自己身心的根本问题，而不是眼下"国学热"大潮之下的"随大溜"和"从人脚跟转"（黄宗羲语），更不是要去响应某种外在权威的提倡。正如孟子所谓"君子深造之以道，欲其自得之也"。这也是孔子所谓"为己之学"的真谛，更是历史上几乎所有真正儒家学者一再强调的"身心性命之学"与"口耳之学"的区别。从本书的研究我们也可以看到，阳明心学所教导的要义，正是要告诉我们：任何外在的权威，无论是经济上的财富还是政治上的权力，都不是最终的准则，都要受到"良知"、"天理"的衡量。甚至儒家圣贤人物的话语和文字，也都必须接受"良知"、"天理"的最终检验。正如阳明本人所谓，"求之于心而非也，虽其言出于孔子，不敢以为是也"。

其二，我也希望对阳明心学感兴趣者，能够从历史上心学的流弊中汲取教训，避免师心自用、误将意气用事的感性挥洒当成"良知"的发用。心学乃至整个儒学作为一种"生命的学问"，当然不能异化为与自己生命无关的纯粹对象化的知识。但这种"生命学问"的养成，从来离不开理性和知识的陶冶。孔子在《论语》中首举"学而时习之"示人，又言"十室之邑必有忠信如丘者，不如丘之好学也"，以"好学"而非"忠信"来自我界定，足见"学"之重要。古代所有的大儒，其躬行实践无一不是建立在"博学、审问、慎思、明辨"的基础之上。任何现实关怀如果不能基于深厚的学养，难免流于阳明学所批评的"气魄承当"。在当下这个众口喧腾的浮躁与变幻的世界中，真正儒家的文化立场与价值关怀，更需要坚实的学问和清明的理性，不在于是否终日在公共领域抛头露面、摇旗呐喊。王艮初见阳明时"纵论天下事"，阳明答之以"君子思不出其位"；王艮奇装异服、耸动京师后，阳明三日不见，以为惩戒。阳明之所以如此，都表示他所认同的儒家精神在于平实沉潜，不在于出奇作怪。王艮那些耸人听闻的言行，还只是年轻时的气质未化，仍不失真诚。至于如今一些不愿、不能从事深入的儒学研究却托名儒家者，且不论在高等学府教书育人，即便面对社会大众，恐怕也不过是假儒家之名而行沽名渔利之实的自欺欺人而已。

第三，我还衷心希望，真正有意从"国学"中汲取人生智慧的读者，不要仅以"心学"甚至"儒学"自限，也应该从朱子学以及整个中国思想文化传统中切实汲取身心受用的智慧资源。同时，除了儒、释、道之外，还要向世界上包括耶教（Christianity）、伊斯兰教（Islam）、犹太教（Judaism）、印度教（Hinduism）等各种伟大的精神性传统（spiritual traditions）保持开放。正如宋儒张横渠先生（1020—1077）所说："大其心，则能体天下之物。"只有如此，我们才可以尽可能立足于古今中外人类经验的整体，真正获得"致广大而尽精微"的智慧与识见，不至于坐井观天和夜郎自大。

其实，如果不限于阳明学的话，对于当今世界之中的儒学以及整个中国传统思想文化，与上述几点相关和类似的看法，我在21世纪之初以来即在不同的场合有更为充分的表达。这方面的专门文字，已经汇集到我的《重建斯文——儒学与当今世界》（北京大学出版社，2013）一书，有兴趣的读者不妨参看。

最后我想说的是，从 2005 年三联书店出版本书迄今，恰好十年。十年之间，关于阳明后学的博士论文以及在此基础上出版的学术著作，海内外都已有不少。不过，对于中晚明的阳明学，无论在具体的分析和判断还是研究的方法与取径方面，本书至今似乎都仍不失其参考的价值。这一点，也是本书增订出版的意义所在。至于这一增订版能够顺利在今年出版，对我个人而言，可以作为本书大陆简体字版出版十年的一个纪念。在此，我要感谢三联书店，没有书店诸位友人的尽心尽力，这本增订版大概是难以恰好在十年之际问世的。同时，我也要借便再次感谢陈来先生。在我北大硕士、博士六年的求学过程中，陈先生一直是我的导师。无论是硕、博士论文还是其他在此期间撰写与发表的文章，包括本书的两篇附录，都得到了他的悉心指教。在治学方法上，我从他那里获益良多。本书的文字，几乎都是在北大求学期间完成的。因此，虽然本书初版后记中已有致谢，这本增订版除了大陆简体字版出版十年纪念之外，我仍希望可以一并作为敬谢陈来先生的一份献礼。

彭国翔

2015 年 6 月 9 日于武林紫金港

征引与参考文献

一、古籍：

王先谦：《荀子集解》，北京：中华书局，1988

程颢、程颐：《二程集》，北京：中华书局，1981

胡宏：《胡宏集》，北京：中华书局，1987

张载：《张载集》，北京：中华书局，1987

朱熹：《朱文公文集》，上海：上海书店：1989

朱熹：《四书章句集注》，北京：中华书局，1983

黎靖德编：《朱子语类》，北京：中华书局，1986

陆九渊：《陆九渊集》，北京：中华书局，1980

杨简：《慈湖先生遗书》，济南：山东友谊出版社，1989

湛若水：《湛甘泉先生文集》，康熙二十年黄楷刻本

王守仁：《王阳明全集》，上海：上海古籍出版社，1992

王畿：《龙溪王先生会语》，万历四年泾县查氏刻本

王畿：《王龙溪先生全集》，道光二年会稽莫晋刻本（此刻本乃依万历十六
　　年萧刻本重印）

王畿：《龙溪王先生全集》，万历四十三年嘉善丁宾刻本

王畿：《大象义述》，日本函碕文库本

王艮：《王心斋全集》，台北：广文书局，1987

王艮：《重刻心斋王先生语录》，四库全书存目丛书本

王艮：《王心斋先生遗集》，1912年袁承业重印本

薛侃：《研几录》，万历四十五年薛茂杞等重刻本

聂豹：《双江聂先生文集》，明嘉靖四十三年吴凤瑞刻隆庆六年刊本

聂豹：《双江先生困辨录》，四库全书存目丛书本

季本：《季彭山先生文集》，清初抄本

邹守益：《邹东廓先生文集》，隆庆六年刻本

欧阳德：《欧阳南野先生文集》，嘉靖四十年王宗沐刻本

唐顺之：《唐荆川集》，文渊阁四库全书本

罗洪先：《罗念庵先生文集》，嘉靖四十二年刘玠刻本

罗洪先：《石莲洞罗先生文集》，万历四十四年刊本

罗洪先：《罗念庵先生文录》，光绪十二年刻本

罗汝芳：《盱坛直诠》，台北：广文书局，1967年影印儒林典要本

罗汝芳：《近溪子明道录》，四库全书存目丛书本

耿定向：《耿天台先生文集》，万历二十六年刘元卿刻本

刘元卿：《山居草》，万历二十一年安成陈国相刊本

蔡汝楠：《自知堂集》，四库全书存目丛书本

王襞：《新镌王东崖先生遗集》，四库全书存目丛书本

王栋：《一庵王先生遗集》，万历三十九年抄本

查铎：《毅斋查先生阐道集》，万历三十七年序刊本

唐枢：《木钟台集》，四库全书存目丛书本

张元忭：《张阳和先生不二斋文选》，万历张汝霖张汝懋刻本

许孚远：《敬和堂集》，四库全书存目丛书本

周汝登：《王门宗旨》，万历余懋孳刻本

周汝登：《东越证学录》，四库全书存目丛书本

周汝登：《四书宗旨》，《中国子学名著集成》第20册

杨起元：《太史杨复所先生证学编》，万历四十五年佘永宁刻本

邹元标：《愿学集》，文渊阁四库全书本

王时槐：《塘南王先生友庆堂合稿》，光绪三十三年重刻本

李材：《见罗先生书》，四库存目丛书本

邓以赞：《邓定宇先生文集》，四库全书存目丛书本

邓以赞：《邓文洁佚稿》，明云间何三畏校刊本

焦竑：《澹园集》，北京：中华书局，1999

焦竑：《庄子翼》，台北：广文书局，1970

焦竑：《支谈》，万历缪水沈氏刻宝颜堂秘笈本

李贽：《焚书》，北京：中华书局，1961

管志道：《续问辨牍》，四库全书存目丛书本

管志道：《惕若斋集》，万历二十四年序刊本

陶望龄：《歇庵集》，台北：伟文图书公司，1976

袁宗道：《白苏斋类集》，上海：上海古籍出版社，1989

颜钧：《颜钧集》，北京：中国社会科学出版社，1996

何心隐：《何心隐集》，北京：中华书局，1960

罗钦顺：《困知记》，北京：中华书局，1990

王廷相：《王廷相集》，北京：中华书局，1989

冯少墟：《少墟集》，文渊阁四库全书本

顾宪成：《顾端文公文集》，四库全书存目丛书本

高攀龙：《高子遗书》，文渊阁四库全书本

刘宗周：《刘宗周全集》，台北："中研院"中国文哲研究所，1996

李颙：《二曲集》，北京：中华书局，1996

邵廷采：《思复堂文集》，明代传记丛刊，台北：明文书局，1990

黄宗羲：《明儒学案》，北京：中华书局，1985

黄宗羲：《黄宗羲全集》，杭州：浙江古籍出版社，1992

焦循：《雕菰集》，1936年上海商务印书馆排印丛书集成初编本

神会：《神会和尚禅话录》，北京：中华书局，1996

真谛译：《大乘起信论校释》，高振农校释，北京：中华书局，1992

郭朋：《坛经校释》，北京：中华书局，1983

颐藏：《古尊宿语录》，北京：中华书局，1994

永明延寿：《万善同归集》，《大正藏》第48卷

僧祐：《弘明集》，上海：上海古籍出版社，1994

道宣：《广弘明集》，《大正藏》第52卷

幻轮：《释鉴稽古略续集》，《大正藏》第49卷

朱时恩：《居士分灯录》，《卍续藏经》第147册

心泰：《佛法金汤编》，《卍续藏经》第147册

元贤：《永觉元贤禅师广录》，《续藏经》第1辑第2编，第30套第3册

湛然圆澄：《慨古录》，《续藏经》第1辑第2编，第19套第4册

空谷景隆：《尚直编》，近世汉籍丛刊，东京：中文出版社，1984

一元宗本：《归元直指集》，近世汉籍丛刊，东京：中文出版社，1984

云栖袾宏：《云栖法汇》，南京：金陵刻经处，1897

云栖袾宏：《山房杂录》，近世汉籍丛刊，东京：中文出版社，1984

云栖袾宏：《竹窗随笔》，近世汉籍丛刊，东京：中文出版社，1984

憨山德清：《憨山大师梦游全集》，《续藏经》第1辑第2编，第32套第5册

紫柏真可：《紫柏尊者全集》，《续藏经》第1辑第2编，第31套第4册

藕益智旭：《灵峰宗论》，江北刻经处本

瞿汝稷：《指月录》，台北：新文丰出版公司，1992

谭峭：《化书》，北京：中华书局，1996

王明：《无能子校注》，北京：中华书局，1981

刘一明：《道书十二种》，北京：书目文献出版社，1996

黄元吉：《净明忠孝全书》，《道藏》第24册

洪丕谟编：《道藏气功要集》，上海：上海书店，1991

胡道静主编：《藏外道书》，成都：巴蜀书社，1992

《正统道藏》，台北：艺文印书馆，1977

张廷玉：《明史》，北京：中华书局，1974

何良俊：《四友斋丛说》，北京：中华书局，1997

焦竑：《国朝献征录》，明代传记丛刊，台北：明文书局，1990

周密：《齐东野语》，唐宋史料笔记丛刊，北京：中华书局，1983

章学诚著，仓修良编：《文史通义新编》，上海：上海古籍出版社，1993

二、著作：（姓氏拼音排序）

蔡仁厚：《王阳明哲学》，台北：三民书局，1992

蔡仁厚：《宋明理学》，台北：台湾学生书局，1980

蔡仁厚：《儒家心性之学论要》，台北：文津出版社，1990

蔡仁厚：《新儒家的精神方向》，台北：台湾学生书局，1982

陈垣：《南宋初河北新道教考》，北京：中华书局，1962

陈荣捷：《中国哲学论集》，台北："中研院"中国文哲研究所，1994

陈荣捷：《新儒学论集》，台北："中研院"中国文哲研究所，1995

陈荣捷：《王阳明与禅》，台北：台湾学生书局，1984

陈荣捷：《朱子新探索》，台北：台湾学生书局，1988

陈来：《有无之境——王阳明哲学的精神》，北京：人民出版社，1991

陈来：《宋明理学》，沈阳：辽宁教育出版社，1991

陈来：《朱子哲学研究》，上海：华东师范大学出版社，2000

成中英：《世纪之交的抉择——论中西哲学的汇通与融合》，上海：知识出版社，1991

成中英：《知识与价值——和谐、真理与正义的探索》，台北：联经出版事业公司，1986

成中英：《中国哲学的现代化与世界化》，台北：联经出版事业公司，1989

戴瑞坤：《阳明学说对日本的影响》，台北：中国文化大学出版部，1981

戴瑞坤：《阳明学汉学研究论集》，台北：台湾学生书局，1988

岛田虔次：《朱子学与阳明学》，西安：陕西师范大学出版社，1986

邓艾民：《朱熹王守仁哲学研究》，上海：华东师范大学出版社，1989

东方朔：《刘蕺山哲学研究》，上海：上海人民出版社，1997

杜维明：《人性与自我修养》，北京：中国和平出版社，1988

杜维明：《儒家思想新论——创造性转化的自我》，曹幼华、单丁译，南京：江苏人民出版社，1991

杜维明：《一阳来复》，上海：上海文艺出版社，1997

杜维明：《现代精神与儒家传统》，北京：生活·读书·新知三联书店，1997

杜维明：《论儒学的宗教性：对〈中庸〉的现代诠释》，段德智译，武汉：武汉大学出版社，1998

杜维明：《道、学、政——论儒家知识分子》，上海：上海人民出版社，2000

段德智：《死亡哲学》，武汉：湖北人民出版社，1996

方东美：《新儒家哲学十八讲》，台北：黎明文化事业公司，1985

方东美：《中国大乘佛学》，台北：黎明文化事业公司，1991

方立天：《佛教哲学》，北京：中国人民大学出版社，1986

冯友兰：《中国哲学史》，北京：中华书局，1961

冯友兰：《中国哲学史新编》，北京：人民出版社，1986

冯达文：《宋明新儒学略论》，广州：广东人民出版社，1997

冯契：《中国古代哲学的逻辑发展》，上海：上海人民出版社，1983

傅伟勋：《生命的尊严与死亡的尊严》，台北：正中书局，1994

傅伟勋：《从西方哲学到禅佛教》，北京：生活·读书·新知三联书店，1989

冈田武彦：《王阳明与明末儒学》，吴光、钱明、屠承先译，上海：上海古籍出版社，2000

龚鹏程：《晚明思潮》，台北：里仁书局，1994

龚鹏程：《道教新论》（二集），嘉义：南华管理学院，1998

郭朋：《明清佛教》，福州：福建人民出版社，1982

沟口雄三：《中国前近代思想的演变》，索介然、龚颖译，北京：中华书局，1997

古清美:《明代理学论文集》，台北：大安出版社，1990

郝大维、安乐哲:《孔子哲学思微》，蒋弋为、李志林译，南京：江苏人民
　　出版社，1996

郝大维、安乐哲:《汉哲学思维的文化探源》，施忠连译，南京：江苏人民
　　出版社，1999

何俊:《西学与晚明思想的裂变》，上海：上海人民出版社，1998

侯外庐、邱汉生、张岂之主编:《宋明理学史》，北京：人民出版社，1987

侯外庐主编:《中国思想通史》第四卷，北京：人民出版社，1960

黄进兴:《优入圣域——权力、信仰与正当性》，台北：允晨文化实业股份
　　有限公司，1987

黄敏浩:《刘宗周及其慎独哲学》，台北：台湾学生书局，2001

黄仁宇:《万历十五年》，北京：生活·读书·新知三联书店，1997

嵇文甫:《晚明思想史论》，北京：东方出版社，1996

嵇文甫:《左派王学》，上海：开明书店，1934

姜广辉:《理学与中国文化》，上海：上海人民出版社，1994

姜允明:《心学的现代诠释》，台北：东大图书股份有限公司，1986

蒋义斌:《宋儒与佛教》，台北：东大图书公司，1997

康韵梅:《中国古代死亡观之探究》，台北：台湾大学文史丛刊，1994

劳思光:《中国哲学史》，台北：三民书局，1980

林继平:《明学探微》，台北：台湾商务印书馆，1984

林国平:《林兆恩与三一教》，福州：福建人民出版社，1992

柳存仁:《和风堂文集》，上海：上海古籍出版社，1991

刘述先:《朱子哲学思想的发展与完成》，台北：台湾学生书局，1982

刘述先:《黄宗羲的心学及其定位》，台北：允晨文化实业股份有限公司，
　　1986

刘述先:《理一分殊》，上海：上海文艺出版社，2000

李泽厚:《中国古代思想史论》，北京：人民出版社，1985

李泽厚:《己卯五说》，北京：中国电影出版社，1999

李明辉：《儒家与康德》，台北：联经出版事业公司，1990

李明辉：《康德伦理学与孟子道德思考之重建》，台北："中研院"中国文哲研究所，1994

李明辉：《当代儒学之自我转化》，台北："中研院"中国文哲研究所，1994

李明友：《一本万殊——黄宗羲的哲学与哲学史观》，北京：人民出版社，1994

李纪祥：《两宋以来大学改本之研究》，台北：台湾学生书局，1988

列文森：《儒教中国及其现代命运》，郑大华、任菁译，北京：中国社会科学出版社，2000

利玛窦、金尼阁：《利玛窦中国札记》，高泽译，北京：中华书局，1983

吕澂：《中国佛学源流略讲》，北京：中华书局，1979

吕澂：《印度佛学源流略讲》，上海：上海人民出版社，1979

吕妙芬：《胡居仁与陈献章》，台北：文津出版社，1996

卢国龙：《道教哲学》，北京：华夏出版社，1998

麦仲贵：《王门诸子致良知学之发展》，香港：香港中文大学，1973

牟宗三：《智的直觉与中国哲学》，台北：台湾商务印书馆，1971

牟宗三：《现象与物自身》，台北：台湾学生书局，1975

牟宗三：《才性与玄理》，台北：台湾学生书局，1997

牟宗三：《中国哲学的特质》，台北：台湾学生书局，1984

牟宗三：《从陆象山到刘蕺山》，台北：台湾学生书局，1979

牟宗三：《佛性与般若》，台北：台湾学生书局，1997

牟宗三：《心体与性体》，台北：台湾正中书局，1995

牟宗三：《圆善论》，台北：台湾学生书局，1985

牟宗三：《中国哲学十九讲》，上海：上海古籍出版社，1997

牟宗三：《中西哲学之会通十四讲》，台北：台湾学生书局，1996

牟钟鉴：《道教通论——兼论道家学说》，济南：齐鲁书社，1991

蒙培元：《理学的演变》，福州：福建人民出版社，1984

蒙培元：《理学范畴系统》，北京：人民出版社，1989

蒙培元：《中国心性论》，台北：台湾学生书局，1990

蒙培元：《心灵境界与超越》，北京：人民出版社，1998

麻天祥：《中国禅宗思想发展史》，长沙：湖南教育出版社，1997

彭国翔：《近世儒学史的辨正与钩沉》，北京：中华书局，2015

钱穆：《中国学术思想史论丛》（七），台北：东大图书股份有限公司，1986

钱穆：《阳明学述要》，台北：正中书局，1979

钱穆：《宋明理学概述》，台北：台湾学生书局，1987

钱穆：《朱子新学案》，成都：巴蜀书社，1986

秦家懿：《王阳明》，台北：东大图书公司，1987

卿希泰主编：《中国道教史》，成都：四川人民出版社，1996

容肇祖：《明代思想史》，台北：开明书店，1962

容肇祖：《容肇祖集》，济南：齐鲁书社，1989

释圣严：《明末中国佛教之研究》，关世谦译，台北：台湾学生书局，1988

汤用彤：《汉魏两晋南北朝佛教史》，北京：商务印书馆，1938

唐君毅：《中国哲学原论原教篇——宋明儒学思想之发展》，台北：台湾学
    生书局，1990

唐君毅：《中国哲学原论原性篇——中国哲学中人性思想之发展》，台北：
    台湾学生书局，1984

唐君毅：《生命存在与心灵境界》，台北：台湾学生书局，1976

洼德忠：《道教史》，萧坤华译，上海：上海译文出版社，1987

王明：《道家和道教思想研究》，北京：中国社会科学出版社，1984

王治心：《中国宗教思想史大纲》，北京：东方出版社，1996

吴光主编：《阳明学研究》，上海：上海古籍出版社，2000

吴宣德：《江右王学与明中后期江西教育发展》，南昌：江西教育出版社，
    1996

许里和：《佛教征服中国》，李四龙、裴勇等译，南京：江苏人民出版社，
    1998

许地山：《道教史》，上海：上海书店，1991

徐复观：《中国人性论史》，台北：台湾商务印书馆，1990

徐洪兴：《思想的转型——理学发生过程研究》，上海：上海人民出版社，1996

余英时：《方以智晚节考》，台北：允晨文化实业股份有限公司，1986

余英时：《士与中国文化》，上海：上海人民出版社，1987

余英时：《中国思想传统的现代诠释》，台北：联经出版公司，1987

余英时：《钱穆与中国文化》，上海：上海远东出版社，1994

余英时：《现代儒学论》，上海：上海人民出版社，1998

余英时：《论士衡史》，上海：上海文艺出版社，1999

余英时：《论戴震与章学诚》，北京：生活·读书·新知三联书店，2000

印顺：《中国禅宗史》，上海：上海书店，1992

印顺：《唯识学探源》，台北：正闻出版社，1987

杨国荣：《王学通论——从王阳明到熊十力》，上海：上海人民出版社，1990

杨国荣：《心学之思——王阳明哲学的阐释》，北京：生活·读书·新知三联书店，1997

杨祖汉：《儒家的心学传统》，台北：文津出版社，1992

张君劢：《比较中日阳明学》，台北：中华文化事业出版委员会，1955

张君劢：《新儒家思想史》，台北：弘文馆印行，1986

张立文：《宋明理学研究》，北京：中国人民大学出版社，1985

张立文：《走向心学之路：陆象山思想的足迹》，北京：中华书局，1992

张立文：《朱熹思想研究》，北京：中国社会科学出版社，1994

张灏：《幽暗意识与民主传统》，台北：联经出版公司，1989

张广保：《金元全真道内丹心性学》，北京：生活·读书·新知三联书店，1995

张学智：《明代哲学史》，北京：北京大学出版社，2000

朱谦之：《日本的古学及阳明学》，上海：上海人民出版社，1962

钟彩钧：《王阳明思想之进展》，台北：文史哲出版社，1983

钟彩钧主编：《刘蕺山学术思想论集》，台北："中研院"中国文哲研究所，
　　1998

曾阳晴：《无善无恶的理想道德主义》，台北：台湾大学出版社，1988

左东岭：《王学与中晚明士人心态》，北京：人民文学出版社，2000

郑德熙：《阳明学对韩国的影响》，台北：文史哲出版社，1988

郑志明：《明代三一教主研究》，台北：台湾学生书局，1988

郑宗义：《明清儒学转型探析》，香港：中文大学出版社，2000

周晋：《道学与佛教》，北京：北京大学出版社，1999

奥特：《不可言说的言说》，林克、赵勇译，北京：生活·读书·新知三联
　　书店，1995

马丁·布伯：《我与你》，陈维钢译，北京：生活·读书·新知三联书店，
　　1986

朋霍费尔：《狱中书简》，高师宁译，成都：四川人民出版社，1992

弗莱彻：《境遇伦理学》，程立显译，北京：中国社会科学出版社，1989

加达默尔：《真理与方法》，洪汉鼎译，上海：上海人民出版社，1999

胡塞尔：《现象学的观念》，倪梁康译，上海：上海译文出版社，1986

海德格尔：《存在与时间》，陈嘉映、王庆节译，北京：生活·读书·新知
　　三联书店，1987

海德格尔：《在通向语言的途中》，孙周兴译，北京：商务印书馆，1997

约翰·希克：《宗教之解释——人类对超越者的回应》，王志成译，成都：
　　四川人民出版社，1998

何光沪：《多元的上帝观》，贵阳：贵州人民出版社，1991

韩水法：《康德物自身学说研究》，台北：台湾商务印书馆，1990

康德：《实践理性批判》，关文运译，北京：商务印书馆，1960

康德：《道德形而上学原理》，苗力田译，上海：上海人民出版社，1986

牟宗三译注：《康德的道德哲学》，台北：台湾学生书局，1983

克尔凯戈尔：《克尔凯戈尔日记选》，晏可佳、姚蓓琴译，上海：上海社会

科学出版社，1992

舒兹:《舒兹文集》，卢岚兰译，台北：桂冠图书公司，1992

吴汝钧:《绝对无的哲学——京都学派哲学导论》，台北：台湾商务印书
　　馆，1998

西田几多郎:《善的研究》，何倩译，北京：商务印书馆，1989

Wm. T. de Bary, *The Message of The Mind in Neo-Confucianism*, New
　　York: Columbia University Press, 1989.

Wm. T. de Bary, *Learning for Oneself: Esssays on the Individual in Neo-
　　Confucianism*, New York: Columbia University Press, 1991.

Wm. T. de Bary, eds., *Self and Society in Ming Thought*, New York:
　　Columbia University Press, 1970.

Wm. T. de Bary, eds., *The Unfolding of Neo-Confucianism*, New York:
　　Columbia University Press, 1975.

John Berthrong, *All under Heaven: Transforming Paradigms in Confucian-
　　Christian Dialogue*. Albany, N. Y. : State University of New York
　　Press, 1994.

Peter K. bol, *This Culture of Ours: Intellectual Transitions in T'ang and Song
　　China*. Stanford: Stanford University Press, 1992.

Thomas A. Metzger, *Escape from Predicament: Neo-Confucianism and
　　China's Evolving Political Culture*. New York: Columbia University
　　Press, 1977.

Cynthia J. Brokaw, *The Ledgers of Merit and Demerit: Social Change and
　　Moral Order in Late Imperial China*, Princeton: Princeton University
　　Press, 1991.

Timothy Brook, *Praying for Power: Buddhism and the Formation of Gentry
　　Society in Late-Ming China*. Cambridge: Council on East Asian Studies,
　　Harvard University, 1993.

Edward T. Ch'ien, *Chiao Hung and the Restructuring of Neo-Confucianism in the Late Ming.* New York: Columbia University Press, 1986.

Hsu Sung-peng, *A Buddhist Leader in Ming China: The Life and Thought of Han-shan Te-ch'ing.* University Park: Pennsylvania State University Press, 1979.

John B. Henderson, *The Construction of Orthodoxy and Heresy: Neo-Confucianism, Islamic, Jewish, and Early Christian Patterns.* New York: State University of New York Press, 1998.

Soren Kierkegaard, *Concluding Unscientific Postscript.* Princeton, 1941.

David S. Nivison, *The Ways of Confucianism.* Peru: Open Court Publishing Company, 1996.

Ira Bruce Nadel, *Biography: Fiction, Fact and Form.* London: The Macmillan Press, 1984.

Frederick A. Olafson, *Principles and Persons: An Ethical Interpretation of Existentialism.* Baltimore, MD.: The Johns Hopkins Press, 1967.

Wilfred Cantwell Smith, *Faith and Belief.* Princeton, NJ: Princeton University Press, 1979.

Paul Tillich, *Systematic Theology*, *I.* Chicago: Chicago University Press, 1951.

Rodney L. Taylor. *The Cultivation of Sagehood as a Religious Goal in Neo-Confucianism: A study of Selected Writings of Kao P'an-lung (1562—1661).* Missoula, Mont: Scholars Press/American Academy of Religion, 1978.

Ronald G. Dimberg, *The Sage and Society: The Life and Thought of Ho Hsin-yin.* Honolulu: University Press of Hawaii, 1974.

Tu Wei-ming, *Neo-Confucian Thought in Action : Wang Yang-ming's Youth (1472—1509).* Berkeley: University of California Press, 1976.

Chun-fang Yu, *The Renewal of Buddhism in China : Chu-hung and the Late Ming Synthesis.* New York: Columbia University Press, 1981.

荒木见悟：《佛教と儒教》，东京：研文社，1993

荒木见悟：《明代思想研究》，东京：创文社，1988

荒木见悟：《明末宗教思想研究——管东溟の生涯とその思想》，东京：创
　　文社，1979

荒木见悟：《阳明学の开展と佛教》，东京：研文社，1984

高濑武次郎：《日本の阳明学》，铁华书院，1989

楠本正继：《宋明时代儒学思想の研究》，广池学园出版部，1962

常盘大定：《支那に於けち佛教と儒教道教》，东京：东洋文库，1930

久保田量远：《中国儒释道三教史论》，东京：东方书院，1931

久保田量远：《支那儒道佛交涉史》，东京：大东出版社，1943

忽滑谷快天：《达摩と阳明》，东京：国书刊行会，1987

吉田公平：《陆象山と王阳明》，东京：研文社，1990

久须本文雄：《王阳明の禅的思想研究》，东京：日进堂，1968

酒井忠夫：《中国善书の研究》，东京：弘文堂，1960

秋月观暎：《中国近世道教の形成——净明道の基础的研究》，东京：创文
　　社，1978

宇野哲人、安冈正笃监修，荒木见悟、冈田武彦、山下龙二、山井涌编
　　集：《阳明学大系》，东京：明德出版社，1972

三、期刊论文：

蔡仁厚："王门天泉'四无'宗旨之论辩——周海门'九谛九解之辨'的
　　疏解"，收入氏著：《新儒家的精神方向》，台北：台湾学生书局，
　　1989，页239—276

常觉："佛教的轮回思想"，见《佛教根本问题研究》（二），张蔓涛主编：
　　现代佛教学术丛刊第54册，台北：大乘文化出版社，1978

陈荣捷："朱子与大慧禅师及其他僧人的往来"，载《朱子学刊》，1998年1
　　期（总1辑），1989

陈来："心学传统中的神秘主义问题"，见氏著：《有无之境——王阳明哲

学的精神》"附录",页 390—415

陈来等:"关于《遗言录》、《稽山承语》与王阳明语录佚文",《清华汉学研究》第一辑,北京:清华大学出版社,1994

程玉瑛:"王艮与泰州学派",《台湾师范大学历史学报》第 17 期,1989 年6 月

杜维明:"儒家人文精神的宗教涵义——《论儒学的宗教性》中文版代序",《鹅湖》,1999 年第 10 期

傅振照:"王阳明'天泉证道'新探",《朱子学刊》第六辑,合肥:黄山书社,1994,页 194—196

方祖猷:"天泉证道的'四句教'与'四无说'",载吴光主编:《阳明学研究》,中华文化研究集刊 2,上海:上海古籍出版社,2000,页 156—167

黄进兴:"'圣贤'与'圣徒':儒教从祀制与基督教封圣制的比较",《"中研院"历史语言所集刊》第七本第三分,2000,页 509—729

荒木见悟:"邓豁渠的出现及其背景",《中国哲学》第十九辑,页 1—21

柳存仁:"王阳明与道教",载氏著:《和风堂文集》(中),页 847—877

柳存仁:"道藏刻本之四个日期",《和风堂文集》(中),页 942—973

刘述先:"牟宗三先生论智的直觉与中国哲学",载《儒家思想与现代化——刘述先新儒学论著辑要》,北京:中国广播电视出版社,1992,页 351—383

李明辉:"存心伦理学、责任伦理学与儒家思想",《台湾社会研究季刊》第 21 期,1996 年 1 月,页 217—244

李明辉:"存心伦理学、形式伦理学与自律伦理学",台北:《政治大学哲学学报》第五期,1999 年 1 月,页 1—18

李明辉:"刘蕺山论恶之根源",见《刘蕺山学术思想论集》,页 93—126

吕妙芬:"阳明学派的建构与发展",新竹:《清华学报》新二十九卷,第二期,1999 年 6 月,页 167—203

吕妙芬:"颜子之传:一个为阳明学争取正统的声音",台北:《汉学研究》

第 15 卷第 1 期，1997 年 6 月，页 73—92

吕妙芬："儒释交融的圣人观：从晚明儒家圣人与菩萨形象相似处及对生死议题的关注谈起"，《"中研院"近代史研究所集刊》第 32 期，1999年 12 月，页 165—207

林惠胜："试论王龙溪'三教合一说'——以《调息说》为例"，台北：《中国学术年刊》第 14 期，1993 年，页 161—179

木村泰贤："业与轮回之研究"，《佛教根本问题研究》（二），页 133—151

彭高翔（彭国翔）："孟子'万物皆备于我'章释义"，北京：《中国哲学史》，1997 年第 3 期，页 25—31

彭高翔（彭国翔）："康德与牟宗三之圆善论试说"，台北：《鹅湖》，1997年第 8 期，页 21—32

彭国翔："王龙溪的先天学及其定位"，《鹅湖学志》第二十一期，台北：东方人文学术研究基金会，1998 年 12 月，页 69—161

彭国翔："从中国哲学自身的演进看牟宗三哲学的基本架构与核心观念"，牟宗三与当代新儒学国际会议论文，1998 年 9 月，济南

彭国翔："王龙溪的《中鉴录》及其思想史意义"，《汉学研究》第 19 卷 2期，台北：汉学研究中心，2001 年 12 月，页 59—81

彭国翔："周海门的学派归属与《明儒学案》相关问题之检讨"，《清华学报》新三十一卷第三期，新竹：清华大学人文社会学院，2002 年 9 月，页 1—40

秦家懿："王阳明与道教"，《东亚文化的探索》，台北：正中书局，1996，页 188—269

秦家懿："朱熹与道教"，钟彩钧主编：《国际朱子学会议论文集》（下册），台北："中研院"中国文哲研究所，1982，页 855—874

钱明："王学流派的演变及其异同"，《孔子研究》第六期，1987 年 4 月，页 62—69

屠承先："阳明学派的本体功夫论"，《中国社会科学》第六期，1990 年

王汎森："明末清初的一种道德严格主义"，《近世中国之传统与蜕变——

刘广京院士七十五岁祝寿论文集》上册，台北："中研院"近代史研究
所，1998 年 5 月，页 69—81

王汎森："'心即理'说的动摇与明末清初学风之转变"，《"中研院"历史
语言研究所集刊》第六十五本第二分，1994 年 6 月，页 333—373

王汎森："明末清初的人谱与省过会"，《"中研院"历史语言研究所集刊》
第六十三本第三分，1993 年 7 月，页 679—712

王财贵："王龙溪良知四无说析论"，《台湾师范大学国文研究所集刊》，
1991 年 6 月，页 365—451

徐洪兴："唐宋间的孟子升格运动"，《中国社会科学》，1993 年第 5 期，页
101—116

余英时："士商互动与儒学转向——明清社会史与思想史之表现"，见氏
著：《现代儒学论》，上海：上海人民出版社，1998，页 58—127

杨启樵："明代诸帝之崇尚方术及其影响"，香港：《新亚学术年刊》第四
期，1962 年，页 73—147

钟彩钧："钱绪山及其整理阳明文献的贡献"，载《中国文哲研究通讯》第
八卷第三期，1998 年 9 月，台北："中研院"中国文哲研究所，页
69—89

张永儁："朱熹哲学思想之'方法'及其实际运用"，《国际朱子学会议论文
集》（上册），台北："中研院"中国文哲研究所，1993，页 343—369

郑德熙："从官私学派纠纷到王学传习禁令"，《中国哲学》第十九辑，页
250—270

Julia Ching（秦家懿），"Beyond Good and Evil: The Culmination of the Thought
of Wang Yang-ming（1472—1529）", *Numen*, No. 22, 1973, pp. 127-136.

Cheng Chung-ying（成中英），"Con-sistency and meaning of the four-sentence
teaching in Ming Ju Hsueh An". *Philosophy East and West*, 29, No. 3,
July 1979.

Cynthia J. Brokaw, "Yuan Huang（1533-1606）and the Ledgers of Merit and Demerit", *Harvard Journal of Asiatic Studies*, Vol. 47, No. 1, pp. 137–195.

Chu Hung-lam, "The Debate Over Recognition of Wang Yang-ming", *Harvard Journal of Asiatic Studies*, 48, 1(1988), pp. 47–70.

David Gedalecia, "Excursion into Substance and Function: The Development of the ti-yung paradigm in Chu Hsi", *Philosophy East and West*, 26 (1974), pp. 443–451.

Liu Ts'un-yan (柳存仁), "The Penetration of Taoism into the Ming Neo-Confucianist Elite", *Toung Pao*, Vol. LVII, 1967, pp. 51–66.

Tang Chun-I (唐君毅), "The Development of the Concept of Moral Mind from Wang Yang-ming to Wang Chi", Wm. T. de Bary. eds., *Self and Society in Ming Thought*, New York: Columbia University Press, 1970, pp. 93–119.

Hoyt Cleveland Tillman, "A New Direction in Confucian Scholarship: Approaches to Examining the Differences Between Neo-Confucianism and Tao-hsueh", *Philosophy East and West*, 43.3 (July 1992). pp.455–474.

Hoyt Cleveland Tillman. "The Use of Neo-Confucianism Revisited", *Philosophy East and West*, 44.1 (January 1994), pp. 135–142.

Ying-shih Yu (余英时), "The Intellectual World of Chiao Hung Revisited: A Review article", *Ming Studies*, 25 (1988), pp. 24–66.

岛田虔次:"明代思想の一基调——スクッチ",京都:《东方学报》卷36, 1964,页577—589

大西晴隆:"《传习录への若干の补注》",收入《中国哲学史——展望与探索》,1986

酒井忠夫:"朱子と道教",见诸桥辙次郎编:《朱子学大系》第1册,《朱子学入门》,东京:明德出版社,1974,页411—427

吴震："王龙溪の道教观——调息法をに中心"，大阪：《大阪产业大学论集》第83号，1994

钱明："当代中国的阳明学研究"，载《中国哲学论集》第13集，日本：九州大学中国哲学研究会，1987年9月，页67—78

疋田启佑："中国にぉける阳明学研究动向と阳明学国际研讨会"，载《阳明学》第2号，东京：二松学舍大学阳明学研究所，1990，页150—163

山下龙二："日本的阳明学"，见宇野哲人、安冈正笃监修，荒木见悟、冈田武彦、山下龙二、山井涌编集：《阳明学大系》第一卷《阳明学入门》，东京：明德出版社，1972

阿部吉雄："朝鲜的阳明学"，见《阳明学大系》第一卷《阳明学入门》

中村元："因果"，《佛教思想》第3期，佛教思想研究会编，东京：平乐寺书店，1978，页3—35

福永光司："佛道儒三教交涉记にぉけゐ'气'の思想"，《道教思想史研究》，东京：岩波书店，1987

四、博硕士论文：

池胜昌："耿定向与泰州学派"，台湾师范大学历史研究所硕士论文，1990

高玮谦："王门天泉证道研究——从实践的观点衡定'四无'、'四有'与'四句教'"，台湾"中央大学"哲学研究所硕士论文，1993

林月惠："良知学的转折——聂双江与罗念庵思想之研究"，台湾大学中国文学研究所博士论文，1995

林惠胜："王阳明与禅佛教之关系研究"，台湾师范大学国文研究所博士论文，1996

杨立华："两宋内丹道教及其渊源研究"，北京大学哲学系博士论文，1998

戈国龙："道教内丹学研究——以内丹学南宗为中心"，北京大学哲学系博士论文，1999

Shek Richard Hon-chun, "Religion and Society in Late Ming: Sectarianism and Popular Thought in Sixteenth and Seventeenth Century China," Ph. D. Dissertation, University of California, Berkeley, 1980.

Lu Miaw-fen, Practice as Knowledge: "Yang-ming Learning and Chiang-hui in Sixteenth-Century China," Ph. D. Dissertation, University of California, Los Angeles, 1997.

索　引

三联·哈佛燕京学术丛书

[一至十六辑书目]